HARALD
FISCHER
VERLAG

Tierrechte – Menschenpflichten, Bd. 3

Manuela Linnemann (Hg.)

Brüder – Bestien – Automaten
Das Tier im abendländischen Denken

HARALD FISCHER VERLAG

1. Auflage 2000
Copyright © 2000 by Harald Fischer Verlag GmbH, Erlangen
Alle Rechte vorbehalten
Druck- und Bindearbeiten: WB-Druck, Rieden/Allgäu
Umschlagentwurf: Zembsch' Werkstatt, München
unter Verwendung der Radierung
»Beuys und der Hase« von Leo Leonhard
Gedruckt auf säurefreiem, alterungsbeständigem Papier
Printed in Germany

Die Deutsche Bibliothek – CIP-Einheitsaufnahme
Brüder – Bestien – Automaten : das Tier im
abendländischen Denken / Manuela Linnemann (Hg.). -
Erlangen : Fischer, 2000
(Tierrechte – Menschenpflichten ; Bd. 3)
ISBN 3-89131-401-9

Inhalt

Vorbemerkung 5

Texte

Empedokles *13* · Platon *13* · Aristoteles *15* · Cicero *17* · Ovid *21* · Seneca *23* · Plutarch *26* · Origenes *32* · Porphyrios *36* · Lactantius *40* · Augustinus *42* · Thomas von Aquin *43* · Leonardo da Vinci *44* · Giovanni Pico della Mirandola *46* · Erasmus von Rotterdam *48* · Thomas Morus *49* · Giovanni Battista Gelli *50* · Michel de Montaigne *52* · Pierre Charron *57* · Francis Bacon *60* · Thomas Hobbes *61* · Pierre Gassendi *65* · René Descartes *67* · Jean de La Fontaine *70* · Blaise Pascal *74* · Baruch de Spinoza *76* · Samuel von Pufendorff *76* · John Locke *78* · Thomas Tryon *81* · Nicolas de Malebranche *83* · Jean M. Darmanson *86* · Gottfried Wilhelm Leibniz *87* · Pierre Bayle *89* · Christian Thomasius *94* · Jean Meslier *98* · Bernard de Mandeville *99* · George Cheyne *105* · Christian Wolff *107* · Alexander Pope *109* · Voltaire *114* · Julien Offray de La Mettrie *119* · David Hume *124* · Jean-Jacques Rousseau *125* · Immanuel Kant *127* · Georg Christoph Lichtenberg *129* · Johann Gottfried Herder *130* · Jeremy Bentham *134* · Humphry Primatt *135* · Wilhelm Dietler *138* · Lauritz Smith *140* · Johann Friedrich Ludwig Volckmann *143* · Thomas Taylor *145* ·

Mary Wollstonecraft *147* · Johann Gottlieb Fichte *149* · Jean Paul *151* · Herman Daggett *154* · Georg Wilhelm Friedrich Hegel *158* · Charles Fourier *163* · Jean Antoine Gleizès *164* · Lewis Gompertz *167* · Karl Christian Friedrich Krause *170* · Arthur Schopenhauer *173* · Percy Bysshe Shelley *177* · Auguste Comte *183* · John Stuart Mill *186* · Friedrich Theodor Vischer *190* · Charles Darwin *195* · Henry David Thoreau *198* · Friedrich Engels *202* · Lewis Carroll *209* · Wilhelm Wundt *218* · Samuel Butler *219* · Mark Twain *224* · August Bebel *230* · Peter Kropotkin *232* · Eduard von Hartmann *233* · Bertha von Suttner *247* · Friedrich Nietzsche *253* · Carl Spitteler *259* · Max Nordau *262* · Henry S. Salt *262* · Sigmund Freud *269* · George Bernard Shaw *270* · Hans Driesch *276* · Rosa Luxemburg *278* · Karl Kraus *280* · Theodor Lessing *289* · Bertrand Russell *294* · Max Scheler *295* · Alfred Polgar *299* · Albert Schweitzer *301* · Martin Buber *303* · Otto Flake *305* · Leonard Nelson *310* · José Ortega y Gasset *319* · Ludwig Wittgenstein *321* · Helmuth Plessner *323* · Max Horkheimer *327* · Theodor W. Adorno *331* · Max Horkheimer & Theodor W. Adorno *333* · Hans Jonas *334* · Elias Canetti *335* · Claude Lévi-Strauss *338* · Jacques Derrida *340*

Textnachweise *343*

Literaturhinweise *361*

Vorbemerkung

Unser Verhältnis zu den Tieren erscheint gegenwärtig durch zwei extreme Positionen gekennzeichnet. Auf der einen Seite erleben wir ein nie gekanntes Ausmaß an Gewalt im Umgang mit Tieren: Die unbarmherzigen Bedingungen der Massentierhaltung, die gnadenlosen Tiertransporte und die grausamen Tierversuche erregen, wenn diese Praktiken zuweilen öffentlich bekannt werden, allenthalben Empörung – sie werden dennoch unter Berufung auf ökonomische oder wissenschaftliche Notwendigkeiten weiterbetrieben und im Grunde akzeptiert. Auch der Umgang mit Haustieren ist häufig nicht weniger mitleidslos; alljährlich werden, wie wir wissen, vor der Urlaubszeit zahllose Hunde und Katzen, deren Betreuung man nicht organisieren kann oder will, ausgesetzt und auf diese Weise bequem »entsorgt«. Oft genug nehmen wir Tiere weniger als lebendige Wesen, sondern als »Sachen« wahr, die letztlich unserer Verfügung überlassen sind.

Dem gegenüber läßt sich in den letzten Jahrzehnten ein zunehmendes Interesse am Schutz der Tiere beobachten: So gibt es seit einigen Jahren Bestrebungen, den Tierschutz in das Grundgesetz aufzunehmen. Eine Reihe von Organisationen, ja sogar eine eigens gegründete Partei der Tierschützer bemühen sich, Mißstände in der Tierhaltung abzuschaffen, oder plädieren für eine vegetarische Lebensweise des Menschen. Werden solche konsequenten Forderungen von der Mehrheit auch als wichtig angesehen (aber gleichwohl selten umgesetzt, manchmal sogar belächelt), so empfindet man den leidenschaftlichen Einsatz der radikalen Tierbefreier in der Regel geradezu als bedrohlich. Gleichzeitig kann bei Tierrechtsgegnern, Carnivoren und Pelzträgern die Tierliebe durchaus groteske Züge annehmen, wenn sie ihren vierbeinigen Liebling verhätscheln und ihm das »Weihnachtsmenü« mit Petersilie garnieren ... Diese »Vermenschlichung« der Tiere ist ebenso unangemessen wie ihre zu beobachtende »Versachlichung«.

Als ich vor einigen Jahren anfing, mich für die Rechte der Tiere zu engagieren, stellte sich mir bald die Frage, wie es eigentlich zu diesem problematischen und widersprüchlichen Verhältnis des Menschen zum Tier in unserem Alltag gekommen ist, ob es jemals anders war und welche geistesgeschichtlichen Voraussetzungen dazu geführt haben, daß das Tier tendenziell verdinglicht oder vermenschlicht, in jedem Fall aber kaum *als Tier* wahrgenommen wird.

Jenseits der kulturgeschichtlichen Bedingungen und der politischen wie ökonomischen Interessen, die dabei eine wichtige Rolle spielen, schien mir vor allem die Bestimmung des Tieres in der abendländischen Philosophie dazu wesentlich beigetragen zu haben. Wortgewaltig wurde spekuliert, was das

»Wesen« des Tiers sei. Wenn man die Philosophiegeschichte heranzieht, so zeigt sich jedoch, daß diese Spekulationen oft genug wenig mit dem Tier in der Realität zu tun hatten, sondern man sich seiner als *Gegenbild zur Wesensbestimmung des Menschen* bediente. Wie die in der vorliegenden Anthologie versammelten Texte und Textauszüge belegen können, wird das Tier von der Antike an über das Mittelalter bis in die Moderne überwiegend im Zusammenhang der Diskussionen um die spezifische Differenz von Mensch und Tier thematisiert. Die vorherrschende Richtung dieser Diskussionen zielt dabei darauf, diesen Unterschied als einen qualitativen herauszuarbeiten: Zwar sind Mensch und Tier im Unterschied zur Pflanze beseelte, das heißt wahrnehmende und empfindende Wesen (animalia), doch ist der Mensch zusätzlich mit Vernunft begabt (animal rationale). Von dieser Eigenschaft der Rationalität des Menschen her wird das Tier in der abendländischen Tradition fast durchgängig als defizientes, nämlich als das vernunft*lose* und daher auch sprach- und rechtlose – im 17. Jahrhundert sogar empfindungslose! – Wesen definiert.

Die Tiere konnten diesen Bestimmungen der Philosophen und auch der Theologen nicht entkommen. »Von den Tieren,« sagt Alfred Polgar, »wissen wir vermutlich so viel wie die Tiere von uns. Nur haben wir die Fähigkeit und die Mittel, unsere Unwissenheit so herzurichten, daß sie wie Erkenntnis aussieht, indes die armen Tiere mit ihrer Meinung vom Menschen nichts anzufangen wissen, als bestenfalls sie zu haben.«[1] Schon in der Genesis wird ersichtlich, daß dieses Erkennen des Menschen auf dem Namengeben im Sinne eines Akts »aneignenden Ordnens«[2] beruht, und die Geschichte der abendländischen Philosophie macht deutlich, daß das Benennen des Tieres in der Tat darauf hinausläuft, ihm bestimmte *menschliche* Eigenschaften abzusprechen und daraus dann die Überlegenheit des Menschen herzuleiten.

Durch die Sprache, und zwar im Akt des Benennens im Sinne von Klassifizieren, zeichnet sich der Mensch vor dem Tier aus. Das mit dem Benennen eröffnete hierarchische Verhältnis zwischen Mensch und Tier ist aber immer schon von einem bestimmten – einseitigen – Interesse geleitet. Das zeigt sich bereits am »alltäglichen« Sprachgebrauch: Ob als »Totem- oder Opfertier«, als »glückliche Kuh« oder »Schlachtvieh«, als »Schmusekatze« oder »Gebrauchshund« kategorisiert, entscheidend ist ausschließlich das Interesse des Menschen, sei es religiöser, ökonomischer oder genußbringender Art. Tiere sind von Anfang an nicht nur fremdbenannt, sondern damit auch fremd*bestimmt*

---

1 A. Polgar: »Tiere, von uns angesehen«; in: *Standpunkte*, Hamburg 1953, S. 29.
2 *Theologisches Wörterbuch zum Alten Testament*, Bd. 7, Stuttgart / Berlin / Köln 1993, Sp. 138.

worden. So erweist sich das Benennen des Tieres näher als Herrschaftsanspruch des Menschen über das Tier. Um sie für menschliche Zwecke verfügbar zu machen, mußten sie domestiziert, d. h. ihrer tierlichen Identität beraubt werden. Man hat sie gezähmt, bis sie nicht nur handzahm, sondern auch mundzahm wurden und in den Bäuchen der Menschen verschwanden.

Auch die abendländische Philosophie ist, von Ausnahmen abgesehen, in ihrem Nachdenken über »das Tier« von einem genuinen Interesse bewegt. Es besteht darin, eben jenen spezifischen Unterschied zwischen Mensch und Tier – also zwischen Benennenden und Benannten, zwischen Sprechenden und Sprachlosen – als einen Unterschied des vernünftigen vom vernunftlosen Geschöpf mit metaphysischen und wissenschaftlichen Argumenten zu bekräftigen. Ob in der antiken Philosophie und Psychologie, in der mittelalterlichen Seelenlehre, in der Neubestimmung des Menschen in der Renaissance, ob im Cartesianismus oder in der Anthropologie des 18. Jahrhunderts – stets diente das Tier in erster Linie als stereotype Vergleichsfolie immer wieder dazu, die Exklusivität des Menschen zu betonen. Die Identität des Menschen konstituiert sich im wesentlichen durch die Ausgrenzung der nicht-menschlichen Geschöpfe in die Kategorie »Tier«. Und während das »Humane« in der Differenz zum »Tier« als das »Vernünftige« und damit als das »Würdige« oder »zum Guten fähige« definiert wird, wird das »Tierische« demgegenüber als das »Bestialische« und »Brutale«, also als das »Unmenschliche« oder »Widermenschliche« gesetzt. Dies übrigens auch im Menschen selbst, wenn die sogenannten »niederen Instinkte« als »tierisch« gewertet werden.

Es stellt sich aber überhaupt die Frage, ob sich alle Tiere, von denen sich der Mensch als »animal rationale« abzuheben sucht, unter den gleichen Sammelbegriff subsumieren lassen: von der Amöbe über die Kellerassel zur Ringeltaube bis hin zum Menschenaffen. Günther Anders hat die Subsumption aller Tierarten unter eine einzige Kategorie als »anthropozentrischen Größenwahn« bezeichnet: »... die Idee, die Einzelspezies ›Mensch‹ als gleichberechtigtes Pendant den abertausenden und voneinander grenzenlos verschiedenen Tiergattungen und -arten gegenüberzustellen und diese abertausende so zu behandeln, als verkörperten sie einen einzigen Typenblock tierischen Daseins, ist einfach anthropozentrischer Größenwahn. Die Fabel von den Ameisen, die auf ihren Hochschulen ›Pflanzen, Tiere und Ameisen‹ unterscheiden, sollte als Warnung vor dieser kosmischen Unbescheidenheit jedem Lehrbuch der ›Philosophischen Anthropologie‹ vorausgehen.«[3]

---

[3] G. Anders: *Die Antiquiertheit des Menschen* (1956), Bd. 1, München 1994, S. 327, Anm. 33.

Der von der Philosophie herausgestellte Antagonismus Mensch-Tier gesteht ersterem eine Ausgezeichnetheit zu und spricht sie damit dem anderen Wesen ab. Nicht-menschliche Tiere erscheinen als eine ununterschiedene Masse. Ein solches Denken kann aber nicht anders als chauvinistisch und totalitär genannt werden, denn es bevorzugt eine scheinbar allein menschliche Fähigkeit – die Erkenntnisfähigkeit und die sich daran knüpfende spezifische Sprachfähigkeit – und verabsolutiert diese in einer Wertehierarchie, in der Lebewesen mit anderen und weitgehend noch nicht verstandenen Formen des Denkens und Fühlens diskriminiert sind. In diesem Zusammenhang spricht man in der gegenwärtigen tierrechtlichen Diskussion von »Speziesismus«: Tiere auf ein bestimmtes Bild zu reduzieren, ohne zu berücksichtigen, daß es sich dabei um subjektive Wahrnehmungen und teilweise willkürliche Projektionen handelt, ist ein Akt ideologischer Vergewaltigung. Genau darin liegt aber die gefährliche Brisanz eines auf diese Weise unterscheidenden Denkens: Die Abgehobenheit und Abstraktheit des Trennens von Mensch und Tier dient zur Distanzierung, und sie erst ermöglicht die Benutzung, die Unterdrückung und Vernichtung des Tieres, wie wir sie durch alle Epochen der Geschichte verfolgen und gegenwärtig in einem nie dagewesenen Ausmaß erleben können.

Dennoch ist der als Hierarchie aufgefaßte Unterschied zwischen Mensch und Tier in der Geschichte des abendländischen Denkens nicht unwidersprochen geblieben. Die hier ausgewählten Texte zeigen deutlich, daß es zu allen Zeiten auch Philosophen gegeben hat, die jene vermeintliche Vormachtstellung des Menschen in Frage gestellt und skeptisch kommentiert haben, weil sie darin nicht nur ein Unrecht den Tieren gegenüber, sondern vor allem auch eine Verkennung der eigenen Art sahen. So haben Porphyrios, Montaigne, Mandeville, Voltaire, Bentham und Schopenhauer, um nur die bekanntesten und wirkmächtigsten Denker zu nennen, auf die Bruderschaft zwischen Mensch und Tier hingewiesen und – nicht zuletzt in vernunftkritischer Absicht – ihre Gemeinsamkeiten herausgearbeitet. Bei ihnen finden sich darüber hinaus eindrucksvolle Appelle für den Vegetarismus oder gegen die grausame Behandlung oder das Jagen von Tieren, die dem im 19. Jahrhundert aufkommenden Tierschutzgedanken vorgreifen. Im 18. Jahrhundert kann das Tier im Zuge kulturkritischer Tendenzen sogar als Inbegriff einer natürlichen, glücklichen Lebensform, also zur positiven »Folie« verwendet werden, vor deren Hintergrund die zunehmende Entfremdung des Menschen um so deutlicher herausgestellt wird; doch bleibt festzuhalten, daß es auch darin zur Bestimmung des Menschen benutzt wird. Besonders interessant sind die zahlreichen unbekannteren, heute fast vergessenen Autoren, die zum Teil mit radikalen Argumenten in die herrschenden Debatten eingegriffen und dabei nicht selten Positionen der heutigen Diskussion um die Möglichkeit eines Tierrechts vorweggenommen haben.

»Brüder«, »Bestien«, »Automaten« sind nur drei Bezeichnungen, die sich aus der Fülle von Namen herausgreifen lassen, welche dem Tier im abendländischen Denken gegeben worden sind. Aber sie können exemplarisch für die zentralen Positionen innerhalb der Kontroversen um das Wesen des Tieres stehen. Bis heute sind diese Namen und die damit verknüpften Auffassungen aktuell, denn noch immer steht etwa der Ausdruck »bestialisch« oder »Bestie« für jede Art von grausamer Handlung, mag sie auch noch so allzumenschlich sein. Nicht nur im Cartesianismus, sondern auch heute – vielleicht heute mehr denn je! – werden Tiere als »Automaten« angesehen und behandelt, wenn sie als Eierproduzenten in Legebatterien, als Milchlieferanten mit eigens gezüchteten Turboeutern, als genmanipulierte Krebsmäuse oder als Ersatzteillager für Xenotransplantationen in den Versuchslaboratorien benutzt werden; hier wird mit Tieren »operiert«, als seien sie empfindungslose Maschinen. Aber Tiere sind immer schon und werden auch heute als »Brüder« angesehen, als fühlende Wesen, die das gleiche Recht auf Schutz und körperliche Unversehrtheit besitzen wie der Mensch. Wobei wir uns freilich davor hüten sollten, sie nur unter dem Aspekt ihrer Ähnlichkeit mit dem Menschen respektvoll behandeln zu wollen. Auch wenn – oder genauer: gerade weil – sie unbegreiflich anders sind als wir, haben sie ein Recht auf Leben und würdige Behandlung.

Die Begegnung mit dem Tier erfordert vom Menschen eine andere Sprache, eine, die jenseits des In-Besitz-nehmen-Wollens liegt, weil sie sich einem Deutungsmechanismus entzieht, der Sprache als Instrument des Bestimmens und damit Beherrschens benutzt. Diese Sprache birgt Respekt vor dem Tier als dem vielleicht immer rätselhaften und unerreichbaren Anderen zu uns, und wenn doch errreichbar, so nur ohne jedes Eigeninteresse.

Zur Textauswahl

Zahlreiche Philosophen, Theologen und Literaten haben sich zum Tier geäußert, sei es in ausführlichen Abhandlungen oder in kurzen, aber gleichwohl prägnanten Nebenbemerkungen. Bei der Fülle der in Frage kommenden Texte für eine Anthologie »Das Tier im abendländischen Denken« eine Auswahl zu treffen, ist nicht unproblematisch und birgt die Gefahr, viele – oft auch wichtige – Positionen unberücksichtigt lassen zu müssen. Die vorliegende Zusammenstellung geschah in der Absicht, einen repräsentativen Querschnitt durch die abendländischen Kontroversen über das Tier vorzustellen. Dabei sollten nicht nur berühmte Denker, sondern auch wenig bekannte Autoren zu Wort kommen. Darüber hinaus erschien es mir wichtig, daß eine solche Auswahl nicht nur unterschiedliche Standpunkte, sondern auch verschiedene Genres umfaßt, also sowohl »streng« wissenschaftliche als auch populärwissenschaftliche, literarische, journalistische und sogar polemische Texte enthält. Denn die Problematisierung des Verhältnisses von Mensch und Tier vollzieht sich in allen Bereichen und auf allen »Ebenen« der Geisteswissenschaften und des Denkens. Gerade deswegen richtet sich diese Anthologie in erster Linie an ein breites Publikum, das auf diese Weise auf das Spektrum der Fragestellungen im Zusammenhang mit der Bestimmung des Tieres aufmerksam gemacht werden soll. Doch ich hoffe, daß auch philosophisch geschulte Leser und Leserinnen durch diese Zusammenstellung eine neue Sicht auf die Problematik gewinnen können.

Eine weitere Schwierigkeit liegt darin, viele Textpassagen aus einem komplexen Zusammenhang herauslösen zu müssen und dadurch die Position eines Autors bisweilen zu vereinfachen. Doch die vorliegende Anthologie beansprucht nicht, umfassend oder gar erschöpfend zu informieren. Sie will als erste Orientierung, als Anregung und Einladung dienen, sich genauer mit dem vollständigen Text oder dem Werk eines jeweiligen Denkers zu befassen. Die anhängende Bibliographie zum Thema hat den Zweck, zu einer vertiefenden Beschäftigung beizutragen.

Daß die Anthologie mit einem Ausschnitt aus Derridas *Gesetzeskraft* (1991) schließt, soll nicht heißen, daß mit seiner Position die Diskussionen über die Problematik des Verhältnisses von Tier und Mensch im Abendland zu ihrem Ende gefunden hätten. Im Gegenteil: Denn Derrida macht darauf aufmerksam, daß die gegenwärtig sich weiter zuspitzende Kontroverse um den Umgang mit dem Tier die prinzipielle Fragwürdigkeit der traditionellen Auffassung von Ethik zum Vorschein bringt und daß die Philosophie dadurch vor der Aufgabe steht, deren Grenzen neu zu bestimmen. Die Bemühungen um die Etablierung einer Tierethik als Teil der Moralphilosophie und die zahlreichen Veröffentlichungen der letzten Jahre in diesem Bereich zeigen, daß das Nachdenken über das Tier und die Beziehung des Menschen zu ihm wieder an einem Anfang steht.

Mein besonderer Dank für vielfältige Hilfe bei der Beschaffung von Textmaterial gilt der Herzog August Bibliothek, Wolfenbüttel, namentlich Gabriele Jöckel, sowie Dr. Astrid von der Lühe für ihre kritische Lektüre und Beratung und nicht zuletzt Dr. Claudia Schorcht, ohne deren unermüdliche Unterstützung dieses Buch nicht möglich gewesen wäre.

Manuela Linnemann   Wolfenbüttel, im Dezember 1999

Texte

Empedokles
Griechischer Arzt und Naturphilosoph (um 492 – um 430 v. Chr.)

Denn ich wurde bereits einmal Knabe, Mädchen, Pflanze, Vogel und flutentauchender, stummer Fisch. (…)
Bei der Seelenwanderung werden die *Menschen* unter den Tieren *am besten Löwen*, bergbewohnende, auf dem Erdboden schlafende, Lorbeer aber unter den schön belaubten Bäumen.

Und für jene (*Menschen des goldenen Zeitalters*) war auch nicht Ares Gott, auch nicht Kydoimos, auch nicht Zeus der König oder Kronos oder Poseidon, sondern nur Kypris die Königin … Diese suchten sie freilich mit frommen Weihegaben zu versöhnen, mit gemalten Tieren und köstlich duftenden Salben, mit Opferspenden von lauterer Myrrhe und duftendem Weihrauch, und Weihgüsse rotblonden Honigs auf den Boden schüttend. Doch mit lauterem (?) Stierblut ward kein Altar benetzt, sondern dies war unter den Menschen größte Befleckung, Leben zu entreißen und edle Glieder hineinzuschlingen. (…)

Da waren alle *Geschöpfe* zahm und den Menschen zutunlich, die wilden Tiere wie die Vögel, und die Flamme der freundlichen Gesinnung glühte.

Aus: *Fragmente über die Natur*

Platon
Griechischer Philosoph (um 427 – um 347 v. Chr.)

Es war einst eine Zeit, wo es Götter zwar gab, sterbliche Geschlechter aber gab es noch nicht; nachdem aber auch für diese die vorherbestimmte Zeit ihrer Erzeugung gekommen war, bildeten die Götter sie innerhalb der Erde aus Erde und Feuer und auch das hinzumengend, was von Erde und Feuer gemengt ist. Und als sie sie nun ans Licht bringen sollten, übertrugen sie dem Prometheus und Epimetheus, sie auszustatten und die Kräfte unter sie, wie es jedem zukomme, zu verteilen. Vom Prometheus aber erbat sich Epimetheus, er wolle verteilen, und, sagte er, wenn ich ausgeteilt, so komme du, es zu besichtigen. Und so, nachdem er ihn beredet, verteilte er. Bei der Verteilung nun verlieh er einigen Stärke ohne Schnelligkeit, die Schwächeren aber begabte er mit Schnelligkeit; einige bewaffnete er, anderen, denen er eine wehrlose Natur gegeben, ersann er eine andere Kraft zur Rettung. Welche er nämlich in Kleinheit gehüllt hatte, denen verlieh er geflügelte Flucht oder unterirdische Behausung, welche aber zu bedeutender Größe ausgedehnt, die rettete er eben dadurch, und so auch verteilte er alles Übrige ausgleichend. Dies aber ersann er so aus Vorsorge, daß nicht eine Gattung gänzlich verschwände. Als er ihnen nun des Wechselverderbens Entfliehungen zustande gebracht, begann er ihnen auch gegen die Zeiten des Zeus leichte Gewöhnung zu ersinnen durch Bekleidung mit dichten Haaren und starken Fellen, hinreichend, um die Kälte, aber auch vermögend, die Hitze abzuhalten, und außerdem zugleich jedem, wenn es zur Ruhe ging, zur eigentümlichen und angewachsenen Lagerbedeckung dienend. Und unter den Füßen versah er einige mit Hufen und Klauen, andere mit Haaren und starken, blutlosen Häuten. Hiernächst wies er dem einen diese, dem anderen jene Nahrung an, dem einen aus der Erde die Kräuter, dem anderen von den Bäumen die Früchte, einigen auch verordnete er zur Nahrung anderer Tiere Fraß. Und diesen letzteren verlieh er dürftige Zeugung, dagegen den von ihnen verzehrten eine vielerzeugende Kraft, dem Geschlecht zur Erhaltung. Wie aber Epimetheus doch nicht ganz weise war, hatte er unvermerkt schon alle Kräfte aufgewendet für die unvernünftigen Tiere; übrig also war ihm noch unbegabt das Geschlecht der Menschen, und er war ratlos, was er diesem tun sollte. In dieser Ratlosigkeit nun kommt ihm Prometheus, die Verteilung zu beschauen, und sieht die übrigen Tiere zwar in allen Stücken weislich bedacht, den Menschen aber nackt, unbeschuht, unbedeckt, unbewaffnet, und schon war der bestimmte Tag vorhanden, an welchem auch der Mensch hervorgehen sollte aus der Erde an das Licht. Gleichermaßen also der Verlegenheit unterliegend, welcherlei Rettung er dem Menschen noch ausfände, stiehlt Prometheus die kunstreiche Weisheit des Hephaistos und der Athene, nebst dem Feuer – denn unmöglich war, daß sie einem ohne Feuer hätte angehörig oder nützlich sein können –, und so schenkte er sie dem Menschen. Die zum Leben nötige Wissenschaft also erhielt der Mensch auf diese Weise, die bürgerliche aber hatte er nicht. Denn diese war beim Zeus, und dem Prometheus stand in die Feste, die Behausung des Zeus, einzugehen nicht mehr frei, auch waren furchtbar die Wachen des Zeus. Aber in das dem Hephaistos und der Athene gemeinschaftliche Gemach, wo sie ihre Kunst übten, geht er heimlich hinein, und nachdem er so die feurige Kunst des Hephaistos und die andere der Athene gestohlen, gibt er sie dem Menschen. Und von da an genießt nun der Mensch Behaglichkeit des Lebens; den Prometheus aber hat hernach, so wie erzählt wird, die Strafe für diesen Diebstahl um des Epimetheus willen ergriffen.

Da nun aber der Mensch göttlicher Vorzüge teilhaftig geworden, hat er auch zuerst, wegen seiner Verwandtschaft mit Gott, allein unter allen Tieren Götter geglaubt, auch Altäre und Bildnisse der Götter aufzurichten versucht, dann bald darauf Töne und Worte mit Kunst zusammengeordnet, dann Wohnungen und Kleider und Beschuhungen und Lagerdecken und die Nahrungsmittel aus der Erde erfunden. So ausgerüstet, wohnten die Menschen anfänglich zerstreut, Städte aber gab es nicht. Daher wurden sie von den wilden Tieren ausgerottet, weil sie in jeder Art schwächer waren als diese, und die verarbeitende Kunst war ihnen zwar zu Ernährung hinreichende Hilfe, aber zum Kriege gegen die Tiere unwirksam; denn die bürgerliche Kunst hatten sie noch nicht, von welcher die kriegerische ein Teil ist. Sie versuchten also, sich zu sammeln und sich zu erretten durch Erbauung der Städte; wenn sie sich aber gesammelt hatten, so beleidigten sie einander, weil sie eben die bürgerliche Kunst nicht hatten, so daß sie wiederum sich zerstreuend auch bald wieder aufgerieben wurden. Zeus also, für unser Geschlecht, daß es nicht etwa gar untergehen möchte, besorgt, schickt den Hermes ab, um den Menschen Scham und Recht zu bringen, damit diese der Städte Ordnungen und Bande würden, der Zuneigung Vermittler. Hermes nun fragt den Zeus, auf welche Art er den Menschen das Recht und die Scham geben solle. Soll ich, so wie die Künste verteilt sind, auch diese verteilen? Jene nämlich sind so verteilt: Einer, welcher die Heilkunst innehat, ist genug für viele Unkundige, und so auch die andern Künste. Soll ich nun auch Recht und Scham ebenso unter den Menschen aufstellen, oder soll ich sie unter alle verteilen? Unter alle, sagte Zeus, und alle sollen teil daran haben; denn es könnten keine Staaten bestehen, wenn auch hieran nur wenige Anteil hätten, wie an anderen Künsten. Und gib auch ein Gesetz von meinetwegen, daß man den, der Scham und Recht sich anzuzeigen unfähig ist, töte wie einen bösen Schaden des Staates.

Aus: *Protagoras*

Aristoteles
Griechischer Philosoph (384–322 v. Chr.)

Was aber die sinnlich belebten Wesen betrifft, so bestehen sie zunächst aus Leib und Seele, von welchen beiden das eine naturgemäß herrscht, während das andere dient. Das Naturgemäße muß man aber an denjenigen Dingen abnehmen, die sich in ihrem natürlichen Zustande befinden, nicht an denen, die verderbt sind. Demnach muß man auch einen Menschen, der sich nach Leib und Seele der besten Verfassung erfreut, betrachten, weil bei ihm das bezeichnete Verhältnis klar hervortritt. Denn bei Menschen, die schlecht sind oder schlechte Eigenschaften haben, sieht es oft so aus, als ob der Leib über die Seele herrsche, weil sie sich eben in einem schlechten und unnatürlichen Zustande befinden.

Zuerst also nun wie gesagt läßt sich im sinnlich belebten Wesen gleichzeitig die Herrschaft des Herrn oder das despotische Regiment und jene Herrschaft im Freistaat, die wir als das politische Regiment bezeichnen können, beobachten. Die Seele führt über den Leib ein despotisches, und der Verstand über das Strebevermögen ein politisches und königliches Regiment, wobei es amtage liegt, daß es für den Leib naturgemäß und nützlich ist, von der Seele, und ebenso für das Subjekt der Gefühle, vom Verstande und dem vernunftbegabten Teile beherrscht zu werden, wohingegen eine Gleichstellung oder umgekehrte Stellung allen Seelenteilen schädlich wäre.

Ebenso ist es wieder mit den Beziehungen zwischen dem Menschen und den anderen Sinnenwesen. Die zahmen sind von Natur besser als die wilden, und für sie alle ist es am besten, wenn sie vom Menschen beherrscht werden, weil sie so bewahrt und erhalten bleiben.

Endlich verhält sich Männliches und Weibliches von Natur so zueinander, daß das eine das Bessere, das andere das Schlechtere und das eine das Herrschende und das andere das Dienende ist.

Ganz ebenso muß es nun mit dem gegenseitigen Verhältnis der Menschen überhaupt bestellt sein. Die so weit voneinander abstehen, wie die Seele vom Leibe und der Mensch vom Tiere – und das ist bei allen denen der Fall, deren Aufgabe im Gebrauch ihrer Leibeskräfte besteht und bei denen das die höchste Leistung ist –, die also sind Sklaven von Natur, und es ist ihnen besser, sich in dieser Art von Dienstbarkeit zu befinden, ganz wie bei den erwähnten Dingen. Denn der ist von Natur ein Sklave, der eines anderen sein kann – weshalb er auch eines anderen ist – und der an der Vernunft nur insoweit teil hat, daß er sie in anderen vernimmt, sie aber nicht selbst hat. Die anderen Sinnenwesen vernehmen nämlich ihre Stimme nicht, sondern lassen sich ausschließlich durch Gefühlseindrücke und sinnliche Empfindungen regieren und leiten. Aber auch die Dienste, die man von beiden erfährt, sind nur wenig verschieden: beide, Sklaven und Haustiere, verhelfen uns zur Befriedigung der leiblichen Bedürfnisse. (...)

Die bis jetzt behandelte Art von Besitz wird nun offenbar allen lebenden Wesen durch die Natur selbst zuteil, wie gleich bei ihrer ersten Entstehung, so auch hernach, nach dem Abschlusse ihrer Entwicklung. Manche Tiere bringen sofort, wenn sie ursprünglich entstehen, soviel Nahrung mit hervor, als hinreicht, bis das neugeborene Wesen sie sich selbst verschaffen kann, was bei allen würmer- oder eiergebärenden Tieren der Fall ist; alle lebendiggebärenden Tiere aber haben bis zu einem bestimmten Zeitpunkte die Nahrung für ihre Jungen, nämlich jenen Stoff, den man Milch nennt, in sich selbst. Man sieht aber ebenso, wie auch nach dem Eintritt ins fertige Dasein für alles Lebendige die Annahme gelten muß, einmal, daß die Pflanzen der Tiere wegen, und dann, daß die anderen animalischen Wesen der Menschen wegen da sind, die zahmen zur Dienstleistung und Nahrung, die wilden, wenn nicht alle, doch die meisten, zur Nahrung und zu sonstiger Hilfe, um Kleidung und Gerätschaften von ihnen zu gewinnen. Wenn nun die Natur nichts unvollständig und auch nichts umsonst macht, so muß sie sie alle um des Menschen willen gemacht haben. Daher wird auch die Kriegskunde in gewissem Sinne von Natur eine Erwerbskunde sein. Denn die Jagdkunst ist ein Teil von ihr, und sie kommt teils gegen die Tiere, teils gegen solche Menschen zur Anwendung, die von Natur zu dienen bestimmt sind, aber nicht freiwillig dienen wollen, so daß ein solcher Krieg dem Naturrecht entspricht.

Aus: *Politik*

Cicero
Römischer Politiker und Philosoph (106–43 v. Chr.)

Was für geschickte und für wieviel Künste geeignete Dienerinnen aber hat die Natur dem Menschen erst in seinen Händen geschenkt! Denn die leichte Beugung und die ebenso leichte Streckung der Finger verursacht infolge der geschmeidigen Verbindungen und Gelenke bei keiner Bewegung auch nur die geringste Mühe. Deshalb eignet sich die Hand zum Malen, zum Formen und zum Schnitzen, aber auch zum Saiten- und zum Flötenspiel durch den entsprechenden Fingeransatz. Und dies dient nur dem Vergnügen, während das Folgende zu den notwendigen Erfordernissen des Lebens gehört, ich meine damit das Bestellen der Felder, den Bau von Häusern, die Herstellung von gewebter oder genähter Kleidung und jede Art Verarbeitung von Erz und Eisen; daraus aber läßt sich erkennen, daß wir zu dem, was der Geist ersonnen und was die Beobachtung erfaßt hat, durch die Hände der Künstler alles erhielten, so daß wir ein Dach über dem Kopf, Kleidung und Schutz haben können und dann Städte, Mauern, Häuser und Heiligtümer besitzen. Doch selbst die Mannigfaltigkeit und Fülle der Nahrung wird durch die Tätigkeit der Menschen, d. h. durch ihre Hände ermöglicht. Denn schon die Felder bringen vieles hervor, was ihnen durch Handarbeit abgewonnen wurde und dann sofort verzehrt oder für längere Zeit aufgehoben und geborgen wird, und daneben nähren wir uns von den Tieren, die das Land, die Gewässer oder den Luftraum bevölkern und die wir zu diesem Zweck fangen oder großziehen. Wir richten vierfüßige Tiere ab und verschaffen uns so die Möglichkeit zu fahren und zu reiten, und ihre Schnelligkeit und Kraft verleiht uns selbst Stärke und Schnelligkeit. Wir laden bestimmten Tieren unsre Lasten auf und spannen sie ins Joch; wir machen von der ausgeprägten Schärfe der Sinne bei den Elefanten und dem Spürsinn der Hunde zu unsrem eigenen Nutzen Gebrauch; wir fördern aus den

Höhlungen der Erde das für den Ackerbau unentbehrliche Eisen und entdecken die tief versteckten Erz-, Silber- und Goldadern, deren Metalle für den täglichen Gebrauch geeignet, aber auch zur Herstellung von Schmuck gut verwendbar sind. Die Verarbeitung der Bäume aber und all der Hölzer, die wir (zu diesem Zweck) anbauen und die uns der Wald liefert, benutzen wir teils mit Hilfe des Feuers zur Erwärmung des Körpers und zum Kochen der Speisen, teils zum Bau von Häusern, um durch den Schutz eines Daches Kälte und Hitze abzuwehren. Ferner gewährt uns das Holz großen Nutzen für den Bau von Schiffen, die uns auf ihren Fahrten sämtliche zum Lebensunterhalt notwendigen Vorräte aus aller Welt herbeischaffen; und selbst über die stärksten Naturgewalten, über das Meer und die Stürme, sind allein wir durch das nautische Wissen Herr und kommen so in den Genuß sehr vieler Güter, die das Meer bietet. Ebenso hat der Mensch die völlige Herrschaft über alle Güter der Erde: wir ziehen Nutzen aus ebenem und bergigem Gelände, uns gehören die Flüsse und Seen, wir säen Getreide und pflanzen Bäume; wir leiten Wasser auf unsre Ländereien und machen sie dadurch fruchtbar, wir dämmen Flüsse ein, bestimmen ihren Lauf und leiten sie ab; ja wir versuchen, mit unsren Händen inmitten der Natur gleichsam eine zweite Natur zu schaffen. (...)

Mit diesen Ausführungen glaube ich nun hinreichend dargelegt zu haben, wie sehr die menschliche Natur die aller anderen Lebewesen überragt. Daraus muß ersichtlich werden, daß weder der Körperbau und die Anordnung der Glieder noch eine solche Kraft des Geistes und des Verstandes als das Ergebnis eines reinen Zufalls angesehen werden kann. Ich habe nun nur noch zu beweisen und damit endlich zum Schluß zu kommen, wie alle Dinge dieser Welt, aus denen die Menschen ihren Nutzen ziehen, allein um der Menschen willen geschaffen und eingerichtet sind.

(Da ist zunächst einmal das Weltall selbst um der Götter und Menschen willen geschaffen, und was sich in ihm befindet, das ist zum Gebrauch der Menschen eingerichtet und ausgedacht.) Das Weltall ist ja sozusagen das gemeinsame Heim der Götter und Menschen oder eine Stadt für beide; denn nur sie sind imstande zu denken und nach Recht und Gesetz zu leben. (...) Ferner gehören die periodischen Umläufe der Sonne, des Mondes und der übrigen Gestirne an sich zwar auch zum Zusammenhang des gesamten Weltalls, gewähren außerdem aber ein erhabenes Schauspiel für die Menschen; (...) Wenn das nun allein dem Menschen bekannt ist, muß man zu dem Urteil kommen, daß es nur der Menschen wegen geschaffen ist. Die Erde aber, die ergiebig ist an Getreide und Hülsenfrüchten aller Art, erzeugt sie das, was sie in Hülle und Fülle spendet, dann wohl um der Tiere oder um der Menschen willen? Was soll ich dann erst von den Weinstöcken und Olivenpflanzungen sagen, deren überreiche und üppige Erträge die Tiere doch überhaupt nicht betreffen; denn das Vieh versteht nichts von der Aussaat und vom Anbau der Feld- und Baumfrüchte, nichts davon, sie zur rechten Zeit zu pflücken und zu ernten, nichts davon, sie zu sammeln und aufzubewahren, und nur der Mensch hat praktische Erfahrung in all dem und kümmert sich darum. Wie nun von einer Lyra oder Flöte gilt, daß die nur für die, die sie auch spielen können, gemacht sind, so versteht sich auch, daß das oben Genannte nur für die bereitet ist, die es zu gebrauchen wissen, und wenn das eine oder andere Tier das und jenes davon stiehlt und raubt, so wird man nicht behaupten wollen, es sei auch seinetwegen geschaffen. Denn die Menschen lagern das Getreide ja nicht für die Mäuse oder Ameisen ein, sondern für ihre Frauen und Kinder und für das Hausgesinde; daher zehren die Tiere, wie gesagt, nur heimlich davon, die Besitzer dagegen offen und frei; man muß also zugeben, daß dieser Überfluß an Gütern der Menschen wegen geschaffen ist – es müßte denn sein, diese riesige Fülle und Mannigfaltigkeit der Obstsorten und nicht nur ihr angenehmer Geschmack, sondern auch ihr angenehmer Geruch und ihr erfreulicher Anblick lasse in uns Zweifel daran aufkommen, daß die Natur das nur den Menschen geschenkt habe. Aber weit entfernt, daß dies auch für die Tiere bestimmt sein sollte, sehen wir vielmehr, daß sogar die Tiere nur der Menschen wegen erschaffen sind. Denn was bieten die Schafe sonst noch, als daß die Menschen ihre Wolle verarbeiten und verweben und sich dann damit kleiden; die Schafe dagegen hätten sich ohne menschliche Pflege und Wartung aus eigner Kraft weder ernähren noch erhalten noch einen Nutzen bringen können. Die treue Wachsamkeit der Hunde aber, ihre zärtliche Anhänglichkeit an ihre Herren, ihr starker Haß gegen Fremde, der unglaublich scharfe Spürsinn ihrer Nase und ihre Jagdlust – deutet das nicht darauf hin, daß sie lediglich zu den Vorteilen geschaffen sind, die die Menschen aus ihnen ziehen? Was soll ich erst von den Stieren sagen; denn schon ihr Rücken beweist, daß er nicht zum Tragen von Lasten gebildet wurde; ihr Nacken dagegen ist zur Aufnahme des Joches geschaffen, die kräftigen und breiten Schultern schließlich zum Ziehen des Pfluges. Ihnen wurde, weil sie durch das Aufreißen der Schollen den Boden lockerten, von den Menschen des Goldenen Zeitalters niemals ein Leid angetan, wie die Dichter berichten:

> »Dann aber entstand plötzlich ein eisernes Geschlecht,
> und das wagte erstmalig, das todbringende Schwert zu schmieden
> und das Fleisch des mit der Hand ins Joch gespannten
> und gezähmten Jungstiers zu verzehren.«

Den Nutzen, den man von den Stieren hatte, schätzte man so hoch ein, daß es als Verbrechen galt, ihr Fleisch zu essen. Zu weit würde es führen, die nützlichen Eigenschaften der Maultiere und Esel zu beschreiben, die doch nur zum

Nutzen des Menschen bestimmt sind. Was bietet uns aber das Schwein, außer daß es uns sein Fleisch zu essen gibt? Von ihm sagt Chrysipp, es habe eine Seele nur anstelle des Salzes erhalten, damit es nicht verfaule, und die Natur hat bei keinem Tier eine größere Fruchtbarkeit hervorgebracht als bei diesem, weil es eben dem Menschen zur Ernährung diente. Überflüssig, noch von der Menge und dem Wohlgeschmack der Fische zu reden; überflüssig auch, die Vögel zu erwähnen; denn sie gewähren uns einen so großen Genuß, daß man meinen könnte, unsre Pronoia sei eine Epikureerin gewesen, und doch könnten sie ohne die kluge Überlegung und die Geschicklichkeit der Menschen nicht gefangen werden; allerdings nehmen wir an, daß bestimmte Vogelarten aufgrund ihres Fluges und ihrer Stimme – die »alites« und »oscines« wie unsre Auguren sie deshalb nennen – dazu geschaffen sind, kommende Ereignisse zu prophezeien. Die riesigen wilden Tiere vollends werden unsre Jagdbeute, einerseits damit wir ihr Fleisch essen können, andrerseits damit wir uns durch die Jagd auf sie für eine ähnliche Tätigkeit im Kriege üben, aber auch damit wir sie zähmen und abrichten und dann Nutzen von ihnen haben, wie es bei den Elefanten der Fall ist, und aus ihren Körpern eine Menge Heilmittel für Krankheit und Wunden gewinnen, wie auch aus bestimmten Pflanzen und Kräutern, deren nützliche Eigenschaften wir durch langjährige Anwendung und Erprobung kennengelernt haben. Man kann in Gedanken, als ließe man seine Augen darüber hinwegschweifen, einmal die gesamte Erde und alle Meere überschauen: und schon werden sich unabsehbare fruchtbringende Flächen und Felder, dichtbewaldete Berge und Weiden für das Vieh, dann wieder Schiffe, die in unglaublicher Schnelligkeit über die Meere jagen, unsren Blicken zeigen. Aber nicht nur über der Erde, sondern auch in ihrem innersten Dunkel liegt eine riesige Menge nützlicher Bodenschätze verborgen, und, für den Nutzen des Menschen geschaffen, kann sie allein vom Menschen dort ausfindig gemacht werden.

Aus: *Vom Wesen der Götter*

Wie wir unsere Körperglieder zuerst benutzen, noch bevor wir begriffen haben, zu welchem Nutzen sie uns gegeben sind, genauso sind wir von Natur zur politischen Gemeinschaft verbunden und vereinigt, längst bevor wir uns darauf besinnen, welchen Nutzen wir voneinander gegenseitig haben können. Wenn es sich nicht so verhielte, so hätten die Gerechtigkeit und die Großzügigkeit keinen Platz. Doch ebenso, wie sie daran festhalten, daß es zwischen den Menschen eine Rechtsordnung gibt, genauso gibt es, wie sie sagen, zwischen Mensch und Tier kein Rechtsverhältnis. Ausgezeichnet erklärt Chrysipp, daß alles andere um der Menschen und Götter willen entstanden sei und diese selbst um ihrer Gemeinschaft und Verbindung willen, was zur Folge hat, daß die Menschen sich der Tiere zu ihrem Nutzen bedienen können, ohne damit Unrecht zu tun.

Aus: *Über die Ziele des menschlichen Handelns*

Ovid
Römischer Dichter (43 v. Chr. – 18 n. Chr.)

Sterbliche schändet nicht mit verruchtem Mahl eure Leiber!
Feldfrüchte gibt es, gibt Äpfel, die schwer und lastend die Zweige
nieder zu Boden ziehn, gibt an Reben schwellende Trauben.
Süße Kräuter gibt es, gibt solche, die durch das Feuer
mild können werden und zart. Man nimmt euch die Labe des Milchtranks
nicht und den nach der Blüte des Thymians duftenden Honig.
Reichtum häuft verschwendend und milde Gerichte die Erde,
bietet in Menge euch Speisen, die frei von Mord und von Blut sind.
Tiere stillen den Hunger mit Fleisch, und sie auch nicht alle:
Lebt doch das Pferd und das Rind, das Schaf und die Ziege von Gräsern.
Aber die, die von wilder und unbezähmbarer Art sind,
wie die armenischen Tiger, die zornesmutigen Löwen
und mit den Wölfen die Bären, die freun sich an blutiger Mahlzeit.
Welch ein Frevel, weh! wenn Geweid in Geweide gestopft wird
und ein gieriger Leib einen Leib verschlingend sich mästet,
ein Beseeltes lebt vom Tod eines andern Beseelten!
Wie? Von den Schätzen umringt, die der Mütter beste, die Erde,
alle hervorbringt, kann nichts dich erfreun, als mit wütenden Zähnen
gräßliche Wunden zu kaun, Cyclopenbrauch zu erneuern!
Kannst du nur dann, wenn zuvor du umgebracht einen Andern,
stillen den Hunger des übelgesitteten, gierigen Bauches?

Jene vergangene Zeit, die wir doch die »Goldene« nennen,
ist mit den Früchten der Bäume und dem, was der Boden hervorbringt,
glücklich gewesen und hat ihren Mund nicht mit Blute besudelt.
Sicher schwangen da durch die Luft ihre Flügel die Vögel,
frei von Ängsten streifte da mitten im Kraute der Hase,
und sein arglos Gemüt brachte nicht den Fisch an den Haken.
Ohne Verrat und ohne die Furcht vor Arglist war alles
da und des Friedens voll. Als dann ein Unnützer, wer auch
immer es war, an der früheren Kost kein Genüge mehr fand und

Fleisch von Leibern als Speise versenkt in den gierigen Bauch, da
schuf dem Verbrechen er Bahn. Vielleicht ist am Blut eines Raubtiers,
das man erlegt hat, zuerst erwarmt das besudelte Eisen.
Das war wirklich genug! Man mochte noch, ohne zu freveln,
Leiber, die unseren Tod verlangen, weihen dem Tode.
Doch, die man töten durfte, man durfte sie doch nicht verzehren!
Weiter schritt der Frevel von da. Man glaubt, daß als erstes
Opfer das Schwein zu sterben verdient, weil es mit dem groben
Rüssel die Saaten zerwühlt und die Hoffnung des Jahres zerstört hat.
Weil er die Rebe benagt, hab' den Bock an des rächenden Bacchus
Opferaltar man gefällt. Ihre Schuld hat den Beiden geschadet:
Was habt ihr Schafe getan? Ihr friedlich Vieh, zu des Menschen
Schutze geboren, die Nectar ihr tragt im schwellenden Euter,
die, uns weich zu umhüllen, ihr eure Wolle uns schenkt und
mehr mit eurem Leben als eurem Tode Gewinn schafft?
Was habt ihr Rinder getan? Ihr Geschöpf ohne Listen und Tücke,
einfalt- und unschuldsvoll, Beschwerden zu tragen geboren?
Dankvergessen ist, nicht wert der Früchte des Feldes,
wer zu schlachten vermocht seines Ackers Bebauer, den eben
erst vom geschweiften Pflug er gelöst, der den Hals, den von Arbeit
wunden, mit dem er so oft den harten Boden erneut, mit
dem er so viele Ernten erzielt, mit dem Beile durchschlagen!
  Und, nicht genug, daß man solch einen Frevel begeht, – auf die Götter
selbst noch schiebt man die Schuld. Man glaubt, ihr erhabenes Walten
werde erfreut durch den Tod des mühsalduldenden Stieres.
Da wird, makelfrei, das Opfer, von schönster Gestalt – gefallen zu haben ist tödlich – im Schmucke von Binde und Goldstaub
hin zum Altare geführt; nichts ahnend hört es den Beter,
sieht, wie man zwischen die Hörner ihm legt auf die Stirne die Frucht, die
selbst es gebaut; und, erschlagen, befleckt mit Blut es das Messer,
das es zuvor vielleicht im spiegelnden Wasser erblickt hat.
Dann entreißt man der lebenden Brust die zuckenden Fibern.
Diese beschaut man und forscht nach dem Willen der Götter in ihnen!
Und – so groß ist der Menschen Gier nach verbotener Speise –
hiervon wagst du zu essen, o menschlich Geschlecht! Und ich bitte:
tu es nicht und kehr' deinen Sinn an meine Ermahnung:
Wenn euren Gaumen ihr letzt an den Gliedern erschlagener Rinder,
wisset und fühlt: ihr zerkaut den eigenen Arbeitsgefährten!

  Aus: *Metamorphosen*

Seneca
Römischer Philosoph (um 4 v. Chr. – 65 n. Chr.)

Nunmehr gestatte mir, die Fragen zu erörtern, die ein wenig abgelegen scheinen. Wir fragten, ob alle Lebewesen ein Bewußtsein von ihrer körperlichen Verfassung besäßen. Daß sie es haben, wird daraus ersichtlich, daß sie ihre Glieder geschickt und gewandt bewegen – nicht anders, als seien sie dazu ausgebildet: ein jedes besitzt Gelenkigkeit in seinen Gliedmaßen. Ein Künstler handhabt seine Werkzeuge leicht, ein Steuermann führt reaktionsschnell das Steuerruder, ein Maler nennt sehr schnell die Farben, die er, um Ähnlichkeit zu erzielen, in großer Zahl und Vielfalt vor sich aufgestellt hat, und wechselt zwischen der Wachsskizze und seinem Werk mit raschem Blick und leichter Hand hin und her: so ist ein Tier insgesamt für seine Lebensfom befähigt. Wir pflegen Menschen, die tanzen können, zu bewundern, weil ihre Hand zu jeder mimischen Darstellung von Sachverhalten und Gefühlen fähig ist und der Ausdruck die Schnelligkeit der Worte begleitet: das ermöglicht jenen die Kunst, ihnen die Veranlagung. Kein Tier bewegt mit Mühe seine Glieder, kein Tier hat Schwierigkeiten mit sich selbst. Das leisten sie, kaum geboren; mit diesem Wissen kommen sie auf die Welt: ausgebildet werden sie geboren. »Deshalb«, heißt es, »bewegen Tiere ihre Gliedmaßen geschickt, weil sie sonst, bewegten sie sie anders, Schmerzen empfinden müßten. So werden sie, wie ihr sagt, gezwungen, und Furcht verhilft ihnen zur richtigen Bewegung, nicht der Wille.« Das ist falsch: träge sind nämlich die Tiere, die vom Zwang angetrieben werden, Behendigkeit haben nur die, die sich aus eigenem Antrieb bewegen. So wenig aber veranlaßt sie dazu die Furcht vor Schmerz, daß sie die natürliche Bewegung auch ausführen, wenn sie Schmerz daran hindert. So das Kind, das stehen möchte und sich daran gewöhnt, sich zu bewegen – sobald es begonnen hat, seine Kräfte zu erproben, fällt es und steht unter Weinen so oft wieder auf, bis es unter Schmerzen das, was die Natur fordert, eingeübt hat. Manche Tiere mit hartem Rücken, wenn sie umgedreht liegen, quälen sich so lange ab und strecken die Füße aus und recken sie zur Seite, bis sie wieder in die richtige Lage kommen. Keine Qual empfindet eine Schildkröte, wenn sie auf dem Rücken liegt, doch sie ist beunruhigt in starkem Maße durch den Wunsch nach der natürlichen Lage und hört nicht eher auf, sich zu stemmen, zu mühen, als bis sie auf den Füßen steht. Also besitzen alle Tiere ein Bewußtsein von ihrer körperlichen Verfassung und deshalb einen freien Gebrauch ihrer Glieder, und keinen besseren Beweis haben wir, daß sie mit dieser Kenntnis ins Leben treten, als daß kein Tier unfähig zum Gebrauch seines Organismus ist.

»Die körperliche Verfassung ist«, heißt es, »wie ihr sagt, das seelische Leitprinzip, und es steht irgendwie zum Körper in Beziehung. Diesen so verwickelten, feinen und auch für euch kaum darstellbaren Sachverhalt – wie soll ein Kind ihn verstehen? Alle Tiere müssen als Kenner der Dialektik geboren werden, um diese Bestimmung, die auch einem großen Teil der römischen Bürger dunkel ist, zu erkennen.« Zutreffend wäre, was du erwiderst, wenn ich sagte, die Tiere verstünden die Bestimmung der körperlichen Verfassung, nicht die körperliche Verfassung selbst. Leichter kann man die Natur verstehen als sie erläutern. Daher weiß das Kind nicht, was die körperliche Verfasung ist, doch es kennt seine eigene körperliche Verfassung: und *was* ein Lebewesen ist, weiß es nicht, *daß* es ein Lebewesen ist, spürt es. Außerdem erkennt es seine körperliche Verfassung selbst nur ungefähr, in großen Zügen und dunkel. Auch wir wissen, *daß* wir eine Seele haben: *was* die Seele ist, wo sie sich befindet, wie sie beschaffen ist und woher sie stammt, wissen wir nicht. Wie wir in uns eine Empfindung unserer Seele haben, obwohl wir ihr Wesen nicht kennen und ihren Sitz, so besteht bei allen Tieren eine Empfindung ihrer körperlichen Verfassung. Notwendig nehmen sie das wahr, wodurch sie auch anderes wahrnehmen; notwendig haben sie eine Wahrnehmung dessen, dem sie gehorchen, von dem sie gelenkt werden. Ein jeder von uns erkennt, es gibt etwas, das seine Handlungen auslöst: was es ist, weiß er nicht. Und er weiß, ihm wohnt ein Beginnen inne: was für eines es ist und woher es stammt, weiß er nicht. So haben auch Kinder und Tiere eine Wahrnehmung ihres zentralen Organs, doch ist es nicht klar und ausdrücklich.

»Ihr behauptet,« heißt es, »jedes Lebewesen werde zunächst mit seiner körperlichen Verfassung vertraut, des Menschen Verfassung aber sei von der Vernunft bestimmt, und deswegen verstehe sich der Mensch nicht als belebtes Wesen, sondern als vernunftbegabtes Wesen: denn durch das Organ ist der Mensch für sich von Bedeutung, durch das er Mensch ist. Wie also kann ein Kind mit seiner von der Vernunft bestimmten Verfassung vertraut sein, obwohl es doch gar nicht vernünftig ist?«

Ein jedes Lebensalter hat seine eigene Verfassung, eine für das kleine Kind, eine andere für den Jungen, eine andere für den alten Mann: alle richten sich nach der Verfassung, in der sie sich befinden. Das kleine Kind ist ohne Zähne: nach diesem seinen Zustand richtet es sich. Gewachsen sind die Zähne: nach diesem Zustand richtet es sich. Denn auch jenes Gras, das sich zur Aussaat und Frucht entwickeln soll, besitzt einen Zustand, wenn es zart ist und kaum aus der Furche ragt, einen anderen, wenn es erstarkt ist und mit weichem, aber seine Last tragenden Halm dasteht, einen anderen, wenn es gelb wird, zur Tenne blickt und seine Ähre hart wird: in welchen Zustand auch immer es kommt, für ihn sorgt es, auf ihn stellt es sich ein. Jeweils anders ist das Lebensalter des kleinen Kindes, des Jungen, des jungen Mannes, des alten Mannes; ich bin dennoch derselbe Mensch gewesen – als kleines Kind, als Junge, als junger Mann. So ist, obwohl jedes Lebensalter einen anderen und wieder anderen Zustand hat, die Vertrautheit mit dem eigenen Zustand dieselbe. Denn nicht den Jungen oder jungen Mann oder alten Mann vertraut mir die Natur an, sondern mich selbst. Also ist das kleine Kind mit dem Zustand vertraut, den es als ein kleines Kind hat, nicht dem, den es als ein junger Mann haben wird. Denn durchaus ist, wenn ihm noch eine wichtigere Phase, in die es übergehen kann, bevorsteht, auch der Zustand naturgemäß, in dem es geboren wird. Zunächst ist mit sich selbst jedes Lebewesen vertraut; es muß nämlich etwas geben, worauf sich andere Dinge beziehen. Genuß suche ich, für wen? Für mich: also trage ich Sorge für mich. Schmerz vermeide ich, für wen? Für mich: also trage ich Sorge für mich. Wenn ich alles aus Sorge um mich tue, steht die Sorge für mich vor allem. Sie wohnt allen Lebewesen inne und wird ihnen nicht eingepflanzt, sondern eingeboren. Es zieht groß ihre Jungen die Natur, nicht stößt sie sie von sich; und weil der Schutz am sichersten aus großer Nähe ist, vertraut sich ein jeder sich selbst an. Deshalb, wie ich am Anfang des Briefes ausgeführt habe, kennen auch ganz junge Tiere, wenn sie eben aus dem Mutterleib oder aus dem Ei gekommen sind, selbst sofort das Feindliche und meiden todbringende Situationen: auch vor dem Schatten vorüberfliegender Vögel erschrecken Tiere, die Beute für von Raub lebende Vögel sind. Kein Lebewesen tritt in das Leben ohne Furcht vor dem Tode.

»Wie«, heißt es, »kann ein eben geborenes Tier Verständnis haben von Sachverhalten, die Rettung oder Tod bringen?« Erstens fragt es sich, *ob* es versteht, nicht *wie* es versteht. Daß sie aber Verständnis haben, wird daraus deutlich: nichts Besseres werden sie, wenn sie tatsächlich Einsicht haben, auch tun. Was ist der Grund, daß vor einem Pfau, daß vor einer Gans das Huhn nicht flieht, flieht aber vor einem soviel kleineren und ihm nicht einmal bekannten Habicht? Daß Küken eine Katze fürchten, einen Hund nicht fürchten? Offensichtlich besitzen sie eine Kenntnis des ihnen Schädlichen, die sie nicht aus der Erfahrung gewonnen haben: denn bevor sie die Erfahrung machen können, nehmen sie sich in acht. Zweitens, damit du nicht meinst, das geschehe aus Zufall, fürchten sie sich weder vor anderem, als sie müssen, noch vergessen sie jemals diesen Schutz und diese Achtsamkeit, und gleich ist bei ihnen die Flucht vor verderbenbringenden Situationen. Außerdem werden sie im Laufe des Lebens nicht furchtsamer. Daraus wird deutlich, daß sie nicht durch praktische Erfahrung zu dieser Haltung kommen, sondern durch eine naturgegebene Sorge um ihr Wohlergehen. Nur langsam entwickelt sich und ist vielfältig, was die Erfahrung lehrt; was immer die Natur weitergibt, ist bei allen gleich und steht sofort zur Verfügung. Wenn du es dennoch forderst, werde ich dir sagen, wie jedes Lebewesen durch seine Natur verderbenbringende Situationen zu erkennen gezwungen wird. Es fühlt, aus Fleisch zu bestehen; daher empfindet es, was da Fleisch schneiden, brennen, vernichten kann, was Tiere mit schädlichen Waffen sind: ihren Anblick deutet es als feindlich und bedrohlich. Das ist miteinander verbunden: zugleich nämlich ist jedes Tier auf sein Wohl bedacht und sucht nach dem, was dazu helfen kann, vor Verletzendem schreckt es zurück. Natürlich ist der Trieb zum Nützlichen, natürlich die Abwehr des Entgegengesetzten: ohne irgendein Nachdenken, das dieses Verhalten geböte, ohne Überlegung geschieht alles, was die Natur vorschreibt.

Nicht siehst du die große Feinheit, mit der die Bienen ihre Behausungen bauen, die große Eintracht, mit der sie überall der getrennten Arbeit nachgehen? Nicht siehst du, wie kein Mensch nachmachen kann das Netz der Spinne, wieviel Mühe es ist, die Fäden zu ordnen, die teils gerade verlaufen als Halt, teils im Kreis, innen dicht, nach außen weiter, damit darin kleinere Insekten, zu deren Verderben die Fäden gespannt werden, wie in einem Netz verwickelt festgehalten werden? Angeboren ist diese Fähigkeit, nicht wird sie erlernt. Daher ist kein Tier gelehrter als ein anderes: sehen wirst du, gleich sind die Spinnennetze, gleich die Öffnung aller Zellen in den Bienenwaben. Ungewiß und ungleich ist, was immer die erlernte Fähigkeit weitergibt; von gleicher Art ist, was die Natur zuteilt. Sie vermittelt nichts weiter als die Selbsterhaltung und die Fähigkeit dazu, und deshalb beginnen die Tiere auch zugleich, sowohl zu lernen als auch zu leben. Und nicht ist es verwunderlich, daß sie mit der Veranlagung geboren werden, ohne die sie vergeblich geboren würden. Vor allem dieses Rüstzeug hat die Natur in ihnen angelegt zum Überleben, den Selbsterhaltungstrieb und die Eigenliebe. Nicht könnten sie überleben, wenn sie es nicht wollten: und nicht würde dieser Wille allein für sich nützen, doch ohne ihn hätte überhaupt nichts genützt. Aber bei keinem Tier wirst du Geringschätzung seiner selbst finden, nicht einmal Vernachlässigung. Auch Lebewesen, die zur Sprache nicht fähig und stumpf sind, besitzen, obwohl sie sonst träge sein mögen, Lebenstüchtigkeit. Sehen wirst du, Tiere, die für andere unnütz sind, können mit sich selbst durchaus etwas anfangen. Leb wohl.

Aus: *An Lucilius. Briefe über Ethik*

Plutarch
Griechischer Historiker und Philosoph (45 – um 120)

Du fragst mich ..., aus welchem Grunde Pythagoras sich des Fleischessens enthalten habe? *Ich dagegen möchte wissen, welche Leidenschaft, welche Gemüthsstimmung oder welcher vernünftige Grund den Menschen bestimmte, der zuerst Blut mit dem Munde berührte* und das Fleisch eines todten Thieres an seine Lippen brachte, welcher todte Körper und Leichen als Zukost und Leckerbissen auf die Tische setzte und, um es ganz auszusprechen, Glieder, welche kurz zuvor noch brüllten und kreischten, sich bewegten und sahen; wie das Auge das Schlachten, Abziehen und Zerstücken ansehen, wie der Geruch die Ausdünstung ertragen konnte; wie es dem Gaumen nicht vor der Verunreinigung ekelte, wenn er fremde Geschwüre berührte und Blut und Eiter aus tödtlichen Wunden sog! Wenn es heißt:

»Ringsum krochen die Häute, es brüllte das Fleisch an den Spießen,
Rohes zugleich und gebratnes, und laut wie Rindergebrüll scholl's.«

so ist das zwar Dichtung und Fabel, aber doch ist es in Wirklichkeit ein schauerliches Mahl, wo man nach Thieren die noch brüllen, Hunger hat, wo man das Beispiel giebt, noch lebende, lautgebende Thiere zu verzehren, und Vorschriften ertheilt, sie zuzurichten, zu braten und aufzutragen. *Nach jenem also muß man fragen, der das zuerst angefangen, nicht nach dem, der in später Zeit es aufgegeben hat!*

Vielleicht zwar lassen sich jene Menschen, welche zuerst sich entschlossen haben Fleisch zu essen, *mit der Noth entschuldigen.* Denn sie lebten weder unter der Herrschaft unerlaubter Begierden, noch im Ueberfluß des Nothwendigen, daß sie aus übermüthigem Hang zu widernatürlichen Genüssen darauf verfallen wären. Im Gegentheil könnten sie, wenn sie in der Gegenwart Bewußtsein und Sprache bekämen, sagen: *O Ihr glücklichen Lieblinge der Götter, die Ihr jetzt lebt, in welchem glücklichen Zeitalter seid Ihr geboren, die Ihr einen unverhofften Ueberfluß* an Gütern zu erndten und zu genießen habt! Wie Vieles wächst für Euch! Wie Vieles sammelt Ihr ein! Welchen Reichthum könnt Ihr von den Fluren, welche Süßigkeiten von den Gärten erndten! Ja schwelgen könnt Ihr, ohne Euch zu besudeln. Aber *unser* Leben begann im traurigsten und schrecklichsten Zeitalter, und von der Entstehung weg waren wir in den äußersten Mangel versetzt. Noch verdeckte das Dunkel der Luft den Himmel und die Gestirne, die in trübes undurchdringliches Gemisch von Dunst und Feuer und Windestoben gehüllt waren. Noch hatte die Sonne nicht ihren bestimmten Ort und ihren festen unveränderlichen Lauf, noch nicht

»Schied sie den Morgen vom Abend und führte die Zeiten des Jahres
Wechselnd herauf in den Schmuck fruchtprangender Kränze von Aehren;
Wüst' und leer war die Erde« –

vom Austreten schrankenloser Ströme, und weite Landstriche lagen von Sümpfen entstellt durch tiefen Schlamm und durch unfruchtbares Gestrüpp und Gehölze verwildert. Kein Mittel zur Erzeugung milder Früchte, kein

Werkzeug der Kunst, keine sinnreiche Erfindung! Der Hunger ließ uns keine Zeit, und keine Saat, wenn sie auch da war, erreichte die Tage der Reife. Was Wunder also, wenn wir der Natur zuwider, zum Fleisch der Thiere griffen, zu einer Zeit, da man Schlamm verschluckte und Baumrinde nagte, und wo es ein Glück war, frischkeimendes Gras oder eine saftige Wurzel zu finden; wo man für den Genuß einer Eichel oder Buchel vor Freuden um den Baum tanzte und ihn lebengebender Vater und Erhalter nannte: das einzige Fest, mit dem das damalige Leben bekannt war; alles Uebrige war voll Unlust und Traurigkeit. Ihr aber, die Ihr jetzt lebt, denen alles Nöthige in solchem Ueberfluß zu Gebote steht, welche Wuth, welcher Wahnsinn treibt Euch zur Mordsucht? *Was verleumdet Ihr die Erde, als ob sie Euch nicht nähren könnte? Warum versündigt Ihr Euch an der Gesetzgeberin Demeter* und beschimpfet den freundlichen lieblichen Dionysos, als bekämet Ihr nicht Gaben genug von ihnen? Scheuet Ihr Euch nicht die holden Früchte mit Mord und Blut zu besudeln? Schlangen, Panther und Löwen nennt Ihr grausam, Ihr selbst aber befleckt Euch mit Blut, und gebt jenen an Grausamkeit nicht das Geringste nach, denn für sie ist der Mord Nahrung, für Euch aber Leckerei.

In der That, nicht die Löwen und Wölfe verzehren wir, um Rache an ihnen zu nehmen; nein, diese lassen wir in Ruhe, aber die unschädlichen zahmen, die weder Stacheln noch Zähne haben, uns zu verletzen, sie ergreifen und tödten wir, Thiere, beim Zeus, welche die Natur nur der Schönheit und Anmuth wegen hervorgebracht zu haben scheint!

Nichts kann uns rühren; nicht die blühende Farbe, nicht der Reiz der melodischen Stimme, nicht die geistige Gewandtheit, nicht die reinliche Lebensart, nicht die ausnehmende Klugheit der armen Thiere. Um eines Stückchens Fleisch willen rauben wir ihnen Sonne, Licht und Leben, für die sie doch geschaffen sind. Müssen wir nicht ihr Schreien und Girren, statt für unartikulirte Laute, für flehende Bitten und Vermahnungen der einzelnen halten, die da sagen: »ich bitte nicht um Schonung gegen Deine Nothdurft, nur gegen Deinen Uebermuth! Tödte mich, damit Du zu essen habest, aber morde mich nicht, blos um besser zu essen.« Welche Grausamkeit! Es ist empörend, die Tafel reicher Leute mit Leichen besetzt zu sehen, die sie von Fleischern und Köchen ausschmücken lassen, noch empörender aber ist, sie abtragen zu sehen. Denn es bleibt immer mehr übrig, als gegessen wird, so viele Thiere also sind umsonst getödtet worden. Manche verschonen sogar das aufgetragene Fleisch und lassen es nicht zerschneiden und zerstücken. *Das Fleisch der Todten lehnen sie ab, der Lebenden schonen mochten sie nicht.*

Doch wir hören Jene einwenden: die Natur müsse entscheiden (…)!

Daß nun aber das Fleischessen dem Menschen *nicht natürlich ist, geht für's Erste aus der Einrichtung seines Körpers hervor.* Denn mit keinem der auf

Fleischessen angewiesenen Thiere hat der menschliche Leib eine Aehnlichkeit. Er besitzt nicht die Krümmung des Schnabels, nicht die Schärfe der Klauen, nicht die Schneide der Zähne, nicht die Stärke des Magens und die innere Wärme, welche die schweren Fleischspeisen verwandeln und verdauen kann. Im Gegentheil hat die Natur durch die Glätte der Zähne, die Kleinheit des Mundes, die Weichheit der Zunge und die Schwäche der Verdauungskräfte von Hause aus das Fleischessen verschworen. Bestehst Du dennoch darauf, daß Du zu solcher Ernährungsweise geschaffen seist, *so tödte zuerst selbst, was Du verzehren willst, aber durch Deine angeborenen Waffen*, nicht mit dem Schlachtmesser, nicht mit Keule und Beil. Wie die Wölfe und Löwen selbst tödten was sie verzehren, so erwürge einmal einen Stier mit dem Gebiß, zerreiße ein Schwein, ein Lamm, einen Hasen mit dem Rachen, und verschlinge wie jene, Deine Beute halb lebend! Mußt Du aber warten, bis das Empfindende eine Leiche ist, schreckt Dich die inwohnende Seele zurück, das Fleisch anzubeißen, warum issest Du überhaupt der Natur zuwider was eine Seele hat? Ja auch das Entseelte, das Todte, isset noch Niemand wie es ist, sondern sie sieden, braten und verwandeln es erst durch Feuer und Gewürze, und suchen durch tausenderlei Spezereien den Mordgeruch zu vertreiben und zu vertilgen, damit nur der getäuschte Gaumen die naturwidrige Speise annehme! Gewiß treffend war die Aeußerung des Lacedämoniers, der in einer Speisewirthschaft einen Fisch gekauft hatte und ihn dem Wirth zur Zubereitung gab. Als der Wirth Käse, Essig und Oel dazu verlangte, sagte er: »Ei, wenn ich das hätte, brauchte ich keinen Fisch zu kaufen!« Wir aber schwelgen in der Mordlust dermaßen, daß wir das Fleisch Zukost nennen, und zum Fleisch wieder Zukost nöthig haben, indem wir es mit Oel, Wein, Honig, Salzlake, Essig, mit syrischen und arabischen Gewürzen mischen, als ob wir wirklich eine Leiche *einzubalsamiren* hätten. Ja auch nach dieser Auflösung, Erweichung und sozusagen Fäulniß ist seine Verdauung immer noch eine schwere Arbeit, und selbst wenn es verarbeitet ist, macht es noch arge Beschwerden und *erzeugt Krankheiten* und Unverdaulichkeit. (…)

Doch auch davon abgesehen, ist nicht die Gewöhnung an Menschlichkeit hoch anzuschlagen? Denn wer wird einen Menschen kränken wollen, wenn er gegen fremde, mit ihm in keiner Beziehung stehende Geschöpfe mild und freundlich gesinnt ist? Ich erinnerte vorgestern in meinem Vortrage an Xenokrates und bemerkte, daß die Athener ihm eine Strafe ansetzten, weil er einem Widder lebendig die Haut abgezogen hatte! Nun ist in meinen Augen der, welcher ein lebendes Geschöpf martert, nicht strafbarer, als der, welcher ihm das Leben ganz nimmt und es mordet. *Allein wir haben, wie es scheint, mehr Gefühl für das, was wider die Gewohnheit, als was wider die Natur verstößt!*

Meine bisherige Ausführung enthält freilich nur alltägliche Gründe, aber ich trage noch Bedenken, den erhabenen geheimnißvollen, und wie Platon sagt, für »niedrige nur auf das Vergängliche denkende Seelen« unbegreiflichen - Ursprung des (pythagoreischen) Grundsatzes in meinen Vortrag hineinzuziehen … (…)

Der Gegenstand erfordert, daß wir zu der gestrigen Frage über das Fleischessen mit frischem Eifer und Nachdenken zurückkehren. *Freilich ist es schwer, wie Cato sagte, zu Bäuchen zu reden, die keine Ohren haben!* Der Becher der Gewohnheit ist getrunken, der, wie jener der Kirke,

»Schmerzen im Leibe gebiert und Verwirrung und Jammer;«

und es ist nicht leicht, von der *Angel des Fleischgenusses,* die sich tief in die Lüsternheit eingehäkelt hat, wieder los zu werden. Sonst wäre es gut, wenn wir so, wie die Egypter, den Verstorbenen den Bauch aufschneiden und im Sonnenscheine die Eingeweide herausnehmen und *als Ursache aller Vergehen* des Menschen wegwerfen, uns selbst die Gefräßigkeit und Mordlust ausschneiden und unser noch übriges Leben kasteien würden. *Denn der Bauch ist nicht an sich blutdürstig, sondern er wird von unserer Unmäßigkeit mit Blut besudelt.* Doch wenn es nur einmal in Folge der Gewohnheit unmöglich geworden ist, von der Versündigung zu lassen, so sollten wir wenigstens *aus Schamgefühl* auf vernünftige Weise sündigen und Fleisch essen nur aus Hunger, nicht aus Schwelgerei; wir wollen Thiere tödten, aber mit Mitleid und Bedauern, nicht unter Mißhandlungen und Martern, wie es jetzt gewöhnlich geschieht. Da stoßen sie den Schweinen glühende Bratspieße in die Kehle, damit das durch die Eintauchung des Eisens gelöschte und in den Körper verschüttete Blut das Fleisch zarter und weicher mache; oder springen und treten sie Schweinen, die an der Geburt sind, auf die Euter, um Blut und Milch mit dem Brei der zerquetschten Jungen unter der Geburt in einander zu mischen und – o Greuel vor Zeus! – die aufs Höchste entzündeten Theile des Thieres zu verzehren; oder nähen sie Kranichen und Schwänen die Augen zu und mästen sie in dunklen Käfigen, um ihr Fleisch durch seltsame Mischungen und Würzen zu Leckerbissen zu machen. (…)

Was ist nun ein nicht allzu kostbares Mahl? Ein solches, zu dem nichts Lebendes geschlachtet wird! Halten wir etwa eine Seele für einen geringen Aufwand? Es ist, – ich will nicht sagen vielleicht die Seele eines Vaters, einer Mutter, eines Freundes oder Kindes, wie Empedokles annimmt – *aber doch eine Seele mit Empfindung, Gesicht, Gehör, Vorstellung und Verstand begabt, wie sie jedes Geschöpf zur Wahl des Nützlichen und Vermeidung des Schädlichen von der Natur erhalten hat.* Nun überlege, welche Philosophen uns menschlicher machen: diejenigen, welche uns lehren, unsere Kinder, Freunde, Eltern und Gattinnen als Verstorbene zu verspeisen, oder Pythagoras und Empedokles, die uns gewöhnen, *auch gegen andere Gattungen lebender Wesen gerecht zu sein?* Du lachst über den, der von keinem Schaf essen will! Wir aber, werden jene sagen, sollen doch nicht lachen, wenn wir zusehen, wie Einer von seinem verstorbenen Vater und Mutter Stücke abschneidet und seinen abwesenden Freunden zuschickt, den Anwesenden aber zuspricht und reichlich davon vorlegt? Vielleicht versündigen wir uns schon, wenn wir nur die Schriften dieser Philosophen berühren, ohne unsere Hände, Augen, Füße und Ohren zu reinigen, wofern es nicht bereits in Wahrheit eine Reinigung ist, daß man über diesen Gegenstand spricht, und wie Platon sich ausdrückt, »*mit trinkbarer Rede das salzige Gehör ausspült.*« Doch wenn man die beiderseitigen Schriften und Lehren gegen einander hält, so ist jenes eine Philosophie für Skythen, Sogdianer und *Melanchläner*, von welchen Herodot Dinge erzählt, die Niemand glaubt. *Die Grundsätze des Pythagoras und Empedokles aber waren Gesetze und die lautere Lebensweise der alten Hellenen …*

Wer sind nun die, welche später die jetzige Lebensweise eingeführt haben? Diejenigen,

> »Welche zuerst aus Eisen das mordende Messer geschmiedet
> Männern zur Wehr, und zuerst vom pflügenden Stiere gekostet?«

So machen auch die Tyrannen erst nur einen Anfang mit ihrer Mordlust, wie jene zu Athen, die zuerst den schlimmsten Sykophanten hinrichten ließen, und Jedermann sagte: das ist das Rechte! Dann einen zweiten, dritten; von da an wurden die Athener der Sache so gewohnt, daß sie auch bei der Hinrichtung des Nikaratus Nikias's Sohn, des Feldherrn Theramenes und des Philosophen Polemarchos müßige Zuschauer blieben. Auf gleiche Weise wurde zuerst ein schädliches wildes Thier verspeist, dann ein Vogel oder Fisch verschlungen; so kam die, an diesen Geschöpfen begonnene und eingeübte Mordlust an den arbeitenden Zugstier, das sanfte Schaf, den wachsamen Haushahn, und indem sie allmälig die Unersättlichkeit steigerten, *schritten sie endlich zum Schlachten und Würgen ihrer Mitmenschen im Kriege.*

Wenn man aber auch nicht beweisen kann, daß die Seelen in der Wiedergeburt Körper ohne Unterschied annehmen, sodaß das jetzt vernünftige Wesen das nächste Mal ein unvernünftiges wird, und umgekehrt, das jetzt wilde Geschöpf ein zahmes, und daß die Natur Alles verändert und versetzt

> »Mit fremdartigem Körpergewande die Seelen umkleidend,«

sollte uns nicht schon der Umstand vom Fleischessen abhalten, daß es ein wilder, unmäßiger Gebrauch ist, der *nicht blos dem Körper Krankheiten und Be-*

schwerden zuzieht, sondern auch die Seele durch Verleitung zu noch viel ungerechteren Handlungen gänzlich verdirbt, wenn wir uns einmal gewöhnt haben, ohne Blut und Leichen keinen Gastfreund zu bewirthen, keine Hochzeit zu feiern, keine Gesellschaft bei uns zu sehen?

Aus: *Über das Fleischessen*

Origenes
Griechischer Philosoph und Kirchenlehrer (um 185 – um 252)

Mit vielen Worten wirft uns Celsus im folgenden vor, »*wir behaupteten, Gott habe alles für den Menschen gemacht*«. Und er will aus der Tiergeschichte und aus dem Scharfsinn, der sich an den Tieren zeigt, nachweisen, daß »*das Weltganze ebensogut der unvernünftigen Tiere als der Menschen wegen geschaffen worden ist*«. Er scheint mir da etwas Ähnliches zu tun wie jene Leute, die, von ihrem Hasse verblendet, ihren Feinden dasselbe zum Vorwurf machen, was sie an ihren lieben Freunden loben. Wie diese der Haß blind macht und nicht merken läßt, daß die Beschuldigungen, womit sie ihre Feinde zu schmähen glauben, auf ihre besten Freunde zurückfallen, auf dieselbe Art hat auch Celsus, in seinem Denken verwirrt, nicht gesehen, daß er auch die stoischen Philosophen angreift, die nicht mit Unrecht den Menschen und überhaupt die vernünftigen Wesen über alle unvernünftigen stellen und behaupten, die Vorsehung habe vorzüglich um der vernünftigen Wesen willen alles hervorgebracht. Und so sind ihrem Werte nach die vernünftigen Wesen als die vorzüglicheren gleichsam die geborenen Kinder, die unvernünftigen und seelenlosen Wesen dagegen gleichsam die Hülle, welche das Kind im Mutterschoße umgibt. Ich meinerseits bin der Ansicht, daß, wie in den Städten die Marktmeister, die die Aufsicht über die (dort feilgebotenen) Waren führen, ihres Amtes nur der Menschen wegen walten, wenn auch den Hunden und anderen vernunftlosen Wesen von dem Überfluß etwas zugute kommt, – daß ebenso auch die Vorsehung vorzugsweise für die vernünftigen Wesen sorgt, daß aber folgerichtig auch den vernunftlosen Wesen das zugute kommt, was der Menschen wegen geschieht. Und wie sich der im Irrtum befände, der da meinte, die Marktaufseher sorgten nicht in höherem Grade für die Menschen als für die Hunde, weil auch die Hunde von der Fülle der Marktwaren ihren Teil bekommen, so versündigen sich noch viel mehr Celsus und seine Gesinnungsgenossen gegen den für die vernünftigen Wesen sorgenden Gott, wenn sie behaupten: »*Warum sollten diese Dinge mehr für die Menschen zur Nahrung bestimmt sein als für die Gewächse, die Bäume, Gräser und Disteln?*« (…)

Celsus fährt dann fort: »*Und wenn du sagst, daß diese Dinge* – nämlich *die Gewächse, die Bäume, Gräser und Disteln* – *für die Menschen wachsen, warum willst du dann behaupten, daß sie für die Menschen eher wachsen als für die wildesten unvernünftigen Tiere?*« Celsus möge doch nun geradeheraus erklären, daß nach seiner Meinung diese große Mannigfaltigkeit der Gewächse auf Erden kein Werk der Vorsehung sei, sondern daß irgendein Zusammentreffen von Atomen diese so zahlreichen Arten und Gattungen geschaffen habe, und daß es ein Werk des bloßen Zufalls sei, wenn so viele Arten von »Pflanzen und Bäumen und Gräsern« Ähnlichkeit miteinander haben, und daß kein kunstverständiger Geist sie ins Dasein gerufen habe, und daß sie ihr Dasein nicht einer Vernunft verdanken, die über alle Bewunderung erhaben ist. Wir Christen aber, die nur den einen Gott als den Schöpfer dieser Dinge verehren, wir wissen ihm auch dafür Dank, daß er sie geschaffen und uns und unsertwegen auch den Tieren, die uns dienen, einen so herrlichen Wohnplatz zubereitet hat. »Er läßt Gras wachsen für das Vieh und Pflanzen zum Dienste der Menschen, um Brotkorn aus der Erde hervorzubringen, und daß der Wein erfreue des Menschen Herz, und daß das Antlitz sich erheitere am Öl, und daß Brot stärke des Menschen Herz.« Wenn Gott aber auch »den wildesten Tieren Nahrung« zubereitet hat, so ist daran nichts Auffallendes. Denn diese unvernünftigen Wesen sind, wie auch andere Philosophen gesagt haben, für die vernünftigen der Übung wegen geschaffen worden. Einer von unseren Weisen sagt irgendwo: »Sprich nicht: Was ist dieses, wozu dient dieses? Denn alles ist zu ihrem Nutzen geschaffen«; und: »Sprich nicht: Was ist dieses, wozu dient dieses? Denn alles wird zu seiner Zeit erforscht werden.« (...)

Celsus hält sich hierauf selbst das entgegen, was zugunsten der Menschen vorgebracht wird, nämlich, es seien die unvernünftigen Tiere ihretwegen geschaffen, und sagt: »*Wenn uns jemand die Herrscher der belebten Schöpfung nennen wollte, da wir die übrigen lebenden Wesen jagen und verspeisen, so werden wir fragen: Warum sind nicht wir vielmehr ihretwegen geschaffen, da sie doch Jagd auf uns machen und uns fressen? Aber wir bedürfen auch der Netze und der Waffen und zahlreicher Menschen als Helfer und der Hunde wider die zu erjagenden Tiere; jene dagegen sind von der Natur sofort und an sich mit den Waffen versehen worden, mit denen wir von ihnen leicht bezwungen werden.*« Aber gerade da kann man sehen, ein wie starkes Hilfsmittel uns in dem Verstand gegeben worden ist, das mehr Schutz gewährt als jede Waffe, die die Tiere zu besitzen scheinen. Obgleich wir also an Körperstärke den Tieren weit nachstehen und an Körpergröße von einigen gar sehr übertroffen werden, so herrschen wir doch mit unserem Verstand über die wilden Tiere. Wir erjagen die gewaltigen Elephanten; die Tiere, die sich zähmen lassen, zwingen wir durch milde Behandlung; gegen diejenigen, die sich nicht zähmen lassen, oder von deren Zähmung wir uns keinen Nutzen versprechen können, verhalten wir uns vorsichtig und schützen uns dadurch vor ihnen, daß wir solche Tiere eingesperrt halten, wenn wir wollen; wenn wir aber ihr Fleisch zu unserer Nahrung brauchen, so töten wir sie ebenso leicht wie die Haustiere. Der Schöpfer hat also den vernünftigen Wesen und ihrem natürlichen Verstand alles dienstbar gemacht. Und zu dem einen Zwecke brauchen wir die Hunde, zum Beispiel zum Bewachen unserer Schafherden oder Rinderherden oder Ziegenherden oder Häuser, zu anderen Zwecken die Ochsen, zum Beispiel zum Feldbau; die Zug- und Lasttiere verwenden wir wieder zu anderen Dingen. Und so kann man auch sagen, die Löwen, Bären, Panther, Wildschweine und ähnliche wilde Tiere seien uns gegeben, daß wir die in uns vorhandene Anlage zu männlicher Kraft ausbilden können. (...)

Unser edler Gegner bemerkt nicht, wie viele Philosophen das Dasein einer Vorsehung annehmen und durch sie alle Dinge um der vernünftigen Wesen willen erschaffen lassen, und wie er, soweit es auf ihn ankommt, Lehren, die dem Einklang des Christentums mit der Philosophie hierin nützlich sind, zugleich mit untergräbt; auch sieht er nicht, wie sehr die Frömmigkeit geschädigt und gefährdet wird durch die Meinung, daß »der Mensch« in den Augen Gottes »vor den Ameisen oder Bienen gar nichts voraus habe«. Er sagt: »*Wenn es den Anschein hat, daß die Menschen deshalb über den unvernünftigen Tieren stehen, weil sie Städte erbaut haben und eine staatliche Verfassung mit Obrigkeiten und Herrschaften besitzen, so besagt das gar nichts; denn auch die Ameisen und die Bienen haben dies. Die Bienen haben nämlich ein Oberhaupt mit Gefolge und Dienerschaft; es gibt bei ihnen Kriege und Siege und Vernichtung der Besiegten; sie haben Städte und Vorstädte und Ablösung bei den Arbeiten und Gerichte für die Trägen und Schlechten; die Drohnen wenigstens werden von ihnen ausgestoßen und bestraft.*« Auch hier hat er nicht gesehen, worin sich das, was Vernunft und Berechnung vollbringt, von dem unterscheidet, was von einem vernunftlosen Wesen und von einer bloßen natürlichen Beschaffenheit aus geschieht. Denn die Ursache dieser Dinge ist nicht eine Vernunft, welche denen innewohnte, die sie vollbringen – diese haben eben keine Vernunft –; sondern das älteste Wesen, der Sohn Gottes, der König aller Dinge, hat die vernunftlose Natur geschaffen, daß sie, als vernunftlos, jenen Wesen beistehe, die der Vernunft nicht gewürdigt worden sind.

»Städte« mit vielen »Gewerben und Künsten« und gesetzlicher Ordnung entstanden nur bei den Menschen; »Verfassungen, Obrigkeiten und Herrschaften«, die sich bei den Menschen finden, sind entweder die im eigentlichen Sinne so genannten gewissen guten Zustände und Betätigungen, oder mißbräuchlich und uneigentlich so bezeichnete Dinge, die jenen möglichst nachgemacht sind. Denn erstere hatten die trefflichsten Gesetzgeber im Auge, als sie die besten »Verfassungen und die Obrigkeiten und die Herrschaften«

einsetzten. Von derartigen Dingen ist bei den unvernünftigen Tieren nichts zu finden, wenn auch Celsus Namen, die etwas Vernünftiges bedeuten und nur auf die vernünftigen Wesen (und ihr Handeln) angewendet werden, wie »Stadt, Verfassungen, Obrigkeiten und Herrschaften«, auf »Ameisen und Bienen« überträgt. Wegen solcher Dinge kann man indessen die Ameisen und Bienen nicht loben, denn sie verfahren dabei nicht mit Berechnung. Die Gottheit aber muß man bewundern, weil sie selbst den vernunftlosen Tieren die Fähigkeit gegeben hat, die vernünftigen Wesen in gewisser Hinsicht nachzuahmen, vielleicht in der Absicht, die vernünftigen Wesen zu beschämen, damit diese im Hinblick auf die Ameisen arbeitsamer und haushälterischer im Gebrauche ihrer Güter werden, und damit sie, wenn sie auf die Bienen achten, der Obrigkeit Gehorsam leisten und ihren Anteil an den notwendigen Staatsgeschäften zum Heile der Städte übernehmen. (...)

Celsus scheut sich nicht, um auch der Nachwelt die Häßlichkeit seiner Lehren zu zeigen, folgende Worte hinzuzufügen: »*Wohlan nun, wenn jemand vom Himmel herab auf die Erde hinblickte, was würde er wohl für einen Unterschied finden zwischen dem, was wir tun, und dem, was Ameisen und Bienen treiben?*« Wer nun nach seiner Voraussetzung »vom Himmel herab über die Erde hin das Tun und Treiben der Menschen und Ameisen erblickt«, schaut der etwa nur die Körper der Menschen und Ameisen an, bemerkt aber nicht hier den vernünftigen, von Überlegung geleiteten Willen, und andererseits nicht dort den unvernünftigen Willen, der nur durch Trieb und blinde Einbildung, mit Hilfe einer gewissen natürlichen Einrichtung, ohne Mitwirkung der Vernunft zur Bewegung gebracht wird? Aber es wäre töricht anzunehmen, der, welcher vom Himmel aus die irdischen Dinge betrachtet, wolle aus so weiter Entfernung nur die Körper der Menschen und Ameisen beobachten und nicht vielmehr auf die Beschaffenheit der sie bewegenden Kräfte sehen und die Quelle der Bewegungen (prüfen), ob sie vernünftig oder vernunftlos sei. Sieht er aber einmal auf die Quelle aller Bewegungen, so ist klar, daß er wohl auch den Unterschied und den Vorrang des Menschen nicht nur gegenüber den Ameisen, sondern auch gegenüber den Elephanten wahrnehmen wird. Denn wer vom Himmel herniedersieht, wird in den unvernünftigen Wesen, wie groß auch ihr Körper sein mag, doch kein anderes Prinzip entdecken können als, wenn ich so sagen soll, die Unvernunft; bei den vernünftigen Wesen aber wird er die Vernunft finden, die die Menschen mit den göttlichen und himmlischen Wesen gemein haben, ja vielleicht selbst mit dem über allen waltenden Gott. Daher heißt es auch von ihnen, daß sie »nach dem Bilde Gottes« geschaffen worden seien; denn »Bild« des über allen waltenden Gottes ist sein Wort (= Vernunft).

Aus: *Gegen Celsus*

Porphyrios
Griechischer Philosoph (um 232–304)

Daß das Thier-Essen weder die Weisheit noch die Einfachheit noch die Frömmigkeit – in denen doch das geistige Leben kulminirt, befördern kann, sondern sie vielmehr verhindert, das, lieber Freund Kastrizius, habe ich in den beiden ersten Büchern nachgewiesen; da aber die sittliche Schönheit sich besonders den Göttern gegenüber in der Frömmigkeit offenbart, diese aber vorzüglich aus der Enthaltung vom Essen der Thiere entspringt, so ist durchaus nicht zu fürchten, daß man die Gerechtigkeit gegen die Menschen verletzen werde, sobald man die Heiligkeit vor den Göttern wahrt. Sokrates sagte zu denen, welche die abweichende Meinung vertraten, daß die Wohllust des Lebens Zweck sei: »*er werde das doch nicht glauben, wenn es auch alle Säue und Böcke behaupteten, daß unser wahres Glück in der Wohllust liege, so lange in Allen Vernunft herrsche,*« wir aber werden, und *wenn auch alle Wölfe und Geier das Fleischfressen preisen, doch ihnen niemals Recht geben, denn der Mensch ist von Natur schuldlos und enthält sich solcher Genüsse, welche nur durch Schuld gegen Andere erlangt werden können. Gehen wir also zur Frage nach der Gerechtigkeit über,* und da unsere Gegner behaupten, sie sei nur unter Gleichen oder Aehnlichen möglich, und da sie also die »Vernunftlosen« unter den lebenden Geschöpfen von der Gerechtigkeit ausnehmen, *wohlan, so wollen wir die ganz wahre pythagorische Ansicht vertreten, wonach alles Lebendige, was empfindet und Erinnerung hat, auch ein vernünftiges Wesen ist.* Ist das bewiesen, so steht ja dann fest, daß die Gerechtigkeit sich auch auf diese erstrecken muß. (...)

Wer also die Wahrheit überhaupt erkennen will, wird hiernach zugeben, daß die Thiere vernunftbegabt sind. Wer freilich die Wahrheit nicht sehen, die Natur der Thiere nicht erkennen will, nun der wird eben seiner Selbstsucht – ihnen gegenüber – den Zügel schießen lassen: wie sollte er nicht auch beschimpfen und verleumden, was er wie den Stein zu zermalmen im Begriff ist?! *Aristoteles aber und Plato, Empedokles, Pythagoras, Demokritos und Alle, die die Wahrheit über sie zu erforschen bemüht waren, sie erkannten auch, daß die Thiere vernunftbegabt sind.* (...)

Und nun betrachte ihre Seelenaffekte, ob sie nicht ganz wie die unsrigen sind! Vor Allem die Empfindung! Ist nicht unser Schmecken der Speisen, unser Sehen der Dinge, unser Riechen der Düfte, unser Hören der Töne, unser Gefühl für Wärme und Kälte und so weiter ganz so wie bei den Thieren? Kommt das den Thieren nicht zu, weil sie keine Menschen sind, oder haben sie deshalb nicht Theil an der Vernunft? Dann müßten auch die Götter keine Vernunft haben, weil sie keine Menschen sind, oder vielmehr *wir nicht,* da die

Götter ja doch vernunftbegabte Wesen sind! Im Gegentheil aber, die Thiere übertreffen an Sinnenschärfe uns bei Weitem! (...)

Durch diese und andere noch zu erwähnende *Ansichten der Alten* wird also gezeigt, daß die Thiere Vernunft haben, so zwar, daß sie keinem ganz fehlt, obwohl sie in den meisten sehr unvollkommen ist. *Da nun, wie unsere Gegner behaupten, Gerechtigkeit nur gegenüber vernünftigen Wesen statthaben kann, warum sind wir nicht auch gegen die Thierwelt gerecht?* (...)

Wer es billigt, daß wir das Rind nicht zur Speise benutzen und keine Seele noch Leben zerreißen und vernichten, um mit einer Fülle von Leckerbissen und Schaugerichten die Tafel zu schmücken, um welches Lebens- oder Tugendmittel macht er denn das Leben ärmer? Nein, Pflanzen und Thiere in eine Linie stellen zu wollen, wäre doch sehr gezwungen. Thiere haben Gefühl, empfinden Schmerz, kennen die Furcht und die Verletzung: gegen sie kann man also ungerecht sein. Die Pflanzen aber haben kein Gefühl, für sie giebt es also auch nichts Fremdes, nichts Böses, nichts Verletzendes, keine Ungerechtigkeit, denn das Gefühl ist das Prinzip aller Zu- und Abneigung; die Zuneigung aber ist nach den Stoikern wieder die Voraussetzung aller Gerechtigkeit. Ist es denn nun nicht widersinnig, wenn wir viele Menschen sehen, die nur ihrem Gefühl nachleben, Sinn und Verstand aber nicht haben, und wieder viele, die an Rohheit, Wuth und Gier die wildesten der wilden Thiere übertreffen: Kindermörder, Elternmörder, Tyrannen und Tyrannendiener, – und denen gegenüber soll bei uns von Gerechtigkeit die Rede sein, – aber gegen das Rind, das für uns pflügt, gegen die Hausthiere, die uns mit Milch ernähren, mit ihrer Wolle kleiden, da sollte es keine Gerechtigkeit geben? Wäre das nicht das Allervernünftigste?

Ja, beim Zeus, dann hätte ja Chrisippus Recht, wenn er sagt, die Götter hätten uns Menschen nur um ihrer – und unserer willen geschaffen, die Thiere aber nur um unserer willen: die Rosse, daß sie mit uns die Kriege führen, die Hunde, daß sie uns jagen helfen, Panther, Bär und Löwe, damit sie uns gymnastische Uebungen machen, das Schwein aber – und das war die allersüßeste Gunst der Götter, es sei nur dazu geschaffen, geopfert zu werden, und als Salz habe ihm Gott Seele gegeben, um es uns zur Speise wohl vorzubereiten! Damit wir aber auch eine Fülle von Vor-, Zwischen- und Nachgerichten hätten, habe er Muscheln aller Art und Schnecken und Quallen geschaffen und die vielen Geflügel-Arten, alles aus keinem anderen Grunde, als um sich gleichsam selbst zu süßen Genüssen darzugeben, die Mutterbrust noch überbietend und den Erdkreis überschüttend mit Lust und Labsal! *Nun, wer darin noch eine Spur von Vernunft und Gotteswürdigkeit findet,* der sehe zu, was er zu dem Ausspruche des Karneades sagen möge, welcher spricht: *alles Natürliche, wenn es die Bestimmung erreicht, zu der es entstanden ist und gebildet wurde, ist nützlich.*

Unter »Nützlichkeit« versteht man aber ganz allgemein eine gute Verwendung. Nun soll das Schwein dazu da sein, um geschlachtet und gegessen zu werden. Indem es dies also über sich ergehen läßt, erreicht es seine natürliche Bestimmung und gute Verwendung! Nun, in der That, wenn Gott die Thiere zum Nutzen der Menschen geschaffen hat, wozu werden wir denn die Fliegen, die Mücken, die Fledermäuse, die spanischen Fliegen, die Skorpione, die Schlangen gebrauchen, von denen einige schon von Ansehn ekelhaft sind, andere den Berührenden unrein machen, unausstehlich duften und häßliche Töne von sich geben, andere geradezu tödtlich sind? Und die Walfische und Haifische und die anderen Seeungeheuer, deren, wie Homer sagt, »die wogende Amphitrite Myriaden weidet«, – warum hat der große Demiurg uns nicht gelehrt, wozu sie der Natur wohl »nützen«? Wenn wir nun aber zugestehen müssen, daß nicht alle Thiere für uns und um unserer willen geschaffen sind, – so folgt – ganz abgesehen von dieser ihrer großen Confusion und unklaren Entscheidung – daß wir dem Unrecht thun gar nicht entgehen könnten, indem wir Thieren Gewalt anthäten und sie benutzten, die vielleicht gar nicht einmal um unserer willen, sondern gleich uns nur von Natur geschaffen worden! Uebrigens, wenn man die Frage, ob Thiere um unserer willen geschaffen seien, danach beantworten will, ob sie uns zur Speise dienen, so müßten wir noch eher zugeben, *daß wir selbst um der reißenden Thiere willen geschaffen seien*, etwa der Krokodile, der Haifische oder Drachen willen, denn diese Thiere nützen nicht nur uns gar nichts, sondern wer in ihre Gewalt geräth, der wird ihre Speise! *Sie thuen damit durchaus nichts* Schlimmeres als wir, der ganze Unterschied ist: sie thun es aus Noth und Hunger, wir aber thun desgleichen aus *Uebermuth und Schwelgerei* und die meisten Thiere bringen wir zum Spiele in Theatern um oder auf den Jagden. *Eben dadurch sind wir so mörderisch, so wild, so ohne Mitgefühl* geworden, und die das zuerst gewagt, stumpften die Humanität am meisten ab. *Die Pythagoreer aber erhoben die Sanftmuth gegen die Thierwelt zu einem Hauptmerkmal der Menschenliebe und der Barmherzigkeit*. Erweckten diese also nicht viel mehr Gerechtigkeitssinn als die, *welche sagen, unsere Lehre gefährde die gewohnte Gerechtigkeit*? Denn die Gewohnheit hat eine wunderbare Macht, den Menschen in einmal gefaßter Leidenschaft vorwärts zu treiben. (…)

Wie einfältig, von den Thieren zu behaupten, sie empfänden keine Freude, hätten kein Gemüth, kennten keine Furcht, faßten keine Vorsätze, entbehrten der Erinnerung, sondern die Biene habe nur scheinbar oder »gleichsam« eine Erinnerung, die Schwalbe faßte »gleichsam« einen Vorsatz, der Löwe habe »gleichsam« eine Gemüthsart, der Hirsch habe »gleichsam« Furcht. Ich wüßte dann in der That nicht, was sie entgegnen wollten, wenn Jemand behaupten wollte, die Thiere hörten und sähen eigentlich nicht, sie hörten nur »gleichsam«, sie sähen nur »gleichsam«, sie sprächen nur »gleichsam«, sie lebten überhaupt eigentlich nicht, sondern sie lebten nur »gleichsam«. Denn daß hiermit nur dasselbe, wie mit jenem, ausgedrückt ist, wird Jeder Unvoreingenommene erkennen. (...)

Da uns nun die Thiere so verwandt sind und da sie nach Pythagoras gleiches Seelenleben mit uns haben, so muß mit Recht derjenige gottlos erscheinen, *der sich des Unrechts gegen sie nicht enthält.* Sind doch manche Menschen gegen ihre Mitmenschen noch grausamer und werden wie von einem Drang und Sturm ihrer eigener Natur zur Gewaltthat gegen ihre Nächsten hingerissen. Deshalb richten wir diese auch hin! Aber deshalb heben wir unser Verhalten gegen Gesittete nicht auf. Ebenso, wenn auch manche Thiere wild sind, müssen wir sie eben deshalb tödten, wie die ähnlich gearteten Menschen, aber deshalb darf man sein Verhalten gegen sanftere Thiere nicht ändern. In keinem Falle aber darf man weder die Einen noch die Anderen *verzehren,* so wenig als die Verbrecher unter den Menschen! Wir thun das größte Unrecht, indem wir zahme wie wilde Thiere tödten und die zahmen verzehren. Es ist *doppelt* Unrecht erstens weil wir die Thiere sanfterer Art tödten und gerade diese auch schmausen: wir tödten sie also offenbar nur um des Verzehrens willen!

Dem könnte man noch etwa Folgendes hinzufügen.

Wenn jemand sagt, wer den Begriff des Rechts auf die Thierwelt ausdehne, zerstöre den Rechtsbegriff, der übersieht, daß er selbst die Gerechtigkeit nicht wahrt, vielmehr begünstigt er die Wohllust, die ein Feind der Gerechtigkeit ist. Ist die Wohllust Zweck, so hört die Gerechtigkeit auf, denn daß die Gerechtigkeit durch die Enthaltsamkeit vom Thiergenuß gefördert wird, wem wäre das nicht zweifellos? Denn wer sich vom Genuß der Thierwelt consequent enthält, obgleich sie ihm minder eng verwandt ist, der wird sich um so mehr der Verletzung seines eigenen Geschlechts enthalten. Wer das Geschlecht liebt, kann die besonderen Spezies nicht hassen, sondern je größer das Geschlecht der beseelten Wesen ist, desto mehr wird er auch gegen den Theil, gegen alles Verwandte, gerecht sein. Wer seine Verwandtschaft mit der Thierwelt anerkennt, der wird auch gegen kein Thier ungerecht sein können. Wer aber die Gerechtigkeit auf den Menschen beschränkt, der wird in seiner Beschränktheit leicht ungerecht werden, so daß die pythagoreische Zukost noch angenehmer ist als die sokratische. *Dieser nämlich nannte den Hunger die beste Zukost, Pythagoras aber meinte: Niemand Unrecht thun, der Gerechtigkeit aber sich freuen, das sei die beste Zukost! Denn das Vermeiden des Thieressens ist das Vermeiden der Ungerechtigkeit in der Ernährung.* Gott hat auch nicht gewollt, daß wir unser Heil nur durch Sünde gegen Anderes sollten wahren können, sonst hätte er ja in uns die Natur zum Prinzip des Bösen gesetzt. Mißkennen übrigens nicht diejenigen das Wesen der Gerechtigkeit, die sie aus der Verwandtschaft des Menschen mit dem Menschen herleiten? Das wäre ja nur Menschenfreundlichkeit. *Die Gerechtigkeit aber besteht darin, daß man sich alles Verletzens dessen, was selbst nicht verletzt, enthält.* So ist der Gerechte gesinnt, nicht aber wie jene! Daher erstreckt sich die Gerechtigkeit auch über die Thierwelt, denn in der Nichtverletzung besteht sie. Daher sagt man auch, das Wesen der Gerechtigkeit bestehe darin, daß die Vernunft herrsche über die Unvernunft, diese aber jener folge. Denn wenn jene herrscht und diese folgt, so muß der Mensch gegen Alles gerecht sein.

Aus: *Von der Enthaltsamkeit*

Lactantius
Lateinischer Kirchenlehrer und Philosoph (um 250–317)

Obwohl die Philosophen sich oft aus Unkenntnis der Wahrheit von der Vernunft entfernt haben und in unentwirrbare Irrtümer geraten sind – es geht ihnen nämlich gewöhnlich so wie dem Wanderer, der den Weg nicht kennt und seine Unwissenheit nicht zugeben will, so daß er umherirrt, weil er sich schämt, die zu fragen, die ihm entgegenkommen –, so hat eines doch noch kein Philosoph behauptet: daß zwischen Mensch und Tier kein Unterschied sei. Und überhaupt hat kein einziger Mensch, der nur den leisesten Anschein von Geistigkeit erwecken wollte, das vernünftige Lebewesen mit den stummen und vernunftlosen gleichgestellt. Das tun nur gewisse ungebildete und eben dem Vieh ähnliche Menschen, die sich dem Bauch und der Wollust hingeben wollen; die sagen deshalb, sie seien mit der selben Bestimmung geboren wie alle anderen atmenden Lebewesen. Es ist frevelhaft, wenn ein Mensch das sagt.

Wer ist denn so ungebildet, nicht zu wissen, wer so unweise, nicht zu fühlen, daß dem Menschen etwas Göttliches innewohnt. Dabei rede ich noch nicht von den Kräften der Seele und des Geistes, hinsichtlich derer die Verwandtschaft des Menschen mit Gott offenbar ist. Erklärt nicht bereits die Körperhaltung und die Gestalt des Gesichts, daß wir nicht dem stummen Vieh gleichen? Denn dessen Wesensart ist niedergerichtet zum Boden und zur Weide und hat keine Gemeinschaft mit dem Himmel, den sie nicht schaut. Der Mensch wird dagegen durch seine gerade Haltung und sein hochgerichtetes Gesicht zur Betrachtung der Welt veranlaßt. Er tauscht mit Gott den Blick, und Vernunft erkennt Vernunft.

Daher gibt es, wie Cicero sagt, kein Lebewesen außer dem Menschen, das irgend eine Gotteserkenntnis besitzt. Er allein ist mit Weisheit ausgestattet, um allein Kenntnis von Religion zu besitzen. Darin besteht der wichtigste oder vielmehr einzige Unterschied zwischen dem Menschen und dem stummen

Tier. Denn die übrigen scheinbaren Eigentümlichkeiten des Menschen können bei den Tieren, selbst wenn sie nicht gleicher Art sind, doch als Ähnlichkeiten erscheinen.

Dem Menschen ist die Sprache eigentümlich; dennoch gibt es auch bei jenen etwas, was sich vergleichen läßt. Denn sie erkennen einander an den Stimmen; werden sie wütend, so geben sie einen Laut von sich, der dem Schimpfen ähnlich ist, und wenn sie sich von weitem sehen, dann geben sie mit der Stimme ihren höflichen Grüßen Ausdruck. Uns erscheinen wohl ihre Stimmen unartikuliert, wie ihnen vielleicht auch die unsrigen, aber für sie selbst, die sie sich erkennen, sind es Worte. Schließlich drücken sie bei jeder Gemütsbewegung charakteristische Lautzeichen aus, um damit den Stand ihrer Gesinnung anzuzeigen. – Auch das Lachen ist dem Menschen eigentümlich; dennoch sehen wir bei anderen Tieren gewisse Zeichen der Freude, wenn sie sich zum Spielen drängen, sich die Ohren streicheln, das Maul vorziehen, die Stirn glätten und die Augen fröhlich öffnen.

Was ist dem Menschen so eigentümlich wie Planung und Vorsorge für die Zukunft? Und doch gibt es Tiere, die ihrem Bau nach verschiedenen Seiten mehrere Ausgänge eröffnen, damit im Falle der Gefahr die Flucht für die Belagerten offen bleibe. Das würden sie nicht tun, wenn sie nicht Einsicht und Überlegung besäßen. Andere sorgen für die Zukunft, wie

> »... die Ameise, die einen mächtigen Haufen von Spelzkorn
> raubt, weil sie stets des Winters gedenkt und bringt ihn zur Scheuer«,

oder wie die Bienen,

> »denn die bilden allein ein Volk mit bestimmter Behausung,
> denken des künftigen Winters und mühn sich darum schon im Sommer,
> tragen fleißig zusammen, was alles sie draußen gefunden«.

Es dauerte lang, wenn ich ausführen sollte, was es bei den einzelnen Tierarten für Tätigkeiten gibt, die menschlicher Geschicklichkeit ganz ähnlich sind.

Wenn sich nun zu alle dem, was man dem Menschen gewöhnlich zuschreibt, auch bei den Tieren etwas ähnliches antreffen läßt, dann bleibt offenbar die Religion das einzige, wovon man bei den Tieren keine Spur oder Ahnung finden kann. Zur Religion gehört die Gerechtigkeit, die kein anderes Lebewesen angeht. Der Mensch allein nämlich teilt mit; die übrigen Wesen sind sich selbst zugewandt. Zur Gerechtigkeit zählt aber der Gottesdienst; wer ihn nicht auf sich nimmt, der ist fern von Menschenart und lebt in Menschengestalt das Leben von Tieren. Wenn wir uns aber von den übrigen Wesen fast nur dadurch unterscheiden, daß wir allein die göttliche Kraft und Macht fühlen, während jene keine Gotteserkenntnis besitzen, dann kann in dieser Hinsicht bestimmt das Wissen der Tiere unmöglich größer sein oder die menschliche Natur unwissend; denn wegen seiner Weisheit ist dem Menschen alles, was atmet, und die ganze Welt untertan. Wenn daher Vernunft und Macht des Menschen hierin die übrigen Lebewesen überragt und übertrifft, daß er allein zur Gotteserkenntnis fähig ist, dann kann offensichtlich die Religion auf keine Weise aufgelöst werden.

Aus: *Vom Zorne Gottes*

Augustinus
Lateinischer Kirchenlehrer und Philosoph (354–430)

Nicht umsonst vermag man nirgends in den heiligen kanonischen Büchern ein göttliches Gebot oder auch nur die Erlaubnis dafür zu finden, daß wir, sei es um die Unsterblichkeit zu erlangen oder um irgendein Übel zu vermeiden oder zu beseitigen, uns selbst das Leben nehmen dürfen. Vielmehr ist es uns verboten, was aus dem Wortlaut des Gesetzes »Du sollst nicht töten« zu verstehen ist; um so mehr, als nicht hinzugefügt ist: »deinen Nächsten« wie beim Verbot des falschen Zeugnisses, wo es heißt: »Du sollst nicht falsches Zeugnis geben wider deinen Nächsten.« Trotzdem darf man sich nicht frei von dieser Sünde glauben, wenn man wider sich selbst falsches Zeugnis gäbe. Denn die Nächstenliebe hat ihren Maßstab von der Selbstliebe empfangen, da ja geschrieben steht: »Du sollst deinen Nächsten lieben wie dich selbst.« Wenn ferner der über sich selbst Falsches Aussagende nicht weniger sich des falschen Zeugnisses schuldig macht, als wer es gegen den Nächsten tut, obzwar in dem Gebot nur von dem falschen Zeugnis wider den Nächsten die Rede ist, was man bis dahin unrichtig auslegen könnte, es sei nicht verboten, daß einer wider sich selbst als falscher Zeuge auftritt: um wieviel mehr ist es zu verstehen, daß es dem Menschen nicht erlaubt ist, Hand an sich selbst zu legen, da durch das Schriftwort »Du sollst nicht töten«, dem jede Beifügung fehlt, keiner ausgenommen erscheint, auch nicht der, an den das Gebot gerichtet ist? So suchen ja manche dieses Gebot auch auf Vieh und Raubtier auszudehnen, als verbiete es, auch diese zu töten. Warum dann nicht auch Kräuter und was sonst mit der Wurzel im Erdboden Nahrung und Halt findet? Denn auch diese Gattung von Wesen hat, wenn auch keine Empfindung, so doch sozusagen ein Leben, kann daher auch sterben und schließlich, wenn Gewalt angewendet wird, auch getötet werden. Darum sagt auch der Apostel, wenn er von solchen Samen spricht: »Was du säest, wird nicht wieder lebendig, wenn es nicht stirbt« (1 Kor 15, 36). Und im Psalm steht geschrieben: »Mit Hagel tötete er ihre Reben« (Ps 77, 50). Sollen wir also deshalb, wenn wir hören: »Du sollst nicht töten«, das Ausreißen von Buschwerk für unrecht halten und uns in höchstem Unsinn dem Irrtum der Manichäer hingeben? Mit solchen Faseleien haben wir nicht zu tun. Wenn wir lesen: »Du sollst nicht töten«, nehmen wir nicht an, daß sich dies auf Sträucher bezieht, und zwar weil sie keine Empfindung besitzen, und ebensowenig auf vernunftlose Lebewesen, ob sie nun fliegen, schwimmen, laufen oder kriechen, weil sie uns durch den Mangel an Vernunft, die ihnen nicht mit uns gemeinsam gegeben ist, nicht zugesellt sind. Darum hat auch die gerechteste Anordnung des Schöpfers ihr Leben und ihr Sterben unserm Nutzen angepaßt. So bleibt also nur, das Gebot einzig auf den Menschen zu beziehen: »Du sollst nicht töten«, weder den andern also, noch sich selbst. Denn wer sich selbst tötet, tötet nichts andres als den Menschen.

Aus: *Der Gottesstaat*

Thomas von Aquin
Italienischer Philosoph und Theologe (um 1225–1274)

Ist es erlaubt, irgendwelche Lebewesen zu töten?

1. Der Apostel sagt Röm 13, 2: »Wer der Anordnung Gottes widersteht, zieht sich selbst Verurteilung zu.« Durch die Ordnung der göttlichen Vorsehung aber werden alle Lebewesen im Sein erhalten; nach dem Psalmwort [Ps 147 (146), 8f.]: »Er läßt Gras sprossen auf den Bergen und gibt dem Vieh seine Nahrung.« Also scheint die Tötung irgendwelcher Lebewesen unerlaubt zu sein.

2. Mord ist deshalb Sünde, weil der Mensch des Lebens beraubt wird. Das Leben ist aber allen Tieren und Pflanzen gemeinsam. Also scheint aus demselben Grunde auch die Tötung von Tieren oder Pflanzen Sünde zu sein.

3. Im göttlichen Gesetz wird nur der Sünde eine besondere Strafe bestimmt. Nun wird dem, der Schaf oder Rind des anderen tötet, im göttlichen Gesetz eine besondere Strafe bestimmt, wie es hervorgeht aus Ex 22, 1. Also ist die Tötung der Tiere Sünde.

Anderseits sagt Augustinus: »Wenn wir hören: ›Du sollst nicht töten‹, so verstehen wir dieses Wort nicht von den Fruchtpflanzen, weil sie überhaupt kein Empfinden haben; noch von den vernunftlosen Tieren, weil sie uns in keiner Weise gleichgestellt sind. Also bleibt nur übrig, daß wir das Wort: ›Du sollst nicht töten‹ vom Menschen verstehen.«

Antwort: Keiner sündigt, indem er eine Sache zu dem verwendet, wozu sie bestimmt ist. In der Ordnung der Wesen aber sind die unvollkommenen wegen der vollkommenen da; wie auch die Natur beim Vorgang der Zeugung vom Unvollkommenen zum Vollkommenen fortschreitet. Wie daher bei der Zeugung des Menschen zuerst das Lebewesen, dann das Sinnenwesen, zuletzt der Mensch da ist, so sind auch die Wesen, die nur Leben haben, wie die Pflanzen, im allgemeinen für alle Tiere da, und die Tiere für den Menschen. Wenn deshalb der Mensch die Pflanzen gebraucht für die Tiere und die Tiere zum Nutzen des Menschen, so ist das nicht unerlaubt; wie das auch aus dem Philosophen [Aristoteles, Politik, I,8] erhellt. Unter den verschiedenartigen Verwendungsmöglichkeiten nun scheint jener Gebrauch am meisten notwendig zu sein, bei dem die Tiere sich der Pflanzen, die Menschen sich der Tiere zur Nahrung bedienen, was nicht ohne Tötung jener geschehen kann. So ist es denn erlaubt, sowohl die Pflanzen zu töten zur Nahrung für die Tiere, als auch die Tiere zur Nahrung des Menschen, und zwar auf Grund der göttlichen Ordnung. Denn so heißt es Gen. 1, 29f.: »Sehet, Ich habe euch alles Kraut und alle Bäume gegeben, daß sie euch und allen Tieren zur Nahrung seien.« Und Gen. 9,3 heißt es: »Alles, was sich regt und lebt, soll euch zur Speise dienen.«

Zu 1. Auf Grund göttlicher Anordnung wird das Leben der Tiere und Pflanzen erhalten, doch nicht ihrer selbst wegen, sondern des Menschen wegen. Deshalb sagt Augustinus: »Auf Grund der durchaus gerechten Anordnung des Schöpfers sind Leben und Tod dieser Wesen zu unserer Verfügung.«

Zu 2. Die Tiere und Pflanzen haben nicht das Leben der Vernunft, wodurch sie selbst ihr Leben »führen« könnten, sondern immer werden sie auf Grund eines naturhaften Antriebes gleichsam von einem anderen »gelebt«. Das ist ein Zeichen dafür, daß sie von Natur aus zum Dienste und Gebrauch anderer Wesen bestimmt sind.

Zu 3. Wer das Rind eines anderen tötet, sündigt zwar, doch nicht, weil er ein Rind getötet hat, sondern weil er einen Menschen an seinem Eigentum geschädigt hat. Deshalb fällt das nicht unter die Sünde des Mordes, sondern unter die Sünde des Diebstahles oder Raubes.

Aus: *Summa theologica* (1266–1273)

Leonardo da Vinci
Italienischer Maler, Bildhauer, Architekt, Naturforscher und Ingenieur (1452–1519)

Mögen solche Leute in der Gesellschaft der Tiere bleiben, und ihr Hofstaat mögen Hunde und andere raubgierige Bestien sein und diese sich ihnen zugesellen; immer hinter denen herjagend, die fliehen, verfolgen sie die unschuldigen

Tiere, die zur Zeit der großen Schneefälle, vom Hunger getrieben, bis vor dein Haus kommen, um von dir, als ihrem Beschützer, Almosen zu erbitten.

Wenn du, wie du selbst geschrieben hast, der König der Tiere bist – doch richtiger solltest du dich König der Bestien nennen, weil du die größte bist –, warum hilfst du ihnen nicht, damit sie dir später ihre Jungen zur Befriedigung deiner Gefräßigkeit geben, die dich veranlaßt, ein Grab für alle Tiere aus dir zu machen?

Noch Weiteres würde ich sagen, wenn das Wahre zu sagen mir völlig erlaubt wäre.

Aber wir wollen die menschlichen Dinge nicht verlassen, ohne einen schlimmen Frevel zu erwähnen, der unter den Tieren auf Erden nicht vorkommt, denn man findet unter ihnen keine, die ihre eigene Art fressen, es sei denn aus Mangel an Gehirn – tatsächlich gibt es auch unter ihnen Wahnsinnige, wie unter den Menschen, wenngleich nicht in so großer Zahl –; dies geschieht nur bei Raubtieren, wie Löwenarten und Leoparden, Panthern, Luchsen, Katzen und ähnlichen, die manchmal ihre Jungen auffressen; doch du frißt nicht nur deine eigenen Kinder auf, sondern auch Vater, Mutter, Brüder und Freunde; und da dir das noch nicht genügt, so gehst du auf fremden Inseln auf die Jagd und nimmst dort andere Menschen gefangen, und nachdem du sie entmannt hast, mästest du sie und schlingst sie dann hinunter! Erzeugt denn die Natur nicht so viele einfache Stoffe, daß du dich satt essen kannst? Und falls du dich mit den einfachen nicht begnügst, kannst du nicht, durch ihre Mischung, unzählige zusammengesetzte (Speisen) bereiten, wie Platina und andere Autoren der Feinschmeckerei es beschrieben haben?

Aus: *Windsor Hss., 19084* (1489–1516)

Von der Grausamkeit der Menschen. – Man wird Lebewesen auf Erden sehen, die einander fortwährend bekämpfen, und zwar unter sehr großen Verlusten und häufigem Totschlag auf beiden Seiten. Sie werden keine Grenze kennen in ihrer Bösartigkeit; durch ihre ungebärdigen Glieder wird ein großer Teil der Bäume in den riesigen Wäldern der Welt zu Boden gestürzt werden; und nachdem sie sich sattgegessen haben, werden sie zur Befriedigung ihrer Gelüste Tod und Drangsal und Mühe und Angst und Flucht jeglichen lebendigen Wesen bringen. In ihrem maßlosen Hochmut werden sie sich zum Himmel erheben wollen, doch wird die allzu große Schwere ihrer Glieder sie unten festhalten. Kein Ding wird über der Erde oder unter der Erde und im Wasser bleiben, das nicht verfolgt, verjagt oder vernichtet, von einem Land ins andere geschleppt wäre; und ihr Leib wird Grab und Durchgang aller lebendigen Körper werden, die sie getötet haben.

O Erde, warum tust du dich nicht auf? Stürze [sie] in die tiefen Spalten deiner großen Abgründe und Höhlen, um nicht mehr dem Himmel den Anblick eines so grausamen, erbarmungslosen Scheusals zu bieten.

Aus: *Codex Atlantis, 370 v. a* (1483–1518)

Giovanni Pico della Mirandola
Italienischer Philosoph (1463–1494)

Schon hatte Gottvater, der höchste Baumeister, dieses Haus, die Welt, die wir sehen, als erhabensten Tempel der Gottheit nach den Gesetzen verborgener Weisheit errichtet. Den Raum über den Himmeln hatte er mit Geistern geschmückt, die Sphären des Äthers mit ewigen Seelen belebt, die kotigen und schmutzigen Teile der unteren Welt mit einer Schar Lebewesen aller Art gefüllt. Aber als das Werk vollendet war, wünschte der Meister, es gäbe jemanden, der die Gesetzmäßigkeit eines so großen Werkes genau erwöge, seine Schönheit liebte und seine Größe bewunderte. Daher dachte er, als schon alle Dinge (wie Moses und Timaios bezeugen) vollendet waren, zuletzt an die Erschaffung des Menschen. Es gab aber unter den Archetypen keinen, nach dem er einen neuen Sproß bilden konnte, unter den Schätzen auch nichts, was er seinem neuen Sohn als Erbe schenken konnte, und es gab unter den Plätzen der ganzen Erde keinen, den der Betrachter des Universums einnehmen konnte. Alles war bereits voll, alles den oberen, mittleren und unteren Ordnungen zugeteilt. Aber es hätte nicht der väterlichen Allmacht entsprochen, bei der letzten Schöpfung gewissermaßen aus Erschöpfung zu versagen; es hätte nicht seiner Weisheit entsprochen, aus Ratlosigkeit in einer unumgänglichen Angelegenheit unschlüssig zu sein; nicht hätte es seiner wohltätigen Liebe entsprochen, daß der, der die göttliche Großzügigkeit an den anderen loben sollte, gezwungen wäre, sie in Bezug auf sich selbst zu verurteilen.

Endlich beschloß der höchste Künstler, daß der, dem er nichts Eigenes geben konnte, Anteil habe an allem, was die einzelnen jeweils für sich gehabt hatten. Also war er zufrieden mit dem Menschen als einem Geschöpf von unbestimmter Gestalt, stellte ihn in die Mitte der Welt und sprach ihn so an: »Wir haben dir keinen festen Wohnsitz gegeben, Adam, kein eigenes Aussehen noch irgendeine besondere Gabe, damit du den Wohnsitz, das Aussehen und die Gaben, die du selbst dir aussiehst, entsprechend deinem Wunsch und Entschluß habest und besitzest. Die Natur der übrigen Geschöpfe ist fest bestimmt und wird innerhalb von uns vorgeschriebener Gesetze begrenzt. Du sollst dir deine ohne jede Einschränkung und Enge, nach deinem Ermessen, dem ich dich anvertraut habe, selber bestimmen. Ich habe dich in die Mitte der Welt gestellt, damit du dich von dort aus bequemer umsehen kannst, was es auf der Welt gibt. Weder haben wir dich himmlisch noch irdisch, weder sterblich noch unsterblich geschaffen, damit du wie dein eigener, in Ehre frei entscheidender, schöpferischer Bildhauer dich selbst zu der Gestalt ausformst, die du bevorzugst. Du kannst zum Niedrigeren, zum Tierischen entarten; du kannst aber auch zum Höheren, zum Göttlichen wiedergeboren werden, wenn deine Seele es beschließt.«

Welch unübertreffliche Großmut Gottvaters, welch hohes und bewundernswertes Glück des Menschen! Dem gegeben ist zu haben, was er wünscht, zu sein, was er will. Die Tiere tragen gleich bei ihrer Geburt aus dem Beutel ihrer Mutter, wie Lucilius sagt, mit sich fort, was sie besitzen werden. Die höchsten Geister waren entweder von Anfang an oder bald danach, was sie bis in alle Ewigkeit sein werden. Im Menschen sind bei seiner Geburt von Gottvater vielerlei Samen und Keime für jede Lebensform angelegt; welche ein jeder hegt und pflegt, die werden heranwachsen und ihre Früchte in ihm tragen. Sind es pflanzliche, wird er zur Pflanze, sind es sinnliche, zum Tier werden. Sind es Keime der Vernunft, wird er sich zu einem himmlischen Lebewesen entwickeln; sind es geistige, wird er ein Engel sein und Gottes Sohn. Wenn er sich nun, mit keinem Los der Geschöpfe zufrieden, ins Zentrum seiner Einheit zurückgezogen hat, wird er, ein Geist mit Gott geworden, in der einsamen Dunkelheit des über allem stehenden Vaters alles überragen.

Wer sollte dies unser Chamäleon nicht bewundern? Oder wer sollte gar irgendetwas anderes mehr bewundern? Von dem Asklepios von Athen mit vollem Recht wegen dieser ständig wechselnden und sich selbst verwandelnden Natur gesagt hat, er werde in den Mysterien durch Proteus dargestellt. Daher die berühmten Metamorphosen bei Hebräern und Pythagoreern. Denn die geheime Theologie der Hebräer verwandelt bald den heiligen Enoch in einen Engel der Gottheit, den sie »mālākh hashĕkhīnāh«, nennen, bald andere in andere göttliche Wesen. Ebenso werden bei den Pythagoreern frevelhafte Menschen zu Tieren und, wenn man Empedokles glaubt, sogar zu Pflanzen verunstaltet. Mahomet führte, indem er sie nachahmte, häufig das Wort im Mund, wer vom göttlichen Gebot abgewichen sei, werde zum Tier, und das mit Recht. Denn nicht die Rinde macht die Pflanze aus, sondern ihr verstandloses und nichts fühlendes Wesen, das Tier nicht das Fell, sondern die vernunftlose und sinnesabhängige Seele, den Himmel nicht der kreisrunde Körper, sondern die genaue Gesetzmäßigkeit; nicht die Trennung vom Körper, sondern das geistliche Erkenntnisvermögen macht den Engel aus. Wenn du nämlich einen Menschen siehst, der seinem Bauch ergeben auf dem Boden kriecht, dann ist das ein Strauch, den du siehst, kein Mensch; wenn einen, der blind in den nichtigen Gaukeleien der Phantasie, wie denen der Kalypso, verfangen, durch verführerische Verlockung betört und seinen Sinnen verfallen ist, so ist das ein Tier, das du siehst, kein Mensch. Wenn einen Philosophen, der in rechter Abwägung alles unterscheidet, kannst du ihn verehren: er ist ein himmlisches Lebewesen, kein irdisches. Wenn du aber einen reinen Betrachter siehst, der von seinem Körper nichts weiß, ins Innere seines Geistes zurückgezogen, so ist der kein irdisches, kein himmlisches Lebewesen; er ist ein erhabeneres, mit menschlichem Fleisch umhülltes göttliches Wesen.

Aus: *Über die Würde des Menschen* (1486)

Erasmus von Rotterdam
Niederländischer Philosoph und Theologe (um 1466–1536)

Jeder ist um so glücklicher, je reichhaltiger nach der Meinung der Torheit seine Verrücktheit ist, nur muß er bei jenem Wahn bleiben, der uns gemäß ist. Er ist so allgemein im Schwange, daß man unter allen Menschen kaum einen finden dürfte, der jederzeit bei Sinnen wäre und nicht im Zauberbann irgendeines Wahnes stände. Wer einen Kürbis für eine Frau hält, gilt allgemein als verrückt, weil so etwas nur selten vorkommt. Wer aber auf seine Gattin, die er mit anderen teilen muß, mehr als auf Penelope schwört und sich dabei in einem glücklichen Irrtum ungebührlich selbst erhebt, gilt nirgendwo als verrückt, weil Ehemänner häufig in dieser Lage erscheinen. Dazu gehören auch die Jagdwütigen, denen nichts über die Tierhetze geht und die ein unglaubliches Vergnügen zu empfinden meinen, so oft sie den widerwärtigen Schall der Hörner und das Gebell der Meute hören. Fast möchte ich annehmen, daß sie die Hundelosung wie Zimtgeruch empfinden. Mit welchem Behagen wird das Wild zerlegt? Ochsen und Hämmel überläßt man dem niederen Volk, Wild darf nur von einem Edelmann ausgeweidet werden. Barhäuptig kniet er auf der Erde und schneidet mit dem einzig zulässigen Waidmesser nach vorgeschriebenem Ritus andächtig bestimmte Stücke in fester Reihenfolge herunter. In stummer Bewunderung verharrt unterdes das Jagdgefolge wie bei einer ungewohnten und heiligen Handlung, obwohl man das Schauspiel schon mehr als tausendmal gesehen hat. Wer ein Stückchen von der Bestie kosten darf, kommt sich vollends fast geadelt vor. Während diese Menschen bei ständiger Jagd und Fresserei im Grunde nur ihre eigene Entartung zum Tier erreichen, meinen sie doch ein königliches Leben zu führen.

Aus: *Das Lob der Torheit* (1511)

Thomas Morus
Englischer Staatsmann und Philosoph (1478–1535)

An die erwähnten Märkte schließen sich Lebensmittelmärkte an, auf die sie nicht nur Gemüse, Früchte und Brot schaffen, sondern außerdem auch Fische und Fleisch, da es außerhalb der Stadt besondere Plätze gibt, wo man das von Sklavenhänden geschlachtete und ausgenommene Vieh in fließendem Wasser von Blut und Schmutz reinigen kann. Sie dulden nämlich nicht, daß sich die Bürger an das Schlachten von Tieren gewöhnen, weil sie glauben, daß dadurch das Mitleid, die menschlichste Empfindung unserer Natur, sich allmählich verliere; und ferner lassen sie auch nichts Unreines und Schmutziges, durch dessen Fäulnis die Luft verpestet und Krankheiten eingeschleppt werden könnten, in die Stadt bringen. (…)

Ebenso törichten Vergnügungen gehen ihrer Meinung nach auch die Würfelspieler, deren Unsinnigkeit sie freilich nur vom Hörensagen, nicht aus Erfahrung kennen, außerdem die Jäger und Vogelsteller nach. Denn was für ein Vergnügen, sagen sie, ist es schon, die Würfel auf ein Brett zu werfen und es so oft zu tun, daß einem das bißchen Spaß, wenn wirklich einer dabei sein sollte, schon durch die dauernde Wiederholung zum Überdruß werden müßte? Und wie kann es Freude und nicht vielmehr Abscheu erregen, das Gebell und Geheul der Hunde anhören zu müssen? Oder wieso macht es mehr Spaß, wenn der Hund den Hasen verfolgt, als wenn ein Hund einem anderen Hunde nachläuft? Es ist doch beidemal dasselbe: es wird gerannt – falls dir das Rennen Spaß macht. Hoffst du aber aufs Töten, wartest du auf das Zerfleischen, das sich vor deinen Augen abspielen soll, dann sollte dich doch lieber das Erbarmen packen, wenn du siehst, wie das Häschen vom Hunde zerrissen wird, der Schwache vom Stärkeren, der Scheue und Ängstliche vom Wilden, der Harmlose endlich vom Grausamen. Die Utopier haben deshalb die gesamte Ausübung der Jagd als ein freier Menschen unwürdiges Geschäft den Metzgern zugewiesen, deren Gewerbe sie, wie oben gesagt, Sklaven ausüben lassen; sie betrachten nämlich die Jagd als die niedrigste Stufe davon, die übrigen Sparten als nützlicher und anständiger, weil dabei die Tiere viel mehr geschont und um der Notwendigkeit willen geschlachtet werden, während der Jäger beim Morden und Zerfleischen eines armen Tierchens nur sein Vergnügen sucht. Diese Lust, dem Morden zuzuschauen, entspringt ihrer Ansicht nach sogar bei den Raubtieren einer grausamen Regung oder artet mindestens bei ständiger Wiederholung eines so rohen Vergnügens in Grausamkeit aus. (…)

Sie schlachten kein Tier zum Opfer und glauben auch nicht, daß die göttliche Güte an Blut und Mord Gefallen finde, die den Lebewesen gerade deshalb das Leben geschenkt hat, damit sie leben sollen.

Aus: *Utopia* (1516)

Giovanni Battista Gelli
Italienischer Schriftsteller und Philosoph (1498–1563)

Hindin: Ach/ Gott Lob und Danck/ daß ich die menschliche Stimme wider verstehen/ und wie ich pflegete/ auch reden kan.

Ulysses: Vielleicht werde ich einen solchen angetroffen haben/ der die Erkändnüß/ also nicht wie jene/ mit denen ich geredet/ verlohren/ weil er also Gott höchlich dancket/ daß er die Menschliche Sprache verstehet/ und gleich wie wir reden kan.

Hindin: Bistu aus GriechenLand/ der du uns darumb befragest?

Ulysses: Ja ich bin daher/ und heisse Ulysses.

Hindin: Und ich gleichfals war aus GriechenLand/ und eine WeibesPerson/ ehe ich von der Circe zum stück Wildes verwandelt wurde.

Ulysses: O wenn ich mit Weibern zuthun habe/ da man zu sagen pfleget/ daß sie allzeit das schlimme oder Arge erwehlen/ wird es eben eines mit dem vorigen seyn: Nichts desto weniger werde ich mich noch besser vergnügen können/ wenn ich mit beyderley Geschlecht geredet.

Hindin: Was ist aber die Ursach/ Ulysses, daß du dergestalt nachforschest, ob auch ein Grieche unter uns ist? Und sage mir auch/ so du es weissest/ ob dir die Götter allzeit so geneiget seyn/ sintemal ich dich anjetzo verstehen/ und mit dir reden kan/ welches mir/ sieder deme ich zur Hindin worden/ mit niemande anders mehr widerfahren ist.

Ulysses: Dessen solstu mir danck wissen/ denn ich von Circe, umb der Liebe willen/ die ich zu meinen Griechen trage/ so viel durch Bitte erhalten/ daß ich mit euch allen reden mag/ ingleichen vermag ich auch die/ so nur wollen/ wider zu Menschen lassen werden/ und kan sie alsdenn mit mir in ihr Vaterland wider bringen. Nun bistu auch deren eine/ welcher ich diese Wohlthat/ so du nur wilst/ beweisen wil/ darumb sage mir dein Gemüth frey und rund heraus. Sihe aber/ daß du mir bald Antwort gebest/ denn ihr Weiber/ wenn ihr gar zu lange auff ein Ding dencket/ verwirret ihr euch endlichen/ von wegen eweres schwachen Kopffs und Gemüths/ so sehr drinnen/ daß ihr nicht wisset/ wie ihr wider sollet heraus kommen: Dannenhero/ werden alleine an euch die Antworten/ gelobet/ so da geschwinde und bald geschehen.

Hindin: Nein: sihe da hastu eine geschwinde kurtze Antwort.

Ulysses: Diß wird keine lobwürdige Antwort seyn/ ob sie schon balde erfolget.

Hindin: Und warum?

Ulysses: Darumb daß sie ausser aller Vernunfft und Billigkeit ist.

Hindin: Das will ich ja nit/ das du sagest/ denn ich dessen Ursache gnug/ daß ich Nein gesaget.

Ulysses: Sage mir doch zum wenigsten warumb? sonsten kan ich nicht mit dir zu frieden seyn.

Hindin: Däuchtet es dich nit Versuch gnug zu seyn/ daß ich nicht wider in mein voriges Wesen gebracht werden wil/ da ich doch/ inmassen ich dir gesagt/ ein Weib gewesen?

Ulysses: Mit nichten/ denn du würdest ja ein vernünfftig Geschöpff seyn/ deren wesen ich sehe/ daz es hoch von dir geschetzet wird/ und mehr als irgend eines andern wilden Thieres Zustand/ dieweil du dich so hoch gegen den Göttern bedanckest/ daß die Sprache wider bekommen/ welche Eigenschafft alleine den Menschen zustehet.

Hindin: Ey lieber/ ein vernünfftig Geschöpf zu seyn/ ist nicht die Ursach/ darumb ich nicht wider in mein erstes Wesen kommen wil/ sondern daß ich wider ein Weib/ als ich dir gesaget/ werden soll: Da die armen Weiber so sehr von euch verachtet werden/ daß auch Weisen unter euch gewesen/ welche sagen dürfften/ wir weren nicht einerley Art mit euch: Andere aber haben gesaget/ das Weib sey ein mißrathenes Männlein/ welches anders nichts sagen wil/ als ein von der Natur/ ausser ihren fürgesatzten Zwegk/ entweder von unvollnkommenen Saamen oder aus mangel der Materi zubereitet Ding. Welches/ wie es der Natur-Ordnung zu wieder einem jeden hell und offenbar für Augen sein kan/ sintemal auch wir an ewerer Zeugung theil haben/ und darbey sein müssen: Auch hernachher/ was von uns gebohren wird/ seines gleichen wider fortzeugen kan/ welches aber andere von zweyen unterschiedenen Arten nicht zu thun vermögen/ als man durch die Erfahrung an den Mauleseln/ so von einem Pferd und Esel herkommen/ zu sehen hat.

Ulysses: Ach weistu so viel von der VernunfftLehr? (*Philosophi*).

Hindin: Wundere dich dessen nicht Ulysses, denn mein Mann ein vortrefflicher VernunfftLehrer (*Philosophus*) war/ daher ich auch/ weil ich mit ihme stetiges umbgienge/ etwas weniges davon lernen muste. Über dieses weistu auch/ daß die VernunfftLehr (*Philosophia*) den Menschen gleichsam natürlich ist.

Ulysses: Nichts destoweniger hastu dem vornembsten Mangel/ so ein Weib an sich hat/ nicht vorkommen können?

Hindin: Wie? welcher ist es?

Ulysses: Der stetige Wille zum Schwatzen/ der in dir so viel vermag/ daß du auch nicht wider zum Menschen werden wilst/ sondern nur die Sprache wider haben/ weil du unlangst den Göttern danck sagetest/ daß du wider reden köntest.

Hindin: Däuchtet dich denn nicht/ daß ich daran recht habe? Weil die Weiber von euch/ wie leibeigene oder gefangene Dienstmägde/ und nicht als ewere Gesellschaft gehalten werden/ wiewol die Billigkeit selbst erfordert/ welches denn so ein Gottloses Ding ist/ auch der Natur-Ordnung so sehr zu wider läuffet/ daß es kein ander Thier/ als ihr/ ein mal zuthun sich unterstehet. Suche doch ein wenig umb/ unter allerley art Thieren/ wo du nur wilt/ so wirstu es gewiß in keiner andern finden/ daß das Weiblein dem Männlein zur Dienstmagd und nicht zur Gesellin/ geordnet sey/ es geschehe nun in Erlustigung/ oder Arbeit/ denn alleine bey den Menschen. Welcher nichts desto weniger ein Herr über alles wil genennet seyn/ da er deme zu gegen der ärgste und ungerechteste Wütrich ist/ weil er seine Gesellschaft also übel hält/ in dem er sihet/ daß sie von der Natur nur etwas schwächerer Kräffte und Gemüths/ als er ist/geschaffen worden.

(…)

Hindin: (…) Darumb sey nur nicht mehr bemühet Ulysses, mich dahin zu verleiten/ daß ich wider zum Weibe werden solte/ denn ich solcher gestalt als eine Hindin/ oder Hirschwild/ viel freyer und vergnügter lebe/ als ich nicht thate/ da ich noch ein Weib war.

Aus: *La Circe* (1549)

Michel de Montaigne
Französischer Jurist, Politiker und Philosoph (1533–1592)

Der Hochmuth ist ein uns natürlicher und angebohrner Fehler. Der Mensch ist das elendeste und gebrechlichste unter allen Geschöpfen: und dennoch ist er das hoffärtigste. Er merkt und siehet, daß er hier in dem Schlamme und Unflathe der Welt wohnet, daß er an das schlechteste, lebloseste, und trägeste Theil dieses Ganzen, an das unterste und von dem Himmelsgewölbe am weitesten entlegene Stockwerk nebst denen Thieren, welche von der schlechtesten Art unter den dreyen sind, gebunden und angenagelt ist. Nichts desto weniger will er sich durch seine Einbildung über den Kräis des Monds schwingen, und den Himmel unter seine Füsse bringen.

Durch eben diese eitle Einbildung macht er sich Gott gleich, leget sich göttliche Eigenschaften bey, sondert sich selbst von dem Haufen der andern Geschöpfe ab, schneidet den Thieren, seinen Mitbrüdern und Gesellen ihren Theil zu, und giebt ihnen so viel Vermögen und Kräfte, als ihm gutdünckt. Wie, erkennet er denn durch die Stärke seines Verstandes die innerlichen und verborgenen Regungen der Thiere? Aus was für einer Vergleichung zwischen uns und ihnen folgert er dann die Dummheit, die er ihnen beyleget? Wer weiß, wenn ich mit meiner Katze spiele, ob sie sich die Zeit nicht mehr mit mir vertreibt, als ich mir dieselbe mit ihr vertreibe? Wir treiben wechselsweise mit einander Possen. Gleichwie ich nach Gefallen anfangen oder aufhören kann: so kann sie es auch. Plato zählet in seiner Abbildung der güldenen Zeit unter dem Saturn, den Umgang der Menschen mit den Thieren, bey welchen sie sich erkundigten, belehren ließen, und jeder Art ihre wahre Eigenschaften und Charakter erfuhren, mit unter die hauptsächlichsten Vorzüge der damaligen Menschen: weil sie auf diese Art eine sehr vollkommene Erkenntnis und Klugheit erlangeten, und daher ein ungemein glücklicher Leben führten, als wir zu führen im Stande sind. Brauchen wir einen bessern Beweis von der menschlichen Unverschämtheit in Ansehung der Thiere? Dieser große Schriftsteller hat dafür gehalten, daß die Natur meistentheils bey der ihnen ertheilten Leibesbildung bloß auf die gewöhnlichen Vorbedeutungen gesehen habe, die man zu seiner Zeit darinnen suchte. Warum liegt der Fehler, welcher den Umgang zwischen uns und ihnen hindert, nicht eben so wohl an uns, als an ihnen? Es ist noch nicht ausgemacht, an wem der Fehler lieget, daß wir einander nicht verstehen: denn wir verstehen sie eben so wenig, als sie uns verstehen. Sie können uns aus eben dem Grunde für unvernünftig halten, aus welchem wir sie dafür halten. Es ist kein großes Wunder, wenn wir sie nicht verstehen. Wir verstehen ja auch die Biscayer und die Troglodyten nicht. Indessen haben sich doch einige sie zu verstehen gerühmt, als Apollonius von Thyana, Melampus, Tiresias, Thales, und andere. Und wenn, wie die Erdbeschreiber berichten, gewisse Völker einen Hund zu ihrem Könige machen: so müssen sie doch wohl seine Stimme und seine Bewegungen zu verstehen glauben.

Wir müssen nur auf die Gleichheit, die zwischen uns und ihnen ist, Achtung geben. Wir verstehen mittelmäßig, was die Thiere haben wollen; und fast eben so gut verstehen auch uns die Thiere. Sie schmeicheln, sie drohen, sie ersuchen uns: und dieses thun wir auch gegen sie. Uebrigens sehen wir sehr deutlich, daß unter ihnen ein vollkommenes Verständniß ist; und daß nicht nur diejenigen, die von einerley Art sind, sondern auch Thiere von verschiedenen Arten, einander verstehen. (…)

Aus einem gewissen Bellen des Hundes erkennet das Pferd, daß er zornig ist; vor einer andern Stimme von ihm entsetzet es sich nicht. Selbst bey denenjenigen Thieren, die keine Stimme haben, können wir aus den gegenseitigen Dienstbezeigungen leichtlich schließen, daß sie durch irgend ein anderes Mittel ein Verständniß mit einander unterhalten müssen. Ihre Bewegungen reden. (…) Warum gehet dieses alles nicht eben sowohl an, als daß unsere Stummen mit einander disputiren, Schlüsse machen, und Geschichte durch Zeichen erzählen? Ich habe unterschiedliche gesehen, die hierinnen so geschickt und fertig waren, daß sie sich in der That vollkommen verständlich erklären konnten. Die Verliebten zürnen, versöhnen sich wieder, bitten, danken einander, bestellen einander, und sagen einander alles mit den Augen. (…) Was thun wir nicht alles mit den Händen? Wir ersuchen, versprechen, rufen, beurlauben, drohen, bitten, flehen, verneinen, versagen, fragen, bewundern, zählen, bekennen, bereuen, fürchten, schämen, zweifeln, unterweisen, befehlen, reitzen, ermuntern, schwören, bezeugen, beschuldigen, verdammen, sprechen los, schimpfen, verachten, trotzen, zürnen, schmäucheln, loben, segnen, demüthigen, spotten, versöhnen, empfehlen, erhöhen, empfangen, erfreuen, beklagen, betrüben, verzweifeln, erstaunen, rufen aus, schweigen stille. Wir verändern und vervielfältigen die Bewegungen derselben so gut, als die Bewegungen der Zunge. Mit dem Kopfe rufen wir, und fertigen auch wieder ab. Mit dem Kopfe bekennen, läugnen, widersprechen, bewillkommen, ehren, verehren, verachten, fordern, verweigern, erfreuen, trauren, liebkosen, schelten, trotzen, ermahnen, drohen, versichern, fragen wir? Was thun wir nicht mit den Augenbrauen? Was nicht mit den Schultern? Alle Bewegungen reden, und zwar eine ohne allen Unterricht verständliche Sprache, eine ganz gemeine Sprache. Hieraus ist zu schliessen, wenn man die Verschiedenheit und den mannichfaltigen Gebrauch der andern Sprachen betrachtet, daß diese hier der menschlichen Natur gemäßer seyn muß. (...)

Ich habe alles dieses zu dem Ende gesagt, um die Gleichheit zu erweisen, die unter den menschlichen Dingen ist, und um uns wieder zu dem großen Haufen zurück zu führen, und wieder mit demselben zu vereinigen. Wir sind weder höher, noch niedriger, als der übrige Theil. Alles, was unter dem Himmel ist, sagt der Weise, ist einerley Gesetze, und gleichem Glücke unterworfen. (...)

Zwar giebt es einen gewissen Unterschied: es giebt Gattungen, es giebt Stuffen. Allein, alles steht unter der Aufsicht der einzigen Natur. (...)

Man muß den Menschen zwingen, und in den Schranken dieser Ordnung halten. Das elende Geschöpf kann dieselben zwar ohnedem nicht wirklich überschreiten. Es ist eben so gut gespannt und gefesselt, und eben so gebunden, als die übrigen Geschöpfe von seiner Ordnung, und befindet sich in einem sehr mittelmäßigen Stande, ohne alle Vorrechte, und ohne einige wahre und wesentliche Vorzüge. Die vermeynten und eingebildeten Vorzüge, die es sich selbst beyleget, sind erdichtet und abgeschmackt. Wenn nun dem also ist, daß der Mensch unter allen Thieren allein eine so freye Einbildungskraft, und unordentliche Art zu denken hat, die ihm das, was ist, und das was nicht ist, was er nur will, das Falsche und das Wahre, vorstellet: so ist dieses ein Vorzug, der ihm theuer zu stehen kömmt, und dessen er sich nicht sehr zu rühmen hat. Hieraus entspringt die Hauptquelle der Uebel, die ihn drücken, die Sünde, die Krankheit, die Unschlüßigkeit, die Verwirrung, die Verzweifelung. Ich sage also, um wieder auf mein Vorhaben zu kommen, daß man ohne einen wahrscheinlichen Grund annimmt, die Thiere thäten eben das aus einer natürlichen und gezwungenen Neigung, was wir aus eigner Wahl und mit Bedachte vornehmen. Wir müssen aus gleichen Wirkungen auf gleiche Kräfte, und aus vollkommenern Wirkungen auf vollkommnere Kräfte schließen, und folglich bekennen, daß sich eben die Vernunft, und eben die Art zu verfahren, welche wir beobachten, oder vielleicht eine bessere, auch bey den Thieren findet. Warum bilden wir uns diesen natürlichen Zwang bey ihnen ein, da wir doch keine dergleichen Wirkung davon wahrnehmen? (…)

Ich habe vormals unter uns Leute gesehen, welche zur See aus fernen Ländern kamen. Wir verstunden ihre Sprache gar nicht; ihre Sitten und Kleidung waren übrigens von den unsrigen sehr unterschieden: und wer unter uns hielt sie nicht für wild und ungeschliffen? Wer legte es ihnen nicht als einen Unverstand und eine Dummheit aus, wenn er sahe, daß sie stumm waren, die französische Sprache nicht verstunden, und sich in unser Handküssen, und schlangichte Beugungen, in unsere Stellungen und Geberden nicht schicken konnten, welche freylich die menschliche Natur ohne Ausnahme zum Muster nehmen muß. Wir verwerfen alles, was fremd fürkommt, und was wir nicht verstehen. Eben so gehet es uns auch, wenn wir von den Thieren urtheilen. (…)

In der äußerlichen Gestalt und der Gesichtsbildung sehen uns die Affen ähnlich. (…)

In Ansehung der innerlichen und zum Leben gehörigen Theile, sind wir den Schweinen ähnlich.

Gewiß, wenn ich mir den Menschen und selbst dasjenige Geschlecht, welches den größten Antheil an der Schönheit zu haben scheinet, ganz nacket, seine Mängel, seine natürliche Ohnmacht, und seine Unvollkommenheiten, vorstelle: so dünkt mich, wir haben mehr Ursache gehabt uns zu bedecken, als sonst irgend ein anderes Thier. Wir sind zu entschuldigen gewesen, daß wir denenjenigen Thieren, welchen die Natur in diesem Stücke günstiger als uns gewesen ist, unsere Bedeckung abgeborget, uns mit ihrer Schönheit geschmücket, und uns unter ihrer Wolle, ihren Federn, Haaren und Borsten versteket haben. Uebrigens verdient noch angemerkt zu werden, daß wir das einzige Thier sind, dessen Fehler selbst andere seines gleichen nicht leiden können; und die einzigen, die sich bey ihren natürlichen Handlungen vor andern ihrer Art verbergen müssen. Desgleichen verdient in der That auch dieses in Ueberlegung gezogen zu werden, daß die Meister in der Kunst die völlige und freye Besichtigung des gesuchten Leibes, als ein Mittel wider die verliebten Neigungen vorschreiben, und sagen, man dürfe nur, wenn man in der Liebe kaltsinnig werden wolle, den geliebten Gegenstand frey ansehen. (…)

Uebrigens ist selbst derjenige Theil von den Gunstbezeigungen der Natur, den wir den Thieren nach unserm eigenen Geständnisse beylegen, für dieselbigen sehr vortheilhaft. Wir legen uns eingebildete und erdichtete, oder zukünftige und abwesende Güter bey, die sich die menschliche Geschicklichkeit nicht selbst verschaffen kann: oder, solche Vollkommenheiten, die wir uns fälschlich und bloß aus Verwegenheit anmaßen, als Vernunft, Wissenschaft und Ehre. Hingegen überlassen wir ihnen die wesentlichen, augenscheinlichen und handgreiflichen Güter, als den Frieden, die Ruhe, die Sicherheit, die Unschuld, und die Gesundheit: die Gesundheit sage ich, das schönste und kostbarste Geschenk, welches uns die Natur geben kann. Auf diese Art untersteht sich die Weltweisheit, so gar die Stoische, zu sagen, daß Heraklit und Pherecydes, wenn sie ihre Weisheit gegen die Gesundheit hätten vertauschen können, und wenn sich der erste auf diese Weise von der Wassersucht, der andere aber von der Läusekrankheit, womit er behaftet war, hätte befreyen können, so würden sie sehr wohl gethan haben. Sie geben hiedurch der Weisheit noch einen größern Werth, indem sie dieselbe der Gesundheit vergleichen und entgegen setzen, als sie in folgendem Satze thun, der auch von ihnen herkömmt.

Sie sagen, daß Ulyßes, wenn ihm Circe zween Tränke vorgesetzet hätte, einen, wodurch aus einem närrischen Menschen hätte ein weiser werden können, und einen andern, wodurch aus einem Weisen hätte ein Narr werden können, lieber den Narrentrank hätte annehmen, als einwilligen müssen, daß ihm Circe statt der menschlichen Gestalt eine thierische gegeben. Ja, sie sagen, daß die Weisheit selbst ihn auf diese Art angeredet haben würde: »Verlaß mich, und laß mich eher fahren, ehe du mir die Gestalt und den Leib eines Esels zur Wohnung anweisest.« Was? Die Philosophen verlassen also die große und göttliche Weisheit dieser körperlichen und irdischen Hütte wegen? Also kömmt unser Vorzug vor den Thieren nicht auf die Vernunft, auf den Verstand, und auf die Seele, sondern auf unsere Schönheit, unser hübsches Gesicht, und auf die schöne Einrichtung unserer Gliedmassen an, derenwegen wir unsern Verstand, unsere Klugheit, und alles übrige in die Schanze schlagen müssen? Ich nehme dieses aufrichtige und freye Geständniß an. Gewiß, sie haben erkannt, daß diese Stücke, wovon wir so viel Wesen machen, nur in einer nichtigen Einbildung bestehen. Wenn also die Thiere alle stoische Tugend, Wissenschaft, Weisheit und Geschicklichkeit besässen: so würden sie doch immer nur noch Thiere bleiben, und nicht mit einem elenden, boshaften und unsinnigen Menschen können verglichen werden. Denn kurz, alles, was nicht ist, wie wir sind, tauget nichts: und Gott selbst muß, wenn er anders ein Ansehen haben will, uns ähnlich werden, wie wir bald zeigen wollen. Hieraus erhellet, daß wir uns den übrigen Thieren nicht aus vernünftigen Gründen, sondern bloß aus einem thörichtem Stolze und aus Eigensinne vorziehen, und uns ihrem Stande und ihrer Gesellschaft entziehen.

Aus: *Essais* (1580)

Pierre Charron
Französischer Theologe und Philosoph (1541–1603)

Den letzten Zug am Gemälde von unserm Elend vollendet jene Verachtung und Geringschätzung, womit wir auf Andere herab sehen; indem wir, von Stolz und Hochmuth aufgebläht, wunder glauben, was an uns seye, und wie tief alle übrigen Wesen unter uns stehen. Aus diesem Wahn entstehen die meisten unserer Verirrungen. An diesem Dünkel, der macht, daß wir nichts gehörig würdigen, von uns hingegen eine übertriebene Meynung haben, liegt es, daß wir auch unserm Schöpfer nicht Ehrfurcht genug bezeigen, und, in einen Irrthum nach dem andern verstrickt, die Abhängigkeit, die uns in Demuth erhalten sollte, aus den Augen verlieren, und uns Anmaßungen erlauben, die uns nothwendig unglücklich machen müssen. Dieser Stolz treibt uns so weit, daß wir uns einbilden, die Welt, und alle Dinge in ihr, seyen unsertwegen da; unser Ende ziehe das Ende aller Dinge nach sich, und bezeichne in der Weltordnung eine wichtige Begebenheit. – Was da lebt, wähnen wir, sey verbunden, sich nach uns zu richten, und unser Wille geschaffen, den Gang des Weltalls zu leiten. Wenn uns friere, liege es der Sonne ob, uns zu wärmen; und wenn uns zu heiß sey, so sey es die Pflicht der Winde, uns Kühlung zuzuwehen.

Die Thiere betrachten wir in unserm Uebermuth, als von uns gänzlich verschiedene Wesen, ob sie gleich aus eben der Quelle herstammen, der wir Leben und Daseyn verdanken; wir behandeln sie ohne Schonung, und verfahren hart und grausam mit ihnen.

Leichtgläubigkeit ist eine andere Folge des Eigendünkels, wodurch wir dahin gerathen, so vielen unsinnigen Dingen Glauben beizumessen, und wider das, was unsere Vernunft sich einmal hat überreden lassen für wahr zu halten, keinen Zweifel anzuhören, sondern die Aussprüche unseres beschränkten Verstandes für untrüglich, und es für unmöglich zu halten, daß wir hintergangen werden könnten. Betrüger und Quacksalber bauen auf diesen unsern thörigten Stolz ihre Hoffnungen, lassen uns Geister sehen, und nehmen Wunderkuren mit uns vor. Alles alte Herkommen ist uns dieserwegen so schwer auszureden; wir enthalten uns zu prüfen, und erachten es für überflüssig, nähere Untersuchungen anzustellen.

Haben wir den Menschen schwach und elend an und für sich gefunden, so ist er es noch weit mehr in Vergleich mit andern Wesen. Der Vorzug, den er vor den Thieren voraus zu haben glaubt, ist blos scheinbar. Die Thiere sind nicht nur fähiger, weit mehr zu ertragen, Kälte, Hitze, Thau und Regen besser als wir auszuhalten – sie übertreffen uns auch an Mässigkeit, Geschicklichkeit, und friedlichem Einverständniß untereinander. Sie kränkeln weder so viel als wir, noch kennen sie die Unruhe, die Furcht, die Unsicherheit, die Angst, und wie sie sonst alle heißen mögen, die Besorgnisse, Leidenschaften und Bekümmernisse, die uns soviel zu schaffen machen: Ihre Bedürfnisse bleiben selten unbefriedigt, ihre Hoffnungen und Erwartungen selten unerfüllt; denn sie sind eingeschränkter. Sie erreichen, wornach sie streben; vollenden, was sie beginnen. Unsere Jugend verstreicht unter Zwang und Unbehaglichkeit, wir müssen in der Schule und Dicasterien schwitzen – und dennoch verdienen wir unser Brod dereinst nur kärglich. Der Storch erbaut sich sein Nest, ohne zuvor Unterricht darin erhalten zu haben; durchstreift mit seinen Jungen die freien Regionen der Luft, und weiß nichts von den Sorgen, die uns das Leben verkümmern.

Der stets untrügliche Instinkt, der jedem Thier beiwohnt, nach dem es handelt und von dem es sich leiten läßt, verfehlt nie seinen Zweck. Was will unsere Vernunft dagegen sagen? Wie oft führt uns dieselbe nicht irre, und läßt uns Dornen statt Rosen pflücken! –

Ist es überdem nicht ehrenvoller, so wie die Thiere vermöge ihres Instinkts, unmittelbar von der Hand des Schöpfers geleitet zu werden, als so wie wir, sich selbst überlassen zu seyn, in der Irre umher zu streifen, sich wie der verlorne Sohn, aus dem väterlichen Hause zu verlieren, und mit den Schweinen Träber zu fressen? – Der Mensch besitzt Vernunft, erwiedern unsere Gegner; ihm ist es verliehen, in die Zukunft zu blicken, zu vergleichen, zu prüfen, und hier: aus zu wählen. – Was will unsere Voraussehungskraft sagen, gegen den richtigen Takt, der den Thieren eigen ist! – Dient diese unsere so hoch gepriesene Beurtheilungskraft nicht weit öfter darzu, uns zu beunruhigen, als unser Leben still und friedlich zu machen? Fließen aus dieser Quelle nicht alle unsere Sorgen, unsere Leidenschaften, unsere Thorheiten und Laster her – von dem allen die Thiere nichts wissen? Ist sie nicht der Grund der Unentschlossenheit, die uns so oft befällt wenn es am nöthigsten wäre, fest, bestimmt und entschlossen zu seyn – des Wankelmuths, der Unbeständigkeit, und des Leichtsinns, die uns so viele Qual verursachen, und uns um so manchen Lebensgenuß bringen? – Pyrrho's Schwein verzehrte bei jenem Sturm, der alles Schiffsvolk in Angst und Verlegenheit versetzte, ruhig sein Futter im Schiff. – Wahrlich, wir sollten die Thiere um das, was ihnen an Geistesvermögen abgeht, eher beneiden, als daß wir sie deswegen verachten. Was sind wir gebessert dadurch, daß wir mit Verstand und Beurtheilungskraft begabt sind? – Die Thiere wissen von keinem Uebel früher etwas, als bis es sie wirklich betroffen hat. Wir hingegen sind immer voller Unruhe und Besorgnisse; machen uns Vorwürfe über die Vergangenheit; quälen und betrüben uns wegen der Zukunft; arbeiten uns ab mit thörigten Vorkehrungen; und fürchten uns vor Uebeln, die uns oft gar nicht erreichen.

Unsere vorgebliche Herrschaft über die Thiere will auch nicht viel sagen; denn beim Lichte betrachtet, leisten wir den Thieren, im Ganzen genommen, eben so viele Dienste, als sie uns – füttern, pflegen und reinigen sie mit größter Sorgfalt, und sehen uns genöthigt, wenn eine Krankheit oder Seuche sie uns entreißt, den Unterhalt, womit sie uns das wenige Futter, das wir ihnen reichen, vergüteten, hinterm Zaun zu suchen, und unser Leben durch Betteln zu fristen. – Sie fürchten uns weniger, als wir sie fürchten. Freier leben sie gleichfalls, als wir; unterwerfen sich nicht eines dem andern, so wie wir thun; und zwingen ihres Gleichen nicht mit Gewalt zur Sklaverei und Unterthänigkeit.

Andere Menschen feindselig anzugreifen, versammeln wir uns haufenweis – verheeren mit Bedacht und Ueberlegung. – Das Thier ist nur grausam, wenn es der Hunger darzu antreibt: Der Mensch mordet aus Mordsucht. –

An Tugend und geselliger Neigung, wüßte ich auch nicht, was der Mensch vor den Thieren besonders voraus hätte. Anhänglichkeit, Treue, Grosmuth, und Erhabenheit der Gesinnungen, sind den Thieren so gut eigen, als uns; ja viele Thiere haben die Beständigkeit in diesen Tugenden mit ihrem Leben versiegelt, ohne sich dagegen, so wie wir, ungerecht, hart, undankbar, lügenhaft, verstellt und hinterlistig finden zu lassen. Und nehmen wir vollends an, daß der Inbegriff aller Tugenden in der Mässigung seiner Leidenschaften und Begierden, und der Kraft bestehe, den Reizungen der Wollust Widerstand zu leisten, und sich in den Schranken zu halten, die uns die Natur gesetzt hat; so mögen wir mit allem Recht den Thieren den Rang vor uns zugestehen. Widernatürliche Laster, erkünstelte und überflüssige Bedürfnisse, sind ihnen eben so unbekannt, als Uebertreibung und Unersättlichkeit in Befriedigung der erlaubten Vergnügungen. Gerathen sie in Streit, und greifen sich einander an, so geschieht es nicht nur offen, und mit rechtmässigen Waffen, die jeder Theil gleich gut zu führen versteht, sondern auch lange nicht mit der Erbitterung, womit wir übereinander herfallen. Der Streit nimmt ein Ende, sobald Eins von Beiden verwundet ist; und mit dem Streit hören auch Hader und Groll auf.

Laßt uns aufrichtig seyn, und gegen die Vorzüge, die wir dem Schein nach vor den Thieren voraus haben, die Eigenschaften in die Waagschale legen, die wir als Zugabe erhalten haben: Rastlose Unruhe, Unbeständigkeit, Unentschlossenheit, Aberglaube, ängstliche Besorglichkeit wegen der Zukunft, Ehrbegierde, Geiz, Neid, Lügenhaftigkeit, sammt dem ganzen Troß regelloser Begierden, Launen, und unerklärliche Sonderbarkeiten, die stündlich unsere Ruhe anfeinden, unsere Gesundheit untergraben, und der Vernunft bei ihren Verrichtungen Hindernisse in den Weg legen. Entfernen wir uns aus dem gewöhnlichen Geleise, suchen wir uns zu erheben, und einen höhern Flug zu nehmen, so gerathen wir in Gefahr, uns dem Gebiete der Narrheit, des Wahnsinns und des Unverstandes so sehr zu nähern, daß unser Wandel vor der Welt für das Betragen eines Fieberkranken und Verrückten gehalten wird. – Die Thiere, frei von dem allen, führen indessen ein ruhiges und gemächliches Leben.

Aus: *Von der Weisheit* (1601)

Francis Bacon
Englischer Staatsmann und Philosoph (1561–1626)

Wir haben auch Käfige und Gehege für Säugetiere und Vögel aller Art. Diese halten wir nicht so sehr ihrer Sonderlichkeit und Seltenheit wegen als zu Sektionen und anatomischen Versuchen, um dadurch soweit wie möglich auch Einblick in den menschlichen Körper zu gewinnen. Dabei haben wir viele wunderbare Entdeckungen gemacht, so etwa über die Fortdauer des Lebens, nachdem einige Teile, die ihr für lebenswichtig haltet, abgestorben sind oder entfernt wurden, über die Wiederbelebung einiger, die scheintot waren und Ähnliches. Wir machen an diesen Tieren Versuche mit allen Giften, Gegengiften und anderen Heilmitteln, sowohl auf medizinische als auch auf chirurgische Weise, um den menschlichen Körper besser schützen zu können. Wir machen auch die einen künstlich größer und länger, als sie von Natur aus sind, andere wieder umgekehrt zwergenhaft klein und nehmen ihnen ihre natürliche Gestalt. Außerdem machen wir die einen fruchtbarer und mehrbäriger, als sie ihrer Natur nach sind, die anderen umgekehrt unfruchtbar und zeugungsunfähig. Auch in Farbe, Gestalt und Gemütsart verändern wir sie auf vielerlei Art und Weise. Wir sorgen ferner für Kreuzungen und Verbindungen von Tieren verschiedener Arten, die neue Arten hervorbringen, die trotzdem nicht unfruchtbar sind, wie die allgemeine Ansicht ist. Auch züchten wir viele Arten von Schlangen, Würmern, Mücken und Fischen aus verwesenden Stoffen; von diesen reifen einige zu vollkommenen Gattungen wie Vögeln, Vierfüßlern oder anderen Fischen, die auch zweigeschlechtig werden und sich selbständig fortpflanzen. Jedoch tun wir das nicht aufs Geratewohl, sondern wir wissen genau, welches Tier aus welchem Stoff hervorgebracht werden kann.

Wir haben auch besondere Fischteiche, wo wir ähnliche Versuche mit Fischen anstellen, wie ich sie eben von den Säugetieren und Vögeln berichtet habe.

Wir haben auch besondere Plätze zur Fortpflanzung von solchen Würmern und Insekten, die euch unbekannt, aber außerordentlich nützlich sind, wie etwa bei euch die Seidenwürmer und Bienen.

Aus: *Neu-Atlantis* (1627)

Thomas Hobbes
Englischer Staatstheoretiker und Philosoph (1588–1679)

Sprache oder Rede ist eine Verbindung der von den Menschen willkürlich festgesetzten Worte, um eine Reihe von Vorstellungen von Dingen, an die wir denken, zu bezeichnen. Wie sich also ein Wort zu einem Gedanken oder einer Vorstellung verhält, so verhält sich die Sprache zu einem Gedankenablauf. Und zwar scheint die Sprache dem Menschen eigentümlich zu sein. Denn wenn auch einige Tiere durch Gewohnheit lernen, unsere Wünsche und Befehle auf Grund von Worten zu verstehen, so erfassen sie dabei doch nicht die Worte, sofern sie Worte sind (denn sie wissen ja nicht, zur Bezeichnung welches Gegenstandes die Worte von der Willkür des Menschen bestimmt sind), sondern die Worte sind ihnen nur Signale.

Die Zeichengebung aber, die mit Hilfe der Stimme zwischen zwei Tieren derselben Art zustande kommt, ist darum keine Sprache, weil jene Laute, durch die Hoffnung, Furcht, Freude usw. ausgedrückt wird, von ihnen nicht willkürlich hervorgebracht, sondern durch den Zwang ihrer Natur von ihren Empfindungen mit Gewalt ausgepreßt werden. So kommt es bei Tieren, deren Stimme nur eine kleine Veränderungsmöglichkeit hat, vor, daß die einen von den anderen durch die Verschiedenheit der Laute in Gefahren zur Flucht aufgefordert, zum Fressen gerufen, zum Singen ermuntert, zur Liebe gereizt werden. Doch sind diese Laute nicht Sprache, da sie nicht durch deren Willen festgesetzt sind, sondern durch die Gewalt der Natur von der Furcht, Freude, Begierde und den übrigen Empfindungen jedes einzelnen hervorgerufen werden. Daß dies kein Sprechen ist, geht auch daraus hervor, daß die Tiere derselben Gattung in allen Erdteilen dieselben Laute hervorbringen, die Menschen dagegen jeweils verschiedene Sprachen haben.

Darum entbehren die Tiere auch des Verstandes; denn der Verstand hat es zwar mit Vorstellungen zu tun, aber mit solchen, die aus der festgesetzten Bedeutung der Worte entspringen.

Ich habe soeben gesagt, daß die Worte durch menschliche Festsetzung entstanden sind; vielleicht wird nun jemand fragen, welcher Menschen Festsetzungen so viel galten, daß sie eine so große Wohltat, wie die Sprache für uns ist, dem menschlichen Geschlecht erweisen konnten. Es ist nun nicht glaublich, daß einmal die Menschen zu einer Beratung zusammengekommen seien, um durch einen Beschluß festzusetzen, was die Worte und Wortverknüpfungen bedeuten sollten. Man kann also annehmen, daß es von Anfang an einige wenige Worte gegeben hat, und zwar die Bezeichnungen der vertrautesten Dinge. Der erste Mensch hat nach seiner Willkür nur einigen Tieren, die Gott ihm vorführte, Namen beigelegt; dann anderen Gegenständen, so wie sich ein immer neuer Anblick der Dinge seinen Sinnen darbot; diese Bezeichnungen ererbten die Söhne von ihren Vätern und vererbten sie ihren Nachkommen, die noch andere hinzu erfanden. Nun wird aber im 2. Kapitel der Genesis erzählt, daß Gott, bevor noch Adam irgendwelchen Dingen Namen gegeben hätte, ihm untersagt habe, die Frucht vom Baume der Erkenntnis des Guten und Bösen zu essen; wie konnte Adam das Verbot Gottes verstehen, da er doch bis dahin noch nicht wußte, was »essen«, was »Frucht«, was »Baum«, was »Erkenntnis«, was endlich »das Gute« oder »das Böse« bedeute? Adam muß also jenes göttliche Verbot nicht aus der Bedeutung der Worte, sondern auf irgendeine übernatürliche Weise verstanden haben, was bald darauf aus Gottes Frage, wer ihm gesagt habe, daß er nackt sei, klar hervorgeht. Wie konnte Adam ebenso die Schlange verstehen, da sie vom Tode sprach, von dem er, der erste Sterbliche, doch keine Vorstellung haben konnte? Diese Vorgänge also sind auf natürliche Weise nicht zu verstehen, und folglich kann die Sprache auf natürliche Weise nicht anders entstanden sein als durch Willkür des Menschen. Das wird noch deutlicher durch die Sprachverwirrung beim Turmbau zu Babel. Denn zu diesem Zeitpunkte sind die verschiedenen Sprachen entstanden und von den einzelnen Menschen auf die einzelnen Völker übertragen worden. Die Lehre dagegen, daß den einzelnen Dingen entsprechend ihrer Natur die Bezeichnungen beigelegt seien, ist albern. Denn wie hätte das sein können, da doch die Natur der Dinge allenthalben dieselbe, die Sprachen indessen verschieden sind? Und welche Ähnlichkeit hat etwa ein Wort, d. h. ein Schall, mit einem Tier, d. h. einem Körper?

Die wichtigsten Vorteile, die aus der Sprache erwachsen, sind folgende. Erstens kann der Mensch mit Hilfe der Zahlwörter nicht nur Einheiten zählen, sondern auch einzelne Gegenstände, was immer es sei, zählend bestimmen. So wird bei Körpern jede Art der Ausdehnung, sei es die Länge, oder Länge und Breite, oder Länge, Breite und Dicke, gemessen, sie werden addiert, subtrahiert, multipliziert, dividiert und miteinander verglichen. Zeiten, Bewegung, Gewichte und die Grade der Intensität der Qualitäten werden berechnet. Hieraus entstehen dem Menschengeschlecht ungeheure Vorteile, die den übrigen Lebewesen versagt sind. Denn jedermann weiß, in welchem Maße diese Fähigkeiten beim Ausmessen von Körpern, bei der Zeitrechnung, bei der Berechnung der Gestirnbewegungen, bei der Erdbeschreibung, bei Seefahrten, beim Bauen, bei Maschinen und anderen notwendigen Dingen verwendet werden.

Alles dieses beruht auf dem Zählen, das Zählen aber auf der Sprache.

Zweitens verdanken wir der Sprache, daß ein Mensch den anderen belehren, d.h. sein Wissen dem anderen mitteilen, ihn ermahnen, um Rat fragen kann; und so wird das Gut, an sich schon groß, noch größer dadurch, daß man es mitteilen kann.

Eine dritte, und zwar die größte Wohltat der Sprache ist, daß wir befehlen und Befehle verstehen können. Denn ohne diese gäbe es keine Gemeinschaft zwischen den Menschen, keinen Frieden und folglich auch keine Zucht, sondern erstens Wildheit, zweitens Einsamkeit und anstelle von Wohnstätten Schlupfwinkel. Zwar weisen auch einige Tierarten eine Art von staatlicher Ordnung auf, aber diese ist doch für ihre Wohlfahrt von ziemlich geringer Bedeutung. Sie kann daher hier außer Betracht bleiben; auch findet sie sich nur bei waffen- und bedürfnislosen Geschöpfen. Zu diesen gehört aber der Mensch nicht; denn so gewiß Schwerter und Spieße, die Waffen der Menschen, Hörner, Zähne und Stacheln, die Waffen der Tiere, übertreffen, so gewiß ist auch der Mensch, den sogar der künftige Hunger hungrig macht, raublustiger und grausamer als Wölfe, Bären und Schlangen, deren Raubgier nicht länger dauert als ihr Hunger und die nur grausam sind, wenn sie gereizt sind. Hiernach ist leicht einzusehen, wieviel wir der Sprache verdanken, durch die wir gesellig und in Verträgen geeint, sorglos, glücklich und behaglich leben – oder doch leben können, wenn wir wollen.

Aber die Sprache hat auch ihre Nachteile. Vermag der Mensch als einziger unter allen Lebewesen vermittelst der allgemeinen Wortbedeutungen sich allgemeine praktische Regeln, vor allem für die Lebensordnung, zu ersinnen, so vermag er allein auch nach falschen Regeln zu handeln und diese auch anderen mitzuteilen, damit sie danach handeln. Daher verbreiten sich die Irrtümer des Menschen weiter und sind gefährlicher, als es bei den Tieren möglich ist. Auch kann der Mensch, wenn es ihm beliebt – belieben wird es ihm aber, sooft er meint, daß es für seine Absichten vorteilhaft ist – vorsätzlich Falsches lehren, d. h. lügen, und die Mitmenschen den Bedingungen von Gemeinschaft und Frieden abgeneigt machen. Bei tierischen Gesellschaften kann das nicht vorkommen, weil Tiere Gut und Übel nur nach eigenem Empfinden, nicht nach fremden Klagen schätzen, deren Gründe sie nicht begreifen können, wenn sie sie nicht sehen.

Weiter bringt die Gewohnheit zu hören es bisweilen mit sich, daß die Worte der Philosophen und Lehrer von ihren Schülern unbesehen hingenommen werden, wenn sich ihnen auch kein Sinn entlocken läßt, z. B. wenn die Worte nur ersonnen sind, um die Unwissenheit der Lehrer zu bemänteln. Die Schüler bedienen sich dann dieser Worte in dem Glauben, damit etwas zu sagen, während doch nichts mit ihnen ausgedrückt wird.

Endlich verführt die Mühelosigkeit des Sprechens den Menschen auch dazu, zu reden, wenn er überhaupt nichts denkt, und indem er, was er redet, für wahr hält, sich selbst zu täuschen. Das Tier kann sich nicht selbst täuschen. So wird der Mensch durch die Sprache nicht besser, sondern nur mächtiger.

Aus: *Vom Menschen* (1658)

Aristoteles rechnet zu den Lebewesen, welche er *politische* nennt, nicht bloß die Menschen, sondern noch viele andere, wie die Ameisen, die Bienen usw., welche zwar der Vernunft entbehren, vermöge derer sie Verträge schließen und einer Regierung sich unterwerfen könnten, aber doch, indem sie in allem übereinstimmen, d. h. dasselbe begehren oder verabscheuen, ihre Handlungen so auf ein gemeinsames Ziel richten, daß ihre Verbindung keinem Aufruhr ausgesetzt ist. Indes sind ihre Verbindungen keine Staaten, und deshalb können diese Tiere keine politischen genannt werden; denn ihre Regierung beruht nur auf der Übereinstimmung, auf vielen auf einen Gegenstand gerichteten Willen, aber es herrscht bei ihnen nicht (wie es im Staate nötig ist) *ein* Wille. Es ist richtig, daß bei diesen bloß in sinnlichen Empfindungen und Begehrungen lebenden Geschöpfen die Übereinstimmung der Gemüter so beständig ist, daß sie nichts weiter als ihr natürliches Begehren brauchen, um diese Übereinstimmung und damit den Frieden sich zu erhalten. Allein bei den Menschen verhält es sich anders. Unter diesen besteht *erstens* ein Wettstreit um Ehre und Würden, der bei den Tieren fehlt; deshalb herrscht bei den Menschen Haß und Neid und der daraus entstehende Aufruhr und Krieg, der bei jenen nicht ist. *Zweitens* ist das natürliche Begehren der Bienen und ähnlicher Geschöpfe gleichartig und treibt zu dem gemeinsamen Besten, welches bei ihnen von dem Besten des einzelnen nicht verschieden ist. Dem Menschen gilt aber beinahe nichts als ein Gut, wodurch der Besitzer nicht einen Vorzug und Vorrang vor den anderen und ihrem Besitz hat. *Drittens* bemerken die vernunftlosen Tiere keinen Fehler in der Verwaltung ihrer Gemeinwesen oder glauben wenigstens nicht, einen solchen zu bemerken; aber unter der Menge von Menschen sind sehr viele, die meinen, klüger als die andern zu sein, und deshalb nach Neuerungen verlangen. Die verschiedenen Neuerer betreiben dies auf verschiedenen Wegen, und daraus entsteht Spaltung und Bürgerkrieg. *Viertens* können die vernunftlosen Tiere zwar einen gewissen Gebrauch von ihrer Stimme machen, um einander sich ihre Begierden kenntlich zu machen, aber es geht ihnen die Kunst der Sprache ab, derer man notwendig bedarf, um die Leidenschaften zu erregen, und durch die dem Menschen ein Gut als besser und ein Übel als schlimmer dargestellt werden kann, als es wirklich ist. Die Zunge des Menschen aber ist gleichsam die Trompete des Krieges und Aufruhrs, und von Perikles erzählt man, daß er einmal durch seine Volksreden gedonnert, Blitze geschleudert und ganz Griechenland in Verwirrung gebracht habe. *Fünftens* unterscheiden die Tiere nicht zwischen Unrecht und Schaden; deshalb beschuldigen sie die Genossen nicht des Unrechts, wenn es ihnen selbst gut geht. Bei den Menschen sind aber dem Staate diejenigen am beschwerlichsten, welche am wenigsten zu arbeiten brauchen, denn sie pflegen erst dann über öffentliche Ämter zu streiten, wenn sie in dem Kampfe gegen Hunger und Kälte Sieger geblieben sind. *Endlich* ist die Übereinstimmung jener vernunftlosen Tiere eine natürliche; die der Menschen beruht aber nur auf Vertrag, d. h. sie ist eine künstliche. Es kann deshalb nicht wundernehmen, wenn die Menschen zu dem friedlichen Leben noch etwas anderes brauchen. Die bloße Übereinstimmung oder das Übereinkommen zu einer Verbindung ohne Begründung einer gemeinsamen *Macht*, welche die einzelnen durch Furcht vor Strafe leitet, genügt daher nicht für die Sicherheit, welche zur Übung der natürlichen Gerechtigkeit nötig ist. (…)

Ein Recht über vernunflose Tiere wird ebenso wie über menschliche Personen erlangt, nämlich durch natürliche Kraft und Macht. Denn wenn in dem Naturzustande wegen des Krieges aller gegen alle jeder Mensch andere sich unterjochen oder sie töten darf, sobald es ihm vorteilhaft erscheint, so ist das um so mehr gegenüber den Tieren erlaubt. Man kann also nach Belieben die Tiere, welche sich zähmen und zu Diensten gebrauchen lassen, in das Joch spannen und die übrigen in stetem Kriege als schädlich verfolgen und vernichten. Das Eigentum an den Tieren entspringt deshalb aus dem Naturrecht, nicht aus dem positiven göttlichen Recht. Denn hätte ein solches Recht nicht schon vor der Verkündigung der Heiligen Schrift bestanden, so hätte niemand die Tiere mit Recht zur Nahrung schlachten dürfen: eine sehr mißliche Lage für die Menschen, die von den Tieren ohne Unrecht verzehrt werden, aber ihrerseits die Tiere nicht verzehren dürfen. Wenn es also nach dem natürlichen Recht geschieht, daß ein Tier einen Menschen töten kann, so geschieht es nach demselben Rechte, daß der Mensch die Tiere schlachten darf.

Aus: *Vom Bürger* (1642)

Pierre Gassendi
Französischer Naturwissenschaftler und Philosoph (1592–1655)

Du sagst, der Mensch ernähre sich sehr gut mit Fleisch; wenn er aber diese Nahrung für eine naturgemäße hält, weshalb genießt er sie denn nicht so, wie die Natur sie ihm liefert? In der That aber schaudert ihn, lebendes oder auch nur rohes Fleisch zu ergreifen und unter die Zähne zu nehmen; er zündet vielmehr ein Feuer an, um die natürliche und eigenthümliche Beschaffenheit desselben zu verändern. Wäre es aber die Absicht der Natur, daß der Mensch *gekochtes* Fleisch essen sollte, so würde sie ihn jedenfalls gleich mit perfekten Köchen versehen oder sie würde es wenigstens selber gekocht haben, wie sie es mit den Früchten macht, welche ohne Mitwirkung des Feuers am besten und süßesten sind. Sicherlich läßt es die Natur nicht fehlen, ihre Kinder mit den nöthigen Bedürfnissen zu versehen, wie allgemein gerühmt wird. Was wäre aber nothwendiger, als die Nahrung angenehm zu machen? Und wie sie bei der Geschlechtsliebe verfährt zum Zwecke der Erhaltung der *Art*, ebenso würde sie bei der Erhaltung der *Gattung* verfahren.

Wollte aber Jemand sagen, die Natur würde in diesem Punkte verbessert, so hieße dies ebenso viel, wie die Natur eines Fehlgriffs zeihen wollen. Bedenke, daß sie sich alsdann viel wohlwollender gegen die wilden Thiere als gegen uns erwiesen haben würde! Da nun unsere Zähne nicht zum Verzehren des Fleisches geeignet sind, selbst wenn es am Feuer zubereitet ist, so scheint es mir ein schlagender Beweis zu sein, daß man auf die Erfindung der Messer angewiesen war. Denn eben weil uns die Zähne nicht gegeben waren, um Fleisch zu zermalmen, sahen wir uns gezwungen, zu diesem Zweck zu solchen *unnatürlichen* Werkzeugen unsere Zuflucht zu nehmen. Als ob die Natur uns in so wesentlichen Dingen im Stich lassen würde! Vermuthlich bist du in Begriff, mir zu erwidern: man müsse bedenken, daß die Natur uns mit Vernunft begabt hat, um solchen Mängeln abzuhelfen. Auf diese Weise aber beschuldigen wir stets die Natur, wenn es darauf ankommt, unsere unnatürliche Schwelgerei zu beschönigen, – so geschieht es auch in Bezug auf unsere Kleidung und noch andre Dinge.

Nichts ist wohl klarer, als daß es den Menschen nicht ansteht, Thiere zu jagen, noch weniger sie zu verzehren. Cicero gemahnt uns in einem bewundernswerthen Ausspruch, der Mensch sei zu besseren Dingen bestimmt als andere Thiere zu ergreifen und ihnen die Kehle abzuschneiden. Willst du darauf antworten, die Natur möge wohl die Erfindung und Anfertigung solcher Waffen angeordnet haben, so bedenke wohl, daß diese dieselben künstlichen Werkzeuge sind, welche die Menschen in Anwendung bringen, um sich gegenseitig zu schlachten. Geschieht dies etwa auch auf Anstiften der Natur? Kann man einen so schmachvollen Gebrauch *natürlich* nennen? Die Natur verlieh uns die Fähigkeit, aber unsere eigene Schuld ist es, wenn wir eine verderbliche Anwendung davon machen. Mit Recht sagt auch Epikur über das Schlachten eines unschuldigen Lebens: Es ist ein bloßer Vorwand, daß wir irgend ein gesetzliches Recht hätten, eines derjenigen Thiere zu tödten, welche dem Menschengeschlechte weder schädlich noch verderblich sind, denn es ist kein Grund, zu glauben, daß die harmlosen Arten dermaßen an Zahl zunehmen könnten, daß sie uns lästig würden. Sie können auch auf die Anzahl beschränkt werden, welche uns nicht lästig fällt und zu unserm Nutzen gereicht. Ich meinerseits, wenn ich bescheiden von mir selber sprechen darf, lebe zufrieden von den Gewächsen meines Gärtchens und finde mich behaglich bei dieser Diät.

Aus: *Dem sehr berühmten Mann und Philosophen und auch sehr erfahrenen Arzt Johann Baptist Helmont von seinem einzigartigen Freund* (1629)

René Descartes
Französischer Mathematiker, Naturwissenschaftler und Philosoph (1596–1650)

All dies hatte ich in der Abhandlung, die ich früher veröffentlichen wollte, mit hinreichender Genauigkeit beschrieben. Anschließend hatte ich dort gezeigt, welche Struktur die Nerven und Muskeln des menschlichen Körpers haben müssen, damit die Lebensgeister darin die Kraft haben, seine Glieder zu bewegen; wie man ja beobachten kann, daß Köpfe sich, kurz nachdem sie abgeschlagen wurden, noch bewegen und ins Gras beißen, obschon sie nicht mehr beseelt sind; welche Veränderungen im Gehirn vor sich gehen müssen, um Wachen, Schlaf und Träume zu verursachen; wie dort Licht, Töne, Geruch, Geschmack, Wärme und all die anderen Eigenschaften äußerer Dinge durch Vermittlung der Sinne verschiedene Vorstellungen einprägen können, wie auch Hunger, Durst und die übrigen inneren Erregungen fähig sind, die ihnen entsprechenden Vorstellungen dorthin zu senden; was man im Gehirn als Gemeinsinn ansehen muß, der diese Vorstellungen aufnimmt, was als Gedächtnis, das sie bewahrt, und was als Phantasie, die sie mannigfaltig verändern und neue daraus bilden kann und die zugleich dadurch, daß sie die Lebensgeister in die Muskeln verteilt, die Glieder zu Bewegungen veranlassen kann, die ebenso verschiedenartig sind und auf äußere Eindrücke und innere Erregungen ebenso treffend antworten wie die unwillkürlichen Bewegungen unserer Glieder. Dies wird dem keineswegs sonderbar vorkommen, der weiß, wie viele verschiedene *Automaten* oder bewegungsfähige Maschinen menschliche Geschicklichkeit zustandebringen kann, und dies unter Verwendung nur sehr weniger Einzelteile verglichen mit der großen Anzahl von Knochen, Muskeln, Nerven, Arterien, Venen und all den anderen Bestandteilen, die sich im Leibe jedes Tieres finden. Er wird diesen Leib für eine Maschine ansehen, die aus den Händen Gottes kommt und daher unvergleichlich besser konstruiert ist und weit wunderbarere Getriebe in sich birgt als jede Maschine, die der Mensch erfinden kann.

An dieser Stelle besonders hatte ich eingehalten, um folgendes deutlichzumachen: Wenn es Maschinen mit den Organen und der Gestalt eines Affen oder eines anderen vernunftlosen Tieres gäbe, so hätten wir gar kein Mittel, das uns nur den geringsten Unterschied erkennen ließe zwischen dem Mechanismus dieser Maschinen und dem Lebensprinzip dieser Tiere; gäbe es dagegen Maschinen, die unseren Leibern ähnelten und unsere Handlungen insoweit nachahmten, wie dies für Maschinen wahrscheinlich möglich ist, so hätten wir immer zwei ganz sichere Mittel zu der Erkenntnis, daß sie deswegen keineswegs wahre Menschen sind. Erstens könnten sie nämlich niemals Worte oder andere Zeichen dadurch gebrauchen, daß sie sie zusammenstellen, wie wir es tun, um anderen unsere Gedanken bekanntzumachen. Denn man kann sich zwar vorstellen, daß eine Maschine so konstruiert ist, daß sie Worte und manche Worte sogar bei Gelegenheit körperlicher Einwirkungen hervorbringt, die gewisse Veränderungen in ihren Organen hervorrufen, wie zum Beispiel, daß sie, berührt man sie an irgendeiner Stelle, gerade nach dem fragt, was man ihr antworten will, daß sie, berührt man sie an einer anderen Stelle, schreit, man täte ihr weh und ähnliches; aber man kann sich nicht vorstellen, daß sie die Worte auf verschiedene Weisen zusammenordnet, um auf die Bedeutung alles dessen, was in ihrer Gegenwart laut werden mag, zu antworten, wie es der stumpfsinnigste Mensch kann. Das zweite Mittel ist dies: Sollten diese Maschinen auch manches ebensogut oder vielleicht besser verrichten als irgendeiner von uns, so würden sie doch zweifellos bei vielem anderen versagen, wodurch offen zutage tritt, daß sie nicht aus Einsicht handeln, sondern nur zufolge der Einrichtung ihrer Organe. Denn die Vernunft ist ein Universalinstrument, das bei allen Gelegenheiten zu Diensten steht, während diese Organe für jede besondere Handlung einer besonderen Einrichtung bedürfen; was es unwahrscheinlich macht, daß es in einer einzigen Maschine genügend verschiedene Organe gibt, die sie in allen Lebensfällen so handeln ließen, wie uns unsere Vernunft handeln läßt.

Diese zwei Mittel kennzeichnen nun auch den Unterschied zwischen Mensch und Tier; denn es ist ganz auffällig, daß es keinen so stumpfsinnigen und dummen Menschen gibt, nicht einmal einen Verrückten ausgenommen, der nicht fähig wäre, verschiedene Worte zusammenzuordnen und daraus eine Rede aufzubauen, mit der er seine Gedanken verständlich macht; und daß es im Gegenteil kein anderes Tier gibt, so vollkommen und glücklich veranlagt es sein mag, das ähnliches leistet. Dies liegt nicht daran, daß den Tieren Organe dazu fehlten; denn man kann beobachten, daß Spechte und Papageien ebenso wie wir Worte hervorbringen können und daß sie dennoch nicht reden, d. h. zu erkennen geben können, daß sie denken, was sie sagen, wie wir. Von Geburt taubstumme Menschen dagegen müssen die Organe, die andere zum Reden gebrauchen, ebenso oder mehr noch entbehren als die Tiere und erfinden doch für gewöhnlich selbst Zeichen, mit denen sie sich Leuten ihrer gewohnten Umgebung, die Zeit haben, ihre Sprache zu lernen, verständlich machen. Dies zeigt nicht bloß, daß Tiere weniger Verstand haben als Menschen, sondern vielmehr, daß sie gar keinen haben. Denn es ist offenkundig, daß man nur sehr wenig Verstand braucht, um reden zu können, und weil man ja bemerkt, daß die Tiere derselben Art ebensosehr verschieden sind wie die Menschen und daß einige sich leichter dressieren lassen als andere, so ist es kaum glaublich, daß ein Affe oder ein Papagei, der in seiner Art der vollkommenste sein mag, nicht wenigstens darin einem der dümmsten Kinder oder mindestens einem Kinde, das nicht ganz bei Sinnen ist, gleichen würde, wenn seine Seele nicht von ganz anderer Grundbeschaffenheit wäre als die unsere. Auch darf man die Worte nicht mit den natürlichen Lebensäußerungen verwechseln, die innere Erregungen zu erkennen geben und die von Maschinen ebensogut nachgeahmt werden können wie von Tieren, oder denken, wie einige Alten, daß die Tiere zwar reden, wir aber ihre Sprache nicht verstehen; denn wenn das wahr wäre, so hätten sie sich, zumal ja viele ihrer Organe den unseren entsprechen, uns ebensogut verständlich machen können wie ihresgleichen. Es ist auch sehr bemerkenswert, daß zwar viele Tiere in manchen ihrer Handlungen mehr Geschicklichkeit zeigen als wir, daß man aber trotzdem dieselben Tiere in vielen anderen Fällen überhaupt keine zeigen sieht. Der Tatbestand also, daß sie es besser machen als wir, beweist nicht, daß sie Geist haben; denn wenn man es so nimmt, dann hätten sie mehr als irgendeiner von uns und würden es in jeder Beziehung besser machen. Aber sie haben im Gegenteil gar keinen, und es ist die Natur, die in ihnen je nach der Einrichtung ihrer Organe wirkt, ebenso wie offensichtlich eine Uhr, die nur aus Rädern und Federn gebaut ist, genauer die Stunden zählen und die Zeit messen kann als wir mit all unserer Klugheit.

Sodann hatte ich die vernünftige Seele beschrieben und gezeigt, daß sie keineswegs aus den bewegenden Kräften der Materie abgeleitet werden kann wie die übrigen Dinge, die ich besprochen hatte, sondern durch einen besonderen Akt geschaffen sein muß, und wieso es nicht genügt, daß sie im menschlichen Körper wie der Kapitän an Bord seines Schiffes wohnt – außer vielleicht um die Glieder des menschlichen Körpers zu bewegen –, sondern daß sie enger mit ihm verbunden und vereinigt sein müsse, um außerdem ähnliche Gefühle und Begierden zu haben wie wir und so ein wirklicher Mensch zu sein. Schließlich habe ich mich an dieser Stelle ein wenig mehr über das Thema der Seele verbreitet, da dies zu den wichtigsten Themen überhaupt gehört; denn nach dem Irrtum der Gottesleugner, die ich oben glaube hinreichend widerlegt zu haben, gibt es keinen, der schwache Geister mehr vom geraden Weg der Tugend abbringt, als die Einbildung, Tierseelen hätten die gleiche Natur wie Menschenseelen und wir hätten folglich nach diesem Leben weder etwas zu fürchten noch etwas zu hoffen, genausowenig wie die Fliegen und die Ameisen. Statt dessen begreift man, wenn man weiß, wie groß ihr Unterschied ist, die Gründe viel besser, die beweisen, daß unsere Seele ihrer Natur nach vollkommen unabhängig vom Leibe und folglich nicht mit ihm zu sterben bestimmt ist, und wird alsdann, zumal man ja keine andere Ursache ihrer Zerstörung findet, dadurch natürlicherweise auf den Schluß geführt, daß sie unsterblich ist.

Aus: *Von der Methode des richtigen Vernunftgebrauchs und der wissenschaftlichen Forschung* (1637)

Jean de La Fontaine
Französischer Fabeldichter (1621–1695)

Eine Betrachung, der Frau de La Sablière gewidmet
Iris, Dich pries ich gern – 's ist gar zu leicht; doch freut,
Ich weiß, es nimmer Dich, wenn Weihrauch man Dir streut.
Du gleichst nicht andern Fraun, die jenem Götzen frönen
Und wünschen, täglich möcht aufs neu ihr Lob ertönen;
In süße Träume wiegt der Schmeichelton sie meist.
Ich schelt sie nicht darob, gern mag ich solchen Geist:
Die Götter haben ihn, die Fürsten und die Schönen.
Jener Trank, den so gern das Volk der Dichter preist,
Der Nektar, welchen Zeus schlürft am olymp'schen Herde
Und der so leicht berauscht die Götter dieser Erde,
Iris, es ist das Lob. Du machst Dir nichts daraus,
Und seinen Platz füllst Du mit andern Dingen aus:
    Gesprächen, heitern Sinns Entfaltung,
Wo Zufall reichen Stoff Dir bringt zur Unterhaltung;
    Es wird, wenn man's mit Dir bespricht,
Oft selbst das Kleinste groß. Die Welt zwar glaubt es nicht;
    Doch laß die Welt und ihren Glauben!
    Wissenschaft, Torheit, saure Trauben,
Das Kleinste, selbst das Nichts ist gut. Ich sag, daß man
    Gut über alles sprechen kann;
    Es ist ein Blumenbeet, wo dann und wann
Auf mancher Blüte sich's ein Bienchen läßt gefallen,
    Und Honig sauget sie aus allen.
Dieses vorausgeschickt, findst Du es wohl am Platz,
Wenn diesen Fabeln ich versuche manchen Satz
    Aus einer feinen, kühnen, frischen
    Philosophie jetzt beizumischen.
Man nennt sie neu; hast Du wohl schon von ihr gehört?
    Ich weiß es nicht. Sie also lehrt:
    Das Tier ist nichts als 'ne Maschine,
Die alles ohne Wahl tut, nur durch Federkraft;
Nicht Seele noch Gefühl, alles ist körperhaft;
    'ne Uhr, die, ohne daß ihr diene
Plan und Bewußtsein, blind sich gleichen Schritts bewegt.
    Öffne sie, schau, was drin sich regt:
Statt des Weltgeistes, sieh, wie Rad an Rad sich reihte;

Das erste Rad bewegt das zweite,
Dem folgt das dritte nach, bis endlich dann sie schlägt.
Genau so ist das Tier, wie jene Leute sagen:
   Von außen wird ein Teil bewegt;
   Dann wird der Stoß, der auf ihn schlägt,
Von dem erregten Teil zum nächsten fortgetragen;
So wird von Teil zu Teil zuletzt der Sinn erregt,
Und der Eindruck ist da. Doch *wie?* – wirst nun Du fragen.
   Nach jenen durch des Stoßes Kraft,
   Willenlos, ohne Leidenschaft.
   Das Tier fühlt ganz unzweifelhaft
   Regungen, die das Volk sonst Liebe,
Lust, Freude, Traurigkeit, grausame Schmerzenstriebe
   Nennt, oder ähnlich andres noch.
Doch täusche man sich nicht: es ist ganz anders doch!
Was ist's? – 'ne Uhr. – Und *wir?* – Das ist 'ne andre Sache!
Nun höre, wie Descartes das Ding zurecht sich mache –
Descartes, der Sterbliche, der für die Heidenwelt
   Ein Gott gewesen wär! Die Mitte hält
Er zwischen Mensch und Geist; so etwa hält noch heute
Zwischen Auster und Mensch sie mancher unsrer Leute.
Merk auf denn, also schließt der Weise von Beruf:
Vor allen Wesen, die der Herr der Welt erschuf,
Ward mir des Denkens Kraft; und ich weiß, daß ich denke.
Folg, Iris, mir, wenn auf Bekanntes ich Dich lenke:
   Läg Denken in des Tieres Macht,
   Es hätt doch nimmer *nachgedacht*
   Dem *Gegenstand* und dem *Gedanken*.
Descartes geht weiter noch, der zu behaupten wagt,
   Dem Tier sei Denken ganz versagt.
   Du glaubst es auch, ohne zu schwanken,
Ich ebenfalls. Und doch, wenn Hörnerklang im Wald
   Und das Gebell der Rüden schallt
Und keine Ruhe gönnt der mattgehetzten Beute;
   Wenn dann umsonst das Wild gelockt
   Auf eine falsche Spur die Meute,
Dann schiebt der alte Hirsch, dem schon der Atem stockt,
'nen jüngern vor und weiß ihn mit Gewalt zu zwingen,
Als neuer Köder für die Hunde einzuspringen.
Wieviel Berechnung, wenn's des Lebens Rettung gilt!

Rückzug, Trug, Neckerei, Tausch mit dem andern Wild –
  Die hundert Kriegeslisten wären
Der größten Feldherrn und 'nes bessern Loses wert.
  Nach seinem Tod wird er verzehrt;
  Das sind all seine höchsten Ehren.
      Es sieht in Not,
      Vom Tod bedroht
Das Rebhuhn seine Brut, die durch ihr neu Gefieder
Zum Flug unfähig, festgebannt ist an die Flur.
Da stellt's verwundet sich, es hängt den Flügel nieder
Und lockt den Jäger und den Hund auf seine Spur;
So wendet's die Gefahr von seiner Brut. Schon freute
Der Jäger sich und meint, es sei des Hundes Beute;
Da rauscht's ihm Lebewohl, fliegt lustig auf und lacht
Des Menschen, der dasteht und große Augen macht.

  Am Nordpol soll ein Land es geben,
    Wo noch ganz in Unwissenheit,
    Wie in der allerersten Zeit,
    In Geistesnacht die Leute leben.
Von Menschen red ich; denn die Tiere baun dort auf
  Schutzwehre, bändigend den Lauf
Geschwollner Ström und der Verheerung grause Schrecken,
Und die von einem Strand zum andern sich erstrecken.
Fest steht der Bau und wankt auf seinem Grunde nicht;
Auf eine Schicht von Holz folgt eine Mörtelschicht;
Ein jeder Biber schafft mit an dem Werk; die Alten
Sind stets bemüht, zum Fleiß die Jungen anzuhalten,
Die Meister lehren sie mit Streng und mit Geschick.
  Ja, Platos ganze Republik
    Müßt als ein Lehrling nur erscheinen
    Dieses Amphibienstaats im Kleinen.
Im Winter richten sie ihr Haus und gehn von dort
    Über die Teich auf Brücken fort,
    Kunstvollen Baus, leicht zu erklimmen.
    Und unsresgleichen? – Angesichts
    Der Werke all können sie nichts
    Als höchstens übers Wasser schwimmen.

Daß diese Biber nur geistlose Körper sein,
Das glaub ich nimmermehr, wie ich auch nie verhehlte.

Allein noch mehr: mir fällt eine Geschichte ein,
  Die ein ruhmreicher Fürst erzählte.
Des Nordens Schützer ist mein Bürg; ich habe sie
Von einem Helden, den Viktoria sich erwählte,
Vor seinem Namen bebt die türk'sche Despotie;
Ja, Polens König ist's – ein König log noch nie.
  Er sagt uns, daß an seinen Grenzen
Unter gewissem Vieh ein ew'ger Krieg besteht;
Das Blut, das stets von Ahn auf Kinder übergeht,
  Mag immer neu den Stoff ergänzen.
Die Tiere, sagt er, sind von Reinekes Geschlecht;
  Nie sei ein Krieg so kunstgerecht
  Geführt von Menschen – was mich wundert –
  Selbst nicht in unserem Jahrhundert.
Vorhut und Nachtrab wie Spione, Hinterhalt,
Schildwachen und was noch als Brauch im Felde galt,
Was die verwünschte Kunst erfind und spekuliere –
  Tochter des Styx und die Gebärerin
  Der Helden – übt der kluge Sinn
  Und die Erfahrung dieser Tiere.
Den Kampf zu singen, müßt Homer vom Schattenreich
  Erstehn. Ach, könnt mit ihm zugleich
Des großen Epikur Genoß uns wiederkehren!
Was schlösse der wohl aus meinen Beispielen dann?
Daß in den Tieren die Natur – würd er uns lehren –
Nur durch die Federkraft dies alles wirken kann,
  Daß nur 'ne körperliche Gabe
Gedächtnis sei und daß, zu leisten alles dies,
  Worauf als Beispiel ich verwies,
  Das Tier nichts weiter nötig habe.
Kehrt wieder dann das Ding, dann sucht's auf gleiche Art
  Das Bild hervor, das es verwahrt
  In seinem großen Vorratsschranke,
Das gleichfalls wiederkehrt und ganz unzweifelhaft,
  Ohne daß tätig der Gedanke
  Mithelfe, gleiche Wirkung schafft.
  Bei *uns* ist's anders: *Willenskraft*
  Ist es, was uns zum Handeln treibe,
Kein Ding und kein Instinkt. Ich gehe, spreche, schreibe,
  Stets fühl ich etwas, das mich trieb;

Alles gehorcht an meinem Leibe
Diesem bewußten Urprinzip.
Nicht Körper ist's: es weiß sich selbst; mehr als ihm lieb
Folgt oft der Körper ihm, dem Hüter
Und unsrer Regungen alloberstem Gebieter.
Doch *wie* der Körper es versteht?
Das ist der Punkt. Das Werkzeug, seht,
Gehorcht der Hand. – Ganz gut! Allein wer lenkt die Hände? –
Wer lenkt die Himmel, wer der Sterne Lauf ohn Ende?
Vielleicht ein Engel, der in den Weltkörpern schwebt!
Es wohnt ein Geist in uns, der unsre Kraft belebt.
Die Wirkung fühl ich; doch die Ursach zu erkennen
Vermag nur, wer im Schoß der Gottheit sie geschaut;
Und, soll ich ehrlich sein, behaupt ich ernst und laut:
Descartes wußt sie auch nicht zu nennen.
Hierin sind er und wir ganz in demselben Fall.
Doch, Iris, was ich weiß, ist: in den Tieren all,
Die ich anführte als Exempel,
Wirkt immer jener Geist; der Mensch ist nur sein Tempel.
Gleichwohl hat unleugbar das Tier ein Element,
Das an der Pflanze man nicht kennt;
Dennoch hat auch die Pflanze Leben.
Doch welche Antwort wird auf folgendes man geben?

Aus: *Fabeln* (1668–1694)

Blaise Pascal
Französischer Mathematiker, Mystiker und Philosoph (1623–1662)

Ich kann mir gut einen Menschen ohne Hände, Beine und Kopf vorstellen (denn nur die Erfahrung lehrt uns, daß der Kopf notwendiger ist als die Beine). Aber ich kann mir den Menschen nicht ohne Gedanken vorstellen: das wäre ein Stein oder ein wildes Tier.

Die größte Niedrigkeit des Menschen ist seine Ruhmsucht, aber sie ist zugleich das größte Zeichen seiner Vollkommenheit; denn wieviel er auch auf Erden besitzt, wie fest seine Gesundheit und wie außerordentlich sein Wohlbehagen auch ist, er ist nicht zufrieden, wenn er nicht bei den Menschen in Achtung steht. Er schätzt die Vernunft des Menschen so hoch ein, daß er nicht zufrieden ist, wenn er nicht auch in der Vernunft des Menschen einen vorteilhaften Platz hat, wie groß seine Macht über die Erde auch sei. Sie ist der schönste Ort auf der Welt, nichts kann ihn von diesem Wunsche abbringen: das ist die unauslöschlichste Eigenschaft des menschlichen Herzens.

Und die, welche die Menschen am tiefsten verachten und den Tieren gleichstellen – auch sie wollen bewundert und geglaubt sein; sie widersprechen durch ihr eigenes Bewußtsein sich selbst, indem ihre Natur, die stärker ist als alles, sie von der Größe des Menschen stärker überzeugt, als die Vernunft sie von ihrer Niedrigkeit überzeugt.

Ruhm. – Die Tiere bewundern sich nicht. Ein Pferd bewundert nicht seinesgleichen; nicht als ob es bei ihnen nicht den Wettstreit beim Laufen gäbe, aber er bleibt ohne Folgen, denn wenn sie im Stalle sind, dann überläßt das schwerfälligste und minderwertigste keineswegs seinen Hafer dem andern, wie die Menschen wollen, daß man ihnen tue. Ihre Tüchtigkeit hat an sich selbst genug.

Niedrigkeit des Menschen – bis zur Unterwerfung unter die Tiere, bis zu ihrer Anbetung.

Es ist gefährlich, den Menschen zu sehr merken zu lassen, wie sehr er den Tieren gleicht, ohne ihm seine Größe zu zeigen. Es ist auch gefährlich, ihn zu sehr seine Größe fühlen zu lassen, ohne ihm seine Niedrigkeit zu zeigen. Es ist noch gefährlicher, ihn über beides in Unkenntnis zu lassen. Aber es ist sehr vorteilhaft, ihm beides vor Augen zu stellen.

Er soll weder glauben, er sei [nur] den Tieren oder [nur] den Engeln ähnlich, noch soll er über beides in Unkenntnis sein, sondern er soll beides wissen.

Die Rechenmaschine bringt Wirkungen zustande, die dem Denken näher kommen als alles, was die Tiere tun; aber sie vollbringt nichts, was zu der Behauptung veranlassen könnte, sie habe Willenskräfte wie die Tiere.

Wenn das Tier durch Geist das vollbrächte, was es durch Instinkt vollbringt, und wenn es durch Geist das sagte, was es durch Instinkt sagt, zum Beispiel bei der Jagd, um seine Gefährten zu benachrichtigen, daß die Beute gefunden oder verloren ist, dann würde es um so eher von den Dingen sprechen, an denen ihm mehr gelegen ist; es würde zum Beispiel sagen: zernage diesen Strick, der mich verwundet, und dem ich nicht beikomme.

Aus: *Gedanken* (1669)

Baruch de Spinoza
Niederländischer Philosoph (1632–1677)

Es erhellt hieraus, daß jenes Gesetz, das kein Tier zu schlachten erlaubt, mehr in einem eitlen Aberglauben und in weibischer Barmherzigkeit als in der gesunden Vernunft begründet ist. Das Gebot der Vernunft, unseren Nutzen zu suchen, lehrt zwar, daß wir uns mit den Menschen verbinden müssen, nicht aber mit den Tieren oder mit Dingen, deren Natur von der menschlichen Natur verschieden ist; wir haben vielmehr ihm zufolge das selbe Recht auf die Tiere, das diese auf uns haben. Ja, da eines jeden Recht durch seine Tugend oder Kraft definiert wird, haben die Menschen ein weit größeres Recht auf die Tiere, als diese auf die Menschen. Damit verneine ich jedoch nicht, daß die Tiere Empfindung haben, wohl aber verneine ich, daß es deswegen nicht erlaubt sein soll, für unseren Nutzen zu sorgen und sie nach Belieben zu gebrauchen und so zu behandeln, wie es uns am besten paßt, da sie ja der Natur nach nicht mit uns übereinstimmen und ihre Affekte von den menschlichen Affekten der Natur nach verschieden sind.

Aus: *Ethik* (1677)

Samuel von Pufendorff
Deutscher Staatstheoretiker, Historiker und Rechtsphilosoph (1632–1694)

Ob nun gleich bißher erzeheltes/ zur Mäßigkeit und Sparsamkeit dienlich und allerdings billig ist zu sorgen/ daß die Zartheit des Gemüthes nicht/ durch allzu grobe Speisen/ unterdrücket werde; so kan man doch gnugsam darthun/ daß/ mit Schlachtung und Geniessung derer Thiere/ keine Sünde begangen werde. Denn/ was das Vornehmste ist/ so kan und soll man kein Recht/ und demnach keine Verbindlichkeit zwischen Menschen und Thieren finden; das natürliche Gesetze hat nicht befohlen/ mit denen Thieren Freund- und Gesellschaft zu halten; sie sind auch keiner/ aus Bündnissen entstehenden Pflicht gegen die Menschen fähig. Aus dieser Ermangelung gemeinschaftlichen Rechtes entstehet/ ein Stand des Krieges zwischen beyden Partheyen/ da eine die andere beleidigen kan/ und gestalten Dingen nach/ auch beleidigen will/ bey diesem Stande hat ein jedwedes Theil die Macht seinem Gegentheil soviel Schaden zuzufügen/ als es nöthig und nützlich zu seyn erachtet. Doch ist dieser Krieg von dem Kriege mit Menschen weit unterschieden/ sintemahl dieser weder allgemein noch auch immer während/ oder von ganz unumschrenckter Freyheit ist. Der Krieg mit denen Thieren leuchtet gar klar bey denen grossen und wilden Bestien herfür/ als welche bey gegebener Gelegenheit die Menschen selbsten anfallen; wer demnach dieser schonen wolte/ machte sich selbsten geringer als diese Vieher. Die zahmen Thiere aber dienen dem Menschen nicht wegen einiger Pflicht; sondern weil sie entweder durch das Futter dazu gelocket/ oder/ mit Gewalt gezwungen worden sind/ bey welcher Ermangelung sie bald wieder in wilde Freyheit verfallen und wohl gar den Menschen angreiffen. Etlicher allzugrosse Menge muß auch deshalben vertilget werden/ daß die Menschen Raum gnug gemächlich zu wohnen haben. Einige wollen sagen/ es folge/ aus der Ermangelung eines gemeinschaftlichen Rechts zwischen Menschen und Vieh/ keinesweges/ daß man dieses hinrichten und essen möge/ denn ob gleich damit dem Vieh kein Unrecht geschehe/ so könne man sich doch dadurch an ihrem Schöpffer/ wenn man dessen Einwilligung nicht versichert sey/ verschulden/ oder auch denen menschlichen Herren von dergleichen Vieh zu nahe kommen. Aber dieses Einstreuen hat wenig Grund; denn weil der Schöpffer kein gemeinschaftlich Recht zwischen Vieh und Menschen gestiftet/ so siehet man eben daher/ daß die Thiere nicht mit Unrecht beleidiget werden können/ es ist auch etwas anders/ wenn man fraget: Ob der Mensch dem Vieh Unrecht thun könne/ als wenn man unterscheidet: Ob ein Mensch/ vermittelst des Viehs/ oder durch dessen Veranlassung/ einem andern Unrecht zufügen könne? Das erste wird nur verneinet/ das andere aber nicht. Man kan auch nicht ohne Grund sagen/ daß die Gewalt derer Menschen übers Vieh diesem noch zum besten gereichet/ dieweil doch sonsten die zahmen Thiere von denen Wilden und Räuberischen ohne Unterschied zerrissen werden würden; da sie nun hingegen der Mensch wider solche Gewalt beschirmet/ noch dazu mit Futter versorget/ und sie dafür ja wohl hernach zu seinem Unterhalt abschlachten mag. Es ist übrigens von andern schon vorlängst bewiesen worden/ daß Menschen und Vieh durch kein gemeinschaftliches Recht mit einander verbunden sind. Daher kommet es auch/ daß unsere eigenthümlich besitzende Herrschafft nur gegen andere Menschen/ nicht aber wider die Thiere gültig ist; die uns demnach auch/ bey Abfressung des unsrigen/ kein eigentlich so zu nennendes Unrecht zufügen. So heist es beym Evangelisten Matth. daß GOtt die Vögel nähre/ wenn sie das/ durch unsre Müh und Arbeit/ gebaute Getreyde fressen. Doch kan ein Herr des Viehes/ wenn dieses anderer Leute Frucht abfrist/ selbigen unrecht thun/ da und dieweil er es nicht besser verwahret hat oder hüten lassen. Wir können aber doch gleichsam mit eben dem Rechte das Vieh von dem Unsrigen wegjagen/ mit welchem es dasselbigen anzufallen pfleget.

Aus: *Vom Natur- und Völkerrecht* (1672)

John Locke
Englischer Politiker und Philosoph (1632–1704)

Bei den *Tieren* liegt der Fall nicht so viel anders, als daß man aus dem Gesagten nicht entnehmen könnte, was die Identität eines Tieres ausmacht und erhält. Etwas dem Ähnliches haben wir in den Maschinen vor uns; es kann uns dazu dienen, diese Frage zu erläutern. Was ist zum Beispiel eine Taschenuhr? Offenbar ist sie nichts anderes als die sinnvolle Organisation oder Konstruktion von Teilen zu einem bestimmten Zweck, der erreicht werden kann, sobald eine genügende Kraft hinzukommt. Denken wir uns diese Maschine als einen einzigen, zusammenhängenden Körper, dessen organisierte Teile durch fortgesetzte Hinzufügung und Loslösung nicht wahrnehmbarer Teile wiederhergestellt, vermehrt oder vermindert werden und der ein gemeinsames Leben führt, so haben wir etwas, was einem Tierkörper sehr ähnlich ist. Der Unterschied besteht nur darin, daß beim Tier die Zweckmäßigkeit der Organisation und die Bewegung, in der das Leben besteht, gleichzeitig beginnen; denn die Bewegung kommt von innen. Dagegen kommt bei den Maschinen die Triebkraft deutlich von außen. Auch kann sie oft fehlen, obwohl das Organ in Ordnung und zu ihrer Aufnahme durchaus geeignet ist.

Dies zeigt auch, worin die Identität ein und desselben *Menschen* besteht. Sie besteht nämlich offenbar in nichts anderem als in der Teilnahme an demselben Leben, welches durch beständig in Fluß befindliche Partikel der Materie fortgesetzt wird, die in ihrer Aufeinanderfolge mit demselben organisierten Körper lebensfähig verbunden sind. Nehmen wir an, jemand sieht die Identität des Menschen in etwas anderem als bei anderen Tieren; er sähe die Identität also nicht in dem einen zweckmäßig organisierten Körper, der von einem bestimmten Zeitpunkt ab in stetig fließenden, mit ihm verbundenen Partikeln der Materie – unter einer einheitlichen Organisation des Lebens – seine Existenz fortsetzt. Er würde dann schwerlich eine Hypothese finden, nach der ein Embryo, ein Erwachsener, ein Wahnsinniger und ein Vernünftiger *derselbe* Mensch sein können; noch könnte seine Hypothese ermöglichen, daß Seth, Ismael, Sokrates, Pilatus, St. Augustin und Cäsar Borgia ein und derselbe Mensch sind. Denn wenn *allein* die Identität der Seele den gleichen *Menschen* ausmacht und die Natur der Materie nichts enthält, weshalb derselbe individuelle Geist nicht mit verschiedenen Körpern vereinigt sein könnte, so ist es möglich, daß die genannten Männer, die zu verschiedenen Zeiten lebten und von verschiedenem Temperament waren, ein und derselbe Mensch gewesen sind. Das ist jedoch eine Ausdrucksweise, die auf einem sehr befremdlichen Gebrauch des Wortes Mensch beruhen würde; dabei müßte dies Wort auf eine Idee bezogen sein, von der Körper und Gestalt ausgeschlossen sind. Noch schlechter aber würde diese Ausdrucksweise zu den Begriffen der Philosophen passen, die eine Seelenwanderung annehmen und der Meinung sind, den Seelen der Menschen könnten für ihre Vergehen als Wohnstätten die Körper von Tieren angewiesen werden, welche Organe besitzen, die der Befriedigung ihrer brutalen Neigungen angepaßt wären. Dennoch glaube ich nicht, daß jemand, auch wenn er sicher wüßte, daß die *Seele* des Heliogabal in einem seiner Schweine steckte, sagen würde, jenes Schwein sei ein *Mensch* oder sei *Heliogabal.*

Nicht die Einheit der Substanz also umfaßt alle Arten von Identität oder bestimmt diese in jedem einzelnen Fall. Um sie richtig zu verstehen und zu beurteilen, müssen wir vielmehr erwägen, was für eine Idee das Wort bezeichnet, auf das sie angewendet wird. Denn »dieselbe *Substanz* sein«, »derselbe *Mensch* sein« und »dieselbe *Person* sein« sind drei ganz verschiedene Dinge, wenn *Person, Mensch* und *Substanz* Bezeichnungen für drei verschiedene Ideen sind. Denn die Identität muß ebenso beschaffen sein wie die Idee, die zu dem Namen gehört. Hätte man dies etwas sorgfältiger beachtet, so wäre wahrscheinlich die Verwirrung, die bei dieser Frage oft entsteht und zu recht erheblich scheinenden Schwierigkeiten, besonders hinsichtlich der *persönlichen* Identität, führt, weitgehend vermieden worden. Diese wollen wir daher im folgenden etwas näher betrachten.

Ein Lebewesen ist ein lebender organisierter Körper; folglich ist dasselbe Lebewesen, wie wir festgestellt haben, dasselbe anhaltende *Leben*, das verschiedenen Partikeln der Materie mitgeteilt wird, so wie sie nacheinander jenem organisierten lebenden Körper eingegliedert werden. Gleichviel von welchen anderen Definitionen auch sonst die Rede sein mag, eine scharfsinnige Beobachtung läßt keinen Zweifel daran, daß die in unserem Geist vorhandene Idee, für die unser Wort Mensch als Zeichen dient, nichts anderes ist als die eines Lebewesens von bestimmter Gestalt. Denn ich bin überzeugt, jeder würde, wenn er ein Geschöpf von seiner eigenen Gestalt oder Bildungsweise sähe, es einen *Menschen* nennen, auch wenn es zeitlebens nicht mehr Vernunft besäße als eine Katze oder ein Papagei. Wer dagegen eine *Katze* oder einen *Papagei* reden, schließen und philosophieren hörte, würde sie doch immer nur als Katze oder Papagei ansehen oder bezeichnen. Er würde sagen, jenes sei ein stumpfsinniger unvernünftiger Mensch, dieses ein sehr kluger, vernünftiger Papagei. Ein Bericht, den wir bei einem sehr namhaften Schriftsteller finden, beglaubigt hinlänglich die Annahme der Existenz eines vernünftigen Papageis. Er lautet folgendermaßen:

»Es lag mir daran, aus des Prinzen Moritz eigenem Munde Aufschluß über eine verbreitete, viel geglaubte Geschichte zu erhalten, die ich schon oft von anderen gehört hatte. Sie handelt von einem alten Papagei, den er in Brasilien während seiner Statthalterschaft besaß. Jener Papagei konnte wie ein vernünftiges Wesen sprechen, fragen und einfache Fragen beantworten. Die Umgebung des Prinzen erblickte darin Zauberei oder Besessenheit. Ja, einer seiner Kapläne, der noch lange hernach in Holland lebte, duldete von jener Zeit an niemals einen Papagei um sich; denn er behauptete, diese Tiere hätten sämtlich den Teufel im Leibe. Ich hatte viele Einzelheiten dieser Geschichte gehört, die mir von Leuten versichert wurden, deren Glaubwürdigkeit schwerlich anzuzweifeln war. Deshalb fragte ich den Prinzen Moritz, was an der Geschichte sei. Mit der ihm eigenen Schlichtheit und Trockenheit des Tones erwiderte er mir, einiges von dem, was berichtet werde, sei wahr, sehr viel aber unwahr. Ich bat ihn, mir das erstere mitzuteilen. Er erzählte dann kurz und sachlich, er habe in Brasilien von einem solchen alten Papagei erzählen hören; zwar habe er nichts davon geglaubt, auch sei das Tier ziemlich weit entfernt gewesen; dennoch habe ihn die Neugierde so stark geplagt, daß er es kommen ließ. Der Papagei sei ein sehr altes und großes Tier gewesen. Als er das erstemal in den Raum gebracht wurde, wo sich der Prinz, von vielen Holländern umringt, aufhielt, habe er sofort gesagt: ›*Was für eine Schar von weißen Männern ist hier!*‹ Man habe auf den Prinzen gewiesen und gefragt, für wen er diesen Mann halte. Der Vogel antwortete: ›*Für irgendeinen General.*‹ Man brachte ihn ganz nahe an den Prinzen heran, der ihn dann fragte: ›*Woher kommst du?*‹ Er antwortete: ›*Von Marinam.*‹ Der Prinz: ›*Wem gehörst du?*‹ Der Papagei: ›*Einem Portugiesen.*‹ Der Prinz: ›*Was machst du dort?*‹ Der Papagei: ›*Ich hüte die Hühner.*‹ Der Prinz lachte und sagte: ›*Du hütest die Hühner?*‹ Der Papagei antwortete: ›*Ja, ich, und ich verstehe mich sehr gut darauf.*‹ Dabei stieß er vier- oder fünfmal den Gluck-Gluck-Ton aus, mit dem man junge Hühner lockt. Ich schreibe die Worte dieses denkwürdigen Zwiegespräches französisch nieder, genau so, wie sie der Prinz Moritz sprach. Ich fragte ihn, welche Sprache der Papagei gesprochen hätte; er sagte: brasilianisch. Ich erkundigte mich, ob der Prinz brasilianisch verstände; er erwiderte: nein; er habe aber dafür gesorgt, daß zwei Dolmetscher zur Stelle gewesen wären, ein Holländer, der brasilianisch und ein Brasilianer, der holländisch sprach. Er habe sie einzeln und unter vier Augen befragt, und beide hätten ihm übereinstimmend das gleiche berichtet, was der Papagei gesprochen habe. Ich konnte es mir nicht versagen, diese merkwürdige Geschichte zu erzählen, weil sie in der Tat ganz außergewöhnlich ist. Außerdem habe ich sie aus erster Quelle; auch darf diese Quelle als einwandfrei angesehen werden. Denn ich darf behaupten, daß der Prinz zumindest alles, was er mir mitteilte, selbst glaubte. Galt er doch stets für einen durchaus ehrenhaften und frommen Mann. Ich überlasse es den Naturforschern, sich damit auseinanderzusetzen, und anderen Leuten, davon zu glauben, was sie wollen. Indessen ist es immerhin vielleicht nicht unangebracht, eine ernsthafte Darstellung gelegentlich durch solche Abschweifungen zu unterbrechen oder zu beleben, gleichviel ob sie unmittelbar zur Sache gehören oder nicht.«

Es lag mir daran, dem Leser diese Geschichte eingehend und mit des Erzählers eigenen Worten wiederzugeben, weil dieser sie nicht für unglaublich gehalten zu haben scheint. Denn man kann sich nicht vorstellen, daß ein so gescheiter Mann wie er, der hinlänglich imstande war, für alles, was er selbst bezeugte, zu bürgen, so viel Mühe aufwenden sollte, um an einer Stelle wo es gar nicht nahe lag, nicht nur einem Menschen, den er seinen Freund nennt, sondern auch einem Prinzen, dessen sehr große Ehrenhaftigkeit und Frömmigkeit er anerkennt, eine Geschichte anhängen sollte, die ihm, wenn er sie für unglaubwürdig hielt, nur als lächerlich erscheinen konnte. Soviel ist jedenfalls klar: Sowohl der Prinz, der für diese Geschichte bürgt, als auch der Erzähler, der sie berichtet, nennen den Sprecher hier einen Papagei. Ich frage nun jeden anderen, der eine solche Geschichte für erzählenswert hält, ob er diesen Papagei und alle seiner Art – wenn sie immer so gesprochen hätten, wie es nach Aussage des Prinzen dieser eine tat – nicht als eine Gattung *vernunftbegabter Tiere*, sondern angesichts all dessen als Menschen und nicht als *Papageien* angesehen hätte? Denn ich meine, nicht die Idee eines denkenden oder vernünftigen Wesens allein macht nach der Auffassung der meisten Leute die *Idee des Menschen* aus, sondern die Idee eines damit verbundenen Körpers von bestimmter Gestalt. Wenn das die Idee des Menschen ist, so gehört derselbe, sich nicht auf einmal verändernde Körper ebensogut zur Identität eines Menschen wie derselbe immaterielle Geist.

Aus: *Versuch über den menschlichen Verstand* (1689)

Thomas Tryon
Englischer Diätetiker, Mystiker und Philosoph, Autodidakt (1634–1703)

Dieselben und bei weitem größere Vortheile würde die Christenheit erlangen, wenn sie abließe von Hader, Unterdrückung und von dem, was sie dazu antreibt: vom Thiermord und vom Verzehren des Blutes und Fleisches. Menschenmord, teuflischer Groll und gegenseitige Grausamkeit würden sich vermindern oder wahrscheinlich gar nicht mehr vorkommen. Denn *Lossagung* hat eine größere Wirkung, als man sich denkt, sowohl die vom Guten wie vom Bösen; denn wovon sich der Mensch lossagt, das hat seine Macht auf ihn verloren. In gleicher Weise werden durch die Lossagung von der Grausamkeit die dunklen Wolken der Unwissenheit wie durch ein Wunder zerstreuet und die Erkenntniß erweckt, zu unterscheiden zwischen guten und bösen Vorsätzen, zuerst im Menschen selber und dann verhältnißmäßig in allen anderen Dingen. So lange aber die Menschen unter der Einwirkung leben von aller Art Unreinigkeit, Gewalt und Unterdrückung, so lange erblicken sie auch kein Uebel darin. Aus diesem Grunde ist es unmöglich, daß die Menschen irgend Etwas richtig verstehen oder Göttliches von menschlichen Dingen zu unterscheiden vermögen, so lange sie sich nicht von jenen Uebeln lossagen sondern sich begnügen, dem großen Haufen in seinem Geleise und dem Glauben ihrer Voreltern zu folgen, wobei sie aber eigentlich nur dem alten Schlendergang folgen.

Welch' einen häßlichen und widerwärtigen Anblick bieten Leichname dar und Stücke blutigen, rohen Fleisches! Jedenfalls würde es uns entsetzlich erscheinen und kein Mensch würde ohne Abscheu daran denken, es in seinen Mund zu bringen, wenn uns nicht Gewohnheit und Sitte von Geschlecht zu Geschlecht vertraut damit gemacht hätte. Letzterer Einfluß ist so mächtig, daß in einigen Ländern der Brauch bestehen soll, die Leichname von Verwandten und Freunden zu verzehren, indem die Menschen dort der Meinung sind, sie können Jenen kein edleres Begräbniß verstatten als in ihren Eingeweiden. Und da es so *Brauch* ist, so empfinden sie dabei ebenso wenig Bedenken oder Widerwillen wie Andere, wenn sie den Schenkel eines Hasen oder den Flügel eines Huhns verschlingen. Denken wir uns einen Menschen, der in einem Lande aufgewachsen wäre, wo es nicht *Brauch* ist, zu schlachten und Fleisch zu essen, und käme auf unsern Fleischmarkt oder erblickte unsere Schlachthäuser und sähe, wie wir mit Thierleichen verkehren und wie gemüthlich und fröhlich wir sie bestatten und welche ehrenvolle Grabstätten wir den Leichnamen der Thiere geben, ja sogar ihren Gedärmen und Eingeweiden – würde er nicht von Erstaunen und Entsetzen ergriffen werden? Würde er uns nicht für grausame Ungeheuer halten und sagen, wir seien *verthiert* und stellten uns auf die Stufe der Raubthiere, indem wir unsere Mitgeschöpfe zu unserer Beute und Atzung machen?

Es war also der Brauch, welcher die unmenschliche, wilde Natur erweckte, so daß es der Menschheit zur leichten und vertrauten Gewohnheit wurde, zu morden, mit Fleisch und Blut zu handiren und sich davon zu ernähren. Und ebenso verhält es sich, wenn die Menschen sich unter einander tödten und unterdrücken; denn sehen wir nicht, daß ein Soldat, der in den Kriegen blutdürstiger Fürsten erzogen wurde, ohne Bedenken und Reue Hunderte von Menschen tödten würde, die ihm nicht mehr Leides angethan haben, als das Lamm dem Fleischer zufügte, der ihm die Kehle durchschneidet? Wenn die Menschen nur die Gewalt und die Gewohnheit auf ihrer Seite haben, so halten sie Alles für recht. (…)

Alsdann hört aller Hader auf; kein Schreckensschrei oder kläglisches Aechzen wird mehr vernommen, weder von Menschen noch Thieren. Keine Gossen, darinnen das Blut geschlachteter Thiere rinnt, keine stinkende Fleischbänke, keine blutige Fleischer. Kein Kanonendonner, keine in Brand gesetzte Städte. Keine ekelhafte, dumpfe Kerker oder Eisengitter, um die Menschen abzusondern von Weib und Kind und freier Luft: kein Jammer aus Mangel an Nahrung und Kleidung. Keine Schwelgerei noch eitle Erfindungen, um in einem Tage so viel zu verwüsten, wie Tausende nur durch harte Arbeit und Mühe erwerben können. Schreckliche Flüche und gemeine Reden sind verstummt. Man wird die Pferde nicht im Galopp die Hügel hinan treiben, ohne ihrer Last und Mühe zu achten. Man verführt keine Jungfrau *und giebt sie und die eigenen Kinder dann allem erdenklichen Elende preis*. Man verpachtet keine Ländereien so theuer, daß der Pächter genöthigt ist, sich selber, sein Gesinde und Vieh fast zu Tode zu quälen, um den Zins kaum erschwingen zu können. Der Niedere wird sich nicht mehr über die Tyrannei des Höheren beschweren, und kein Mangel wird herrschen, weil es weder Ueberfluß noch Schwelgerei giebt. Kein Lärm, kein Weheruf von Verwundeten. Man bedarf keiner Wundärzte, um Kugeln aus dem Fleisch zu schneiden oder zerschmetterte Gliedmaßen abzunehmen. Man vernimmt kein Wimmern über die Qualen der Gicht oder anderer schmerzlicher ansteckender oder abzehrender Krankheiten. Auch die Kinder bleiben von einer Unzahl von Leiden verschont und sind stark und gesund wie die Jungen der Thiere sind, weil sie Gottes Gesetz in der Natur nicht verletzt haben. Dieser Verstoß ist die Ursache der meisten oder aller Krankheiten, welche die Menschheit plagen. Denn hinsichtlich der Gesundheit besteht kein anderer Unterschied zwischen Menschen und Thieren als nur der Ueberfluß und die Unmäßigkeit, sowohl der Menge wie der Beschaffenheit nach.

Aus: *Der Weg zu Gesundheit, langem Leben und Glück* (1683)

Nicolas de Malebranche
Französischer Philosoph (1638 – 1715)

Um also die Frage zu entscheiden, ob die Tiere eine Seele haben, muß man in sich gehen und mit der ganzen Aufmerksamkeit, derer man fähig ist, die Idee erwägen, die man von der Materie hat. Und wenn man sich vorstellt, daß die auf eine solche Weise, wie beim Quadrat, beim Kreis, beim Oval, abgebildete Materie Schmerz, Vergnügen, Hitze, Farbe, Geruch, Klang etc. sei, kann man mit Gewißheit behaupten, daß die Seele der Tiere, wie materiell auch immer sie sei, fähig ist zu empfinden. Wenn man das nicht begreift, muß man es nicht sagen, denn man muß nur mit Gewißheit behaupten, was man begreift. Ebenso kann man sagen, wenn man sich vorstellt, daß die von unten bis oben, von oben bis unten, in kreis- und spiralförmigen Linien, in Parabeln und Ellipsen etc. bewegte Materie eine Liebe, ein Haß, eine Freude, eine Traurigkeit etc. sei, daß die Tiere dieselben Leidenschaften haben wie wir. Wenn man das nicht sieht, muß man es nicht sagen, wofern man nicht sprechen will, ohne zu wissen, was man sagt. Aber ich denke versichern zu können, daß man niemals glauben wird, daß irgendeine Bewegung von Materie eine Liebe oder eine Freude sein kann, sofern man ernsthaft daran denkt. So daß man, um diese Frage zu entscheiden, ob die Tiere empfinden, nur Sorge tragen muß, die Zweideutigkeit zu beseitigen, wie es diejenigen tun, die man gern Cartesianer nennt; denn man wird sie so auf eine derart einfache Frage reduzieren, daß eine mittelmäßige geistige Aufmerksamkeit genügen wird, um sie zu entscheiden.

Zwar hat der heilige Augustinus geglaubt, gemäß dem allen Menschen gemeinsamen Vorurteil voraussetzend, daß die Tiere eine Seele haben – zumindest habe ich nicht gelesen, daß er das je ernsthaft in seinen Schriften untersucht, noch daß er es in Zweifel gezogen hätte – und wohl gewahrwerdend, daß es ein Widerspruch ist zu sagen, eine Seele oder eine Substanz, die denkt, empfindet, begehrt etc. sei materiell, er hat also geglaubt, daß die Seele der Tiere wirklich geistig und unteilbar sei. Mit sehr einleuchtenden Gründen hat er bewiesen, daß jede Seele, das heißt alles, was empfindet, was Vorstellungen hat, was fürchtet, begehrt etc. notwendigerweise geistig ist. Aber ich habe nicht bemerkt, daß er irgendeinen Grund gehabt hätte zu versichern, daß die Tiere Seelen haben. Er unterzieht sich nicht einmal der Mühe es zu beweisen, denn es hat ganz den Anschein, daß es zu seiner Zeit niemanden gab, der daran zweifelte.

Gegenwärtig, wo es Leute gibt, die versuchen, sich von ihren Vorurteilen vollständig zu befreien und die alle Auffassungen in Zweifel ziehen, die nicht auf klare und überzeugende Überlegungen gestützt sind, fängt man an zu bezweifeln, ob die Tiere eine Seele haben, die derselben Empfindungen und derselben Leidenschaften fähig ist wie die unseren. Doch es finden sich stets mehrere Verfechter von Vorurteilen, die zu beweisen beanspruchen, daß die Tiere empfinden, wollen, denken und selbst urteilen wie wir, wenn auch auf eine viel unvollkommenere Weise.

Die Hunde, sagen sie, kennen ihre Herren, sie lieben sie, sie ertragen geduldig die Schläge, die sie von ihnen bekommen, weil sie urteilen, daß es für sie vorteilhaft ist, sie nicht zu verlassen. Aber was die Fremden betrifft, hassen sie sie dergestalt, daß sie es nicht einmal ertragen können, von ihnen gestreichelt zu werden. Alle Tiere empfinden Liebe für ihre Jungen. Und diese Vögel, die ihre Nester am äußersten Ende der Zweige bauen, lernen genug um zu befürchten, daß gewisse Tiere sie verschlingen: Sie urteilen, daß diese Zweige zu schwach sind, um ihre Feinde auszuhalten und stark genug, um alles zusammen: ihre Jungen und ihre Nester, zu tragen. Bis zu den Spinnen und den niedrigsten Insekten gibt es keine [Lebewesen], die nicht Merkmale einer sie belebenden Intelligenz zeigen: Denn man kann sich nicht enthalten, das Verhalten eines Tieres zu bewundern, das, so schwach wie es ist, Mittel findet, in seinen Netzen andere zu überraschen, die Augen und Flügel haben und die kühn genug sind, um die stärksten Tiere anzugreifen, die wir je sahen.

Zwar zeigen alle Handlungen, welche die Tiere ausführen, daß eine Intelligenz vorhanden ist; denn alles, was geregelt ist, deutet darauf hin. Selbst eine Uhr zeigt dies: Es ist unmöglich, daß der Zufall die Räder in ihr zusammenfügt, und es muß eine Intelligenz sein, die deren Bewegungen eingestellt hat. Man steckt ein Samenkorn verkehrt herum in die Erde, und die Wurzeln, die aus der Erde herauskamen, senken sich von selbst dort hinein; und der Keim, der gegen die Erde gedreht war, wendet sich ebenfalls nach der anderen Seite, um aus ihr hervorzukommen: Dies ein Zeichen von Intelligenz. Diese Pflanze schlingt sich von Zwischenraum zu Zwischenraum, um sich zu kräftigen; sie umhüllt ihren Samen mit einer Schale, die ihn frisch hält; sie umgibt ihn mit Stacheln, um ihn zu beschützen: Dies ist ein Zeichen von Intelligenz. Kurzum, alles, was wir die Pflanzen wie auch die Tiere tun sehen, ist sicherlich Zeichen von Intelligenz. Alle echten Cartesianer räumen dies ein. Aber alle echten Cartesianer unterscheiden, denn sie beseitigen, soweit sie es können, die Zweideutigkeit der Begriffe.

Die Bewegungen der Tiere und Pflanzen sind Zeichen einer Intelligenz: Aber diese Intelligenz ist nicht aus Materie; sie unterscheidet sich von den Tieren wie diejenige, welche die Räder einer Uhr anordnet, sich von der Uhr unterscheidet. Denn schließlich erscheint diese Intelligenz unendlich weise, unendlich mächtig und als dieselbe, die uns unter dem Herzen unserer Mütter geformt hat und die uns das Wachstum verleiht, dem wir durch alle Anstrengungen unseres Geistes und unseres Willens keine Elle hinzufügen können. Folglich wohnt in den Tieren weder Intelligenz noch Seele, wie man gemeinhin hört. Sie fressen ohne Vergnügen, sie schreien ohne Schmerz, sie wachsen, ohne es zu wissen; sie begehren nichts, sie fürchten nichts, sie erkennen nichts; und wenn sie auf eine Weise handeln, die Intelligenz zeigt, so kommt es daher, daß Gott, der sie gemacht hat, um sie zu erhalten, ihren Körper solcherart geformt hat, daß sie mechanisch und ohne Furcht alles vermeiden, was fähig ist, sie zu zerstören. Andernfalls müßte man sagen, daß es im kleinsten der Tiere oder sogar in einem einzigen Samenkorn mehr Intelligenz gibt als im geistreichsten der Menschen: Denn es steht fest, daß es mehr verschiedene Teile gibt und daß darin mehr geregelte Bewegungen entstehen, als zu erkennen wir fähig sind.

Aus: *Von der Erforschung der Wahrheit* (1674–1678)

Jean M. Darmanson
Französischer Theologe des 17. Jahrhunderts

Zweifelsohne hat man weder die Zusammenhänge noch die Konsequenzen dieses wichtigen Prinzips der Theologie recht untersucht noch auch verstanden:

> Daß unter einem gerechten Gott niemand elend sein kann, ohne es verdient zu haben.

Auf dieses unerschütterliche Fundament gründete man die Wahrheit einiger der vornehmsten Mysterien der Religion, die jedoch völlig in sich zusammenstürzen, wenn das Tier schmerzfähig ist; da nun einmal diese Auffassung notwendigerweise die Falschheit dieses Prinzips nach sich zieht. Denn wenn sie schmerzfähig sind, können sie unglücklich sein, und sie sind in ungleichem Maße unglücklich, obwohl sie gleichermaßen unschuldig sind, da sie ja keine Freiheit haben, von der sie einen schlechten Gebrauch machen können. Allerdings fände man das Mittel, Gott von Grausamkeit und Ungerechtigkeit ihnen gegenüber freizusprechen, wenn sie nach ihrem Tod irgendeinen Lohn zu erwarten hätten für die Übel, die sie in diesem Leben erlitten hätten. Aber ach! Der Tod schließt die Tür zu all ihren Hoffnungen, indem er sie des Lebens ihrer Seele wie ihres Körpers beraubt. Verlieren sie damit nicht alles, trotz all ihrer Unschuld, trotz der Züchtigungen und Anstrengungen, die sie in jedem Augenblick ihres Lebens erduldet haben? Ach, mein Gott! Wie sind diese Empfindungen grausam und unvernünftig. Oh, wie sind sie beleidigend für deine Gerechtigkeit und deine unendliche Güte! Wie sie dir mißfallen im Herzen derjenigen, die du alle Augenblicke mit deinen Wohltaten überhäufst, und denen du durch die reinen Wirkungen einer unergründlichen Güte und einer unendlichen Barmherzigkeit den Besitz der Seligkeit versprichst, obgleich sie es wegen der Ungeheuerlichkeit ihrer Sünden verdient hätten, die äußerste Strenge deines Zorns zu spüren! Gäbe es darunter genügend Ungerechte und genügend Unvernünftige, um mir zu antworten, daß Gott mit dem Tier alles tun kann, was ihm gefällt, vorausgesetzt, daß er dem Menschen gegenüber die Gesetze seiner Gerechtigkeit beachtet: so sollten sie doch wissen, daß Gott all seinen Geschöpfen Gerechtigkeit widerfahren lassen muß, und daß nur diejenigen, die eines Verbrechens schuldig zu werden fähig sind, unglücklich sein können.

Die Ungerechtigkeit ihrer Antwort, die nur aus tiefstem Hochmut herrühren kann, der sie durch eine so große Verachtung für die anderen Geschöpfe mit einer stolzen Ansicht ihrer selbst blendet, wird besser in ihrem Licht erscheinen und wird für sie wahrnehmbar, wenn wir diese Voraussetzung machen: Daß wir immer in unserer Unschuld bewahrt wären, daß Gott uns jedoch nur eine sterbliche Seele gegeben hätte, die vom Leben unseres Körpers abhinge, und daß er uns der Tyrannei der Leidenschaften anderer Menschen, Sündern, die wir nun einmal sind, überlassen hätte, so daß wir dem Belieben ihres Zorns ausgesetzt wären, wie die Tiere der Tyrannei unseres Zorns ausgesetzt sind, und daß wir, nachdem wir alle Augenblicke unseres Lebens mit äußersten Anstrengungen zu ihren Diensten eingesetzt hätten, als ganzen Lohn nichts zu erhoffen hätten als einen grausamen Tod, um den Ausschweifungen ihres Verlangens und ihrer Gier Genüge zu tun.

Welche Ansicht hätten wir vom Verhalten Gottes uns gegenüber? Ach! Ohne Zweifel empfände sich unser Herz in fortwährenden Ausbrüchen des Zorns und der Gotteslästerung gegen den Urheber einer so grausamen Einrichtung, und anstatt ihn dafür zu preisen und zu rühmen, daß er uns das Dasein geschenkt hat, so wie die Verherrlichung seines Ruhmes seine einzige Absicht ist bei der Bildung der Geschöpfe, verfluchten wir jeden Augenblick die Stunde, in der er uns aus dem Nichts gezogen hätte, und die Macht desjenigen, der uns nicht dort gelassen hätte: Wir fragten ihn mit Recht, wo seine Gerechtigkeit sei, die unsere Unschuld nur mit Tyrannei und Grausamkeit belohne, während er diese Verbrecher in ihrer Arglist mit Barmherzigkeit und Wohltaten überhäufe: Verstehen wir also, daß dies die gerechten Vorwürfe sind, welche die Tiere Gott machen können, wenn die allgemeine Ansicht richtig ist, die ihnen eine der Erkenntnis und des Schmerzes fähige Seele zuschreibt, da Gott nun einmal allen Geschöpfen Gerechtigkeit widerfahren lassen muß.

Aus: *Das Tier, verwandelt in eine Maschine* (1684)

Gottfried Wilhelm Leibniz
Deutscher Philosoph, Physiker, Mathematiker, Historiker und Diplomat
(1646–1716)

Es besteht aber auch noch ein anderer Unterschied zwischen den Ansichten der Autoren, die für die Lebensprincipien sind, und zwischen den meinen. Ich glaube nämlich, daß jene Lebensprincipien unsterblich und überall vorhanden sind, während nach der gewöhnlichen Meinung die Seelen der Thiere untergehen, und den Cartesianern zufolge nur der Mensch allein wirklich eine Seele und ein Vorstellen und Begehren hat, eine Ansicht, die nie allgemeine Zustimmung finden wird, und zu der man nur gegriffen hat, weil man sah, daß man entweder den Thieren unsterbliche Seelen zugestehen, oder aber einräumen müßte, daß die Seele des Menschen sterblich sein könne. Statt dessen hätte aber vielmehr gesagt werden sollen, daß, da jede einfache Substanz unvergänglich und folglich auch jede Seele unsterblich sei, auch die Seele, die man doch den Thieren vernünftiger Weise nicht absprechen kann, immer fortbestehen werde, wenn auch in einer von der unsern sehr verschiedenen Weise, da den Thieren, so weit man darüber urtheilen kann, jene Ueberlegung fehlt, durch welche wir uns unseres Ichs bewußt werden. Man sieht auch wirklich nicht ein, weshalb die Menschen einen so großen Widerwillen dagegen haben, den Körpern der übrigen organischen Geschöpfe unvergängliche unstoffliche Substanzen zuzugestehen, da doch die Atomisten unvergängliche stoffliche Substanzen angenommen haben, und die Seele des Thieres nicht mehr Ueberlegung hat als ein Atom. Denn es besteht ein großer Abstand zwischen dem Gefühl, das diesen Seelen gemein ist, und der Ueberlegung, welche die Vernunft begleitet, da wir tausende von Empfindungen haben, ohne darüber nachzudenken, und meines Erachtens haben die Cartesianer nie bewiesen, noch können sie beweisen, daß jede Vorstellung von Bewußtsein begleitet sei. Auch ist es nur vernunftgemäß, daß es unterhalb unserer Substanzen gebe, die Vorstellungen zu haben vermögen, wie es deren über uns giebt, und daß unsere Seele, anstatt auf der letzten Stufe zu stehen, vielmehr eine Mittelstellung einnehme, von der man nach aufwärts und nach abwärts steigen kann, denn sonst würde es einen Verstoß wider die Ordnung geben, den gewisse Philosophen ein *vacuum formarum* nennen. So führt Vernunft wie Natur die Menschen zu der Ansicht, die ich eben aufgestellt habe, aber die Vorurtheile haben sie derselben abwendig gemacht.

Diese Ansicht führt aber zu einer andern, hinsichtlich derer ich ebenfalls genöthigt bin, von der üblichen Meinung abzuweichen. Man wird an diejenigen, die meiner Ansicht sind, die Frage richten, was die Thierseelen nach dem Tode des Thieres beginnen, und uns der Lehre des Pythagoras zeihen, der an die Seelenwanderung glaubte, die nicht blos der verstorbene jüngere van Helmont, sondern auch der Verfasser gewisser, zu Paris erschienener *Metaphysischer Betrachtungen* wieder ins Leben zu rufen versucht hat. Man muß jedoch wissen, daß ich weit von dieser Ansicht entfernt bin, weil ich glaube, daß nicht blos die Seele, sondern auch das Thier selbst fortbesteht. Sehr sorgfältige Beobachter der Natur haben schon jetzt bemerkt, daß man bezweifeln darf, ob je ein völlig neues Thier hervorgebracht wird, und ob die lebenden Thiere, wie auch die Pflanzen, nicht schon im Kleinen vor der Empfängnis im Samen bestehen. Nimmt man diese Lehre an, so muß vernünftiger Weise gefolgert werden, daß das, was nicht zu leben anfängt, auch nicht zu leben aufhört, und daß der Tod wie die Erzeugung nur Umgestaltungen ein und desselben Thieres sind, das bald vergrößert, bald verkleinert wird. Was uns aber dabei noch weitere Wunder der göttlichen Kunstfertigkeit enthüllt, an die man nie gedacht hatte, ist der Umstand, daß die Maschinen der Natur, da sie bis in ihre kleinsten Theile Maschinen sind, wegen der ins Unendliche fortgehenden Einschachtelung einer kleinen Maschine in eine größere unzerstörbar sind. Man sieht sich also genöthigt, gleichzeitig sowohl die Präexistenz der Seele wie des Thieres, als auch die Fortdauer des Thieres wie der Seele anzunehmen.

Aus: *Betrachtungen über das Lebensprincip und über die plastischen Naturen* (1705)

Bezüglich des physischen Uebels bei den Geschöpfen, d. h. bezüglich ihrer Leiden, bekämpft Herr Bayle mit großem Eifer die, welche das Verfahren Gottes hinsichtlich dieses Punktes durch besondere Gründe zu rechtfertigen suchen. Ich sehe hier von den Leiden der Thiere ab, da Herr Bayle sich hauptsächlich an die der Menschen hält, vielleicht weil er glaubt, daß die Thiere keine Empfindung haben: denn eben aus der Ungerechtigkeit, die im Leiden der Thiere liegen würde, haben verschiedene Cartesianer beweisen wollen, daß sie nur Maschinen wären, *quoniam sub Deo justo nemo innocens miser est*, d. h. weil unter einem Gebieter wie Gott unmöglich ein Unschuldiger elend sein kann. Das Princip ist gut, ich glaube jedoch nicht, daß man daraus die Empfindungslosigkeit der Thiere folgern kann, weil nach meiner Meinung die Empfindung, streng genommen, nicht hinreicht, das Elend zu verursachen, wenn sie nicht von Ueberlegung begleitet ist. Ebenso ist's ja auch mit dem Glücke: ohne Ueberlegung giebt es keins.

O fortunatos nimium, sua qui bona norint!

Man kann vernünftigerweise nicht bezweifeln, daß die Thiere Schmerz empfinden, ihre Freuden und ihre Schmerzen scheinen jedoch nicht so lebhaft zu sein wie die des Menschen, denn da sie keine Ueberlegung haben, sind sie weder für den Kummer empfänglich, der den Schmerz begleitet, noch für die Freude, die das Vergnügen begleitet. Die Menschen befinden sich zuweilen in einem Zustande, der dem der Thiere ähnelt, und wo sie beinahe nur aus Instinkt und in Folge der Eindrücke der sinnlichen Erfahrung handeln: in diesem Zustande sind ihre Freuden und ihre Schmerzen sehr gering.

Aus: *Theodicee* (1710)

Pierre Bayle
Französischer Philosoph und Enzyklopädist (1647–1706)

(Des Cartesius Meynung ist dem wahren Glauben sehr vortheilhaft.) Was die Cartesianer beweget, zu sagen, daß die Thiere künstliche Maschinen sind, ist, daß nach ihrer Meynung, alle Materie unvermögend ist, zu denken. Sie sagen nicht

allein, daß nur die geistigen Wesen Betrachtungen und eine lange Kette von Vernunftschlüssen machen können, sondern sie behaupten auch, daß ein jeder Gedanke, man mag ihn Betrachtung, Nachdenken, Fortgang vom Grundsatze zu der Folgerung, oder Empfindung, Einbildung und natürlichen Trieb nennen, von einer solchen Natur sey, daß die allersubtilste und vollkommenste Materie unvermögend darzu ist, und daß er sich nur in unkörperlichen Substanzen befinden kann. Vermöge dieses Grundsatzes, kann ein jeder Mensch von der Unsterblichkeit seiner Seele überzeuget seyn: denn ein jeder weis, daß er denkt, und folglich, wenn er nach cartesianischer Art schließt, kann er nicht zweifeln, daß er nicht, in so fern er denkt, von dem Körper unterschieden wäre: woraus denn folgt, daß er, in Ansehung dessen, unsterblich ist. Denn die Sterblichkeit der Creaturen besteht weiter in nichts, als daß sie von verschiedenen Theilen der Materie zusammengesetzet sind, welche sich von einander absondern. Dieß nun ist ein großer Vortheil für die Religion: allein, es wird fast unmöglich seyn, denselben durch philosophische Gründe zu erhalten, wenn man zugiebt, daß auch die Thiere eine materialische Seele haben, welche mit dem Körper untergeht; eine Seele, sage ich, deren Empfindungen und Begierden die Ursachen ihrer Handlungen sind. (...)

(Die verdrießlichen Folgen der Meynung, welche den Thieren eine sinnliche Seele beyleget.) Nichts ist kurzweiliger, als wenn man sieht, mit was für Autorität die Scholastiker der Erkenntniß der Thiere Grenzen setzen wollen. Sie wollen, daß sie nur absonderliche und materialische Gegenstände erkennen, und nur das Nützliche und Angenehme lieben; daß sie weder über ihre Empfindungen und Begierden nachdenken, noch eine Sache aus einer andern schließen können. Man sollte sagen, daß sie die Kräfte und Handlungen von der Seele der Thiere viel glücklicher durchsuchet hätten, als die besten Zergliederungskünstler die Eingeweide der Hunde. Ihre Verwegenheit ist so groß, daß, wenn sie auch, vermöge eines ungefähren Zufalls, die Wahrheit gefunden hätten, sie dennoch des Lobes, ja der Entschuldigung unwürdig sind. Allein wir wollen ihnen dieß hingehen lassen, wir wollen ihnen alles zugestehen, was sie voraussetzen. Was hoffen sie aber davon? bilden sie sich etwa ein, daß sie durch dieses Mittel von einem vernünftigen Menschen das Geständniß erhalten werden, daß die Seele des Menschen nicht von derselben Art sey, als der Thiere ihre ist? Dieses Vorgeben ist erdichtet. Es ist jedem, der von Dingen zu urtheilen weis, offenbar, daß ein jedes Wesen, welches einige Empfindung hat, wissen muß, daß es empfindet: und es würde nicht ungereimter seyn, zu behaupten, daß die Seele des Menschen wirklich einen Gegenstand erkennet, ohne zu erkennen, daß sie ihn erkenne: als es abgeschmackt ist, zu sagen, daß die Seele eines Hundes einen Vogel sieht, ohne zu sehen, daß sie ihn sieht. Dieses zeiget, daß alle Handlungen der sinnlichen Kräfte ihrer Natur und Wesen

nach, sich ihrer selbst bewußt sind. (...) Man muß also sagen, daß das Gedächtniß der Thiere eine Handlung sey, welche sie des Vergangenen erinnert, und sie lehret, daß sie sich dessen erinnern. Wie untersteht man sich also, zu sagen, daß sie nicht das Vermögen haben, ihre Gedanken zu betrachten, noch eine Folgerung daraus zu ziehen? Allein ich sage es noch einmal, wir wollen hierüber nicht disputiren; wir wollen diesen Philosophen erlauben, ihre Voraussetzungen sehr übel zu bauen; wir wollen uns nur des einigen bedienen, was sie lehren. Sie sagen, daß die Seele der Thiere, alle Gegenstände der fünf äußerlichen Sinnen wahrnimmt: daß sie urtheilet, welche unter diesen Gegenständen sich für sie schicken, und welche ihr schädlich sind; und daß sie, vermöge, dieses Urtheils, die ihr zukommenden verlanget, und die andern verabscheuet: und daß sie, um des Gegenstandes zu genießen, den sie wünschet, ihre Werkzeuge an den Ort führet, wo er ist; und zur Vermeidung des Gegenstandes, den sie verabscheuet, ihre Werkzeuge von dem Orte entfernet, wo er ist. Ich schließe aus diesem allen, daß wenn sie keine andern Handlungen hervor bringt, welche eben so edel sind, als unsrer Seele ihre, es nicht ihre Schuld sey; als ob sie von einer unvollkommenern Natur wäre, als die Seele des Menschen: nur ihre Hülfsglieder, die sie belebt, sind den unsrigen nicht ähnlich. Nun frage ich diese Herren, ob sie es billigen würden, wenn man sagte, daß die Seele eines Menschen, in dem Alter von fünf und dreyßig Jahren, von einer andern Art wäre, als in dem Alter von einem Monate; oder daß die Seele eines Rasenden, eines Blöden, eines Greises, welcher in die Kindheit fällt, dem Wesen nach nicht so vollkommen sey, als die Seele eines geschickten Mannes. Sie würden ohne Zweifel diesen Gedanken, als einen sehr groben Irrthum verwerfen, und sie würden auch sehr wohl thun; denn es ist gewiß, daß eben dieselbe Seele, welche in den Kindern nur empfindet, in einem erwachsenen Menschen nachdenket, und auf eine gründliche Art schließt; und daß eben dieselbe Seele, welche ihre Vernunft und ihren Geist in einem großen Menschen bewundernswürdig machet, bey einem Greise nur albern reden, bey einem Rasenden ausschweifen, und bey einem Kinde weiter nichts, als empfinden würde. Man würde also in einem groben Irrthume stecken, wenn man vorgäbe, daß die Seele des Menschen nur solcher Gedanken fähig sey, die uns bekannt sind. Es giebt ja noch unendliche Empfindungen, Leidenschaften, und Begriffe, deren diese Seele höchst fähig ist, ob sie gleich in diesem Leben niemals davon angegriffen worden: wenn man sie mit solchen Werkzeugen vereinigte, die von den unsrigen unterschieden sind, so würde sie anders denken, als sie itzo denkt; und ihre Abänderungen könnten viel edler seyn, als diejenigen, welche die unsrigen sind. Wenn es Substanzen gäbe, welche in organisirten Körpern viel erhabenere Empfindungen und Gedanken, als die unsrigen hätten: könnte man deswegen sagen, daß sie von einer vollkommenern Natur wären, als unsre Seele ist? denn wenn unsere Seele in diese Körper geführet worden wäre, so würde sie eben dieselbe Folge von viel erhabenern Empfindungen, und andern Gedanken, als die unsrigen, haben. Dieß nun ist auch auf die Seele der Thiere zu deuten. Man bekennet uns, daß sie die Körper empfindet, daß sie dieselben unterscheidet, daß sie einige davon wünschet, und andere davon verabscheuet. Dieß ist genug: also ist sie eine Substanz, welche denket; sie ist also des Denkens überhaupt fähig: sie kann also alle Gattungen der Gedanken annehmen, sie kann schließen; sie kann das ehrbare Gute, die Universalien, die Grundsätze der Metaphysik, die Regeln der Sittenlehre, u.s.w. erkennen: denn wie daraus, daß das Wachs die Figur eines Petschafts annehmen kann, handgreiflich folgt, daß es auch vermögend sey, die Figur von allen Petschaften anzunehmen; also muß man auch sagen, daß, so bald eine Seele eines Gedankens fähig ist, sie aller Gedanken fähig sey. Es würde abgeschmackt seyn, diesen Vernunftschluß zu machen, *dieses Stück Wachs hat nur den Abdruck von drey oder vier Petschaften erhalten, also kann es nicht den Abdruck von tausend Petschaften annehmen. Dieses Stück Zinn ist niemals ein Teller gewesen, also kann es auch kein Teller werden, und ist von einer andern Natur, als dieser zinnerne Teller, den ich sehe.* Man schließt nicht besser, wenn man versichert, *die Seele des Hundes hat niemals etwas anders, als sinnliche Empfindungen gehabt, u.s.w. also ist sie weder der moralischen, noch metaphysischen Begriffe fähig.* Woher kommt es denn, daß auf einem Stücke Wachs das Bild des Fürsten steht, und auf dem andern nicht? darum, weil das Petschaft auf das eine gedruckt worden ist, und auf das andre nicht. Dasjenige Stück Zinn, welches niemals ein Teller gewesen, kann es gleichwohl werden, wenn man es in die Forme eines Tellers gießt. Man gieße also eben diese Seele des Thiers, in die Forme der allgemeinen Begriffe, und der Erkenntnisse der Künste und Wissenschaften; ich will sagen, man vereinige sie mit einem wohl ausgesuchten menschlichen Körper: so wird sie die Seele eines geschickten Menschen und nicht mehr eines Thieres seyn.

Man sieht also, daß die Scholastiker außer Stande sind, zu beweisen, daß die Seele des Menschen, und die Seele der Thiere von verschiedener Natur sind. Sie mögen tausend und aber tausendmal sagen und wiederholen, *die Seele des Menschen schließe, sie erkenne die Universalien und das ehrbare Gut, der Thiere ihre aber, erkenne nichts von allem diesen*: so werden wir ihm antworten, *diese Unterschiede sind nur Zufälligkeiten, und kein Merkmaal eines gewissen Unterschiedes unter den Sachen. Aristoteles und Cicero haben in dem Alter von einem Jahre keine erhabenere Gedanken gehabt, als eines Hundes, und wenn sie dreyßig oder vierzig Jahre in der Kindheit gelebt hätten, so wären die Gedanken ihrer Seele nichts, als Empfindungen gewesen, und kleine Begierden zum Spiele, und zur Unmäßigkeit im Essen und Trinken. Also haben sie die Thiere zufälliger weise übertroffen, weil nämlich die Werkzeuge, von welchen ihre Gedanken abgehan-*

gen, diese und jene Modificationen erlanget haben, wozu die Gliedmaßen der Thiere nicht gelangen. *Die Seele eines Hundes in des Aristoteles oder Cicerons Werkzeugen, würde alle Einsichten dieser zween großen Männer eben so wohl erhalten haben.*

Diese Folgerung ist höchst falsch, diese oder jene Seele urtheilet nicht, und erkennet die Universalien nicht, also ist sie mit der Seele eines großen Philosophen nicht von einerley Natur; denn wenn diese Folgerung gut wäre, so müßte man auch sagen, daß die Seele der kleinen Kinder nicht von eben derselben Art sey, als der erwachsenen Menschen ihre. Wo denkt ihr denn hin, ihr peripathetischen Philosophen, wenn ihr euch erkühnet, vorzugeben, daß die Seelen der Thiere, weil sie nicht Schlüsse machet, wesentlich unvollkommener, als die Seelen sind, welche Vernunft haben? Ihr müßtet erstlich beweisen, daß der Mangel der Vernunft in den Thieren, von einer wesentlichen und innerlichen Unvollkommenheit ihrer Seele, und nicht von den organischen Einrichtungen herkäme, davon sie abhängt. Allein eben dieses werdet ihr nimmermehr beweisen können; denn es ist klar, daß eine Sache, welche der Gedanken fähig ist, die ihr der Seele der Thiere beyleget, auch der Vernunft und aller andern Gedanken fähig sey: woraus fließt, daß, wenn sie nicht wirklich schließt, solches wegen gewisser zufälligen und äußerlichen Hindernisse geschieht; ich will sagen, weil der Schöpfer aller Dinge, eine jede Seele zu einer gewissen Folge der Gedanken bestimmt hat, indem er sie von den Bewegungen gewisser Körper abhängen läßt. Dieses machet auch, daß die Kinder an der Brust, die Narren, und Rasenden nicht Schlüsse machen.

Man kann nicht ohne Abscheu an die Folgen dieser Lehre denken. *Die Seele des Menschen, und die Seele der Thiere, sind nicht wesentlich unterschieden, sie sind von einerley Art; die eine erhält mehr Licht, als die andere; allein dieß sind nur zufällige Vortheile, die von einer willkührlichen Einrichtung abhängen.* Diese Lehre fließt nothwendig und unumgänglich aus demjenigen, was in den Schulen von der Erkenntniß der Thiere gelehret wird. Es folget daraus, daß, wenn ihre Seelen materialisch und sterblich sind, es die Seelen der Menschen auch sind, und daß, wenn die Seele des Menschen ein geistiges und unsterbliches Wesen ist, es die Seele der Thiere auch sey. Entsetzliche Folgerungen, man mag sich auf eine Seite wenden, zu welcher man will; denn setzet man, die Unsterblichkeit der Seele der Thiere zu vermeiden, voraus, daß die Seele des Menschen mit dem Körper stirbt, so stößt man die Lehre von einem zukünftigen Leben um, und untergräbt die Grundfesten der Religion. Will man aber, um unserer Seele das Vorrecht der Unsterblichkeit zu erhalten, dasselbe auch bis auf der Thiere ihre ausdehnen, in was für Abgründe befindet man sich nicht? was wollen wir denn mit so viel unsterblichen Seelen machen? Wird denn für dieselben auch ein Paradies und eine Hölle seyn? werden sie aus einem Körper in einen andern gehen? werden sie auch nach dem Maße, wie die Thiere sterben, vernichtet werden? Wird Gott unaufhörlich eine unzählige Menge Geister schaffen, um sie so bald darauf wieder in das Nichts zu versenken? Wie viel Gewürme giebt es nicht, welches nur einige Tage lebet? Wir wollen uns auch nicht einbilden, daß es genug ist, Seelen für die Thiere zu schaffen, die wir kennen. Denn derjenigen, welche wir nicht kennen, sind noch eine weit größere Anzahl. Das Vergrößerungsglas hat uns derselben zu tausenden, in einem einzigen Tropfen Wasser erkennen lassen; und man würde noch viel mehrere entdecken, wenn man vollkommenere Vergrößerungsgläser hätte. Und man sage ja nicht, daß das Gewürme und Ungeziefer Maschinen sind; denn man würde durch diese Meynung vielmehr die Handlungen der Hunde, als die Handlungen der Ameisen und Bienen erklären. Vielleicht ist in den kleinsten und unsichtbaren Thieren vielmehr Witz und Vernunft, als in den größten.

Aus: Art. »Rorarius« in *Historisches und Critisches Wörterbuch* (1697)

Christian Thomasius
Deutscher Jurist und Philosoph (1655–1728)

§ 1. Nachdem wir von der Rede gesagt/ kommen wir nun weiter auff das Eigenthum/ a) und weil dessen vornehmste Wirckung in der Gewalt die Dinge zu gebrauchen b) bestehet/ als müssen wir von derselben einige dinge etwas höher herholen.

§ 2. Denn es kan diese Gewalt betrachtet werden/ entweder in absicht auff den Schöpffer/ oder in Absicht auff die Dinge/ welche wir gebrauchen/ oder in absicht auff andere Menschen.

§ 3. Was die zwey ersten conceptus betrifft/ sind die moralisten gemeiniglich bemühet/ wie sie diese Gewalt die Geschöpffe zu gebrauchen aus göttlicher Zulassung rechtfertigen/ auch wie sie das Erödten der Bestien/ wider andere Einwürfe vertheidigen möchten. c)

§ 4. Ich meine man könne die Sache am einfältigsten vorstellen/ wenn wir vor allen dingen das Liecht der Vernunfft von göttlicher Offenbahrung scheiden/ und die art und Eigenschafft dieser Gewalt genau betrachten.

§ 5. Es ist aber aus den hypothesibus, die wir anfangs bewiesen/ bekant/ daß sie auff GOttes Seiten den Rahmen eines Rechts nicht verdiene; denn in ansehen GOttes kömpt dem Menschen kein Recht zu. d)

§ 6. Darumb dürffen wir auch nicht beweisen/ durch was vor ein Recht der Mensch sich dieser Gewalt gebrauche; denn das würde eine thörichte (Domitiana) Frage seyn; sondern es wird gnug seyn/ wenn nur nichts dawider vorgebracht werden kan/ das dieser Gewalt entgegen ist.

§ 7. Denn was durch kein Gesetz verboten ist/ da ist keine Ursache vorhanden/ warumb man es nicht vor zugelassen halten wolte.

§ 8. Da nun auch der Mensch eine natürliche Gewalt hat/ die übrigen Geschöpffe zu gebrauchen/ muß man dieselbe Gewalt so lange weder vor gut noch vor böse halten/ biß man entweder aus der Natur/ oder aus der Offenbahrung eine limitation aufbringen kan/ dadurch sie eingezogen werde.

§ 9. So kan auch GOttes Zulassung etlicher massen aus der Vernunfft bewiesen werden. Dran der Mensch hat in diesem Stande die andern Creaturen von nöthen/ theils daß er seine Nahrung von ihnen nehme/ theils daß er seinen Leib wider das Übel so ihn auffreibet/ vertheidige. Daraus folget/ daß GOtt auch dem Menschen den Gebrauch derselbigen Dinge vergönnen wolle/ ohne welche er sein Leben/ als eine Gabe GOttes/ nicht erhalten könte.

§ 10. Dieses kan aber nur etlicher massen/ und nur nach dem Gebrauch der dem Menschen nöthig ist/ bewiesen werden. Da aber der Mensch öffters die andern Creaturen nur zur Lust und daß er desto bequemer leben könne/ gebrauchet; als werden wir gar schwer in dem Wege/ da wir die Mühe solches zu beweisen auff uns genommen/ fortkommen. e)

§ 11. Denn der Mensch brauchet eben nicht alle Creaturen; Und des Aristotelis, Luciani und anderer Heyden Meinung/ als wenn alle andere Dinge vergeblich geschaffen wären/ wenn sie der Mensch nicht gebrauchen dürffte/ hält den Stich nicht. Denn die Welt hätte viel kürtzer eingezogen werden können/ wenn nichts hätte sollen erschaffen werden ohne was der Mensch gebrauchen könte.

§ 12. Darumb wollen wir lieber in der possession der natürlichen Freyheit bleiben/ besonders da wir befinden/ daß die Offenbarung heiliger Schrifft dieser Meinung nicht zu wieder ist/ sondern vielmehr die sonderbare Zulassung welche dem Menschen geschehen/ sich der Creaturen zu gebrauchen/ nachdrücklich daraus bewiesen werden kan.

§ 13. Und nicht allein der Dinge/ welche der Mensch zu seiner Nothdurfft gebrauchet/ welche denn im Stande der Unschuld viel weniger/ und bloß auff die Nahrung gerichtet war/ weil die Vertheidigung wider ander Ungemach/ so heutiges tages des Menschen Leib verderbet/ damahls keinen Nutzen gehabt hätte/ sondern auch zur Bequemlichkeit und Ergetzligkeit.

§ 14. Diese Zulassung aber/ damit wir solches zuvoraus bemercken/ hatte keine Krafft eines Gebots/ sondern es war nur eine Nachlassung/ oder ein privilegium, welches man seines gefallens gebrauchen kan/ und nicht daran gebunden ist/ daß man es allezeit ausüben müste. Denn sonst würde ein Mensch wider GOttes Gebot sündigen/ wenn er ein Thier lauffen liesse/ oder die Gelegenheit/ solches in seine Gewalt zu bringen/ verabseumete; welches kein verständiger sagen wird.

§ 15. In dieser Ordnung fleußt nun aus demjenigen was wir überhaupt von den Pflichten des Menschen gegen GOtt gesagt/ dieses Verbot: *Gebrauche die Creaturen nicht zur Unehre des Schöpffers.* Denn wenn sie gebraucht werden/ leufft solches wider den innerlichen Gottesdienst/ welcher der Grund aller natürlichen Gesetze ist.

§ 16. Darumb wird vornehmlich durch dis Gebot der Misbrauch der Creaturen im Zaun gehalten/ wenn sie unnützlich und muthwillig verderbet werden. Denn damit wird der gütigste Schöpffer verachtet/ gleichwie es ein Mensch vor eine Verachtung annimpt/ wenn einer das was er ihm geschenckt/ verderbet.

§ 17. Hierher könte man auch ziehen/ daß GOtt die Ruhe des siebenden Tages auch auff die unvernünftigen Thiere hat erstrecken wollen. Allein dieses gehöret unter die Gebote der Religion/ und muß demnach den Theologis überlassen werden.

§ 18. Weiter in Ansehung der Creaturen/ deren sich der Mensch gebrauchet kan dieser Gebrauch kein Recht genennet werden/ dieweil der Mensch mit den andern Geschöpffen kein gemeines Recht hat.

§ 19. Jedoch kan es auch kein Unrecht genennet werden/ weil der Mensch auch den übrigen Geschöpffen nicht verbunden ist.

§ 20. Es mögen nun gleich nur Gewächse seyn/ oder noch geringere Creaturen/ von welchen gar kein Zweiffel ist; oder sie mögen noch darüber eine Bewegungs-Krafft haben/ wie die Bestien.

§ 21. Zwar was die Bestien anlanget/ wird mancherley eingewendet/ es ist aber nicht nöthig/ daß wir uns bey dessen widerlegung lange auffhalten/ weil sie zum theil dasjenige wider diese Beweisgründe excipiren/ dadurch andere das Recht solche zu tödten haben beweisen wollen/ mit welcher Mühe dieses zu beweisen/ wir wie du siehest/ uns nicht beladen; zum theil gründen sie sich auff eine falsche Lehre der Philosophen/ welche den Bestien eine Vernunfft zulegen/ und zugleich das Gebot/ daß man niemand beleidigen solle/ auff die unvernünfftigen Thiere ziehen. f) Wir haben oben g) die Vernunfft dermassen von den Bestien ausgemertzet/ daß wir ihnen auch nicht ein mal eine innerliche Sinnligkeit/ welche eine Erkenntnis/ und also auch Gedanken zuvoraussetzet/ gelassen.

§ 22. Und daß durch die Ertödtung der Bestien GOtte keine Unehre angethan werde/ ist daraus zu erkennen/ weil GOtt eines Standes/ welcher gar kein Recht hat/ unter dem Menschen und den Bestien Urheber ist. h)

§ 23. Deswegen wolte ich doch nicht gerne den Stand des Menschen gegen die Bestien mit dem Stande des Krieges vergleichen; i) Denn ob gleich beyde

Stände einiger massen mit einander überein kommen/ so finden sich doch mehr Ursachen/ warumb sie einander ungleich seyn. l) Denn ein mal sind die Kriege unter den Menschen nicht allgemein/ auch nicht stetswärend/ und erlauben auch keine unendliche Freyheit; zum andern so ist der Krieg ein ausserordentlicher Stand/ welcher aus verletzung des Rechts entstanden; der Stand aber unter den Menschen und den Bestien/ ist ein ordentlicher Stand/ welcher keine Verletzung des Rechts zuvoraus setzet/ weil zwischen dem Menschen und den Bestien niemahls einige Gemeinschafft eines Rechts gewesen.

§ 24. Nun schreiten wir zur Betrachtung der Gewalt der Creaturen sich zu gebrauchen/ welche den Menschen zukömpt in absicht auff andere Menschen. Es ist dieselbe hier merckwürdig so ferne der welcher sich ihr gebrauchet andern verbunden ist/ als auch so ferne andere Menschen dem der sie gebrauchet/ verbunden seyn.

§ 25. Die Verbindnis des der die Gewalt gebrauchet ist entweder zufällig (indirecta) d. i. mittelbar/ und so ferne der Mensch schuldig ist mit der Gesellschaft umbzugehen/ oder ordentlich (directa) so ferne der Mensch andern unmittelbar verbunden ist.

§ 26. Die mittelbare Verbindnis ist in folgendem Gebot begriffen: *Gebrauche die Creaturen also/ daß du durch solchen Gebrauch deine Gemüth- und Leibesgüter nicht verderbest*. Dieses fleußt aus demjenigen/ was wir von den Pflichten der Menschen gegen sich selbst gelehret.

§ 27. Was die *moralischen* Güter des Gemüths betrifft/ muß man sich in acht nehmen/ daß das Gemüth nicht durch ertödtung z. E. der Bestien der Grausamkeit gewöhne. Denn es hat nicht allein Plutarchus angemercket/ daß die Menschen/ nach dem sie sich gewöhnet die Thiere zu tödten/ weiter gekommen/ zum Todschlag der Mensch und zum Kriege/ sondern es ist auch denckwürdig/ daß die Schrifft den Nimrod einen starcken Jäger nennet; hingegen haben die Pythagorici die Sanfftmuth gegen die Bestien gelehret/ als eine Betrachtung der Liebe und Barmhertzigkeit unter den Menschen.

§ 28. Weshalben nicht ohne Ursach die Athener einen Kerl/ welcher einen Widder lebendig geschunden/ und wo mir recht ist die Lacedämonier einen/ welcher den Krähen die Augen ausgestochen/ und sie hernach fliegen lassen/ zur Straffe gezogen.

§ 29. Wegen der natürlichen Gemüthsgüter thut der Mensch unrecht/ welcher zuviel Speise und Tranck zu sich nimpt/ und sich dadurch seiner Vernunfft beraubet/ oder solche verringert.

§ 30. Endlich was die Leibesgüter angelanget/ muß man sich von allerley Unmäßigkeit enthalten.

§ 31. Daher hat Pythagoras, indem er die Thiere zu tödten verboten/ unter andern Ursachen seine untergebenen zu einer leichtern Kost/ durch welche die

Gesundheit des Leibes und der Verstand vermehret würde/ angewöhnen wollen.

§ 32. Die ordentliche obligation eines Menschen gegen andere Menschen ist diese: *Gebrauche die Creaturen also/ daß du die Gleichheit mit andern Menschen erhaltest; nemlich/ daß du sie nicht mißbrauchest zur Hoffart; daß du andere durch solchen Gebrauch nicht beleidigest: daß du durch dieselben andern dienest/ daß du die deswegen gelobte Treue haltest.* Dieses ist aus obigen Discursen leicht zu verstehen.

Aus: *Drey Bücher der Göttlichen Rechtsgelahrheit* (1709)

Jean Meslier
Französischer Theologe (1664–1729)

Wie soll man sich vorstellen und überzeugen, ein Gott, der unendlich vollkommen, unendlich gut und unendlich weise sei, könnte jemals so grausame und barbarische Opfer einsetzen wollen? Denn grausam und barbarisch ist es, Thiere, die nichts Böses thuen, zu tödten, zu erschlagen und zu erwürgen, wie es geschieht. Denn sie sind empfindlich für Leid und Schmerz, ebenso wie wir, wenngleich unsere neuen Cartesianer darüber allerlei Eitles, Falsches und Lächerliches behaupten. Diese betrachten die Thiere als bloße Maschinen ohne Seele, und aus diesem Grunde und weil sie nach ihren eitlen Begriffen behaupten, daß die Materie nicht des Denkens fähig sei, so behaupten sie, daß den Thieren alle Empfindung für Vergnügen und Schmerz mangele. Eine lächerliche Ansicht! ein schlechter Grundsatz und eine abscheuliche Lehre! Denn dies dient augenfällig dazu, in den Herzen der Menschen jedes Gefühl der Güte, Sanftmuth und Menschlichkeit zu ersticken, das sie gegen jene armen Thiere hegen könnten; es bietet ihnen zu jeder Zeit die Gelegenheit, zu gestatten, sich ein Spiel und Vergnügen daraus zu machen, sie ohne Erbarmen zu quälen und zu tyrannisiren, unter dem Vorwande, sie hätten nicht die geringste Empfindung von dem Leid, das ihnen zugefügt würde, ebenso wenig wie eine Maschine, die man in's Feuer wirft oder in tausend Stücke zerbricht. Offenbar ist dies eine abscheuliche Grausamkeit gegen die armen Thiere, welche leben und sterblich sind wie wir, die gleich uns aus Fleisch, Blut und Knochen bestehen und gleich uns Organe des Lebens und der Empfindung besitzen, nämlich Augen, um zu sehen, Ohren, um zu hören, Naselöcher, um zu riechen und zu unterscheiden, Geschmack für die ihnen zusagende Nahrung, Füße, um zu laufen. Und wenn wir außerdem in ihnen alle Anzeichen und Wirkungen der Leidenschaften wahrnehmen, die wir selber empfinden, so muß man doch überzeugt sein, daß sie gleich uns empfindlich sind für Gutes und Schlimmes, das heißt für Vergnügen und Schmerz. Sie sind unsere Diener und unsere treuen Gefährten des Lebens und der Arbeit und eben deswegen müssen wir sie gütig behandeln. Gesegnet seien die Nationen, welche ihnen Sanftmuth und Schonung zutheil werden lassen und an ihrem Elend und Schmerz Antheil nehmen! Aber verflucht seien die Nationen, welche sie grausam behandeln und tyrannisiren, welche begierig sind, ihr Blut zu vergießen! An einer Stelle der apokryphischen Schriften (Esdras 4, 30) ist gesagt, vom Anfange an sei ein Korn der Bosheit oder des bösen Samens in Adam's Herzen gesäet: »*Gramen seminis mali seminatum est in corde Adam ab initio*«. Wirklich scheint es so, als ob dieses Samenkorn der Bosheit oder des Bösen sich noch jetzt in dem Herzen aller Menschen befinde und als ob dieses böse Samenkorn die Ursache sei, daß sie noch heute Vergnügen daran finden, Böses zu thuen und namentlich Grausamkeiten an jenen armen, sanften und unschuldigen Thieren ausüben, indem sie dieselben tyrannisiren, tödten, erschlagen und unbarmherzig erwürgen, wie sie es täglich thuen, um in ihrem Fleische schwelgen zu können. – Mir ist es schon schrecklich, die Schlachthäuser auch nur zu sehen und nie könnte ich ohne Abscheu an jenes entsetzliche Opfer und Blutbad denken, welches der König Salomo bei der Einweihung seines Tempels unter unschuldigen Thieren anrichtete, indem er zwei und zwanzig tausend Rinder und hundert und zwanzig tausend Schafe schlachten ließ. Welch ein Blutbad! Wie viel vergossenes Blut! Wie kann man sich vorstellen und einreden, daß ein unendlich großer und weiser Gott zu seinen Opferdienern nur Thierschinder und Schlächter erwählen und seine Laubhütte und seinen Tempel zu einem gemeinen Schlachthause machen wolle!

Aus: *Das Testament des Jean Meslier* (1729)

Bernard de Mandeville
Englischer Arzt, Satiriker und Philosoph (1670–1733)

Ich habe mir oft gedacht: wenn sich die Sitte keine solche Tyrannei gegen uns anmaßte, dann könnten sich Menschen von auch nur leidlicher Gutmütigkeit nimmermehr mit der Tötung so vieler Tiere für ihre täglichen Mahlzeiten aussöhnen, solange die gütige Erde sie mit so mannigfachen pflanzlichen Leckerbissen versorgt. Die Vernunft erregt freilich unser Mitgefühl nur sehr schwach, und daher wundere ich mich nicht, daß der Mensch so unvollkommene Geschöpfe wie Krebse, Austern, Schnecken und Fische tatsächlich allgemein so wenig bemitleidet. Da sie stumm sind und ihr innerer Bau wie auch ihre äußere Gestalt von den unsrigen überaus stark abweichen, so drücken sie ihre Empfindungen in einer uns unverständlichen Weise aus. Daher ist es denn nicht befremdlich, daß ihre Qualen unserem Verstande, den sie nicht erreichen können, entgehen; denn nichts rührt unser Mitleid so wirksam, als wenn die Schmerzensäußerungen unsere Sinne unmittelbar erregen. So habe ich gesehen, wie Leute, die auf der Jagd ein halbes Dutzend Hühner mit Vergnügen hätten töten können, bei dem Lärm, den ein Hummer am Spieße macht, in sichtliche Bewegung gerieten. Bei so hochstehenden Tieren aber wie Schafen und Ochsen, bei denen Herz, Gehirn und Nerven sich so wenig von den unsrigen unterscheiden und der Stoffwechsel, die Sinnesorgane und damit die Empfindungen selbst die gleichen wie bei menschlichen Wesen sind, da kann ich nicht begreifen, wie ein an Blut und Totschlag nicht gewöhnter Mensch fähig ist, den gewaltsamen Tod und seine Qualen mit anzusehen.

Als Antwort hierauf werden es die meisten für ausreichend halten zu sagen: da zugegebenermaßen alle Dinge zum Nutzen des Menschen geschaffen sind, so kann es keine Grausamkeit sein, einem Lebewesen das ihm bestimmte Schicksal zu bereiten. Allein, ich habe Menschen diesen Einwand machen hören, während ihr besseres Bewußtsein ihnen die Falschheit ihrer Behauptung zum Vorwurf machte. Im ganzen Volke ist unter zehn Männern nicht einer, der nicht – außer wenn er in einem Schlachthof aufwuchs – eingestehen wird, daß er von allen Berufen nie den eines Schlächters hätte wählen mögen; und ich zweifle, ob irgend jemand das erstemal auch nur ein Hühnchen ohne Widerstreben tötete. Manche Leute sind nicht zu überreden, von einem Tier zu kosten, das sie gekannt und täglich gesehen haben, solange es am Leben war; andere dehnen ihre Skrupel nicht weiter aus als auf ihr eigenes Federvieh und weigern sich zu essen, was sie selbst fütterten und pflegten. Sie alle jedoch werden tüchtig und ohne Gewissensbisse von Rind- und Hammelfleisch oder Geflügel zulangen, wenn es zu Markte gebracht wird. In diesem Verhalten erscheint, wie mich dünkt, etwas wie ein Bewußtsein von Schuld: es sieht so aus, als ob sie sich bemühten, sich dem Vorwurf eines Verbrechens – das, wie sie wissen, hier irgendwo steckt – dadurch zu entziehen, daß sie seine Ursache soweit wie möglich von sich entfernen; und ich glaube darin einen noch ungeschwächten Rest von ursprünglichem Mitgefühl und Wohlwollen entdecken zu können, den aller willkürliche Zwang der Sitte und alles Übermaß von Genußsucht nicht zu zerstören vermochten.

Worauf ich mich hier stütze, wird man mir sagen, ist eine Torheit, deren sich kein Verständiger schuldig macht. Ich gebe das zu; solange es aber einem wirklichen, uns von Natur innewohnenden Gefühle entstammt, genügt es zu dem Beweise, daß wir mit einem Abscheu gegen das Töten und mithin gegen das Essen von Tieren geboren sind. Denn unmöglich kann uns ein natürlicher

Drang antreiben, zu tun oder zu verlangen daß andere tun, wogegen wir eine Abneigung haben, es sei so töricht wie es will.

Jedermann weiß, daß Chirurgen bei der Heilung gefährlicher Wunden und Brüche, der Amputation von Gliedern und anderen schrecklichen Operationen oft gezwungen sind, ihren Patienten außerordentliche Qualen zu bereiten, und daß sie sich, je schlimmere und traurigere Fälle ihnen vorkommen, um so mehr an die Schreie und körperlichen Schmerzen anderer gewöhnen müssen. Aus diesem Grunde erlaubt ihnen unser englisches Recht in großer Besorgtheit um das Leben der Untertanen nicht, bei einem Schwurgericht über Leben und Tod eines Menschen zu entscheiden, in der Voraussetzung, daß ihre Praxis allein genügt, um bei ihnen jene Zartheit des Empfindens zu schwächen und zu vernichten, ohne die keiner imstande ist, das Leben seiner Mitmenschen richtig zu bewerten. Hätten wir für das, was wir bloßen Tieren antun, gar kein Gefühl, und sähe man in ihrer Tötung nichts Grausames, – warum sollten dann nach jenem Rechte von allen Berufen gerade die Schlächter, und nur sie in Gemeinschaft mit Chirurgen, davon ausgeschlossen sein, als Geschworene mitzuwirken?

Ich will nichts von dem sagen, was Pythagoras und viele andere weise Männer hinsichtlich der Barbarei des Fleischessens geäußert haben; ich bin schon zu weit von meinem Wege abgegangen und werde daher den Leser bitten, wenn er noch mehr darüber hören will, die folgende Fabel durchzulesen, sonst aber, falls er bereits genug hat, sie zu überschlagen, indem ich ihm versichere, daß er mich durch beides in gleicher Weise verpflichtet.

Ein römischer Kaufmann wurde in einem der Punischen Kriege an die Küste Afrikas verschlagen. Er selbst und sein Sklave retteten sich mit großer Mühe ans Ufer; auf der Suche nach etwas Erquickung trafen sie aber einen Löwen von gewaltiger Größe. Zufällig war es einer von dem Stamme, der zur Zeit Äsops blühte: einer, der nicht bloß verschiedene Sprachen sprach, sondern außerdem in menschlichen Angelegenheiten sehr wohl bewandert zu sein schien. Der Sklave machte, daß er auf einen Baum kam, während sein Herr, der sich dort nicht sicher dünkte, und der auch schon viel von der Großmut der Löwen gehört hatte, mit allen Anzeichen von Furcht und Unterwürfigkeit vor ihm niederfiel. Der Löwe, der sich vor kurzem seinen Bauch gefüllt hatte, gebot ihm, aufzustehen und für eine Weile seine Furcht abzulegen, indem er ihm noch versicherte, daß ihm nichts geschehen würde, falls er ihm einen annehmbaren Grund angeben könnte, warum er nicht gefressen werden sollte. Der Kaufmann gehorchte, und da er nun einige Hoffnung auf Rettung schimmern sah, so gab er einen kläglichen Bericht von dem Schiffbruche, den er erlebt, und bemühte sich, auf diese Weise des Löwen Mitleid zu erregen, indem er seinen Fall mit reichlicher Rede gar trefflich vortrug. Als er aber aus den Mienen der Bestie ersah, daß ihr Schmeichelei und schöne Worte wenig Eindruck machten, nahm er seine Zuflucht zu Argumenten von größerem Gewicht und demonstrierte aus den Vorzügen und Fähigkeiten des Menschen, wie unwahrscheinlich es doch wäre, daß ihn die Götter nicht zu etwas Besserem bestimmt haben sollten als dazu, von wilden Bestien gefressen zu werden. Nunmehr wurde der Löwe aufmerksamer und ließ sich dann und wann zu einer Erwiderung herbei, bis sich zuletzt folgender Dialog zwischen beiden entspann.

»O du nichtiges und begehrliches Tier«, sagte der Löwe, »dessen Eitelkeit und Habsucht so groß sind, daß es seinen angestammten Sitz, wo seine Naturbedürfnisse in Fülle gestillt werden könnten, verläßt und sich auf das wilde Meer und gefahrvolle Berge hinauswagt, um schließlich doch bloß Überflüssiges zu finden, warum willst du eigentlich euer Geschlecht höher als unseres schätzen? Und wenn die Götter euch über alle anderen Kreaturen gestellt haben, warum nahst du dann einer so untergeordneten wie mir mit Bitten?« – »Unsere Überlegenheit«, antwortete der Kaufmann, »besteht nicht in Körperstärke, sondern in Verstandeskräften. Die Götter haben uns mit einer unsterblichen Seele ausgestattet, die, obwohl unsichtbar, das bessere Teil in uns ist.« – »Ich begehre nichts von dir zu berühren, als was gut zu essen ist. Warum aber bildet ihr euch auf jenen unsichtbaren Teil soviel ein?« – »Weil er unsterblich ist und ihm nach dem Tode für das Verhalten in diesem Leben Belohnungen zuteil werden sollen, so daß der Gerechte im Elysium mit den Heroen und Halbgöttern ewige Ruhe und Heiterkeit genießen wird.« – »Was für ein Leben hast du geführt?« – »Ich habe die Götter geehrt und mich befleißigt, den Menschen Gutes zu tun.« – »Weshalb fürchtest du dann den Tod, wenn du die Götter für ebenso gerecht hältst, wie du gewesen bist?« – »Ich habe ein Weib und fünf kleine Kinder, die in Not geraten müssen, verlieren sie mich.« – »Ich habe zwei Junge, die noch nicht groß genug sind, um selber für sich zu sorgen, die gerade jetzt Not leiden und unvermeidlich verhungern müssen, wenn ich ihnen nichts verschaffen kann. Deine Kinder werden schon auf irgendeine Weise versorgt werden; jedenfalls wenn ich dich auffresse ebensogut, wie wenn du ertrunken wärst. – Was die Vorzüge unserer beiden Arten voneinander betrifft, so ist bei euch der Wert von etwas stets mit seiner Seltenheit gestiegen; auf eine Million Menschen kommt aber kaum ein Löwe. Übrigens ist in der Hochachtung, die der Mensch vor seinesgleichen zu haben behauptet, nur wenig mehr Wahrheit enthalten, als dem Anteil entspricht, den die Eitelkeit jedes einzelnen daran hat. Närrisch ist es, wenn ihr euch der Liebe und Sorgfalt rühmen wollt die ihr euren Kindern angedeihen laßt, oder der unablässigen, großen Mühe, die auf ihre Erziehung verwendet wird. Da der Mensch als das bedürftigste und hilfloseste Tier geboren wird, so ist dies nur ein Naturinstinkt, der von jeher bei allen Lebewesen die Sorge der Eltern um die Schwächen und Bedürfnisse der Nachkommenschaft geregelt hat. Hättet ihr aber eine wahre Achtung für euresgleichen, wie wäre es dann möglich, daß oft zehntausend, und manchmal noch zehnmal mehr, in wenigen Stunden der Laune zweier geopfert werden? Jede Menschenklasse verachtet diejenigen, die unter ihr stehen, und wenn du in die Herzen der Könige und Fürsten schauen könntest, würdest du kaum welche finden, die nicht den größten Teil der von ihnen Regierten ebenso verachten wie diese das Vieh, das ihnen gehört. Warum sollten denn so viele versuchen, ihren Stamm, wenn auch nur auf illegitimem Wege, von den unsterblichen Göttern abzuleiten; warum sollten sie alle dulden, daß andere vor ihnen niederknien, und mehr oder minder Gefallen daran finden, sich göttliche Ehrungen erweisen zu lassen, wäre es nicht, um dadurch auszudrücken, daß sie höhere Wesen, ein über ihre Untertanen erhabenes Geschlecht seien? – Wild bin ich zwar; kein Geschöpf aber kann grausam genannt werden, das nicht entweder durch Bosheit oder durch Verstocktheit das ihm natürliche Mitleid ausgetilgt hat. Der Löwe jedoch ward ohne Mitgefühl geboren. Wir folgen dem Instinkte unserer Natur; die Götter haben uns dazu bestimmt, von Raub und Vernichtung anderer Tiere zu leben, und solange wir Totes auffinden können, jagen wir nicht nach Lebendem. Bloß der Mensch, der böse Mensch, vermag mit dem Tode sein Spiel zu treiben. Die Natur lehrte euren Magen, sich mit Pflanzlichem zu begnügen; aber eure unerhörte Sucht nach Abwechslung und eure noch größere Gier nach Neuerungen haben euch zur Vernichtung von Tieren ohne Recht und Notwendigkeit getrieben und eure Begierden nach jeder Richtung hin, in der eure Eitelkeit und Genußsucht sie wiesen, beeinflußt. Der Löwe hat ein Ferment in sich, das die zäheste Haut und die härtesten Knochen ebenso wie das Fleisch aller Tiere ohne Ausnahme zersetzt. Euer wählerischer Magen dagegen, dessen verdauende Kraft nur unerheblich und schwach ist, mag nicht einmal deren zarteste Teile aufnehmen, wenn nicht über die Hälfte der Verdauungstätigkeit von vornherein durch künstliches Feuer vollbracht worden ist. Und doch, welches Tier ist noch übrig, das ihr nicht den Launen eines verzärtelten Appetits geopfert habt? ›Verzärtelt‹ sage ich; denn was ist des Menschen Hunger mit dem des Löwen verglichen? Der eurige, wenn er am schlimmsten ist, macht euch schwach, der meinige macht mich rasend. Oft habe ich mit Wurzeln und Kräutern seine Heftigkeit zu mildern gesucht; doch vergebens, – nur große Mengen von Fleisch können ihn stillen. – Obwohl aber unser Hunger etwas so Qualvolles ist, haben Löwen oft empfangene Wohltaten belohnt. Der undankbare und treulose Mensch hingegen nährt sich vom Schafe, das ihn bekleidet, und verschont auch seine Jungen nicht, die er in Pflege und Obhut genommen hat. Wenn du mir sagst, die Götter machten den Menschen zum

Herrn über alle andern Kreaturen, weshalb ist er dann so tyrannisch, sie aus reinem Übermute umzubringen? – Nein, du schwächliches, furchtsames Tier: die Götter haben euch für die Geselligkeit geschaffen und bestimmt, daß Millionen euresgleichen sich in glücklichem Bunde zu dem gewaltigen »Leviathan« zusammenschließen sollen. Ein einzelner Löwe bedeutet schon etwas unter den geschaffenen Wesen; was aber ist der einzelne Mensch? Ein verschwindend kleiner Teil, ein winziges Atom eines großen Tieres. Was die Natur beabsichtigt, führt sie aus, und man kann über ihr Vorhaben nur urteilen, wenn man sich nicht an die Wirkungen hält, die sie uns sehen läßt. Hätte sie gewollt, daß der Mensch als solcher und vermöge des Vorranges seines Geschlechts allen andern Tieren gegenüber den großen Herrn spielen sollte, dann würde der Tiger, ja der Wal und der Adler seiner Stimme gehorchen. – Wenn aber euer Witz und Verstand den unsrigen übersteigt, sollte da der Löwe in Rücksicht auf diese Überlegenheit nicht den Grundsätzen der Menschen folgen, bei denen nichts geheiligter ist als dies, daß das Recht des Stärkeren stets maßgebend ist? Ganze Haufen von euch haben schon die Vernichtung eines einzigen geplant und durchgesetzt, nachdem sie zugestanden hatten, daß die Götter ihn zu ihrem Oberhaupte gemacht hätten. Haufenweise hat auch schon oft ein einziger andere zugrunde gerichtet und abgeschlachtet, die er bei denselben Göttern zu verteidigen und zu erhalten geschworen hatte. Nie erkennt der Mensch Überlegenheit ohne Macht an, – warum sollte *ich* es? Der Vorzug, dessen ich mich rühme, ist offenkundig; alle Tiere zittern beim Anblick des Löwen, nicht bloß aus panischem Schrecken. Die Götter gaben mir Schnelligkeit zum Erjagen und Stärke zum Überwinden all dessen, was mir irgend nahe kommt. Wo ist ein Geschöpf, das Zähne und Klauen hat wie ich? Betrachte die Dicke dieser massigen Kiefer, und wie weit sie sich dehnen; und fühle die Festigkeit dieses sehnigen Halses. Das flüchtigste Reh, der wildeste Eber, das stolzeste Roß und der kräftigste Stier, sie sind meine Beute, wo immer ich sie finde.« – Also sprach der Löwe, der Kaufmann aber fiel in Ohnmacht.

Der Löwe hat meiner Meinung nach allerdings die Sache übertrieben. Allein, ich muß doch gestehen: wenn wir, um das Fleisch der männlichen Tiere zarter zu machen, durch Kastration die Festigkeit verhindert haben, die sämtliche Muskeln und Gewebe sonst erreicht hätten, so scheint mir, es sollte ein menschliches Wesen rühren, wenn es die grausame Sorgfalt bedenkt, mit der sie dann zu Schlachtzwecken gemästet werden. Wenn ein großer kräftiger Stier, nachdem er der zehnfachen Gewalt von Schlägen, die seinen Mörder getötet haben würden, widerstand, schließlich betäubt hinfällt und sein gehörnter Kopf mit Stricken am Boden befestigt wird, welcher Sterbliche kann dann, sobald die klaffende Wunde gemacht ist und die Schlagadern durchschnitten sind, ohne mit zu leiden, das schreckliche, von Blutströmen unterbrochene

Brüllen hören, die bitterlichen Seufzer, die ihm seine furchtbare Angst auspreßt, das dumpfe verzweifelte Stöhnen, das aus der Tiefe seines starken, zitternden Herzens heraufdringt; dazu die krampfhaft heftigen Zuckungen seiner Glieder bemerken und sehen, wie seine Augen, während ihm dampfendes Blut entströmt, trübe und matt werden und er sich windet, keucht und den letzten Todeskampf führt, der sein nahes Ende verkündet? Wenn ein Lebewesen solche überzeugende und unleugbare Beweise seiner Schmerzen, der Qual und Todesangst, die es empfindet, gegeben hat, gibt es da noch einen Anhänger Descartes', der gegen Blutvergießen so abgehärtet ist, daß er nicht von Erbarmen ergriffen die Philosophie dieses seichten Vernünftlers verwirft?

Aus: *Die Bienenfabel* (1705/14)

George Cheyne
Schottischer Arzt und Schriftsteller (1671–1743)

Vom Standpunkt der natürlichen Religion und aus den einfachen Regeln der natürlichen Gerechtigkeit und Billigkeit läßt es sich nicht rechtfertigen, daß man einem *Mitgeschöpfe* das Leben nehme, aus bloßer Gier und Schwelgerei und nicht aus Nothwendigkeit und Nothwehr, so lange ein zureichender Vorrath von vegetabiler Nahrung zum Lebensunterhalte vorhanden ist; daß man einem lebenden Geschöpf die größte Pein, die sich denken läßt, zufügt und ihm die einzige Glückseligkeit raubt, deren es fähig ist, nämlich das Leben (das sich weder ersetzen noch vergelten läßt), aus bloßem Sinnenkitzel – wie, frage ich, wollte man diese wilde und barbarische Frechheit vom Standpunkte der bloßen natürlichen Religion und natürlichen Billigkeit erklären, ohne die Offenbarung? Der allweise Urheber und Gesetzgeber der Natur, der das ganze System der Intelligenzen mit einem Blicke übersieht und vollkommen weiß, zu welchem Ende und zu welchem Zwecke er sie geschaffen und hierher gesetzt hat, er, der alleinige Eigenthümer von Leben und Glückseligkeit, möge über sie verfügen, wie ihm beliebt; er weiß, wann sie ihre Laufbahn der *Prüfung* und *Buße* beendigt haben und ist im Stande, den Verlust eines niederen Lebens durch das Geschenk eines höheren zu ersetzen. Denn es ist nicht unmöglich, daß die Thiere zu einer geringeren Ordnung vernünftiger Wesen gehört haben, die, da sie weniger verschuldeten, auch schneller und mit geringeren Leiden wieder herzustellen sind; und da sie mit uns leiden, so mögen sie auch mit uns wieder hergestellt werden; der Apostel sagt: *die ganze Schöpfung mühet sich mitsammen,* das heißt wahrscheinlich: das ganze Reich des Saturn, der Kerker der göttlichen Schöpfung. Für Gott mag es ein Akt der Gerechtigkeit, Weisheit und Güte sein, das Leben einer niederen Ordnung von Wesen hinzugeben, um der Läuterung einer höheren Ordnung willen. Und man könnte vielleicht muthmaßen, jene Erlaubniß zu thierischer Nahrung habe den weisen Zweck, uns zu strafen und zu bessern durch körperliche Leiden, die Zeit unserer irdischen Leiden durch Krankheiten abzukürzen und zu gleicher Zeit die Opfer zu einem glückseligeren Dasein zu befördern. Denn es wäre sonst nicht denkbar, daß ein unendlich weises und gütiges Wesen fühlende und vernünftige Wesen zu keinem anderen Zwecke als zum Leiden geschaffen hätte. Die meisten Thiere sind Märtyrer für die Speise und die Opfer der menschlichen Gattung; einige dienen anderen Thieren zur Nahrung; alle sind epidemischen Krankheiten und zufälligem Mißgeschick ausgesetzt: wenige verleben ihre Zeit glücklicher als andere und alle müssen zuletzt den Tod erleiden.

Zu welcher Zeit die thierische Nahrung zuerst in Aufnahme kam, ist nicht genau bekannt. Der war ein kühner Mann, der den ersten Versuch dazu machte. Es erforderte ein steinernes Herz und einen hohen Grad von Grausamkeit und Wildheit, die Zuckungen, Todeskämpfe und Qualen eines armen *Mitgeschöpfes* anzusehen, um der Wollust zu genügen und die abgestumpften Organe zu reizen. Vom Standpunkte der natürlichen Vernunft und Billigkeit betrachtet, finde ich keinen großen Unterschied, ob man sich von Menschenfleisch oder von Thierfleisch nähre: ich glaube sogar, manche vernünftige Geschöpfe würden weniger von Schmerz leiden, wenn sie geschlachtet würden, als ein starkes Rind oder ein Hirsch. Nur Gebrauch und Beispiel können diesen Schrecken abschwächen, die Vernunft allein nicht. (...)

Niemand läugnet, daß Thiere, obgleich sie Gefühl und Verstand haben, getödtet werden dürfen, wenn es sich um die Selbstvertheidigung oder um irgend einen weisen und moralischen Zweck handelt. Diese Zwecke, mit allen ihren Umständen, stehen unter der sittlichen Regierung eines allweisen Wesens. Die Frage ist nur die, ob den Thieren gerechter und vernünftiger Weise Schmerzen zugefügt werden dürfen, zu keinem andern Zwecke, als den stumpfen Gaumen zu kitzeln, obgleich es heilsamere und schmackhaftere Nahrungsmittel giebt. Viele Thiere verzehren andre nur, wenn ihnen die geeignete vegetabilische Nahrung mangelt und selbst reißende Thiere begnügen sich mit letzterer, wenn sie solche genügend vorfinden; selbst die gefräßigen Fische verschlingen sich nicht unter einander, wenn sie mit Kügelchen, aus Mehl und Milch gekneteт, gefüttert werden, wie Andrews von Norfolk durch Experimente nachgewiesen hat.

Gestehen wir zu, daß die Thiere von einem geistigen, immateriellen Wesen beseelt und von gleicher Natur mit den vernünftigen Geschöpfen sind, so stehen sie doch nicht auf gleicher Stufe mit jenen: sie mögen vernünftige Geschöpfe niederer Ordnung sein, niedriger anfangend und langsamer zur bestimmten Vollkommenheit forschreitend; sie mögen sich in verschiedenen Zuständen der Läuterung befinden und die ganze Zeit ihrer hiesigen Dauer im Stande der *Kinder* verleben, welche vor der Geburt sterben oder bevor sie zum Gebrauch der Vernunft gelangen, und die noch auf anderen Stufen des Daseins wachsen und fortschreiten zu einer höheren Vollkommenheit der Empfindung und Intelligenz, von welcher wir kaum eine Vorstellung haben. Denn mir erscheint es völlig unglaublich, daß ein fühlendes oder vernünftiges Geschöpf in diesen Zustand des Daseins und Leidens versetzt werden könne, zu keinem anderen Ziele, als wir es hier erreichen sehen; ebenso unglaublich ist es, daß ein Geschöpf willkürlicher animalischer Funktionen fähig sein, das heißt: leben und fühlen könnte, ohne einen Grad von immateriellem, unsterblichem und selbstthätigem Geiste. Aus der Materie und ihren Gesetzen können solche Erscheinungen nicht erklärt werden. Es muß ein weiser und guter Schauplatz für alle fühlende und intelligente Wesen bewahrt sein, dessen Entdeckung uns einst in Bewunderung und Entzücken versetzen wird.

Aus: *Ein Versuch über die Diät nebst fünf medicinischen, moralischen und philosophischen Gesprächen* (1740)

Christian Wolff
Deutscher Mathematiker und Philosoph (1679–1754)

Die Thiere/ sie mögen seyn von was für einer Art sie immer wollen/ von den größten vierfüßigen an biß auf das kleineste Ungezieffer/ haben keinen Verstand und Vernunfft/ keinen Willen und keine Freyheit und sind daher GOtt zu erkennen ungeschickt. Derowegen kan auch GOtt durch sie seine Haupt-Absicht/ warum er die Welt gemacht/ nicht erreichen und demnach kan er sie nicht zu dem Ende in die Welt gesetzt haben/ daß sie daraus seine Vollkommenheit erkennen sollen. Da nun aber GOTT und die Natur/ als welche letztere nach seinem Willen und seinen Absichten würcket/ nichts für die lange Weile thun; so muß er auch dabey eine Absicht gehabt haben/ daß er die Natur dergleichen Thiere hervor bringen lässet/ absonderlich da er als ein höchstvernünfftiges Wesen und als ein weiser GOtt nicht ohne Absichten handeln kan. Es muß demnach GOTT den Nutzen intendiret haben/ den die Thiere in der Natur haben. Derowegen da wir finden/ daß sich ein Thier von dem andern nähret/ ja einige vorhanden sind/ die sich bloß von Thieren nähren/ auch keine andere Speise vertragen können; so haben wir nicht Ursache zu zweifeln/ daß GOtt die Thiere mit zu dem Ende gemacht/ daß eines des andern seine Nahrung werden soll. Gleichergestalt erhellet/ daß auch der Mensch zu seiner Nahrung das Fleisch der Thiere gebrauchen mag/ welches seiner Gesundheit zuträglich ist/ als wornach wir uns in aller Speise zu achten haben. Die Einwürffe/ welche einige daher machen/ daß die Thiere GOTTes Werck wären/ einem andern aber nicht frey stehe eines Künstlers Werck zu verwüsten/ reimet sich nicht hieher. Denn wenn der Mensch sich von den Thieren nähret/ so verwüstet er nicht das Werck GOttes/ sondern er gebrauchet es dazu/ wozu es von GOTT gemacht worden. Wenn das Werck eines Künstlers nicht anders gebraucht werden mag/ als daß es durch den Gebrauch vernichtet wird/ so wird es von dem jenigen auch vernichtet/ der es gebraucht/ und fraget man nicht darnach/ ob es sehr künstlich gemacht ist/ oder nicht. Zum Exempel eine Bombe ist ein Werck eines Künstlers/ und von eben der Art sind alle Feuer-Kugeln/ ja alle Schau-Gerüste bey Feuerwercken. Man kan die Bombe und Feuer-Kugeln nicht brauchen/ wozu sie gemacht worden/ ohne daß man sie verheeret; noch den durch ein Schau-Gerüste bey einem Feuer-Wercke intendirten Zweck erreichen/ ohne daß es zu Grunde gehet. Aber eben deßwegen findet niemand etwas daran auszusetzen/ daß man jene verheeret/ oder dieses zu Grunde gehen lässet: ja der Künstler selbst findet nichts/ warum er sich deßwegen beschweeren könte/ er würde sich vielmehr beschweeren/ wenn es nicht geschähe/ indem man sein Werck nicht dazu brauchen wolte/ wozu er es gemacht. Hingegen aber begreifft man leicht/ daß/ ob es gleich nicht unrecht ist/ wenn ein Thier das andere auffrisset/ und selbst der Mensch sich von ihrem Fleische nähret/ doch keines weges gebilliget werden mag/ wenn ein Mensch den andern auffressen wolte/ massen derselbe von GOTT zu einem andern Zwecke erschaffen/ wie wir bald hernach umständlicher vernehmen werden. Unterdessen wenn einem für Menschen-Fleische nicht eckelt/ und er in der Noth/ wo er ohne dem keine andere Speise haben kan/ von erschlagenen im Kriege sich sättigte; so würde man dieses so wenig schelten können/ als wenn er sich mit dem Fleische der Thiere sättiget/ indem ein todter Mensch eben wie das Viehe nicht in dem Stande ist/ daß GOTT seine Haupt-Absicht durch ihn erreichen kan. Wolte man aber Menschen umbringen/ damit man sich von ihrem Fleische sättigen könte; so handelte man wider das Gesetze der Natur/ welches eben deswegen verbeut einen um das Leben zu bringen/ weil ein vernünfftiger Mensch in dem Stande ist/ daß GOtt seine Haupt-Absicht durch ihn erreichen kan/ warum er diese Welt gemacht. Und diese Ursache führet auch die Schrifft an/ wenn sie den Todtschlag deßwegen verbeut/ weil GOtt den Menschen zu seinem Bilde gemacht/ das ist/ weil er mit Verstande und Vernunfft begabet/ und daher GOtt durch ihn seine Haupt-Absicht erreichen kan. Da wir nun finden/ daß besondere Arten der Thiere sind/ die sich von nichts anders als durch andere Thiere nähren können/ wie sich z. E. die Schwalbe bloß von fliegendem Ungezieffer nähret; so ist dieses ein Mittel/ wodurch GOtt die Arten der Thiere in der Welt vermehret/ daß er eines dem andern zur Speise dienen lässet. Und auf solche Weise giebt er der Materie mehrerley Figuren und Gestalten/ als sie sonst annehmen würde: welches zu seiner Haupt-Absicht/ die er bey der Welt gehabt/ nicht wenig beyträget.

Aus: *Vernünfftige Gedancken von den Absichten der natürlichen Dinge* (1726)

Alexander Pope
Englischer Schriftsteller (1688–1744)

*Primaque e caede ferarum
Incaluisse putem maculatum sanguine ferrum*
Ovid, Metamorphosen, XV, 106

Ich kann den Gedanken nicht für ungereimt halten, daß der Mensch, gewissermassen, eben so gut den Mißbrauch seiner Herrschaft über die Geschöpfe niederer Art zu verantworten habe, als die Tyranney, die er über seines Gleichen ausübt. Je vollkommner das geringere Geschöpf, unsrer Gewalt unterworfen ist, desto mehr sollten wir besorgt seyn, es nicht zu mißhandeln, und dieses um so ehender, da selbst die Beschaffenheit der Natur das Thier unfähig macht, in einer andern Welt eine Vergeltung für die Plagen in diesem Leben zu geniessen.

Es ist merkwürdig, daß die schädliche Thiere welche die kräftigsten Mittel haben uns zu verletzen, die Menschen von Natur fliehen, und uns nie Schaden zufügen, wofern sie nicht gereizt, oder durch den Hunger dazu gezwungen werden. Der Mensch hingegen, forschet aus, und verfolget sogar die unschuldigsten Thiere, mit dem Vorsatze, sie zu verderben und auszurotten.

Montaigne glaubt, es gereiche der menschlichen Natur zum Vorwurf, daß wenig Leute ein Vergnügen daran finden, zu sehen, daß Thiere sich liebkosen, und mit einander spielen, aber fast jedermann eine Lust daran hat, wenn sie sich einander zerfleischen und zerreissen. Es thut mir leid, daß diese Gemüthsart, nach den Beobachtungen, welche Ausländer über unsre beliebten Zeitvertreibe, das Bärenhetzen, die Hahnengefechte und dergleichen angestellt haben, beynahe zu einem auszeichnenden Karakter unsrer Nation geworden ist. Wir dürften es schwer finden, die, aus blossem Leichtsinn verübte Zerstörung irgend eines lebendigen Geschöpfes zu vertheidigen; gleichwohl werden unsre Kinder nach diesem Grundsatz erzogen, und eine der ersten Ergetzungen, die wir ihnen erlauben, ist die Freyheit arme Thiere zu peinigen; ja, so bald wir selbst kaum wissen, was das Leben ist, machen wir uns eine Kurzweil daraus, es andern Geschöpfen zu rauben.

Ich glaube jedoch, daß man einen sehr guten Nutzen aus der Lust ziehen könnte, welche Kinder zu den Vögeln und Insekten haben. Herr *Locke* führt eine Mutter an, die ihren Kindern dergleichen erlaubt, dieselben aber belohnt, oder bestraft hat, nachdem sie mit diesen Geschöpfen wohl oder übel verfuhren. Dies hat nichts anders zur Absicht, als sie bey Zeiten zu einer täglichen Ausübung der Menschlichkeit zu gewöhnen, und so gar ihr Spielwerk bis zur Tugend zu erheben.

Ich glaube so gar: man könnte etwas Gutes aus der gemeinen Meynung ziehen, nemlich, daß es von übler Vorbedeutung sey, gewisse Gattungen von Vögeln, als Schwalben oder Seeschwalben zu tödten. Es ist möglich, daß diese Meynung aus dem Zutrauen entsteht, welches diese Vögel zu uns zu haben scheinen, da sie ihre Nester unter unsre Dächer bauen, so daß es eine Art Verletzung der Gesetze der Gastfreyheit seyn würde, sie zu ermorden. Was die Rothkehlchen ins besondre angeht, so ist es nicht unwahrscheinlich, daß sie ihre Sicherheit der alten Ballade; *The Children in the Wood*, d. i. *die Kinder im Walde* zu verdanken haben. Doch dem sey wie ihm wolle, so wüßte ich nicht, ob dieses Vorurtheil, wenn es recht verbessert und so weit als möglich getrieben würde, nicht dahin gebracht werden könnte, daß es zur Erhaltung vieler unschuldigen Geschöpfe, die gegenwärtig allem Leichtsinn einer unwissenden Grausamkeit blosgestellet sind, etwas beytrüge.

Es giebt andre Thiere, die so unglücklich sind, wo man sie auch antrifft, ohne die mindeste Ursache, als allgemeine Feinde mißhandelt zu werden. Der Dünkel, daß eine Katze neun Leben habe, hat der ganzen Brut, wenigstens neun unter zehen das Leben gekostet. Es ist kaum ein Bube auf der Gasse, welcher nicht, in diesem Stücke, den *Herkules* selbst übertroffen: der deswegen berühmt ist, weil er ein Ungeheuer erlegt, das nur drey Leben hatte. Ob nun diese unverantwortliche Feindschaft gegen dieß nutzbare Hausthiere die Ursache sey, daß die Eulen, die eine Art gefiederter Katzen sind, so allgemein verfolgt werden, oder ob es von dem unvernünftigen Groll herkomme, den die Neuern auf ein ernsthaftes Gesicht geworfen, will ich nicht entscheiden. Indessen bin ich doch geneigt, das erstere zu glauben, weil ich finde, daß keine andere Ursache vorgeschützt wird, warum man Frösche umbringt, als diese: daß sie eine Ähnlichkeit mit Kröten haben.

Mitten unter allen Unglücken dieser unbefreundeten Geschöpfe aber ist es ein Glück für sie, daß wirs uns noch nicht haben in den Sinn kommen lassen, sie zu essen: denn sollten unsre Landsleute es nur im geringsten den Franzosen zuvor thun wollen, so ist es nicht auszudenken, welche unerhörte Qualen den Eulen, Katzen und Fröschen noch bevorstehen dürften.

Wenn wir zu männlichen Jahren gelangen, so gehen wir an eine andre Gattung blutdürstiger Belustigungen, nemlich das Jagen. Ich darf es nicht wagen einen Zeitvertreib anzugreifen, den Macht und Herkommen unterstützen; man erlaube mir aber, der Meynung zu seyn, daß die Bewegung dieser Leibesübung und das Beyspiel und die Menge der Jäger nicht wenig beytrage, die innerlichen Verweise zu entkräften, welche das Mitleiden natürlicher Weise zum Vortheile des verfolgten Thieres uns einflössen dürfte. Ich will auch nicht mit Herrn *Fleury* sagen, daß diese Lust ein Ueberbleibsel der gothischen Barbarey sey; aber ich muß eines gewissen Gebrauchs gedenken, der noch unter uns herrscht, und barbarisch genug ist, um von den *Gothen*, oder gar den *Scythen* hergeleitet zu werden; ich meyne die wilde Ehre, welche unsre Jäger dem vornehmen Frauenzimmer, welches beym Tode eines Hirsches zugegen ist, erweisen; indem sie ihm das Messer in die Hand geben, dem armen hülflosen, zitternden, und wimmernden Geschöpfe die Kehle abzuschneiden. (…)

Allein, ist unsre Jagd verderblich, so ist es unsre Gefräßigkeit noch vielmehr, und auf eine noch viel unmenschlichere Art. Lebendig gebratene Hummer, Ferkel, die man zu Tode peitscht, zugenähtes Geflügel sind Zeugen unsrer sündlichen Schwelgerey. Jene, welche ihr Leben unter Gewissensbissen, und mit ecklem Magen zubringen, sagt *Seneca*, finden den gerechten Lohn ihrer Schwelgerey durch Krankheiten, so daraus entstehen. Denn diese menschliche Wilden finden gleich andren wilden Thieren Fallstricke und Gift in den Lebensmitteln selbst, und werden durch ihren eigenen Appetit zu ihrem Verderben geleitet. Ich weiß nichts erschrecklichers und grausamers, als den Anblick einer ihrer Küchen, die mit Blut bedeckt, und mit dem Geschrey von Thieren erfüllt ist, die unter der ärgsten Marter den Geist aufgeben. Sie gleicht der Höhle eines Riesen in einem Romane, die mit herum geworfenen Köpfen, und durch einander liegenden Gliedmassen derer angefüllt ist, die von seiner Grausamkeit erschlagen worden.

Der vortreffliche *Plutarch*, in dessen Schriften mehr Züge der Gutherzigkeit anzutreffen sind, als ich bey irgend einem andern Schriftsteller gefunden zu haben, mich besinne, führet einen Ausdruck des *Cato* von dieser Sache an: *daß es eine schwere Sache sey dem Bauche zu predigen, der keine Ohren hat.* Doch, fährt er fort, wenn wir uns mehr schämen, so sehr aus der Mode zu seyn, als gar kein Thier zu verletzen, so lasset es uns doch wenigstens mit Behutsamkeit und Maaßhaltung thun. Wenn wir ein Thier tödten, um es zu essen, so lasset es uns mit Mitleiden, und ohne es zu martern thun. Lasset uns betrachten, daß es von Natur grausam sey, ein lebendiges Geschöpf zu ermorden; zum wenigsten vernichten wir eine Seele, die Empfindung und Begriffe hat. In dem Leben *Cato des Sittenrichters* nimmt er Anlaß von der strengen Gemüthsart dieses

Mannes folgendes zu sagen: man sollte es für eine Glückseligkeit der Menschen schätzen, daß unsre Menschlichkeit ein weiteres Feld sich zu üben, vor sich hat, als die blosse Gerechtigkeit. Unsrer Geburt nach liegt es uns ob, unsers Gleichen Gerechtigkeit widerfahren zu lassen; die Menschlichkeit aber kann sich über alle Geschöpfe, auch über die niedrigsten erstrecken; solche Handlungen der Barmherzigkeit sind das Ueberfliessen eines milden guten Herzens, das sich über alles, was unter uns ist, ergießt. Gewiß, derjenige, der Vorsorge für seine Pferde und Hunde trägt, nicht blos in Erwartung ihrer Arbeit, während sie Füllen und junge Hunde sind, sondern auch dann, wenn ihr hohes Alter sie unfähig gemacht hat, zu dienen, verräth durch diese Handlung, daß er ein gutherziger Mensch ist.

Die Geschichte erzählt uns, daß eine weise und gesittete Nation, einen Mann vom ersten Range, welcher sich für ein Richteramt aufgeworfen, aus keiner andern Bewegursache ausgestossen habe, als weil er, wie man bemerkt hätte, in seiner Jugend Vergnügen dran gefunden, Vögel zu zerreissen und zu ermorden. Und von einer andern, die einen Mann aus dem Senat gestossen, weil er einen Vogel, der in seinem Busen Schutz gesucht, wider die Erde zerschmettert hätte. Jedermann weiß, wie sehr die Türken sich wegen ihrer Menschlichkeit in diesem Stücke hervorthun. Ich erinnere mich eines arabischen Schriftstellers, der eine Abhandlung geschrieben hat, zu zeigen, wie weit ein Mensch, der, von seiner Entstehung an, auf einer wüsten Insel ohne allen Unterricht gelebt, und nie einen andern Menschen gesehen, durch das Licht der Natur allein es in der Kenntniß der Weltweißheit und der Tugend würde bringen können. Was er ihn zuerst beobachten läßt, ist die allgemeine Gütigkeit der Natur in Erhaltung und Beschirmung ihrer Geschöpfe. Um nun diese nachzuahmen, glaubt er, daß sein von sich selbst gelehrter Weltweise seine erste tugendhafte Handlung darinn setzen würde, allen Thieren, die um ihn sind, in ihren Bedürfnissen und ihren Unglücksfällen beyzustehen. (...)

Vielleicht ist die Stimme, oder das Geschrey, welches dem menschlichen so nahe kömmt und womit die Vorsicht so manche verschiedne Thiere begabt hat, ihnen in der Absicht gegeben worden, unser Mitleid zu erregen, und jene Grausamkeiten zu verhüten, die wir nur gar zu geneigt sind, an unsern Nebengeschöpfen auszuüben.

Im Propheten *Jonas* ist eine Stelle, wo Gott seinen Widerwillen bezeugt, die Stadt Ninive zu zerstören; hier dünkt mich, wird des Schöpfers Mitleiden, das sich auch auf die schlechtesten seiner Geschöpfe erstreckt, mit bewundersswürdiger Zärtlichkeit ausgedrückt. – »Und mich sollte nicht jammern *Ninive*, solcher großen Stadt, in welcher sind mehr denn hundert und zwanzig tausend Menschen, die nicht wissen Unterschied, was rechts und links ist, *dazu auch viele Thiere?*«

Und im 5ten Buch *Mosis* haben wir ein dergleichen Gesetz der Gütigkeit, dem ein förmlicher Segen in diesen Worten beygefügt wird – »Wenn du auf dem Wege findest ein Vogelnest auf einem Baume, oder auf der Erde, mit Jungen oder mit Eyern, und daß die Mutter auf den Jungen, oder auf den Eyern sitzet, sollst du nicht die Mutter mit den Jungen nehmen, sondern *sollst die Mutter fliegen lassen, auf das dirs wohlgehe, und du lange lebest.*«

Schließlich sind wir gewiß den Thieren, die uns dienen, einen gewissen Grad der Dankbarkeit schuldig. Thiere hingegen, welche tödtlich oder auch nur schädlich sind, haben wir ein Recht zu vernichten; ich kann aber nicht glauben, daß wir andren, die uns weder nützen, noch schaden, den gemeinen Genuß des Lebens rauben dürfen.

Diese ganze Sache, in Rücksicht jeder dieser Betrachtungen, ist in einer unter den persischen Fabeln des *Pilpay*, in ein sehr angenehmes Licht gesetzt. Ich will dieß Blat mit derselben beschliessen. –

Es gieng ein Reisender einst durch einen Dikkicht, und als er etliche Funken eines Feuers, welches gewisse Reisende, die vor ihm durchgegangen waren, angezündet hatten, wahrnahm, gieng er darauf zu. In einem Umsehen fing ein dran stossendes Gebüsch, in welchem eine Natter recht in der Mitten lag, Feuer und gerieth in eine Flamme. Die Natter bath den Reisenden um Hülfe; dieser heftete einen Sack am Ende seines Stabs, reichte hinein, und zog die Natter heraus. Geh deiner itzt, sagte der Wandersmann, und verletze von nun an keinen Menschen wieder; weil du eines Menschen Barmherzigkeit die Erhaltung deines Lebens zu verdanken hast. Die Natter aber rüstete sich, ihn zu stechen; und als er ihr vorstellte, wie ungerecht es sey, Gutes mit Bösem zu vergelten, antwortete sie: ich will weiter nichts thun als was ihr Menschen täglich thut, indem ihr Wohlthaten mit Undank belohnet. Kannst du diese Wahrheit läugnen, so wollen wir es dem ersten, dem wir begegnen, zur Entscheidung anheimstellen. Der Mann gieng den Vorschlag ein, und sie sahen einen Baum, den sie fragten: wie ein guter Dienst belohnt werden müßte? Woferne ihr es nach Gewohnheit der Menschen machen wollet, erwiederte der Baum; so müsset ihr gerade das Gegentheil thun! – Ich habe diese hundert Jahre hier gestanden, die Menschen wider die brennende Sonne zu schützen, und aus Dankbarkeit haben sie mir meine Aeste abgehauen, und sind itzt im Begriff meinen Stamm in Planken zu zersägen. Hierauf fiel die Natter den Mann an, der sich aber auf ein andres Zeugniß berief, welches gewährt wurde; und gleich begegnete ihnen eine Kuh. Die nemliche Frage ward aufgeworfen, und man erhielt ungefehr die nemliche Antwort: daß es unstreitig unter den Menschen also zugienge. Ich weiß es aus trauriger Erfahrung, sagte die Kuh; denn ich habe einen Mann diese geraume Zeit her mit Milch, Butter und Käse versorgt, und ihm noch dazu alle Jahre ein Kalb gebracht: und nun, da ich alt bin, treibt er mich auf diese Fettweide, in der Absicht, mich einem Fleischer zu verhandeln, der mir bald den Rest geben wird. Itzt stand der Wandersmann in Verwirrung da; doch bath er sich noch einen dritten Beweis aus; um von dem Thiere, das ihnen zunächst aufstossen würde, das Endurtheil zu hören. Dies war ein Fuchs, der, nachdem er die Begebenheit umständlich vernommen hatte, nicht zu überreden war, daß die Natter in einen so engen Sack hätte kriechen können. Um ihn nun hievon zu überzeugen, schlupfte sie wiederum hinein; hierauf sagte der Fuchs dem Manne: er hätte seinen Feind itzt in seiner Gewalt; dieser band darauf den Sack zu, und zertrat die Natter.

Aus: *Von der Grausamkeit gegenüber Thieren* (1713)

Voltaire
Französischer Philosoph und Schriftsteller (1694–1778)

Wie lächerlich, wie armselig zu sagen, daß die Tiere der Erkenntnis und der Empfindung beraubte Maschinen seien, die ihre Verrichtungen immer auf dieselbe Weise ausführen, die nichts lernen, nichts vervollkommnen etc.!

Was, dieser Vogel, der sein Nest als Halbkreis anlegt, wenn er es an einer Mauer befestigt, der es als Viertelkreis baut, wenn es in einem Winkel liegt, und als Kreis auf einem Baum; dieser Vogel macht alles auf dieselbe Art? Dieser Jagdhund, den du über drei Monate hinweg an Zucht und Ordnung gewöhnt hast, weiß er nach Ablauf dieser Zeit nicht mehr, als er vor den Lehrstunden wußte? Der Kanarienvogel, den du eine Melodie lehrst, wiederholt er sie augenblicklich? Verwendest du nicht eine beträchtliche Zeit damit, sie ihm beizubringen? Hast du nicht gesehen, daß er sich irrt und daß er sich korrigiert?

Urteilst du, weil ich mit dir spreche, daß ich Empfindung, Gedächtnis und Ideen habe? Nun gut, ich spreche nicht mit dir; du siehst mich, wie ich mit betrübter Miene bei mir eintrete, wie ich unruhig einen Artikel suche, den Schreibtisch öffne, wo ich mich entsinne ihn eingeschlossen zu haben, wie ich ihn finde und mit Freude lese. Du urteilst, daß ich die Empfindung tiefer Betrübnis erlitten habe und diejenige von Vergnügen, daß ich Gedächtnis und Erkenntnis habe.

Fälle doch dasselbe Urteil über jenen Hund, der seinen Herrn verloren hat, der ihn auf allen Wegen mit schmerzlichem Gebell gesucht hat, der aufgeregt und unruhig ins Haus kommt, nach unten und nach oben rennt, der von Zimmer zu Zimmer läuft, schließlich den Herrn, den er liebt, in seinem Studierzimmer findet und ihm seine Freude durch die Freundlichkeit seines Gebells, durch seine Sprünge, durch seine Liebkosungen zu erkennen gibt.

Barbaren ergreifen diesen Hund, der, was die Freundschaft betrifft, so kolossal den Sieg über den Menschen davonträgt; sie nageln ihn auf einen Tisch, und sie sezieren ihn lebend, um dir die Dünndarmvenen zu zeigen. Du entdeckst in ihm all dieselben Organe der Empfindung, die in dir sind. Antworte mir, Freund der Maschine; hat die Natur alle Bereiche der Empfindung in diesem Tier eingerichtet, damit es nicht empfindet? Hat es Nerven, um gefühllos zu sein? Du solltest keinesfalls diesen ungehörigen Widerspruch in der Natur voraussetzen.

Aber die Meister der Schule fragen, was die Seele der Tiere sei. Ich begreife diese Frage nicht. Ein Baum hat die Fähigkeit, seinen zirkulierenden Saft in seinen Fasern aufzunehmen, die Knospen seiner Blätter und Früchte zu entfalten; werdet ihr mich fragen, was die Seele dieses Baumes sei? Er hat diese Gaben empfangen; das Tier hat diejenigen der Empfindung erhalten, des Gedächtnisses, einer gewissen Anzahl von Ideen. Wer hat all diese Geschenke gemacht? Wer hat all diese Fähigkeiten verliehen? Derjenige, der die Saat der Felder wachsen läßt und der die Erde um die Sonne kreisen läßt.

Die Seelen der Tiere sind substantielle Formen, hat Aristoteles gesagt, und nach Aristoteles die arabische Schule, und nach der arabischen Schule die Scholastik, und nach der Scholastik die Sorbonne und nach der Sorbonne wer auch immer auf der Welt.

Die *Seelen der Tiere sind materiell*, rufen andere Philosophen. Die einen haben nicht mehr Erfolg gehabt als die anderen. Vergebens hat man sie gefragt, was eine materielle Seele sei; sie müssen zugestehen, daß es Materie ist, die Empfindung hat; aber wer hat ihr diese Empfindung verliehen? ›Es ist eine materielle Seele‹, das heißt, daß es Materie ist, die der Materie Empfindung verleiht – sie kommen aus diesem Zirkel nicht heraus.

Hört von anderen Dummköpfen [bêtes], die über die Tiere [bêtes] räsonnieren; ihre Seele sei ein geistiges Wesen, das mit dem Körper stirbt. Aber welchen Beweis habt ihr dafür? Welche Idee habt ihr von diesem geistigen Wesen, das zwar Empfindung, Gedächtnis und sein Maß an Ideen und Erwägungen hat, das aber niemals das wird wissen können, was ein Kind von sechs Jahren weiß. Auf welcher Grundlage stellt ihr euch vor, daß dieses Wesen, das nicht Körper ist, mit dem Körper zugrundegeht? Die größten Dummköpfe [bêtes] sind die, die vorgebracht haben, daß diese Seele weder Körper noch Geist ist. Das ist ein schönes System. Wir können durch den Geist nur etwas Unbekanntes begreifen, das nicht Körper ist. Also kommt das System dieser Herren darauf zurück, daß die Seele der Tiere eine Substanz ist, die weder Körper ist noch etwas, das nicht Körper ist.

Wo können so viele sich widersprechende Irrtümer herrühren? Aus der Gewohnheit, welche die Menschen immer hatten, nämlich zu untersuchen, was eine Sache ist, bevor sie wissen, ob sie existiert. Man nennt das Ventil, die Klappe eines [Orgel-]Balgs die Seele des Balgs. Was ist diese Seele? Es ist ein Name, den ich dieser Klappe, die sich senkt, gegeben habe, die Luft eintreten läßt, sich wieder hebt und sie durch eine Pfeife stößt, wenn ich den Balg in Bewegung setze.

Es gibt gar keine distinkte Seele der Maschine. Aber wer setzt den Balg der Tiere in Bewegung? Ich habe es euch bereits gesagt, es ist derjenige, der die Sterne in Bewegung setzt. Der Philosoph, der gesagt hat, *Deus est anima brutorum*, hatte recht: Aber er hätte noch weitergehen müssen.

Aus: Art. »Tiere« in *Dictionnaire philosophique* (1764)

Die Tiere haben dieselben Organe wie wir, dieselben Gefühle, dieselben Wahrnehmungen; sie haben ein Gedächtnis und sie verbinden einige Ideen. Wenn Gott die Materie nicht hat beleben und ihr kein Gefühl geben können, dann muß eines von beiden stimmen: entweder, daß die Tiere reine Maschinen sind, oder, daß sie eine mit dem Himmel verbundene Seele haben.

Es scheint mit fast erwiesen, daß die Tiere keine schlichten Maschinen sein können. Hier mein Beweis: Gott schuf ihnen genau dieselben Sinnesorgane wie uns; wenn sie nichts spüren, hat Gott also ein zweckloses Werk vollbracht. Nun tut also Gott gemäß eurem eigenen Bekenntnis nichts umsonst; also hat er nicht so viele Sinnesorgane geschaffen, damit es dort keine Sinneswahrnehmung gebe; folglich sind die Tiere keine reinen Maschinen.

Eurer Ansicht nach können die Tiere keine dem Himmel verbundene Seele haben; also bleibt euch zum Trotz nichts anderes zu sagen, als daß Gott den Organen der Tiere, die Materie sind, die Fähigkeit zum Fühlen und Wahrnehmen gegeben hat, die ihr bei ihnen Instinkt nennt.

Aus: *Philosophische Briefe* (1734)

Huldigt man der Annahme, daß die Menschen fortwährend Ideen, Wahrnehmungen, Vorstellungen haben, so ergibt sich daraus als natürliche Folgerung, daß auch die Tiere immerfort welche haben müssen; denn unbestreitbar hat ein Jagdhund die Idee von seinem Herrn, dem er gehorcht, und dem Wildbret, das er ihm apportiert. Offensichtlich hat er auch Gedächtnis und kombiniert er einige Ideen. Das hieße also: wenn das Denken des Menschen zugleich die Essenz seiner Seele war, so war das Denken des Hundes ebenso die Essenz seiner Seele, und wenn der Mensch immerzu Ideen hatte, mußten auch die Tiere immerzu welche haben. Um mit dieser Schwierigkeit fertigzuwerden, wagte der Verfertiger von Wirbeln und geriffelter Materie zu behaupten, daß die Tiere bloße Maschinen seien, die auf Essen ausgingen, ohne Appetit zu haben, die allezeit die Organe des Gefühls besäßen, ohne je die geringste Empfindung zu haben, die ohne Schmerz schrien, die ihre Lust ohne Freude bekundeten, die ein Gehirn besäßen, ohne auch nur die flüchtigste Idee darin aufzunehmen, und die somit ein fortgesetzter und anhaltender Widerspruch der Natur seien.

Dieses System war genauso lachhaft wie das andere; jedoch anstatt seine Ungeheuerlichkeit aufzuzeigen, zieh man es der Gottlosigkeit. Man gab vor, dieses System widerstrebe der Heiligen Schrift, die in der Genesis sagt, »daß Gott einen Pakt mit den Tieren geschlossen hat und daß er von ihnen das Blut der Menschen, die sie beißen und fressen werden, einfordern wird«. Dies deutet offensichtlich auf Verstand bei den Tieren, auf die Erkenntnis des Guten und Bösen hin.

Aus: *Der unwissende Philosoph* (1766)

Im Menschen und in jedem Tier ist, wie in jeder Maschine, ein Wirkprinzip tätig; und diese bewegende Urkraft, diese Urtriebkraft ist notwendig und ewig vom Herrn angelegt und geordnet, denn sonst wäre alles Chaos, sonst gäbe es keine Welt.

Jedes Tier, genau wie jede Maschine, gehorcht notwendig und unabänderlich dem Antrieb, der es lenkt; das ist einleuchtend und zur Genüge bekannt. Jedes Tier ist mit einem Willen begabt, und es ist töricht zu glauben, ein Hund, der seinem Herrn folgt, habe nicht den Willen, ihm zu folgen. Er läuft unweigerlich hinter ihm her; ja, zweifellos; aber er läuft aus eigenem Willen. Ist er frei zu laufen? Ja, wenn ihn nichts daran hindert; das heißt, er kann laufen, er will laufen, und er läuft; seine Freiheit zu laufen hängt also nicht von seinem Willen ab, sondern von der ihm gegebenen Fähigkeit zu laufen. Eine Nachtigall will ihr Nest bauen, und sie baut es, wenn sie Moos gefunden hat. Sie hat die Freiheit gehabt, diesen Nistplatz herzurichten, ebenso wie sie die Freiheit hat zu singen, wenn sie Lust dazu hat und nicht erkältet ist. Besitzt sie jedoch die Freiheit, diese Lust zu haben; hat sie ihr Nest bauen wollen? Hat sie diese absurde indifferente Freiheit gehabt, die von den Theologen beharrlich folgendermaßen formuliert wird: »Ich will nicht, und ich will auch mein Nest nicht bauen; das interessiert mich gar nicht; aber ich werde wohl mein Nest bauen wollen, nur um es zu wollen, und ohne durch irgend etwas dazu bestimmt zu sein, einzig und allein um euch zu beweisen, daß ich frei bin.« Solche Sinnlosigkeiten erfüllten die theologischen Schulen. Könnte die Nachtigall sprechen, würde sie zu diesen Doktoren sagen: »Ich bin felsenfest entschlossen zu nisten, ich will nisten, ich habe die Fähigkeit dazu, und ich niste; ihr seid felsenfest entschlossen, falsche Schlußfolgerungen zu ziehen, und so erfüllt ihr eure Bestimmung wie ich die meine.« (...)

Die Vorstellung von Gut und Böse war uns immer nur im Verhältnis zu uns selbst möglich. Die Qualen eines Tieres empfinden wir als ein Übel, weil wir Lebewesen wie diese sind und uns vorstellen, wir wären sehr zu beklagen, wenn es uns ebenso erginge. Ebensolches Mitleid hätten wir mit einem Baum, würde man uns sagen, er leide Qualen, wenn er gefällt wird, und mit einem Stein, erführen wir, er leide, wenn er behauen wird; doch würden wir den Baum und den Stein viel weniger bedauern als das Tier, weil sie uns weniger gleichen. Und der abscheuliche Tod der Tiere, die für unseren Tisch bestimmt sind, rührt uns schon gar nicht mehr. Die Kinder, die weinen, wenn sie zum erstenmal sehen, wie ein Hähnchen geschlachtet wird, lachen beim zweitenmal.

Schließlich ist mehr als sicher, daß wir uns bei diesem ekelhaften und unaufhörlichen Gemetzel in unseren Schlachtereien und Küchen nichts Böses denken; im Gegenteil, wir sehen in dieser oft geradezu bestialischen Abscheulichkeit einen Segen des Herren, ja wir haben sogar Gebete, mit denen wir ihm für diese Mordtaten danken. Gibt es jedoch etwas Schändlicheres, als sich fortwährend von Aas zu ernähren?

Nicht nur *wir* töten und verzehren das Getötete, sondern auch die Tiere vernichten einander. Von den kleinsten Insekten bis hin zum Rhinozeros und zum Elefanten ist die Erde ein einziger Tummelplatz für Kriege, Hinterhalte, Blutbäder, Vernichtung. Es gibt kein Tier, das nicht seine Beute hätte und sich ihrer nicht mit einer bestimmten List und geradezu böser Wut zu bemächtigen suchte, wie zum Beispiel die abscheuliche Spinne, die die unschuldige Fliege anlockt und auffrißt. Eine Herde Schafe verschlingt in einer Stunde mehr Insekten, als es Menschen auf der Erde gibt.

Noch grausamer daran aber ist, daß wir in diesem entsetzlichen Geschehen sich ständig wiederholender Morde offenbar einen festen Plan erkennen, nach dem sich alle Arten und Gattungen durch die blutenden Kadaver ihrer wechselseitigen Feinde erhalten und fortbestehen. Erst wenn die Natur mit Umsicht für neue Opfer gesorgt hat, verenden die alten. Alles wird wiedergeboren, für den Mord.

Und doch vermag ich unter uns nicht einen einzigen Moralisten, nicht einen geschwätzigen Prediger, ja nicht einen scheinheiligen Mucker zu entdecken, der über diese uns zur Natur gewordene entsetzliche Gewohnheit auch nur einen Augenblick nachdächte. Wir müssen bis zu dem frommen Porphyrios und zu den mitfühlenden Pythagoreern zurückgehen, um jemanden zu finden, der uns in unserer blutigen Gefräßigkeit beschämt; oder wir müssen die Brahmanen aufsuchen; denn unsere Mönche, die nach dem Willen ihrer Gründer dem Fleisch entsagt haben, sind dennoch Mörder von Seezungen und Steinbutten, wenn nicht gar von Rebhühnern und Wachteln. Weder bei den Mönchen noch auf dem Konzil von Trient, auch nicht in den Versammlungen unserer Geistlichkeit oder an unseren Akademien ist man bis jetzt auf den Gedanken gekommen, dieses allgemeine Gemetzel als etwas Böses, als ein Übel zu bezeichnen. Auf den Konzilien hat man so wenig daran gedacht wie in den Kaschemmen.

Also sprechen wir bei uns das höchste Wesen von diesem Gemetzel frei, oder aber wir sind seine Helfershelfer.

Aus: *Wir müssen uns entscheiden oder Das Wirkprinzip* (1775)

Julien Offray de La Mettrie
Französischer Arzt und Philosoph (1709–1751)

Der Übergang von den Tieren zum Menschen ist kein gewaltsamer; die wahren Philosophen werden darin übereinstimmen. Was war der Mensch vor der Erfindung der Wörter und der Kenntnis der Sprachen? Ein Tier seiner Art, das mit sehr viel weniger natürlichem Instinkt als die anderen – für deren König er sich damals noch nicht hielt – sich nicht mehr vom Affen und den anderen Tieren unterschied als der Affe selbst von diesen; ich meine durch eine Physiognomie, die ein größeres Unterscheidungsvermögen verrät. Beschränkt auf die »intuitive Erkenntnis« der Leibnizianer allein, sah er nur Gestalten und Farben, ohne etwas zwischen ihnen unterscheiden zu können; ob alt oder jung – ein Kind in jedem Alter, drückte er seine Empfindungen und Bedürfnisse so unverständlich aus wie ein ausgehungerter Hund zu fressen oder ein von Ruhe gelangweilter Hund herumzulaufen verlangt.

Die Wörter, die Sprachen, die Gesetze, die Wissenschaften und die schönen Künste sind gekommen; und durch sie wurde schließlich der Rohdiamant unseres Geistes geschliffen. Man hat einen Menschen abgerichtet wie ein Tier; man ist Schriftsteller wie Lastträger geworden. Ein Geometer hat gelernt, die schwierigsten Beweise und Rechnungen aufzustellen, so wie ein Affe gelernt hat, seinen kleinen Hut abzunehmen oder aufzusetzen und auf seinem gelehrigen Hund zu reiten. Alles ist durch Zeichen erreicht worden; jede Gattung hat das verstanden, was sie verstehen konnte; und auf diese Weise haben die Menschen die »symbolische Erkenntnis« erworben, die noch heute von den deutschen Philosophen so bezeichnet wird. (...)

Trotz aller dieser Vorzüge des Menschen vor den Tieren heißt es ihm Ehre erweisen, ihn in die gleiche Gattung einzuordnen. Es ist wahr, daß er zu einem bestimmten Alter mehr Tier ist als sie, weil er bei der Geburt weniger Instinkt mitbringt.

Welches Tier würde mitten in einem Milchstrom verhungern? Nur der Mensch. Jenem alten Kind ähnlich, von dem uns ein moderner Autor nach Aernobius berichtet, kennt er weder die für ihn geeigneten Nahrungsmittel noch das Wasser, in dem er ertrinken kann, noch das Feuer, das ihn zu Pulver verwandeln kann. Lassen Sie zum ersten Mal das Licht einer Kerze in den Augen eines Kindes leuchten, so wird es mechanisch den Finger hineinhalten, als ob es wissen wolle, welcher Art die neue Erscheinung ist, die es wahrnimmt; auf seine Kosten wird es die Gefahr erkennen, aber wird nicht wieder in sie geraten.

Stellen Sie es ferner mit einem Tier an den Rand eines Abgrunds: es allein wird hineinfallen; es ertrinkt, während sich das andere schwimmend rettet. Mit vierzehn oder fünfzehn Jahren ahnt es kaum die großen Freuden, die es bei der Fortpflanzung seiner Art erwarten; noch der junge Mann weiß nicht zuviel, wie er sich in einem Spiel verhalten soll, das die Natur die Tiere so schnell lehrt; er versteckt sich, als ob er sich schäme, sich zu vergnügen und für das Glück geschaffen zu sein, während die Tiere sich rühmen, »Kyniker« zu sein. Ohne Erziehung sind sie auch ohne Vorurteile. Aber sehen wir uns noch einmal diesen Hund und dieses Kind an, die beide ihren Herrn auf einer Landstraße verloren haben; das Kind weint, es weiß nicht, wozu es sich entschließen soll; der Hund – mit seinem Geruchssinn besser ausgestattet als jenes andere mit seiner Vernunft – wird seinen Herrn bald gefunden haben.

Die Natur hat uns also dazu geschaffen, unterhalb der Tiere zu stehen oder wenigstens dadurch umso besser noch die Wunder der Erziehung an den Tag kommen zu lassen, welche allein uns von ihrem Niveau hinwegzieht und uns schließlich über sie erhebt. Aber wird man denselben Vorzug den Tauben, den Blindgeborenen, den Schwachsinnigen, den Wilden oder denjenigen, die in den Wäldern mit den wilden Tieren aufgewachsen sind, zugestehen? – jenen, deren Einbildungskraft durch Hypochondrie verloren ist, kurz allen diesen Tieren in Menschengestalt, die nur den gröbsten Instinkt zeigen? Nein, alle diese – nur dem Körper nicht dem Geist nach – Menschen verdienen keine besondere Klasse.

Wir haben nicht vor, uns die Einwände zu verhehlen, die man zugunsten des ursprünglichen Unterschieds zwischen Mensch und Tieren gegen unsere Ansicht erheben kann. Es gibt, sagt man, ein Naturgesetz im Menschen, eine Kenntnis von Gut und Böse, die nicht in das Herz der Tiere eingeprägt worden ist.

Aber ist dieser Einwand – oder vielmehr diese Behauptung – auf die Erfahrung gegründet, ohne die ein Philosoph alles verwerfen kann? Haben wir eine, die uns davon überzeugt, daß nur der Mensch von einem Lichtstrahl erleuchtet wurde, der allen anderen Tieren verweigert wurde? Wenn es sie nicht gibt, können wir durch sie nicht mehr erkennen, was in den Tieren und sogar in den Menschen vorgeht, als das empfinden, was das Innere unseres Wesens bewegt. Wir wissen, daß wir denken und daß wir Gewissensbisse haben; ein innerstes Gefühl zwingt uns nur zu sehr, dies einzugestehen; aber um die Gewissensbisse des anderen zu beurteilen, dafür reicht dieses Gefühl in uns nicht aus: deswegen müssen wir den anderen Menschen diesbezüglich auf ihr Wort oder auf die wahrnehmbaren äußeren Zeichen hin glauben, die wir an uns selbst bemerkt haben, als wir das gleiche schlechte Gewissen und die gleichen Qualen erfahren haben.

Um aber zu entscheiden, ob die Tiere, welche überhaupt nicht sprechen, das Naturgesetz erhalten haben, muß man es folglich auf jene Zeichen ankommen lassen, von denen ich eben gesprochen habe – vorausgesetzt, daß es sie gibt. Die Tatsachen scheinen es zu beweisen. Der Hund, der seinen Herrn, welcher ihn gereizt hatte, gebissen hat, schien dies im nächsten Moment zu bereuen; man sah ihn traurig, verdrießlich, nicht wagend, sich zu zeigen und seine Schuld durch eine unterwürfige, demütige Miene einzugestehen. Die Geschichte bietet uns ein berühmtes Beispiel von einem Löwen, der einen Menschen, welcher seiner Wut preisgegeben war, nicht zerreißen wollte, weil er in ihm seinen Wohltäter wiedererkannte. Wie wünschenswert wäre es, daß der Mensch selbst immer die gleiche Dankbarkeit für Wohltaten und die gleiche Achtung vor der Menschlichkeit zeigte! Man hätte dann weder die Undankbaren mehr zu fürchten noch diese Kriege, welche die Geisel des Menschengeschlechts und die wahren Henker des Naturgesetzes sind.

Aber ein Wesen, dem die Natur einen so früh entwickelten und klaren Instinkt gegeben hat, das urteilt, kombiniert, nachdenkt und überlegt, soweit die Sphäre seiner Tätigkeit sich erstreckt und es ihm gestattet; ein Wesen, das sich durch Wohltaten bindet und bei schlechten Behandlungen loslößt und einen besseren Herrn erprobt; ein Wesen, welches ähnlich gebaut ist wie wir, das dieselben Verrichtungen ausführt, das dieselben Leidenschaften, dieselben Schmerzen, dieselben Freuden hat – mehr oder weniger lebhaft, je nach der Macht der Einbildungskraft und der Feinheit der Nerven –, zeigt ein solches Wesen schließlich nicht, daß es sein und unser Unrecht empfindet, daß es gut und böse kennt und – mit einem Wort – ein Bewußtsein dessen hat, was es tut? Sollte seine Seele, welche dieselben Freuden, dieselben Leiden, dieselben Verwirrungen zum Ausdruck bringt wie die unsrige beim Anblick eines zerrissenen Artgenossen oder nachdem er ihn selbst zerrissen hat, ohne jeglichen Abscheu sein? Dies vorausgesetzt, wäre die kostbare Gabe, um die es sich handelt, den Tieren durchaus nicht versagt worden; denn da sie uns offenkundige Zeichen ihrer Reue wie ihrer Intelligenz zeigen, wie könnte es da abwegig sein zu denken, daß Wesen, Maschinen, die fast so vollkommen sind wie wir, geschaffen sind, um zu denken und die Natur zu empfinden?

Man wende nur nicht ein, daß die Tiere meistens grausame Geschöpfe seien, welche nicht in der Lage seien, die Leiden, die sie verursachen, zu empfinden; können denn alle Menschen besser die Laster und die Tugenden unterscheiden? Es gibt in unserer Gattung Grausamkeit, ebenso wie in der ihrigen. Die Menschen, die aus barbarischer Gewohnheit das Naturgesetz brechen, werden davon nicht so gequält wie jene, die es das erste Mal übertreten und die die Macht des Beispiels nicht im geringsten abgehärtet hat. Bei den Tieren ist es wie bei den Menschen. Die einen wie die anderen können – je nach ihrem Temperament – mehr oder weniger grausam sein, und sie werden es noch mehr im Zusammensein mit jenen, die es schon sind. Aber ein sanftes, friedliches Tier, das mit anderen artverwandten Tieren und von leichter Nahrung lebt, wird ein Feind von Blut und Blutvergießen sein; es wird innerlich erröten, es vergossen zu haben, mit dem Unterschied vielleicht, daß, weil bei ihnen [den Tieren] alles den Bedürfnissen, Freuden und Annehmlichkeiten des Lebens – das sie mehr genießen als wir – geopfert wird, die Gewissensbisse scheinbar nicht so lebhaft zu sein brauchen wie die unsrigen, denn wir sind nicht derselben Notwendigkeit unterworfen wie sie. Die Gewohnheit stumpft die Gewissensbisse ab und erstickt sie vielleicht, ebenso wie die Freuden.

Aber ich will einen Augenblick lang annehmen, daß ich mich täusche und daß es nicht richtig ist, daß fast die ganze Welt in dieser Hinsicht Unrecht hat, ich dagegen allein Recht hätte. Ich gebe zu, daß die Tiere, selbst die vortrefflichsten, den Unterschied zwischen dem moralisch Guten und Schlechten nicht kennen, daß sie kein Gedächtnis für die Aufmerksamkeiten, die man ihnen erwiesen hat, für das Gute, das man ihnen getan hat, haben und keine Empfindung für ihre eigenen Tugenden; daß zum Beispiel jener Löwe, von dem ich nach so vielen anderen gesprochen habe, sich nicht erinnern würde, daß er jenem Menschen, der seiner Wut ausgeliefert war, in einem Schauspiel – das unmenschlicher ist als alle Löwen, Tiger und Bären – das Leben nicht hat rauben wollen, während unsere Landsleute gegeneinander kämpfen – Schweizer gegen Schweizer, Brüder gegen Brüder –, sich erkennen, sich fesseln und sich ohne Gewissensbisse töten, weil ein Fürst ihre Morde bezahlt: nehme ich schließlich auch an, das Naturgesetz sei den Tieren nicht gegeben worden – welche Folgen würden daraus erwachsen? Der Mensch ist aus keinem wertvolleren Lehm geknetet; die Natur hat nur ein und denselben Teig verwendet, bei dem sie lediglich die Hefezusätze verändert hat. Wenn also das Tier nicht bereut, das innere Gefühl, von dem ich spreche, verletzt zu haben, oder wenn es vielmehr eines solchen vollkommen beraubt ist, dann ist es notwendigerweise so, daß der Mensch sich in derselben Lage befindet: dann aber ist es vorbei mit dem Naturgesetz und all jenen schönen Abhandlungen, die man darüber veröffentlicht hat! Das ganze Tierreich wäre dessen allgemein beraubt.

Wenn aber umgekehrt der Mensch nicht umhin kann, zuzugeben, daß er – solange ihn die Gesundheit seines Lebens froh sein läßt – immer einen Unterschied macht zwischen jenen, die Rechtschaffenheit, Menschlichkeit und Tugend besitzen, und solchen Menschen, die weder menschlich noch tugendhaft noch rechtschaffen sind; wenn es leicht ist, durch die Freude allein oder durch den eigenen Abscheu das Laster von der Tugend – welche gleichsam natürliche Folgen davon sind – zu unterscheiden, dann folgt daraus, daß die Tiere, die aus demselben Stoff gebildet sind – welchem vielleicht nur ein Grad an Gärung gefehlt hat, um dem Menschen in allem gleich zu sein –, an denselben Vorrechten der Tierheit teilhaben müssen; und daß es folglich keine Seele oder empfindungsfähige Substanz ohne Gewissensbisse gibt. (...)

Lassen wir also den vermeintlichen Mr. Charp sich ruhig lustig machen über die Philosophen, welche die Tiere als Maschinen betrachtet haben. Wie ganz anders denke ich darüber! Ich glaube, Descartes wäre ein in jeder Hinsicht achtungswürdiger Mann, wenn er – geboren in einem Jahrhundert, das er nicht hätte aufklären müssen – den Wert von Erfahrung und Beobachtung erkannt hätte, sowie die Gefahr, sich von ihnen zu entfernen. Aber es ist nicht mehr als gerecht, wenn ich hier diesem großen Mann eine aufrichtige Genugtuung zuteil werden lasse gegenüber all jenen kleinen Philosophen, Witzbolden und schlechten Epigonen von Locke, die, statt Descartes unverschämt ins Gesicht zu lachen, besser daran täten einzusehen, daß ohne ihn das Feld der Philosophie ebenso brachläge wie das der Wissenschaft ohne Newton.

Es ist wahr, daß dieser berühmte Philosoph sich vielfach geirrt hat, und niemand streitet das ab. Aber schließlich hat er die animalische Natur erkannt; er hat als erster überzeugend bewiesen, daß die Tiere bloße Maschinen sind. Nun, nach einer Entdeckung von dieser Wichtigkeit und die so viel Scharfsinn voraussetzt, wäre es undankbar, ihm all seine Irrtümer nicht nachzusehen!

In meinen Augen werden sie alle wieder gutgemacht durch dieses große Bekenntnis. Denn schließlich – soviel er auch die Unterscheidung der beiden Substanzen preist – handelt es sich doch offensichtlich nur um einen Kunstgriff, eine stilistische List, um die Theologen ein Gift schlucken zu lassen, das unter einer dunklen Analogie verborgen ist, die jedem auffällt und nur sie nicht sehen. Denn sie ist es, diese auffällige Analogie ist es, die alle Gelehrten und wirklich Kundigen zwingt zuzugeben, daß jene stolzen und eitlen Wesen, die sich mehr durch ihren Hochmut als durch die Bezeichnung Mensch auszeichnen, im Grunde – wie sehr sie sich auch erheben möchten – nur Tiere und aufrecht kriechende Maschinen sind. Sie haben alle jenen wunderbaren Instinkt, den die Erziehung zu Geist verwandelt, und der seinen Sitz immer im Gehirn hat und – wenn es fehlt oder verknöchert ist – an seiner Stelle im verlängerten Rückenmark, aber niemals im Kleinhirn; denn ich habe selbst gesehen, wie es erheblich beschädigt war; andere haben es als Krebsgeschwulst vorgefunden, ohne daß die Seele aufgehört hätte, ihre Funktionen auszuüben.

Eine Maschine sein, empfinden, denken, Gut und Böse ebenso unterscheiden können wie Blau von Gelb – kurz: mit Intelligenz und einem sicheren moralischen Instinkt geboren und trotzdem nur ein Tier sein, sind also zwei Dinge, die sich nicht mehr widersprechen, als ein Affe oder ein Papagei sein und dennoch sich Vergnügen zu bereiten wissen. Denn – da sich hier die Gelegenheit bietet, es auszusprechen – wer hätte jemals *a priori* geahnt, daß ein Tropfen der Flüssigkeit, die sich bei der Paarung ergießt, göttliche Freuden empfinden läßt, und daß daraus ein kleines Geschöpf hervorgeht, das eines Tages – bestimmte Gesetzmäßigkeiten vorausgesetzt – die gleichen Wonnen genießen kann? Ich halte das Denken für so wenig unvereinbar mit der organisch aufgebauten Materie, daß es ebenso eine ihrer Eigenschaften zu sein scheint wie die Elektrizität, das Bewegungsvermögen, die Undurchdringlichkeit, die Ausdehnung etc.

Aus: *Die Maschine Mensch* (1747)

David Hume
Schottischer Diplomat, Historiker und Philosoph (1711–1776)

Wäre den Menschen eine Gattung von Geschöpfen zugesellt, die zwar Vernunft besäßen, aber körperlich und geistig so geringe Kräfte hätten, daß sie zu jedem Widerstand unfähig wären und auch auf die stärkste Herausforderung hin uns nie die Wirkungen ihres Zornes fühlen lassen könnten, so wäre meines Erachtens die notwendige Folge, daß wir zwar durch die Gesetze der Menschlichkeit verpflichtet sein würden, diese Geschöpfe mit Milde zu behandeln, daß aber für uns streng genommen ihnen gegenüber keine Schranke der Gerechtigkeit gelten würde, sie auch keinerlei von so eigenmächtigen Herren unabhängiges Recht oder Eigentum haben könnten. Unser Umgang mit ihnen könnte nicht Gemeinschaft heißen, da diese ja einen gewissen Grad von Gleichheit zur Voraussetzung hat, sondern wäre unbedingtes Befehlen auf der einen, knechtisches Gehorchen auf der anderen Seite. Wonach immer uns verlangt, darauf müssen sie sofort verzichten: unsere Zulassung ist der einzige Rechtstitel, kraft dessen sie ihren Besitz innehaben, unser Mitleid, unsere Freundlichkeit der einzige Zügel, mit dem sie unsern gesetzlosen Willen hemmen. Und da aus der Ausübung einer auf so fester natürlicher Grundlage ruhenden Macht sich nie eine Unzuträglichkeit ergäbe, würde in diesem ungleichen Bund für die Schranken der Gerechtigkeit und des Eigentums niemals Raum sein, da sie gänzlich *nutzlos* wären.

Dies ist offensichtlich die Lage, in der sich der Mensch dem Tier gegenüber befindet, wobei ich es andern überlasse zu entscheiden, inwieweit man sagen kann, das Tier besitze Vernunft. Die gewaltige Überlegenheit des zivilisierten Europäers gegenüber dem kulturlosen Indianer hat uns zu dem Wahn verführt, wir stünden zu ihm in dem nämlichen Verhältnis, und hat uns veranlaßt, bei seiner Behandlung alle Schranken der Gerechtigkeit, ja sogar der Menschlichkeit fallen zu lassen. Die Frauen sind in vielen Völkern ähnlicher Sklaverei unterworfen, und man hat ihnen dort im Unterschied von ihren Herren und Gebietern die Fähigkeit genommen, Eigentum zu besitzen. Aber obwohl in allen Ländern die Männer, wenn sie zusammenstehen, genügend physische Kraft haben, um diese Zwangsherrschaft aufrecht zu erhalten, so ist doch das einschmeichelnde, geschickte und bezaubernde Wesen ihrer Gefährtinnen so wirksam, daß sie in der Regel jene geschlossene Macht zu durchbrechen imstande sind und die Frauen mit dem anderen Geschlecht an allen Rechten und Vergünstigungen der Gesellschaft teilnehmen.

Aus: *Untersuchung über die Prinzipien der Moral* (1751)

Jean-Jacques Rousseau
Schweizerisch-französischer Philosoph und Schriftsteller (1712–1778)

Wenn ich daher alle wissenschaftlichen Bücher beiseite lasse, die uns die Menschen nur so zu sehen lehren, wie sie sich selbst gemacht haben, und ich über die ersten und einfachsten Operationen der menschlichen Seele nachdenke, glaube ich zwei Prinzipien in ihr wahrzunehmen, die der Vernunft vorausliegen, von denen das eine uns brennend an unserem Wohlbefinden und unserer Selbsterhaltung interessiert sein läßt und das andere uns einen natürlichen Widerwillen einflößt, irgendein empfindendes Wesen, und hauptsächlich unsere Mitmenschen, umkommen oder leiden zu sehen. Aus dem Zusammenwirken und aus der Verbindung, die unser Geist aus diesen beiden Prinzipien herzustellen vermag, scheinen mir – ohne daß es notwendig wäre, das Prinzip der Sozialität einzuführen – alle Regeln des Naturrechts zu fließen: Regeln, welche die Vernunft später auf anderen Grundlagen wiederzuerrichten gezwungen ist, wenn sie es durch ihre sukzessiven Entwicklungen fertig gebracht hat, die Natur zu ersticken.

Auf diese Weise ist man nicht genötigt, aus dem Menschen einen Philosophen zu machen, ehe man einen Menschen aus ihm macht; seine Pflichten gegen andere werden ihm nicht bloß von den späten Lehren der Weisheit vorgeschrieben; und solange er dem inneren Antrieb des Mitleids nicht widersteht, wird er niemals einem anderen Menschen noch selbst irgendeinem empfindenden Wesen etwas zuleide tun, ausgenommen in dem legitimen Fall, in dem seine Erhaltung betroffen ist und er deshalb verpflichtet ist, sich selbst den Vorzug zu geben. Hierdurch beendet man auch die alten Dispute über die Teilhabe der Tiere am natürlichen Gesetz; denn es ist klar, daß sie, der Einsicht und der Freiheit bar, dieses Gesetz nicht erkennen können; da sie aber durch die Empfindungsfähigkeit, mit der sie begabt sind, etwas von unserer Natur besitzen, wird man schließen, daß sie auch am Naturrecht teilhaben müssen und daß der Mensch ihnen gegenüber irgendeiner Art von Pflichten unterworfen ist. Wenn ich verpflichtet bin, meinem Mitmenschen kein Leid zuzufügen, so scheint dies in der Tat weniger deshalb so zu sein, weil er ein vernünftiges als deshalb, weil er ein empfindendes Wesen ist: Eine Eigenschaft, die, da sie dem Tier und dem Menschen gemeinsam ist, dem einen zumindest das Recht verschaffen muß, vom anderen nicht unnütz mißhandelt zu werden. (...)

Ich sehe in jedem Tier nur eine kunstvolle Maschine, der die Natur Sinne gegeben hat, um sich selbst wieder aufzuziehen und sich bis zu einem gewissen Grade vor allem zu bewahren, was darauf hinzielt, sie zu zerstören oder in Unordnung zu bringen. Präzise dieselben Dinge stelle ich in der menschlichen Maschine fest, mit dem Unterschied, daß bei den Operationen des Tieres die Natur allein alles tut, wohingegen der Mensch bei den seinen als ein frei Handelnder mitwirkt. Jenes wählt oder verwirft aus Instinkt und dieser durch einen Akt der Freiheit, was bewirkt, daß das Tier von der Regel, die ihm vorgeschrieben ist, nicht abweichen kann, selbst dann nicht, wenn es vorteilhaft für es wäre, dies zu tun, und daß der Mensch oft zu seinem Schaden von ihr abweicht. So würde eine Taube neben einer mit dem besten Fleisch gefüllten Schüssel Hungers sterben und eine Katze auf Haufen von Früchten oder Korn, obwohl sich beide von der Kost, die sie verschmähen, sehr gut ernähren könnten, wenn sie es sich einfallen ließen, davon zu versuchen. So geben sich die ausschweifenden Menschen Exzessen hin, die ihnen Fieber und Tod verursachen, weil der Geist die Sinne depraviert und der Wille noch spricht, wenn die Natur schweigt.

Jedes Tier hat Vorstellungen, da es Sinne hat; es verbindet seine Vorstellungen sogar bis zu einem gewissen Punkt miteinander, und der Mensch unterscheidet sich in dieser Hinsicht vom Tier nur graduell: Einige Philosophen haben sogar behauptet, daß sich ein bestimmter Mensch von einem anderen mehr unterscheide als ein bestimmter Mensch von einem bestimmten Tier. Es ist daher nicht so sehr der Verstand, der die spezifische Unterscheidung des Menschen unter den Tieren ausmacht, als vielmehr dessen Eigenschaft, ein frei Handelnder zu sein. Die Natur befiehlt jedem Lebewesen, und das Tier gehorcht. Der Mensch empfindet den gleichen Eindruck, aber er erkennt sich frei, nachzugeben oder zu widerstehen, und vor allem im Bewußtsein dieser Freiheit zeigt sich die Geistigkeit seiner Seele: denn die Physik erklärt in gewisser Weise den Mechanismus der Sinne und die Bildung der Vorstellungen, aber in dem Vermögen zu wollen, oder vielmehr zu wählen, und im Gefühl dieses Vermögens stößt man nur auf rein geistige Akte, bei denen man mit den Gesetzen der Mechanik nichts erklärt.

Aber wenn die Schwierigkeiten, die alle diese Fragen umgeben, noch einigen Raum ließen, über diesen Unterschied zwischen Mensch und Tier zu streiten, so gibt es doch eine andere sehr spezifische Eigenschaft, die sie unterscheidet und über die es keinen Zweifel geben kann: die Fähigkeit, sich zu vervollkommnen; eine Fähigkeit, die, mit Hilfe der Umstände, sukzessive alle anderen entwickelt und bei uns sowohl der Art als auch dem Individuum innewohnt – während ein Tier nach einigen Monaten ist, was es sein ganzes Leben lang sein wird, und seine Art nach tausend Jahren, was sie im ersten dieser tausend Jahre war. Weshalb kann allein der Mensch geistesschwach werden? Kommt es nicht daher, daß er damit zu seinem anfänglichen Zustand zurückkehrt und daß – während das Tier, das nichts erworben und auch nichts zu verlieren hat, immer bei seinem Instinkt bleibt – der Mensch, wenn er durch das Alter oder durch andere akzidentielle Umstände alles wieder verliert, was seine *Perfektibilität* ihn hatte erwerben lassen, folglich tiefer fällt als das Tier selbst? Es wäre traurig für uns eingestehen zu müssen, daß diese [ihn] unterscheidende und beinahe unbegrenzte Fähigkeit die Quelle allen Unglücks des Menschen ist; daß sie es ist, die ihn, vermöge der Zeit, aus jenem ursprünglichen Zustand fortzieht, in dem er ruhige und unschuldige Tage verleben würde; daß sie es ist, die, indem sie mit den Jahrhunderten seine Einsichten und seine Irrtümer, seine Laster und seine Tugenden zum Aufblühen bringt, ihn auf die Dauer zum Tyrannen seiner selbst und der Natur macht.

Aus: *Diskurs über die Ungleichheit* (1755)

Immanuel Kant
Deutscher Philosoph (1724–1804)

Der vierte und letzte Schritt, den die den Menschen über die Gesellschaft mit Thieren gänzlich erhebende Vernunft that, war: daß er (wiewohl nur dunkel) begriff, er sei eigentlich der *Zweck der Natur*, und nichts, was auf Erden lebt, könne hierin einen Mitwerber gegen ihn abgeben. Das erstemal, daß er zum Schafe sagte: *den Pelz, den du trägst, hat dir die Natur nicht für dich, sondern für mich gegeben*, ihm ihn abzog und sich selbst anlegte: ward er eines Vorrechtes inne, welches er vermöge seiner Natur über alle Thiere hatte, die er nun nicht mehr als seine Mitgenossen an der Schöpfung, sondern als seinem Willen überlassene Mittel und Werkzeuge zu Erreichung seiner beliebigen Absichten ansah. Diese Vorstellung schließt (wiewohl dunkel) den Gedanken des Gegensatzes ein: daß er so etwas zu keinem *Menschen* sagen dürfe, sondern diesen als gleichen Theilnehmer an den Geschenken der Natur anzusehen habe; eine Vorbereitung von weitem zu den Einschränkungen, die die Vernunft künftig dem Willen in Ansehung seines Mitmenschen auferlegen sollte, und welche weit mehr als Zuneigung und Liebe zu Errichtung der Gesellschaft nothwendig ist.

Aus: *Muthmaßlicher Anfang der Menschengeschichte* (1786)

In Ansehung des lebenden, obgleich vernunftlosen Theils der Geschöpfe ist die Pflicht der Enthaltung von gewaltsamer und zugleich grausamer Behandlung der Thiere der Pflicht des Menschen gegen sich selbst weit inniglicher entgegengesetzt, weil dadurch das Mitgefühl an ihrem Leiden im Menschen abgestumpft und dadurch eine der Moralität im Verhältnisse zu anderen Menschen sehr diensame natürliche Anlage geschwächt und nach und nach ausgetilgt wird; obgleich ihre behende (ohne Qual verrichtete) Tödtung, oder auch ihre, nur nicht bis über Vermögen angestrengte Arbeit (dergleichen auch wohl Menschen sich gefallen lassen müssen) unter die Befugnisse des Menschen gehören; da hingegen die martervolle physische Versuche zum bloßen Behuf der Speculation, wenn auch ohne sie der Zweck erreicht werden könnte, zu verabscheuen sind. – Selbst Dankbarkeit für lang geleistete Dienste eines alten Pferdes oder Hundes (gleich als ob sie Hausgenossen wären) gehört *indirect* zur Pflicht des Menschen, nämlich *in Ansehung* dieser Tiere, *direct* aber betrachtet ist sie immer nur Pflicht des Menschen *gegen* sich selbst.

Aus: *Metaphysik der Sitten* (1797)

Daß der Mensch in seiner Vorstellung das Ich haben kann, erhebt ihn unendlich über alle andere auf Erden lebende Wesen. Dadurch ist er eine *Person* und vermöge der Einheit des Bewußtseins bei allen Veränderungen, die ihm zustoßen mögen, eine und dieselbe Person, d. i. ein von *Sachen*, dergleichen die vernunftlosen Thiere sind, mit denen man nach Belieben schalten und walten kann, durch Rang und Würde ganz unterschiedenes Wesen, selbst wenn er das Ich noch nicht sprechen kann, weil er es doch in Gedanken hat: wie es alle Sprachen, wenn sie in der ersten Person reden, doch denken müssen, ob sie zwar diese Ichheit nicht durch ein besonderes Wort ausdrücken. Denn dieses Vermögen (nämlich zu denken) ist der *Verstand*.

Aus: *Anthropologie in pragmatischer Hinsicht abgefaßt* (1798)

Georg Christoph Lichtenberg
Deutscher Naturwissenschaftler und Aphoristiker (1742–1799)

Der Mensch kommt unter allen Tieren in der Welt dem Affen am nächsten.

Daß der Mensch das edelste Geschöpf sei läßt sich auch schon daraus abnehmen, daß es ihm noch kein anderes Geschöpf widersprochen hat.

Alle Tiere, die etwas mit den Pfoten fassen können, können es auch mit dem Kopf, Affen, Papageien, Biber.

Als er eine Mücke ins Licht fliegen sah, und sie nun mit dem Tode rang, so sagte er: hinunter mit dem bittern Kelch, du armes Tier, ein Professor sieht es und bedauert dich.

Es ist nicht allein zu untersuchen ob die Tiere weniger Gehirn haben, sondern ob auch nicht dieses wenigere steifer und grobkörniger ist, wenn ich so reden darf. Es ist mir dieses sehr wahrscheinlich, da das Gehirn von Kindern sehr flüssig ist, hingegen z. E. das von Kälbern schon sehr viel Festigkeit hat. Um welches Jahr des Menschen hat sein Gehirn die Konsistenz vom Kalbs-Gehirn? Es muß fester sein, weil sie mehr Triebe mitbringen.

Vielleicht hat ein Hund kurz vor dem Einschlafen, oder ein betrunkener Elefant Ideen, die eines Magisters der Philosophie nicht unwürdig wären. Sie sind ihnen aber unbrauchbar, und werden durch ihre allzu reizbare sinnliche Werkzeuge auch wieder verwischt.

Wir tun alle Augenblicke etwas, das wir nicht wissen, [die] Fertigkeit wird immer größer, endlich würde der Mensch alles ohne es zu wissen tun und im eigentlichen Verstand ein denkendes Tier werden. Vernunft nähert sich der Tierheit.

Der Mensch kann sich Fertigkeiten erwerben und kann ein Tier werden, wo er will. Gott macht die Tiere, der Mensch macht sich selber.

Es ist merkwürdig in dem Sehen ohne Licht, daß das, was man sieht wenn man die Augen im Dunkeln zuschließt, Anfänge zu Träumen werden können, bei wachender Vernunft ist die Folge ganz anders, als im Schlaf. Ich mögte wissen ob die Tiere dümmer träumen, als sie im Wachen sind, ist dieses, so haben sie einen Grad von Vernunft.

Es wäre ein denkendes Wesen möglich dem das Zukünftige leichter zu sehen wäre als das Vergangene. Bei den Trieben der Insekten ist schon manches, das uns glauben machen muß, daß sie mehr durch das Künftige, als das Vergangene geleitet werden. Hätten die Tiere eben so viel Erinnerung des Vergangenen als Vorgefühl vom Künftigen, so wäre uns manches Insekt überlegen, so aber scheint die Stärke des Vorgefühls immer in umgekehrtem Verhältnis mit der Erinnerung an das Vergangene zu stehen.

Wenn die Hunde, die Wespen und die Hornisse mit menschlicher Vernunft begabt wären, so könnten sie sich vielleicht der Welt bemächtigen.

Der vollkommenste Affe kann keinen Affen zeichnen, auch das kann nur der Mensch, aber auch nur der Mensch hält dieses zu können für einen Vorzug.

Die Natur hat den Tieren Einsicht genug gegeben für ihre Erhaltung zu sorgen. Sie wissen sich alle sehr gut zu helfen wenn es auf diesen wichtigen Artikel ankömmt. Vaillant gibt davon sehr gute Beispiele von dem Verhalten der Tiere bei Herannahung des Löwen. Den Menschen hat sie sogar fast instinktmäßig gegen die Furcht vor dem Tode gewaffnet, durch Glauben an Unsterblichkeit.

Die Ägyptier verehrten die Erfinder nützlicher Dinge, daher wurden Tiere vergöttert, wie das Salzschwein zu Lüneburg. Es ist noch die Frage, wer die meisten Erfindungen gemacht hat, die Tiere oder die Menschen (oder wenigstens *das Tier im Menschen*. πμ). Dieser letzte Artikel muß wohl überlegt werden, denn es ist würklich sehr viel Wahres darin.

Nach dem Menschen kommt in dem System der Zoologie der Affe, nach einer unermeßlichen Kluft. Wenn aber einmal ein Linné die Tiere nach ihrer Glückseligkeit, Behaglichkeit ihres Zustandes pp ordnen wollte, so kämen doch offenbar manche Menschen unter die Müller-Esel und die Jagdhunde zu stehen. Herrliche Beispiele dazu ließen sich aus Merkels Geschichte der Letten, Leipzig 1797 bei Graeff, sammeln.

Aus: *Sudelbücher* (1765–1799)

Johann Gottfried Herder
Deutscher Schriftsteller, Theologe und Philosoph (1744–1803)

Der Menschen ältere Brüder sind die Thiere. Ehe jene da waren, waren diese; und auch in jedem einzelnen Lande fanden die Ankömmlinge des Menschengeschlechts die Gegend, wenigstens in einigen Elementen, schon besetzt; denn wovon sollte außer den Pflanzen sonst der Ankömmling leben? Jede Geschichte des Menschen also, die ihn außer diesem Verhältniß betrachtet, muß mangelhaft und einseitig werden. Freilich ist die Erde dem Menschen gegeben; aber nicht ihm allein, nicht ihm zuförderst; in jedem Element machten ihm die Thiere seine Alleinherrschaft streitig. Dieß Geschlecht mußte er zähmen, mit jenem lange kämpfen. Einige entronnen seiner Herrschaft; mit andern lebet er in ewigem Kriege. Kurz, so viel Geschicklichkeit, Klugheit, Herz und Macht jede Art äußerte, so weit nahm sie Besitz auf der Erde.

Es gehört also noch nicht hierher, ob der Mensch Vernunft, und ob die Thiere keine Vernunft haben? Haben sie diese nicht, so besitzen sie etwas Anders zu ihrem Vortheil; denn gewiß hat die Natur keines ihrer Kinder verwahrloset. Verließe Sie ein Geschöpf, wer wollte sich sein annehmen, da die ganze Schöpfung in einem Kriege ist und die entgegengesetztesten Kräfte einander so nahe liegen. Der gottgleiche Mensch wird hier von Schlangen, dort vom Ungeziefer verfolgt; hier vom Tiger, dort vom Haifisch verschlungen. Alles ist im Streit gegen einander, weil Alles selbst bedrängt ist; es muß sich seiner Haut wehren und für sein Leben sorgen.

Warum that die Natur Dieß? warum drängte sie so die Geschöpfe auf einander? Weil sie im kleinsten Raum die größeste und vielfachste Anzahl der Lebenden schaffen wollte, wo also auch Eins das andre überwältigt, und nur durch das Gleichgewicht der Kräfte Friede wird in der Schöpfung. Jede Gattung sorgt für sich, als ob sie die einige wäre; ihr zur Seite steht aber eine andre da, die sie einschränkt, und nur in diesem Verhältniß entgegengesetzter Arten fand die Schöpferin das Mittel zur Erhaltung des Ganzen. Sie wog die Kräfte, sie zählte die Glieder, sie bestimmte die Triebe der Gattungen gegen einander, und ließ übrigens die Erde tragen, was sie zu tragen vermochte.

Es kümmert mich also nicht, ob große Thiergattungen untergegangen sind. Gieng der Mammuth unter, so giengen auch Riesen unter; es war ein anderes Verhältniß zwischen den Geschlechtern. Wie es jetzt ist, sehen wir das offenbare Gleichgewicht, nicht nur im Ganzen der Erde, sondern auch selbst in einzelnen Weltheilen und Ländern. Die Kultur kann Thiere verdrängen, sie kann sie aber schwerlich ausrotten, wenigstens hat sie dieß Werk noch in keinem großen Erdtheil vollendet; und muß sie statt der verdrängten wilden nicht in einem größeren Maß zahmere Thiere nähren? Noch ist also bei der gegenwärtigen Beschaffenheit unsrer Erde keine Gattung ausgegangen; ob ich gleich nicht zweifle, daß, da diese anders war, auch andre Thiergattungen haben sein können, und wenn sie sich einmal durch Kunst oder Natur völlig ändern sollte, auch ein andres Verhältniß der lebendigen Geschlechter sein werde.

Kurz, der Mensch trat auf eine bewohnte Erde: alle Elemente, Sümpfe und Ströme, Sand und Luft waren mit Geschöpfen erfüllt oder füllten sich mit Geschöpfen; und er mußte sich durch seine Götterkunst der List und Macht einen Platz seiner Herrschaft auswirken. Wie er Dieß gethan habe, ist die Geschichte seiner Kultur, an der die rohesten Völker Antheil nehmen, der interessanteste Theil der Geschichte der Menschheit. Hier bemerke ich nur Eins, daß die Menschen, indem sie sich allmählich die Herrschaft über die Thiere erwarben, das Meiste von Thieren selbst lernten. Diese waren die lebendigen Funken des göttlichen Verstandes, von denen der Mensch in Absicht auf Speise, Lebensart, Kleidung, Geschicklichkeit, Kunst, Triebe in einem größern oder kleinern Kreise die Strahlen auf sich zusammenlenkte. Je mehr, je heller er Dieses that, je klügere Thiere er vor sich fand, je mehr er sie zu sich gewöhnte und im Kriege oder Frieden vertraut mit ihnen lebte, desto mehr gewann auch seine Bildung; und die *Geschichte seiner Kultur* wird sonach einem großen Theil nach *zoologisch* und *geographisch*. (...)

Man hat unserm Geschlecht ein sehr unwahres Lob gemacht, wenn man behauptete, daß sich jede Kraft und Fähigkeit aller andern Geschlechter dem höchsten Grad nach in ihm finde. Das Lob ist unerweislich und sich selbst widersprechend; denn offenbar höbe sodenn Eine Kraft die andre auf, und das Geschöpf hätte ganz und gar keinen Genuß seines Wesens. Wie bestehet es zusammen, daß der Mensch wie die Blume blühen, wie die Spinne tasten, wie die Biene bauen, wie der Schmetterling saugen könnte, und zugleich die Muskelkraft des Löwen, den Rüssel des Elephanten, die Kunst des Bibers besäße? Und besitzet, ja begreifet er nur Eine dieser Kräfte mit der Innigkeit, mit der sie das Geschöpf genießet und übet?

Von der andern Seite hat man ihn, ich will nicht sagen, zum Thier erniedrigen, sondern ihm einen Charakter seines Geschlechts gar absprechen und ihn zu einem ausgearteten Thier machen wollen, das, indem es höhern Vollkommenheiten nachgestrebt, ganz und gar die Eigenheit seiner Gattung verloren. Dieß ist nun offenbar auch gegen die Wahrheit und Evidenz seiner Naturgeschichte. Augenscheinlich hat er Eigenschaften, die kein Thier hat, und hat Wirkungen hervorgebracht, die im Guten und Bösen ihm eigen bleiben. Kein Thier frißt seines Gleichen aus Leckerei; kein Thier mordet sein Geschlecht auf den Befehl eines Dritten mit kaltem Blut. Kein Thier hat Sprache, wie der Mensch sie hat, noch weniger Schrift, Tradition, Religion, willkürliche Gesetze und Rechte. Kein Thier endlich hat auch nur die Bildung, die Kleidung, die Wohnung, die Künste, die unbestimmte Lebensart, die ungebundnen Triebe, die flatterhaften Meinungen, womit sich beinahe jedes Individuum der Menschen auszeichnet. Wir untersuchen noch nicht, ob alle Dieß zum Vortheil oder Schaden unsrer Gattung sei; gnug, es ist der Charakter unsrer Gattung.

Da jedes Thier der Art seines Geschlechts im Ganzen treu bleibt, und wir allein nicht die Nothwendigkeit, sondern die Willkür zu unsrer Göttin erwählt haben, so muß dieser Unterschied als Thatsache untersucht werden; denn solche ist er unläugbar. Die andre Frage, wie der Mensch dazu gekommen? ob dieser Unterschied ihm ursprünglich sei, oder ob er angenommen und affektiert worden, ist von einer andern, nämlich von bloß historischer Art; und auch hier müßte die Perfektibilität oder Korruptibilität, in der es ihm bisher noch kein Thier nachgethan hat, doch auch zum auszeichnenden Charakter seiner Gattung gehört haben. Wir setzen also alle Metaphysik bei Seite und halten uns an Physiologie und Erfahrung. (…)

Da aber das bloße Mitgefühl des Menschen sich nicht über Alles verbreiten und bei ihm als einem eingeschränkten, vielorganisierten Wesen, in Allem, was fern von ihm lag, nur ein dunkler, oft unkräftiger Führer sein konnte; so hatte die richtig leitende Mutter seine vielfachen und leise verwebten Aeste unter eine untrüglichere Richtschnur zusammengeordnet: Dieß ist die *Regel der Gerechtigkeit und Wahrheit*. Aufrichtig ist der Mensch geschaffen; und wie in seiner Gestalt Alles dem Haupt dienet, wie seine zwei Augen nur Eine Sache sehen, seine zwei Ohren nur Einen Schall hören; wie die Natur im ganzen Aeußern der Bekleidung überall Symmetrie mit Einheit verband und die Einheit in die Mitte setzte, daß das Zwiefache allenthalben nur auf sie weise, so wurde auch im Innern das große Gesetz der Billigkeit und des Gleichgewichts des Menschen Richtschnur: *Was du willt, daß Andre dir nicht thun sollen, thue ihnen auch nicht; was Jene dir thun sollen, thue du auch ihnen*. Diese unwidersprechliche Regel ist auch in die Brust des Unmenschen geschrieben; denn wenn er Andre frißt, erwartet er Nichts, als von ihnen gefressen zu werden. Es ist die Regel des Wahren und Falschen, des *Idem* und *Idem*, auf den Bau aller seiner Sinne, ja ich möchte sagen, auf die aufrechte Gestalt des Menschen selbst gegründet. Sähen wir schief, oder fiele das Licht also, so hätten wir von keiner geraden Linie Begriff. Wäre unsre Organisation ohne Einheit, unsre Gedanken ohne Besonnenheit, so schweiften wir auch in unsern Handlungen in regellosen Krümmen einher, und das menschliche Leben hätte weder Vernunft noch Zweck. Das Gesetz der Billigkeit und Wahrheit macht treue Gesellen und Brüder; ja, wenn es Platz gewinnt, macht es aus Feinden selbst Freunde. Den ich an meine Brust drücke, drückt auch mich an seine Brust; für den ich mein Leben aufopfere, Der opfert es auch für mich auf. Gleichförmigkeit der Gesinnungen also, Einheit des Zwecks bei verschiedenen Menschen, gleichförmige Treue bei Einem Bunde hat alles *Menschen-, Völker- und Thierrecht* gestiftet; denn auch Thiere, die in Gesellschaft leben, befolgen der Billigkeit Gesetz, und Menschen, die durch List oder Stärke davon weichen, sind die *inhumansten* Geschöpfe, wenn es auch Könige und Monarchen der Welt wären. Ohne strenge Billigkeit und Wahrheit ist keine Vernunft, keine Humanität denkbar.

Aus: *Ideen zur Philosophie der Geschichte der Menschheit* (1784–1791)

Jeremy Bentham
Englischer Jurist und Philosoph (1748–1832)

Unter den hinduistischen und mohammedanischen Religionen scheinen die Interessen der übrigen lebendigen Schöpfung einige Aufmerksamkeit gefunden zu haben. Warum hat man den Unterschied im Empfindungsvermögen nicht überall ebenso stark berücksichtigt wie bei menschlichen Lebewesen? Weil die bestehenden Gesetze das Ergebnis gegenseitiger Angst sind; eine Empfindung, zu deren Ausnutzung die weniger venünftigen Tiere nicht dieselben Möglichkeiten hatten wie der Mensch. Warum sollte man es nicht? Es gibt keinen Grund. Wenn es nur darum geht, sie zu essen, gibt es sehr gute Günde dafür, warum es uns erlaubt sein sollte, jene von ihnen zu essen, die wir essen wollen. Uns nützt es, und ihnen schadet es nicht. Sie haben keine jener langanhaltenden Vorahnungen zukünftigen Leids, wie wir sie besitzen. Der Tod, den sie von unseren Händen erleiden, ist – und wird es wohl immer sein – schneller und deshalb weniger schmerzhaft als derjenige, der sie im unvermeidlichen Lauf der Natur erwarten würde. Wenn es nur darum geht, sie zu töten, gibt es sehr gute Gründe, diejenigen zu töten, die uns lästig sind; uns würde ihr Weiterleben schaden, und ihnen schadet der Tod nicht. Doch gibt es irgendeinen Grund, warum es uns erlaubt sein sollte, sie zu quälen? Ich kann keinen erkennen. Gibt es Gründe, warum es uns nicht erlaubt sein sollte, sie zu quälen? Ja, mehrere. (…) Es gab eine Zeit, und es betrübt mich zu sagen, daß sie an vielen Orten noch immer andauert, zu der das Gesetz den größeren Teil der Spezies unter der Bezeichnung Sklave ebenso behandelte wie zum Beispiel heute noch in England die Tiere. Der Tag wird kommen, an dem auch den übrigen lebenden Geschöpfen die Rechte gewährt werden, die man ihnen nur durch Tyrannei vorenthalten konnte. Die Franzosen haben bereits erkannt, daß die Schwärze der Haut kein Grund ist, einen Menschen schutzlos den Launen eines Peinigers auszuliefern. Eines Tages wird man erkennen, daß die Zahl der Beine, die Behaarung der Haut und das Ende des *os sacrum* sämtlich unzureichende Gründe sind, ein empfindendes Lebewesen dem gleichen Schicksal zu überlassen. Aber welches andere Merkmal könnte die unüberwindliche Grenzlinie sein? Ist es die Fähigkeit zu denken oder vielleicht die Fähigkeit zu sprechen? Doch ein erwachsenes Pferd oder ein erwachsener Hund sind weitaus verständiger und mitteilsamer als ein Kind, das einen Tag, eine Woche oder sogar einen Monat alt ist. Doch selbst, wenn es nicht so wäre, was würde das ändern? Die Frage ist nicht: Können sie *denken*? oder: Können sie *sprechen*?, sondern: Können sie *leiden*?

Aus: *Eine Einführung in die Prinzipien der Moral und Gesetzgebung* (1789)

Humphry Primatt
Englischer Geistlicher (1725–1780)

Liebe ist der grosse Mittelpunkt, um welchen sich die ganze Natur dreht. Die Schöpfung ist eine Abschrift der göttlichen Güte; und ein jedes Blat in dem Buche der Natur giebt uns eine Lektion über die Weisheit und über das Wohlwollen ihres grossen Urhebers. Der Philosoph, der sich dem Nachdenken und der Betrachtung überläßt, und der von Stolz uneingenommen und von Vorurtheilen nicht gefesselt ist, sieht und erkennt diese Wahrheit als unleugbar, daß das höchste Wesen weise, und gerecht, und gütig und barmherzig ist. Und aus den Beobachtungen, die er über den thierischen Theil der Schöpfung, der innerhalb der Gränzen seiner Erkänntniß liegt, gemacht hat, zieht er den allgemeinen Schluß, daß ein jedes Geschöpf seine eigne Bestimmung und Nutzen haben muß, so verborgen sie auch vor unsern Augen seyn mögen, und daß die mancherley Kräfte, Triebe, Vollkommenheiten und selbst die verhältnißmäßigen Mängel verschiedner Thiere wesentlich nothwendig sind, um die mancherley Zwecke zu erfüllen, um derentwillen sie geschaffen sind, und um den allgemeinen Vortheil des Ganzen zu befördern. (...)

Ein Thier, es sey, welches es will, oder auf der grossen Leiter der Wesen an einen Ort gesetzt, an welchen es will, ist ein Thier, und ist an die Stelle gesetzt von dem grossen Schöpfer und Vater des Ganzen. Auf die oberste Stufe der Leiter, auf welcher die irdischen Thiere stehen, setzen wir den Menschen, und wenn wir die Vollkommenheiten des Körpers und die Gaben der Seele betrachten, die er, wie wir voraussetzen, vor allen andern Thieren besitzt, so nehmen wir mit Grunde an, daß er von seinem Schöpfer dahin gesetzt ist. Aber selbst auf dieser höchsten Stufe können wir Grade und Unterschiede bemerken, nicht allein in Ansehung der Statur, Schönheit, Stärke und Leibesbeschaffenheit, sondern auch selbst in Ansehung derjenigen Seelenkräfte, die den Menschen so vorzüglich von Thieren unterscheiden. Dennoch aber kommen wir alle in *einem* Stücke völlig mit einander überein, von dem vollkommensten bis auf den einfältigsten und ungestaltesten Menschen, und von ihm bis auf das geringste Thier, daß wir alle des Elendes des Schmerzens fähig sind und es fühlen können; ein Uebel, vor dem wir, ohngeachtet es an und für sich selbst nothwendig ist, und zu weisen Absichten bestimmt ist, in so fern es uns zur Selbsterhaltung und zur Vermeidung unsrer Zerstörung antreibt, von Natur Abscheu haben, und nur bey dem Gedanken an dasselbe zurückzittern. Erhabenheit des Rangs und des Standes befreyt ein Geschöpf von der Empfindlichkeit des Schmerzens so wenig, als Niedrigkeit das Gefühl desselben ihm weniger eindrücklich macht. Schmerz ist Schmerz, er mag Menschen oder Thieren zugefügt werden, und das Geschöpf, das ihn leidet, es mag Mensch oder Thier seyn, wenn es das Elend desselben fühlt, leidet, so lange er dauret, ein *Uebel*; und die Erduldung des Uebels, die unverdient ist, wo es keine Veranlassung dazu gegeben, wo es nicht durch Beleidigungen sich dasselbe zugezogen hat, und wo es nicht möglich ist, daß irgend eine gute Absicht dadurch kan erreichet werden, sondern das blos zum Beweise der Macht, oder zur Befriedigung der Bosheit zugefügt wird, ist *Grausamkeit* und Ungerechtigkeit von Seiten desjenigen, von dem es herkommt.

Ich hoffe, daß kein Mensch von Gefühl, niemand, der nur einige Begriffe von Gerechtigkeit hat, ist, der nicht nach Grundsätzen der Vernunft und des gesunden Menschenverstandes zugiebt, daß, wenn ihm unnöthiger und unverdienter Schmerz von andern Menschen zugefügt wird, an ihm sein Peiniger eine Handlung der Ungerechtigkeit ausübt, und aus der Empfindung der Ungerechtigkeit in seiner eignen Sache, da er jetzt der leidende Theil ist, muß er ganz natürlich den Schluß machen, daß, wenn er einem andern Menschen von Gefühl denselben unnöthigen und unverdienten Schmerz, den er jetzt erduldet, zufügen würde, die Ungerechtigkeit von seinem Theile gegen den andern gerade eben so beschaffen seyn wird, wie die Ungerechtigkeit, die sein Peiniger an ihm begeht. Und demzufolge wird der Mensch von Empfindung und Gerechtigkeit nie einem andern Menschen unverdienten Schmerz zufügen, den er sich selbst nicht gerne würde zufügen lassen. Auch wird er seinen Vorzug an Stärke, oder an den blossen Zufälligkeiten des Glücks, nicht so anwenden, daß er sie zur Unterdrückung seiner Untergebenen gebraucht, weil er weiß, daß in dem Punkte des Gefühls alle Menschen gleich sind, und daß der Unterschied der Stärke oder des Standes eben so sehr Geschenke und Anordnungen Gottes sind, wie die Verschiedenheit des Verstandes, der Farbe oder der Statur. Vorzug des Rangs oder Standes kann uns die Fähigkeit verleihen, andere glücklich zu machen, und das scheint auch die Absicht, warum er uns gegeben ist, zu seyn; aber nimmermehr kann er uns ein Recht geben, unnöthigen oder unverdienten Schmerz zuzufügen. Ein weiser Mann würde seine Weisheit verleugnen, und des Glücks eines guten Verstandes unwürdig seyn, wenn er daraus den Schluß machen wollte, daß er ein Recht habe, einen Thoren zu verachten, oder mit ihm nach Gefallen spielen zu können, oder ihm

Schmerzen in irgend einem Grade zuzufügen. Die Thorheit der Seele sollte vielmehr sein Mitleiden rege machen, und fordert von einem weisen Manne Sorge und Aufmerksamkeit für denjenigen, der nicht selbst für sich zu sorgen im Stande ist.

Es hat Gott dem Vater aller Menschen gefallen, einige Menschen mit einer weissen Haut, und andere mit einer schwarzen zu überziehen; allein, da in der äussern Gestalt weder Verdienst noch Verschuldung ist, so kann der *weiße* Mensch, trotz aller Barbarey der Gewohnheit und des Vorurtheils, kein Recht haben, das aus seiner Farbe entspringt, einen *schwarzen* Menschen sklavisch und tyrannisch zu behandeln; so wenig als ein blonder Mensch ein Recht hat, einen braunen zu verachten, zu mißbrauchen und zu verspotten. Und eben so wenig glaube ich auch, daß ein schlanker Mensch, wegen seiner Statur, irgend ein Recht habe, einen Zwerg unter seine Füsse zu treten. Denn ob ein Mensch klug oder närrisch, weiß oder schwarz, blond oder braun, lang oder kurz, und ich mag auch wohl noch hinzusetzen, reich oder arm ist, denn es hängt eben so wenig von der freyen Wahl eines Menschen ab, arm, als ein Narr, oder ein Zwerg, oder schwarz oder braun zu seyn; das hängt alles davon ab, wie es Gott haben will, und an und für sich betrachtet, ist er weder ein Gegenstand des Stolzes, noch der Verachtung. Und wenn demnach unter den Menschen die Verschiedenheit der Kräfte der Seele und ihrer Gemüthsart, Statur und Zufallen des Glücks keinem einzigen ein Recht giebt, einen andern blos um dieser Verschiedenheiten willen zu mißbrauchen oder zu verspotten; so kann aus eben dem Grunde ein Mensch kein natürliches Recht haben, ein Thier zu mißbrauchen und zu quälen, blos darum, weil ein Thier nicht die Seelenkräfte eines Menschen hat. Denn so, wie der Mensch ist, ist er es blos, wie ihn Gott gemacht hat; und dasselbe gilt auch von den Thieren. Keins von ihnen kann Anspruch auf ein inneres Verdienst machen, dafür, daß sie so sind, wie sie sind. Denn ehe sie geschaffen waren, war es unmöglich, daß eins von ihnen irgend ein Verdienst haben konnte, und bey ihrer Schöpfung wurde ihre Gestalt und ihre Vollkommenheiten oder Mängel unveränderlich bestimmt, und ihnen die Gränzen vorgeschrieben, die sie nicht übertreten können. Und da sie so sind, weder mehr noch weniger, als sie Gott gemacht hat, so ist nicht mehr Verschuldung dabey, daß ein Thier ein Thier ist, als Verdienst bey einem Menschen ist, darum daß er ein Mensch ist; das ist, es ist weder Verdienst noch Mangel an Verdienst in einem von ihnen beiden zu finden.

Ein *Thier* ist ein Geschöpf, das eben so sehr Schmerz empfindet, als ein Mensch. Es hat ähnliche Nerven und Empfindungsorganen, und sein Geschrey und Aechzen, wenn heftige Eindrücke auf seinen Körper gemacht werden, sind, wenn es gleich seine Klagen nicht durch Sprache oder menschliche Stimme ausdrücken kann, für uns so starke Anzeigen von seinem Gefühle des

Schmerzens, als das Geschrey und die Seufzer eines menschlichen Wesens, dessen Sprache wir nicht verstehen. Da nun Schmerz dasjenige ist, wovor wir alle einen Abscheu haben, so sollte uns unser eigenes Gefühl des Schmerzes lehren, Mitleid darüber bey andern zu empfinden, ihnen, wenn es möglich ist, Linderung zu verschaffen, aber nie ohne Ursache und unverdienter Weise ihnen einigen zu machen. So wie der Unterschied unter den Menschen in den obengenannten Stücken ihren Gefühlen keinen Eintrag thut, so beraubt auch der Unterschied in der Gestalt, der zwischen einem Thiere und einem Menschen ist, das Thier seines Gefühls nicht; wenigstens sehe ich keine Ursache, warum wir es annehmen sollten.

Aus: *Ueber Barmherzigkeit und Grausamkeit gegen die thierische Schöpfung* (1776)

Wilhelm Dietler
Deutscher Philosoph (gest. 1797)

Wir alle gehen mit Thieren um, behandeln und mishandeln sie auf mancherlei Art. Aber wie viele sind unter uns, welchen einmal Zweifel und Bedenklichkeiten darüber sich aufdrangen? Wie viele untersuchten wohl je, oder fragten sich nur im Ernste: Hab ich auch ein Recht, die Thiere so zu behandeln oder zu gebrauchen? worauf sollen sich wohl meine Rechte gegen Thiere gründen? Wie weit erstrecken sie sich? Welche Handlungen gegen die Thiere sind also gut oder boes? recht oder unrecht? Welche sind die sittlichen Verhaeltnisse zwischen Mensch und Thier? So weit gehen wir nicht. Wir streben die aeussersten Grenzen des menschlichen Wissens zu erreichen, und das, was wir zuerst betrachten sollten, würdigen wir keines Blicks. Wie andere vor und neben uns handeln, so handeln wir auch. Daß man auch anderst mit empfindenden Wesen umgehen koenne, als es bisher meistens geschehen ist, daß man seine Gewalt misbrauchen, und Fehler begehen koenne, faellt uns gar nicht einmal ein. Wir verlachen den, als einen Pinsel, der sich so etwas traeumen laeßt, und uns darauf aufmerksam machen will.

Die besten unter uns reden hoechstens von Mitleiden, Barmherzigkeit und Schonen der Thiere. Sie rechnen es sich schon als etwas sehr edeles an, wenn sie keine Grausamkeiten gegen dieselben begehen, und ihnen gelinder begegnen als Andere. Pflicht gegen Thiere ist ein beleidigender Ausdruck für unser zaertlich verwoehntes Ohr. Wir wollen nichts davon hoeren, koennen es uns nicht denken. Warum? Weil wir – noch nie daran gedacht haben. Es ist zu neu für unser eingerostetes Gedanken- und Handelnssystem; unsere traege Gemaechlichkeit verloer zu viel dabei, welcher es weit mehr behagt, fein bequem den ausgetretnen Pfad fortzutaumeln; es beleidigt zu sehr unsern kurzsichtigen Eigendünkel, welcher uns verleitet, auf uns, als einzigen Mittelpunkt, alles zu beziehen, uns als einzig gebietende Herren über alles hinaus zu setzen. Dummer Stolz und bleierne Traegheit, diese schaendlichen Gegengewichte der Vernunft, welche so viele schwache Menschen aus ihrer angebornen Sphaere herabziehen, üben auch hier ihre eitle Macht. Manchen sonst edeln binden sie so fest, daß er nie sich aufschwingt, mit einem Blicke – so viel Menschen vergoennt ist – das Ganze zu überschauen, mit sicherem Maasstabe seinen Standort zu messen, zu sehen, wie viel unter ihm, wie unendlich hoehere ober ihm stehen; voll heiligen Gefüls zu staunen über seine Groeße und Kleinheit, und – zu handeln nach seiner Menschenwürde. (...)

Man muß sich etwas sehr sonderbares unter Thierrechten denken oder eine sehr hoelzerne Philosophie haben, wenn man aus Wortstreitsucht den Thieren keine Rechte zugestehen will aus dem wunderlichen Grunde, weil sie keine Vernunft haben. Freilich wenn man niemand Rechte lassen will, als wer im Stande ist uns belangen zu koennen, so hat man Grund sie den Thieren abzusprechen, denn sie werden wohl schwerlich je mit uns wegen zugefügter Beleidigungen vor Gericht erscheinen. Aber dieses kann ja auch das unmündige Kind nicht, und doch laeugnet man nicht, es sei widerrechtlich, ungerecht, das Kind zu toeden, zu verletzen oder dergleichen, das Kind habe also gewisse Rechte. Folglich koennen ja die Thiere eben so wohl gewisse Rechte haben, das heißt, manche Handlungen gegen dieselben koennen ungerecht, unerlaubt sein. Und weiter will man ja nichts behaupten, wenn man sagt: die Thiere haben Rechte, als daß der Mensch Pflichten gegen dieselben habe. (...)

Wir sind alle Kinder eines Vaters – vom Heimchen, das im Grase zirpt bis zum Seraphe, der vorm Throne Gottes sich beuget – warum sollten wir nicht alle Brüder sein? – Aus Liebe schuf uns unser Vater alle, Liebe muß uns alle verbinden. Dieß ist ein Vorzug des Menschen, hierinn ist er Gott aehnlicher, daß er besser als andere lieben, mehr mit seinem Wohlwollen umfassen kann. Der Mensch ist der klügere Bruder auf der Erden, daher setzte ihn Gott zu seinem Statthalter hienieden, daß er herrsche über die andern Thiere nicht wie ein Tirann, der alles für sich gemacht glaubt; sondern wie ein brüderlicher Vormund, der seine unweisern Brüder führt, daß sie ihn lieben, und glücklich werden mit ihm.

Aus: *Gerechtigkeit gegen Thiere* (1787)

Lauritz Smith
Dänischer Theologe (1754–1794)

Fast keine Wahrheit ist gedacht oder dargestellt worden, der man nicht auf vielfältige Art widersprochen und sie verdreht hätte, so ist es auch mit dieser Wahrheit, daß wir Menschen Pflichten haben, die wir den Thieren schuldig sind. Man hat ganz richtig eingesehen, daß der Mensch nicht auf jede Weise gleich gut gegen diese Geschöpfe Gottes handelte, indem man aber zugestanden, es müste eine Ordnung und bestimte Regel für unser Verhalten geben, hat man zugleich gesucht alle Verbindlichkeit, die wir gegen diese Thiere haben möchten, zu einer blos mittelbaren Verbindlichkeit zu machen. Man hat behauptet, daß wir eigentlich keine Pflichten gegen die Thiere haben, sondern daß alle diese Regeln, durch welche unser Verhalten gegen sie bestimt werden könte, sich zunächst und unmittelbar in unsern Pflichten gegen Gott, den Nächsten und uns selbst gründeten. Das Thier, solte in Rücksicht auf das Thier selbst, behandelt werden wie es uns gut dünkte, es hat keine Rechte gegen uns, wir keine unmittelbaren Pflichten gegen dasselbe. Und solchergestalt haben denkende Menschen, haben Philosophen in vollem Ernste gesprochen. An und vor sich läuft dieses wohl zum Theil auf einen bloßen Wortstreit hinaus; denn wenn doch eingestanden wird, daß wir kein Recht haben die Thiere willkührlich zu behandeln, so gesteht man zugleich, daß der Mensch Pflichten habe, die er in Hinsicht der Thiere beobachten mus. Gleichwohl ist es nicht so ganz gleichgültig, welchen Begrif wir uns von diesen Thieren, und ihrem Werthe machen. Glauben wir, daß ihre Behandlung in Rücksicht auf sie selbst gleichgültig ist, daß ihre Vollkommenheit und ihr Glück nicht durch unser Verhalten leidet, so bauen wir eine gar schlaffe und leichte Sittenlehre auf diesen Grund. Und wir erlauben uns vielerley, halten viele Handlungen für gleichgültig, die bey weitem nicht gleichgültig seyn werden, wenn wir die Thiere, für dasjenige ansehen, was sie wirklich sind.

Die Thiere haben kein Recht gegen uns, wir keine Pflichten gegen sie, sagt man, weil derjenige, gegen welchen wir Pflichten haben, dieselben kennen, und wissen mus was wir ihm schuldig seyen. Von einem solchen Recht aber und solcher Verbindlichkeit kann das Thier sich keinen Begrif machen. Solte dieser Schlus gelten, so hätten wir auch keine Pflichten gegen unsere neugebohrnen Kinder, keine Pflichten gegen diese Kinder in ihrer Kindheit; die Mutter hätte keine Pflichten gegen ihre ungeborne Frucht; wir würden sodann keine Pflichten gegen wahnsinnige und rasende Menschen, keine Pflichten gegen diejenigen haben, die in heftigen Krankheiten phantasiren, solange sie in diesem Zustande sind. Alle diese kennen ja weder ihr Recht noch unsere Verbindlichkeit gegen sie; dies aber würde wohl niemand behaupten.

Recht bleibt immer Recht, und Pflicht immer Pflicht, sie mögen gekant werden oder nicht; und weil ein Wesen zu einer Zeit, seines Rechtes unwissend ist, weil es das Recht nicht erklären, nicht auf dessen Handhabung bestehen, sondern blos nur die Kränkung desselben in der Empfindung des Unrechts, oder der Mishandlung die es leidet, empfinden kann; daraus folgt ja nicht, daß dieses Wesen immer und ewig über dieses sein Recht unwissend bleiben soll. Der Mensch den ich betrüge, wird ja gleichwol von mir betrogen, ich kränke ja gleichwol sein Recht, er mag es begreifen oder nicht; und Unrecht that ich doch, obschon der Beleidigte nie zu Nachdenken oder Kentnis davon kam.

Kann aber das Recht des Menschen gekränkt werden, und hat der Mensch dieses sein Recht, obschon er es nicht kennt; kann Unwissenheit, oder Mangel an Fähigkeit mein Recht zu kennen, niemals moralische Ursache werden, warum es aufgehoben werden sollte; so finden wir auch keine Beystimmung in der Natur der Dinge, wann wir schließen: die Thiere haben kein Recht gegen uns, weil sie dieses Recht nicht kennen.

Und wer kann mit bestimmter Gewisheit behaupten, daß die Thiere gar keine Kentnis von ihrem Rechte gegen die Menschen haben? Ist denn alle Kentnis deutliche und symbolische Kentnis? Ist nicht die dunkle, die klare, die verwirte Vorstellung auch Kentnis? Ist nicht Empfindung, Kentnis? Gewis aber empfindet das Thier, wenn wir es mishandeln, daß wir gegen den Trieb der Glückseligkeit, den der Schöpfer einem jeden lebendigen Wesen einpflanzte, handeln; gewis fühlt es, daß wir Unrecht thun, nur auf seine Weise aber fühlt es. Das Thier empfindet und stellt sich, wie es kann, den Streit des menschlichen Betragens gegen seine Wünsche vor; ist es aber nicht auf selbige Art, obgleich nicht in selbigem Grade, daß der Mensch selbst Recht und Unrecht empfindet; weil wir dieses nach der Uebereinstimmung und Unübereinstimmung bestimmen, die fremde Handlungen, in gegebenem Falle, mit unserer Selbstliebe und unserem gewünschten Zustande haben. Das Thier hat also sein Recht gegen den Menschen, ebensowohl wie der Mensch sein Recht gegen seinen Nebenmenschen und das Thier hat.

Allein, versetzt man wieder, soll das Thier Recht gegen uns, und wir Pflichten gegen dasselbe haben, so mus es nicht Mittel in der Schöpfung Gottes seyn, höhere Absichten zu erreichen, sein Daseyn mus selbst Absicht seyn, und dieses will man denn nicht einräumen. Nie würde ich dieses sonderbaren Schlusses erwähnt haben, wenn nicht ein berühmter Gelehrter unsers Jahrhunderts, ihn in vollem Ernst gebraucht hätte, um zu beweisen, daß wir keine unmittelbaren Pflichten gegen die Thiere haben. Wir wollen hier davon nicht reden, daß die Folge keinen natürlichen und wahrscheinlichen Zusammenhang mit der angenommenen Voraussetzung hat, wenn es auch Wahrheit wäre, daß das Daseyn der Thiere nicht selbst Absicht sey; wir wollen uns nur erinnern, was wir vorhin erwiesen haben, daß das Daseyn der Thiere gerade in dem eigentlichsten und unmittelbarsten Verstande Hauptabsicht ist, daß ein jedes lebendiges Wesen am nächsten und unmittelbar um sein selbst willen da sey, und um durch das Daseyn glücklich zu seyn. Allein daraus folgt denn auch, daß wir das Glück des Thiers hindern, seinen Zustand verschlimmern, seine Vollkommenheit verringern können; denn eine jede schmerzliche Empfindung, die wir dem Thier verursachen, thut ja seiner Freude und seinem Glücke Abbruch, wirkt wider die unmittelbare Absicht, um welcher Willen es da ist.

Daß Gott durch das Daseyn der Thiere mehrere Absichten erreicht, daß die eine Thierart, in einem gewissen Verstande der andern wegen, des Menschen wegen sey; daß das Tier solchergestalt als Mittel zu höheren Absichten betrachtet werden kann, ist, wie wir auch vorhin bemerkt haben, ohne allen Zweifel gewis; sollte aber dieses nicht auch der Fall mit dem Menschen seyn? Niemand wird wohl leugnen, daß wir nicht zunächst und unmittelbar da sind, um durch unser Daseyn Glück zu genießen; gehen aber diese unsere Körper nicht, durch den Tod, in die andere Natur über, werden wir nicht die Speise der Würmer, die unsere irdischen Ueberbleibsel verzehren? Werden wir aber denn nicht dadurch Mittel zu der Unterhaltung dieser Thierarten. Der Mensch wird in seinem Tode dasselbe für gewisse Thierarten, wie andere Thierarten für den Menschen während seines Lebens sind. Die Sache, die von einem Gesichtspunct betrachtet, Absicht ist, kann unter andern Umständen, und in einer andern Verbindung Mittel seyn. Und was will es denn sagen, daß das Daseyn des Thieres von dem Schöpfer zu Erreichung mehrerer Absichten gebraucht wird.

Und was soll ich von dem Menschen sagen unter der ganzen Haushaltung Gottes mit demselben in der Zeit? Wird er nicht eben dadurch Mittel zur Verherlichung des Schöpfers? Mittel für seine höheren Wesen seine unendlichen Vollkommenheiten zu bewundern; also Mittel und Anlas die Glückseligkeit dieser Wesen, durch ihre vermehrte und befestigte Liebe zu ihrem Gott zu vermehren und zu befestigen? Der endliche Schlus wird aber dieser: sowohl das Thier als der Mensch sind zunächst und unmittelbar da, um durch ihr Daseyn glücklich zu seyn; und einjeder, der vorsetzlich und ohne Nothwendigkeit und höhere Absichten die Glückseligkeit des Menschen oder des Thiers unterbricht, stört, vernichtet die Glückseligkeit des Menschen und des Thieres, kränket das Recht Glück zu genießen, welches Gott mit dem Daseyn jedem lebendigen Geschöpfe gab.

Durch Pflicht verstehen wir eine jede Handlung, wozu wir durch Gesetze verbunden sind; der Wille Gottes aber in Ansehung unsers Betragens ist uns in einem jeden Falle ein Gesetz. Will Gott nun, daß jedes seiner lebendigen Wesen Glückseligkeit genießen soll, will er, daß diese Thiere, die er hier auf die Erde setzte, so glücklich seyn sollen, als sie nach ihren Fähigkeiten und ihrem Zustande werden können; so will er auch, daß wir Menschen nicht muthwillig ihr Glück stören, so will er auch, daß wir *auf bestimte Art*, nach der Natur und Verbindung der Dinge, mit ihnen umgehen; so will er, daß wir ihnen *was Recht ist* thun sollen, und den Grund zu diesem Rechte legte er in ihre Natur nieder, in ihre Anlage Glückseligkeit zu genießen, in ihren Trieb dieselbe zu genießen.

Enthalten denn aber die Natur und Bestimmung der Thiere, nach dem Willen und der Einrichtung des Schöpfers, hinlänglichen Grund, warum wir auf bestimte Weise uns gegen sie betragen sollen, so ist ja eben die Natur und Bestimmung des Thieres derjenige Grund, woraus wir die Gesetze kennen und finden können, die Gott in ihrer Behandlung uns vorgeschrieben hat; also haben wir Pflichten gegen die Thiere. Das Thier hat also sein Recht eben sowohl als der Mensch, *es ist uns also eben so unmittelbar Pflicht dem Thiere Recht wiederfahren zu lassen, als dies Pflicht gegen den Menschen ist.*

Aus: *Ueber die Natur und Bestimmung der Thiere wie auch von den Pflichten der Menschen gegen die Thiere* (1789)

Johann Friedrich Ludwig Volckmann
Deutscher Jurist (1757–1815)

Als die alten Weisen nicht die Bücher der Menschen, sondern das Buch des Schöpfers, die Natur, studirten, fanden sie, daß die Thiere nicht nur so gut wie die Menschen eine Seele haben müßten, sondern daß auch die Thierseele der Menschenseele ziemlich ähnlich seyn müßte – und die moralische Folge davon war – eine gewisse Achtung und Milde auch gegen diese ihre Halb- oder Viertelsbrüder. Als aber die papierne Gelehrsamkeit einbrach, und die Gelehrten statt jenes Gottesbuchs den geflissentlich dunkeln Aristoteles studirten, und ohne je das eigentliche System seiner Philosophie durchdringen zu können, an seinen durch die Uebersetzer und Ausleger auch noch verfälschten und verdrehten Worten wie an Glaubensartikeln hiengen, und ihr Verstand sich so sehr an das Gängelband der Systeme gewöhnt hatte, daß er für die auffallendsten Winke der Natur so abgestumpft war, (…) fanden sie jene Meynung der alten Egypter und Pythagoräer ganz abgeschmackt und lächerlich, und erklärten die Thiere entweder ganz für Maschinen, oder wenn sie ihnen ja noch aus Barmherzigkeit eine Seele zugestanden, doch wenigstens für Wesen, die nicht viel besser als Maschinen wären – und die moralische Folge davon war – ein übertriebener Dünkel von ihrem klügelnden Geschlechte, und Verachtung und Grausamkeit gegen *Alles*, was keine Menschengestalt hatte.

Nichts leichter konnte auch den Schulgelehrten seyn, als diese letztere Meynung fast durchgängig geltend zu machen; denn sie konnten über die menschliche Vernunft und über der Thiere Unvernunft predigen und schreiben wie sie wollten; die Thiere hingegen konnten wenigstens nicht *in forma* Gegenvorstellungen dawider machen, und gerade das, worin sich die Thiere klüger benehmen, als die Menschen, sollte vielmehr ein Beweis seyn, daß sie ganz unvernünftige Geschöpfe und Maschinen wären, bey denen es wie bei einem Uhrwerke zugieng, das auch weit richtiger, als wir mit aller unsrer Klugheit, die Stunden angiebt und die Zeiten abmißt: wenigstens ward das, was bey dergleichen Vernünfteleyen der Gründlichkeit abgieng, durch die Bereitwilligkeit des menschlichen Großdünkels, Alles zu glauben, was ihm schmeichelt, reichlich ersetzt, und so war die Sentenz gar bald fertig und rechtskräftig, daß blos die Menschenseelen einen Zusatz von Vernunft hätten, daß den Thierseelen hingegen dieser Zusatz gänzlich fehle, daß sie also als schlechterdings unvernünftige Geschöpfe verächtlich und jeder willkürlichen Mißhandlung, die die vernünftigen Menschen mit ihnen vorzunehmen beliebten, unterworfen wären – und so enstanden *Menschenstolz* und *Thierqualen*. (…)

Wäre die Vorstellung von dem Verhältniß der Thiere gegen uns blos ein Gegenstand der müssigen Speculation, so könnte es gleichviel seyn, mit welcher Selbsttäuschung wir diesfalls unsrer Eitelkeit schmeichelten; mächtig aber greift es in unsre Moralität ein, ob wir uns einen allzuverächtlichen, oder einen billigen Begriff davon machen, wie wir uns gegen die Thiere, und wie diese sich gegen uns verhalten: und der Sittlichkeit wegen darf uns wohl kein System zu lieb seyn, wäre es auch eins der verjährtesten und heiligsten, sollte auch die Bestreitung desselben unserm Menschendünkel noch so wehe thun.

Die gewöhnliche speculative Philosophie hat nemlich den Menschen zum Halbengel erhoben, und siehe! durch diesen Halbengeldünkel hat der heimliche Despot, den jeder Mensch in sich trägt, Fuß gewonnen, durch diesen Dünkel ist der Mensch ein Halbteufel, und zuweilen noch etwas mehr, erst gegen seine Mitthiere, und dann gegen seine Mitmenschen worden. – Warum sollte man nun, in der Hoffnung, daß ein billiger Begriff von den Thieren den Menschen auch zu einer billigern Behandlung derselben, und eben dadurch auch zu mehrerer Milde gegen seine Mitmenschen vermögen könne – warum sollte man nicht auch einmal versuchen dürfen, ihm recht dringend ans Herz zu legen, daß er, wie Herder sagt, nur eine kleine Stufe über das Thier erhoben ist?

Und von der Entscheidung derselben Frage: Ob es besser ist, daß wir eine zu hohe Idee von uns, und eine zu verächtliche von den Thieren haben, unter welcher diese arme Geschöpfe seufzen müssen; oder ob es besser ist, daß wir eine bescheidnere Idee von uns, und eine billigere von den Thieren haben, die diesen ihr Leben erträglicher machen kann? – wird es zugleich abhängen, ob der Vertheidiger selbst einer Vertheidigung bedarf, daß er versuchte, der bescheidenern Vorstellung von uns, und der billigern von unsern Mitthieren durch eine moralische Wendung die Stärke zu geben, die sie durch speculative Gründe nicht erhalten kann.

Aus: *Menschenstolz und Thierqualen* (1799)

Thomas Taylor
Englischer Übersetzer antiker Philosophen (1758–1835)

Gott hat alle Dinge gleich geschaffen.
Es erscheint auf den ersten Blick etwas seltsam, daß eine moralische Wahrheit von höchster Wichtigkeit und erhabenster Klarheit den Alten so gänzlich unbekannt gewesen sein sollte, und selbst in einem so aufgeklärten Zeitalter wie dem gegenwärtigen nicht allgemein anerkannt sein sollte. Die Wahrheit, auf die ich anspiele, ist *die Gleichheit aller Dinge hinsichtlich ihrer Würde und ihres eigentümlichen und wirklichen Wertes.*

Doch eine kurze Betrachtung wird uns in die Lage versetzen, die Unwissenheit der Menschen in diesem interessanten Einzelfall zu erklären und uns lehren, daß sie einzig aus jenen schädlichen Gewohnheiten fehlgeleiteten Denkens hervorgeht, die sich seit unvordenklichen Zeiten immer wieder in den Geist der Menschen eingegraben und schließlich so tief verankert haben, daß ihre endgültige und allgemeine Auslöschung zu einem ungemein mühsamen, wenn nicht gar lächerlichen Versuch wird.

Ich bemerke jedoch mit nicht geringer Freude, daß diese hochstehende Lehre bei dem denkenden Teil der Menschheit täglich an Boden gewinnt. Mr. Payne hat bereits Tausende von der Gleichheit aller Menschen überzeugt; und Mrs. Woolstonecraft hat unwiderleglich bewiesen, daß Frauen in jeder Hinsicht von Natur aus dem Manne gleich sind, nicht nur in ihren geistigen Fähigkeiten, sondern auch in körperlicher Stärke, *Mut* und dergleichen.

Doch all dies ist nur eine Annäherung an die große Wahrheit, zu deren Verbreitung und Beweis dieser Essay bestimmt ist, nämlich daß es so etwas wie ein Vorrecht der Natur nicht gibt (ausgenommen die erste Ursache); und daß jeder Gegenstand, wie wertlos und nichtswürdig er auch immer erscheinen mag, sich als von unschätzbarem Wert erweisen wird, und an sich gleich einem Gegenstand von äußerster Wichtigkeit und größtem Wert, wenn er genau und sorgfältig untersucht wird.

Um das einzusehen, müssen wir nur bedenken, daß Gott gemäß den gemeinsamen Vorstellungen aller Menschen ein Wesen von vollkommener Gerechtigkeit und Unparteilichkeit ist; daß seine Güte unermeßlich ist, und daß er nicht weniger mächtig als gut ist. Infolgedessen müssen nun alle seine Werke gleich gut und vorzüglich sein; denn sonst wäre er parteiisch und ungerecht. Sollte nun eingewandt werden, daß gemäß diesem Grundsatz die wertlosesten Naturen Gott so ähnlich sein müßten wie die vorzüglichsten, so antworte ich, daß das nur heißt, den behaupteten Sachverhalt ohne Beweis als gegeben anzunehmen, denn wir machen ja geltend, daß der Wert aller Dinge vollkommen gleich und derselbe ist.

Doch das wird durch die folgende Beweisführung noch deutlicher werden: – Vergleichen wir die Natur eines Löwen mit der eines Menschen, so stellen wir fest, daß körperliche Stärke scheinbar das charakteristische Merkmal des einen ist, und Vernunft das des anderen. Ich sage scheinbar, denn wie in Kürze bewiesen werden wird, besitzen die Tiere Vernunft wie der Mensch, wenn auch nicht in einem so ausgeprägten Maße; und deshalb machen die Unzulänglichkeit der Vernunft und die Überlegenheit an Stärke zusammengenommen den Löwen zu einem ebenso ausgezeichneten Lebewesen wie den Menschen; desgleichen macht die Schnelligkeit eines Hasen vereint mit der hasengemäßen Vernunft den Hasen ebenbürtig mit dem Löwen und dem Menschen; die Vorteile des Fliegens für einen Vogel vereint mit der Vernunft eines Vogels, die Feinheit des Netzwebens einer Spinne zusammen mit spinnengemäßer Vernunft und das mikroskopische Auge einer Fliege zusammen mit der Vernunft einer Fliege sind jeweils als einander gleichwertig anzusehen und von gleichem Wert wie Vernunft und körperliche Vorzüge des Menschen.

Diese Theorie wird vielen vielleicht als zu abstrakt und gekünstelt erscheinen und dazu tendierend, jene Unterschiede der Gesellschaft zu zerstören, die scheinbar von der Natur selbst aufgezeigt worden sind und mit der Erschaffung der Welt ihren Anfang nahmen. Der erste Teil des Einwands, betreffend die Abstraktheit dieser Theorie, scheint tatsächlich ein gewisses Gewicht zu haben, denn es ist nicht lange her, daß Mr. Payne, der als der Vater dieses Systems zu betrachten ist, so im Nachdenken über dessen Erhabenheit versunken war, daß er sich in Gesellschaft von zweihundert Personen beschimpfen ließ, ohne daß er versuchte, dagegen aufzustehen (die ganzen zweihundert erlebten ebenfalls die gleichen geistesentrückenden Wirkungen); Mrs. Woolstonecraft, die zwar Jungfrau, aber dennoch die Mutter dieser Theorie ist, ißt, so wurde mir gesagt, oftmals Rind und hält es für Hammel; und ich selbst bin oftmals so versunken, daß es mir, wenn ich die besten modernen Werke lese, vorkommt, als seien sie sinnlos, wo sie doch vielmehr die Frucht der vollkommensten Klugheit und geistigen Fähigkeiten sind. Doch Folgen wie diese, die in Wirklichkeit nur unbedeutend sind, sollten nicht gegen ein System angeführt werden, das auf Wahrheit gegründet ist und eng verwoben mit der Natur der Dinge. Und auf den Einwand, daß ein solches System dazu neige, die notwendigen gesellschaftlichen Unterschiede zu zerstören, antworte ich, daß zuerst bewiesen werden muß, daß diese Unterschiede notwendig und natürlich sind; denn es gibt gute Gründe für den Verdacht, daß sie nichts anderes sind und nie etwas anderes waren als tyrannische Übergriffe gewisser schlechter und intriganter Menschen, die die Gleichheit zerstören wollten (und denen dies unglücklicherweise auch gelungen ist), die der Schöpfer der Welt so gütig in alle Dinge hineingelegt hat. Diese Unterschiede sind in der Tat so wenig natürlich, daß die Worte, mit denen sie ausgedrückt werden, offensichtlich Verfälschungen gebräuchlicher und weniger willkürlicher Benennungen sind. So ist zum Beispiel das griechische Wort für König, βασιλευς, zweifellos eine Verfälschung von βασιλισκος, dem Wort für einen Basilisken, und das englische Wort *nobilitiy* [Adel] ist gleichermaßen eine Verfälschung des Wortes *mobility* [Beweglichkeit], wie auch *praying* [beten] im sozialen Zusammenhang unstreitig eine Verfälschung von *braying* [kreischen] ist; was, wie ich nicht bezweifle, der geistreiche und gelehrte Mr. Wakefield ohne weiteres zugeben wird.

Aus: *Eine Verteidigung der Rechte der Tiere* (1792)

Mary Wollstonecraft
Englische Schriftstellerin und Frauenrechtlerin (1759–1797)

Menschlicher Sinn gegen die Thiere sollte recht eigentlich als ein Haupttheil der Nationalerziehung befördert werden: denn noch zur Zeit gehört er wirklich nicht zu unsern Nationaltugenden. Zärtliche, theilnehmende Gesinnung gegen diese demüthig schüchternen Hausgenossen trifft man, unter den niedern Menschenklassen wenigstens, öfter in dem Stande der Wildheit als im civilisirten Zustande an. Denn die Civilisation schließt jenen Umgang, der in der rauhen Hütte, und in dem schmuzigen Stalle Wohlwollen erzeugt, gänzlich aus, und verleitet unkultivirte Seelen, welche durch die in der Gesellschaft herrschende Verfeinerung, bey der sie sich von den Reichen verächtlich behandeln lassen müssen, nur verdorben werden, jene armen Geschöpfe äußerst tyrannisch zu behandeln, um die Beleidigungen zu rächen, die sie selbst von Höhern zu ertragen genöthigt sind.

Diese zur Gewohnheit gewordne Grausamkeit schreibt sich ursprünglich aus den Schuljahren her, in denen es einer der ausgesuchten Zeitvertreibe der Knaben ist, die bedauernswürdigen Thiere zu quälen, die ihnen in die Hände fallen. So wie sie allmählig älter werden, wird der Uebergang von barbarischer Behandlung der Thiere zur häuslichen Tyranney gegen Gattinnen, Kinder und Gesinde sehr leicht. Nicht Gerechtigkeit, ja nicht einmal Wohlwollen kann eine mächtige Springfeder unsrer Handlungen werden, wenn sich nicht beyde über die ganze Schöpfung verbreiten: und ich glaube, man darf die Behauptung als Grundsatz aufstellen, daß Menschen, die Schmerzen ohne Rührung ansehen können, auch bald lernen werden, Schmerzen zu verursachen.

Gemeine Menschen werden von augenblicklichen Gefühlen und zufälligen Angewohnheiten beherrscht. Allein auf einseitige Gefühle läßt sich, so richtig sie auch seyn mögen, doch nicht viel rechnen: denn da sie durch Nachdenken keine ausdauernde Kraft erhalten haben, so schwächt sie die Gewohnheit am Ende so sehr, daß sie kaum noch bemerkbar sind. Die Mitgefühle unsrer Natur werden durch angestrengtes Nachdenken gestärkt, durch gedankenlosen Gebrauch aber getödet. Macbeth's Herz peinigte ihn mehr um Eines Mordes willen, der der erste war, als wegen hundert darauf folgender, welche unvermeidlich wurden, den Gewinn von jenem nicht zu verlieren. Doch bey dem Ausdruck: *gemeine Menschen* war meine Meynung durchaus nicht, die *Armen* allein damit zu bezeichnen: denn solch eine einseitige Menschlichkeit, die bloß in augenblicklichen Empfindungen oder Launen ihren Grund hat, findet man gerade eben so häufig, wo nicht noch häufiger, auch unter den Reichen.

Die Dame, welche Thränen um einen in der Schlinge verschmachtenden Vogel vergießt, und die Teufel in Menschengestalt verflucht, die den armen Stier bis zur Tollheit stacheln, oder den duldsamen Esel, der unter einer, seine Kräfte übersteigenden Bürde taumelt, peitschen, wird, nichts desto weniger, ihren Kutscher mit seinen Pferden ganze Stunden lang auf sich warten lassen, wäre die Winterkälte auch noch so grimmig, und schlüge der Regen auch noch so heftig gegen die wohlverwahrten Fenster, in die keine Luft dringen kann, um ihr zu sagen, wie rauh der Wind draussen weht. Eben so wird eine andre, die ihre Hunde mit zu Bette nimmt, und sie, wenn sie krank sind, mit einem Gepränge von Empfindsamkeit wartet und pflegt, ihre Kinder in der Ammenstube krumm und lahm aufwachsen lassen. Diese Erläuterung meines Satzes ist von einer Thatsache entlehnt. Die Frau, die ich dabey vor Augen habe, war schön, wenigstens galt sie für sehr schön bey Leuten, die die Seele nicht vermissen, wenn nur das Gesicht fein und glatt ist: ihr Verstand aber war durchaus nicht durch Kopfarbeit von den Pflichten ihres Geschlechts abgeleitet, noch ihre Unschuld durch die Wissenschaften verführt worden. Nein, sie war ganz *weiblich*, nach dem Sprachgebrauche der Männer: ja, weit entfernt, jene verdorbenen Thiere, welche die Stelle einnahmen, die ihren Kindern gebührte, wirklich zu lieben, lispelte sie bloß ein niedliches Gemisch von Französischem und Englischem Nonsens daher, den sie umflatternden Männern zu gefallen. Die Gattin, die Mutter, der vernünftige Mensch – das Alles war durch den erkünstelten Charakter, den eine schlechte Erziehung und die selbstsüchtige Eitelkeit der Schönheit erzeugt hatte, bey ihr so gut als ganz verwischt.

Ich mache nicht gern eine Unterscheidung, wo kein Unterschied ist, und gestehe, daß mir die feine Dame, die ihren Schooshund statt ihres Kindes an den Busen drückte, gerade eben so viel Widerwillen verursacht hat, als die Rohheit jenes Mannes, der sein Pferd prügelte und dabey erklärte, es wüßte eben so gut, wann es einen Fehler mache, als irgend ein Christenmensch.

Solche Beweise von Thorheit zeigen, wie sehr diejenigen irren, die, indem sie ihren Weibern verstatten, den Harem zu verlassen, den Verstand derselben nicht anbauen, um ihrem Herzen Tugenden einzupflanzen. Denn, hätten sie erst Vernunft, so könnten sie sich auch bald jenen Geschmack am häuslichen Leben erwerben, welcher sie zu einer vernünftig untergeordneten Liebe ihrer ganzen Familie, von ihrem Gatten an bis herab zu dem Haushunde führen würde: und nie würden sie durch eine größere Aufmerksamkeit auf das Behagen eines Thiers, als auf das Vergnügen eines Nebenmenschen, die Menschheit, selbst in der Person des niedrigsten Bedienten nicht, beschimpfen.

Aus: *Rettung der Rechte des Weibes* (1792)

Johann Gottlieb Fichte
Deutscher Philosoph (1762–1814)

Es ist eine bedenkliche Frage an die Philosophie, die sie, meines Wissens, noch nirgends gelöst hat: wie kommen wir dazu auf einige Gegenstände der Sinnenwelt den Begriff der Vernünftigkeit überzutragen, auf andere nicht; welches ist der charakteristische Unterschied beider Klassen?

Kant sagte: handle so, daß die Maxime deines Willens Prinzip einer allgemeinen Gesetzgebung sein könne. Aber wer soll denn in das Reich, das durch diese Gesetzgebung regiert wird, mit gehören, und Anteil an dem Schutze derselben haben? Ich soll gewisse Wesen so behandeln, daß ich wollen kann, daß sie umgekehrt mich nach der gleichen Maxime behandeln. Aber ich handle doch alle Tage auf Tiere, und leblose Gegenstände, ohne die aufgegebene Frage auch nur im Ernste aufzuwerfen. Nun sagt man mir: es versteht sich, daß nur von Wesen, die der Vorstellung von Gesetzen fähig sind, also von vernünftigen Wesen, die Rede sei; und ich habe zwar statt des einen unbestimmten Begriffes einen anderen, aber keinesweges eine Antort auf meine Frage. Denn, wie weiß ich denn, welches bestimmte Objekt ein vernünftiges Wesen sei; ob etwa nur dem erwachsenen Menschen, oder auch dem Kinde der

Schutz jener Gesetzgebung zukomme, und ob er nicht etwa auch dem treuen Haustiere zukommen möchte. So lange diese Frage nicht beantwortet ist, hat, bei aller seiner Vortrefflichkeit, jenes Prinzip keine Anwendbarkeit und Realität.

Die Natur hat diese Frage längst entschieden. Es ist wohl kein Mensch, der bei der ersten Erblickung eines Menschen, ohne weiteres, die Flucht nehme, wie vor einem reißenden Tiere, oder Anstalt mache ihn zu töten, und zu verspeisen, wie ein Wild; der nicht vielmehr sogleich auf wechselseitige Mitteilung rechnete. Dies ist so, nicht durch Gewohnheit und Unterricht, sondern durch Natur und Vernunft, und wir haben soeben das Gesetz abgeleitet, nach welchem es so ist.

Nur wolle man ja nicht – welches nur für wenige erinnert wird – glauben, daß der Mensch erst jenes lange und mühsame Räsonnement anzustellen habe, welches wir geführt haben, um sich begreiflich zu machen, daß ein gewisser Körper außer ihm einem Wesen seinesgleichen angehöre. Jene Anerkennung geschieht entweder gar nicht, oder sie wird in einem Augenblicke vollbracht, ohne daß man sich der Gründe bewußt wird. Nur dem Philosophen kommt es zu, Rechenschaft über dieselben abzulegen. (...)

Es gibt auf dem Erdboden auch Tiere, deren Akzidenzen entweder, eine Brauchbarkeit für die Menschen haben, den Zwecken derselben unterworfen sind, oder deren Substanz sogar brauchbar, ihr Fleisch zu essen, ihre Haut zu verarbeiten ist, usf. Will man zuvörderst nur die Akzidenzen derselben zu einem regelmäßigen Gebrauche sich unterwerfen, so muß man vor allem das Tier in seine Botmäßigkeit bringen; und, da dieselben nur durch organisierte Materie ernährt und erhalten werden, aber nachdem man sie unter die Kunst gebracht, nicht zu erwarten ist, daß die bloße Natur über sie walten werde, muß man der Natur in Ernährung dieser Tiere nachhelfen, d. i. die Ernährung derselben, soviel an uns ist, selbst besorgen. Da die Natur, wie überhaupt in der Organisation, also auch hier, einen regelmäßigen Gang gehen wird, so ist der angezeigte Zweck bedingt durch den *ausschließenden Besitz* des Tieres; dadurch, daß nur ich es nähre, warte, pflege, und kein anderer, daß dagegen auch nur ich der Vorteile, die es gewähren kann, genieße.

An sich hat jeder Einzelne dasselbe Recht sich des Besitzes eines bestimmten Tieres zu bemächtigen, als der andere. So wie sich *a priori* schlechthin kein Grund anführen läßt, warum diese Wiese vielmehr mein sein solle, als meines Nachbars, so läßt sich auch kein Grund anführen, warum nur ich diese Kuh melken solle, und nicht mein Nachbar. Das ausschließende Eigentum der Tiere kann sonach nur durch den Eigentumsvertrag mit dem Staate erworben werden.

Aber es hat mit den Tieren nicht dieselbe Bewandtnis, wie mit einem Stück Acker, der immer an derselben Stelle bleibt, und genau bezeichnet ist, wenn der Ort im Raume bezeichnet ist, an welchem er sich befindet; das Tier bleibt nicht an derselben Stelle, sondern hat freie Bewegung. Welches soll sonach das Zeichen sein, daß dieses bestimmte Stück Vieh, dieser bestimmten Person zu eigen gehört, und keiner möglichen anderen? – (...)

Alles Eigentum wird zugestanden in Beziehung auf den dadurch zu erreichenden Zweck; so auch das der Tiere. Nun hat die Substanz der mehrsten Tiere selbst Zweckmäßigkeit, ihr Fleisch kann gegessen, oder wenigstens verschiedene Bestandteile ihres Körpers können verarbeitet werden; zugleich aber haben die Akzidenzen derselben Zweckmäßigkeit. (Die Milch der Kühe, die Arbeit der Ochsen und Pferde, die Eier der Hühner u. dgl.). (...)

Es ist angenommen, daß einige Tierarten bestimmt sind, als solche die *nur* Eigentum sein können. Sie heißen *zahme*, die unter denselben nicht mitbegriffenen, sind lediglich dadurch, daß sie darunter nicht begriffen sind, *wilde*, d. i. niemandes Eigentum. Gerade *diese* Tierarten sind es, die für wilde erklärt werden, darum, weil gerade diese nicht gezähmt, ihre Akzidenzen also den Zwecken des Menschen nicht unterworfen werden können. Sie sind jedoch, inwiefern ihre Substanz zu etwas zu brauchen ist, welches aber, da man sie nicht zähmen kann, nur durch ihren Tod möglich sein dürfte, ein Gut, das die Gemeine nicht verteilt hat, also ein *Gemeingut*. Sie können keines Einzelnen Eigentum werden, ehe er sich derselben bemächtigt hat. – (...)

Es ist die Pflicht des Staates, der die sichere Erreichung seiner Zwecke jedem als sein Eigentum garantiert hat, ihm besonders den Ackerbau (...) gegen die Verwüstung desselben zu schützen. Die Wildheit muß überall der Kultur weichen, und die unregelmäßigen Gewerbe, deren Ertrag für die Ernährung der Volksmenge nicht zu berechnen ist, den regelmäßigen, deren Ertrag man im voraus in Anschlag bringen kann. Es ist daher jedem vernunftmäßigen Staate anzumuten, daß er das Wild zunächst gar nicht ansehe, als etwas Nutzbares, sondern als etwas Schädliches, nicht als ein Emolument, sondern als einen Feind.

Aus: *Grundlage des Naturrechts nach Prinzipien der Wissenschaftslehre* (1796)

Jean Paul
Deutscher Schriftsteller (1763–1825)

Nämlich das Kind lerne alles thierische Leben heilig halten – kurz man gebe ihm das Herz eines Hindus, statt des Herzens eines cartesischen Philosophen.

Es ist hier von etwas Höherem, als Mitleiden mit Thieren, die Rede; wiewol auch von diesem. Warum hat man längst bemerkt, daß Kinder-Grausamkeit gegen Thiere eine gegen Menschen weissage, wie die alttestamentlichen Opfer der Thiere das neutestamentliche Opfer eines Menschen bedeuteten? – An und für sich kann der kleine Mensch nur die Schmerzen nachempfinden, die ihn mit den angebornen Tönen der seinigen anreden. Folglich kommt ihm das unförmliche Krieg-Geschrei des gemarterten Thiers nur wie ein seltsames unterhaltendes todtes Wind-Getöne vor; aber da er doch Leben, Selbstbewegung sieht, ja beide dem Unbelebten eindichtet: – so versündigt er sich am Leben, indem er's auseinander hebt, wie ein Räderwerk. Leben an sich sei heilig, jedes, auch das unvernünftige; und kennt denn das Kind überhaupt ein anderes? Oder soll das schlagende Herz unter Borsten, Federn, Flügeldecken darum keines sein? –

Man vergönne mir einige Worte über Thierliebe und Lebensachtung!

Einst, als der Mensch noch neuer und frischer lebte in der vollen Welt, worin eine Quelle in die andere quillt, da erkannte er noch ein allgemeines Leben der Gottheit an, gleichsam einen unendlichen Lebensbaum, der niedriges Gewürm wie Wurzeln in Meer und Erde senkt, mit einem Stamm aus ungeheuren kräftigen Thieren feststeht, und in die Lüfte mit Zweigen voll flatternder Blätter emporgeht, und endlich Menschen als zarte Blüten dem Himmel aufschließt. Da war jener dumme Menschen-Egoismus, der sich von Gott alle Tierreiche und alle bevölkerte Meere und Wüsten mit allen ihren mannichfachen Lebensfreuden blos als Zins- und Deputat-Thiere, Martins-Gänse und Rauchhennen seines Magens liefern läßt, noch nicht geboren; die Erde, das Kepplersche Thier, war noch nicht des kleinen Menschen eisernes Vieh und Bileams Esel. Sondern die alte untergesunkene Welt – wovon noch einige Spitzen in Ostindien vorragen – findend mehr Leben und Gottheit in der mit Wurzeln angeketteten Blume, als wir jetzo in frei-fliegendem Thiere, betete eben in den thierischen Arabesken, in den lebendig umhergehenden Zerrbildern oder Zerrleibern der Menschengestalt den unendlichen Raphael an, der den Menschen vollendete. Die uns zurückstoßende Widerform des Thiers zeigt ihnen den seltsamen Isisschleier, oder die Mosesdecke einer Gottheit. Daher das niedrige, aber wunderbare Thier viel früher angebetet wurde, als der Mensch; so wie Aegypten Menschenleiber mit Thierköpfen krönte. – Je jünger, einfacher und frömmer die Völker, desto mehr Thierliebe. – In Surate ist ein Krankenhaus für Thiere. – Ninive wurde mit der Zerstörung aus einer Ursache verschont, weswegen ein Kriegheld sie eingenommen hätte, der Thiermenge wegen. – Mit langem Leben wurde der Juden Mitleiden gegen die Thiere belohnt. – Selber das Bestrafen derselben, wenn sie ein Verbrechen mit Menschen getheilt hatten, und die Bannstrahlen gegen sie, und die Erwägung der thierischen Absicht bei der Strafe zeigen die frühere Achtung für diese Achtels- und After-Menschen an. – Und die indische Anbetung, sogar des Blumen-Lebens, ging nach Griechenland über als Belebung durch Hamadryaden und durch andere Götter, und nach dem Norden als Bestrafung der Baum-Schänder. (...)

Der sogenannte Instinkt der Thiere, diese Eselin, die den Engel früher sieht, als der Prophet, sollte als das größte Wunder der Schöpfung, und wieder als der Schlüssel und Inhalt aller andern Wunder angesehen werden, insofern das Welt-Räthsel gewissen Räthseln gleicht, welche das Räthsel selber beschreiben und meinen. – Das Thier werde auf jede Weise dem Kinde nahe gebracht, z. B. durch Darstellung als eines Anagramms des Menschen; wie etwa der arme Hund ein alter haariger Mann sei, den Mund geschwärzt und lang gereckt, die Ohren hinaufgezerrt, an den zottigen Vorderarmen zugespitzte lange Nägel etc. Das kleine Thier werde vom Vergrößerglase an das Auge und Herz gerückt. Dadurch wird man ein Hausfreund des Blatt-Insassen; das Vorurtheil, das nach dem Recrutenmaße das Leben schätzt – warum wird alsdann aber nicht der Elephant und Wallfisch höher gestellt als wir? – verschwindet durch die Unendlichkeit, welche in jedem Leben dieselbe ist, so daß sie, wie in der Rechnung des Unendlichen, durch einen endlichen Zusatz – z. B. durch den der Ueberzahl von zwei Millionen Gelenken im Vielfuß oder mehren tausend Muskeln in der Weidenraupe – nicht einmal etwas gewinnt. – »Wie würdest du einen Schmetterling pflegen, der so groß wäre, als ein Adler, oder wie ein Heupferd, das so groß als ein Pferd! Und bist du nicht auch klein?« So sprecht! –

Leibnitz setzte ein Thierchen, das er lange angesehen, ungetödtet auf sein Blatt zurück; dies sei Gebot für das Kind. Die stoische Schule sprach aus: wer einen Hahn ohne allen Anlaß tödtet, bringe eben so gut seinen Vater um: und der egyptische Priester hielt es für unheilig, ein Thier zu tödten, ausgenommen zum Opfern. Hierin liegen alle Gebote der Lebens-Achtung. Alles Thier-Tödten geschehe nur nothwendig, wie Opfern – zufällig – eilig – unwillkürlich – vertheidigend – – Ist hingegen dem Kinde durch ein längeres Beschauen, z. B. eines Frosches, seines Athmens, seiner Sprünge, seiner Lebensweise und Todesangst, das vorher gleichgiltige Thierstück in reines Leben verwandelt: so mordet es mit diesem Leben seine Achtung für Leben. Daher sollte ein lange gepflegtes Hausthier, ein Schaf, eine Kuh, nie vor Kinder-Augen geschlachtet werden; wenigstens müßte, wenn nicht gerade die geweckte Achtung für Thierleben bei dem nothwendigen Zerfleischen desselben, anstatt milder, nur noch grausamer (wie Affen-Braten manche Völker zur Menschenfresserei) gewöhnen soll, es müßte, mein' ich, die bittere Nothwendigkeit, die bessere Pflege vorher, der leichte Thieres-Tod nachher und Aehnliches als Nacht und Schleier über die tödtende Hand geworfen werden. – Nicht einmal Hunde sollte ein Jäger mit seiner jagd-gerechten Grausamkeit vor den Kinder-Ohren züchtigen, zumal da jene ihr Weh so hell darein schreien. Wenn Köchinnen verbieten, unter dem Tödten eines Thieres Mitleid zu haben, weil es sonst schwerer sterbe; so verräth und verbirgt dieser Aberglaube ächt-weiblich gerade das Mitleiden, das er verbietet.

Zieht nur vor dem Kinde jedes Leben ins Menschenreich herein: so entdeckt ihm das Größere das Kleinere. Belebt und beseelt Alles; und sogar die Lilie, die es unnütz aus dem organischen Dasein ausreißt, malt ihm als die Tochter einer schlanken Mutter vor, die im Beete steht, und das kleine weiße Kind mit Saft und Thau aufzieht.

Denn nicht auf leere lose Mitleid-Uebung, auf eine Impf-Schule fremder Schmerzen, ist's angesehen, sondern auf eine Religionübung der Heilighaltung des Lebens, des allwaltenden Gottes im Baumgipfel und im Menschengehirn. Thier-Liebe hat, wie die Mutter-Liebe, noch den Vorzug, daß sie für keinen Vortheil der Erwiederung, und noch weniger des Eigennutzes, entsteht, und zweitens, daß sie jede Minute einen Gegenstand und eine Uebungminute findet.

O! es werden, es müssen schon Zeiten kommen, wo die thierfreundlichen Brahminen auch den Norden warm bewohnen; wo das Herz, nachdem es die rauhesten Sünden abgethan, auch leise giftige ausstößt; – wo der Mensch, der jetzo die vielgestaltige Vergangenheit der Menschheit ehret, auch anfängt in der Gegenwart die belebte, ab- und aufsteigende Thierwelt zu schonen und (später) zu pflegen, um einst dem Ur-Genius den häßlichen Anblick des zwar dickdunkeln, aber weitesten Thier-Schmerzens nicht mehr zu geben. Und warum müssen solche Zeiten kommen? Darum, weil schlechtere gegangen sind: die Nationalschulden der Menschheit (meistens Blutschulden) trägt die Zeit ab, das Strandrecht ist nun ein Strandunrecht, der Negerhandel allmählich verbotene Waare; nur der herbste zäheste Barbarismus der Vorzeit, der Krieg, bleibt noch dem uns angebornen *Antibarbarus* zuletzt zu überwinden übrig.

Aus: *Levana oder Erzieh-Lehre* (1807)

Herman Daggett
Amerikanischer Geistlicher (1766–1832)

Mein jetziger öffentlicher Auftritt hat den Zweck, einiges zugunsten einer bestimmten Klasse von Lebewesen zu sagen, für deren Rechte nur selten eingetreten wird, sei es auf der Kanzel, auf der Bühne oder im Druck. Ich meine die uns unterlegenen Tiere.

Die Grausamkeit und Ungerechtigkeit, mit der diese Klasse von Lebewesen von der sich überlegen dünkenden Menschheit behandelt wird, ist zu bekannt, als daß sie noch besonders erwähnt werden müßte. Ihr Wohlergehen wird im Rahmen des Systems allgemein sehr gering geachtet, und für unser Verhalten ihnen gegenüber spielt es so gut wie keine Rolle. Und besonders einer Art wurde fast einmütig jegliches Mitgefühl aberkannt, so daß heute »jeder, der sie tötet, ein gottgefälliges Werk zu tun glaubt«. Und nicht wenige versteigen sich dazu zu behaupten, daß so die alte Weissagung erfüllt würde: »Die Nachkommen der Frau werden der Schlange das Haupt zerschmettern.«

Jede sündige Bequemlichkeit und Ungerechtigkeit entspringt ja aus der blinden und verbrecherischen Selbstsucht des menschlichen Herzens, und in ihr müssen wir die Ursache jener Gefühllosigkeit suchen wie auch der ganzen Ungerechtigkeiten und Grausamkeiten, die gegenüber den Tieren begangen werden. Es liegt in der Natur der Selbstsucht, daß wir allein uns Menschen und jenen Lebewesen, die in unseren Augen mit uns in Verbindung stehen, freundlich und wohlwollend gegenübertreten. Wenn wir oder jemand von unseren Angehörigen oder Freunden irgendwelche Schmerzen oder Unbilden empfinden, so fühlen wir uns sofort betroffen, und um so stärker, je näher uns der Betreffende steht. Wenn aber jemand betroffen ist, der nicht zu unseren Verwandten oder unserer gesellschaftlichen Gruppe gehört, pflegen sich keine Gefühle einzustellen. So erklärt sich ohne weiteres jene Verhaltensneigung der Menschen, die wir hier kritisieren möchten. Denn die niedere Klasse empfindungsfähiger Lebewesen gehört für uns in eine völlig andere Sphäre und zu einer von der Menschheit so grundverschiedenen Gruppe, daß ihr gegenüber gewöhnlich überhaupt kein Mitgefühl aufkommt.

Ein allgemein bekannter Sachverhalt, der einige dieser Tiere betrifft, bekräftigt durchaus unsere These. Denn für die gezähmten und domestizierten Tiere haben wir durchaus etwas übrig, und wenn ihnen etwas angetan wird, fühlen wir uns tief betroffen. Doch wenn ein Tier nicht zu dieser bevorzugten Gruppe gehört, wird es viehisch, soll heißen grausam behandelt. Gerechtigkeit spielt nicht die geringste Rolle, wir verfahren ausschließlich nach unserem Nutzen, wie wir ihn sehen; sie müssen einfach alles ertragen, was uns jeweils um unseretwillen gutdünkt. Manchmal freilich – das ist nicht zu übersehen – orientiert sich unser böser Wille nicht an einem sinnvollen Interesse, sondern wir quälen sie nur wegen der daraus entspringenden unnatürlichen Befriedigung.

Wie nun sollte man diese Tiere betrachten und behandeln? Dazu wollen wir uns einmal einige bekannte und anerkannte Wahrheiten im Hinblick auf die Gegenstände unserer Rücksichtnahme und unseres Wohlwollens vor Augen führen. Und hier scheint mir unumstritten, daß dazu alle empfindungsfähigen Lebewesen gehören, die eines Glücksempfindens fähig sind. Mögen sie nach Verhältnissen und Charakter, Neigungen und Fähigkeiten, Farbe oder

Gestalt noch so verschieden sein, wenn sie Lust und Unlust empfinden können, dann sollten wir auf sie Rücksicht nehmen. Wenn der moralische Charakter eines Lebewesens verächtlich geworden ist und der Wahrheit und Gerechtigkeit widerstreitet, kann uns das allerdings nicht gleichgültig lassen; doch es ist festzustellen, daß ein solches Lebewesen so gut wie jedes andere Anspruch auf unsere Rücksichtnahme hat, und daß wir sein eigentliches Wohlergehen wünschen, ja, soweit wir können, befördern sollten, soweit es im Einklang mit den Rechten und Ansprüchen anderer Lebewesen steht. So ist wahres Wohlwollen beschaffen. Es ist allumfassend und gleichmäßig. Der gute Mensch möchte, wie sein gnädiger Schöpfer, das größte Glück des Systems fördern, auf das er Einfluß hat, und er empfindet Verpflichtungen gegenüber anderen insoweit, wie es die Umstände erfordern und seine beschränkten Möglichkeiten zulassen. Wir können und sollten uns um alle Lebewesen nach Maßgabe ihres eigentlichen Wertes kümmern und ihnen nach Maßgabe ihrer Empfindungsfähigkeit Gutes wünschen; auch wenn in diesem Leben die Verwirklichung solcher mitfühlender Wünsche notwendigerweise eingeschränkt ist. Es ist hienieden eben so, daß wir nicht allen Lebewesen gleichermaßen Gutes tun können, auch wenn wir ihnen mit gleicher Überzeugung und Nachdrücklichkeit Gutes wünschen. Doch es ist festzustellen, daß der mitfühlende Mensch bei jeder Gelegenheit, das Wohlergehen irgendeines Lebewesens zu sichern oder zu vermehren, auch entsprechend tätig wird.

Die Betrachtungen, so hoffen wir, lassen uns zu einem Schluß darüber gelangen, in welchem Lichte wir die uns unterlegenen Tiere sehen sollten. Daß sie empfindungsfähige Lebewesen sind und Freude empfinden können, kann niemand bezweifeln; daß sie körperliche Annehmlichkeit und Schmerzen schwächer empfinden als wir, kann niemand beweisen. Und wir können keinerlei Grund erblicken, warum ihnen nicht mit entsprechendem Mitgefühl zu begegnen wäre.

Doch wir wollen es uns nicht zu einfach machen. Erinnern wir uns doch an eine Regel, die ein göttlicher Menschenfreund und Weisheitslehrer in den Tagen Julius (Tiberius) Cäsars aufstellte: Wir sollen andere behandeln wie wir von ihnen behandelt werden möchten – unter anderen Umständen, versteht sich. Dieser Grundsatz ist für jedermanns Verstand und Gewissen überzeugend. Andere Beurteilungsregeln mögen weniger klar sein, diese ist immer klar und eindeutig. Und sie muß alle empfindenden Wesen einschließen, zu denen wir in irgendeiner Beziehung stehen und in die wir uns hineinversetzen können. Geht man (wie es manche tun) von der Seelenwanderung aus, wonach wir nach diesem Leben als irgendein Tier existieren werden: wie würden wir dann gerne von den Überlegenen betrachtet und behandelt werden? Über die Antwort gibt es nicht den geringsten Zweifel. Würden wir also diese Regel in jedem Falle getreulich anwenden, so gäbe es keine Grausamkeit gegen Tiere mehr.

Gott hat allen seinen Geschöpfen eine bestimmte Lebenssphäre und bestimmte ihnen eigene Vorrechte gegeben. Wenn wir unparteiisch urteilen, müssen wir anerkennen, daß Tiere so gut wie Menschen Rechte haben. Und daß der Mensch als der Herr der übrigen Schöpfung gilt, berechtigt ihn nicht dazu, die Rechte der unter ihm Stehenden zu verletzen, so wenig wie ein König oder Beamter die Rechte seiner Untergebenen verletzen darf. Wenn uns der Herrscher des Universums die Freiheit gegeben hat, Tiere zur Nahrung zu verwenden; oder wenn die Rechte dieser Geschöpfe in bestimmten Fällen mit Rechten anderer oder Rechten von Menschen in Konflikt stehen, so daß sie nichtig werden; dann dürfen wir sie töten oder ihrer Vorrechte berauben, ohne uns etwas vorwerfen zu müssen. Ich kenne aber nichts in der Natur, der Vernunft oder der Offenbarung, das zu dem Schluß zwingen würde, daß die ungeschmälerten Rechte eines Tieres weniger heilig und unverletzlich wären als die des Menschen, oder daß jemand, der mutwillig Leben, Wohlergehen oder Sicherheit eines Vogels beeinträchtigt, vor der ewigen Gerechtigkeit nicht ebenso verantwortlich wäre wie jemand, der mutwillig die Rechte eines Mitmenschen mit Füßen tritt oder ihm unberechtigt das Leben nimmt. Hier werden sich vielleicht manche meiner Zuhörer empören und des Mörders Schrecken und Verzweiflung dem Mangel solcher Schuldgefühle gegenüberstellen, wenn das Opfer menschlicher Grausamkeit ein uns unterlegenes Tier ist. Doch meiner Meinung nach beruht dieser Unterschied auf der Erziehung und bestimmten beschränkten Denk- und Handlungsgewohnheiten. Man muß einen Menschen nur von frühester Kindheit an lehren, daß es ein Verbrechen ist, diese unschuldigen Tiere zu quälen und unnötig zu töten, und er wird bei allem, was er ihnen antut, ein schlechtes Gewissen haben, und zwar ebenso, als hätte er es Menschen angetan. Es ist erstaunlich, fast unglaublich, in welchem Maße natürliche Grundsätze durch Erziehung und falsche Gewohnheiten außer Kraft gesetzt werden können. Man denke nur an die Empfindungen derer, die Eingeborene gewaltsam aus Afrika wegbringen, und an die Grausamkeiten und Tötungen, denen diese in Westindien und den Südstaaten unterworfen werden; oder an die Gleichmut, mit der in einigen Ländern Menschen ihre Kinder umbringen, wenn es zu viele werden, oder ihre Eltern, wenn sie zu alt werden. Es geht also nicht darum, was man ohne Gewissensbisse tun kann, sondern was nach den Regeln der Gerechtigkeit und des Wohlwollens getan werden sollte.

Aus: *Die Rechte der Tiere* (1791)

Georg Wilhelm Friedrich Hegel
Deutscher Philosoph (1770–1831)

Das Widermenschliche, das Tierische besteht darin, im Gefühle stehenzubleiben und nur durch dieses sich mitteilen zu können.

Aus: *Phänomenologie des Geistes* (1807)

Als Person bin Ich selbst *unmittelbar Einzelner*; dies heißt in seiner weiteren Bestimmung zunächst: Ich bin *lebendig* in diesem *organischen Körper*, welcher mein dem Inhalte nach *allgemeines* ungeteiltes äußeres Dasein, die reale Möglichkeit alles weiter bestimmten Daseins ist. Aber als Person habe ich zugleich *mein Leben und Körper*, wie andere Sachen, nur, *insofern es mein Wille ist*.

Daß Ich nach der Seite, nach welcher Ich nicht als der für sich seiende, sondern als der unmittelbare Begriff existiere, *lebendig* bin und einen organischen Körper habe, beruht auf dem Begriffe des Lebens und dem des Geistes als Seele – auf Momenten, die aus der Naturphilosophie und der Anthropologie aufgenommen sind.

Ich habe diese Glieder, das Leben nur, *insofern ich will*; das Tier kann sich nicht selbst verstümmeln oder umbringen, aber der Mensch. (...)

Tiere haben kein Recht auf ihren Körper.

Zusatz: Die Tiere haben sich zwar im Besitz: ihre Seele ist im Besitz ihres Körpers; aber sie haben kein Recht auf ihr Leben, weil sie es nicht wollen.

Aus: *Grundlinien der Philosophie des Rechts oder Naturrecht und Staatswissenschaft im Grundrisse* (1820)

Darin, daß beim Tiere das Selbst für das Selbst ist, liegt sogleich, als das ganz Allgemeine der Subjektivität, die Bestimmung der *Empfindung*, welche die *differentia specifica*, das absolut Auszeichnende des Tiers ist. Das Selbst ist ideell, nicht ausgegossen und versenkt in die Materialität, sondern in ihr nur tätig und präsent, aber zugleich sich in sich selbst findend. Diese Idealität, welche die Empfindung ausmacht, ist in der Natur der höchste Reichtum der Existenz, weil darin alles zusammengedrängt ist. Freude, Schmerz usw. bilden sich zwar auch körperlich aus, aber alle diese körperliche Existenz ist noch verschieden von dem, daß sie als Gefühl, d. h. in die einfache, für sich seiende Existenz zurückgenommen sind. Ich bin beim Sehen, Hören einfach bei mir selbst, und es ist nur eine Form meiner reinen Durchsichtigkeit und Klarheit in mir selbst. Dieses Punktuelle und doch unendlich Bestimmbare, das so ungetrübt in seiner Einfachheit bleibt, ist, indem es sich selbst zum Gegenstande hat, das

Subjekt als Selbst-Selbst, als Selbstgefühl. Das Tier, indem es Empfindung hat, hat theoretisches Verhalten zu Anderem, während die Pflanze sich entweder gleichgültig oder praktisch gegen das Äußere verhält und im letzteren Falle es nicht bestehen läßt, sondern sich assimiliert. Das Tier verhält sich zwar auch, wie die Pflanze, zum Äußeren als zu einem Ideellen; aber zugleich wird das Andere auch freigelassen, bleibt bestehen und hat dabei doch ein Verhältnis zum Subjekt, ohne demselben gleichgültig zu bleiben. Das ist ein begierdeloses Verhalten. Das Tier, als empfindend, ist in sich befriedigt, indem es durch Anderes modifiziert wird, und diese Befriedigung in sich selbst begründet eben das theoretische Verhältnis. Was sich praktisch verhält, ist nicht in sich befriedigt, indem ein Anderes in ihm gesetzt wird, sondern muß gegen diese in ihm gesetzte Modifikation reagieren, sie aufheben und mit sich identifizieren; denn sie war eine Störung. Das Tier aber ist in dem Verhältnis zu anderem doch in sich befriedigt, weil es die Modifikation durch das Äußere ertragen kann, indem es dieselbe zugleich als eine ideelle setzt. – Das andere sind nur Folgen der Empfindung.

Als sinnlich ist das Tier zwar schwer, bleibt ans Zentrum gebunden; aber die Einzelheit des Orts ist der Schwere entnommen, das Tier nicht an das Diese der Schwere gebunden. Die Schwere ist die allgemeine Bestimmung der Materie, die aber auch den einzelnen Ort bestimmt; das mechanische Verhältnis der Schwere besteht eben darin, daß, indem etwas im Raume bestimmt ist, es hier seine Bestimmung nur in einem Äußeren hat. Das Tier, als die sich auf sich beziehende Einzelheit, hat diese Einzelheit des Orts aber nicht als eine ihm von außen bestimmte; sondern als in sich zurückgekehrte Einzelheit ist es gleichgültig gegen die unorganische Natur und steht in der freien Bewegung bloß durch Raum und Zeit überhaupt in Beziehung auf sie. Die Vereinzelung des Orts liegt also in der eigenen Macht des Tieres und ist nicht durch Anderes gesetzt, sondern das Tier setzt sich selbst diesen Ort. Bei allem anderen ist diese Vereinzelung fest, weil es nicht ein für sich seiendes Selbst ist. Das Tier kommt zwar nicht aus der allgemeinen Bestimmung des einzelnen Orts heraus, aber *dieser* Ort wird durch es gesetzt. Eben damit ist die Subjektivität des Tiers nicht bloß von der äußeren Natur unterschieden, sondern sie unterscheidet sich selbst davon, und das ist ein höchst wichtiger Unterschied, das Sichsetzen als die reine eigene Negativität *dieses* Orts und *dieses* Orts usf. Die ganze Physik ist die sich im Unterschied von der Schwere entwickelnde Form; sie kommt dort aber nicht zu dieser Freiheit gegen die Dumpfheit der Schwere, sondern erst in der Subjektivität des Tiers ist dies Fürsichsein gegen die Schwere gesetzt. Auch die physikalische Individualität kommt nicht aus der Schwere heraus, da selbst ihr Prozeß Orts- und Schwerebestimmungen hat.

Die Stimme ist ein hohes Vorrecht des Tiers, das wunderbar erscheinen kann; sie ist die Äußerung der Empfindung, des Selbstgefühls. Daß das Tier in sich für sich selbst ist, stellt es dar, und diese Darstellung ist die Stimme. Nur das Empfindende kann aber darstellen, daß es empfindend ist. Der Vogel in der Luft und andere Tiere geben eine Stimme von sich aus Schmerz, Bedürfnis, Hunger, Sattheit, Lust, Freudigkeit, Brunst: das Pferd wiehert, wenn es zur Schlacht geht; Insekten summen; Katzen, wenn es ihnen wohl geht, schnurren. Das theoretische Sich-Ergehen des Vogels, der singt, ist aber eine höhere Art der Stimme; und daß es so weit beim Vogel kommt, ist schon ein Besonderes dagegen, daß die Tiere überhaupt Stimme haben. Denn während die Fische im Wasser stumm sind, so schweben die Vögel frei in der Luft, als ihrem Elemente; von der objektiven Schwere der Erde getrennt, erfüllen sie die Luft mit sich und äußern ihr Selbstgefühl im besonderen Elemente. Metalle haben Klang, aber noch nicht Stimme; Stimme ist der geistig gewordene Mechanismus, der sich so selbst äußert. Das Unorganische zeigt seine spezifische Bestimmtheit erst, wenn es dazu sollizitiert, wenn es angeschlagen wird; das Animalische klingt aber aus sich selbst. Das Subjektive gibt sich als dies Seelenhafte kund, indem es in sich erzittert und die Luft nur erzittern macht. Diese Subjektivität für sich ist, ganz abstrakt, der reine Prozeß der Zeit, der im konkreten Körper, als die sich realisierende Zeit, das Erzittern und der Ton ist. Der Ton kommt dem Tiere so zu, daß dessen Tätigkeit selbst das Erzitternmachen des leiblichen Organismus ist. Es wird aber dadurch äußerlich nichts verändert, es wird nur bewegt; und die hervorgebrachte Bewegung ist nur die abstrakte reine Erzitterung, wodurch nur Ortsveränderung hervorgebracht wird, die aber ebenso wieder aufgehoben ist, – Negation der spezifischen Schwere und Kohäsion, die aber ebenso wiederhergestellt werden. Die Stimme ist das Nächste zum Denken; denn hier wird die reine Subjektivität gegenständlich, nicht als eine besondere Wirklichkeit, als ein Zustand oder eine Empfindung, sondern im abstrakten Elemente von Raum und Zeit.

Mit der Stimme hängt die animalische Wärme zusammen. Der chemische Prozeß gibt auch Wärme, die sich bis zum Feuer steigern kann; aber sie ist vorübergehend. Das Tier dagegen, als der bleibende Prozeß des Sichbewegens, des Sich-selbst-Verzehrens und -Hervorbringens, negiert beständig das Materielle und produziert es wieder, muß also stets Wärme erzeugen. Besonders tun es die warmblütigen Tiere, wo der Gegensatz von Sensibilität und Irritabilität zu höherer Eigentümlichkeit gekommen und die Irritabilität für sich im Blute konstituiert ist, das man einen flüssigen Magneten nennen kann.

Weil das Tier ein wahres, für sich seiendes Selbst ist, das zur Individualität gelangt, so schließt und sondert es sich aus, trennt sich von der allgemeinen Substanz der Erde ab, und diese hat ein äußerliches Dasein für es. Das Äußerliche, was nicht unter die Herrschaft seines Selbst gekommen ist, ist für es ein Negatives seiner selbst, ein Gleichgültiges; und damit hängt unmittelbar zusammen, daß seine unorganische Natur sich ihm vereinzelt hat, denn vom Elemente findet keine Entfernung statt. *Dies* Verhältnis zur unorganischen Natur ist der allgemeine Begriff des Tiers; es ist ein individuelles Subjekt, das sich zu Individuellem als solchem verhält, nicht, wie die Pflanze, nur zu Elementarischem, auch nicht zu Subjektivem, außer im Gattungsprozeß. Das Tier hat auch die vegetabilische Natur, ein Verhältnis zum Licht, zur Luft, zum Wasser; weiter aber die Empfindung, wozu im Menschen noch das Denken kommt. *Aristoteles* spricht so von drei Seelen, der vegetabilischen, tierischen und menschlichen, als den drei Bestimmungen der Entwicklung des Begriffs. Als in sich reflektierte Einheit verschiedener Einzelheiten, existiert das Tier als Zweck, der sich selbst hervorbringt, – ist eine Bewegung, welche in *dieses* Individuum zurückgeht. Der Prozeß der Individualität ist ein geschlossener Kreislauf, überhaupt im Organischen die Sphäre des Fürsichseins; und weil dies sein Begriff ist, ist sein *Wesen*, seine unorganische Natur, vereinzelt für es. Weil es sich aber ebenso als für sich seiendes Selbst zu sich selbst verhält, so setzt es sein Fürsichselbstsein als unterschieden davon, im Verhältnisse zur unorganischen Natur zu sein. Dieses Verhältnis nach außen unterbricht es, weil es befriedigt, weil es satt ist, – weil es empfindet, für sich seiendes Selbst ist. Im Schlafe versenkt das Tier sich in die Identität mit der allgemeinen Natur, im Wachsein verhält es sich zu individuellem Organischen, unterbricht aber auch dies Verhältnis; und das Leben des Tiers ist das abwechselnde Wogen zwischen diesen beiden Bestimmungen.

Aus: *Enzyklopädie der philosophischen Wissenschaften im Grundrisse* (1830)

Der *Kultus* ist vornehmlich Tierdienst. Wir haben die Verbindung des Geistigen und Natürlichen gesehen, das Weitere und Höhere ist, daß die Ägypter, so wie sie im Nil, in der Sonne, in der Saat die geistige Anschauung gehabt haben, sie so auch in dem Tierleben besitzen. Für uns ist der Tierdienst widrig; wir können uns an die Anbetung des Himmels gewöhnen, aber die Verehrung der Tiere ist uns fremd, denn die Abstraktion des Naturelements erscheint uns allgemeiner und daher verehrlicher. Dennoch ist es gewiß, daß die Völker, welche die Sonne und die Gestirne verehrt haben, auf keine Weise höher zu achten sind als die, welche das Tier anbeten, sondern umgekehrt, denn die Ägypter haben in der Tierwelt das Innere und Unbegreifliche angeschaut. Auch uns, wenn wir das Leben und Tun der Tiere betrachten, setzt ihr Instinkt, ihre zweckmäßige Tätigkeit, Unruhe, Beweglichkeit und Lebhaftigkeit in Verwunderung; denn sie sind höchst regsam und sehr gescheit für ihre Lebenszwecke und zugleich stumm und verschlossen. Man weiß nicht, was in diesen Bestien steckt, und kann ihnen nicht trauen. Ein schwarzer Kater mit seinen glühenden Augen und bald schleichender Bewegung, bald raschen Sprüngen galt sonst als die Gegenwart eines bösen Wesens, als ein unverstandenes, sich verschließendes Gespenst; dagegen der Hund, der Kanarienvogel als ein freundlich sympathisierendes Leben erscheint. Die Tiere sind in der Tat das Unbegreifliche; es kann sich ein Mensch nicht in eine Hundsnatur, soviel er sonst Ähnlichkeit mit ihr haben möchte, hineinphantasieren oder vorstellen, sie bleibt ihm ein schlechthin Fremdartiges. – Es ist auf zwei Wegen, daß dem Menschen das sogenannte Unbegreifliche begegnet, in der lebendigen Natur und im Geiste. Aber nur in der Natur ist es in Wahrheit, daß der Mensch das Unbegreifliche anzutreffen hat; denn der Geist ist eben dies, sich selbst offenbar zu sein, der Geist versteht und begreift den Geist. – Das dumpfe Selbstbewußtsein der Ägypter also, dem der Gedanke der menschlichen Freiheit noch verschlossen bleibt, verehrt die noch in das bloße Leben eingeschlossene, verdumpfte Seele und sympathisiert mit dem Tierleben. Die Verehrung der bloßen Lebendigkeit finden wir auch bei anderen Nationen, teils ausdrücklich, wie bei den Indern und bei allen Mongolen, teils in Spuren, wie bei den Juden: »Du sollst das Blut der Tiere nicht essen, denn in ihm ist das Leben des Tieres.« Auch die Griechen und Römer haben in den Vögeln die Wissenden gesehen, in dem Glauben, daß, was dem Menschen im Geiste nicht aufgeschlossen, das Unbegreifliche und Höhere, in ihnen vorhanden sei. Aber bei den Ägyptern ist diese Verehrung der Tiere allerdings bis zum stumpfesten und unmenschlichsten Aberglauben fortgegangen.

Aus: *Vorlesungen über die Geschichte der Philosophie I* (1833)

Ebenso nennen wir Tiere schön, wenn sie einen Seelenausdruck zeigen, der mit menschlichen Eigenschaften einen Zusammenklang hat, wie Mut, Stärke, List, Gutmütigkeit usf. Es ist dies ein Ausdruck, der einerseits allerdings den Gegenständen eigen ist und eine Seite des Tierlebens darstellt, andererseits aber in unserer Vorstellung und unserem eigenen Gemüte liegt.

Wie sehr nun aber auch das tierische Leben als Gipfel der Naturschönheit schon eine Beseelung ausdrückt, so ist doch jedes Tierleben durchaus beschränkt und an ganz bestimmte Qualitäten gebunden. Der Kreis seines Daseins ist eng und seine Interessen durch das Naturbedürfnis der Ernährung, des Geschlechtstriebes usf. beherrscht. Sein Seelenleben als das Innere, das in der Gestalt Ausdruck gewinnt, ist arm, abstrakt und gehaltlos. – Ferner tritt dies Innere nicht *als Inneres* in die Erscheinung hinaus, das Natürlich-Lebendige offenbart seine Seele nicht an ihm selbst, denn das Natürliche ist eben dieses, daß seine Seele nur innerlich bleibt, d. h. sich nicht selber als Ideelles äußert. Die Seele des Tiers nämlich ist, wie wir schon andeuteten, nicht *für sich selbst* diese ideelle Einheit; wäre sie *für sich*, so *manifestierte* sie sich auch in desem Fürsichsein für andere. Erst das bewußte Ich ist das einfach Ideelle, welches, als für sich selber ideell, von sich als dieser einfachen Einheit weiß und sich deshalb eine Realität gibt, die keine nur äußerlich sinnliche und leibliche, sondern selbst ideeller Art ist. Hier erst hat die Realität die Form des Begriffes selbst, der Begriff tritt sich gegenüber, hat *sich* zu seiner Objektivität und ist in derselben für sich. Das tierische Leben dagegen ist nur *an sich* diese Einheit, in welcher die Realität als Leiblichkeit eine andere Form hat als die ideelle Einheit der Seele. Das bewußte Ich aber ist *für sich* selbst diese Einheit, deren Seiten die gleiche Idealität zu ihrem Elemente haben. Als diese bewußte Konkretion manifestiert sich das Ich auch für andere. Das Tier jedoch läßt durch seine Gestalt für die Anschauung eine Seele nur ahnen, denn es hat selber nur erst den trüben Schein einer Seele, als Hauch, Duft, der sich über das Ganze breitet, die Glieder zur Einheit bringt und im ganzen Habitus den ersten Beginn eines besonderen Charakters offenbar macht.

Aus: *Vorlesungen über die Ästhetik I* (1842)

Charles Fourier
Französischer Sozialphilosoph (1772–1837)

So hat die erste Schöpfung, deren Erzeugnisse wir sehen, eine Unzahl schädlicher Tiere auf dem Land und noch mehr im Wasser hervorgebracht. Muß nicht jeder, der an Dämonen glaubt, meinen, der Teufel habe bei dieser Schöpfung Pate gestanden, wenn er Moloch und Belial in der Gestalt eines Tigers oder Affen sieht? Was könnte die Hölle in ihrer Bosheit Schlimmeres ersinnen als die Klapperschlange, die Bettwanze, die Millionen Insekten und Reptilien, die Seeungeheuer, Gifte, Pest, Tollwut, Lepra, Geschlechtskrankheiten, Gicht und so viele krankmachende Gifte, ersonnen, um den Menschen zu quälen und aus der Erde eine vorweggenommene Hölle zu machen? (...)

Man wird im weiteren Verlauf sehen, was für Produkte die zukünftigen Schöpfungen auf dem Land und in den Meeren hervorbringen werden. Heute verstehen wir nicht einmal, aus dem wenigen Guten, das wir der ersten Schöpfung verdanken, Nutzen zu ziehen. Zum Beweis zitiere ich vier Vierfüßler, das Vicunja, das Rentier, das Zebra und den Biber. Wir sind zu ungeschickt, böse und schurkisch, um uns die beiden ersteren dienstbar zu machen. Wegen dieser Eigenschaften ist es uns unmöglich, auf allen hohen Bergketten

Herden von Vicunjas und Rentieren zu züchten, die sich dort akklimatisieren könnten. Andere soziale Laster berauben uns des Bibers, der durch sein Fell nicht weniger wertvoll ist als das Vicunja, und des Zebras, das dem Pferde an Stärke, Schnelligkeit und Schönheit ebenbürtig ist. In unseren Stallungen herrscht, ebenso wie in unseren sozialen Gewohnheiten, eine Roheit, ein Unverstand, die es unmöglich machen, diese Tiere zu zähmen.

Aus: *Theorie der vier Bewegungen und der allgemeinen Bestimmungen* (1808)

Jean Antoine Gleizès
Französischer Diätetiker (1773–1843)

Bevor der Mensch einem Thiere das Leben raubte, mußte ein Gespräch zwischen ihnen oder wenigstens seitens des Menschen stattgefunden haben; denn der Mensch überlegte seine Handlungen, so lange die Gewohnheit ihn noch nicht der freien Urtheilskraft beraubte. Was konnte er also zu ihm gesagt haben? mit welchem Gedanken wendete er sich an das Thier des Feldes oder der Lüfte? Sprach er zu ihm: »Komm', verfluchtes Geschöpf, und füge deine Tage den meinigen zu; daß ich von dir lebe! denn nur zu diesem Behufe bist zu erschaffen worden.« Oder sagte er zu ihm: »Komm, du unschuldiges Geschöpf, das von Gott geliebt wird und das mir eben deßwegen verhaßt ist: komm und versenke dein zu glückliches Leben in mein verfluchtes Dasein!« Weder die eine noch die andere Voraussetzung kann ich zugeben. Wollte man mir aber antworten, der Mensch hätte sich gar nichts dabei gedacht, so müßte ich erwidern, daß ich ihn eines solchen Grades von Dummheit nicht für fähig halten kann.

Stellet alle Raubthiere neben einander: welche scheußliche Gestalten! welche klägliche Stimmen! welch' entsetzlichen Gestank verbreiten diese Kinder der Finsterniß, die das Licht in Schrecken setzt. Sollte der Mensch ihre Zahl vermehren wollen, er, den die Sonne erfreuet und der jeglichen Morgen der Natur seine Friedenshymne singt? denn ich denke mir, der Mensch stehe nicht böse auf, sein Erwachen sei eine Art Wiedergeburt, die ihn in den für ihn bestimmten Zustand versetzt, bis seine Gedanken sich verwirren und er wieder seinem selbst verschuldeten Scheinleben verfällt, jener Art von Erschlaffung, ohne welche die Erde schon längst eine gänzliche Verwüstung erlitten haben würde. Nicht nur daß der Mensch von Natur sanft war, sondern ich möchte auch behaupten, daß sein Wesen es in dem Grade war wie er. Man konnte auch von ihm sagen: er hat hundert Jahre auf Erden verlebt und seine Seele wurde keinen Augenblick von Zorn getrübt.

Aus dem Grunde, weil der Mensch von Natur das sanfteste aller Geschöpfe war, ist ihm die Herrschaft der Erde gegeben worden. *Beati mites, quoniam ipsi possidebunt terram.* (Selig sind die Sanftmütigen, denn sie werden das Erdreich besitzen.)

Die Wüthenden, die Eroberer rauschen vorüber wie Ströme; sie verwüsten die Erde, aber besitzen sie nicht. Der Mensch, in seiner natürlichen Begabung, war nur auf die Erde gesetzt worden, auf daß er Zeugniß ablege von Gott, das heißt, auf daß er ihn denjenigen Wesen offenbare, welche der Gabe, ihn zu erkennen, ermangeln.

Wie nun? Himmel und Erde waren geschaffen; der Letzteren fehlten nur gefühlvolle Wesen, um ihrer Schönheit zu genießen; sollte man wohl glauben, daß das gefühlvollste von allen nur erschaffen worden sei, um allen übrigen zur Qual zu dienen? Dies würde eine Verkehrung aller Begriffe sein, denn Gott erschafft nicht das Unglück; aus seinen Händen können nur glückliche Wesen hervorgehen.

Es steht fest, daß die Haupteigenschaften Gottes: Weisheit, Güte, und der höchste Verstand auf der ganzen Erde ausgedrückt sind und allen Blicken sichtbar werden; will man das Böse bemerken, so muß man es erst aufsuchen und es bildet einen auffallenden Gegensatz zum Lichte, zum Schatten der Bäume, zu den süßen Stimmen und Wohlgerüchen, welche dem Schoße der Natur, wo Alles Fülle und Behagen verspricht, entströmen; und welche Bedeutung hätte auch der Ueberfluß ohne das Behagen?

Fühlet ihr, sobald ihr ein Thier zum Tode führet, nichts in euch, das euren Arm lähmt, so fahret fort! ihr seid alsdann nur ein wildes Thier, welches auch euer Name sein möge; fühlet ihr aber auch nur eine leise Regung in eurem Herzen, so beschwöre ich euch, inne zu halten und dem Willen Gottes, der sich auf keine andere Weise aussprechen kann, nicht zu widerstreben.

Zwei Reisende halten auf verschiedenen Lagerstätten der arabischen Wüste ihre Mahlzeit. Der Eine nährt sich nur von Datteln, deren Kerne er ausstreuet. Der Andere verzehrt Lammfleisch und läßt die Knochen davon zurück. Ein lachendes Palmengehölz ist die Frucht der ersten Mahlzeit, während die unfruchtbaren Ueberreste der anderen nur die Schauer der Wüste vermehren. Dies ist, von moralischer Seite betrachtet, der Unterschied, welcher zwischen den beiden Ernährungsweisen herrscht.

Um Alles darzulegen, was die barbarische Diät Abschreckendes an sich trägt, würde es schon genügen, das todte Thier mit dem lebenden zu vergleichen; dies that ich eines Tages mit einem Kinde, für welches ich eine besondere Theilnahme hegte. Ich fügte kein Wort hinzu, die Thatsache allein sprach deutlich genug. Ein Gleiches that auch Verus, der unwürdige Genosse des Marc Aurel, wenngleich ohne Zweifel nicht in derselben Absicht. Nach einem großen Festmahle ließ er jedem der Gäste alle Thiere, welche auf die Tafel gebracht worden waren, lebendig zustellen; allem Anscheine nach, zogen sie nicht dieselbe Lehre daraus. Ach, leider kommt eine Zeit, wo die Ohren verschlossen, die Augen erloschen sind und jede Hoffnung entschwunden ist!

Wenn Alles reißend ist, was vom Raube lebt; wenn Alles, was deren Lebensweise huldigt, dagegen sanft ist, wie schon erwähnt wurde, wozu bedarf es dann noch einer Menge Beweise? ist es nicht leicht, sich von der Wahrheit zu überzeugen? bedarf es noch mehr als nur geringen Grades von Edelmuth und eines nur wenig gefühlvollen Herzens?

Die blutdürstigen Thiere, vom ekelhaftesten der Insekten bis zum grausamsten der Vierfüßer, haben keine andere Intelligenz, als die sich auf ihre barbarische Thätigkeit bezieht; ihre Gefräßigkeit gewährt ihnen die einzige Aufregung, während bei den anderen Arten das geistige Wesen unabhängig von einem solchen Bedürfniß erscheint und eine moralische Beschaffenheit darbietet, welche sich dem Verstande des Menschen annähert. Und was wäre denn auch das Leben, wenn es bloß seinen Unterhalt zum Zweck hätte? Mit diesem einzigen Worte ist das der Raubthiere gekennzeichnet.

Oben deutete ich bereits darauf hin, daß alle Raubthiere sich in einem beständigen Leidenszustande befinden; aus entgegengesetztem Grunde sind alle Früchteesser in einem fortdauernden Zustande des Glückes und der Freude, den man um so weniger trüben sollte. Man darf sogar diejenigen nicht ausnehmen, welche, durch des Menschen Zuthun, sich durch stumpfere Sinne von ihrer ursprünglichen Bestimmung entfernt haben: *Sus vero quid habet praeter escam?* (Aber was hat das Schwein außer dem Fraß?) sagt Cicero. Es besitzt viel Gefühl; fraget nur den heiligen Antonius! Der schlichte Eremit war in diesem Punkte dem Philosophen überlegen. In einem Berichte des Kapitains Basil-Hall liest man die Geschichte einer Schildkröte, die sich die Theilnahme der ganzen Schiffsmannschaft im höchsten Grade erworben hatte. Diese Schildkröte starb und man traf die sorgfältigsten Vorkehrungen, ihr, wenn nicht die Ruhe ihrer Seele, doch die ihres Körpers zu sichern; und doch wird auch solchen Schöpfungen der Natur wohl eine Seele nicht fehlen. – Jener Zug erinnert mich an den pythagoräischen Philosophen Lacydes von Cyrene, einen der Häupter der zweiten Akademie, der die geistige Fähigkeit einer Gans in dem Grade entwickelt hatte, daß sie ihm überall folgte und seine Worte vollkommen zu verstehen schien. Als er das Unglück hatte, sie zu verlieren, veranstaltete er ihr ein Leichenbegängniß, wie er es seinem Sohne oder Freunde gethan haben würde. – Es müßte dem Menchen ein unterhaltendes Studium gewähren, wenn er seinen Geist oder einen Theil desselben, in anderen Gestalten als der seinigen vertheilt oder verborgen, zu entdecken suchte. Er würde dadurch bedeutend an jener Sittlichkeit gewinnen, die ihm noch gänzlich fehlt.

Aus: *Thalysia* (1842)

Lewis Gompertz
Englischer Tierrechtler, Mitbegründer der RSPCA (1779–1861)

Der Mensch behauptet: »Alles ist für mich.«
»Der Mensch dient mir!« ruft stolz der Gänserich.
Pope, Vom Menschen

An Versuchen, die Gesellschaft zu verbessern, hat es in unserer Zeit nicht gefehlt, und die Anstrengungen des Geistes und der Tugend, das Glück der Menschen zu vermehren und ihren Charakter zu verbessern, waren nicht erfolglos. Doch in diesem Zeitalter der Klugheit, dessen Kräfte weniger durch den Krieg vergeudet werden und in dem die Moral der Menschheit weniger dessen verderblichem Einfluß ausgesetzt ist, kann man in der Tat hoffen, daß noch viel mehr erreicht werden wird. Wir vertrauen darauf, daß die Zeit nicht mehr fern ist, da alle Menschen einander als Brüder behandeln, jeder am Wohle seines Nachbarn teilnimmt und dessen Leiden und Fehlern, welcher Art sie auch seien, mit Anteilnahme statt verurteilend begegnet. Auch die nichtmenschliche Kreatur wurde nicht ganz vergessen, und man kann hoffen, daß sich die Anstrengungen eines Lord Erskine und Mr. Martin als Grundlage eines allgemeinen Systems der Menschlichkeit erweisen werden, das vieles umfaßt und sich glücklich auswirkt.

Doch dieses Gebiet wurde weniger untersucht als Dinge, die die Menschen unmittelbar angehen; daher hoffe ich, daß die wenigen Worte, die ich hier an die Öffentlichkeit richte, nicht völlig unbeachtet bleiben. Ich muß zunächst feststellen, daß unsere Nichtbeachtung dieser Dinge, über die wir etwas wissen sollten, zumeist auf zwei Ursachen zurückgeht: die erste ist der *Mangel* an Information und die zweite der *Überfluß* an Information, so daß durch das Vertrautwerden mit der Sache unsere Sinne abstumpfen.

Die schreckliche Lage der Tiere, besonders der domestizierten, verlangt unsere größte Aufmerksamkeit. Wer des Nachdenkens fähig ist, möge sich einmal dem Pferd und dem Esel zuwenden, aus deren Plage wir (unter den gegenwärtigen Verhältnissen) so viel Nutzen ziehen, und ihre Situation unbeeinflußt von Denkgewohnheiten untersuchen. Wir sind ja an den Anblick ihrer furchtbaren Leiden so gewöhnt, daß sie nicht einmal mehr Wohlwollende beeindrucken, die der Vorstellung beipflichten, das Pferd sei geschaffen worden, um auf seine fast bloße Haut gepeitscht zu werden, nur um es dazu zu bringen, daß es die Schwerarbeit verrichtet, die die Zwecke oder Launen seines Herrn gerade verlangen; an einem solchen Verhalten finden viele Vergnügen und treiben es bis an die Grenzen der Belastbarkeit des Tieres.

Betrachten wir einmal die allgemeine Beschaffenheit unserer Kutscher, Fuhrleute, Postillione usw.: es sind Menschen, die nicht den Vorzug einer guten Erziehung genießen konnten und meist wegen ihrer guten Konstitution ausgewählt werden. Sie haben wenig Erfahrung mit Schmerzempfindungen, und es macht ihnen noch viel weniger aus, wenn ihr Vieh leidet. Vergessen wir auch nicht das natürliche Bestreben der meisten Menschen, andere zu beherrschen. So lassen diese Menschen, die ihre Machtgelüste nicht an ihren Mitmenschen austoben können, diesen gegenüber ihrem Vieh auf barbarische Weise freien Lauf, das sie – mit Recht, will es scheinen – als ihre Sklaven betrachten und dem sie aus Unwissenheit und Grausamkeit derart zusetzen, daß es den Gewinn, den eine mildere Behandlung mit sich bringen würde, gar nicht mehr bieten kann. Und diesen Menschen sind nun diese Tiere, die doch anscheinend ganz ähnlich wie wir empfinden können, während ihres ganzen etwa zwanzigjährigen Lebens völlig ausgeliefert, wo uns doch der bloße Gedanke, ihnen auch nur einen Augenblick ausgeliefert zu sein, schrecklich wäre! (...)

Man pflegt zu sagen, es tue den Pferden gut, sie zu bewegen, und es sei daher richtig, sie zur Arbeit zu verwenden. Und ebenso oft wird gefragt, warum sie müßig leben sollten, während die Menschen arbeiten müssen; doch dabei wird der Unterschied übersehen zwischen einer freiwillig zum eigenen Vorteil aufgenommenen Beschäftigung, bei der man über sich selbst bestimmen und über kleine Pausen, Beschleunigung und Verlangsamung entscheiden kann, und der Art von Arbeit, die die Tiere auf Befehl eines anderen verrichten müssen und bei der sie ständig gepeitscht, eingeschüchtert und mißhandelt werden; und da sie der Sprache nicht mächtig sind, können sie nicht sagen, was ihnen fehlt, wenn sie einmal nicht gut arbeiten können. Wie wenig müssen diese Leute von den Vorgängen im Tier verstehen, daß sie nicht daran denken, daß wir, um größte Anstrengungen aufzubringen, in guter seelischer Verfassung und glücklich sein müssen, und daß Schmerz die Leistungsfähigkeit stark vermindert. Doch ihr Hang zur Grausamkeit scheint sie gegenüber ihrem eigenen Interesse blind zu machen und läßt sie lieber Elend verbreiten als Gewinn machen.

Es braucht wenig Rhetorik, um zu beweisen, daß sich der Mensch in hohem Maße schuldig macht, wenn er die unvernünftige Kreatur zum Vergnügen quält. Doch man wundert sich, daß dieser völlig einleuchtende Grundsatz nicht nur von Menschen verletzt wird, deren Stellung im Leben ihnen keine gute Erziehung oder Muße zum Nachdenken gegönnt hat, sondern auch von Menschen, für deren Geistesbildung, auch auf den abstraktesten Gebieten, nicht an Kosten und Mühe gespart worden ist, und die sonst ihre Fähigkeiten freudig für alles mögliche Gute und Verdienstvolle einsetzen. Es ist zu beklagen, daß sich selbst Gelehrte auf diesem Gebiet häufig vergessen und mit größter Gleichgültigkeit von den zahlreichen barbarischen und gnadenlosen Experimenten berichten, die sie mit unschuldigen leidenden Tieren angestellt haben, selbst mit solchen, die ihnen Zuneigung entgegenbringen; kalt stellen sie ihre Beobachtungen und Berechnungen jeder einzelnen Form der von ihnen herbeigeführten Agonie an. Das tun sie aber zur Förderung der Wissenschaft und erhoffen sich hohes Lob für ihre verdienstvollen Anstrengungen; doch sie vergessen, daß die Wissenschaft dem Wohle des Menschen und der anderen Lebewesen dienen und weder als bloßer Wettkampf betrieben werden sollte noch auch um der sinnlichen Befriedigung willen, die ungerechterweise aus der Vernichtung des Glückes und der Erzeugung des Elends anderer entspringt – denn Lust und Schmerz sind das einzig Wichtige. Jene aber, die behaupten, ihre Experimente auf Kosten der Tiere zum Wohle der Menschheit durchzuführen, muß ich auf die folgenden Ausführungen verweisen, die hoffentlich diese Entschuldigung entkräften werden.

Doch über die angesprochenen Grausamkeiten hinaus, die jedermann ständig vor Augen stehen – wie viel Barbarei müssen doch die unvernünftigen Tiere vom Menschen erdulden! Sie treten nur selten zu Tage, trotzdem kann man sie gar nicht alle aufzählen. Doch wenn die soeben behandelten Grausamkeiten zugegeben werden, müssen es auch andere, die ohnehin für sich selbst sprechen.

Wer könnte die Unmenschlichkeit der Hetzjagd bestreiten, bei der eine arme, wehrlose Kreatur zum bloßen Vergnügen bis zur Erschöpfung gejagt und dann von einer Hundemeute zerrissen wird? Woher können Männer oder gar Frauen solche Grundsätze beziehen? Wie können sie sie rechtfertigen? Und worin kann ihr Vergnügen bestehen? Ist es nicht lediglich der Todeskampf, zu dem sie das Tier verurteilen? Sie werden es bestreiten und auch uns glauben machen wollen, es sei nur die Verfolgungsjagd. Aber welches Ziel hat diese? Irgend etwas anderes als Quälerei und Vernichtung? Wenn es nur um die Geschwindigkeit ginge, müßte ein Wettrennen ebenso anziehend sein. Die Liebhaber dieses Vergnügens sollten sich einmal in das vor den Hunden flüchtende Wild hineinversetzen und ihre ekstatischen Erlebnisse schildern und sich zu ihrer Tapferkeit beglückwünschen.

Selbst Hunde, des Menschen bevorzugte Haustiere, werden häufig diesem bloßen Sport geopfert, sie werden als Kampfhunde darauf abgerichtet, einander zu zerfleischen, bis das Vergnügen seinen Höhepunkt erreicht hat – in verschiedenen Gegenden von London und Westminster gibt es solche schändlichen Darbietungen in eigens dafür vorgesehenen Räumen. Katzen leiden noch häufiger unter der Barbarei vieler ihrer zufälligen Besitzer, man sieht sie täglich halbverhungert um verschiedene Häuser herumstreichen, wo sie vom Personal mißhandelt, von den Kindern gequält und von der Herrschaft ignoriert werden.

Die Grausamkeiten im Zusammenhang mit einer verfeinerten Küche sind zu bekannt und von verschiedenen Schriftstellern zu oft angesprochen worden, als daß sie der Öffentlichkeit entgehen könnten. Die ungeheuren Schandtaten beim Sieden lebender Hummer und anderer Schalentiere und beim Totschlagen von Ferkeln müssen jedem bekannt sein; ebenso das Häuten lebender Aale, das Zusammenhaken von Kopf und Schwanz bei Plattfischen; auch daß Viehtreiber mit der Schwanzquaste von Ochsen, die ihnen oder dem Händler einen Nebenverdienst einbringt, auch ein Stück Schwanz abhacken, so daß die Tiere dann mit blutendem Schwanz weggetrieben werden. Und wieviel unnötige Schmerzen werden den Tieren selbst beim Schlachten zugefügt! Obwohl ihnen durch die portugiesische Methode der Durchtrennung des Rückenmarks im Nacken offensichtlich so viel erspart werden könnte! Eine Schlachtmethode in unserem Lande besteht angeblich darin, die Ochsen mehrmals mit einem schweren und spitzen Hammer auf den Kopf zu schlagen – nicht immer mit der nötigen Geschicklichkeit –, bis er ganz eingedrungen ist; dann wird er herausgezogen und ein Stock weiter ins Gehirn hineingetrieben, darin herumgerührt, bis die Laute des unglücklichen Tieres seinen Todeskampf ankündigen.

Gegenüber Tieren, die als Ungeziefer gelten, wie Ratten, Wespen, Käfer usw., scheinen sich viele zu jeder Grausamkeit berechtigt zu halten, und zur Ausrottung ist jede noch so barbarische Methode recht wie Verbrennen, Vergiften u. ä. Man spricht von Selbstverteidigung; doch hier werden für ganz leichte Schädigungen sehr schwere Strafen verhängt, und das oft vorbeugend.

Grausamkeit scheint stark auf falscher Erziehung zu beruhen. Moralische Fragen werden oft von den Jugendlichen ferngehalten, weil man glaubt, sie könnten sie nicht begreifen, sie verwirrten nur und führten zu Streitigkeiten ohne Ende, sie lenkten auf Exzentrisches hin und machten lebensuntüchtig, ja am Ende glatt verrückt.

Doch solche Meinungen seien uns ferne! Keinen Augenblick sollten wir unseren Verstand derart benebeln lassen! Wir sollten vielmehr jeden Gedanken festhalten und jeden Funken einer Erkenntnis pflegen, die uns zwischen recht und unrecht unterscheiden und erkennen läßt, was wir diesem und jenem Individuum schuldig sind.

Aus: *Moralische Untersuchungen über die Situation des Menschen und der Tiere* (1824)

Karl Christian Friedrich Krause
Deutscher Philosoph (1781–1832)

In Ansehung der *Thiere* sind die Meinungen ebenfalls getheilt. Einige behaupten, die Thiere seien nur Maschinen – belebte Maschinen freilich, die den

Grund ihrer Bewegung in sich haben – aber Maschinen, die weder sich selbst wissen, noch empfinden, noch mit Freiheit, nach Zweckbegriffen, etwas Bestimmtes wollen. Daher behaupten auch alle Diejenigen, die sich hiervon überzeugt halten, dass die Thiere *gar keine Rechte haben*, und dass sie weder recht noch unrecht thun noch leiden können. So behauptet z. B. Fichte in seinem »Naturrecht«, dass die Thiere bewusst- und empfindungslose Maschinen seien und dass alle die Lebensäusserungen der Thiere, die wir auf Lust und Schmerz und auf Willkür deuten, nur die Zeichen eines nothwendigen Lebensganges seien, dass ihr Leben blos als unbewusstes mechanisches Spiel der blinden Naturkräfte betrachtet werden könne; daher die Klagen der Thiere nur ein Aehnliches seien als etwa die Töne einer Thürangel; worauf ebendarum keine weitere Rücksicht zu nehmen sei. Wer hingegen von den Thieren eine andere Ansicht hat, wer sich überzeugt hält, dass das Thier Selbstbewusstsein habe, dass es sich selbst wisse und fühle, dass es seinen Schmerz und seine Lust empfinde, dass ferner das Thier allgemeine sinnliche Begriffe habe, und sein Handeln nach sinnlichen Zweckbegriffen bestimme – wer sich hiervon überzeugt hält, der muss den Begriff des Rechts auch auf die Thiere anwenden, er muss den Thieren Rechte zuschreiben, welche ihnen geleistet werden müssen, ja er muss sogar der Strenge nach behaupten, dass auch *ein Thier* gegen Thiere und gegen Menschen auf seine beschränkte Weise *gerecht sowohl als ungerecht* sein könne. In der neueren *englischen Gesetzgebung* z. B. ist dies bereits als Rechtsgrundsatz anerkannt, und es gelten dort schon ganz bestimmte Gesetze in Ansehung der Mishandlung der Thiere, die dann ebenso bestraft wird wie Vergehen der Menschen gegen Menschen. Welche nun von diesen sich widersprechenden Ansichten der Wesenheit der Thiere die richtige ist, Das muss freilich erst untersucht werden; und, da die philosophische Rechtswissenschaft auch darüber zu entscheiden hat, ob und inwiefern auch den Thieren Rechte zukommen oder nicht, so setzt dieselbe schon voraus, dass in der Philosophie der Natur die Wesenheit der Thiere erkannt worden und dort entschieden sei, ob sie freien Willen haben oder nicht. Hier aber wird Dies nur erwähnt, um zu zeigen, dass wir das Recht lediglich anwenden auf Wesen, welche Selbstbewußtsein und Willkür haben. Nennen wir nun solche Wesen, die sich ihrer selbst bewusst sind, die sich selbst empfinden, die das Gute sich frei zum Zweck setzen können und es mit freier Besonnenheit auszuführen vermögen, *vernünftige Wesen, so zeigt sich also: dass das Recht nur eine bestimmte Beschaffenheit des Lebens vernünftiger Wesen ist; von vernunftlosen Wesen aber gar nicht gilt.* (…)

Den Pflanzen werden wir kein Recht zuschreiben, wenn wir sie als sich nicht selbst erkennende, nicht selbst bewusste, nicht selbst fühlende, nicht frei wollende und wirkende Wesen denken. Was dagegen die Thiere betrifft, wenn man auch nur annimmt, dass das Thier sein selbst inne ist in sinnlicher Wahrnehmung und Empfindung, dass es aus eigener Kraft sich selbst bestimmt, wirkend für sinnliche Zwecke: so hat man damit auch den Thieren schon Zugang gelassen in das Heiligthum des Rechts; denn alsdann besteht der gegründete Anspruch, dass vernünftige Wesen, auch höherer Art und Entwicklung, wie z. B. die Menschen sind, den Thieren die von der Freiheit abhängigen Bedingnisse dafür herstellen, dass sie den Begriff ihrer Thierheit auf eine wesentliche Weise darstellen; und mehrere wirkliche Gesetzgebungen, nach Vorgang der englischen, die wir schon früher erwähnt, haben bereits, von diesen Ansichten geleitet, den Thieren selbständige Rechte zugetheilt. (…)

Wenn wir nun aber, die jetzt geleistete Erörterung im Sinne behaltend, die Thiere betrachten; insonderheit diejenigen Thiere, welche mit dem Leben des Menschen am Innigsten vereint leben, die zahmen Thiere, die Hausthiere, so werden wir bemerken, dass diese Wesen alles Eigenthümliche zeigen, was die unterste Stufe der geistigen Persönlichkeit ausdrückt; sie haben Selbstgefühl, sie empfinden Lust und Schmerz, sie haben Vorstellungen in Phantasie, ja sie bestimmen sich nach Gemeinbegriffen, indem sie überall in verschiedenen Individuen derselben Gattung doch dieselbe Gattung wieder erkennen, z. B. jeden Menschen als Menschen unterscheiden, jedes Thier ihrer eigenen Gattung als solches erkennen, und jedes Thier einer andern Gattung auch demgemäss unterscheiden und anwirken. Es sind Dies also geistige Wesen, aber festgehalten auf dieser niedrigsten Stufe, so dass sie den Kreis dieser Beschränktheit nicht zu überschreiten vermögen, noch ihn zu überschreiten bestimmt sind. Wird nun diese Ansicht als richtig befunden, so ergibt sich, dass die Thiere allerdings ein bestimmtes Gebiet ihres Rechts haben, dass ihnen nämlich die zeitlich-freien Bedingnisse der Vollführung ihres rein thierischen Lebens geleistet werden, dass sie also z. B. ein Recht haben auf leibliches Wohlbefinden, auf Schmerzlosigkeit, auf die erforderlichen Nahrungsmittel; aber dagegen ergibt sich zugleich, dass, da die Thierheit ein untergeordnetes Glied ist in dem Organismus aller persönlichen Wesen, auch die Thiere von ihrer Seite bestimmt sind Wesentliches mitzuwirken für die Erreichung der Vernunftzwecke der höheren Vernunftwesen z. B. der Menschen, dass also die Menschheit Befugnisse hat sie zu vernunftgemässer Arbeit zu benutzen, und das Gebiet ihrer äussern Freiheit so zu beschränken wie es dem Vernunftzwecke der Menschheit gemäss ist.

Aus: *System der Rechtsphilosophie* (1825–1828)

Arthur Schopenhauer
Deutscher Philosoph (1788–1860)

Die von mir aufgestellte moralische Triebfeder bewährt sich als die ächte ferner dadurch, daß sie auch die *Thiere* in ihren Schutz nimmt, für welche in den andern Europäischen Moralsystemen so unverantwortlich schlecht gesorgt ist. Die vermeinte Rechtlosigkeit der Thiere, der Wahn, daß unser Handeln gegen sie ohne moralische Bedeutung sei, oder, wie es in der Sprache jener Moral heißt, daß es gegen Thiere keine Pflichten gebe, ist geradezu eine empörende Rohheit und Barbarei des Occidents, deren Quelle im Judenthum liegt. In der Philosophie beruht sie auf der aller Evidenz zum Trotz angenommenen gänzlichen Verschiedenheit zwischen Mensch und Thier, welche bekanntlich am entschiedensten und grellsten von *Kartesius* ausgesprochen ward, als eine nothwendige Konsequenz seiner Irrthümer. Als nämlich die Kartesisch-Leibnitz-Wolfische Philosophie aus abstrakten Begriffen die rationale Psychologie aufbaute und eine unsterbliche *anima rationalis* konstruirte; da traten die natürlichen Ansprüche der Thierwelt diesem exklusiven Privilegio und Unsterblichkeits-Patent der Menschenspecies augenscheinlich entgegen, und die Natur legte, wie bei allen solchen Gelegenheiten, still ihren Protest ein. Nun mußten die von ihrem intellektuellen Gewissen geängstigten Philosophen suchen, die rationale Psychologie durch die empirische zu stützen und daher bemüht seyn, zwischen Mensch und Thier eine ungeheure Kluft, einen unermeßlichen Abstand zu eröffnen, um, aller Evidenz zum Trotz, sie als von Grund aus verschieden darzustellen. Solcher Bemühungen spottet schon *Boileau*:

> Les animaux ont-ils des universités?
> Voit-on fleurir chez eux des quatre facultés?

Da sollten am Ende gar die Thiere sich nicht von der Außenwelt zu unterscheiden wissen und kein Bewußtseyn ihrer selbst, kein Ich haben! Gegen solche abgeschmackte Behauptungen darf man nur auf den jedem Thiere, selbst dem kleinsten und letzten, inwohnenden gränzenlosen Egoismus hindeuten, der hinlänglich bezeugt, wie sehr die Thiere sich ihres Ichs, der Welt oder dem Nicht-Ich gegenüber bewußt sind. Wenn so ein Kartesianer sich zwischen den Klauen eines Tigers befände, würde er auf das deutlichste inne werden, welchen scharfen Unterschied ein solcher zwischen seinem Ich und Nicht-Ich setzt. Solchen Sophistikationen der Philosophen entsprechend finden wir, auf dem populären Wege, die Eigenheit mancher Sprachen, namentlich der deutschen, daß sie für das Essen, Trinken, Schwangerseyn, Gebären, Sterben und den Leichnam der Thiere ganz eigene Worte haben, um nicht die gebrauchen zu müssen, welche jene Akte beim Menschen bezeichnen, und so unter der Diversität der Worte die vollkommene Identität der Sache zu verstecken. Da die alten Sprachen eine solche Duplicität der Ausdrücke nicht kennen, sondern unbefangen die selbe Sache mit dem selben Worte bezeichnen; so ist jener elende Kunstgriff ohne Zweifel das Werk Europäischer Pfaffenschaft, die, in ihrer Profanität, nicht glaubt weit genug gehen zu können im Verleugnen und Lästern des ewigen Wesens, welches in allen Thieren lebt; wodurch sie den Grund gelegt hat zu der in Europa üblichen Härte und Grausamkeit gegen Thiere, auf welche ein Hochasiate nur mit gerechtem Abscheu hinsehen kann. In der Englischen Sprache begegnen wir jenem nichtswürdigen Kunstgriff nicht; ohne Zweifel, weil die Sachsen, als sie England eroberten, noch keine Christen waren. Dagegen findet sich ein Analogon desselben in der Eigenthümlichkeit, daß im Englischen alle Thiere *generis neutrius* sind und daher durch das Pronomen *it (es)* vertreten werden, ganz wie leblose Dinge; welches, zumal bei den Primaten, wie Hunde, Affen u.s.w., ganz empörend ausfällt und unverkennbar ein Pfaffenkniff ist, um die Thiere zu Sachen herabzusetzen. Die alten Aegypter, deren ganzes Leben religiösen Zwecken geweiht war, setzten in den selben Grüften die Mumien der Menschen und die der Ibisse, Krokodile u.s.w. bei; aber in Europa ist es ein Gräuel und Verbrechen, wenn der treue Hund neben der Ruhestätte seines Herrn begraben wird, auf welcher er bisweilen, aus einer Treue und Anhänglichkeit, wie sie beim Menschengeschlechte nicht gefunden wird, seinen eigenen Tod abgewartet hat. – Auf die Erkenntniß der Identität des Wesentlichen in der Erscheinung des Thiers und der des Menschen leitet nichts entschiedener hin, als die Beschäftigung mit Zoologie und Anatomie: was soll man daher sagen, wenn heut zu Tage (1839) ein frömmelnder Zootom einen absoluten und radikalen Unterschied zwischen Mensch und Thier zu urgiren sich erdreistet und hierin so weit geht, die redlichen Zoologen, welche, fern von aller Pfäfferei, Augendienerei und Tartüffianismus, an der Hand der Natur und Wahrheit ihren Weg verfolgen, anzugreifen und zu verunglimpfen?

Man muß wahrlich an allen Sinnen blind, oder vom *foetor Judaicus* total chloroformirt seyn, um nicht zu erkennen, daß das Wesentliche und Hauptsächliche im Thiere und im Menschen das Selbe ist, und daß was Beide unterscheidet, nicht im Primären, im Princip, im Archäus, im innern Wesen, im Kern beider Erscheinungen liegt, als welcher in der einen wie in der andern *der Wille* des Individuums ist, sondern allein im Sekundären, im Intellekt, im Grad der Erkenntnißkraft, welcher beim Menschen, durch das hinzugekommene Vermögen *abstrakter* Erkenntniß, genannt *Vernunft*, ein ungleich höherer ist, jedoch erweislich nur vermöge einer größern cerebralen Entwickelung, also der somatischen Verschiedenheit eines einzigen Theiles, des Gehirns, und namentlich seiner Quantität nach. Hingegen ist des Gleichartigen zwischen Thier und Mensch, sowohl psychisch als somatisch, ohne allen Vergleich mehr. So einem occidentalischen, judaisirten Thierverächter und Vernunftidolater muß man in Erinnerung bringen, daß, wie Er von *seiner* Mutter, so auch der Hund von der *seinigen* gesäugt worden ist. Daß sogar *Kant* in jenen Fehler der Zeit- und Landesgenossen gefallen ist, habe ich oben gerügt. Daß die Moral des Christenthums die Thiere nicht berücksichtigt, ist ein Mangel derselben, den es besser ist einzugestehen, als zu perpetuiren, und über den man sich um so mehr wundern muß, als diese Moral im Uebrigen die größte Uebereinstimmung zeigt mit der des Brahmanismus und Buddhaismus, bloß weniger stark ausgedrückt und nicht bis zu den Extremen durchgeführt ist; daher man kaum zweifeln kann, daß sie, wie auch die Idee von einem Mensch gewordenen Gotte (Avatar), aus Indien stammt und über Aegypten nach Judäa gekommen seyn mag; so daß das Christenthum ein Abglanz Indischen Urlichtes von den Ruinen Aegyptens wäre, welcher aber leider auf Jüdischen Boden fiel. Als ein artiges *Symbol* des eben gerügten Mangels in der Christlischen Moral, bei ihrer sonstigen großen Uebereinstimmung mit der Indischen, ließe sich der Umstand auffassen, daß Johannes der Täufer ganz in der Weise eines Indischen Saniassi's auftritt, dabei aber – in Thierfelle gekleidet! welches bekanntlich jedem Hindu ein Gräuel seyn würde; da sogar die Königliche Societät zu Kalkutta ihr Exemplar der Veden nur unter dem Versprechen erhielt, daß sie es nicht, nach Europäischer Weise, in Leder binden lassen würde: daher es sich in ihrer Bibliothek in Seide gebunden vorfindet. Einen ähnlichen, charakteristischen Kontrast bietet die Evangelische Geschichte vom Fischzuge Petri, den der Heiland, durch ein Wunder dermaaßen segnet, daß die Böte mit Fischen bis zum Sinken überfüllt werden (Luk. 5), mit der Geschichte von dem in Aegyptische Weisheit eingeweihten Pythagoras, welcher den Fischern ihren Zug, während das Netz noch unter dem Wasser liegt, abkauft, um sodann allen gefangenen Fischen ihre Freiheit zu schenken (Apul. [242]de magia, p. 36. Bip.). – Mitleid mit Thieren hängt mit der Güte des Charakters so genau zusammen, daß man zuversichtlich behaupten darf, wer gegen Thiere grausam ist, könne kein guter Mensch seyn. Auch zeigt dieses Mitleid sich als aus der selben Quelle mit der gegen Menschen zu übenden Tugend entsprungen. So z. B. werden fein fühlende Personen, bei der Erinnerung, daß sie, in übler Laune, im Zorn, oder vom Wein erhitzt, ihren Hund, ihr Pferd, ihren Affen unverdienter oder unnöthiger Weise, oder über die Gebühr gemißhandelt haben, die selbe Reue, die selbe Unzufriedenheit mit sich selbst empfinden, welche bei der Erinnerung an gegen Menschen verübtes Unrecht empfunden wird, wo sie die Stimme des strafenden Gewissens heißt. Ich erinnere mich, gelesen zu haben, daß ein Engländer, der in Indien, auf der Jagd, einen Affen geschossen hatte, den Blick, welchen dieser im Sterben auf ihn warf, nicht vergessen gekonnt und seitdem nie mehr auf Affen geschossen hat. Eben so Wilhelm Harris, ein wahrer Nimrod, der, bloß um das Vergnügen der Jagd zu genießen, in den Jahren 1836 und 1837 tief in das innere Afrika reiste. In seiner 1838 zu Bombay erschienenen Reise erzählt er, daß, nachdem er den ersten Elephanten, welches ein weiblicher war, erlegt hatte und am folgenden Morgen das gefallene Thier aufsuchte, alle anderen Elephanten aus der Gegend entflohen waren: bloß das Junge des gefallenen hatte die Nacht bei der todten Mutter zugebracht, kam jetzt, alle Furcht vergessend, den Jägern mit den lebhaftesten und deutlichsten Bezeugungen seines trostlosen Jammers entgegen, und umschlang sie mit seinem kleinen Rüssel, um ihre Hülfe anzurufen. Da, sagt Harris, habe ihn eine wahre Reue über seine That ergriffen und sei ihm zu Muthe gewesen, als hätte er einen Mord begangen. Diese fein fühlende Englische Nation sehen wir, vor allen andern, durch ein hervorstechendes Mitleid mit Thieren ausgezeichnet, welches sich bei jeder Gelegenheit kund giebt und die Macht gehabt hat, dieselbe, dem sie übrigens degradirenden »kalten Aberglauben« zum Trotz, dahin zu bewegen, daß sie die in der Moral von der Religion gelassene Lücke durch die Gesetzgebung ausfüllte. Denn diese Lücke eben ist Ursache, daß man in Europa und Amerika der Thier-Schutz-Vereine bedarf, welche selbst nur mittelst Hülfe der Justiz und Polizei wirken können. In Asien gewähren die Religionen den Thieren hinlänglichen Schutz, daher dort kein Mensch an dergleichen Vereine denkt. Indessen erwacht auch in Europa mehr und mehr der Sinn für die Rechte der Thiere, in dem Maaße, als die seltsamen Begriffe von einer bloß zum Nutzen und Ergötzen der Menschen ins Daseyn gekommenen Thierwelt, in Folge welcher man die Thiere ganz als Sachen behandelt, allmälig verblassen und verschwinden. Denn diese sind die Quelle der rohen und ganz rücksichtslosen Behandlung der Thiere in Europa, und habe ich den Alttestamentlichen Ursprung derselben nachgewiesen im zweiten Bande der Parerga, § 177. Zum Ruhme der Engländer also sei es gesagt, daß bei ihnen zuerst das Gesetz auch die Thiere ganz ernstlich gegen grausame Behandlung in Schutz genommen hat, und der Bösewicht es wirklich büßen muß, daß er gegen Thiere, selbst wenn sie ihm gehören, gefrevelt hat. Ja, hiemit noch nicht zufrieden, besteht in London eine zum Schutz der Thiere freiwillig zusammengetretene Gesellschaft, *Society for the prevention of cruelty to animals*, welche, auf Privatwegen, mit bedeutendem Aufwande, sehr viel thut, um der Thierquälerei entgegen zu arbeiten. Ihre Emissarien passen heimlich auf, um nachher als Denunzianten der Quäler sprachloser, empfindender Wesen aufzutreten, und überall hat man deren Gegenwart zu befürchten. Bei steilen Brücken in London hält die Gesellschaft ein Gespann Pferde, welches jedem schwer beladenen Wagen unentgeltlich vorgelegt wird. Ist das nicht schön? Erzwingt es nicht unsern Beifall, so gut wie eine Wohlthat gegen Menschen? Auch die *Philanthropic Society* zu London setzte ihrerseits im Jahre 1837 einen Preis von 30 Pfund aus, für die beste Darlegung moralischer Gründe gegen Thierquälerei, welche jedoch hauptsächlich aus dem Christenthum genommen seyn sollten, wodurch freilich die Aufgabe erschwert war: der Preis ist 1839 dem Herrn Macnamara zuerkannt worden. In Philadelphia besteht, zu ähnlichen Zwecken, eine *Animals friends Society*. Dem Präsidenten derselben hat T. Forster (ein Engländer) sein Buch *Philozoia, moral reflections on the actual condition of animals and the means of improving the same* (Brüssel 1839) dedicirt. Das Buch ist originell und gut geschrieben. Als Engländer sucht der Verfasser seine Ermahnungen zu menschlicher Behandlung der Thiere natürlich auch auf die Bibel zu stützen, gleitet jedoch überall ab; so daß er endlich zu dem Argument greift, Jesus Christus sei ja im Stalle bei Oechselein und Eselein geboren, wodurch symbolisch angedeutet wäre, daß wir die Thiere als unsere Brüder zu betrachten und demgemäß zu behandeln hätten. – Alles hier Angeführte bezeugt, daß die in Rede stehende moralische Saite nachgerade auch in der occidentalischen Welt anzuklingen beginnt. Daß übrigens das Mitleid mit Thieren nicht so weit führen muß, daß wir, wie die Brahmanen, uns der thierischen Nahrung zu enthalten hätten, beruht darauf, daß in der Natur die Fähigkeit zum Leiden gleichen Schritt hält mit der Intelligenz; weshalb der Mensch durch Entbehrung der thierischen Nahrung, zumal im Norden, mehr leiden würde, als das Thier durch einen schnellen und stets unvorhergesehenen Tod, welchen man jedoch mittelst Chloroform noch mehr erleichtern sollte. Ohne thierische Nahrung hingegen würde das Menschengeschlecht im Norden nicht ein Mal bestehen können. Nach dem selben Maaßstabe läßt der Mensch das Thier auch für sich arbeiten, und nur das Uebermaaß der aufgelegten Anstrengung wird zur Grausamkeit.

Aus: *Die Grundprobleme der Ethik* (1840)

Percy Bysshe Shelley
Englischer Dichter (1792–1822)

Nicht mehr das Lamm, das ihm ins Antlitz schaut,
Erschlägt er, sich an seinem Fleisch zu letzen.

Ich bin der Ansicht, daß die Verderbtheit der physischen und moralischen Natur des Menschen aus seinen unnatürlichen Lebensgewohnheiten hervorgegangen ist. Der Ursprung des Menschen ist, gleich dem Ursprung des Weltalls, von welchem er einen Theil bildet, in undurchdringliches Geheimniß gehüllt. Seine Geschlechter hatten entweder einen Anfang oder keinen. Das Gewicht der Beweise zu Gunsten einer jeden dieser beiden Annahmen scheint ziemlich gleich zu sein; und es ist für das vorstehende Argument völlig unerheblich, welche derselben man für richtig hält. Die Sprache jedoch, welche von der Mythologie fast aller Religionen geführt wird, scheint zu beweisen, daß in einer entlegenen Zeit der Mensch den Pfad der Natur verließ, und die Reinheit und das Glück seines Daseins unnatürlichen Gelüsten opferte. Das Datum dieses Ereignisses scheint zugleich das eines großen Wechsels in den Erdklimen gewesen zu sein, mit denen es in offenbarem Zusammenhange steht. Die Allegorie von Adam und Eva, welche vom Baum der Erkenntnis aßen und auf ihre Nachkommenschaft den Zorn Gottes und den Verlust ewigen Lebens vererbten, läßt keine andre Erklärung zu, als daß Krankheit und Verbrechen aus einer unnatürlichen Lebensweise hervorgegangen sind. (…)

Prometheus (welcher das Menschengeschlecht repräsentirt) bewerkstelligte irgend einen großen Wechsel in dem Zustande seiner Natur, und verwandte das Feuer zu Zwecken der Kochkunst, indem er solchergestalt ein Mittel erfand, die Schrecken der Fleischerbank vor seinem Ekel zu verhüllen. Von diesem Augenblick an wurden seine edlen Theile vom Geier der Krankheit zerfressen. Letztere verzehrte sein Wesen unter jeder Gestalt ihrer widerwärtigen und unendlichen Mannichfaltigkeit, und führte die seelenmörderische Kräfteabnahme eines vorzeitigen und gewaltsamen Todes herbei. Alles Laster entstand aus dem Untergange gesunder Unschuld. – Tyrannei, Aberglaube, Handel und Ungleichheit wurden erst damals bekannt, als die Vernunft fruchtlos versuchte, die Verirrungen krankhaft aufwallender Leidenschaft zu leiten. (…)

Nur der Mensch und diejenigen Thiere, die er mit seiner Gesellschaft angesteckt oder durch seine Herrschaft verdorben hat, sind krank geworden. Das wilde Schwein, das Mufflon, der Bison und der Wolf sind frei von jeder Krankheit, und sterben ausnahmslos entweder durch äußere Gewalt oder durch natürliches hohes Alter. Aber das zahme Schwein, das Schaf, die Kuh und der Hund sind einer unglaublichen Menge verschiedenartiger Erkrankungen unterworfen, und haben, gleich den Verderbern ihrer Natur, Aerzte, die sich durch ihre Leiden ernähren und bereichern. Der Vorrang des Menschen ist, wie derjenige Satans, der Vorrang der Leiden; und die Mehrzahl seines Geschlechtes, zu Armuth, Krankheit und Verbrechen verdammt, hat alle Ursache, das widerwärtige Ereigniß zu verfluchen, das ihn durch die Befähigung, seine Empfindungen mitzutheilen, über die Sphäre seiner Nebenthiere erhob. Aber die Schritte, die gethan worden sind, lassen sich nicht ungeschehen machen. Die Summe aller menschlichen Wissenschaft ist in der einen Frage enthalten: – Wie lassen sich die Vortheile der Bildung und Civilisation mit der

Freiheit und den reinen Genüssen eines naturgemäßen Lebens versöhnen? Wie können wir uns der Wohlthaten des Systems versichern, das jetzt mit allen Fibern unsres Wesens verflochten ist, und zugleich dessen Uebel verbannen? – Ich glaube, daß das Enthalten von thierischer Nahrung und geistigen Getränken uns in hohem Grade zu der Lösung dieses wichtigen Problems befähigen würde. (...)

Die vergleichende Anatomie lehrt uns, daß der Mensch in Allem den pflanzenfressenden, in Nichts den fleischfressenden Thieren gleicht; er hat weder Klauen, um seine Beute zu packen, noch besondere und zugespitzte Zähne, um die lebendige Faser zu zerreißen. Ein Mandarin »erster Klasse« mit zwei Zoll langen Nägeln würde diese allein wahrscheinlich nicht ausreichend finden, auch nur einen Hasen festzuhalten. Unsrer Schwelgerei willen muß durch eine widernatürliche und unmenschliche Operation der Stier zum Ochsen und der Widder zum Hammel erniedrigt werden, damit die schlaffe Faser der rebellischen Natur geringeren Widerstand entgegensetze. Nur indem wir todtes Fleisch durch Küchenzubereitung erweichen und umgestalten, wird dasselbe kaubar und verdaulich gemacht, und ruft der Anblick seines blutigen Saftes und seiner rohen Widerlichkeit keinen unerträglichen Ekel und Abscheu mehr hervor. Möge der Vertheidiger thierischer Nahrung sich selbst zu einem entscheidenden Versuch ihrer Angemessenheit zwingen, und, wie Plutarch empfiehlt, ein lebendiges Lamm mit seinen Zähnen zerreißen, und, seinen Kopf in dessen Eingeweide steckend, seinen Durst mit dem dampfenden Blute stillen; noch triefend von dieser Schreckensthat, möge er umkehren zu dem unwiderstehlichen Triebe der Natur, die anklagend wider ihn aufstehen würde, und sagen: »Die Natur erschuf mich zu solchem Werke.« Dann, und nur dann, würde er konsequent sein.

Der Mensch gleicht keinem fleischfressenden Thiere. Es giebt von der Regel, daß kräuterfressende Thiere zellige Grimmdärme haben, keine Ausnahme, es sei denn der Mensch wäre eine solche.

Der Orangutang gleicht völlig dem Menschen, sowohl in der Ordnung wie in der Zahl seiner Zähne. Der Orangutang ist der menschenähnlichste unter dem Affengeschlechte, welches sich ausschließlich von Früchten nährt. Es giebt keine andere Thiergattung, die verschiedenes Futter frißt, bei welcher diese Analogie existirte. Bei vielen fruchtfressenden Thieren sind die Hundszähne spitzer und ausgeprägter, als beim Menschen. Auch die Aehnlichkeit des menschlichen Magens mit demjenigen des Orangutang ist größer, als mit dem irgend eines anderen Thieres.

Die Eingeweide sind ebenfalls denen der kräuterfressenden Thiere völlig gleich, welche eine breitere Fläche für die Entleerung aufweisen und weite, zellige Grimmdärme haben. Auch der Blinddarm ist, obschon kurz, doch größer als bei fleischfressenden Thieren, und selbst hier bewahrt der Orangutang seine gewohnte Aehnlichkeit. (...)

Was ist die Ursache der krankhaften Thätigkeit in unserm animalischen System? Nicht die Luft, die wir athmen, denn unsre Mitgeschöpfe in der Natur athmen dieselbe ungeschädigt; nicht das Wasser, das wir trinken (wenn es von der Beschmutzung des Menschen und seiner Erfindungen freigehalten wird), denn die Thiere trinken es gleichfalls; nicht die Erde, auf der wir wandeln; nicht der ungetrübte Anblick der hehren Natur in Wald, Feld oder im Bereich des Himmels und Meeres; Nichts, das wir mit den krankheitsfreien Bewohnern des Waldes gemein haben oder gleich ihnen thun; aber Etwas also, worin wir von ihnen abweichen: unsre Gewohnheit, unsre Speise durch das Feuer zu verändern, so daß unser Appetit nicht mehr einen richtigen Maßstab für die Angemessenheit seiner Befriedigung abgeben kann. Ausgenommen bei Kindern, bleibt keine Spur jenes Instinktes übrig, der bei allen anderen Thieren entscheidet, welche Nahrung naturgemäß ist oder nicht; und so völlig abgestumpft ist derselbe bei den philosophirenden Erwachsenen unsrer Gattung, daß es nöthig geworden ist, zu Darlegungen der vergleichenden Anatomie seine Zuflucht zu nehmen, um zu beweisen, daß wir von Natur Fruchtesser sind. (...)

Bei Allem, was heilig ist in unsren Hoffnungen für die Menschheit, beschwöre ich Diejenigen, welche Glückseligkeit und Wahrheit lieben, einen ernstlichen Versuch mit dem vegetabilischen System zu machen. Es ist gewiß überflüssig, lang und breit über einen Gegenstand zu reden, dessen Vorzüge eine sechsmonatliche Erfahrung für immer ins Klare setzen würde. Freilich nur von den Aufgeklärten und Wohlmeinenden läßt sich ein so großes Opfer des Appetits und des Vorurtheiles erwarten, selbst wenn seine schließliche Vortrefflichkeit keinen Zweifel zuließe. Die kurzsichtigen Opfer der Krankheit finden es bequemer, ihre Schmerzen durch Arzeneien momentan zu lindern, als denselben durch Diät vorzubeugen. (...)

Wenn diese Beweise der Welt hinlänglich zu Gesicht kommen, und von Allen, welche sich aufs Rechnen verstehen, deutlich erkannt werden, so ist es kaum möglich, daß das Verzichtleisten auf erweislich schädliche Nahrungsmittel nicht allgemein werden sollte. – Die Stärke der Beweiskraft wird im Verhältnisse zu der Zahl der Proselyten stehen; und wenn tausend Personen aufgeführt werden können, die, von Vegetabilien und gereinigtem Wasser leben, und keine Krankheit, außer dem Greisenalter, zu befürchten haben, so wird die Welt genöthigt sein, Thierfleisch und gegohrene Getränke als langsam, aber sicher wirkende Gifte zu betrachten. Die Veränderung, welche durch einfachere Lebensweise für die Staatswirthschaft herbeigeführt werden würde, ist beachtenswerth genug. Der sich seines Monopols erfreuende Verzehrer von Thierfleisch würde nicht länger seine Konstitution zerstören, indem er einen

Acker in einer Mahlzeit verschlingt, und mancher Laib Brot würde aufhören, in Gestalt eines Krugs Porter oder eines Glases Schnaps zu Gicht, Wahnsinn und Schlagfluß beizutragen, statt den lang sich hinquälenden Hunger der verschmachtenden Kinder des hart arbeitenden Bauern zu stillen. Die Quantität nahrhafter vegetabilischer Stoffe, welche verbraucht wird, um das Geripp eines Ochsen zu mästen, würde zehnmal soviel Lebensmittel liefern, die unverdorben und unfähig wären, Krankheit zu erzeugen, wenn man sie unmittelbar dem Schooß der Erde entnähme. Die fruchtbarsten Strecken der bewohnbaren Erde werden jetzt thatsächlich von den Menschen für Thiere angebaut, mit einer absolut unberechenbaren Verschwendung von Zeit und Nahrungsmitteln. Nur die Wohlhabenden können in größerem Maßstabe selbst jetzt das unnatürliche Verlangen nach todtem Fleische befriedigen, und sie zahlen den Preis für die größere Ausdehnung dieses Vorrechts; indem sie überzähligen Krankheiten unterworfen sind. Ferner würde der Geist derjenigen Nation, welche in dieser großen Reform voranschritte, unmerklich sich dem Ackerbau zuwenden; der Handel, mit all seinen Lastern, seiner Selbstsucht und Verderbtheit, würde allmählich abnehmen; die natürlichere Lebensweise würde mildere Sitten hervorbringen, und die übertriebene Verwicklung der politischen Verhältnisse würde so weit vereinfacht werden, daß jeder Einzelne fühlen und begreifen könnte, weshalb er sein Vaterland liebe und ein persönliches Interesse an der Wohlfahrt desselben nehme. Wie würde England z. B. von den Launen fremder Herrscher abhängig sein, wenn es in sich selbst alle Bedürfnisse enthielte und Alles verachtete, was Jene an Luxusgegenständen des Lebens besäßen? Wie könnten sie es durch eine Art Aushungerungssystem zur Einwilligung in ihre Forderungen zwingen? Von welcher Wirkung würde es sein, daß sie sich weigerten, ihm seine Wollfabrikate abzunehmen, wenn große und fruchtbare Landstriche der Insel aufhörten, zu Viehweiden verschwendet zu werden? Bei einer naturgemäßen Diät würden wir keiner Gewürze aus Indien bedürfen; keiner Weine aus Portugal, Spanien, Frankreich oder Madeira; keines von all' jenen zahlreichen Luxusartikeln, um derentwillen jeder Winkel der Erde ausgeplündert wird, und welche die Ursache so vieler persönlicher Nebenbuhlerschaft, so unheilvoller und blutiger Völkerzwiste sind. In der Geschichte der neueren Zeit scheint die Habgier des kaufmännischen Monopols nicht minder, als der Ehrgeiz schwacher und verderbter Führer, die allgemeine Zwietracht angefacht, den Mißgriffen der Kabinette die Halsstarrigkeit und der Verblendung des Volkes die Borniertheit hinzugefügt zu haben. Möge man sich stets daran erinnern, daß der Handel unmittelbar den Einfluß übt, die Kluft zwischen dem Reichsten und dem Aermsten zu erweitern und unausfüllbarer zu machen. Möge man sich erinnern, daß derselbe ein Feind von Allem ist, das im menschlichen Charakter wahren Werth und wahre Vortrefflichkeit besitzt. Die verhaßte und widerwärtige Aristokratie des Reichthums ist auf den Trümmern alles Dessen erbaut, was Ritterthum oder Republikanerthum Gutes an sich haben; und der Luxus ist der Vorläufer eines Barbarenthums, von dem es kaum eine Heilung giebt. Ist es unmöglich, einen Gesellschaftszustand zu verwirklichen, wo alle Thatkraft des Menschen darauf gerichtet ist, ihm eine dauernde Glückseligkeit zu verschaffen? Wenn dieser Gewinn (der Gegenstand aller politischer Spekulation) irgendwie erreichbar ist, so ist er sicherlich nur durch ein Gemeinwesen zu erreichen, das der Habgier und Ehrfurcht einiger Wenigen keine künstlichen Lockmittel darbietet, sondern von Grund aus auf die Freiheit, die Sicherheit und das Wohlergehen der großen Mehrzahl berechnet ist. Niemand darf mit Macht betraut werden (und Geld ist die umfassendste Art der Macht), der nicht verpflichtet ist, sie ausschließlich zum allgemeinen Besten anzuwenden. Aber der Gebrauch thierischen Fleisches und gegohrener Getränke widerstreitet direkt dieser Gleichheit der Menschenrechte. Der Bauer kann nicht diese Gelüste der höheren Stände befriedigen, ohne seine Familie der Gefahr des Verhungerns preiszugeben. Ohne Krankheit und Krieg, diese verheerenden Verminderer der Bevölkerung, wären Viehweiden eine zu große Ländereiverschwendung, als daß man sie gestatten dürfte. Die zum Unterhalt einer Familie erforderliche Arbeit ist weit leichter, als man gewöhnlich annimmt. Die Bauern arbeiten nicht allein für sich selbst, sondern auch für die Aristokratie, das Heer und und die Fabrikanten.

Der Nutzen einer Reform in der Diät ist offenbar größer, als derjenige jeder andern Reform. Er trifft die Wurzeln des Uebels. Die Mißbräuche der Gesetzgebung heilen, ehe wir die Neigungen ertödten, durch welche sie herbeigeführt werden, heißt voraussetzen, daß die Ursache aufhören werde zu wirken, wenn man die Wirkung beseitigt. Aber der Erfolg dieses Systemes beruht gänzlich darauf, daß die Einzelnen sich zu ihm bekehren, und gründet sein Verdienst, als eine Wohlthat für das Gemeinwesen, auf die völlige Veränderung der diätetischen Gewohnheiten bei seinen Mitgliedern. Es schreitet mit Sicherheit von einer Anzahl besonderer Fälle zu einem allgemeinen fort, und hat vor dem entgegengesetzten Verfahren den Vorzug, daß Ein Irrthum nicht Alles, was vorhergegangen ist, entkräftet. (...)

Ich wende mich nicht bloß an den jungen Enthusiasten, den eifrigen Verehrer der Wahrheit und Tugend, den reinen und leidenschaftlichen Moralisten, der noch unverderbt ist durch die Befleckung der Welt. Er wird ein reines System um seiner abstrakten Wahrheit, Schönheit, Einfachheit und seiner Verheißung weitgreifenden Segens willen annehmen; falls nicht die Gewohnheit Gift in Nahrung verwandelt hat, wird er die rohen Freuden der Jagd aus innerem Triebe hassen; es wird für sein Gemüth ein Gedanke voll Grausen und

Ekel sein, daß Wesen, die der zartesten und bewunderungswürdigsten Sympathien fähig sind, an der Todesqual und den letzten Zuckungen sterbender Thiere sollten Freude haben können. Allein auch der ältere Mann, dessen Jugend durch Unmäßigkeit vergiftet ward, oder der anscheinend mäßig gelebt hat, und mit einer Reihe schmerzlicher Krankheiten belastet ist, würde bei einem wohlthätigen Wechsel, der ohne die Gefahr giftiger Arzeneien hervorgebracht wird, seine Rechnung finden. Die Mutter, für welche die beständige Unruhe der Krankheit und das unerklärliche Dahinwelken ihrer Kinder die Ursachen unheilbarer Trauer sind, würde bei dieser Diät die Genugthuung haben, sie beständig gesund und munter zu sehen, wie die Natur es gewollt hat. Manches werthvolle Leben wird täglich durch Krankheiten zerstört, welche durch Arzeneien nur mit Gefahr nothdürftig erstickt, und unmöglich gründlich durch sie geheilt werden können. Wie lange noch wird der Mensch fortfahren, dem Heißhunger des Todes, seines arglistigsten, unversöhnlichsten und ewigen Feindes, in die Hände zu arbeiten?

Aus: *Anmerkungen zur Königin Mab* (1813)

Auguste Comte
Französischer Philosoph (1798–1857)

Der Fall bei den Thieren hat immer die Klippe gebildet, an welcher die psychologischen Lehren zerschellt sind, seitdem die Naturforscher die Metaphysiker genöthigt haben, der Aushülfe des *Descartes* zu entsagen und anzuerkennen, dass die höheren Thiere die meisten unserer begehrlichen und selbst geistigen Fähigkeiten, nur mit Unterschieden des Grades, erkennnen lassen.

Eine Verrichtung kann nur in Bezug auf das Organ, welches sie vollzieht, oder an den Vorgängen seiner Vollziehung studirt werden. Die begehrlichen Verrichtungen und hauptsächlich die geistigen, können während ihrer Vollziehung nicht beobachtet werden; es kann dies nur an ihren Ergebnissen geschehen. Es giebt nur zwei Arten, um eine solche Klasse von Verrichtungen zu studiren: entweder bestimmt man die organischen Bedingungen von denen sie abhängen, und dies bildet den Hauptgegenstand der phrenologischen Physiologie, oder man beobachtet die Folge der geistigen und moralischen Akte, was mehr zur Naturgeschichte gehört. Dieses Studium ist zu einem Theil mit früheren Theilen der Philosophie verknüpft und zum andern Theile mit dem Ganzen der Geschichte der Thiere, des Menschen und selbst der Menschheit. Wenn man aber von dem Gegenstande die Betrachtung des Thätigen und die der That beseitigt, was bleibt da für den Geist übrig, ausser einem unverständlichen Wortstreit, wo blos Wort-Entitäten an Stelle der Vorgänge treten? Das schwierigste Studium würde auf diese Weise getrennt von den einfachsten und vollkommensten Wissenschaften, über welche dasselbe doch majestätisch herrschen soll.

Betrachtet man die Psychologie oder Ideologie in Hinsicht auf die Lehre, so zeigt sie einen Irrthum, welcher auf einer falschen Werthschätzung der Beziehungen zwischen den begehrlichen und erkennenden Fähigkeiten beruht. Alle Metaphysiker sind über den höheren Werth der letzteren einig. Der Geist ist beinahe der ausschliessliche Gegenstand ihrer Spekulationen geworden; die begehrlichen Fähigkeiten sind beinahe ganz vernachlässigt und dem Verstande untergeordnet. Eine solche Auffassung bietet jedoch das Umgekehrte der Wirklichkeit, und nicht blos für die Thiere, sondern auch für den Menschen, denn die Affekte, die Neigungen, die Leidenschaften sind das wesentlich Bewegende im menschlichen Leben; es ist sogar gewiss, dass die wenigst edeln, die am meisten thierischen Neigungen in der Regel die kräftigsten sind und daher auch die einflussreichsten. Der Mensch ist gegen die Erfahrung als ein wesentlich denkendes Wesen dargestellt worden, welches ohne es zu wissen, eine Menge unbemerkbarer Berechnungen ausführt, ohne beinahe jede freiwillige Thätigkeit, schon von der frühesten Kindheit an. Zwei Ursachen haben die Metaphysiker zu dieser vermeintlichen Oberherrschaft des Verstandes geführt; die eine liegt in der Scheidewand, welche man zwischen Thieren und Menschen errichtet hat, die andere kommt von ihrer Nöthigung die Einheit des *Ich* zu erhalten, damit sie der Einheit der *Seele* entspreche, welche ihnen durch die theologische Philosophie, von welcher die Metaphysik nur eine Umgestaltung ist, auferlegt war. Allein die positiven Gelehrten, welche keiner anderen geistigen Verpflichtung sich unterwerfen, als ohne jede Fessel den wahren Zustand der Dinge zu sehen und denselben genau in ihren Lehren wiederzugeben, haben durch Erfahrung erkannt, dass die menschliche Natur, anstatt einer einigen, vielmehr in hervorragender Weise eine vielfache ist, d. h. beinahe jederzeit im verschiedenen Sinne angeregt durch mehrere bestimmte und unabhängige Mächte, zwischen denen sich mühsam ein Gleichgewicht herstellt, wenn wie bei den meisten civilisirten Menschen keine dieser Mächte so ausgesprochen auftritt, um von selbst überwiegend zu werden. Deshalb behandelt die Lehre vom *Ich* nur einen eingebildeten Zustand; für die positive Untersuchung besteht hier als Studium das Gleichgewicht dieser verschiedenen thierischen Verrichtungen der Erregbarkeit und der Empfindlichkeit, welches den normalen Zustand kennzeichnet, wo jede von ihnen mit dem Ganzen der andern und zwar nach den Gesetzen der Sympathie und besonders der Synergie, sich assoziirt. Aus dem stetigen Gefühl einer solchen Harmonie, welche oft durch Krankheiten gestört wird, ergiebt sich der abstrakte und sehr vermittelte Begriff des *Ich*, d.h. der allgemeinen Zusammenstimmung des Ganzen des Organismus. Die Psychologen haben vergeblich sich bemüht aus dieser Idee, oder vielmehr aus dieser Empfindung eine ausschliessliche Eigenschaft des Menschen zu machen. Dieser Begriff ist die nothwendige Folge alles thierischen Lebens und er kommt auch den Thieren zu, wenn sie auch nicht darüber verhandeln können. Eine Katze oder irgend ein Thier mit Gehirn, hält sich, ohne dass es *ich* sagen kann, doch nicht für etwas anderes, als es selbst ist. Das Gefühl der Persönlichkeit ist vielleicht bei den höheren Thieren viel deutlicher als bei dem Menschen, weil ihr Leben ein isolirtes ist.

Das Studium der geistigen und moralischen Zustände der Thiere ist den Naturforschern überlassen worden; allein die metaphysischen Ansichten haben einen verderblichen Einfluss darauf ausgeübt in Folge des Unterschiedes, den man zwischen Verstand und Instinkt aufgestellt hat. Das Wort Instinkt will an sich nur einen von selbst entstehenden Antrieb nach einer bestimmten Richtung hin bezeichnen und zwar unabhängig von allen äusseren Einflüssen, und in diesem Sinne ist es auf die Wirksamkeit jedweder Fähigkeit anwendbar, sei sie verständiger oder empfindender Natur. Es bildet keinen Gegensatz zu dem Verstande, wie man ja oft so von Menschen spricht, welche ohne jede Erziehung ein entschiedenes Talent für die Musik, die Malerei, die Mathematik u.s.w. zeigen. In dieser Hinsicht giebt es bei dem Menschen einen Instinkt oder vielmehr Instinkte, und zwar ebenso viele, ja mehr als bei den Thieren. Anderseits besteht der *Verstand* des Menschen hauptsächlich in seiner Fähigkeit, sein Verhalten nach den Umständen des einzelnen Falles einzurichten, und dies bildet die wichtigste praktische Eigenschaft der *Vernunft*. Es ist kein Grund vorhanden, um zwischen dem Menschen und dem Thiere einen andern als den Unterschied des Grades aufzurichten. Die scholastische Definition des Menschen als die eines vernünftigen Thieres enthält einen Unsinn; denn kein Thier, namentlich in den höheren Arten, könnte leben, ohne im gewissen Sinne vernünftig zu sein; je nach der Verwickelung ihrer Organisation verwenden die Thiere, wie der Mensch, ihre Einsicht zur Befriedigung ihrer organischen Bedürfnisse und helfen sich auch, wo nöthig, mit einer Art von Sprache, die ihrer Natur und ihren Beziehungen entspricht. Sie sind auch für eine uneigennützigere Ordnung ihrer Bedürfnisse empfänglich, indem sie ihre thierischen Fähigkeiten ausüben, lediglich um des Vergnügens ihrer Ausübung willen. Deshalb erfinden sie auch, wie die Kinder und Wilden, neue Spiele. Man hat daher einen vergeblichen metaphysischen Unterschied aufgestellt, als man den Sinn des Wortes *Instinkt* entstellte und damit ein fatalistisches Streben der Thiere nach maschinenmässiger Ausübung gleichförmig bestimmter Akte bezeichnete. Diese Annahme ist ein Ueberbleibsel von der Automaten-Hypothese des *Descartes*. (…)

Das Studium der Thiere hat an dem Fehler gelitten, dass man den Unterschied von Instinkt und Verstand aufgestellt hat. Die Natur der Thiere kann nur verstanden werden, wenn man von ihrer Aehnlichkeit mit der des Menschen ausgeht, je nach dem Gradunterschied der Organisation. Umgekehrt hat die Untersuchung der niederen Organismen die Kenntniss des Menschen zu fördern. Da die Gesammtheit der erkennenden und begehrlichen Fähigkeiten des Gehirns die Vervollständigung des thierischen Lebens bilden, so wäre es schwer begreiflich, dass die grundlegenden dieser Fähigkeiten nicht allen höheren Geschöpfen gemeinsam sein sollten. Wenn einige Fähigkeiten ausschliesslich der Menschennatur angehören, so kann dies nur unter den höheren geistigen Anlagen der Fall sein, und auch dieses wird zweifelhaft, wenn man ohne Vorurtheil die Handlungen der höheren Säugethiere mit denen der am wenigsten entwickelten Wilden vergleicht. Die Annahme entspricht mehr der Vernunft, dass die Fähigkeiten zu beobachten und selbst Verschiedenes zusammenzufassen und zu erwägen, auch bei den Thieren, wenn auch in einem sehr niederen Grade bestehen. Jedenfalls ist der Mangel von deren Ausübung nur eine Folge des einsamen Lebens; die Organe werden dadurch stockend und unbrauchbar. Von seiner hohen Stellung hat der Mensch über die Thiere geurtheilt, beinahe wie ein Despot über seine Unterthanen, d. h. nur der Masse nach, ohne einen Unterschied bei ihnen zu bemerken, der bemerkt zu werden verdiente. Allein es ist gewiss, dass in erkennender und moralischer Beziehung, wie auch in anderen physiologischen Auffassungen die wichtigsten Klassen der thierischen Stufenleiter mehr von einander verschieden sind, als die höchsten von ihnen von dem menschlichen Vorbild.

Man soll die Sitten und den Geist der Thiere studiren; die Naturforscher werden da eine reiche Ernte halten, wenn sie die Deklamationen der Theologen und Metaphysiker nicht beachten, nach denen diese Lehre nur zur Herabwürdigung der menschlichen Natur führt; vielmehr werden durch diese Studien die Unterschiede festgestellt, welche den Menschen von dem ihm selbst nächsten Thiere trennen.

Aus: *Die positive Philosophie* (1830–1842)

John Stuart Mill
Englischer Philosoph, Sozialreformer und Nationalökonom (1806–1873)

In einem Bericht des Rathauses von letzter Woche heißt es, daß ein gewisser William Burn sich vor dem Bürgermeister dafür verantworten mußte, eines der Pferde in seinem Lastgespann überaus brutal geschlagen zu haben. Er saß auf dem mittleren Pferd und schlug mit dem Knauf seiner Peitsche eines der Pferde wie rasend auf den Kopf. Das Pferd stürzte, und der Angeklagte schlug es, als es lag, sogar noch ärger als zuvor. Der Bürgermeister zeigte große Empörung über das Verhalten des Angeklagten und wollte ihn soeben mit der Höchststrafe belegen, als er erfuhr, daß er eine große Familie habe, woraufhin er zu ihm sagte: »Du verdienst die höchste Strafe, doch ich kann mir nicht vorstellen, deine Frau und deine Kinder zu bestrafen. Das Gericht verurteilt dich zu einer Strafe von zehn Schilling oder vierzehn Tagen Gefängnis«. Der Angeklagte dankte seiner Lordschaft und zahlte die Geldstrafe.

Wir halten diese Nachsicht und die dafür gegebene Begründung für ein hervorragendes Beispiel der gedankenlosesten und unklügsten Ausübung obrigkeitlicher Machtbefugnis, mit der uns die Londoner Gerichte in letzter Zeit beehrt haben. »Eine große Familie« war lange Zeit geläufig als Entschuldigung für Bettelei und als Empfehlung gegenüber den geneigten Wählern bei der Abstimmung über die Verleihung des verantwortungsvollen Amtes des Gemeindedieners. In Zukunft scheint es zu einer Erlaubnis für Gesetzesübertretungen werden zu sollen, und schlimmer noch, für die Verübung von Handlungen grausamster Brutalität, und es löst nicht nur einfach Bedauern, sondern Empörung aus, daß einer solchen Kreatur auch noch eine Frau und Kinder ausgeliefert sind, die er ebenso behandeln kann.

Betrachten wir zuerst die allgemeinen Prinzipien der Rechtsprechung. Der Bürgermeister meinte, der Mann verdiene die Höchststrafe und wollte sie gerade verhängen. Er meinte also, daß die höchste gesetzlich vorgesehene Geldstrafe von vierzig Schilling oder bei Nichtbezahlung vierzehn Tage Gefängnis (denn das Gesetz erlaubt keine längere Haftstrafe) gerade ausreichen könnte, um auf die hartherzige Natur des Mannes Eindruck zu machen und ihn und andere zu veranlassen, ihre Brutalität zu zügeln. Und wer wäre hier mit dem Bürgermeister nicht einer Meinung oder würde nicht noch viel weiter gehen? Wer begriffe nicht, daß die Höchststrafe stark angehoben werden müßte, daß sie lächerlich und beklagenswert unangemessen ist; daß sie so gering angesetzt ist, nicht weil man sie für ausreichend hielt, sondern weil die Befürworter des Gesetzentwurfs schon überaus froh darüber waren, überhaupt die Zustimmung des Gesetzgebers zu einer Strafe zu erhalten, um so wenigstens die Tatsache festzuschreiben, daß das Gesetz den grausamen Machtmißbrauch gegenüber Hilflosen mißbilligt und brandmarkt? Diese Feststellung macht, wie wir befürchten, den größten Teil des Guten aus, das das Gesetz gegen die Grausamkeit gegenüber Tieren bisher bewirkt hat; und selbst dieses wird durch die Geringfügigkeit der Strafen in großem Maße aufgehoben, denn wenn sich auch diejenigen, die dieses Verbrechen begehen, jetzt darüber im klaren sind, daß ihre Oberen es für falsch halten, so können sie sich doch nicht vorstellen, daß es von den Leuten, die sich seiner Verhinderung so überaus milde annehmen, für etwas sehr Schlimmes gehalten wird.

Kehren wir jedoch zum Bürgermeister zurück. Er meinte jedenfalls, daß vierzig Schilling oder vierzehn Tage Gefängnis gerade hätten ausreichen können, um dem Mann eine heilsame Lektion zu erteilen. Wenn vierzig Schilling gerade streng genug waren, dann sind zehn Schilling zu wenig; und der Mann wird mit einer Strafe entlassen, von der der Richter weiß, daß sie zu geringfügig ist, um die verwerflichen Gewohnheiten des Mannes zu korrigieren und andere davon abzuhalten. Und das, weil der Bürgermeister »sich nicht vorstellen kann«, die Frau und die Kinder zu bestrafen. Zunächst einmal läßt es das sofortige Zahlen der zehn Schilling als überaus wahrscheinlich erscheinen, daß ausreichend Mittel für den Unterhalt von zwei Wochen vorhanden waren. Zweitens: Bestand die Absicht des Gesetzes denn darin, daß die Unannehmlichkeiten, die eines Mannes Ehefrau und seine Kinder wegen ihm auferlegter Strafen möglicherweise zu ertragen hätten, ein Grund dafür sein sollten, ihn nicht zu der Strafe zu verurteilen, die er für seine Missetaten verdient? Hätte der Bürgermeister ihm diese Entschuldigung zu seinen Gunsten angerechnet, wen er ein Taschentuch gestohlen hätte? Nein, gewiß nicht, mit keinem Gedanken wäre eine Härte für die Familie gewürdigt worden, obwohl das Vergehen in diesem Fall sogar hätte begangen worden sein können, um den Hunger der Familie zu mildern; und wenigstens hätte sich der Missetäter nicht als die Art von Mann erwiesen, von dem getrennt zu sein für die Familie geradezu eine Gnade gewesen wäre.

Wirkliche Rücksicht auf Frau und Kinder hätte dem Richter etwas ganz anderes eingegeben. Sie hätte etwa so gesprochen – Wer zu der Tat fähig ist, für die dieser Mann schuldig gesprochen wurde, kann nur zweierlei sein: entweder ein Schuft, der aus Freude an der Gewalt ein hilfloses Wesen rücksichtslos mißhandelt, weil es seiner Macht unterworfen ist und sich nicht widersetzen kann; oder ein reizbares, gewalttätiges Wesen, das bei der kleinsten Provokation (einer Provokation, die von einem nichtsahnenden stummen Geschöpf ausgeht, das sich zu seinen Gunsten zu Tode schuftet!) in unkontrollierbare Wut gerät und es nicht lassen kann, grausame Rache zu üben.

Einen dieser Charaktere muß der Mann haben, und unter jeder der beiden Annahmen können wir darauf schließen, welche Art Zuchtmeister er seiner unglücklichen Ehefrau und den unglücklichen Kindern ist, über die er solche Macht hat, und bei denen es so viel wahrscheinlicher ist, daß sie seinen grausamen Zorn erregen, als bei dem Tier, das er tyrannisierte.

Es scheint uns wirklich, daß sie mehr dafür bemitleidet werden müßten, dazu verurteilt zu sein, mit einem solchen Mann zu leben, als dafür, ganze vierzehn Tage lang seine angenehme Gesellschaft entbehren zu müssen, und daß es von größerer Güte ihnen gegenüber gezeugt hätte, die Gelegenheit zu ergreifen, einem eine ernste Lektion zu erteilen, in dessen Macht es steht, so viele Menschen unglücklich zu machen.

Wenn er dazu hätte gebracht werden können, weniger brutal zu seinen Pferden zu sein, dann hätte ihn dies zugleich weniger brutal gegenüber seinen menschlichen Opfern werden lassen. Es ist abscheulich genug, daß solche Bestien Frau und Kinder haben, und abscheulich, daß sie, nur weil sie männlichen Geschlechts sind, über das ganze Dasein dieser Abhängigen die absolute Macht haben, nicht anders als ein Sklavenbesitzer in irgendeinem modernen Sklavereiland über seine Sklaven; und das sogar ohne den erbärmlichen Ausgleich, für ihren Unterhalt zu sorgen – denn in dieser Schicht nehmen die Frauen immer, und die Kinder ab einem Alter von sieben oder acht Jahren ebenfalls in vollem Umfang ihrer körperlichen Stärke, an den Arbeiten zum Unterhalt der Familie teil. Doch als wäre das alles noch nicht genug, wird dem Mann von einem Richter gesagt, daß er, weil er eine Familie hat, die er mißhandeln kann, der Mißhandlung irgendwelcher anderer Lebewesen frönen kann, die ihm über den Weg laufen, um an ihnen die liebenswerten Neigungen zu üben, in deren vollen Genuß dann seine Familie kommt. Wir bezweifeln nicht, daß der Bürgermeister es gut meinte; doch die mitleidsvollen Gnaden gedankenloser Leute sind grausam; und wir wünschten, daß er anstelle des Dankes des Rüpels, den er laufen ließ, den Dank der Öffentlichkeit für die strenge Ausübung der wichtigsten moralischen Macht verdient hätte, die ein Richter besitzt – der Macht, durch Wort und Tat die brutalen Gewohnheiten des schlimmsten Teils unserer Bevölkerung entschlossen zu unterdrücken.

Aus: *Der Fall William Burn* (1846)

Die zu Gunsten des staatlichen Schutzes für Kinder geltenden Gründe lassen sich nicht weniger anführen für jene unglücklichen Sklaven und Opfer der brutalsten Menschenklassen, für die Thiere. Es ist eine grobe Verkennung freiheitlicher Grundsätze wenn man die exemplarische Bestrafung einer barbarischen Behandlung dieser schutzlosen Geschöpfe als eine über ihr Gebiet hinausgehende Einmischung der Staatsgewalt und als einen Eingriff in das häusliche Leben darstellt. Das häusliche Leben von Hausthyrannen ist ein Gegenstand, bei dem die Einmischung des Gesetzes am dringendsten Noth thut; und es ist bedauerlich, daß metaphysische Bedenken über die Natur und die Quelle der Regierungsgewalt manche warme Anhänger von Gesetzen gegen die Thierquälerei bewogen haben, sich hierbei lieber auf die mittelbaren schädlichen Folgen, welche grausame Gewöhnungen für die menschliche Sicherheit haben, als auf die eigenen Gründe der Sache selbst zu berufen. Wenn es als die Pflicht jedes menschlichen Wesens erscheint, das die erforderliche physische Kraft besitzt, solche Akte, wenn sie vor seinen Augen geschehen, mit Gewalt zu hindern, so muß es der Gesellschaft im allgemeinen ebenso sehr obliegen, derartige Vorfälle hintanzuhalten. Die gegenwärtigen Gesetze Englands über diesen Gegenstand sind besonders mangelhaft durch den geringen, fast nur nominellen Betrag der selbst für die schlimmsten Fälle zulässigen Strafen.

Aus: *Grundsätze der politischen Ökonomie* (1848)

Friedrich Theodor Vischer
Deutscher Schriftsteller und Philosoph (1807–1887)

Das Seelenleben des Tiers erhebt, was es durch die Sinne aufgenommen, zu einem Innern, das sich selbst und die Beschaffenheit des Gegenstands, wie es durch sie affiziert wird, fühlt. In dieses ungeteilte Gefühl des Gegenstands und seiner selbst tritt aber auch innere Trennung in Subjekt und Objekt ein, indem jener als Bild im Innern wiederholt und von der Tierseele beschaut wird. Die Bilder bleiben aufgehoben, spielen innerlich fort, treten als Erinnerung aus dem Dunkel wieder hervor. Der Zusammenhang dieser Bilder, getragen durch seine Beziehung auf das Tier selbst, vertritt die Stelle des ihm verschlossenen Denkens. Das Tier versteht ohne Begriff, Urteil und Schluß, das Verstehen hat aber ebendarum durchaus da seine Grenze, wo ein Inhalt nicht unmittelbar sinnlich erscheinen kann, sondern sich hinter einem willkürlichen, auf die eigene Natur des Tiers beziehungslosen Bilde so versteckt, daß nur die wirkliche, durch Denken trennende Reflexion ihn zu setzen und zu finden vermag.

Aus: *Aesthetik oder Wissenschaft des Schönen* (1847–1858)

Es ist nicht meine Absicht, mehrerlei Formen der Thierquälerei hier namhaft zu machen. Nur Einen Haupt-Unfug, das Kälberhetzen, will ich hier noch erwähnen. Diese Sitte ist überhaupt ebenso dumm als grausam. Das Thier, das eben von der Kuh gerissen ist und gewöhnlich kaum gehen kann, wird durch einen ungehorsamen Hund statt vorwärtsgetrieben zu werden, völlig verwirrt und zur Abmüdung, zu der Erschöpfung, die ihm häufig den Schaum aus dem Maule treibt, kommt daher ein verworrener, hetzender Lärm, der es vollends in einen Zustand der Verzweiflung bringt, der alle seine Säfte in giftige Gährung setzen muß. Dabei rechne ich noch nicht die Bisse des Hunds, die

Schläge des Treibers. Es ist nicht anders möglich, als daß dieser zum Unmenschen wird. Die fast unerträgliche Geduldprobe, ein Thier, das nicht gehen kann und doch soll, das völlig verwirrt und verscheucht kaum vorwärts zu bringen ist, Schritt für Schritt weiter zu hetzen, zerstört jedes Gefühl des Mitleids in ihm, er *muß* zum Scheusal werden und ich habe gesehen, wie ein solcher Mensch ein Kalb mit einem Regen von Prügeln mitten durch die Stadt trieb. Aber nicht minder grausam ist das Knebeln, wenn man die Thiere zu Wagen transportirt. Es ist schon bei früherer Gelegenheit auf das einfache Mittel aufmerksam gemacht worden, das der Verein gegen Thierquälerei in München, der sich so kräftiger Unterstützung durch die Regierung erfreut, eingeführt hat. –

Ich schreibe diese Zeilen mit der sicheren Aussicht ausgelacht zu werden. Ich weiß wohl, daß man den, der sich für die Thiere verkämpft, als Seefahrer Lang verspottet, ich weiß wohl, wie fühlende Herzen zu Haus einen stinkenden fetten Schooßhund verwöhnen und verziehen, mit vornehmem Lächeln aus der von ein paar runden Rappen gezogenen Carosse vorüberkeuchende Jammergeschöpfe lorgnettiren und den Mann, dem die Empörung über die allgemeine Rohheit gegen das Thier mit Gewalt den Mund öffnet, als zu weichherzig verschreien. Lacht nur zu! Die Zeit wird kommen, wo diese Schinder, die ihr ungenirt gegen das Vieh wüthen laßt, an euch auch versuchen werden, ob ihr Nerven habt. Schwere Fragen stehen am Himmel der Zeit; es stehen uns Bewegungen bevor, bei denen das Volk irgendwie jedenfalls betheiligt sein wird. Wohl uns, wenn die schweren Aufgaben in die Hand eines zur Menschlichkeit erzogenen Volkes fallen; wehe uns wenn wir versäumt haben, es zur Menschlichkeit zu bilden, als es noch Zeit war. Ihr werdet erfahren, wie der scharfe Hieb der Peitsche auf der wunden Haut schmeckt, das Messer wird in euren Eingeweiden wühlen und ihr werdet merken, daß es Nerven gibt. Ihr werdet einsehen, daß ihr mit dem feinen Sprüchlein: »wären wir nur erst mit der Menschenquälerei fertig, ehe wir gegen die Thierquälerei eifern,« der menschlichen Bestialität Zeit gelassen habt, stattliche Mörder, Mordbrenner, Zungen-Ausschneider, Augenausstecher zu bilden. Das Todesstöhnen der gehetzten, gepeitschten, geprügelten, ausgehungerten, zerschundenen, zerfetzten Creatur, das eure Stumpfheit vor der sittlichen Weltordnung verklagte, wird in dieser Stunde wie ein Rache-Schrei vor eurem geistigen Gehör ertönen. Ich rede kraß, nicht wahr? Ja kraß will ich reden, kraß wie die scheuselige Qual ist, die mir auf jeder Straße begegnet, die einen Wolf zum Erbarmen rühren könnte und die ihr stumm mit anseht. Versuchen will ich, ob die Rede noch eine Macht hat, ein menschliches Herz zu erschüttern. Freilich das verlorene Wort des Einzelnen, des Alleinstehenden hat keine Macht. Aber warum bietet nicht das Gesetz die zusammenwirkende Macht aller Volkserzieher in Kirche und

Schule auf, um schon im Kinde den Saamen des Erbarmens gegen unsere Mitgeschöpfe zu pflanzen und zu nähren? Es müßte von zwei Seiten zugleich gegen diese Verwilderung unseres Volks, gegen die wachsende Rohheit und Bosheit gearbeitet werden. Eine Wunde verlangt äußere und innere Behandlung zugleich. Die äußere Behandlung wäre Gesetz, Verbot und Strafe, die innere wäre Erziehung der Gemüther zur Menschlichkeit. Daß diese das allein wirksame Mittel ist, leuchtet ein, aber jene soll ihr zu Hülfe kommen. Ueber beide seyen mir noch einige Worte gestattet.

Die Durchführung einer umfassenden Strafgesetzgebung gegen Thierquälerei hält man gewöhnlich für unmöglich, zunächst aus privatrechtlichen Gründen. Man sieht das Thier wie ein todtes Eigenthum an, mit dem der Besitzer nach Willkühr schalten könne. Dabei vergißt man zweierlei: erstens, daß das Thier keine Sache ist, daß es, zwar kein persönliches, aber ein lebendes und empfindendes Wesen, nicht Rechts-Anspruch, aber doch Anspruch darauf hat, unter dem Schutze des Staates mitbefaßt zu seyn; sodann die sittlichen Befugnisse der Polizei. Meine Kleider gehören mir, ich kann damit thun, was ich will; darf ich darum nackt über die Straße gehen? Nein, die Polizei zweifelt keinen Augenblick, daß sie den öffentlichen Anstand zu beaufsichtigen hat und ist eben nicht schüchtern, aus diesem Grunde in den privatrechtlichen Kreis meiner Existenz vielfach und sehr fühlbar einzugreifen. Nun, so darf ich wahrlich auch fordern, daß ich aus dem Fenster sehen, auf der Straße gehen, in meinem Zimmer arbeiten kann, ohne durch ein Schauspiel empörender Art um jede gute Stimmung gebracht zu werden. Sie hat dem Scandal, dem öffentlichen Aergerniß zu wehren. Aber nicht um mein Behagen, um meine Stimmung handelt es sich, sondern um den sittlichen Staatszweck, dem hierin die Polizei als Organ zu dienen hat. Aergerniß heißt nicht bloß Verletzung des Gefühls in einem Zuschauer, der solches hat; das eigentliche Aergerniß ist die abstumpfende, verwildernde Wirkung, die der tägliche Anblick der Wildheit und Rohheit bei allen denjenigen ausübt, deren Gefühl noch keine Festigkeit und Reife hat. Also nicht nur ein Recht, sondern eine Pflicht, eine sittliche, ein heilige Pflicht besteht und verlangt vom Staate gegen ein solches Uebel mit allen Mitteln, die ihm zu Gebot stehen, mit eiserner Strenge einzuschreiten. Diese Befugniß oder vielmehr Pflicht des Staates ist jedoch so klar, daß die Meisten nicht die Gerechtigkeit der Aufgabe, sondern die Ausführbarkeit in Zweifel ziehen. Hier freilich liegt der schwere Knoten. Wer kann z. B. ein absolutes Maaß über Pferdslasten aufstellen? Kann nicht dem scheinbar schwächeren Pferd oft mehr zugemuthet werden, als dem scheinbar starken? Wer kann auf den bloßen Anblick entscheiden, ob ein Zugthier aus Eigensinn oder aus Kraftlosigkeit nicht arbeitet, ob es also verdiente oder unverdiente Schläge bekommt? Wer unterscheidet den Armen, der sein Brod auf andere Weise nicht verdienen kann, als mit einem Pferde, das hungert, wie er selbst, und dem er, selbst in Verzweiflung, verzweifelte Anstrengungen zumuthen muß, von dem Rohen und Verdorbenen, der seine Thiere aus barbarischer Wuth oder aus innerer Bosheit, im besten Falle aus Geiz, durch Entziehung des nöthigen Futters und Mißverhältniß zwischen der Last und der Zahl der Pferde mißhandelt? So viel Schein in diesen Fragen liegt, so glaube ich aber dennoch, daß nur der Mangel an Wille in diesen Schwierigkeiten wirkliche Hindernisse finden kann. Wer kann denn z. B. ein absolutes Maaß für denjenigen Grad eines nächtlichen Sprechens, Rufens, Singens aufstellen, der polizeiwidrig wird? Hat aber die Polizei darum einen Augenblick Anstand genommen, nächtliche Aeußerungen der Fröhlichkeit unter eine sehr harte Zucht zu nehmen? Und wenn sie dort so sehr schüchtern ist, warum ist sie hier so wenig schüchtern, oder umgekehrt? So könnte man allen in jenen Fragen enthaltenen Fällen Beispiele anderer entgegenhalten, worin die Polizei durch Relativität der Maaße und Schwierigkeiten der Constatirung sich an einem sehr geschäftigen Eingreifen im Geringsten nicht hindern läßt, und in der That den Kreis der Lebensregulungen des Einzelnen in sehr empfindliche Schranken einengt. Wer nicht mag, findet leicht Schwierigkeiten; wer will, der handelt. Räumen wir ein, daß das Schwankende in den Bestimmungen darüber, ob eine Thierquälerei wirklich vorliege oder nicht, mancherlei Uebelstände mit sich bringt, daß daher mancher Schuldige straflos bleiben, daß da und dort ein minder Schuldiger Strafe erleiden wird: die Mehrzahl der Fälle wird doch immer die seyn, wo die Thatsache so klar vorliegt, daß kein Zweifel über die Schuld obwalten kann. Man muß doch dem Urtheil der Menschen noch einige Sicherheit zutrauen, wenn nicht, selbst in scheinbar meßbaren Gebieten, Alles schwankend werden soll.

Aus: *Noch ein vergebliches Wort gegen den himmelschreienden Thierschund im Lande Württemberg* (1847)

Das Thier mißhandeln ist thierisch. Die Natur ist erbarmungslos, das edlere, stärkere Thier quält das schwächere und spielt mit seinen Qualen, der Adler mit dem zappelnden Hasen, die Katze mit der Maus u. s. w. Man muß erst aus dem Thiere heraus sein, man muß sich ihm gegenüber wissen, um sich in es hinüberzuversetzen; Mitgefühl mit den Leiden des Thiers ruht auf dem Denken, das den innern Zustand eines fremden Wesens sich vergegenwärtigt. Völker und Einzelne, die es dahin nicht gebracht haben, stehen noch im Animalischen, sind nur edlere Thiere.

Aus: *Kritische Gänge* (1860)

Die armen Hunde bringen mich auf die Frage der *Vivisektion*, da sie ja ihre häufigsten Opfer sind.

Es ist dieß eine der schwierigsten Fragen im ethischen Gebiete des Thierschutzes. Denn zwei Sätze stehen einander diametral entgegen, die doch beide gleichen Anspruch auf Geltung haben, bilden also jenen vollen Widerspruch, den wir eine Antinomie nennen.

Der eine Satz heißt: Vivisektion ist empörende, ja scheusliche Grausamkeit, das menschliche Gefühl wird sich ewig dagegen auflehnen.

Der andere: sie ist ein unentbehrliches, unersetzliches Mittel der Wissenschaft (der Physiologie) und ebenso des Fortschritts der Heilkunst.

Den Widerspruch zwischen beiden Sätzen abzuschwächen, sagen die Physiologen, die Vivisektion werde nicht so häufig vorgenommen, als man meine, auch werde gewissenhaft dafür gesorgt, daß keine unberufene Schülerhand sie vornehme.

Diese letztere Versicherung will nicht recht vorhalten, denn es ist doch sehr zu zweifeln, ob es möglich sei, die akademischen Zuhörer von eigenmächtigen Versuchen abzuhalten. Ich selbst erinnere mich, bemerkt zu haben, wie Studenten auf ihre Faust zu Hause Vergiftungs-Experimente an einem Hunde machten.

Doch es sei: die Abschwächung soll Gewicht haben und mehr noch: nehmen wir an, geben wir zu, der zweite Satz selbst sei von so entscheidender Kraft, daß der erste dadurch entkräftet sei, also eine Antinomie nicht vorliege. Das Gefühl möchte sich also immerhin regen, aber es müßte schweigen; es verhielte sich, wie in all den Fällen, wo ein höherer Zweck gebietet, es zurückzudrängen, wie z. B. in einem Prozeß, wo ein Verbrecher zu Gefängniß oder Tod verurtheilt werden muß bei allem Mitleid mit seiner Familie.

Nun aber steigt eine Frage auf, die so große Schwierigkeit bereitet, daß diese Lösung wieder zweifelhaft wird. Hat eine schmerzvolle Sektion an einem lebenden Thiere den beabsichtigten Erfolg gehabt, hat sie zu einer physiologisch belehrenden und therapeutisch nützlichen Entdeckung geführt, dann hat sie das Ihrige gethan, der höhere Zweck ist erreicht und jedes arme Thier, das noch mit der Absicht gemartert wird, den Aufschluß zu finden, der bereits gefunden ist, leidet umsonst, jedes weitere vivisektorische Experiment ist reine, unentschuldbare Grausamkeit. Wir nehmen dabei an, und dürfen annehmen, daß es eine Autorität, ein bewährter und anerkannter Physiolog sei, der die Entdeckung gemacht und publizirt hat. Könnt ihr uns nun dafür stehen, daß in solchem Fall nicht *trotzdem* der Versuch aufs Neue vorgenommen, unbestimmbar oft wiederholt wird? Habt ihr Mittel, dieß zu verhindern? Ich zweifle sehr; ihr könnt es nicht verhindern, könnt Unterlassung des müßigen Wiederholens nicht verbürgen, ja es wird in Wahrheit nicht möglich sein, in dieser

Richtung eine Grenze zu setzen, jeder schneidlustige Physiolog wird für sein Messer die Entschuldigung bereit haben, diese Entdeckung sei zwar gemacht, aber die Wiederholung könne zu anderen, weiteren führen. Es folgt, daß man *Mißbrauch* in dieser Richtung nicht abhalten kann, wenn man den Gebrauch überhaupt einmal gestattet hat; es öffnet sich so dem Auge ein unabsehbares Feld *unnöthiger*, *unnützer*, grauenhafter Thiermißhandlung, und wir sind auf den ersten der zwei Sätze als einen *vollgültigen* zurückgeworfen. Jetzt nehme ich auch den obigen Zweifel wieder auf, ob es möglich sei, unberufene Schülerhände von den grausamen Versuchen abzuhalten, verbinde ihn mit dem eben ausgesprochenen Einwand und sage: der Aufschrei des empörten Menschengefühls ist *doch* im Recht, es bleibt *doch* dabei: jeder Schmerzenslaut des namenlos gequälten Thieres ist eine Anklage gegen die Wissenschaft, daß sie, welche die Hüterin der Humanität sein sollte, Anleiterin zur Unmenschlichkeit wird, und wenn es so steht, dann wird man auch sagen dürfen: lieber etwas weniger lernen und lieber einige Menschen weniger heilen, als den Seelen einen Schaden unendlicher Art zufügen; denn ein solcher ist doch wohl die Abstumpfung gegen das Mitleid!

Aus: *Altes und Neues* (1881)

Charles Darwin
Englischer Naturforscher (1809–1882)

Die Philosophen der derivativen Schule haben früher behauptet, der Grund der Sittlichkeit liege in einer Art Selbstsucht; neuerdings ist das Prinzip des »größtmöglichen Glücks« in den Vordergrund gestellt worden. Es ist jedoch korrekter, das letztere Prinzip als die Norm und nicht als das Motiv des Handelns zu bezeichnen. Trotzdem schreiben alle von mir studierten Schriftsteller mit wenigen Ausnahmen so, als ob für jede Handlung ein selbständiges Motiv vorhanden und mit irgend einem Lust- oder Unlustgefühl verknüpft sein müsse. Aber der Mensch scheint oft impulsiv zu handeln, d. h. instinktiv oder gewohnheitsmäßig, ohne bewußtes Vergnügen, in derselben Weise, wie es wahrscheinlich bei einer Biene oder einer Ameise der Fall ist, die blind ihren Instinkten folgen. Inmitten einer großen Gefahr, z. B. einer Feuerbrunst, wenn der Mensch sich ohne Zögern bemüht, einen Mitmenschen zu retten, wird er wohl kaum Vergnügen empfinden. Noch weniger wird er Zeit dazu haben, über das Mißvergnügen nachzudenken, das er wahrscheinlich empfinden würde, wenn er den Versuch nicht machte. Wenn er später über sein eigenes Verhalten in einem solchen Falle nachdenkt, wird er jedenfalls fühlen, daß in ihm eine von dem Suchen nach Vergnügen oder Glück ganz verschiedene Macht verborgen ist; und dies scheint der tief eingegrabene soziale Instinkt zu sein.

Bei den Tieren scheint es angebracht zu sein, von ihren sozialen Instinkten zu sagen, daß sie sich mehr zum allgemeinen Besten als zum Glück der Art entwickelt haben. Der Ausdruck »allgemeines Bestes« kann vielleicht definiert werden als die Erziehung der größten Anzahl von Individuen zu voller Kraft und Gesundheit und allseitiger Ausbildung ihrer Fähigkeiten unter den Bedingungen, denen sie speziell unterworfen sind. Da sich die sozialen Instinkte des Menschen und der Tiere ohne Zweifel fast in derselben Entwicklungslinie bewegt haben, würde es, wenn es sich als praktisch durchführbar erzeigt, ratsam sein, in beiden Fällen dieselbe Definition zu geben und als Maßstab der Sittlichkeit das allgemeine Beste oder das Wohl der Gesamtheit an Stelle des allgemeinen Glücks anzunehmen. Diese Definition würde aber vielleicht eine Einschränkung in bezug auf die politische Moral erfordern.

Wenn ein Mensch sein Leben wagt, um das eines Mitmenschen zu retten, so würde es daher korrekter sein, zu sagen, daß er für das allgemeine Beste handle, als zu sagen, er tue es für das allgemeine Glück der Menschheit. Ohne Zweifel sind Glück und Wohl eines Individuums häufig identisch; und ein zufriedener, glücklicher Stamm wird besser gedeihen als ein unzufriedener und unglücklicher. Wir haben gesehen, daß schon in einer frühen Periode der Geschichte die ausgesprochenen Wünsche der Gesamtheit großen Einfluß auf das Verhalten des einzelnen ausgeübt haben mag; und da alle nach Glück streben, wird das Prinzip des »größtmöglichen Glücks« ein sehr wichtiger sekundärer Führer und wichtiges Ziel geworden sein. Der soziale Instinkt im Verein mit der Sympathie, die zu unserer Empfänglichkeit für die Billigung oder Mißbilligung anderer führte, hat jedoch sicher als der primäre Impuls und Führer gedient. Damit wäre die Meinung zurückgewiesen, daß man den Grund der edelsten Seite unserer Natur in dem niedrigen Prinzip der Selbstsucht zu suchen habe; es sei denn, daß man die Befriedigung jedes Tieres nach der Befolgung seiner eigenen Instinkte und seine Unzufriedenheit, wenn dies unmöglich war, selbstsüchtig nennen will. (…)

Ungeachtet vieler Zweifel kann der Mensch im allgemeinen leicht zwischen den höheren und niederen moralischen Regeln unterscheiden. Die höheren gründen sich auf die sozialen Instinkte und beziehen sich auf die Wohlfahrt anderer. Sie werden durch die Billigung unserer Mitmenschen und unsere eigene Vernunft unterstützt. Die niederen, trotzdem manche von ihnen, die Selbstaufopferung verlangen, schwerlich die Bezeichnung »niedere« verdienen, beziehen sich hauptsächlich auf das Ich und entspringen der durch Erfahrung und Kultur gereiften öffentlichen Meinung. Von rohen Völkerstämmen werden diese nicht befolgt.

Wenn der Mensch in der Kultur fortschreitet und kleine Stämme zu größeren Gemeinwesen sich vereinigen, so führt die einfachste Überlegung jeden Einzelnen schließlich zu der Überzeugung, daß er seine sozialen Instinkte und Sympathien auf alle, also auch auf die ihm persönlich unbekannten Glieder desselben Volkes auszudehnen habe. Wenn er einmal an diesem Punkte angekommen ist, kann ihn nur noch eine künstliche Schranke hindern, seine Sympathien auf die Menschen aller Nationen und aller Rassen auszudehnen. Wenn diese Menschen sich in ihrem Äußeren und ihren Gewohnheiten bedeutend von ihm unterscheiden, so dauert es, wie uns leider die Erfahrung lehrt, lange, bevor er sie als seine Mitmenschen betrachten lernt. Wohlwollen über die Schranken der Menschheit hinaus, d. h. Menschlichkeit gegen die Tiere, scheint eines der am spätesten erworbenen sittlichen Güter zu sein. Wilden ist es mit Ausnahme gegen ihre Lieblingstiere unbekannt. Wie wenig es noch den alten Römern bekannt war, zeigen in abschreckendster Weise ihre Gladiatorenkämpfe. Die Idee der Humanität war den Gauchos der Pampas ganz neu, wovon ich mich überzeugen konnte. Diese Tugend, eine der edelsten, die dem Menschen eingepflanzt ist, scheint sich bei zunehmender Verfeinerung und Erweiterung unseres Wohlwollens nebenher zu entwickeln, bis sie mit der Ausdehnung desselben auf alle empfindende Wesen ihren Höhepunkt erreicht. Sobald diese Tugend von einigen wenigen Menschen ausgeübt und verehrt wird, dehnt sie sich durch Unterricht und Beispiel auch auf die Jugend aus und eventuell auch auf die öffentliche Meinung. (…)

Aber wie groß auch der Unterschied zwischen den Seelen der Menschen und der höheren Tiere sein mag, er ist doch nur ein gradueller und kein prinzipieller. Wir haben gesehen, daß die Gefühle und Anschauungen, die verschiedenen Affekte und Fähigkeiten, wie Liebe, Gedächtnis, Aufmerksamkeit, Neugierde, Nachahmungstrieb, Überlegung usw., deren sich der Mensch rühmt, in ihren Anlagen und manchmal auch in einem ziemlich entwickelten Zustand in den Tieren vorhanden sind. Sie sind auch einer gewissen vererblichen Vervollkommnung fähig, wie der Hund im Vergleich zu Wolf und Schakal beweist. Wenn der Beweis geliefert wäre, daß gewisse hohe geistige Kräfte, wie die Bildung allgemeiner Begriffe, Selbstbewußtsein usw., dem Menschen allein eigen wären – was noch sehr angezweifelt werden kann –, so ist es nicht unwahrscheinlich, daß diese Eigenschaften das natürliche Ergebnis anderer hochentwickelter intellektueller Fähigkeiten sind, und diese wieder das bloße Resultat eines lange fortgesetzten Gebrauchs der Sprache. Wann das neugeborene Kind die Abstraktionsfähigkeit erwirbt, seines Ichs bewußt wird und darüber nachdenkt, wissen wir nicht, noch können wir dies für die ansteigende Stufenleiter der Organismen feststellen. Das halb künstliche, halb instinktive Wesen der Sprache trägt noch das Merkmal ihrer allmählichen Entwickelung an sich. Der veredelnde Glaube an ein göttliches Wesen ist nicht allen Menschen eigen, und der Glaube an aktive geistige Kräfte geht aus seinen anderen geistigen Fähigkeiten hervor. Das moralische Gefühl bildet vielleicht die beste und höchste Unterscheidung zwischen dem Menschen und den anderen Tieren; ich brauche wohl aber diesen Punkt nicht wieder zu erwähnen, da ich mich eben erst bemüht habe, zu zeigen, daß die sozialen Instinkte – die elementarste Grundlage der sittlichen Beschaffenheit des Menschen – mit Hilfe aktiver intellektueller Kräfte und der Wirkungen der Gewohnheiten zu der goldenen Regel führen: »Was ihr wollt, das euch die Leute tun sollen, das tut ihr ihnen.« Dies ist die Grundlage der Sittlichkeit.

Aus: *Die Abstammung des Menschen* (1871)

Henry David Thoreau
Amerikanischer Schriftsteller und Naturphilosoph (1817–1862)

Ich glaube, daß die wichtigste Voraussetzung bei der Beschreibung eines Tieres darin besteht, sicher zu sein, seine Merkmale und seinen Geist wiederzugeben, denn darin liegt ohne Fehl die Summe und die Wirksamkeit all seiner Teile, der bekannten und der unbekannten.

Man muß sagen, was es dem Menschen bedeutet. Sicherlich ist der wichtigste Teil eines Tieres seine *anima*, sein Lebensgeist, auf dem sein Wesen und all seine besonderen Merkmale beruhen, aufgrund derer es uns am stärksten anspricht. Doch die meisten wissenschaftlichen Bücher, die von Tieren handeln, lassen dies vollkommen außer Betracht und beschreiben sie, als wären sie nichts als Phänomene toter Materie. An einem Hund zum Beispiel ist am interessantesten seine Anhänglichkeit an seinen Herrn, seine Intelligenz, sein Mut etc., und nicht sein anatomischer Aufbau oder gar viele Verhaltensweisen, die uns weniger berühren.

Wer es unternimmt, die Biographie eines Tieres zu schreiben, muß uns die lebende Kreatur darbieten, das heißt, etwas, das kein Mensch verstehen kann, – dessen Eindruck auf ihn er nur gemäß den ihm eigenen Möglichkeiten schildern kann.

Die Wissenschaft gibt in vielen Disziplinen der Naturgeschichte gar nicht vor, über das Äußere hinauszugehen; das heißt, sie dringt gar nicht bis zur belebten Natur vor. Eine Geschichte der belebten Natur muß ihrerseits belebt sein.

Die Alten, könnten wir sagen, mit ihren Gorgonen, Sphinxen, Satyrn, Sehern etc., konnten sich mehr vorstellen als existierte, während die Heutigen sich nicht einmal das vorstellen können, was existiert.

Bei der Beschreibung von Tieren als auch bei der Beschreibung von Menschen werden wir ganz natürlich auf die Besonderheiten den größten Nachdruck legen, in denen sie uns am ähnlichsten sind, – die sie uns vor allem sympathisch machen.

Wir werden ebenso oft durch unsere Systeme geschädigt wie wir von ihnen profitieren, denn, um die Wahrheit zu sagen, kein menschliches System ist wahr, und ein Name ist bestenfalls eine bloße Annehmlichkeit und birgt keine Information in sich. Sobald ich mir des Lebens eines Wesens bewußt zu werden beginne, vergesse ich sofort seinen Namen. Die Namen der Kreaturen zu kennen ist uns nur anfänglich eine Annehmlichkeit, doch haben wir erst gelernt, sie zu unterscheiden, um so besser ist es, je schneller wir ihre Namen vergessen, wenn es uns um das wahre Verständnis ihrer selbst geht. Ich glaube deshalb, daß die besten und unschädlichsten Namen diejenigen sind, die die Stimme oder den Ruf eines Tieres nachahmen, oder auch die poetischsten. Doch der Name haftet nur an dem gemeinhin anerkannten Vogel oder Vierfüßer, nicht einen Augenblick lang an dem wirklichen. Es ist immer etwas Lächerliches am Namen eines großen Mannes – so, als hieße er John Smith. Der Name ist bequem, um sich mit anderen zu verständigen, doch ich muß mich seiner nicht erinnern, wenn ich mich mit mir selbst austausche.

Aus: *Die Namen der Tiere* (1860)

Es gibt sowohl in der Geschichte des Individuums wie in der des Menschengeschlechts eine Periode, in welcher die Jäger die »besten Männer« sind, wie die Algonquin-Indianer sie nannten. Man kann nur den Jungen bemitleiden, der nie eine Flinte losschießen durfte; er ist darum nicht humaner, nein, seine Erziehung wurde schwer vernachlässigt. Dies war meine Antwort in bezug auf die jungen Leute, welche gerne dieser Beschäftigung nachgegangen wären, und ich gab sie im Vertrauen darauf, daß sie bald aus der Lust dazu herauswachsen würden. Kein menschlich fühlendes Wesen, welches über das gedankenlose Knabenalter hinaus ist, wird mutwillig ein Geschöpf umbringen, das sein Leben ebenso zu Lehen erhalten hat wie es selbst. Der Hase schreit in seiner Todesangst wie ein Kind. Ich sage euch aber gleich, ihr Mütter, daß mein Mitgefühl nicht immer die gebräuchlichen phil-*anthropischen* Unterschiede macht.

Auf diese Weise geht gewöhnlich die Einführung des jungen Mannes in den Wald vor sich und tritt sein urwüchsigster Teil aus sich selbst heraus. Erst geht er als Fischer und Jäger hin, bis er später, wenn er den Keim zu einem bessern Leben in sich hat, seinen eigentlichen Beruf, sei es als Naturforscher oder als Philosoph, erkennt und Flinte und Angelrute zurückläßt. Die große Masse der Menschen ist noch und bleibt immer jung in dieser Beziehung. In manchen

Ländern gehört ein jagender Pastor nicht zu den Seltenheiten. Ein solcher könnte allenfalls wohl einen guten Schäferhund abgeben, ist aber weit davon entfernt, ein guter Hirte zu sein. Ich habe zu meiner Überraschung finden müssen, daß die einzige sichtbare Beschäftigung – ausgenommen Eisschneiden, Holzhacken und dergleichen –, welche meines Wissens jemals einen vollen halben Tag lang einen meiner Mitbürger, seien es nun Väter oder Kinder der Stadt, beim Waldenteich zurückhielt, die Fischerei war. Gewöhnlich waren sie nicht der Ansicht, daß sie Glück gehabt hätten oder für ihre Zeit gut genug entlohnt worden wären, wenn sie nicht eine Menge Fische fingen, obgleich sie die ganze Zeit über Gelegenheit hatten, den See anzusehen. Sie könnten tausendmal hingehen, bis das Sediment des Fischens zu Boden gesunken wäre und ihre Absicht sich geklärt hätte, doch zweifellos geht solch ein klärender Prozeß immerwährend vor sich. Der Bürgermeister und sein Rat erinnern sich dunkel an den Teich, denn als sie noch Buben waren, kamen sie zum Fischen hin; jetzt sind sie zu alt und würdevoll, um zu fischen, und also kennen sie ihn überhaupt nicht mehr. Aber selbst sie hoffen, doch am Ende in den Himmel zu kommen. Wenn die Gesetzgebung sich mit dem Teich beschäftigt, so geschieht es hauptsächlich, um die Zahl der Angelhaken festzusetzen, welche dort gebraucht werden dürfen; von der Angel aller Angeln wissen sie aber nichts, mit der der Teich selbst geangelt werden soll, wobei die Gesetzgebung als Köder dient. So geht auch in zivilisierten Staaten der angehende Mann während seiner Entwicklung durch das Jägerstadium.

Ich fand wiederholt in den letzten Jahren, daß ich nicht fischen konnte, ohne ein wenig in meiner eigenen Achtung zu sinken. Ich probierte es wieder und wieder. Ich besitze Geschick darin und wie viele meiner Kameraden einen gewissen Instinkt dafür, der von Zeit zu Zeit neu auflebt; jedesmal aber habe ich hernach das Gefühl, daß es besser gewesen wäre, wenn ich *nicht* gefischt hätte. Ich glaube, daß ich mich nicht irre. Es ist nur eine leise Andeutung, die ersten Streifen am Morgenhimmel sind aber auch nichts anderes. Zweifellos liegt in mir dieser Instinkt, welcher den niederern Ordnungen der Schöpfung eigen ist; doch werde ich mit jedem Jahr weniger Fischer, ohne jedoch mehr Humanität oder Vernunft zu erlangen; gegenwärtig fische ich überhaupt nicht. Ich weiß aber, daß ich, wenn ich in einer Einöde wohnte, wieder in Versuchung geraten würde, ein echter Jäger und Fischer zu werden. Außerdem liegt etwas gründlich Unreinliches in dieser und aller Fleischnahrung; hier sah ich zuerst ein, wo die Hausarbeit anfängt und woher das kostspielige Bestreben kommt, jeden Tag ein ordentliches, respektables Aussehen zu schaffen und das Haus frei von jedem üblen Geruch und Anblick zu bewahren. Da ich mein eigner Metzger, Küchenjunge und Koch wie auch der Herr war, für welchen die Gerichte aufgetragen wurden, so kann ich aus ungewöhnlich großer Erfahrung sprechen. Der praktische Einwand gegen animalische Nahrung war in meinem Fall ihre Unreinlichkeit; außerdem kam ich mir, nachdem ich meine Fische gefangen, geputzt, gekocht und gegessen hatte, nicht ordentlich genährt vor. Es war etwas Unbedeutendes, Unnötiges gewesen, das mehr kostete, als es wert war. Ein wenig Brot oder ein paar Kartoffeln hätten mit weniger Arbeit und Schmutz die gleichen Dienste getan. Gleich vielen meiner Zeitgenossen hatte ich während einer Reihe von Jahren nur selten Fleisch, Tee oder Kaffee und so weiter genossen, nicht weil ich ihnen irgendeine unangenehme Wirkung zugeschrieben hätte, sondern weil sie meinen Vorstellungen nicht zusagten. Der Widerwille gegen animalische Nahrung ist nicht das Resultat der Erfahrung, sondern ein Instinkt. Es erschien mir in vieler Beziehung schöner, dürftig zu leben und schlecht zu essen, und obgleich ich dies nie tat, ging ich doch weit genug, um meiner Einbildung einen Gefallen zu tun. Ich bin überzeugt, daß der Mensch, dem es je einmal ein Anliegen war, seine höheren oder poetischen Anlagen auf ihrer höchsten Stufe zu erhalten, sehr geneigt war, sich animalischer Kost und vieler Nahrung irgendwelcher Art überhaupt zu enthalten. Es ist eine bedeutsame, von Entomologen festgestellte Tatsache – ich finde sie bei Kirby und Spence erwähnt – , daß manche Insekten mit Freßwerkzeugen ausgestattet sind, von denen sie keinen Gebrauch machen, und es wird dort als allgemeine Regel festgestellt, daß fast alle Insekten in diesem Zustande viel weniger fressen als im Larvenzustand. Die gefräßige Raupe, welche sich in einen Schmetterling verwandelte, und die gierige Made, welche zur Fliege wurde, begnügen sich mit ein paar Tropfen Honig oder irgendeiner andern süßen Flüssigkeit. Das Abdomen unter den Flügeln des Schmetterlings stellt noch immer die Larve vor. Das ist der Leckerbissen, der sein insektenfressendes Schicksal reizt. Ein starker Esser ist ein Mensch im Larvenzustand. Es gibt ganze Nationen in diesem Zustand, Völker ohne Phantasie und Ideen, deren starkes Abdomen ihnen zum Verräter wird.

Es ist schwer, eine so einfache und reinliche Nahrung herzustellen und zuzubereiten, daß unsere Sinne durch sie nicht verletzt werden; letztere aber sollen, meiner Ansicht nach, zugleich mit dem Körper ernährt werden, beide sollten zu gemeinsamem Mahle niedersitzen. Warum sollte das auch nicht der Fall sein können? Wenn wir mit Mäßigkeit Früchte genießen, so brauchen wir uns unseres Appetites nicht zu schämen; auch wird dies keine Unterbrechung der nach dem höchsten Ziele strebenden Arbeit bilden. Fügen wir dem Gericht aber ein Extragewürz bei, so wird es uns vergiften. Es ist nicht der Mühe wert, »gute Küche« zu führen. Die meisten Menschen würden sich genieren, wenn man sie bei der eigenhändigen Zubereitung jener Mahlzeiten überraschte, die sie sich täglich, sei es nun aus pflanzlichen oder tierischen Bestandteilen, von anderen herstellen lassen. Solange dies aber nicht anders wird, sind wir nicht zivilisiert, und mögen wir auch Herren und Damen sein, so sind wir doch keine Männer und Frauen. Hier muß Wandel geschaffen werden. Man mag vergeblich fragen, warum sich die Sinne mit Fleisch und Fett nicht auszusöhnen vermögen. Mir genügt es, daß es nicht der Fall ist. Ist es kein Vorwurf, daß der Mensch ein fleischfressendes Tier ist? Es ist wahr, er kann leben und lebt zum großen Teil, indem er andere Tiere zu seiner Beute macht. Das ist ja eben das erbärmliche Verhalten – jeder, der auf Kaninchenfang ausgeht oder Lämmer abschlachtet, kann sich davon überzeugen –, und derjenige wird als ein Wohltäter des Menschengeschlechtes zu betrachten sein, welcher lehrt, sich auf eine unschuldigere, gesündere Lebensweise zu beschränken. Wie nun auch meine eigene Handlungsweise in diesem Punkte sein mag, so bezweifle ich nicht, daß es einen Teil der menschlichen Bestimmung in ihrer allmählichen Entwicklung bildet, einst auf das Verzehren von Tieren zu verzichten; haben doch auch die Wilden aufgehört, sich untereinander aufzufressen, sobald sie in Berührung mit zivilisierten Völkern kamen.

Aus: *Walden oder Leben in den Wäldern* (1854)

Friedrich Engels
Deutscher Philosoph, Ökonom und Journalist (1820–1895)

Die Arbeit ist die Quelle alles Reichtums, sagen die politischen Ökonomen. Sie ist dies – neben der Natur, die ihr den Stoff liefert, den sie in Reichtum verwandelt. Aber sie ist noch unendlich mehr als dies. Sie ist die erste Grundbedingung alles menschlichen Lebens, und zwar in einem solchen Grade, daß wir in gewissem Sinn sagen müssen: Sie hat den Menschen selbst geschaffen.

Vor mehreren hunderttausend Jahren, während eines noch nicht fest bestimmbaren Abschnitts jener Erdperiode, die die Geologen die tertiäre nennen, vermutlich gegen deren Ende, lebte irgendwo in der heißen Erdzone – wahrscheinlich auf einem großen, jetzt auf den Grund des Indischen Ozeans versunkenen Festlande – ein Geschlecht menschenähnlicher Affen von besonders hoher Entwicklung. Darwin hat uns eine annähernde Beschreibung dieser unsrer Vorfahren gegeben. Sie waren über und über behaart, hatten Bärte und spitze Ohren, und lebten in Rudeln auf Bäumen.

Wohl zunächst durch ihre Lebensweise veranlaßt, die beim Klettern den Händen andre Geschäfte zuweist als den Füßen, fingen diese Affen an, auf ebner Erde sich der Beihülfe der Hände beim Gehen zu entwöhnen und einen mehr und mehr aufrechten Gang anzunehmen. Damit war *der entscheidende Schritt getan für den Übergang vom Affen zum Menschen.*

Alle noch jetzt lebenden menschenähnlichen Affen können aufrecht stehn und sich auf den beiden Füßen allein fortbewegen. Aber nur zur Not und höchst unbehülflich. Ihr natürlicher Gang geschieht in halbaufgerichteter Stellung und schließt den Gebrauch der Hände ein. Die meisten stützen die Knöchel der Faust auf den Boden und schwingen den Körper mit eingezogenen Beinen zwischen den langen Armen durch, wie ein Lahmer, der auf Krücken geht. Überhaupt können wir bei den Affen alle Übergangsstufen vom Gehen auf allen vieren bis zum Gang auf den beiden Füßen noch jetzt beobachten. Aber bei keinem von ihnen ist der letztere mehr als ein Notbehelf geworden.

Wenn der aufrechte Gang bei unsern behaarten Vorfahren zuerst Regel und mit der Zeit eine Notwendigkeit werden sollte, so setzt dies voraus, daß den Händen inzwischen mehr und mehr anderweitige Tätigkeiten zufielen. Auch bei den Affen herrscht schon eine gewisse Teilung der Verwendung von Hand und Fuß. Die Hand wird, wie schon erwähnt, beim Klettern in andrer Weise gebraucht als der Fuß. Sie dient vorzugsweise zum Pflücken und Festhalten der Nahrung, wie dies schon bei niederen Säugetieren mit den Vorderpfoten geschieht. Mit ihr bauen sich manche Affen Nester in den Bäumen oder gar, wie der Schimpanse, Dächer zwischen den Zweigen zum Schutz gegen die Witterung. Mit ihr ergreifen sie Knüttel zur Verteidigung gegen Feinde oder bombardieren diese mit Früchten und Steinen. Mit ihr vollziehen sie in der Gefangenschaft eine Anzahl einfacher, den Menschen abgesehener Verrichtungen. Aber grade hier zeigt sich, wie groß der Abstand ist zwischen der unentwickelten Hand selbst der menschenähnlichsten Affen und der durch die Arbeit von Jahrhunderttausenden hoch ausgebildeten Menschenhand. Die Zahl und allgemeine Anordnung der Knochen und Muskeln stimmen bei beiden; aber die Hand des niedrigsten Wilden kann Hunderte von Verrichtungen ausführen, die keine Affenhand ihr nachmacht. Keine Affenhand hat je das rohste Steinmesser verfertigt.

Die Verrichtungen, denen unsre Vorfahren im Übergang vom Affen zum Menschen im Lauf vieler Jahrtausende allmählich ihre Hand anpassen lernten, können daher anfangs nur sehr einfache gewesen sein. Die niedrigsten Wilden, selbst diejenigen, bei denen ein Rückfall in einen mehr tierähnlichen Zustand mit gleichzeitiger körperlicher Rückbildung anzunehmen ist, stehn immer noch weit höher als jene Übergangsgeschöpfe. Bis der erste Kiesel durch Menschenhand zum Messer verarbeitet wurde, darüber mögen Zeiträume verflossen sein, gegen die die uns bekannte geschichtliche Zeit unbedeutend erscheint. Aber der entscheidende Schritt war getan: *Die Hand war frei geworden* und konnte sich nun immer neue Geschicklichkeiten erwerben, und die damit erworbene größere Biegsamkeit vererbte und vermehrte sich von Geschlecht zu Geschlecht.

So ist die Hand nicht nur das Organ der Arbeit, *sie ist auch ihr Produkt.* Nur durch Arbeit, durch Anpassung an immer neue Verrichtungen, durch Vererbung der dadurch erworbenen besondern Ausbildung der Muskel, Bänder, und in längeren Zeiträumen auch der Knochen, und durch immer erneuerte Anwendung dieser vererbten Verfeinerung auf neue, stets verwickeltere Verrichtungen hat die Menschenhand jenen hohen Grad von Vollkommenheit erhalten, auf dem sie Raffaelsche Gemälde, Thorvaldsensche Statuen, Paganinische Musik hervorzaubern konnte.

Aber die Hand stand nicht allein. Sie war nur ein einzelnes Glied eines ganzen, höchst zusammengesetzten Organismus. Und was der Hand zugute kam, kam auch dem ganzen Körper zugute, in dessen Dienst sie arbeitete – und zwar in doppelter Weise.

Zuerst infolge des Gesetzes der Korrelation des Wachstums, wie Darwin es genannt hat. Nach diesem Gesetz sind bestimmte Formen einzelner Teile eines organischen Wesens stets an gewisse Formen andrer Teile geknüpft, die scheinbar gar keinen Zusammenhang mit jenen haben. So haben alle Tiere, welche rote Blutzellen ohne Zellenkern besitzen und deren Hinterkopf mit dem ersten Rückgratswirbel durch zwei Gelenkstellen (Kondylen) verbunden ist, ohne Ausnahme auch Milchdrüsen zum Säugen der Jungen. So sind bei Säugetieren gespaltene Klauen regelmäßig mit dem mehrfachen Magen zum Wiederkäuen verbunden. Änderungen bestimmter Formen ziehn Änderungen der Form andrer Körperteile nach sich, ohne daß wir den Zusammenhang erklären können. Ganz weiße Katzen mit blauen Augen sind immer, oder beinahe immer, taub. Die allmähliche Verfeinerung der Menschenhand und die mit ihr Schritt haltende Ausbildung des Fußes für den aufrechten Gang hat unzweifelhaft auch durch solche Korrelation auf andre Teile des Organismus rückgewirkt. Doch ist diese Einwirkung noch viel zu wenig untersucht, als daß wir hier mehr tun können, als sie allgemein konstatieren.

Weit wichtiger ist die direkte, nachweisbare Rückwirkung der Entwicklung der Hand auf den übrigen Organismus. Wie schon gesagt, waren unsre äffischen Vorfahren gesellig; es ist augenscheinlich unmöglich, den Menschen, das geselligste aller Tiere, von einem ungeselligen nächsten Vorfahren abzuleiten. Die mit der Ausbildung der Hand, mit der Arbeit, beginnende Herrschaft über die Natur erweiterte bei jedem neuen Fortschritt den Gesichtskreis des Menschen. An den Naturgegenständen entdeckte er fortwährend neue, bisher unbekannte Eigenschaften. Andrerseits trug die Ausbildung der Arbeit notwendig dazu bei, die Gesellschaftsglieder näher aneinanderzuschließen, indem sie die Fälle gegenseitiger Unterstützung, gemeinsamen Zusammenwirkens vermehrte und das Bewußtsein von der Nützlichkeit dieses Zusammenwirkens für jeden einzelnen klärte. Kurz, die werdenden Menschen kamen dahin, daß sie einander *etwas zu sagen hatten*. Das Bedürfnis schuf sich sein Organ: Der unentwickelte Kehlkopf des Affen bildete sich langsam aber sicher um, durch Modulation für stets gesteigerte Modulation, und die Organe des Mundes lernten allmählich einen artikulierten Buchstaben nach dem andern aussprechen.

Daß diese Erklärung der Entstehung der Sprache aus und mit der Arbeit die einzig richtige ist, beweist der Vergleich mit den Tieren. Das wenige, was diese, selbst die höchstentwickelten, einander mitzuteilen haben, können sie einander auch ohne artikulierte Sprache mitteilen. Im Naturzustand fühlt kein Tier es als einen Mangel, nicht sprechen oder menschliche Sprache nicht verstehen zu können. Ganz anders, wenn es durch Menschen gezähmt ist. Der Hund und das Pferd haben im Umgang mit Menschen ein so gutes Ohr für artikulierte Sprache erhalten, daß sie jede Sprache leicht soweit verstehn lernen, wie ihr Vorstellungskreis reicht. Sie haben sich ferner die Fähigkeit für Empfindungen wie Anhänglichkeit an Menschen, Dankbarkeit usw. erworben, die ihnen früher fremd waren; und wer viel mit solchen Tieren umgegangen ist, wird sich kaum der Überzeugung verschließen können, daß es Fälle genug gibt, wo sie *jetzt* die Unfähigkeit zu sprechen als einen Mangel empfinden, dem allerdings bei ihren allzusehr in bestimmter Richtung spezialisierten Stimmorganen leider nicht mehr abzuhelfen ist. Wo aber das Organ vorhanden ist, da fällt auch diese Unfähigkeit innerhalb gewisser Grenzen weg. Die Mundorgane der Vögel sind sicher so verschieden wie nur möglich von denen des Menschen, und doch sind Vögel die einzigen Tiere, die sprechen lernen; und der Vogel mit der abscheulichsten Stimme, der Papagei, spricht am besten. Man sage nicht, er verstehe nicht, was er spricht. Allerdings wird er aus reinem Vergnügen am Sprechen und an der Gesellschaft von Menschen stundenlang seinen ganzen Wortreichtum plappernd wiederholen. Aber soweit sein Vorstellungskreis reicht, soweit kann er auch verstehen lernen, was er sagt. Man lehre einen Papagei Schimpfwörter, so daß er eine Vorstellung von ihrer Bedeutung bekommt (ein Hauptvergnügen aus heißen Ländern zurücksegelnder Matrosen); man reize ihn, und man wird bald finden, daß er seine Schimpfwörter ebenso richtig zu verwerten weiß wie eine Berliner Gemüsehökerin. Ebenso beim Betteln um Leckereien.

Arbeit zuerst, nach und dann mit ihr die Sprache – das sind die beiden wesentlichsten Antriebe, unter deren Einfluß das Gehirn eines Affen in das bei aller Ähnlichkeit weit größere und vollkommnere eines Menschen allmählich übergegangen ist. Mit der Fortbildung des Gehirns aber ging Hand in Hand die Fortbildung seiner nächsten Werkzeuge, der Sinnesorgane. Wie schon die Sprache in ihrer allmählichen Ausbildung notwendig begleitet wird von einer entsprechenden Verfeinerung des Gehörorgans, so die Ausbildung des Gehirns überhaupt von der der sämtlichen Sinne. Der Adler sieht viel weiter als der Mensch, aber des Menschen Auge sieht viel mehr an den Dingen als das des Adlers. Der Hund hat eine weit feinere Spürnase als der Mensch, aber er unterscheidet nicht den hundersten Teil der Gerüche, die für diesen bestimmte Merkmale verschiedner Dinge sind. Und der Tastsinn, der beim Affen kaum in seinen rohsten Anfängen existiert, ist erst mit der Menschenhand selbst, durch die Arbeit, herausgebildet worden.

Die Rückwirkung der Entwicklung des Gehirns und seiner dienstbaren Sinne, des sich mehr und mehr klärenden Bewußtseins, Abstraktions- und Schlußvermögens auf Arbeit und Sprache gab beiden immer neuen Anstoß zur Weiterbildung, einer Weiterbildung, die nicht etwa einen Abschluß fand, sobald der Mensch endgültig vom Affen geschieden war, sondern die seitdem bei verschiednen Völkern und zu verschiednen Zeiten verschieden nach Grad und Richtung, stellenweise selbst unterbrochen durch örtlichen und zeitlichen Rückgang, im ganzen und großen gewaltig vorangegangen ist; einerseits mächtig vorangetrieben, andrerseits in bestimmtere Richtungen gelenkt durch ein mit dem Auftreten des fertigen Menschen neu hinzutretendes Element – *die Gesellschaft*.

Hunderttausende von Jahren – in der Geschichte der Erde nicht mehr als eine Sekunde im Menschenleben – sind sicher vergangen, ehe aus dem Rudel baumkletternder Affen eine Gesellschaft von Menschen hervorgegangen war. Aber schließlich war sie da. Und was finden wir wieder als den bezeichnenden Unterschied zwischen Affenrudel und Menschengesellschaft? *Die Arbeit*. Das Affenrudel begnügte sich damit, seinen Futterbezirk abzuweiden, der ihm durch die geographische Lage oder durch den Widerstand benachbarter Rudel zugeteilt war; es unternahm Wanderungen und Kämpfe, um neues Futtergebiet zu gewinnen, aber es war unfähig, aus dem Futterbezirk mehr herauszuschlagen, als er von Natur bot, außer daß es ihn unbewußt mit seinen Abfällen düngte. Sobald alle möglichen Futterbezirke besetzt waren, konnte keine Vermehrung der Affenbevölkerung mehr stattfinden; die Zahl der Tiere konnte sich höchstens gleichbleiben. Aber bei allen Tieren findet Nahrungsverschwendung in hohem Grade statt, und daneben Ertötung des Nahrungsnachwuchses im Keime. Der Wolf schont nicht, wie der Jäger, die Rehgeiß, die ihm im nächsten Jahr die Böcklein liefern soll; die Ziegen in Griechenland, die das junge Gestrüpp abweiden, eh' es heranwächst, haben alle Berge des Landes kahlgefressen. Dieser »Raubbau« der Tiere spielt bei der allmählichen Umwandlung der Arten eine wichtige Rolle, indem er sie zwingt, andrer als der gewohnten Nahrung sich anzubequemen, wodurch ihr Blut andre chemische Zusammensetzung bekommt und die ganze Körperkonstitution allmählich eine andre wird, während die einmal fixierten Arten absterben. Es ist nicht zu bezweifeln, daß dieser Raubbau mächtig zur Menschwerdung unsrer Vorfahren beigetragen hat. Bei einer Affenrasse, die an Intelligenz und Anpassungsfähigkeit allen andern weit voraus war, mußte er dahin führen, daß die Zahl der Nahrungspflanzen sich mehr und mehr ausdehnte, daß von den Nahrungspflanzen mehr und mehr eßbare Teile zur Verzehrung kamen, kurz, daß die Nahrung immer mannigfacher wurde und mit ihr die in den Körper eingehenden Stoffe, die chemischen Bedingungen der Menschwerdung. Das alles war aber noch keine eigentliche Arbeit. Die Arbeit fängt an mit der Verfertigung von Werkzeugen. Und was sind die ältesten Werkzeuge, die wir vorfinden? Die ältesten, nach den vorgefundenen Erbstücken vorgeschichtlicher Menschen und nach der Lebensweise der frühesten geschichtlichen Völker wie der rohesten jetzigen Wilden zu urteilen? Werkzeuge der Jagd und des Fischfangs, erstere zugleich Waffen. Jagd und Fischfang aber setzen den Übergang von der bloßen Pflanzennahrung zum Mitgenuß des Fleisches voraus, und hier haben wir wieder einen wesentlichen Schritt zur Menschwerdung. *Die Fleischkost* enthielt in fast fertigem Zustand die wesentlichsten Stoffe, deren der Körper zu seinem Stoffwechsel bedarf; sie kürzte mit der Verdauung die Zeitdauer der übrigen vegetativen, dem Pflanzenleben entsprechenden Vorgänge im Körper ab und gewann damit mehr Zeit, mehr Stoff und mehr Lust für die Betätigung des eigentlich tierischen (animalischen) Lebens. Und je mehr der werdende Mensch sich von der Pflanze entfernte, desto mehr erhob er sich auch über das Tier. Wie die Gewöhnung an Pflanzennahrung neben dem Fleisch die wilden Katzen und Hunde zu Dienern des Menschen gemacht, so hat die Angewöhnung an die Fleischnahrung neben der Pflanzenkost wesentlich dazu beigetragen, dem werdenden Menschen Körperkraft und Selbständigkeit zu geben. Am wesentlichsten aber war die Wirkung der Fleischnahrung auf das Gehirn, dem nun die zu seiner Ernährung und Entwicklung nötigen Stoffe weit reichlicher zuflossen als vorher, und das sich daher von Geschlecht zu Geschlecht rascher und vollkommener ausbilden konnte. Mit Verlaub der Herren Vegetarianer, der Mensch ist nicht ohne Fleischnahrung zustande gekommen, und wenn die Fleischnahrung auch bei allen uns bekannten Völkern zu irgendeiner Zeit einmal zur Menschenfresserei geführt hat (die Vorfahren der Berliner, die Weletaben oder Wilzen; aßen ihre Eltern noch im 10. Jahrhundert), so kann uns das heute nichts mehr ausmachen.

Die Fleischkost führte zu zwei neuen Fortschritten von entscheidender Bedeutung: zur Dienstbarmachung des Feuers und zur Zähmung von Tieren. Die erstere kürzte den Verdauungsprozeß noch mehr ab, indem sie die Kost schon sozusagen halbverdaut an den Mund brachte; die zweite machte die Fleischkost reichlicher, indem sie neben der Jagd eine neue regelmäßigere Bezugsquelle dafür eröffnete, und lieferte außerdem in der Milch und ihren Produkten ein neues, dem Fleisch an Stoffmischung mindestens gleichwertiges Nahrungsmittel. So wurden beide schon direkt neue Emanzipationsmittel für den Menschen; auf ihre indirekten Wirkungen im einzelnen einzugehn, würde uns hier zu weit führen, von so hoher Wichtigkeit sie auch für die Entwicklung des Menschen und der Gesellschaft gewesen sind.

Wie der Mensch alles Eßbare essen lernte, so lernte er auch in jedem Klima leben. Er verbreitete sich über die ganze bewohnbare Erde, er, das einzige Tier, das in sich selbst die Machtvollkommenheit dazu besaß. Die andren Tiere, die sich an alle Klimata gewöhnt haben, haben dies nicht aus sich selbst, nur im Gefolge des Menschen, gelernt: Haustiere und Ungeziefer. Und der Übergang aus dem gleichmäßig heißen Klima der Urheimat in kältere Gegenden, wo das Jahr sich in Winter und Sommer teilte, schuf neue Bedürfnisse: Wohnung und Kleidung zum Schutz gegen Kälte und Nässe, neue Arbeitsgebiete und damit neue Betätigungen, die den Menschen immer weiter vom Tier entfernten.

Durch das Zusammenwirken von Hand, Sprachorgan und Gehirn nicht allein bei jedem einzelnen, sondern auch in der Gesellschaft, wurden die Menschen befähigt, immer verwickeltere Verrichtungen auszuführen, immer höhere Ziele sich zu stellen und zu erreichen. Die Arbeit selbst wurde von Geschlecht zu Geschlecht eine andre, vollkommnere, vielseitigere. Zur Jagd und Viehzucht trat der Ackerbau, zu diesem Spinnen und Weben, Verarbeitung der Metalle, Töpferei, Schiffahrt. Neben Handel und Gewerbe trat endlich Kunst und Wissenschaft, aus Stämmen wurden Nationen und Staaten. Recht und Politik entwickelten sich, und mit ihnen das phantastische Spiegelbild der menschlichen Dinge im menschlichen Kopf: die Religion. Vor allen diesen Gebilden, die zunächst als Produkte des Kopfs sich darstellten und die die menschlichen Gesellschaften zu beherrschen schienen, traten die bescheidneren Erzeugnisse der arbeitenden Hand in den Hintergrund; und zwar um so mehr, als der die Arbeit planende Kopf schon auf einer sehr frühen Entwicklungsstufe der Gesellschaft (z. B. schon in der einfachen Familie) die geplante Arbeit durch andre Hände ausführen lassen konnte als die seinigen. Dem Kopf, der Entwicklung und Tätigkeit des Gehirns, wurde alles Verdienst an der rasch fortschreitenden Zivilisation zugeschrieben; die Menschen gewöhnten sich daran, ihr Tun aus ihrem Denken zu erklären statt aus ihren Bedürfnissen (die dabei allerdings im Kopf sich widerspiegeln, zum Bewußtsein kommen) – und so entstand mit der Zeit jene idealistische Weltanschauung, die namentlich seit Untergang der antiken Welt die Köpfe beherrscht hat. Sie herrscht noch so sehr, daß selbst die materialistischsten Naturforscher der Darwinschen Schule sich noch keine klare Vorstellung von der Entstehung des Menschen machen können, weil sie unter jenem ideologischen Einfluß die Rolle nicht erkennen, die die Arbeit dabei gespielt hat. (…)

Es versteht sich übrigens von selbst, daß es uns nicht einfällt, den Tieren die Fähigkeit planmäßiger, vorbedachter Handlungsweise abzustreiten. Im Gegenteil. Planmäßige Handlungsweise existiert im Keime schon überall, wo Protoplasma, lebendiges Eiweiß existiert und reagiert, d. h. bestimmte, wenn auch noch so einfache Bewegungen als Folge bestimmter Reize von außen vollzieht. Solche Reaktion findet statt, wo noch gar keine Zelle, geschweige eine Nervenzelle, besteht. Die Art, wie insektenfressende Pflanzen ihre Beute abfangen, erscheint ebenfalls in gewisser Beziehung als planmäßig, obwohl vollständig bewußtlos. Bei den Tieren entwickelt sich die Fähigkeit bewußter, planmäßiger Aktion im Verhältnis zur Entwicklung des Nervensystems und erreicht bei den Säugetieren eine schon hohe Stufe. Auf der englischen Fuchsparforcejagd kann man täglich beobachten, wie genau der Fuchs seine große Ortskenntnis zu verwenden weiß, um seinen Verfolgern zu entgehn, und wie gut er alle Bodenvorteile kennt und benutzt, die die Fährte unterbrechen. Bei unsern im Umgang mit Menschen höher entwickelten Haustieren kann man tagtäglich Streiche der Schlauheit beobachten, die mit denen menschlicher Kinder ganz auf derselben Stufe stehn. Denn wie die Entwicklungsgeschichte des menschlichen Keims im Mutterleibe nur eine abgekürzte Wiederholung der millionenjährigen körperlichen Entwicklungsgeschichte unsrer tierischen Vorfahren, vom Wurm angefangen, darstellt, so die geistige Entwicklung des menschlichen Kindes eine, nur noch mehr abgekürzte, Wiederholung der intellektuellen Entwicklung derselben Vorfahren, wenigstens der späteren. Aber alle planmäßige Aktion aller Tiere hat es nicht fertiggebracht, der Erde den Stempel ihres Willens aufzudrücken. Dazu gehörte der Mensch.

Kurz, das Tier *benutzt* die äußere Natur bloß und bringt Änderungen in ihr einfach durch seine Anwesenheit zustande; der Mensch macht sie durch seine Änderungen seinen Zwecken dienstbar, *beherrscht* sie. Und das ist der letzte, wesentliche Unterschied des Menschen von den übrigen Tieren, und es ist wieder die Arbeit, die diesen Unterschied bewirkt.

Aus: *Dialektik der Natur* (1873–1883; ersch. 1925)

Lewis Carroll
Englischer Mathematiker und Schriftsteller (1832–1898)

In einer Zeit, in der dieses schmerzhafte Thema so große öffentliche Aufmerksamkeit findet, ist – davon möchte ich ausgehen – keine Rechtfertigung nötig für den folgenden Versuch, einige der vielen – wie ich meine – Irrtümer zu formulieren und zu klassifizieren, denen ich in den Schriften der Befürworter der Vivisektion begegnet bin. Auf diesem heißumstrittenen Gebiet kann der Wahrheit kein größerer Dienst geleistet werden als dadurch, diese schattenhaften, ungreifbaren Phantome in eine feste Form zu bringen, und zwar ein für allemal, so daß man ihnen ins Gesicht sehen und mit ihnen streiten kann.

Ich beginne mit zwei einander widerstreitenden Behauptungen, die die beiden Extremfälle zu bilden scheinen, in deren goldener Mitte die Wahrheit liegen dürfte:

1. Der Mensch habe das Recht, Tieren Schmerzen zuzufügen, und das bedürfe keiner Begründung.

2. Dieses Recht bestehe unter keinen Umständen.

Die erste These wird faktisch von vielen vorausgesetzt, die es kaum wagen würden, sie auszusprechen und damit die üblichen humanen Gefühle zu verletzen. Jeder, der zwischen recht und unrecht unterscheidet, muß bei intensiver Überlegung zugeben, daß es *manchmal* unrecht ist, Schmerzen zuzufügen. Wer das bestreitet, ist wohl immun gegen jedes Argument. Welchen gemeinsamen Boden gäbe es da noch? Solche Leute müssen wie wilde Tiere einfach physisch in Schranken gehalten werden.

Die zweite These hat sich eine kürzlich gegründete Gesellschaft für die völlige Abschaffung der Vivisektion zu eigen gemacht. In ihrer Grundsatzerklärung wird diese auf eine Stufe mit der Sklaverei gestellt als ein absolutes Übel, mit dem kein Kompromiß möglich sei. Ich kann wohl davon ausgehen, daß die am häufigsten vertretene Position in der Mitte beider liegt, nämlich daß die Zufügung von Schmerzen in einigen, aber nicht in allen Fällen gerechtfertigt ist.

3. Unser Recht, Tieren Schmerzen zuzufügen, erstrecke sich so weit wie unser Recht zum Töten, oder gar zur Ausrottung einer Art (so daß mögliche Tiere verhindert werden) – all dies seien gleichermaßen Verletzungen der Rechte der Tiere.

Das ist einer der verbreitetsten und irreführendsten Irrtümer. Mr. Freeman scheint ihn in einem Artikel »Jagdsport und Vivisektion« in der *Fortnightly Review* vom Mai 1874 zu vertreten, indem er Tod und Schmerz als gleichartig zusammenfaßt. So schreibt er:

»Unter Grausamkeit verstehe ich nach wie vor nicht jede Auferlegung von Tod oder Leiden für Mensch oder Tier, sondern die unberechtigte oder unnötige Zufügung ... Ich habe also zwei Auffassungen vertreten. Erstens ..., daß bestimmte Fälle der Auferlegung von Tod oder Leiden für unvernünftige Tiere tadelnswert sein können. Und zweitens, daß jede Zufügung von Tod oder Leiden nur zu sportlichen Zwecken ein solcher tadelnswerter Fall ist.«

Doch um nicht ungerecht gegenüber Mr. Freeman zu sein, sollte ich auch folgenden Satz zitieren, in welchem er den entgegengesetzten Standpunkt einnimmt: »Ich muß in allen Fällen einen großen Unterschied machen zwischen bloßem Töten und Quälen.«

Wenn »Rechte von Tieren« diskutiert werden, darf ich wohl hinweggehen über das sogenannte Recht einer Tierart weiterzuexistieren und das noch nebelhaftere Recht eines nichtexistierenden Tieres, zur Existenz zu gelangen. Die einzige betrachtenswerte Frage lautet, ob die Tötung eines Tieres eine Rechtsverletzung ist. Diese Auffassung ist nun sogleich einer *reductio ad absurdum* ausgesetzt, es sei denn, man schriebe den Tieren Rechte unlogischerweise nach Maßgabe ihrer Größe zu. Wir dürften nämlich aus einem Wurf junger Hunde nicht einige nach unserem Gutdünken töten – oder 20 Austern öffnen, wenn 19 genug sind – oder an einem Sommerabend nur zum Spaß eine Kerze anzünden, in der eine unglückliche Motte ein vorzeitiges Ende finden könnte! Ja, wir dürften nicht einmal ohne schwerwiegenden Grund spazierengehen, da wir dabei ja etliche Insekten zertreten würden. Das ist natürlich alles kindisch. Da überhaupt nicht abzusehen ist, wo eine Grenze zu ziehen wäre, komme ich zu dem Ergebnis (dem, wie ich glaube, viele, wenn sie darüber nachdenken, zustimmen werden), daß der Mensch das *absolute* Recht hat, Tiere ohne besonderen Grund zu töten, sofern es schmerzlos geschieht, daß aber jede Zufügung von Schmerzen besonders gerechtfertigt werden muß.

4. Der Mensch sei unendlich wichtiger als die unter ihm stehenden Tiere, so daß die Zufügung beliebig großer Schmerzen gerechtfertigt sei, wenn sie beliebig geringes menschliches Leiden verhindere.

Diesen Irrtum kann man nur stillschweigend annehmen. Wenn er formuliert wird, hebt er sich fast von selbst auf. Auch in einem Zeitalter, in dem die Selbstsucht schon fast zur Religion geworden ist, wagen es nur wenige, sich zu einer so verabscheuungswürdigen Selbstsucht zu bekennen! Tausende dagegen, so meine ich, würden den Vivisektoren sagen: Soweit es um unsere eigenen Interessen geht, verzichten wir auf jede Aussicht auf Minderung von Schmerzen, wenn sie nur durch Zufügung von so viel Schmerzen für unschuldige Kreaturen möglich wird.

Ich habe aber den Wissenschaftlern, die diese Auffassung vertreten, einen viel schwereren Vorwurf als den der menschlichen Selbstsucht zu machen. Sie vertreten nämlich die Auffassung nur unaufrichtig, sie nehmen sie in Anspruch, wenn sie zu ihren Gunsten spricht, und lassen sie fallen, wenn sie gegen sie spricht. Denn geht sie nicht von dem Grundsatz aus, daß menschliches und tierisches Leiden *der Art nach* verschieden seien? Eine seltsame Auffassung aus dem Munde von Leuten, die uns sagen, der Mensch sei der Zwillingsbruder des Affen! Wenn sie wenigstens konsequent wären – angenommen, sie hätten bewiesen, daß die Verringerung *menschlichen* Leidens ein so großes und herrliches Ziel sei, daß es jedes Mittel rechtfertigt –, dann sollten sie doch bitte ihre Argumentation auch den Menschenaffen zugute kommen lassen. Mehr verlange ich von ihnen gar nicht, sondern überlasse sie zuversichtlich einer unerbittlichen Logik.

Wären sie wenigstens aufrichtig und mutig genug, so würden sie wohl die andere Seite des Dilemmas wählen und antworten: »Jawohl, der Mensch gehört in dieselbe Kategorie wie die Tiere; aber wie es unleugbar ist, daß wir ohne weiteres den einen Schmerzen zufügen, so kümmert es uns – ohne Strafandrohung – auch nicht, was wir den anderen antun. Wir sind vom wissenschaftlichen Erkenntnisdrang geleitet. Die Minderung menschlichen Leidens ist nur ein Vorwand für sentimentale Träumer.«

Ich komme jetzt zu einer andern Klasse von Irrtümern, nämlich denen, die mit dem häufig angestellten Vergleich zwischen Vivisektion und Jagdsport zu tun haben. Hätte die Theorie, daß beides grundsätzlich ähnlich sei, keine schlimmere Konsequenz, als daß jeder Gegner der Vivisektion auch den Jagdsport ablehnen müsse, so wäre ich keineswegs darauf bedacht, sie zu widerlegen. Doch leider ist eine andere Konsequenz ebenso logisch und ebenso naheliegend, nämlich daß alle, die den Jagdsport gutheißen, auch die Vivisektion gutheißen müßten.

Der Vergleich geht davon aus, daß der Hauptvorwurf gegen die Vivisektion die Schmerzen betrifft, die den Tieren zugefügt werden. Diese Annahme werde ich später als einen Irrtum behandeln, doch jetzt möchte ich sie um des Arguments willen voraussetzen und hoffe zu zeigen, daß selbst dann die Vivisektoren schlecht dastehen. Sie behaupten bei diesem Vergleich als erstes:

5. Man könne Schmerzquantitäten vergleichen.

»Die Gesamtmenge des Übels« – ich zitiere aus einem Artikel in der *Pall Mall Gazette* vom 13. Februar –, »das die Jäger in einem einzigen Jahr den Tieren zufügen, dürfte größer sein als das, was ein paar Tiere von den Vivisektoren in einem halben Jahrhundert zu erleiden haben.« Die beste Widerlegung dieses Irrtums ist wohl die Herausarbeitung seiner logischen Konsequenz – daß eine Vielzahl geringer Übel einem großen gleichkomme. Daß etwa ein Mann, der schlechtes Brot verkauft, das die Gesundheit einiger tausend Menschen geringfügig beeinträchtigt, ein Verbrechen begeht, das der Ermordung eines Menschen entspricht. Wer diese *reductio ad absurdum* einmal verstanden hat, wird zugeben, daß der einzige vernünftige Vergleich der zwischen Individuen ist.

Wenn also die Vivisektoren diese Position aufgeben müssen, ziehen sie sich vielleicht auf die nächste Parallele zurück:

6. Einem Tier werde bei der Vivisektion kein größerer Schmerz zugefügt als bei der Jagd.

Ich bin kein Jäger und habe kein Recht, hier etwas dogmatisch zu behaupten, doch ich bin einigermaßen sicher, daß alle Jäger mit mir der Ansicht sind, daß diese These für das Abschießen nicht gilt: Wenn das Tier auf der Stelle getötet wird, ist es wohl der schmerzärmste Tod, der sich erzielen läßt; und wenn es nur verwundet wird, ist sein Leiden einem ungeschickt betriebenen Sport zuzurechnen und nicht dem Sport als solchem. Für die Sportfischerei gilt wohl weitgehend das gleiche. Für andere Formen des Sports, insbesondere die Hetzjagd, habe ich keine Verteidigung anzuführen; ich glaube, daß sie mit großer Grausamkeit verbunden sind.

Selbst wenn die beiden letzten falschen Auffassungen den Befürwortern der Vivisektion als richtig zugestanden werden, hängt ihre Verwendbarkeit von der folgenden Behauptung ab:

7. Das der Vivisektion vorgeworfene Übel bestehe hauptsächlich in dem Schmerz, der den Tieren zugefügt wird.

Ich behaupte hingegen, daß es hauptsächlich mit der Wirkung auf den Vivisektor zu tun hat. Mr. Freeman sagt in dem schon zitierten Artikel: »Es geht nicht um die Gesamtmenge des zugefügten Leidens, sondern um die moralische Qualität der entsprechenden Handlungen.« Das erkennt man am deutlichsten, wenn man anstelle der Handlung selbst ihre entfernteren Folgen betrachtet. Das unglückliche Tier leidet, stirbt, »und das war es«. Doch der Mensch, dessen Mitgefühl abgetötet und dessen Egoismus durch die Betrachtung absichtlich zugefügter Schmerzen gefördert wurde, könnte ebenso brutalisierte Nachkommen haben und damit der Zukunft ein schlechtes Erbe hinterlassen. Und auch wenn wir nur die Gegenwart ins Auge fassen: wer könnte bezweifeln, daß die Verderbnis einer Seele ein größeres Übel ist als körperliches Leiden? Doch auch wenn die Befürworter der Vivisektion so weit gebracht sind, daß sie dies zugeben, könnten sie sich noch auf die Behauptung zurückziehen:

8. Die Vivisektion habe keinen schlechten Einfluß auf den Charakter des Ausführenden.

»Man denke doch an unsere Chirurgen!«, rufen sie vielleicht aus. »Sind sie etwa allesamt verdorben oder brutalisiert? Aber man muß doch zugeben, daß sie bei ihren Operationen ständig Schmerzen vor Augen haben – jawohl, und Schmerzen, die sie mit eigenen Händen absichtlich zugefügt haben.« Doch die Analogie stimmt nicht: Bei der Chirurgie ist das unmittelbare Motiv wirksam, das Leben des Patienten zu retten oder sein Leiden zu mindern; dem hat die Vivisektion mit ihrer vagen Hoffnung, irgendwann in der Zukunft einmal menschliches Leiden zu mindern, nichts Entsprechendes entgegenzusetzen. Diese Frage muß allerdings empirisch entschieden werden und nicht durch Argumente. Die Geschichte liefert uns nur allzuviele Beispiele dafür, daß der Charakter durch absichtliches mitleidloses Betrachten von Leiden verderbt wird. Man denke nur an die Auswirkung des Stierkampfs auf den spanischen

Nationalcharakter. Doch wir müssen uns nicht einmal nach Spanien bemühen. Folgender Auszug aus *Echo*, zitiert im *Spectator* vom 20. März, dürfte den Leser zu einem eigenen Urteil darüber befähigen, welchen Einfluß die Vivisektion auf die Persönlichkeit der Studenten haben dürfte:

»Doch wenn das noch nicht genügt, um die Öffentlichkeit in diesem Punkt« (der Auswirkung auf die Ausführenden) »zufriedenzustellen, ist vielleicht zum Schluß das Zeugnis eines dem Verfasser bekannten englischen Physiologen von Nutzen. Er war vor einiger Zeit bei einer Vorlesung mit Demonstrationen an lebenden Hunden zugegen. Als die unglücklichen Geschöpfe während der Operation winselten und heulten, äfften sie viele Studenten doch tatsächlich nach! Der Zeuge fügte hinzu, der Anblick der sich windenden Tiere und das unmenschliche Verhalten des Publikums seien ihm so nahegegangen, daß er die Vorlesung angeekelt vorzeitig verlassen habe.«

Es ist eine niederschmetternde, aber unleugbare Wahrheit, daß der Mensch etwas vom wilden Tier in sich trägt, daß ihn der Anblick eines Gemetzels blutrünstig machen kann, und daß sich gegenüber einer Quälerei, wenn der erste instinktive Abscheu durch Gewöhnung überwunden ist, zunächst Gleichgültigkeit, dann ein morbides Interesse, dann eindeutige Freude und schließlich eine grausige und wilde Lust einstellen kann.

Doch auch hier kann sich der Vivisektor in gewissem Maße auf die Analogie des Jagdsports berufen und behaupten, der so gefürchtete Einfluß sei bei unseren Jägern längst am Werke:

9. Die Vivisektion verderbe den Charakter nicht stärker als der Jagdsport.

Die Position des Antivivisektionisten würde, wie ich meine, nicht einmal sehr geschwächt, wenn er das zugäbe; doch ich habe Bedenken, das als allgemeingültige Wahrheit stehen zu lassen. Man muß sich vor Augen halten, daß die Anziehungskraft des Jagdsports größenteils gar nichts mit der Zufügung von Schmerzen zu tun hat, diese wird eher übergangen und nicht etwa bewußt ins Auge gefaßt; bei der Vivisektion dagegen machen die schmerzhaften Auswirkungen oft einen Teil und manchmal das gesamte Interesse des Betrachters aus. Das ganze Gerede von dem geistig hochentwickelten Anatomiestudenten, dem die niederen Instinkte des Fuchsjägers so verächtlich gegenübergestellt werden, wendet sich nur gegen sie selbst, denn je edler das, was verdorben wird, desto größer der Schaden für die Gesellschaft. *Corruptio optimi pessima.*

»Aber das alles übersieht das Motiv«, schreien die Vivisektoren. »Was ist es beim Sport? Bloßes Vergnügen. Hier stehen wir unanfechtbar da.« Sehen wir es uns an.

10. Beim Sport sei das Motiv im wentlichen egoistisch, bei der Vivisektion uneigennützig.

Nach meiner Überzeugung schreibt die nichtwissenschaftliche Welt den Wortführern der Wissenschaft viel zu bereitwillig alle Tugenden zu, die sie so gerne in Anspruch nehmen, und wenn sie ihr bevorzugtes Argument *ad captandum* vorbringen, sie nähmen die ganzen Mühen aus einem reinen Beweggrund – dem Wohle der Menschheit – auf sich, dann ruft die Öffentlichkeit viel zu rasch mit Mrs. Varden aus: »Da ist ein armer, rechtschaffener, durch und durch christlicher Mensch, der alle Kardinaltugenden besitzt, aber kein Aufhebens davon macht und nur nach mehr Moral strebt!« Mit anderen Worten, die Öffentlichkeit ist viel zu bereit, an den blassen, abgerissenen Jünger der Wissenschaft zu glauben, der seine Tage und Nächte schwerer und undankbarer Arbeit widmet und von nichts anderem als grenzenloser Menschenliebe angetrieben wird. Ich möchte als jemand, der viel Zeit und Kraft auf wissenschaftliche Untersuchungen verwendet hat, diesem falschen Bild aufs nachdrücklichste widersprechen. Ich meine, daß jede Art von Wissenschaft für jemanden, der dafür ein natürliches Talent hat, bald ebenso fesselnd ist wie der Sport für den eifrigsten Sportler, oder irgendein Vergnügen für einen gebildeten sinnlichen Menschen. Die Behauptung, harte Arbeit oder Entbehrungen bewiesen ein uneigennütziges Motiv, ist völlig abwegig. Wenn man mir zugibt, der Geizhals erweise sich als altruistisch, wenn er sich Essen und Schlaf abspart, um seinem verborgenen Schatz ein Goldstück hinzuzufügen; oder der Postenjäger, der jahrelang mühsam dem Ziel seines Ehrgeizes nachstrebt; dann gebe ich zu, daß mühsame wissenschaftliche Arbeit ein Beweis für selbstlose Motive ist. Ich behaupte natürlich von keinem einzigen wissenschaftlichen Gelehrten, sein eigentlicher Beweggrund sei bloßes Streben nach mehr Wissen – sei es nützlich oder nutzlos –, was ein ebenso natürlicher Trieb ist wie Neugierde oder das Streben nach irgendeiner anderen Kurzweil. Ich behaupte lediglich, daß das beobachtete Verhalten durch das niedere Motiv ebensogut erklärt wird wie durch das höhere.

Doch das ganze Argument, das sich aus einem Vergleich zwischen Vivisektion und Sport ableitet, beruht auf folgender Voraussetzung, die ich für einen Irrtum halte:

11. Die Hinnahme einer Form eines Übels zwinge zur Hinnahme aller anderen Formen.

Wer das zugibt, lähmt jede denkbare Reformbemühung. Wie kann man nur Grausamkeit gegen Tiere bekämpfen wollen, wo doch landauf landab die Trunksucht grassiert? Sollen wir uns also bei den Gesetzgebern für die Prohibition einsetzen? Welcher Fehler! Wie seeuntüchtig sind doch viele Schiffe, auf denen unsere tapferen Matrosen ihr Leben riskieren! Wie? Man sollte gegen unehrliche Reeder vorgehen, wo doch in unseren Straßen eine Bevölkerung in heidnischem Unwissen aufwächst! Da kann man nur antworten: *Non omnia possumus omnes.* Und wer auch nur eines der zahllosen Übel in seinem Umkreis, so gut er kann, ein Stück verringert, tut gut daran, sich an den Spruch eines alten Weisen zu halten, der sagte: »Was immer deine Hände zu tun finden, tu' es mit ganzer Kraft.«

Die letzte Parallele, auf die sich die Befürworter der Vivisektion zurückziehen dürften, wenn sich alle bisherigen Standpunkte als unhaltbar erwiesen haben, lautet:

12. Gesetzliche Maßnahmen würden das Übel nur vergrößern.

Wenn ich das richtig verstehe, besagt es, eine gesetzliche Regelung würde wahrscheinlich manche Leute ermutigen, weiter zu gehen als bisher, sobald sie nur einmal herausgefunden hätten, daß eine gesetzliche Grenze festgelegt worden sei, die jenseits ihrer selbstgesteckten liege. Gestehen wir das der menschlichen Natur einmal zu, was tut man dann in allen anderen Fällen dagegen? Zieht man engere Grenzen, oder läßt man alle Beschränkungen fallen? Machen wir uns ein Beispiel. In einer Stadt werde vorgeschlagen, daß alle Kneipen um Mitternacht schließen müssen, und die Gegner dieser Maßnahme verwiesen darauf, daß zur Zeit einige schon um elf schließen, was besser sei als um Mitternacht; dann aber würden auch diese bis Mitternacht öffnen. Was wird man da sagen? Man solle nichts unternehmen? Oder es müsse um elf geschlossen werden? Hier sind gewiß nicht mehr viele Worte zu verlieren: das Prinzip, Schlechtes zu tun, um Gutes zu bewirken, wird nur wenige Befürworter finden, selbst in dieser modernen Gestalt, daß man darauf verzichten soll, Gutes zu tun, um Schlechtes zu vermeiden. Wir haben eine sichere Position, wenn wir uns an den Grundsatz halten, daß wir die vor uns liegende Pflicht erfüllen sollten. Alles Weitere liegt nicht in unserer Hand und braucht nicht berücksichtigt zu werden.

Wir wollen nun die Widersprüche in einigen dieser Irrtümer (die ich hier vielmehr formulieren und klassifizieren als widerlegen oder auch nur vollständig behandeln wollte) auf den Punkt bringen, und damit zugleich die Argumentation der Vivisektionsgegner:

Wir bestreiten nicht das absolute Recht des Menschen, das Leben der ihm untergeordneten Tiere schmerzlos zu beenden, aber wir verlangen stichhaltige Gründe, wenn Schmerzen zugefügt werden sollen.

Die Verhinderung von Leiden bei einem Menschen rechtfertigt nicht die Zufügung von mehr Leiden bei einem Tier.

Das Hauptübel der Vivisektion besteht in der Auswirkung auf den moralischen Charakter des Ausführenden, nämlich einer ausgesprochenen Demoralisierung und Brutalisierung.

Harte Arbeit und Entbehrungen beweisen keinen Altruismus.

Die Hinnahme einer Form eines Übels ist keine Rechtfertigung für die Hinnahme einer anderen.

Endlich: Die Gefahr, daß eine gesetzliche Regelung das Übel vergrößert, genügt nicht, um jegliche gesetzliche Regelung abzulehnen.

Wir haben jetzt, so meine ich, gute Gründe für den Verdacht gesehen, daß diese verwünschte Praxis aus der Selbstsucht entspringt. Daß das wahrscheinlich auch für unsere Gleichgültigkeit gegenüber ihrer Zunahme gilt, ist vielleicht weniger offensichtlich. Ich meine aber, daß diese Gleichgültigkeit auf einer stillschweigenden Voraussetzung beruht, die ich als letztes in diese lange Liste von Irrtümern aufnehmen möchte:

13. Niemals würden Menschen der Vivisektion unterworfen.

Das heißt also, während sich die Wissenschaft das Recht anmaßt, die gesamte empfindende Kreatur bis auf den Menschen nach Belieben zu quälen, gebe es hier eine unergründliche Grenze, die sie nie zu überschreiten wagen werde. »Mag die geschundene Mähre zusammenbrechen, *wir* sind nicht betroffen.«

Als jener gutsituierte Levit einst zierlichen Schrittes die Straße von Jerusalem nach Jericho hinabschritt und »den Kopf voller Nichtigkeiten hatte« und sich alle Mühe gab, das Bündel Elend auf der anderen Straßenseite zu übersehen, hätte er wahrscheinlich plötzlich doch Mitleid empfunden, wenn ihm zugeflüstert worden wäre: »Einmal wirst du es sein, der unter die Räuber fällt.« Vielleicht hätte er sogar, selbst auf die Gefahr hin, seine kostbaren Kleider zu beschmutzen, dem Samariter geholfen, den Verletzten zu versorgen. Und gewiß würden die leichtlebigen Leviten unserer Tage der Vivisektion auf einmal sehr viel mehr Aufmerksamkeit schenken, könnten sie sich nur vorstellen, daß der Tag kommen könnte, an dem die Anatomie für ihre Experimente zunächst auf unsere verurteilten Verbrecher Anspruch erheben könnte, dann vielleicht auf die Insassen unserer Zufluchtstätten für unheilbar Kranke, dann auf die unheilbar Geisteskranken, dann auf die mittellosen Krankenhauspatienten und schließlich auf jeden, »der keinen Fürsprecher hat« – der Tag, an dem Generation um Generation von Medizinstudenten, die seit ihrer Kindheit zur Unterdrückung jedes menschlichen Mitgefühls erzogen wurden, einen neuen und noch abscheulicheren Frankenstein geschaffen haben würden, ein seelenloses Wesen, dem die Wissenschaft ein und alles ist.

Homo sum! Quidvis humanum non a me alienum puto.

Und wenn dieser Tag anbricht, o Bruder, der du für dich und mich eine so stolze Abstammung beanspruchst – die vom Menschenaffen zum urzeitlichen Zoophyten zurückreicht –, was für einen starken Zauber hast *du* bei der Hand, um dem allgemeinen Schicksal zu entgehen? Willst du diesem düsteren Gespenst, das dich mit dem Skalpell in der Hand angrinst, die unveräußerlichen Menschenrechte entgegenhalten? Es wird dir sagen, daß das eine relative Sache sei – bei so schwacher Gesundheit habest du froh zu sein, daß dich die natürliche Auslese so lange verschont habe. Willst du ihm entgegenhalten, daß er dich unnötig quälen will? Nun, er wird dir lächelnd versichern, daß die Hyperästhesie, die er herbeiführen möchte, an sich eine höchst interessante Erscheinung sei, die ein geduldiges Studium verdiene. Willst du ihn dann mit einer letzten Anstrengung verzweifelt als Mitmenschen ansprechen und mit einem herzzerreißenden Schrei um Erbarmen versuchen, einen verschütteten Funken Mitgefühl in seiner eisigen Brust anzusprechen? Du könntest eher einen Mühlstein erweichen.

Aus: *Einige verbreitete Irrtümer über die Vivisektion* (1875)

Wilhelm Wundt
Deutscher Philosoph (1832–1920)

Das einzige Object des Mitgefühls ist somit der *Mensch* oder, wie wir um diese innigere Beziehung anzudeuten ihn nennen, der *Nebenmensch*. Die Thiere sind für uns *Mitgeschöpfe*, ein Ausdruck durch welchen die Sprache schon darauf hinweist, dass wir nur mit Bezug auf den letzten Grund alles Geschehens, die Schöpfung, hier eine Art Nebenordnung anerkennen. So können denn auch den Thieren gegenüber Regungen entstehen, die dem Mitgefühl einigermassen verwandt sind; aber zum wahren Mitgefühl fehlt immer die Grundbedingung der inneren Einheit unseres Willens mit dem ihren. Jenes übertragene Mitgefühl erstreckt sich daher naturgemäss nie weiter, als uns zur Voraussetzung von Bewusstseinselementen Anlass gegeben ist, die den unseren verwandt sind. Es bleibt beschränkt auf die sinnlichen Empfindungen und Gefühle, und auch hier ist nur diejenige Form eines Mitgefühls möglich, bei der sich der Fühlende freiwillig zu dem Gegenstande herablässt, nicht jene, bei der er denselben sich gleichstellt: wir können *Mitleid* mit den Schmerzen eines Thieres empfinden; es fehlt uns aber ihm gegenüber ganz das edlere Gefühl der *Mitfreude*, welches subjectiv wie objectiv ein Privilegium des Menschen bleibt. Zugleich ist es bemerkenswerth, dass, wenn auch aus entgegengesetzten Gründen, das Thier sich zu uns verhält wie wir zu dem Thiere. Das durch den Umgang mit dem Menschen veredelte Thier kann sich zum Mitleid mit menschlichem Leid erheben; an menschlicher Freude vermag es nicht theilzunehmen, wenigstens nicht in der Form des reinen, uninteressirten Mitgefühls; dieses höchste unter den Motiven der unmittelbaren Wahrnehmung bleibt ihm ebenso verschlossen, wie seinerseits der Mensch dasselbe nur dem Nebenmenschen gewährt. Auch darin übrigens verräth sich die geistige Stufe der Thiere als eine *vorsittliche*, dass selbst bei den höheren Thieren auch ihren eigenen Genossen gegenüber das Mitleid die einzige Regung ist, die wir gelegentlich beobachten. An Genüssen erfreuen sie sich wohl gemeinschaftlich, aber jedem Individuum wird dabei nur sein eigener subjectiver Genuss zur Freude. Jene Mitfreude, welche in der Freude des Anderen eine Quelle eigener Lust findet, bleibt ihnen auch im Verkehr mit ihresgleichen unbekannt.

Aus: *Ethik* (1886)

Samuel Butler
Englischer Schriftsteller (1835–1902)

Wie den vorhergehenden Kapiteln entnommen werden kann, sind die Erewhonier ein sanftes und an Kummer gewöhntes Volk, leicht an der Nase herumzuführen und schnell bereit, den gesunden Menschenverstand am Altar der Logik zum Opfer zu bringen, wenn ein großer Denker unter ihnen ersteht, der sie mit sich reißt, weil ihm besondere Gelehrsamkeit nachgerühmt wird, oder wenn er sie überzeugt, daß ihre Gesellschaftsordnung nicht den strengsten Grundsätzen der Sittenlehre entspricht.

Die Reihe der Umwälzungen, von denen hier kurz die Rede sein soll, zeigt dies noch deutlicher als die (bereits behandelte) Art und Weise, wie sie sich in der Frage der Technik den Ast absägten, auf dem sie saßen; wenn nämlich der zweite der beiden Neugestalter, auf die ich hier zu sprechen komme, sich durchgesetzt hätte, dann wäre die ganze Bevölkerung binnen einem Jahr verhungert. Zum Glück entwickelt der gesunde Menschenverstand, obwohl von Haus aus das verträglichste Wesen, das es gibt, in Fällen tödlicher Bedrohung ungeahnte Widerstandskräfte und schlägt üble Rechthaber in die Flucht, wenn sie schon glauben, sie hätten die Oberhand. Was sich zutrug, soweit ich es aus den besten Quellen ermitteln konnte, war folgendes:

Vor zweitausendfünfhundert Jahren waren die Erewhonier noch unzivilisiert und lebten von der Jagd, der Fischerei, einer primitiven Art von Ackerbau und von der Ausplünderung der paar Nachbarvölker, die sie noch nicht besiegt hatten. Sie besaßen keine weltanschaulichen Schulen oder Lehren, taten vielmehr, was nach ihrem Mutterwitz in ihren eigenen Augen als auch in denen des Nächsten recht war; ihr gesunder Menschenverstand war deshalb noch unangekränkt und ihre Einstellung dem Verbrechen und der Krankheit gegenüber ganz ähnlich wie die in andern Ländern.

Doch mit dem fortschreitenden Aufstieg der Kultur und des äußeren Wohlergehens begannen die Menschen Fragen zu stellen über Dinge, die sie bisher als selbstverständlich hingenommen hatten, und einer unter ihnen, der seines

Alters und seines frommen Lebenswandels wegen großes Ansehen genoß, auch wegen seines Verkehrs mit einer unsichtbaren Macht, deren Vorhandensein damals allmählich empfunden wurde, verfiel darauf, sich um das Recht der Tiere zu kümmern – etwas, das bisher niemand beunruhigt hatte.

Propheten sind stets mehr oder weniger wichtigtuerisch, und dieser Alte scheint einer der größeren Wichtigtuer gewesen zu sein. Da er auf Staatskosten erhalten wurde, verfügte er über reichlich Muße, und nicht damit zufrieden, sich mit dem Recht der Tiere zu befassen, wollte er Recht und Unrecht schlechthin auf Regeln zurückführen, die Grundlagen von Gut und Böse untersuchen, und überhaupt alles mögliche gedanklich auf einen gemeinsamen Nenner bringen, was die Leute, deren Zeit Geld ist, auch so für gehabt nehmen.

Die Grundlage von Gut und Böse, auf der das menschliche Wohlverhalten beruht, fiel selbstverständlich so aus, daß darauf kein Stehplatz mehr war für viele althergebrachte Lebensgewohnheiten des Volkes. Diese, versicherte er, seien grundfalsch, und wenn jemand anderer Meinung zu sein wagte, legte er die Sache der unsichtbaren Macht vor, mit der nur er allein direkten Verkehr pflegte, und die unsichtbare Macht entschied unfehlbar, daß er recht habe. Was nun das Recht der Tiere betrifft, lautete seine Lehre folgendermaßen:

»Ihr wißt«, sagte er, »wie verwerflich es ist, einen andern zu töten. Es gab einmal eine Zeit, wo eure Vorväter sich nichts daraus machten, einander nicht nur zu töten, sondern auch aufzufressen. Heute möchte niemand mehr zu so abscheulichen Gepflogenheiten zurückkehren, da wir nachgewiesenermaßen ein viel glücklicheres Leben führen, seit wir davon abgekommen sind. Aus diesem erhöhten Wohlstand dürfen wir zuversichtlich die Grundwahrheit ableiten, daß wir unsere Mitgeschöpfe nicht töten und essen sollen. Ich habe die höhere Macht, von der bekanntlich meine Eingebungen stammen, deswegen befragt und die Versicherung erhalten, meine Schlußfolgerung sei unanfechtbar.

Nun kann nicht bestritten werden, daß Schafe, Rinder, Wild, Vögel und Fische unsere Mitgeschöpfe sind. Sie unterscheiden sich von uns in gewisser Beziehung; aber die Eigenschaften, worin sie sich unterscheiden, sind zahlenmäßig unbedeutend und nebensächlich, während diejenigen, die sie mit uns gemein haben, zahlreich und wesentlich sind. Meine Freunde, wenn es falsch war, den Mitmenschen zu töten und zu verzehren, dann ist es auch falsch, Fisch, Fleisch und Geflügel zu töten und zu verzehren. Die Vögel, die Tiere und die Fische haben ebensogut ein Recht darauf, so lange als möglich zu leben, unbehelligt vom Menschen, wie der Mensch ein Recht hat, von den Mitmenschen unbehelligt zu leben. Dies, möchte ich nochmals betonen, sind nicht meine eigenen Worte; sie stammen von der höheren Macht, die sie mir eingegeben hat.

Gewiß behelligen die Tiere einander, und einige gehen so weit, auch den Menschen zu behelligen, doch habe ich noch nie gehört, daß wir unser Verhalten nach dem Tiere richten sollten. Eher sollten wir uns bemühen, sie aufzuklären und auf den rechten Pfad zu weisen. Einen Tiger zu töten, beispielsweise, der von dem Fleisch der Menschen gelebt hat, die er tötete, heißt nichts anderes, als uns auf die Stufe des Tigers zu begeben, und ist unser unwürdig, die wir bestrebt sind, uns in unserem Denken und Tun von den höchsten Grundsätzen leiten zu lassen.

Die unsichtbare Macht, die sich mir allein offenbart hat, läßt euch durch mich sagen, daß ihr der barbarischen Sitten eurer Vorväter nachgerade entwachsen sein solltet. Wenn ihr, wie ihr glaubt, besser Bescheid wißt als sie, solltet ihr auch besser handeln. Es ist euch deshalb verboten, irgendein Lebewesen zu töten, um es zu essen. Die einzige tierische Nahrung, die ihr zu euch nehmen dürft, ist, was ihr an Vögeln, Vieh und Fischen findet, die eines natürlichen Todes gestorben sind oder die zu früh auf die Welt kamen oder so mißgestaltet, daß es für sie eine Gnade bedeutet, von ihrem Dasein erlöst zu werden; auch dürft ihr an Tieren alles essen, was Selbstmord begangen hat. Bezüglich der Pflanzen mögt ihr alle essen, die sich ohne weiteres essen lassen.«

So weise und wirkungsvoll war die Rede des alten Propheten, und so furchtbar waren die Drohungen, die er denen entgegenschleuderte, die sich ihm widersetzen sollten, daß er den gebildeteren Teil des Volkes auf seine Seite brachte, und bald folgten die ärmeren Leute nach oder taten wenigstens so. Nachdem er den Sieg seiner Lehre noch erlebt hatte, ward er zu seinen Vätern versammelt und trat dort sicher sogleich in innige Seelengemeinschaft mit der unsichtbaren Macht, mit der er schon so lange Gedankenaustausch gepflogen hatte.

Er war indessen noch nicht lange tot, als einige seiner eifrigeren Jünger es sich angelegen sein ließen, die Lehre ihres Meisters noch zu verbessern. Der alte Prophet hatte die Verwendung von Eiern und Milch gestattet, doch seine Jünger fanden, ein frisches Ei essen heiße ein künftiges Küken vernichten, und das sei gleichbedeutend mit der Ermordung eines bereits lebenden. Alte Eier ließen sie, wenn auch ungern, zu, sofern feststand, daß sie schon zu weit gediehen waren, als daß sie noch ausgebrütet werden konnten; doch mußten alle zum Verkauf angebotenen Eier einer Kontrollstelle vorgelegt worden sein, wo sie, falls sie unverkennbar angefault waren, den Stempel erhielten: »Gelegt nicht weniger als drei Monate vor« dem betreffenden Datum. Diese Eier, unnötig zu sagen, wurden höchstens für Puddinge verwendet oder als Arznei in Fällen, wo dringend ein Brechmittel gebraucht wurde. Milch war verboten, da ihre Verwendung bedeutete, daß irgendein Kalb seiner natürlichen Nahrung beraubt und damit in Lebensgefahr gebracht wurde.

Es läßt sich leicht denken, daß es zuerst viele gab, die den neuen Vorschriften nur nach außen hin nachlebten, insgeheim jedoch jede Gelegenheit benützten, sich an den gewohnten Fleischtöpfen zu laben. Es stellte sich heraus, daß fortwährend Tiere unter mehr oder weniger verdächtigen Umständen eines natürlichen Todes starben. Eine Selbstmordepidemie, wie sie bisher höchstens unter Eseln vorgekommen war, brach unter Tieren aus, die sonst seelischen Anfechtungen kaum ausgesetzt waren, wie den Schafen und Kühen. Es war erstaunlich, wie einige dieser bedauernswerten Geschöpfe ein Fleischermesser im Umkreis von einem Kilometer witterten und geradewegs in dasselbe hineinliefen, wenn der Fleischer es nicht rechtzeitig wegsteckte.

Hunde, die sich bisher gegenüber häuslichem Geflügel, zahmen Kaninchen, Ferkeln, Schafen und Lämmern durchaus korrekt verhalten hatten, waren plötzlich nicht mehr zu halten und fielen alles an, was ihnen ausdrücklich verboten worden war. Ein von einem Hund getötetes Tier galt als eines natürlichen Todes gestorben; es liege nämlich in der Natur des Hundes, hieß es, Tiere zu töten, und wenn er sich dessen bisher enthalten habe, so nur deshalb, weil seine Natur verfälscht worden sei. Je ungebärdiger die Hunde wurden, desto mehr schien es die Leute zu reizen, gerade die Tiere zu züchten, die für den Hund eine Versuchung bedeuten mußten. Jedermann ahnte natürlich, daß sie geflissentlich das Gesetz umgingen; aber sei dem, wie ihm wolle, man verkaufte oder verzehrte jedenfalls alles, was die Hunde umgebracht hatten.

Bei den größeren Tieren war es nicht so leicht, das Gesetz zu umgehen; die Obrigkeit konnte alle die angeblichen Fälle von Selbstmord unter Schweinen, Schafen und Rindern nicht gut durchgehen lassen, die ihnen zur Kenntnis gebracht wurden. Zuweilen mußten sie die Betreffenden verurteilen, und ein paar Verurteilungen wirkten schon abschreckend genug. In den Fällen hingegen, wo ein Tier von einem Hund getötet worden war, ließen sich Bißspuren sehen, und es war so gut wie unmöglich, schlechten Willen seitens des Hundebesitzers nachzuweisen.

Eine weitere ergiebige Möglichkeit der Gesetzesübertretung entstand durch einen Gerichtsentscheid, der unter den überzeugten Anhängern des alten Propheten viel Staub aufwirbelte. Der Richter befand, es sei rechtlich zulässig, ein Tier in Notwehr zu töten, und ein solches Verhalten seitens eines Menschen, der angegriffen werde, sei so natürlich, daß das angreifende Tier als eines natürlichen Todes gestorben gelten sollte. Die eingefleischten Pflanzenköstler hatten in der Tat Grund zur Besorgnis, denn kaum hatte dieser Gerichtsentscheid sich herumgesprochen, als eine ganze Anzahl bisher harmloser Tiere ihre Besitzer anzufallen begann, so daß diese genötigt waren, ihnen einen natürlichen Tod zu bereiten. Auch wurde es damals etwas ganz Alltägliches, ein totes Kalb, Lamm oder Zicklein zum Verkauf ausgestellt zu sehen, mit der Bescheinigung der Kontrollstelle, es sei in Notwehr getötet worden. Manchmal wurde sogar ein totes Lämmlein oder Kälblein als »garantierte Totgeburt« zum Verkauf angeboten, wo ganz offensichtlich war, daß es sich mindestens einen Monat lang des Lebens erfreut hatte.

Was das Fleisch der Tiere betraf, die tatsächlich eines natürlichen Todes gestorben waren, nützte die Erlaubnis, es zu essen, nicht viel, da es meistens schon von einem andern Tier gefressen worden war, ehe der Mensch es behänden konnte, oder dann war es bereits ungenießbar, so daß den Leuten gar nichts anderes übrigblieb, als dem Gesetz auf irgendeine Weise ein Schnippchen zu schlagen oder zur Pflanzenkost überzugehen. Das letztere war so wenig nach dem Geschmack der Erewhonier, daß die Gesetze gegen das Töten von Tieren in Verfall zu geraten drohten und höchstwahrscheinlich aufgehoben worden wären, hätte sich nicht plötzlich eine Epidemie ausgebreitet, die von den Priestern und Propheten des Tages der Sittenlosigkeit des Volkes in Sachen Fleischgenuß zugeschrieben wurde. Das tat seine Wirkung; strenge Verfügungen wurden erlassen, wonach der Fleischverbrauch in jeder Form verboten und keine andere Nahrung als Getreide, Obst und Gemüse zum Verkauf in Läden und auf dem Markt zugelassen war. Dies geschah etwa zweihundert Jahre nach dem Tode des Propheten, der die Leute zuerst wegen der Tierrechte verbiestert hatte; aber die neuen Verfügungen waren kaum in Kraft, als die Leute sie auch schon erneut zu übertreten begannen.

Ich habe mir sagen lassen, die bedenklichste Folge der ganzen Narretei habe keineswegs darin bestanden, daß brave Staatsbürger auf Fleischkost verzichten mußten – ganze Völker tun dies ohne ersichtlichen Schaden, und in andern Ländern, wie Italien, Spanien oder Griechenland, bekommen die Armen jahraus, jahrein kein Fleisch zu sehen. Das Schlimme war der Stoß, den ein ungerechtfertigtes Verbot dem Gewissen all derer versetzte, die nicht selbständig genug waren, um zu merken, daß das Gewissen zwar meistens ein Segen ist, mitunter jedoch zu einem Fluch werden kann. Das aufgerüttelte Gewissen eines einzelnen wird ihn oft dazu verleiten, voreilig Dinge zu tun, die er besser hätte bleibenlassen; wird jedoch durch einen ehrenwerten alten Griesgram, der mit einer unsichtbaren Macht auftrumpfen kann, das Gewissen eines ganzen Volkes wach gerüttelt, dann ist der Teufel los.

Aus: *Erewhon oder Jenseits der Berge* (1872)

Mark Twain
Amerikanischer Schriftsteller (1835–1910)

Jahrhunderte hindurch wurden Hunderte von Ketzern alljährlich auf dem Scheiterhaufen verbrannt, weil ihre religiösen Überzeugungen der römisch-katholischen Kirche nicht gefielen.

Zu allen Zeiten haben die Wilden aller Länder sich das Hinschlachten ihrer Mitmenschen und die Versklavung der Frauen und Kinder zu einer alltäglichen Beschäftigung im Leben gemacht.

Heuchelei, Neid, Bosheit, Grausamkeit, Rachsucht, Verführung, Notzucht, Raub, Hochstapelei, Brandstiftung, Bigamie, Ehebruch und die Unterdrückung und Demütigung der Armen und Hilflosen auf alle Arten waren und sind bei den zivilisierten wie den primitiven Völkern dieser Erde an der Tagesordnung.

Viele Jahrhunderte lang ist auf die Brüderlichkeit der Menschheit Wert gelegt worden – an Sonntagen; während »Vaterlandsliebe« sonntags wie wochentags gepredigt wurde. Jedoch bedeutet Vaterlandsliebe das Gegenteil von Brüderlichkeit.

Die Gleichstellung der Frau mit dem Manne ist ihr niemals von irgend einem alten oder modernen, zivilisierten oder wilden Volk zugebilligt worden.

Ich habe die Verhaltensweisen und Anlagen der sogenannten »niederen Tiere« studiert und sie mit denen des Menschen verglichen. Ich finde das Ergebnis beschämend für mich. Denn es zwingt mich, meinen Glauben an die Darwinsche Theorie von der Abstammung des Menschen von den niederen Tieren zu revidieren; es ist mir jetzt klar geworden, daß jene Theorie fallen gelassen werden muß zugunsten einer neuen und richtigeren, die man den Herabstieg des Menschen vom höher entwickelten Tier nennen sollte.

Zu diesem peinlichen Ergebnis bin ich nicht durch Raten, Mutmaßen und Spekulieren gelangt, sondern durch das, was man allgemein die wissenschaftliche Methode nennt. Das heißt, ich habe jegliches Postulat, das sich anbot, dem Kriterium des praktischen Experimentes unterworfen und es dann je nach dem Ergebnis anerkannt oder verworfen. Dadurch habe ich jeden unternommenen Schritt meines Verfahrens, bevor ich zum nächsten überging, verifiziert. Diese Experimente fanden im Zoologischen Garten Londons statt und nahmen viele Monate genauer und mühseliger Arbeit in Anspruch.

Bevor ich näher auf diese Experimente eingehe, möchte ich einen oder zwei Punkte berühren, die mir eher an diese Stelle zu gehören scheinen als an eine spätere. Es geschieht dies im Interesse der Klarheit. Die Massenexperimente haben zu meiner Genugtuung gewisse Verallgemeinerungen herbeigeführt, und zwar:

1. Daß die Menschenrasse eine Spezies für sich ist. Sie enthält leichte Variationen, solche der Farbe, der Gestalt, der Mentalität undsoweiter, die von Klima, Umgebung undsoweiter abhängen; aber sie ist eine Spezies für sich und nicht mit anderen zu vermengen.
2. Daß die Vierfüßler gleichfalls eine Familie für sich bilden. Auch diese schließt Variationen ein, solche der Farbe, der Größe, der Ernährung undsoweiter; aber sie sind eine Familie für sich.
3. Daß die anderen Familien – Vögel, Fische, Insekten, Reptilien undsoweiter – mehr oder weniger ebenfalls für sich stehen. Sie befinden sich in der Entwicklung. Sie stellen Glieder einer Kette dar, die sich von den höheren Tieren bis herab zum Menschen erstreckt.

Einige meiner Experimente verliefen recht bemerkenswert. Im Verlaufe meiner Lektüre stieß ich auf einen Fall, wo vor vielen Jahren eine Gruppe von Jägern auf unseren Prärien eine Büffeljagd zur Unterhaltung eines englischen Grafen veranstaltete – zu diesem Zwecke sowie zu dem, frisches Fleisch für seine Speisekammer zu beschaffen. Sie hatten einen vergnüglichen Jagdtag. Sie erlegten zweiundsiebzig dieser großen Tiere, aßen einen Teil eines derselben und ließen die anderen einundsiebzig zum Verwesen liegen. Um nun den Unterschied zwischen einem englischen Grafen und einer Anaconda zu bestimmen – wenn es einen gibt –, ließ ich sieben kleine Kälber in den Käfig einer Anaconda sperren. Das dankbare Reptil zermalmte sofort eines derselben und verschluckte es; dann rollte es sich zufrieden zusammen und zeigte kein weiteres Interesse an den übrigen Kälbern noch irgendwelche Neigung, sie zu behelligen. Ich machte dieses Experiment noch mit anderen Anacondas, und stets mit dem gleichen Resultat. Die Tatsache stand als bewiesen da, daß der Unterschied zwischen einem englischen Grafen und einer Anaconda darin besteht, daß der Graf grausam ist und die Anaconda nicht, und daß der Graf nach Laune etwas vernichtet, was er gar nicht gebraucht, und die Anaconda nicht. Dies schien darauf hinzudeuten, daß die Anaconda nicht von dem Grafen abstammte. Es schien ferner darauf hinzudeuten, daß der Graf von der Anaconda abstammte und ein gut Teil dabei verloren hatte.

Ich gewahrte, daß viele Menschen, die weit mehr Vermögen angehäuft haben, als sie gebrauchen können, einen Heißhunger nach noch mehr verspürten und sich kein Gewissen daraus machten, die Unwissenden und Hilflosen um ihre paar Ersparnisse zu betrügen, um diesen Heißhunger teilweise zu stillen. Ich verschaffte nun Hunderten von wilden und von zahmen Tieren verschiedenster Arten die Gelegenheit, große Mengen von Nahrung anzuhäufen; aber keins wollte sich darauf einlassen. Die Eichhörnchen, Bienen und bestimmte Vögel machten solche Anhäufungen, hörten aber damit auf, sobald sie einen Wintervorrat beisammen hatten, und waren nicht dazu zu bringen, ihn, sei es durch Arbeit oder durch Raub, weiter zu vermehren. Um ihr wankendes Ansehen zu befestigen, gab die Ameise vor, Vorräte anzusammeln, aber ich ließ mich da nicht täuschen. Ich kenne die Ameise. All diese Experimente überzeugten mich davon, daß zwischen dem Menschen und dem höherentwickelten Tier ein Unterschied besteht: er ist habsüchtig und geizig, das Tier ist es nicht.

Im Laufe meiner Experimente habe ich ferner die Überzeugung gewonnen, daß von den Tieren der Mensch das einzige Lebewesen ist, das Kränkungen und Verletzungen aufstapelt und darüber brütet, bis sich eine Gelegenheit zur Rache bietet. Die Rachsucht ist eine bei den höherentwickelten Tieren unbekannte Regung.

Hirsche halten sich Harems, aber mit Billigung ihrer Konkubinen, weshalb nichts Unrechtes dabei ist. Männer halten sich Harems, aber mittels brutaler Gewalt und grausamer Gesetze, bei deren Schaffung das andere Geschlecht nicht hinzugezogen wurde. In dieser Hinsicht nimmt der Mann einen weit niedrigeren Platz ein als der Hirsch.

Katzen haben eine lockere Moral, aber nicht bewußt. Der Mensch, als Nachfahre der Katze, hat ihre Lockerheit geerbt, aber ihre Unbewußtheit, jene rettende Anmut, die die Katze rechtfertigt, hinter sich gelassen. Die Katze ist unschuldig, der Mensch nicht.

Indezenz, Vulgarität, Obszönität, – all das ist streng auf den Menschen beschränkt. Er hat es alles erfunden. Unter den höherentwickelten Tieren findet sich keine Spur davon. Sie verhehlen nichts, sie schämen sich nicht. Der Mensch mit seinem verderbten Gemüt bekleidet sich. Nicht einmal ein Schlafzimmer mag er mit entblößten Brüsten und Hinterteilen betreten, so empfänglich ist er mitsamt seinem Bettgenossen für schmutzige Phantasie. Der Mensch ist »das Tier, das lachen kann«. Das kann aber der Affe auch, wie Darwin nachgewiesen hat, ebenso ein australischer Vogel, der den Namen »Lachender Hans« trägt. Nein. Der Mensch ist das Tier, das erröten kann. Er ist das einzige Tier, welches das tut – oder Anlaß dazu hat.

Am Kopf dieses Artikels finden wir eine Beschreibung davon, wie drei Mönche vor ein paar Tagen lebendig verbrannt und wie ein Abt »grausam zu Tode gemartert« worden ist. Wünschen wir Einzelheiten? Nein, sonst müßten wir lesen, wie dem Abt unaussprechliche Verstümmelungen zugefügt wurden. Der Mensch, wenn er als Indianer auftritt, sticht Gefangenen die Augen aus; wenn er als König Johann auftritt, benutzt er ein rotglühendes Eisen dazu. Tritt er als religiöser Eiferer im Mittelalter auf, der mit Ketzern abrechnet, so zieht er seinen Opfern die Haut ab und streut Salz auf die Wunde. Zur Zeit Richards I. sperrt er eine Vielzahl jüdischer Familien in den Tower und setzt ihn in Brand; zu Kolumbus' Zeiten nimmt er eine Familie spanischer Juden gefangen und – aber nein, das läßt sich nicht drucken. In unseren Tagen bekommt ein Mann zehn Shilling Strafe, weil er seine Mutter mit einem Stuhl fast zu Tode geprügelt hat, und ein anderer muß vierzig Shilling zahlen, weil er sich im Besitze von vier Fasaneneiern befindet, ohne eine befriedigende Erklärung liefern zu können, wie er dazu kam.

Von sämtlichen Tieren ist der Mensch das einzige, das grausam ist. Er ist das einzige, das Schmerzen zufügt, weil es ihm Vergnügen macht. Es ist dies eine bei höherentwickelten Tieren nicht vorkommende Regung. Die Katze spielt mit der verängstigten Maus, aber sie hat die Entschuldigung, daß sie nicht weiß, wie die Maus leidet. Die Katze ist maßvoll – unmenschlich maßvoll: sie ängstigt die Maus nur, aber foltert sie nicht, sticht ihr nicht die Augen aus, zieht ihr nicht die Haut ab, treibt ihr keine Pflöcke unter die Nägel – was alles Menschenart ist; hat sie ihr Spiel beendet, so frißt sie sie auf und macht mit ihren Leiden Schluß.

Der Mensch ist das grausame Tier. Er allein weist diese Quälität auf.

Die höherentwickelten Tiere fechten individuelle Kämpfe aus, kämpfen aber nicht in organisierten Massen. Der Mensch ist der einzige, der sich mit der Grausamkeit aller Grausamkeiten, dem Kriege, abgibt. Er ist der einzige, der seine Brüder um sich schart und mit kaltem Blut und ruhigem Herzen auszieht, seinesgleichen zu vertilgen. Er ist das einzige Tier, das sich – wie die Hessen bei unserer Revolution oder der junge Prinz Napoleon im Zulukrieg – für schnöden Sold aufmacht, um Fremde, die ihm nichts getan haben und mit denen er keinen Streit hat, abzuschlachten.

Der Mensch ist das einzige Tier, das hilflose Mitmenschen ihrer Heimat beraubt, ihr Land in Besitz nimmt und sie austreibt oder vertilgt. Das hat er zu allen Zeiten so gehalten. Es gibt keinen Hektar Landes auf dem ganzen Erdball, der sich im Besitze seiner rechtmäßigen Eigentümer befindet, oder der nicht von einem Eigentümer nach dem anderern mit Gewalt und Blutvergießen geraubt worden ist.

Der Mensch ist der einzige Sklave. Auch ist er das einzige Tier, das andere versklavt. Immerdar ist er in dieser oder jener Form Sklave gewesen und hat in dieser oder jener Form andere in Sklaverei gehalten. In unseren Tagen ist er immer Sklave eines anderen gegen Gehalt und tut dafür jenes anderen Arbeit; und dieser andere hat wieder andere Sklaven, für geringere Löhne, unter sich, die wiederum seine Arbeit verrichten. Die höherentwickelten Tiere hingegen sind die einzigen, die ihre eigene Arbeit tun und für ihren eigenen Unterhalt aufkommen.

Der Mensch ist der einzige Patriot. In seinem eigenen Lande und unter seiner eigenen Fahne sondert er sich ab, verhöhnt andere Völker und hält sich massenmäßig uniformierte Mörder zu riesigen Kosten, um sich Stücke aus anderer Völker Gebieten anzueignen und sie am Aneignen der eignen Gebiete zu hindern. Und in den Zwischenräumen zwischen Kriegen wäscht er seine Hände in Unschuld und wirkt für die Verbrüderung der Menschheit – mit dem Munde.

Der Mensch ist das religiöse Tier. Er ist das einzige religiöse Tier, das es gibt. Er ist das einzige Tier, welches die Eine und Alleinseligmachende Religion hat – mehrere davon. Er ist das einzige Tier, das seinen Nächsten wie sich selber liebt und, wenn dessen Theologie nicht stimmt, ihm die Kehle abschneidet. Aus dem Erdball hat er einen Friedhof gemacht im ehrlichen Bestreben, seines Nächsten Pfad zu Glück und Seligkeit zu ebnen. Das war zu Cäsars, zu Mohamets und zu Zeiten der Inquisition der Fall, es war vor wenigen Jahrhunderten in Frankreich der Fall und zu Marys Zeit in England, und es war so, seit er das Licht der Welt erblickte. Er ist auch heute, in Kreta, dabei, wie die angeführten Nachrichten von dort besagen, und er wird anderswo auch morgen dabei sein. Die höherentwickelten Tiere haben keine Religion. Man sagt uns, daß sie deshalb nicht in den Himmel kommen. Warum wohl, möchte ich wissen. Ein fragwürdiger Sachverhalt, will mir scheinen.

Der Mensch ist das vernünftige Tier. So lautet sein Anspruch. Ich dächte, das ist eine offene Frage. Meine Experimente ergeben, daß er das unvernünftige Tier ist. Man überdenke seine Geschichte, wie oben skizziert. Für mich steht es fest, daß er – was immer er sonst sein mag – kein vernünftiges Tier ist. Seine Akte sind die eines manisch Irren. Ich finde, der stärkste Einwand gegen seine Intelligenz ist die Tatsache, daß er sich angesichts dieser seiner Akte selber als die Krone der Schöpfung bezeichnet – während er doch auf Grund seines eigenen Niveaus ihren Hintern darstellt.

In Wahrheit ist der Mensch unheilbar töricht. Einfache Dinge, die andere Tiere ohne weiteres lernen, ist er nicht fähig zu lernen. Unter meinen Experimenten befand sich das folgende. Binnen einer Stunde habe ich einen Hund und eine Katze gelehrt, Freunde zu sein. Ich setzte sie in einen Käfig. In einer weiteren Stunde brachte ich ihnen bei, auch mit einem Kaninchen Freundschaft zu schließen. Im Verlauf von zwei Tagen konnte ich einen Fuchs, eine Gans, ein Eichhörnchen und mehrere Tauben hinzutun. Und zuletzt einen Affen. Sie alle lebten in Frieden, ja sogar voller Zärtlichkeiten miteinander.

Als nächstes sperrte ich einen irischen Katholiken aus Tipperary in einen anderen Käfig, und sobald er gezähmt schien, tat ich einen schottischen Presbyterianer aus Aberdeen hinzu. Sodann einen Türken aus Konstantinopel, einen griechischen Christen aus Kreta, einen Armenier, einen Methodisten aus der Wildnis von Arkansas, einen chinesischen Buddhisten und einen Brahmanen aus Benares. Zuletzt dann einen Obersten der Heilsarmee aus Wapping. Dann blieb ich zwei volle Tage weg. Als ich wiederkam, war der Käfig mit den höherentwickelten Tieren in Ordnung, aber in dem anderen fand sich nur noch ein Chaos von zerrissenen Fetzen, Turbanen, Fezen, Tüchern, Knochen und Fleisch – nicht ein einziges Exemplar war mehr am Leben. Die vernünftigen Tiere waren über eine theologische Streitfrage einander in die Haare geraten und hatten die Entscheidung in die Hände des Höchsten gelegt.

Man kann nicht umhin zuzugeben, daß, was Lauterkeit des Charakters betrifft, der Mensch nicht beanspruchen kann, auch nur an das niedrigste der höherentwickelten Tiere heranzureichen. Es unterliegt keinem Zweifel, daß er wesensmäßig außerstande ist, das Niveau desselben zu erlangen; daß er wesensmäßig mit einem Defekt belastet ist, der einen Vergleich auf immer ausschließt, denn dieser Defekt gehört permanent und unzerstörbar zu ihm.

Ich habe gefunden, daß dieser Defekt im Moralgefühl oder dem Gewissen liegt. Der Mensch ist das einzige Tier, das dieses besitzt. Hier liegt das Geheimnis seiner Erniedrigung. Es ist diejenige Eigenschaft, die ihn befähigt, das Böse zu tun. Ein anderes Amt übt es nicht aus. Es ist unfähig, irgendeine sonstige Funktion zu verrichten. Es kann auch nie zu einer solchen gedacht gewesen sein. Ohne sein Gewissen könnte der Mensch kein Unrecht tun. Er würde alsdann sogleich zu dem Niveau der höherentwickelten Tiere aufsteigen. (...)

Was nun den Stil betrifft, so denke man an den bengalischen Tiger, ein Ideal an Anmut, Schönheit, körperlicher Vollendung, Majestät. Dagegen der Mensch, dieses klägliche Etwas. Er ist das Geschöpf mit der Perücke, den Schädelnähten, dem Hörrohr, dem Glasauge, der Plastiknase, den Porzellanzähnen, der silbernen Speiseröhre, dem Holzbein, geklebt und bepflastert vom Scheitel bis zur Sohle. Wenn er für all sein Stückwerk in der nächsten Welt keinen Ersatz bekommt, wie wird er da erst aussehen?

Nur einen kolossalen Vorrang besitzt er. Sein Intellekt ist hervorragend. Die höherentwickelten Tiere können sich da nicht mit ihm messen. Da ist es nun kurios und bemerkenswert, daß ihm kein Himmel geboten wird, wo diese hohe Gabe auch nur die leiseste Chance hat, sich zu entfalten. Selbst wenn er diesen Himmel selber erfunden haben sollte, hat er darin doch keinerlei intellektuelle Freuden vorgesehen. Ein schlagendes Manko! Es deutet auf ein stillschweigendes Eingeständnis hin, daß der Himmel nur für die Tiere da ist. Das stimmt nachdenklich, gibt Anlaß zu ernsten Überlegungen. Und birgt eine grimmige Ahnung: wie, wenn wir gar nicht so wichtig sind, wie wir uns allezeit eingebildet haben?

Aus: *Briefe von der Erde* (1863)

August Bebel
Deutscher Politiker, Mitbegründer der Sozialdemokratischen Partei (1840–1913)

Zum Leben gehört in erster Linie Essen und Trinken. Freunde der sogenannten »naturgemäßen Lebensweise« fragen öfter, warum die Sozialdemokratie sich dem Vegetarianismus gegenüber gleichgiltig verhalte. Dies ist Veranlassung, diesen Punkt mit einigen Zeilen zu behandeln. Der Vegetarianismus, d. h. die Lehre, ausschließlich von Pflanzenkost sich zu nähren, fand zunächst in solchen Kreisen Boden, die in der angenehmen Lage sind, zwischen vegetabilischer und animalischer Kost wählen zu können. Für die sehr große Mehrheit der Menschen existirt aber diese Wahl nicht, sie ist gezwungen, nach ihren Mitteln zu leben, deren Dürftigkeit sie in sehr vielen Fällen fast ausschließlich auf vegetabilische Kost hinweist, und zwar auf die wenigst nahrhafteste. Für unsere Arbeiterbevölkerung in Schlesien, Sachsen, Thüringen usw. ist die Kartoffel die Hauptnahrung, sogar Brot kommt erst in zweiter Linie; Fleisch, und nur solches schlechtester Qualität, erscheint fast nicht auf dem Tisch. Auch hat der größte Theil der Landbevölkerung, obgleich sie das Vieh züchtet, selten Fleischnahrung, sie muß das Vieh verkaufen, um mit dem gewonnenen Gelde andere Bedürfnisse befriedigen zu können.

Für diese zahlreichen, gezwungen als Vegetarianer lebenden Menschen wäre zeitweilig ein solides Beefsteak, eine gute Hammelkeule entschieden eine Verbesserung ihrer Nahrung. Wendet der Vegetarianismus sich gegen die *Ueber*schätzung des Nährgehaltes der Fleischnahrung, so hat er Recht; er hat Unrecht, wenn er dessen Genuß als verderblich und verhängnißvoll, aus meist sehr sentimentalen Gründen bekämpft. Z. B. deshalb, weil das natürliche Gefühl verbiete, Thiere zu tödten und von einer »Leiche« zu essen. Nun, der Wunsch, angenehm und ungestört zu leben, zwingt uns, einer großen Zahl von Lebewesen in Gestalt von Ungeziefer aller Art den Krieg zu erklären und sie zu vernichten, und um nicht selbst verzehrt zu werden, müssen wir die Tödtung und Ausrottung wilder Bestien vornehmen. Das ungehinderte Lebenlassen der »guten Freunde des Menschen«, der Hausthiere, würde in einigen Jahrzehnten diese »guten Freunde« in so gewaltiger Zahl vermehren, daß sie uns »auffräßen«, indem sie uns der Nahrung beraubten. Auch ist die Behauptung, daß vegetabilische Kost milde Gesinnung gebe, falsch. Im sanftmüthigen, pflanzenessenden Inder erwachte ebenfalls die »Bestie«, als die Härte des Engländers ihn zur Empörung trieb.

Sonderegger trifft nach unserer Meinung den Nagel auf den Kopf, wenn er sagt: »Es giebt keine Rangordnung der Nothwendigkeit der Nahrungsmittel, aber ein unwandelbares Gesetz für die Mischung ihrer Nahrungsstoffe.« Richtig ist, daß Niemand von Fleischnahrung allein sich zu ernähren vermag, wohl aber von Pflanzenkost, vorausgesetzt, daß er sie entsprechend auswählen kann. Andererseits wird Niemand sich mit einer bestimmten Pflanzenkost, und sei sie die nahrhafteste, begnügen wollen. So sind Bohnen, Erbsen, Linsen, mit einem Wort die Leguminosen, die nährendsten aller Nahrungsstoffe. Deshalb aber ausschließlich von ihnen sich nähren zu müssen – was möglich sein soll –, wäre eine Tortur. So führt Karl Marx im ersten Band des »Kapital« an, daß die chilenischen Bergwerksbesitzer ihre Arbeiter zwingen, Jahr aus Jahr ein Bohnen zu essen, weil diese ihnen ein großes Maß von Kraft geben und sie in den Stand setzen, Lasten zu tragen, wie bei keiner anderen Nahrung. Die Arbeiter weisen die Bohnen trotz ihrer Nahrhaftigkeit zurück, sie erhalten aber nichts anderes und sind gezwungen, sich mit ihnen zu begnügen. Auf keinen Fall hängt von einer bestimmten Kostart das Glück und Wohlsein der Menschen ab, wie die Fanatiker unter den Vegetarianern behaupten, Klima, Gewohnheit, persönlicher Geschmack sind maßgebend.

In dem Maße, wie die Kultur sich hebt, tritt allerdings an Stelle fast ausschließlicher Fleischkost, wie sie bei Jagd- und Hirtenvölkern vorhanden ist, mehr die Pflanzenkost. Die Vielseitigkeit der Pflanzenkultur ist ein Zeichen höherer Kultur. Auch können auf einer gegebenen Ackerfläche viel mehr vegetabilische Nährstoffe gebaut werden, als auf derselben Fläche durch Viehzucht Fleisch erzeugt werden kann. Diese Entwicklung verschafft der vegetabilischen Nahrung ein immer größeres Uebergewicht. Die Fleischtransporte, die uns in der Gegenwart durch bürgerliche Raubwirthschaft aus fernen Ländern, insbesondere aus Südamerika und Australien zugehen, haben in wenigen Jahrzehnten so ziemlich ihr Ende erreicht. Andererseits wird Vieh nicht blos des Fleisches wegen gezüchtet, sondern auch der Wolle, Haare, Borsten, Häute, Milch, Eier etc. wegen, und eine Menge von Industrien und viele menschliche Bedürfnisse hängen davon ab. Ferner werden eine Menge Abfälle in der Industrie und Hauswirthschaft kaum nützlicher als durch Viehzucht verwendet. Weiter wird in Zukunft das Meer in viel höherem Maße als bisher seinen Reichthum an animalischen Nahrungsstoffen der Menschheit öffnen müssen. Später wird es schwerlich noch vorkommen, daß wie heute bei reichlichem Fischfang ganze Ladungen als Dünger verwendet werden, weil die Transport- oder die Konservirungseinrichtungen ihre Aufbewahrung nicht ermöglichen, oder die hohen Transportkosten ihren Absatz verhindern. Rein vegetarische Lebensweise ist also für die künftige Gesellschaft keineswegs wahrscheinlich, noch nothwendig.

Aus: *Die Frau und der Sozialismus* (1879)

Peter Kropotkin
Russischer Anarchist und Schriftsteller (1842–1921)

Sobald wir die Tiere zu unserem Studium machen, nicht nur in Laboratorien und Museen, sondern in Wäldern und Prärien, in den Steppen und im Gebirge, bemerken wir sofort, daß trotz ungeheurer Vernichtungskriege zwischen den verschiedenen Arten und besonders zwischen den verschiedenen Klassen der Tiere, zugleich in ebenso hohem Maße, ja vielleicht noch mehr, gegenseitige Unterstützung, gegenseitge Hilfe und gegenseitige Verteidigung unter Tieren, die zu derselben Art oder wenigstens zur selben Gesellschaft gehören, zu finden ist. Gesellligkeit ist ebenso ein Naturgesetz wie gegenseitiger Kampf. Natürlich wäre es außerordentlich schwierig, auch nur ungefähr die relative numerische Wichtigkeit dieser beiden Reihen von Tatsachen zu bestimmen. Aber wenn wir uns an einen indirekten Beweis halten und die Natur fragen: »Wer sind die Passendsten: sie, die fortwährend miteinander Krieg führen, oder sie, die einander unterstützen,« so sehen wir sofort, daß diejenigen Tiere, die Gewohnheiten gegenseitiger Hilfe annehmen, zweifellos die Passendsten sind. Es bestehen für sie die meisten Möglichkeiten zu überleben, und sie erlangen in den betreffenden Klassen die höchste Entwicklung der Intelligenz und körperlichen Organisation. Wenn wir die zahllosen Tatsachen, womit diese Ansicht gestützt werden könnte, in Betracht ziehen, so können wir ruhig sagen, daß gegenseitige Hilfe ebenso ein Gesetz in der Tierwelt ist als gegenseitiger Kampf; jene aber als Entwicklungsfaktor höchstwahrscheinlich eine weit größere Bedeutung hat, insofern sie die Entfaltung solcher Gewohnheiten und Eigentümlichkeiten begünstigt, die die Erhaltung und Weiterentwicklung der Arten, zusammen mit dem größten Wohlstand und Lebensgenuß für den Einzelnen, beim geringsten Kraftaufwand, sichern. (...)

Glücklicherweise ist Konkurrenz weder im Tierreich noch in der Menschheit die Regel. Sie beschränkt sich unter Tieren auf Ausnahmezeiten, und die natürliche Auslese findet bessere Gelegenheiten zu ihrer Wirksamkeit. Bessere Zustände werden geschaffen durch die *Überwindung der Konkurrenz* durch gegenseitige Hilfe. In dem großen Kampf ums Dasein – für die möglichst große Fülle und Intensität des Lebens mit dem geringsten Aufwand an Kraft – sucht die natürliche Auslese fortwährend ausdrücklich die Wege aus, auf denen sich die Konkurrenz möglichst vermeiden läßt. Die Ameisen vereinigen sich in Haufen und Völkern, sie stapeln ihre Vorräte auf, sie halten sich ihr Vieh – und vermeiden so die Konkurrenz; und die natürliche Auslese wählt aus der Familie der Ameisen die Arten aus, die es am besten verstehen, die Konkurrenz mit ihren unabwendbar verderblichen Folgen zu vermeiden. Die meisten unter unseren Vögeln wenden sich langsam nach Süden, wenn der Winter kommt, oder versammeln sich in zahllosen Gesellschaften und unternehmen lange Reisen – und vermeiden so die Konkurrenz. Viele Nagetiere fallen in Schlaf, wenn die Zeit kommt, wo sonst die Konkurrenz eintreten würde; und wieder andere Nagetiere stapeln Nahrung für den Winter auf und versammeln sich in großen Kolonien, um den nötigen Schutz zu haben, während sie an der Arbeit sind. Die Renntiere wandern, wenn die Flechten im Innern des Landes vertrocknet sind, gegen die See. Büffel durchqueren einen ungeheuren Kontinent, um reichlich Nahrung zu finden. Und wenn die Biber an einem Fluß zahlreich werden, teilen sie sich in zwei Partien und gehen, die Alten flußabwärts und die Jungen flußaufwärts – und vermeiden die Konkurrenz. Und wenn Tiere weder in Schlaf verfallen noch auswandern, noch Vorräte sammeln, noch selbst ihre Nahrung züchten können wie die Ameisen, dann tun sie, was die Meise tut und was Wallace (Darwinismus, Kap. V) so reizend beschrieben hat: sie gehen zu einer neuen Art Nahrung über – und vermeiden so ebenfalls die Konkurrenz.

»Streitet nicht! – Streit und Konkurrenz ist der Art immer schädlich, und ihr habt reichlich die Mittel, sie zu vermeiden!« Das ist die *Tendenz* der Natur, die nicht immer völlig verwirklicht wird, aber immer wirksam ist. Das ist die Parole, die aus dem Busch, dem Wald, dem Fluß, dem Ozean zu uns kommt. »Daher vereinigt euch – übt gegenseitige Hilfe! Das ist das sicherste Mittel, um all und jedem die größte Sicherheit, die beste Garantie der Existenz und des Fortschrittes zu geben, körperlich, geistig und moralisch.« Das ist es, was die Natur uns lehrt, und das ist es, was alle die Tiere, die die höchste Stufe in ihren Klassen erreicht haben, getan haben.

Aus: *Gegenseitige Hilfe in der Tier- und Menschenwelt* (1902)

Eduard von Hartmann
Deutscher Philosoph (1842–1906)

Eine andere Frage ist die, wie sich die Ernährung der Menschheit in einer Zukunft gestalten wird, in welcher alle Erdtheile so dicht bevölkert sein werden wie jetzt Europa. Diese Fragen haben nicht wir zu lösen, die wir heute ebensowenig im Stande wären, ohne Getreideeinfuhr zu leben als ohne Vieheinfuhr. Sollte einmal alles Schlachtvieh von der Erde verschwinden und jede Wiese zum Acker werden, von dessen Früchten sich die Menschen unmittelbar ernähren müssen, dann wird die Menschheit jener fernen Zukunft sicherlich einen Charakter energieloser Mittelmässigkeit zeigen, ebenso wie es heute die vorwiegend vegetarianischen Völker thun. Denn es scheint, dass die Pflanzenkost zahmer, sanfter, geduldiger, indolenter, unfähiger zu hervorragenden körperlichen und geistigen Leistungen, unfähiger zur Initiative, zu energischen Entschliessungen, kurz, passiver, willenloser, quietistischer und geistloser macht, und dass es nur die passiven Tugenden und das vegetative Traumleben (Somnambulismus u. dergl.) sind, welche durch dieselben begünstigt werden. Für die vegetativen und reproduktiven Aufgaben des Lebens, wie sie bei Landleuten und beim weiblichen Geschlecht überwiegen, mag Pflanzenkost ausreichen, nicht aber für die gesteigerten Anforderungen an gesteigerte Produktivität, wie das moderne Kulturleben der Städte, insbesondere der Grossstädte, sie an die arbeitenden Männer stellt. Mit dem Fleischgenuss seiner kulturtragenden Minderheit hört ein Volk auf, eine aktive Rolle in der Geschichte zu spielen und verzichtet auf die thätige Mitarbeit am Kulturprocess, welche einen durch blosse Pflanzenkost nicht zu erzielenden Ueberschuss an geistiger Energie über die Bedürfnisse des vegetativen Lebens hinaus erfordert. Nur solche religiöse und philosophische Weltanschauungen können ohne Widerspruch mit sich selbst den Vegetarianismus als wesentlichen Bestandtheil in sich aufnehmen, welche keine Entwickelung, keinen Fortschritt, keinen realen Weltprocess, kurz keine aktiven sittlichen Kulturaufgaben der Menschheit anerkennen, sondern in einem entwickelungslosen Traumidealismus und dem davon unabtrennbaren passiven Quietismus befangen sind.

Die reine Pflanzenkost ist nach alledem ebensowenig rationell wie naturgemäss; sie ist vielmehr ebenso kulturwidrig wie naturwidrig. Es bleibt nur noch die letzte Begründung des Vegetarianismus durch Humanitätsrücksichten zu erörtern. Nun kann es aber keine angebliche Humanitätsrücksicht geben, welche im Stande wäre, etwas zu rechtfertigen, das zugleich naturwidrig und kulturfeindlich ist; wäre wirklich jede Abweichung von reiner Pflanzenkost so inhuman, wie die Vegetarianer behaupten, so müsste man diese Inhumanität ruhig mit in den Kauf nehmen, um nicht gegen die sittliche Pflicht der Menschheit zur Erfüllung ihrer Kulturaufgabe zu verstossen, und könnte die Verantwortung für solche Inhumanität getrost der Vorsehung anheimgeben, welche unsere Natur so eingerichtet hätte, dass wir nur auf inhumanem Wege unsere Mission erfüllen könnten. In der That tritt aber bei dem Streit um die Humanität eine Verschiebung der Frage ein, welche von den Vegetarianern in der Regel geflissentlich verdunkelt wird. Die Behauptung, dass es inhuman sei, Milch, Butter, Käse und Eier zu geniessen, würde in den heutigen Ansichten unseres Volkes kein Verständniss finden; deshalb beschränken sich die Vegetarianer auf die Behauptung, dass das Töten von Thieren zum Zweck des Fleischgenusses inhuman sei. Die Humanitätsrücksicht dient also nur zur Begründung jenes Vegetarianismus der laxeren Observanz, welcher nicht die Nahrungsmittel animalischer Herkunft, sondern nur den Fleischgenuss als solchen bekämpft.

Nun ist es zweifellos, dass man mit einer richtigen Mischung aus Pflanzenkost und Milch, Butter, Käse und Eiern vortrefflich bestehen und allen Anforderungen des Lebens genügen kann; eine solche Kost ist aber eben keine Pflanzenkost, sondern eine gemischte Kost, also eine zwar naturgemässe und rationelle, aber eben nicht vegetarianische Diät. Wäre die Behauptung der Vegetarianer, dass reine Pflanzenkost die allein naturgemässe und rationelle Diät ist, richtig, so müsste die gemischte Kost, gleichviel ob ihre animalischen Bestandtheile von lebenden oder todten Thieren stammen, naturwidrig und irrationell sein; ist sie das aber nicht, so ist eben damit jene Behauptung des Vegetarianismus preisgegeben. Wenn die Fleischkost nun insoweit verwerflich ist, als sie das Tödten lebender Geschöpfe zum Verspeisen herbeiführt, nicht aber sofern die Produkte lebender Thiere umfasst, dann ist damit zugestanden, dass nicht die animalische oder vegetabilische Herkunft der Nahrungsmittel als solche, sondern die näheren Umstände ihrer Erlangung, nicht die Angemessenheit an unsere Organisation und Lebenszwecke, sondern Rücksichten, die auf einem ganz anderen Gebiet liegen, für die Entscheidung massgebend sind. Da die Bedenken gegen das Fleisch als gelegentlichen Krankheitsträger schon oben erledigt sind, so müssten diese Vegetarianer der laxeren Observanz zugeben, dass die Erweiterung ihrer Tafelgenüsse durch Braten und Fisch ihnen sehr erwünscht sein müsste, wenn nur ein Engel ihnen diese Speisen vom Himmel brächte mit der Versicherung, dass sie nicht von getödteten Thieren entnommen, sondern durch ein Wunder geschaffen seien. Dies ist also ein principiell anderer Standpunkt, und es ist inconsequent, beide miteinander verknüpfen zu wollen; die Vertreter dieses Standpunkts sollten ihn als Antikannibalismus streng vom Vegetarianismus unterscheiden.

Das Humanitätsargument stellt nämlich das Verzehren von getödteten Thieren dem Verzehren von getödteten Menschen, d. h. dem Kannibalismus, gleich, insofern auch die Thiere als unsere Brüder im Reiche des Lebens zu beachten seien. Dieses Argument beweist schon darum nichts, weil es zu viel beweist. Es ist eine oberflächliche und unwissenschaftliche Volksmeinung, dass ein Eidotter eine homogene Flüssigkeit und nicht ebensogut ein lebendes und empfindendes Individuum wie etwa ein Spanferkel sei; es ist ein Vorurtheil, dass nur die Thiere unsere Brüder im Reiche des Lebens und der Empfindung seien, die Pflanze aber nicht. Es ist reine Willkür, die Grenzlinie, jenseits deren wir das Lebendige zum Verzehren tödten dürfen, zwischen Thier und Pflanzenreich zu ziehen; ein anderer könnte mit gleichem Recht oder Unrecht diese Grenze zwischen Wirbelthieren und Wirbellosen, ein dritter zwischen Warmblütern und Kaltblütern, ein vierter zwischen den Affen und den übrigen Säugetieren, ein fünfter zwischen den anthropoiden und den übrigen Affen ziehen. Dies alles ist grundlose Willkür der subjektiven Meinung und aus wissenschaftlichem Gesichtspunkt gleich unhaltbar; aus letzterem giebt es nur zwei in sich consequente Standpunkte, zwischen denen man zu wählen hat. Entweder nämlich muss man die Grenze zwischen der organischen oder anorganischen, der lebendigen und leblosen Natur ziehen, oder aber zwischen der Species, zu welcher wir gehören, und allen übrigen Species. Im ersteren Falle verzichtet man auf alle organisirten, d. h. lebendigen und lebensfähigen Nährstoffe (wozu alle Blätter, Keime und Samen gehören) und auf alle organischen Nährstoffe, die nur durch Tödtung von lebenden Pflanzen oder Pflanzentheilen zu erlangen sind, und beschränkt sich auf solche organische Nährstoffe, welche nicht mehr lebensfähige natürliche Sekrete von Pflanzen oder Reste von schon abgestorbenen Pflanzen sind, oder auf noch zu erfindende künstliche Nährstoffe, die von der synthetischen Chemie aus unorganischen Stoffen im Laboratorium zu bereiten sind. Im letzteren Falle dagegen beschränkt man den Kannibalismus, wie die Natur selbst es im ganzen Thierreich thut, auf die Individuen der eigenen Species; denn jedes Thier frisst ungescheut Thiere anderer Art, scheut aber mit seltenen (teleologisch besonders zu begründenden) Ausnahmen vor dem Verzehren von seinesgleichen zurück. Im ersteren Falle verabscheut man das Verzehren von zerstückelten Leichen als Kannibalismus, gleichviel ob die getödteten Brüder aus dem Reiche des Lebens Thiere, Pilze oder Pflanzen sind, und respektirt die Heiligkeit und Unantastbarkeit des Lebens in jeder Gestalt; im letzteren Falle erkennt man die grossen Gradverschiedenheiten der Verwandtschaft mit anderen Lebewesen an und zieht die Grenze für den Kannibalismus da, wo die Natur sie uns durch den eigenen Instinkt und die Analogien des gesammten Thierreichs vorgezeichnet hat. Die Wahl in dieser Alternative scheint mir nicht schwer; will man seine Kost nicht auf vermodertes Laub und abgestorbene Pilze beschränken, so muss man sich nothgedrungen für die andere Seite der Alternative entscheiden, verliert dann aber auch das Recht, von der Inhumanität des Fleischgenusses zu reden.

Dass die Jagd ein inhumanes Handwerk ist, kann gar nicht bestritten werden; denn ihre Art, zu tödten, ist bei Treibjagden grausam, immer unsicher und oft qualvoll für verwundetes und entkommenes Wild. Die Jagd ist aber in den Kulturländern ohnehin auf den Aussterbeetat gesetzt, und auch bei uns, wo der Grundadel sie noch künstlich als Ueberbleibsel aus roheren Zeiten kultivirt, ist doch der Procentsatz des gejagten Wildes ein sehr kleiner unter allem getödteten Vieh. Dass auch das Schlächterhandwerk noch nicht auf der Höhe unserer heutigen Humanitätsanforderungen steht und in dieser Richtung verbesserungsbedürftig ist, kann man ebenso zugeben und nur wünschen, dass der Vegetarianismus an diesen beiden Punkten die berechtigten Thierschutzbestrebungen unterstütze. Der Einwurf, dass das Schlächterhandwerk verroht, fällt weg, wenn nur noch mit zweckmässigen Schlachtmasken geschlachtet, und eventuell das Eintreiben des Stiftes von einer durch blossen Fingerdruck auszulösenden mechanischen Kraft bewirkt wird; zu entbehren ist jedes Schlächterhandwerk auch dann nicht, wenn man das Fleisch der getödteten Thiere wegwirft, so lange überhaupt noch Zuchtvieh gehalten wird. Wenn man nun annähme, dass nur Zuchtvieh zur Verzehrung gelangte, das auf rationelle Weise geschlachtet wäre, so könnte eine Inhumanität nicht mehr zugegeben werden. Sterben müsste ja jedes Schlachtthier doch einmal, und wenn der Mensch ihm einen Tod bereitet, der schneller und schmerzloser als der natürliche ist, so ist das eher eine positive Humanität zu nennen. Wenn alle Menschen auf Fleisch verzichteten und statt dessen Milch und deren Ableitungsprodukte genössen, so würde man mindestens ebensoviel Vieh wie jetzt züchten müssen, müsste aber, falls man das Schlachten für inhuman hielte, für die nicht mehr milchenden Kühe Altersversorgungsanstalten und für alle männlichen Kälber Asyle anlegen, in denen sie bis zu ihrem natürlichen Tode zwecklos verpflegt würden. Wenn dagegen alle Menschen zur reinen Pflanzenkost übergingen, so würde gar kein Vieh mehr gezüchtet werden; nach der üblichen optimistischen Auffassung muss es aber ein positiver Gewinn für die Lustbilance der Welt sein, dass der Mensch im allgemeinen Kampf ums Dasein Thieren das Leben gönnt, die sich bis zu ihrem schnellen schmerzlosen Tode des Lebens freuen können, und selbst vom pessimistischen Standpunkt aus würde man einen Menschheitsbeschluss, die Hausthierrassen gänzlich auszurotten, mindestens nicht seiner Humanität wegen rühmen können. Wenn man übrigens ohne Milchkühe nicht auskommt und vernünftigerweise die ausgedienten Milchkühe und die männlichen Kälber nicht zwecklos weiter füttern kann, sondern schlechterdings tödten muss, so ist nicht abzusehen, warum man deren Fleisch fortwerfen soll, statt es zu verzehren. Solange man ferner noch Wollschafe hält, gilt das nämliche für den zu reichlichen Nachwuchs der Schafherden. Damit ist aber ein Zustand als human und vernünftig anerkannt, der ganz mit dem heute bestehenden zusammenfällt, und das Princip des Mitleids hat damit jedes auch nur scheinbare Recht zum Mitsprechen in der Ernährungsfrage eingebüsst.

Der Versuch, die Inhumanität des Fleischgenusses mit objektiven Gründen nachzuweisen, ist hiernach als gescheitert zu betrachten und es bleibt dem Vegetarianismus nur die letzte Zuflucht offen, sich auf das Gefühl zu berufen. Wenn jemand erklärt, es sei gegen sein Gefühl, das Fleisch von einem Thier zu essen, nicht nur von einem solchen, das er lebend geliebt oder doch lebend gekannt oder gar selbst getödtet hat, sondern auch von einem solchen, das er nicht gekannt hat und das von einem anderen getödtet ist, so ist darüber nicht zu streiten, und man kann jedem seine Gefühle und die Berücksichtigung derselben gönnen, so lange er dadurch anderen nicht unbequem, also namentlich gegen anders Fühlende nicht intolerant und agressiv wird. Niemand wird einem Tischnachbarn Braten aufdrängen, wenn derselbe erklärt, der Fleischgenuss widerstrebe seinem Gefühl; wenn mir aber mein vegetarianischer Nachbar vorwirft, mein Fleischessen sei inhumaner, barbarischer Kannibalismus, so weise ich ihn mit der Entgegnung zurück, sein vegetarianisches Gefühl sei eine verschrobene, zimperliche Sentimentalität ohne objektive Begründung.

Die Thiere sind mit uns gleichen Geschlechts, wenn auch nicht gleicher Art, unsere Vettern älterer Linie, gleichviel ob man in diesem Ausdruck nur ein Bild oder die treffende Bezeichnung einer wirklichen genealogischen Verwandtschaft sehen will. Sie sind nach gleichem Grundtypus gebaut, und ihr natürliches Leben verläuft in den gleichen natürlichen Verrichtungen wie das unsrige; aber auch ihr Seelenleben zeigt dieselben Grundfunktionen (Vorstellung und Wille nebst Gefühl), denselben Widerstreit zwischen Selbstsucht und socialen Instinkten, und dieselbe geistige Grundanlage für Geberden- und Wortsprache, wie die relative Verständnissfähigkeit aller höheren Thiere für die menschliche Wortsprache und die Fähigkeit einiger zur Nachahmung keineswegs unverstandener Worte beweist. Der Unterschied zwischen Thier und Mensch ist nur ein solcher des Grades; er wird nur dadurch scheinbar zu einem Unterschiede der Art, dass alle Säugethiere ausser dem Menschen stumm sind und darum in ihrem geistigen Leben auch nur mit stummen Menschen verglichen werden dürfen. Ein Stummer, der nicht künstlich und mühsam zum Verständniss und Gebrauch der Schriftsprache erzogen ist, findet sich ebenso wie das Thier auf unartikulirte Laute und Geberden beschränkt; sein Denken ist allemal anschaulicher als dasjenige Redender von sonst gleicher Bildungsstufe, aber es entbehrt doch nicht der Begriffe, wenn es sie auch nicht mit Worten bezeichnen kann, und vollzieht ebensogut eine logische Verknüpfung der (anschaulichen und begrifflichen) Vorstellungen wie dasjenige Redender. In demselben Sinne können wir auch dem anschaulichen Vorstellungsleben der Thiere weder Begriffe noch logische Verknüpfung der Vorstellungen, d. h. eigentliches Denken, absprechen, so dass man hier vergeblich eine scharfe Grenzlinie zwischen Mensch und Thier sucht. Nur weil die Menschen allmählich eine Wortsprache ausgebildet und den so entwickelten Wortsprachsinn auf ihre Nachkommen vererbt haben, sind stumme Menschen soviel bildungsfähiger als Thiere, denen sie sonst auch der Art nach gleich stehen würden, wogegen der blödsinnige Mensch tief unter dem normalen Thiere steht.

Dass wir zu den Thieren in moralischen Beziehungen stehen, ist hiernach zweifellos; die sittliche Verpflichtung, Niemanden zu verletzen, vielmehr jedem nach Kräften zu helfen, bezieht sich auf alle empfindenden Lebewesen ohne Ausnahme, gleichviel ob man dieselben als Mitgeschöpfe desselben Herrgotts, als Kinder desselben Vaters im Himmel, als natürliche Vettern älterer Linie, oder als objektive Erscheinungen desselben Einen Weltwesens betrachtet. Die moralischen Beziehungen des Menschen zu den Thieren bestehen auch unabhängig davon, ob das einzelne Thier seinerseits zu einer mehr oder minder vollkommenen oder unvollkommenen Auffassung dieser Beziehungen im Stande ist, und ob es fähig und gewillt ist, die Rücksichtnahme und Hilfsbereitschaft des Menschen zu erwidern; das wäre eine traurige Sorte von Moralität, die von der Gegenseitigkeit der Leistungen abhängig gemacht würde, und nur da gäbe, wo sie auf Entgelt oder Lohn von der andern Seite hoffen dürfte. Damit ist aber nicht ausgeschlossen, dass die moralischen Beziehungen befestigt und mit reicherem Inhalt erfüllt werden, wo beide Theile zu einander in ein gemüthliches Verhältniss oder in ein stillschweigendes Vertragsverhältniss gegenseitiger Leistungen eintreten; denn in solchem Falle würde das einfache Unrecht einer Verletzung durch Verwickelung mit Untreue, Undank, Unbilligkeit u. s. w. erschwert. Diese Erschwerung tritt auch dann ein, wenn die Thiere kein Bewusstsein davon haben, dass sie dem Menschen durch ihren erzwungenen Gehorsam Dienste leisten; es genügt, dass der Mensch die Dienste der Thiere annimmt, beziehungsweise erzwingt, um ihn zu den entsprechenden billigen Gegenleistungen moralisch zu verpflichten.

Das Thier ist somit moralisches Rechtssubjekt, d. h. das Subjekt derjenigen moralischen Forderungs-Rechte, welche den moralischen Pflichten des Menschen ihm gegenüber korrespondiren, und deren Verletzung für den Menschen ein moralisches Unrecht ist; dagegen kann der Mensch an das Thier keine höheren moralischen Ansprüche stellen, als insoweit dessen Fassungsvermögen ihm das Verständniss seiner moralischen Beziehungen zum Menschen gestattet, hat aber dafür das moralische Befugniss-Recht, das Thier zwangsweise zu den ihm dienlichen Leistungen zu verwenden.

Alle bisherigen Rechtssysteme lassen als juridische Rechtssubjekte nur menschliche Individuen oder statutenmässig festgestellte menschliche Zwecke (moralische Personen) zu. Es ist kein begrifflicher Grund abzusehen, warum ein Rechtssystem nicht auch Thiere als juridische Rechtssubjekte zulassen sollte, da doch blödsinnige Menschen als solche gelten. Es ist aber ein Missverständniss des Unterschiedes zwischen moralischen und juridischen Rechten und Pflichten, zu behaupten, dass von Rechtswegen (d. h. aus dem Gesichtspunkt eines eingebildeten und seinem eigenen Begriff widersprechenden Naturrechts oder Vernunftrechts) eigentlich die Thiere auch juridische Rechtssubjekte sein müssten. Das juridische Recht ist immer positiv, d. h. historisch, und kann seiner Natur nach immer nur einen Theil der Sphäre des moralischen

Rechts umfassen; welche Theile der Sphäre des moralischen Rechts in das juridische Rechtssystem, d. h. in die positive Rechtsordnung durch die Gesetzgebung aufzunehmen seien, kann niemals selbst wieder von juridischen Erwägungen abhängen, sondern nur durch Rücksichten der Zweckmässigkeit und Opportunität bedingt sein.

Dass aber ein dringendes Bedürfniss aus Zweckmässigkeitsgründen bestände, durch Gesetzgebung die juridische Rechtsfähigkeit der Thiere in unser Rechtssystem einzuführen, das ist entschieden zu bestreiten. Vor allem würde die Lage der Thiere durch eine solche Aenderung ihrer formalen Stellung zur Rechtsordnung inhaltlich gar nicht berührt werden, da ihre Rechte doch immer nur durch Vertretung von Menschen würden wahrgenommen werden können, wie sie es jetzt nöthigen Falls auch schon werden (wenn z. B. eine alte Dame eine Summe für die Pensionirung ihres Lieblingshundes ausgesetzt hat). Die einzige wünschenswerthe Aenderung der Gesetzgebung in Betreff der Thiere ist die, dass Rohheit oder Bosheit in deren Behandlung nicht bloss straffällig sein muss, wenn sie öffentliches Aergerniss giebt, sondern auch, wenn sie als eine insgeheim erfolgte, oder als eine vor zustimmenden Zuschauern stattgehabte nachgewiesen werden kann. Diese Abänderung hat aber mit der Erhebung der Thiere zu juridischen Rechtssubjekten gar nichts zu thun, denn die Gemeingefährlichkeit des in solcher Handlungsweise sich offenbarenden Charakters genügt für sich allein schon, um den Staat in diesem Falle ähnlich wie bei anderen Verbrechen, wo keinem Rechtssubjekt ein Unrecht geschieht, an seine Pflicht des Schutzes der Gesellschaft durch rechtzeitige Bekämpfung derartiger gemeingefährlicher Charaktereigenschaften zu erinnern.

Unser juridisches Verhältniss zu den Thieren ist somit nur indirekter Art; unser Rechtssystem zieht die moralischen Beziehungen der Menschen zu den Thieren nur so weit in seine Sphäre, als die Interessen der *menschlichen Gesellschaft* durch dieselben berührt werden, zu deren Sicherstellung und Schutze die Rechtsordnung allein errichtet ist. Es ist also unrichtig, unser juridisches Verhältniss zu den Thieren darum als ein direktes aufzufassen, weil unser moralisches Verhältniss zu denselben ein solches ist; es ist aber auch ebenso unrichtig, die Unmittelbarkeit des letzteren darum zu bezweifeln oder zu bestreiten, weil das erstere ein bloss mittelbares ist. Wir haben nicht deshalb uns der Verletzung der Thiere zu enthalten, weil eine solche unsrer Menschenwürde nicht gemäss, oder unserem pflichtmässigen Streben nach Selbstvervollkommnung hinderlich, oder von anderweitigen ungünstigen Rückwirkungen auf den Handelnden und die menschliche Gesellschaft sein würde, sondern zuerst und vor allem deshalb, weil wir das moralische Recht jedes empfindenden Lebewesens ohne Ansehen von Stand oder Person, also auch ohne Ansehen von Rasse, Species und Genus zu respektiren haben. Diese Achtung vor allen lebendigen und fühlenden Mitgeschöpfen (mag man sie nun auf die Achtung vor dem Schöpferwillen oder auf die Wesenseinheit der verschiedenen Erscheinungsindividuen gründen) ist einfach eine Forderung der (moralischen) Gerechtigkeit; denn »Gerechtigkeit« besagt in letzter Instanz nichts andres als die Anerkennung der »Gleichgültigkeit des empfindenden Subjekts«.

Wie die moralischen Beziehungen unter Menschen, so müssen auch diejenigen zwischen Thier und Mensch vor allem auf dem unerschütterlichen Grunde der (moralischen) Gerechtigkeit ruhen; nur aus diesem rationalistischen Moralprincip ist eine deutliche und scharf bestimmte Grenzlinie des Verhaltens abzuleiten, nicht aus den schwankenden Principien der Gefühlsmoral. Letztere sind unentbehrlich, theils um die Motivationskraft des gerechten Verhaltens zu verstärken, theils um innerhalb des von der Gerechtigkeit gelassenen Spielraums dem positiven Wohlwollen zur Geltung zu verhelfen; aber sich selbst überlassen sind sie gerade die stärksten Verführer zu ungerechtem und unbilligem Verhalten, und es ist ganz unmöglich, die Gerechtigkeit aus einem einzelnen Gefühlsmoralprincip (z. B. dem Mitleid) oder aus der Summe derselben abzuleiten. Wer sich in seinem Verhalten zu den Thieren von der Gerechtigkeit leiten lässt, der wird so wie so, ob er mitleidig ist oder nicht, dem Thiere nichts Unbilliges zumuthen oder zufügen, und das Mitleid käme bei ihm nutzlos hintennach gehinkt, wenn es mitsprechen wollte; wer aber sich von dem Mitleid, der Gutmüthigkeit und Weichherzigkeit bestimmen lässt, der wird in seinem Verhalten nur durch Zufall mit den Forderungen der Gerechtigkeit gelegentlich übereinstimmen, und oft genug dieselben verletzen. Wenn der weichherzige Thierfreund eine arme Familie keuchend einen schwer belasteten Handwagen ziehen und schieben sieht, so neigt er stets dazu, sich zum Anwalt des mitangespannten überbürdeten Hundes aufzuwerfen und zu Gunsten desselben die überbürdeten Menschen noch mehr zu überbürden; er vergisst dabei nur, dass der gut behandelte Familienhund es als sein Recht und seine Ehre betrachtet, sich mit seinen Herren mitzuplagen, und dass die Menschen bei ihrer scheinbar freiwilligen Quälerei oft weit mehr unter der Geissel eines zwingenden Schicksals stehen und weit schwerer unter diesem harten Zwange leiden, als das vom Menschen zur Arbeit gezwungene Thier. So lange die Menschen noch im Schweisse ihres Angesichts ihr Brod verdienen und zeitweilig über ihre Kräfte sich anstrengen müssen, wird es eine Ungerechtigkeit bleiben, ihnen jede auch nur zeitweilige Ueberanstrengung der Arbeitsthiere zu verwehren. Eine Ueberanstrengung der Arbeitsthiere aus unzureichenden Gründen ist dagegen ebenso ungerecht wie unvernünftig und bedarf zu ihrer Verurtheilung nicht erst des Mitleids.

Das Mitleid ist bekanntlich ein zweischneidiges Schwert: insoweit es Unlust ist, drängt es ebensosehr dazu, den Anblick der Gelegenheiten seiner Entstehung durch Ausweichen zu meiden als diejenigen abzustellen, deren Anblick man auf keine Weise aus dem Wege gehen kann; soweit es aber ein Gefühl ist, das dazu anlockt, seine Anlässe aufzusuchen, ist es ein Lustgefühl und als solches verleitet es zugleich dazu, die zu bemitleidenden Leiden nicht nur nicht abzustellen, sondern geradezu erst recht herbeizuführen. Das Mitleid ist der Grausamkeitswollust eng verwandt, und es ist ganz irrthümlich zu glauben, dass Giftmischer oder Thierquäler aus Passion kein Mitleid mit ihren Opfern empfinden, da sie ohne eine starke Emotion des Mitgefühls gar keine so starke Lust aus dem fremden Leid schöpfen könnten. Deshalb geht man fehl, wenn man glaubt, den passionirten Thierquäler durch Erweckung seines Mitleids von seiner verworfenen Neigung abbringen zu können; erst wenn man ihn nöthigt, sich selbst als das von einem andern in gleicher Weise gequälte Wesen vorzustellen und durch diese Vorstellung sein Gerechtigkeitsgefühl zur Reaktion bringt, wird man hoffen dürfen, einen Erfolg zu erzielen. Denn selbst von einem andern gequält zu werden, empfindet jeder als ein angethanes Unrecht, so dass es nur der Abstraktion von der Individualität des Gequälten und des Quälers bedarf, um das Unrecht auch bei der Umkehrung einzusehen.

Auf der andern Seite schiesst das Mitleid mit den Thieren über das Ziel hinweg, indem es keine Rücksicht darauf nimmt, ob wir uns mit denselben im Kriegs- oder Friedenszustande befinden. Nun befindet sich aber die Menschheit mit allen Thierarten im Kriegszustande, denen gegenüber sie sich im Kampfe ums Dasein zu behaupten hat, und nur mit denjenigen im Friedenszustande, welche im Kampf ums Dasein mit der übrigen Thierwelt entweder helfende Bundesgenossen oder doch wenigstens Neutrale sind. Die Religion des Mitleids, der Buddhismus, verlangt, dass man sich ruhig von Tigern fressen, von Giftschlangen und Scorpionen stechen, von Läusen peinigen lässt, wenn man kein Mittel besitzt, sich ihnen auf friedlichem Wege zu entziehen, stempelt aber die Tödtung eines dieser Thiere zu einem todeswürdigen Verbrechen, durch das man allen sonst etwa erworbenen Anspruch auf Heiligkeit wieder einbüsst. Die Absurdität dieser Folgerung zeigt die Unhaltbarkeit des Princips, von dem sie richtig abgeleitet ist.

Der Kampf ums Dasein ist nicht minder ein Krieg aufs Messer, wo er ein indirekter, d. h. Wettbewerb um die Mittel des Lebens ist; deshalb ist es ebensosehr eine Existenzfrage für die Menschheit, dass sie das Wild und die Schmarotzer des Feldes und Hauses (Mäuse, Ratten, Ameisen) bis zur Vernichtung bekämpft. Jedes Stück Nahrungsmittel, dessen sich ein Thier bemächtigt, obwohl es zur Ernährung eines Menschen hätte dienen können, verschlimmert die Situation der auf der Hungergrenze lebenden Glieder der Menschheit; jedes Mitleid auf diesem Gebiet opfert einen Menschen, um ein Thier zu retten, wenn sich auch der dabei geopferte Mensch nicht mit dem Finger zeigen lässt.

Aus diesem Gesichtspunkt ist jeder Luxus in der Erhaltung überflüssiger Thiere mit Nahrungsmitteln, die für Menschen hätten dienen können, ein Unrecht an der Menschheit; dabei ist es gleichgültig, ob die betreffenden Nahrungsmittel den Menschen direkt oder indirekt, d. h. durch Ernährung von nützlichen Thieren hätten dienen können. Nicht als unnütz dürfen solche Thiere gerechnet werden, welche der Belehrung (in zoologischen Gärten) oder der Befriedigung von Gemüthsbedürfnissen dienen (Stubenhunde, -Katzen, -Vögel etc.); noch weniger sind es die Thiere, welche dem Menschen bei der Jagd, beim Kampf gegen Schmarotzer, bei der Bewachung seines Eigenthums, bei seiner Ortsbewegung oder seinen sonstigen Arbeiten Beistand leisten, oder welche zur Produktion von Nahrungsmitteln und Bekleidungsstoffen gezüchtet werden. Aber auch solche Thierarten müssen in ihrer Vermehrung so weit beschränkt werden, dass ihre Zahl nicht über die zum Nutzen des Menschen erforderliche Grösse hinauswächst, weil der Ueberschuss zu den überflüssigen Verzehrern von Nahrungsmitteln gehören würde.

Der Kampf gegen die schädlichen und unnützen Thierarten so wie derjenige gegen eine schädliche Vermehrung der relativ nützlichen Thierarten ist eine Pflicht des Menschen gegen die Menschheit; da die Menschheit höhere sittliche und Kulturaufgaben zu lösen hat als das Thierreich, so steht auch die Pflicht gegen die Menschheit der Pflicht gegen die Thiere voran, und die mitleidige Gutmüthigkeit, welche sich im gegebenen Falle nicht zur Tödtung der Thiere entschliessen kann, ist ebenso unsittlich wie die Weichherzigkeit eines Familienvaters, der seinen Kindern das Brod wegnimmt, um es dem an seiner Thüre bettelnden arbeitsscheuen Landstreicher zu reichen, oder wie die Empfindsamkeit einer alter Jungfer, die ihren fetten Mops mit Braten und Zuckerbrot füttert, während ihre Dienstboten sich mit Kochfleisch und Schwarzbrod begnügen müssen.

Jede Gattung im Naturhaushalt braucht einen Regulator, der ihr Ueberwuchern verhindert; einer der wichtigsten dieser Regulatoren ist der Mensch und seine bezüglichen Pflichten im Naturhaushalt sind um so ausgedehnter und dringlicher geworden, je mehr er die übrigen Regulatoren (die Raubthiere) von der Erde verdrängt hat. Wenn er jetzt, wo er in Kulturländern für die meisten Arten grösserer pflanzenfressender und allesfressender Thiere sich zum einzigen Regulator gemacht hat, sich durch mitleidige Regungen abhalten lässt, seines Amtes zu walten, so verletzt er nicht nur seine Pflichten gegen die Menschheit, sondern auch seine Pflichten gegen die gesetzmässige Ordnung des irdischen Naturhaushaltes und die Erhaltung ihres Gleichgewichts. Ueberall wo es an regulirenden Raubthieren fehlt, führt solche Sentimentalität sich sehr bald praktisch ad absurdum, wie die Frösche der Abderiten beweisen, oder die 49 Katzen, welche der gemüthvolle junge Dichter ein Jahr nach seinem Verbot der Tödtung des ersten Wurfes besass. So gelangt die Sentimentalität gegen die Thiere gar leicht dazu, sich lächerlich zu machen, nämlich überall da, wo zwar ihre absurden Konsequenzen in die Anschauung fallen, wo aber nicht ihre indirekte Schädlichkeit und principielle Unsittlichkeit zum Bewusstsein kommt (deren Ernsthaftigkeit den komischen Eindruck der ersteren verhindern würde).

Die empfindsame Weichherzigkeit ist in sittlicher Hinsicht eine höchst bedenkliche Eigenschaft, und man darf sich darum auch nicht wundern, wenn man diesen ihren bedenklichen Charakter auch in ihrem Einfluss auf unsre Verhältnisse zu den Thieren bestätigt findet. Ueberall wo man einem Menschen begegnet, der sich durch übermässige Zärtlichkeit und ostentative Weichherzigkeit gegen Thiere auszeichnet, ist der Verdacht gerechtfertigt, dass man es mit einem Individuum zu thun habe, welches für seinen Mitmenschen nicht viel übrig hat und welches die aus seiner mangelhaften Pflichterfüllung gegen letztere auf seinen Charakter zu ziehenden Schlussfolgerungen durch ein Uebermaass von Rücksichtnahme und Wohlthätigkeit gegen die Thiere vor sich selbst, oder auch nur vor Andern, zu entkräften sucht. Oft ist es nur das instinktive Streben nach einer Herstellung des sittlichen Gleichgewichts, was die zu wenig Gerechtigkeit in sich fühlenden Menschen dahin drängt, ein übertriebenes Gewicht auf ihr »gutes Herz« zu legen; oft ist es geradezu die Lieblosigkeit des angeborenen Charakters, welche zum Gegengewicht gegen den unklar gefühlten Mangel, zu einer gewaltsamen Pflege des Mitleids und der Barmherzigkeit führt; nicht selten aber ist es gradezu der Menschenhass und die Missachtung des eigenen Geschlechts, welche gleichsam eine gewaltsame Zusammendrängung aller verfügbaren Gefühlswärme in das Verhältniss zu den Thieren zur Folge hat. Die versauerte alte Jungfer, der verbitterte Misanthrop, der Menschenverächter auf dem Throne, der kalt-grausame Ketzerrichter, der blutdürstige Revolutionsheld, das sind die Typen, bei denen die Ueberzärtlichkeit für die Thiere ihren Gipfel zu erreichen pflegt.

Wer sein Verhältnis zu den Thieren aus dem Gesichtspunkt der Gerechtigkeit regelt, der wird auch dann die Inferiorität des Thieres niemals vergessen, wenn er mit einem bestimmten thierischen Individuum in ein engeres Freundschaftsverhältniss tritt; nur ein solcher wird fähig sein, dem Thiere die grösste Wohlthat angedeihen zu lassen, welche der Mensch ihm erweisen kann: die Erziehung, während das gute Herz nur zu verziehen, d. h. zu verderben versteht. Wer sich zu den Thieren nicht hingezogen fühlt und sich damit begnügt, ihnen kein Unrecht zu thun, der kann darum doch das warmherzigste und wackerste Mitglied der menschlichen Gesellschaft sein; wer aber für die Thiere eine empfindsame Ueberzärtlichkeit entwickelt, dessen Charakter möge man nicht minder mit Misstrauen beggenen wie einem, der sie zu seinem Vergnügen martert. Freilich können auch traurige Erfahrungen und unverschuldetes Unglück den Menschen zur Vereinsamung geführt haben, und einem solchen wird man es gerne gönnen, wenn sein verödetes Herz die letzte Zuflucht zu der Thierwelt nimmt; aber in der Regel liegt der gemüthlichen Vereinsamung eine Schuld zu Grunde, eine Missachtung und Nichterfüllung der Ansprüche, welche die menschliche Gesellschaft an jedes ihrer Glieder zu stellen berechtigt ist.

Die vorstehenden Bemerkungen dürften genügen zum Erweise, dass das Mitleid kein brauchbares Princip zur Feststellung der ethischen Grenzlinie des Verhaltens gegen die Thiere ist, dass vielmehr diese Grenzlinie nur durch die Gerechtigkeit gezogen werden kann, welche dem Thiere giebt, was des Thieres ist, aber auch dem Menschen giebt, was des Menschen ist, und welche die Pflichten gegen die Menschheit und den Naturhaushalt der Erde als die höheren im Vergleich mit den Pflichten gegen die Thiere anerkennt. Wir alle ohne Ausnahme sind nicht nur berechtigt, sondern auch verpflichtet, den Kampf ums Dasein der Menschheit gegen die Thierwelt mitzukämpfen, also die schädlichen und unnützen Mitbewerber um die irdischen Bedingungen des Lebens zu tödten; wir sind aber ebenso verpflichtet, bei diesem Kampfe jede unnütze Härte und Grausamkeit zu vermeiden. Das nämliche gilt für unsre Benutzung der Thiere zur Förderung der menschlichen Kulturzwecke, sowohl was die Verwendung thierischer Arbeitskraft, also auch was die Förderung der Wissenschaft und Heilkunst durch Anstellung von Experimenten anbetrifft.

Die moderne Naturwissenschaft hat ihren Rang als exakte Wissenschaft wesentlich durch die experimentelle Grundlage ihres induktiven Verfahrens gewonnen, und kann das Experiment nicht aufgeben, ohne vom Range einer exakten Wissenschaft wieder herunter zu steigen. Nun können Experimente über physiologische und pathologische Processe nur an lebenden Körpern gewonnen werden, und jeder Arzt muss fortwährend an seinen Patienten experimentiren. Jedes neue Heilmittel, jedes neue Gift, jeder neu entdeckte chemische Stoff muss auf seine physiologische Wirkung am lebenden Körper experimentell geprüft werden, jede neue kühne chirurgische Operation muss ein Mal zum ersten Mal an einem lebenden Organismus versucht werden. Die Erforschung der Krankheitsursachen, insbesondere der organischen Krankheitsträger kann nur durch ausgedehnte Impfversuche mit den Züchtungsergebnissen der Reinkulturen fortschreiten; die Ergründung der Funktionen verschiedener Theile des centralen Nervensystems kann nur durch experimentelle Eingriffe in den normalen Lebensprocess gefördert werden. Oft genug schon hat die Begeisterung für den Fortschritt der Wissenschaft junge Aerzte dahin geführt, an sich selbst solche Versuche anzustellen, die manchmal mit dem Leben bezahlt wurden; den Steinschnitt verdanken wir einem französischen Arzte, der vom König die Erlaubniss erhielt, einen zum Tode verurtheilten, steinleidenden Verbrecher zum ersten Versuchsobjekt zu nehmen.

Solche physiologische Versuche können für ihre Objekte mit gar keinen oder geringfügigen Unbequemlichkeiten verbunden sein (wie z. B. manche Fütterungsversuche); sie können äusserst lästig sein, ohne dass irgend ein Eingriff in den Organismus stattfindet (z. B. die dauernde Einsperrung in eine enge Glasglocke zur Bestimmung der Ausathmungsgase); sie können endlich schweres Siechthum und mehr oder minder sichern Tod herbeiführen (wie z. B. die Impfungsversuche mit Krankheitsträgern, oder die quantitative Feststellung der Giftwirkungen). Wer irgend mit der modernen Physiologie, Pathologie und Medicin vertraut ist, der weiss, dass die Zukunft dieser Wissenschaften ganz und gar von einer rationellen Fortführung solcher Versuche, und zwar im ausgedehntesten Maassstabe abhängt; wer einer andern Ansicht huldigt, befindet sich im Widerspruch mit der erdrückenden Mehrheit der Vertreter jener Fächer. Selbst dann, wenn die entgegengesetzte Ansicht, dass alle Thierversuche überflüssig und nutzlos für die Wissenschaft seien, im Rechte wäre, und selbst dann, wenn es gelänge, die gesetzgeberischen Konsequenzen dieser Ansicht zu ziehen, d. h. alle Thierversuche zu verbieten, würde doch dieses Verbot wirkungslos sein; die Forscher, welche oft genug muthig genug sind, an sich selbst gewagte Versuche anzustellen, würden heimlich die Thierversuche um so eifriger fortsetzen, als ihnen eventuell von Seiten einer nach ihrer Meinung unvernünftigen Gesetzgebung das Martyrium zu Ehren der Wissenschaft in Aussicht stände.

Anstatt den alten Grundsatz »fiat experimentum in corpore vili« der Thierwelt gegenüber ausser Kraft setzen zu wollen, sollte man vielmehr ernstlich in Erwägung ziehen, ob es nicht rathsam und geboten sei, Verbrecher als corpora vilia zu benutzen; d. h. den zur Todesstrafe Verurtheilten freizustellen, ob sie statt der Hinrichtung ein lebensgefährliches Experiment an sich vornehmen lassen wollen, und den zu geringeren Strafen Verurtheilten anheimzugeben, ob sie ihre Strafe durch Preisgebung zu mehr oder weniger schmerzhaften und quälenden Versuchen abbüssen wollen. Die Wissenschaft und die Gefängnissverwaltungen würden davon gleichmässig Vortheil, das Recht und das Publikum keinen Nachtheil haben, und den Verbrechern würde nichts geschehen, wozu sie nicht eingewilligt haben. Ein solches Gesetz würde mit einem Schlage alle sentimentalen Klagen über ungerechte Behandlung der Thiere durch die Naturforscher gegenstandslos machen, indem sie dem Thierversuch den Menschenversuch anreihte; denn wenn man den Thieren nichts anthun dürfte, wozu man nicht ihre Zustimmung vorher eingeholt hätte, so dürfte man sie auch nicht gegen ihren Willen tödten oder zu Arbeiten anhalten.

Dass keine Gesetzgebung im Stande ist, Missbräuche zu verhüten, liegt ebenso auf der Hand, wie dass eine Sache um so mehr dem Missbrauch ausgesetzt ist, je edler und je wichtiger sie ist. Die beste und wirksamste Vorkehrung gegen missbräuchliche Behandlung der Thierversuche liegt in einer sorgfältigen Unterweisung der Studierenden über die zweckmässige technische Anstellung derselben, über ihre Leistungsfähigkeit und Tragweite; das gesetzliche Verbot, die Thierversuche in die Lehrvorträge aufzunehmen, würde nur die entgegengesetzte Wirkung haben, d. h. der unverständigen und ungeschickten Pfuscherei auf diesem Gebiete Vorschub leisten. Die inhaltliche Erwägung, ob der eventuelle Nutzen bestimmter Versuche wichtig genug ist, um die den Versuchsthieren zugefügten Leiden zu rechtfertigen, liegt selbstverständlich ganz ausserhalb der gesetzgeberischen und richterlichen Zuständigkeit und kann nur durch Sachverständige festgestellt werden, d. h. sie muss letzten Endes doch dem Takt und Gewissen der in ihren Fachkreisen tonangebenden Forscher anheimgestellt bleiben. Die öffentliche Meinung hat die Aufgabe, durch ihre Stimme das Gewissen der Forscher in dieser Richtung zu schärfen und ihren Takt zu verfeinern; sie kann aber diese Aufgabe nicht schlechter erfüllen, als wenn sie das Kind mit dem Bade ausschüttet und durch ihren Unverstand die Forscher an den Gedanken gewöhnt, dass sie sich um die jedenfalls unmögliche Zufriedenstellung einer irregeleiteten öffentlichen Meinung überhaupt nicht mehr zu bekümmern brauchen. Das jetzt so beliebte Schlagwort »Vivisektion« benutzt das Grauen der meisten Laien vor dem chirurgischen Messer und dem fliessenden Blut als Schreckgespenst zur Verwirrung der Urtheilsfähigkeit; nur der kleinste Theil der Thierversuche bedient sich chirurgischer Eingriffe, und diese brauchen gar nicht besonders schmerzhaft zu sein und sind mindestens durchschnittlich nicht diejenigen unter den Thierversuchen, welche mit den schwersten Leiden für die Objekte verknüpft sind.

Aus: *Moderne Probleme* (1885)

Bertha von Suttner
Österreichische Schriftstellerin, Pazifistin (1843–1914)

Vivisektion ... Es ist dies ein Gegenstand, über den es gleich peinlich zu schreiben, wie zu lesen ist. Aber in einem Buche, das sich gegen die Qual wendet, darf man nicht, um sich Unangenehmes zu ersparen, an dieser, die ausgesuchteste, Tausenden von Mitgeschöpfen zugefügte Folterqual darstellenden Erscheinung vorübergehen.

Etwa, weil es sich »nur« um Tiere handelt, sollte man nicht mitfühlen? Nein, das große Wort Buddhas: »Das bist du,« darf niemals vergessen werden. Das heißt: In jedem Geschöpfe sieh dich selbst, liebe es, wie dich selbst, denn ihr seid ein Leib Gottes, in den ihr alle aufzugehen habt. »Das bist du« ... der Egoismus mag es nicht hören, denn es drängt uns zuviel Leid auf – und doch erschließt es uns die tiefsten Freuden. Nur im Aufgehen des »Ich« in einem »du« liegt die höchste Wonne und ein Aufgehen des Ich im All die höchste Weisheit. »Das bist du« – das fühlte keiner von den Wilden, der seinen Feind skalpierte und pfählte; das fühlte im Mittelalter keiner der Hexenrichter und Folterknechte, das darf auch heute von uniformierten Menschen nicht empfunden werden, wenn man ihm die anders uniformierten gegenüberstellt – und den stummen wehrlosen Mitgeschöpfen aus der Tierwelt gegenüber, wie wenige unter uns fühlen es da?

Mitleid läßt sich nicht predigen. Zwar läßt es sich erwecken, wenn die Einbildungskraft des Gleichgültigen durch beschriebenes Leid aufgepeitscht wird; aber, wenn man weiß, daß man nicht helfen kann, so wird man sich vor dem unnützen Mitgequältwerden flüchten. Ich weiß es aus eigener Erfahrung. Ich bin ein Tierfreund – das ist bekannt, weil ich den Tierschutzvereinen Spenden zukommen lasse; und da geschieht es oft, daß man mir Flugschriften gegen die Vivisektion zusendet. Es sind auch Illustrationen darin: auf ein Brett gespannte, aufgeschnittene, geschundene ... genug! – in den Papierkorb damit!

Da las ich neulich in einem englischen Blatte eine Klage aus dem Publikum: »Das sei doch eine gar zu arge Rücksichtslosigkeit: wie kann man nur die Tierversuchslaboratorien in der Stadt haben! Das verzweifelte Wimmern, das Heulen der bis aufs äußerste gemarterten Geschöpfe sei nicht anzuhören, also – vor die Stadtmauern hinaus, weit weg derlei Arbeitsstätten!«

Ein hübsches Beispiel von Feinfühligkeit, nicht wahr? Nur *hören* will man die Verzweiflungsschreie nicht – die Verzweiflung selber hat weiter nichts zu sagen. Wir aber, die wir Einbildungskraft haben, uns braucht der Schrei nicht erst ans Ohr zu schlagen, uns tut es weh, zu wissen, daß er ausgestoßen wird – und kein Erbarmer daneben!

Dennoch, auch die Einbildungskraft läßt sich einlullen. Und ich tu's ja, wie gesagt, nicht besser. Die Berichte der Anti-Vivisektionsschriften lese ich nicht – höchstens hin und wieder einen Satz; die Illustrationen schaue ich nicht an, höchstens einen mit Erschauern hingeworfenen Blick und fort damit!

Und deshalb, du, der du dieses in Händen hältst: lies ruhig weiter, es folgen hier keine Schilderungen aus den sogenannten »Folterkammern der Wissenschaft« mit ihren Werkzeugen und ihren Vorgängen. Es soll nur die umstrittene Frage, ob die Vivisektion statthaft und berechtigt sei, einfach von der philosophischen Seite betrachtet werden, ohne Appell an das Mitleid – rein spekulativ.

Wenn man einem Dinge begegnet, über das man sich in peinlichem Zweifel befindet, so muß man ihm ins Gesicht schauen und den Zweifel muß man aussprechen. Der andere soll sich verteidigen, wenn er kann. In der vorliegenden Frage ist nicht nur der Gegenstand selber ein peinlicher, weil er jedem fühlenden Herzen weh tun muß, sondern sie ist auch peinlich zu erörtern, weil man fürchtet, mit seinen Skrupeln diejenigen zu beleidigen, die sich über solche Skrupel hinausgesetzt haben und die ja doch – es sind Gelehrte und Ärzte – hochangesehene und hochachtbare Leute sind. Das Axiom wurde nun einmal aufgestellt – um alle unliebsamen Diskussionen abzubrechen –, daß im Dienste der Wissenschaft und zum Wohle der Menschheit das Opfer der minderwertigen Kreatur notwendig und sogar im höchsten Grade segensreich und es daher eine ganz und gar unwissenschaftliche, nur tiernärrischen alten Jungfern geziemende Geistes- und Charakterschwäche beweist, wenn man gegen diesen wichtigen Behelf der Heilkunde Einsprache erheben will.

Und um nicht so unvernünftig zu erscheinen, geben viele dem Proteste, auch wenn er sich in ihrem Innern regt, nicht Ausdruck. Also denn: denken wir nicht daran, weil es uns weh tut – und reden wir nicht darüber. Alles – nur nicht etwa für dumm gehalten werden!

Ich *will* aber reden. Mir ist die Berechtigung jener Dinge schon von Grund aus verdächtig, welche die Diskussion scheuen und welche mit Berufung auf irgend ein abstrahiertes allgemeines Wohl die Verantwortung der konkreten Einzelübel von sich abwehren. Noch *jede* grausame Gepflogenheit – auch die verruchteste – ist immer als in Hinblick auf höhere Nützlichkeit geboten dargestellt worden; und je unvernünftiger, für desto weiser, je unbarmherziger, für desto heiliger erklärt. Alle verbrannten Hexen, alle mit glühenden Zangen gezwickten Delinquenten, alle auf den Schlachtfeldern hingemordeten Krieger und in den Kolonien ausgerotteten Eingeborenen – sie alle wurden ja nur den höheren Zwecken, der Glaubensreinheit, der Gerechtigkeitspflege, der Vaterlandsliebe und der Kulturverbreitung (!) geopfert; die einzelnen Leiden sollten immer als nichts gelten dem großen Gewinn gegenüber, der daraus für die Allgemeinheit entspringt.

Und an all den hochweisen und hochheiligen Qualinstitutionen hat man zur Zeit ihres Bestehens nicht zu rütteln gewagt. Wer es tat, galt für begriffstützig oder gar für frevelhaft. Ich aber glaube dies und sage es offen: Über dem angenommenen Nutzen einer unbestimmten Allgemeinheit steht das unverbrüchliche Recht jedes einzelnen fühlenden Geschöpfes, *nicht gequält* zu werden. Wohin würde z. B. dieses Axiom führen: »um zehn Menschen der künftigen Generation in China zu nützen, darfst du einen Menschen deiner Umgebung umbringen?« Oder, wenn man nicht in Zahlen rechnet, sondern in Werten und dabei in gewohntem Hochmut den Wert des Menschen tausendmal höher stellt, als den des Tieres (obwohl es, weiß Gott, bravere Hunde gibt, als so mancher rohe menschliche Wicht), »du darfst, um eines künftigen Kranken Zustand besser diagnostizieren zu können, tausend gesunden Tieren die unerträglichsten Qualen zufügen«. Wird solche Wertabschätzung erlaubt, so müßte man ja auch innerhalb der Menschheit derlei Opferungen gestatten und sagen: »hundert kleine Kinder oder hundert verkommene Verbrecher sind doch nicht soviel wert, wie ein vielleicht künftig erkrankender großer Fürst – oder wie ein Fortschritt der Wissenschaft überhaupt – also vivisezieren wir an kleinen Kindern, zerfasern wir die Gehirne unserer Gefangenen«. – Warum wird da Halt gemacht? Entweder ist die Mehrwertigkeit ausschlaggebend, oder sie ist es nicht.

Es wird da Halt gemacht, weil man einsieht, daß irgendwo ein Grundsatz aufgestellt werden muß, der uns selber dagegen schützt, für vermeintlich höhere Fremdzwecke in unserem eigenen Leben bedroht zu sein, der uns vor der Möglichkeit bewahrt, daß man uns oder unsere Kinder Höherstehenden zuliebe tötet und martert. Und so wird denn der Grundsatz aufgestellt: niemand darf um eines anderen Willen zum Tode oder zur Qual verurteilt werden. So ist man durch sein anerkanntes Menschenrecht gegen derlei Gefahr geschützt.

Aber ganz rechtlos wäre das Tier? Nein, nicht mehr. Es ist ihm ein Anwalt erstanden: die Menschlichkeit.

Jedes fühlende Geschöpf hat das Recht, vor willkürlich zugefügtem Schmerz bewahrt zu bleiben. Die Frage, ob der Mensch befugt sei, die Tiere zum Zwecke seiner Nahrung zu töten, will ich hier nicht berühren, sie führte mich zu weit weg von dem Jammer, den ich eben im Auge habe: die Vivisektion. Der Tod an sich ist nichts Furchtbares, nichts Höllenhaftes – wohl aber ist dies die Todesangst und die physische Qual. Daß bei der Tötung der Tiere diese beiden dem Opfer tunlichst zu ersparen seien, darüber ist doch kein gesitteter Mensch im Zweifel. Meiner Überzeugung nach wird auch einst die Zeit kommen, wo niemand sich wird mit Leichen nähren wollen, wo niemand mehr sich zum Schlächterhandwerk bereit finden wird. Wie viele unter uns gibt es schon jetzt, die niemals Fleisch äßen, wenn sie selber das Messer in die Kehle der betreffenden Tiere stoßen müßten! Doch davon, nochmals, will ich jetzt absehen und – solange das Fleischessen im Schwange ist, nur an die nächste, dringende Pflicht mahnen, daß alles, alles Mögliche aufgewendet werde, um die Tötung abzukürzen und eine vorhergehende Todesangst nicht aufkommen zu lassen.

Ist es unkonsequent, über die Tötung der Tiere zu Nahrungszwecken hinwegzugehen und sich gegen deren beliebige Verwendung zu wissenschaftlichen Zwecken aufzulehnen? Nicht ganz – denn man mag ja in einer Sache 1 zugeben und 1000 verpönen. Und Töten verhält sich zu Quälen, wie 1 zu 1000.

Sterben ist nichts Entsetzliches, und jedes lebende Geschöpf ist unweigerlich dazu verurteilt; aber der *Qual*, der stundenlangen, wochenlangen Folter braucht kein Wesen zu verfallen. Dem Übermaß des Schmerzes und Leidens gegenüber erscheint ja der Tod als Wohltat – das gefolterte Geschöpf sehnt sich danach, schreit danach, und der mildeste, barmherzigste Mensch wird nicht zögern, einem unrettbaren, martyrisierten Tier den Todesstoß zu geben, der ja ein Gnadenstoß ist.

Also man denke über die Tiertötung, wie man wolle, die Tierquälerei ist – und ist's unter allen Umständen – ein Verbrechen.

Und als solches nicht das Opfer allein, sondern auch den Täter schädigend, weil es dessen Charakter entadelt. Für künftige Kranke soll das Experiment irgend einen Vorteil – leichtere Diagnose, sicherere Behandlung – bringen? Mag sein, obwohl dies auch sehr fraglich ist; aber *gewiß* ist, daß dem Versuchswesen ein übernatürliches Leid zugefügt wird, und daß der Experimentator einem Übel verfällt, das ihm und seinen Nachkommen und der ganzen Kultur Schaden bringt: die Hartherzigkeit.

Mitleid, dieses unfehlbare Attribut edler Menschlichkeit, darauf ist eine gar starke Hoffnung des sozialen Fortschritts gesetzt: nur mitleidsfähige Menschen werden daran arbeiten die Unterdrückung, den Gewaltmißbrauch, die Grausamkeit, das Elend aus der Welt zu schaffen; und wer irgendwo das Mitleid erstickt, wer der Hartherzigkeit ein Privilegium gibt, der schadet der Mit- und Nachwelt weit mehr, als durch irgendwelche physiologische und medizinische – dabei problematische – Ergebnisse genützt werden kann.

Man sage nicht, der Vivisektor sei dennoch mild und mitleidsfähig, er opfere nur, in Hinblick auf höheres Menschenwohl, sowohl das minderwertige Geschöpf, als auch sein eigenes Gefühl; – er überwinde sich, charakterfest, von einem höheren Gesichtspunkte geleitet, als wir törichten, schwachnervigen, duseligen Tierschützler begreifen – um der Wissenschaft (mit erhobener Stimme), der Wissenschaft! zu dienen.

Er überwindet sich? Das ist nicht wahr. Jedenfalls nicht durch lange Zeit. Er ist abgehärtet, abgestumpft, sonst *könnte* er einfach diese Arbeit nicht verrichten. So weit quält sich keiner selber, daß er für abstrakte Zwecke einem hilflosen, unglücklichen, unschuldigen Geschöpfe so maßloses Leid zufügte, welches er in der Tat auch nur zum hundersten Teil »mit – leiden« müßte.

Es gibt und soll keine abstrakten Zwecke geben, für die infame Mittel gerechtfertigt erscheinen dürfen; und daß es eine Infamie ist, zu quälen, das soll erkannt und zum allgemeinen Grundsatz erhoben werden. Und von solchen, die es schon erkennen, soll es offen gesagt werden.

Es ist aber gewöhnlich nicht einmal der abstrakte Zweck, der die Handlungen bestimmt, es ist zumeist der nächstliegende: der eigene Nutzen, das Weiterkommenwollen in der eingeschlagenen Laufbahn, der erhoffte Erfolg. Die großen, tönenden Worte sind nur dazu da, um die Kritik abzuwehren, um sich unnahbar zu machen, auch um das eigene Gewissen zu beschwichtigen. Wenn sich zur Zeit der Autosdafé jemand gegen dieses »heilige« Vorgehen erhob, da hieß es auch: »Zurück! Frevle nicht ... was gilt das Leiden des Inquisiten – es handelt sich um höhere Zwecke – um das ewige Heil, um die Ehre Gottes, um die *Religion* mit einem Wort.« Oder noch gegenwärtig, wenn man gegen den Militarismus und Krieg eifert: »Was liegt an dem Steuerdruck des Volkes? – es handelt sich um *das Vaterland*.« Und heute, wo der Glaubensgeist allenthalben schwächer geworden und daher das Wort Religion nicht mehr imstande wäre, jede im Namen der Religion verübte Grausamkeit zu heiligen; heute, wo das erwachende internationale Solidaritätsgefühl nicht mehr jede im Namen des Vaterlandsbegriffes geforderte Raub- und Ruinpolitik gutheißt, wo gegen die Härten des Militarismus von allen Seiten protestiert wird, heute imponiert doch den meisten Leuten noch das Wort Wissenschaft.

Aber auch gegen dieses Wort, wenn es als Blendwerk gebraucht wird, muß der tapfere Geist sein unbefangenes Urteil behaupten. Nein – die Religion rechtfertigt nicht den Scheiterhaufen, der Vaterlandsbegriff rechtfertigt nicht den Massenmord, und die Wissenschaft entsündigt nicht die Tierfolter. (...)

Tausende und Abertausende denken und fühlen in Sachen der Vivisektion so wie ich. Nicht um alles Gold der Welt und auch nicht um das Bewußtsein, künftigen, unbekannten Kranken eine – problematisch – bessere Behandlung zu verschaffen, wären sie imstande, ein schuldloses, hilfloses Geschöpf zu foltern oder nur foltern zu sehen; aber sie schweigen, um die Gelehrtenzunft nicht zu beleidigen ... jemand der Grausamkeit zu zeihen: das ist ja tief verletzend und vielleicht auch ungerecht –

Ja, in der Tat, in den meisten Fällen *ist* es ungerecht, denn grausam ist nur der mit Bewußtsein Quälende und an der zugefügten Qual sich Freuende – und unsere verfeinerten Grausamkeitsverüber: Jäger, Kriegführer, Physiologen, handeln aus einem Beweggrunde, der so stark ist in seiner Gewohnheits- oder Pflichtgewalt, daß er in ihnen jedes andere Verständnis übertäubt, und darum war es so unendlich wahr, das auf dem Kreuze gesprochene Vergebungswort: »Herr, sie wissen nicht, was sie tun!«

Sie sollen es aber wissen. Man soll es ihnen zu sagen wagen. Die Gequälten und diejenigen, die für die Gequälten mit leiden, die *brauchen* Anwälte ... Vielleicht verletzt der Verteidiger mit seinen Worten ein paar Leute, vielleicht trägt er aber zur Rettung von tausend Opfern bei und spricht Tausenden zu Danke, die das Gleiche fühlen. Nie hätte das sich entwickelnde Zeitgewissen alte, rohe Institutionen abschaffen können, wenn man – um deren Träger zu schonen – die Institutionen niemals angegriffen hätte. Jedes Leid soll und muß sich in Klage Luft machen – vor allem das *Mitleid*. Nur so kommt es zu seinem Recht, das Recht nämlich: aufzuhören.

Nicht nur von den Schmerzen, die die Krankheit auferlegt, wollen wir befreit werden und unsere Nachkommen befreit wissen, sondern auch von dem Schmerz, den jeder milde Mensch beim Anblick des unerträglichen Schmerzes seiner Mitgeschöpfe empfindet ...
 Den Anblick kann ja der Milde – ihr nennt ihn vielleicht den empfindsam Schwachen – meiden? Nicht doch. *Sieht* denn nur das leibliche Auge? Zu *wissen*, daß zu jeder Stunde Tausende von fühlenden Lebewesen die unausdenkbar größten Leiden gelitten – und, was doppelt grauenhaft ist, daß sie ihnen willkürlich zugefügt werden, das ist eine Pein, gegen die der Milde sich auch zur Wehr setzen soll. Wer die Opfer nicht schreien hören, nicht zucken sehen kann, dem es aber, sobald er außer Seh- und Hörweite ist, gleichgültig ist, *daß* es schreit und daß es zuckt – der hat wohl Nerven, aber – Herz hat er nicht.

Für mich selber also, für alle, die das Gleiche fühlen, und für Millionen Jammerwesen erflehe ich das Ende der Tierfolter – Schach der Qual!

Aus: *Schach der Qual* (1898)

Friedrich Nietzsche
Deutscher Philosoph (1844–1900)

Das Ueber-Thier. – Die Bestie in uns will belogen werden; Moral ist Nothlüge, damit wir von ihr nicht zerrissen werden. Ohne die Irrthümer, welche in den Annahmen der Moral liegen, wäre der Mensch Thier geblieben. So aber hat er sich als etwas Höheres genommen und sich strengere Gesetze auferlegt. Er hat deshalb einen Hass gegen die der Thierheit näher gebliebenen Stufen: woraus die ehemalige Missachtung des Sclaven, als eines Nicht-Menschen, als einer Sache zu erklären ist.

Aus: *Menschliches, Allzumenschliches I* (1876–1878)

Im Verkehr mit den Thieren. – Man kann das Entstehen der Moral in unserem Verhalten gegen die Thiere noch beobachten. Wo Nutzen und Schaden *nicht* in Betracht kommen, haben wir ein Gefühl der völligen Unverantwortlichkeit; wir tödten und verwunden zum Beispiel Insecten oder lassen sie leben und denken für gewöhnlich gar Nichts dabei. Wir sind so plump, dass schon unsere Artigkeiten gegen Blumen und kleine Thiere fast immer mörderisch sind:

was unser Vergnügen an ihnen gar nicht beeinträchtigt. – Es ist heute das Fest der kleinen Thiere, der schwülste Tag des Jahres: es wimmelt und krabbelt um uns, und wir zerdrücken, ohne es zu wollen, *aber auch* ohne Acht zu geben, bald hier, bald dort ein Würmchen und gefiedertes Käferchen. – Bringen die Thiere uns Schaden, so erstreben wir auf jede Weise ihre *Vernichtung*, die Mittel sind oft grausam genug ohne dass wir diess eigentlich wollen: es ist die Grausamkeit der Gedankenlosigkeit. Nützen sie, so *beuten* wir sie *aus*: bis eine feinere Klugheit uns lehrt, dass gewisse Thiere für eine andere Behandlung, nämlich für die der Pflege und Zucht reichlich lohnen. Da erst entsteht Verantwortlichkeit. Gegen das Hausthier wird die Quälerei gemieden; der eine Mensch empört sich, wenn ein anderer unbarmherzig gegen seine Kuh ist, ganz in Gemässheit der primitiven Gemeinde-Moral, welche den *gemeinsamen* Nutzen in Gefahr sieht, so oft ein Einzelner sich vergeht. Wer in der Gemeinde ein Vergehen wahrnimmt, fürchtet den indirecten Schaden für sich: und wir fürchten für die Güte des Fleisches, des Landbaues und der Verkehrsmittel, wenn wir die Hausthiere nicht gut behandelt sehen. Zudem erweckt der, welcher roh gegen Thiere ist, den Argwohn, auch roh gegen schwache, ungleiche, der Rache unfähige Menschen zu sein; er gilt als unedel, des feinen Stolzes ermangelnd. So entsteht ein Ansatz von moralischem Urtheilen und Empfinden: das Beste thut nun der Aberglaube hinzu. Manche Thiere reizen durch Blicke, Töne und Gebärden den Menschen an, sich in sie *hineinzudichten*, und manche Religionen lehren im Thiere unter Umständen den Wohnsitz von Menschen- und Götterseelen sehen; wesshalb sie überhaupt edlere Vorsicht, ja ehrfürchtige Scheu im Umgange mit den Thieren anempfehlen. Auch nach dem Verschwinden dieses Aberglaubens wirken die von ihm erweckten Empfindungen fort und reifen und blühen aus. – Das Christenthum hat sich bekanntlich in diesem Punkte als arme und zurückbildende Religion bewährt.

Aus: *Menschliches, Allzumenschliches II* (1878–1879)

Die Thiere und die Moral. – Die Praktiken, welche in der verfeinerten Gesellschaft gefordert werden: das sorgfältige Vermeiden des Lächerlichen, des Auffälligen, des Anmaassenden, das Zurückstellen seiner Tugenden sowohl, wie seiner heftigeren Begehrungen, das Sich-gleich-geben, Sich-einordnen, Sich-verringern, – diess Alles als die gesellschaftliche Moral ist im Groben überall bis in die tiefste Thierwelt hinab zu finden, – und erst in dieser Tiefe sehen wir die Hinterabsicht aller dieser liebenswürdigen Vorkehrungen: man will seinen Verfolgern entgegnen und im Aufsuchen seiner Beute begünstigt sein. Deshalb lernen die Thiere sich beherrschen und sich in der Weise verstellen, dass manche zum Beispiel ihre Farben der Farbe der Umgebung anpassen (vermöge der sogenannten »chromatischen Function«), dass sie sich todt stellen oder die Formen und Farben eines anderen Thieres oder von Sand, Blättern, Flechten, Schwämmen annehmen (Das, was die englischen Forscher mit mimicry bezeichnen). So verbirgt sich der Einzelne unter der Allgemeinschaft des Begriffes »Mensch« oder unter der Gesellschaft, oder passt sich an Fürsten, Stände, Parteien, Meinungen der Zeit oder der Umgebung an: und zu allen den feinen Arten, uns glücklich, dankbar, mächtig, verliebt zu stellen, wird man leicht das thierische Gleichniss finden. Auch jenen Sinn für Wahrheit, der im Grunde der Sinn für Sicherheit ist, hat der Mensch mit dem Thiere gemeinsam: man will sich nicht täuschen lassen, sich nicht durch sich selber irre führen lassen, man hört dem Zureden der eigenen Leidenschaften misstrauisch zu, man bezwingt sich und bleibt gegen sich auf der Lauer; diess Alles versteht das Thier gleich dem Menschen, auch bei ihm wächst die Selbstbeherrschung aus dem Sinn für das Wirkliche (aus der Klugheit) heraus. Ebenfalls beobachtet es die Wirkungen, die es auf die Vorstellung anderer Thiere ausübt, es lernt von dort aus auf sich zurückblicken, sich »objectiv« nehmen, es hat seinen Grad von Selbsterkenntniss. Das Thier beurtheilt die Bewegungen seiner Gegner und Freunde, es lernt ihre Eigenthümlichkeiten auswendig, es richtet sich auf diese ein: gegen Einzelne einer bestimmten Gattung giebt es ein für allemal den Kampf auf und ebenso erräth es in der Annäherung mancher Arten von Thieren die Absicht des Friedens und des Vertrags. Die Anfänge der Gerechtigkeit, wie die der Klugheit, Mässigung, Tapferkeit, – kurz Alles, was wir mit dem Namen der *sokratischen Tugenden* bezeichnen, ist *thierhaft*: eine Folge jener Triebe, welche lehren, nach Nahrung zu suchen und den Feinden zu entgehen. Erwägen wir nun, dass auch der höchste Mensch sich eben nur in der *Art* seiner Nahrung und in dem Begriffe dessen, was ihm Alles feindlich ist, erhoben und verfeinert hat, so wird es nicht unerlaubt sein, das ganze moralische Phänomen als thierhaft zu bezeichnen.

Aus: *Morgenröthe* (1880–1881)

Kritik der Thiere. – Ich fürchte, die Thiere betrachten den Menschen als ein Wesen Ihresgleichen, das in höchst gefährlicher Weise den gesunden Thierverstand verloren hat, – als das wahnwitzige Thier, als das lachende Thier, als das weinende Thier, als das unglückselige Thier.

Aus: *Die fröhliche Wissenschaft* (1881–1882)

Wir haben umgelernt. Wir sind in allen Stücken bescheidner geworden. Wir leiten den Menschen nicht mehr vom »Geist«, von der »Gottheit« ab, wir haben ihn unter die Thiere zurückgestellt. Er gilt uns als das stärkste Thier, weil er das listigste ist: eine Folge davon ist seine Geistigkeit. Wir wehren uns anderseits gegen eine Eitelkeit, die auch hier wieder laut werden möchte: wie als ob der Mensch die grosse Hinterabsicht der thierischen Entwicklung gewesen sei. Er ist durchaus keine Krone der Schöpfung, jedes Wesen ist, neben ihm, auf einer gleichen Stufe der Vollkommenheit ... Und indem wir das behaupten, behaupten wir noch zuviel: der Mensch ist, relativ genommen, das missrathenste Thier, das krankhafteste, das von seinen Instinkten am gefährlichsten abgeirrte – freilich, mit alledem, auch das *interessante*! Was die Thiere betrifft, so hat zuerst Descartes, mit verehrungswürdiger Kühnheit, den Gedanken gewagt, das Thier als machina zu verstehn: unsre ganze Physiologie bemüht sich um den Beweis dieses Satzes. Auch stellen wir logischer Weise den Menschen nicht bei Seite, wie noch Descartes that: was überhaupt heute vom Menschen begriffen ist, geht genau so weit als er machinal begriffen ist. Ehedem gab man dem Menschen als seine Mitgift aus einer höheren Ordnung den »freien Willen«: heute haben wir ihm selbst den Willen genommen, in dem Sinne, dass darunter kein Vermögen mehr verstanden werden darf. Das alte Wort »Wille« dient nur dazu, eine Resultante zu bezeichnen, eine Art individueller Reaktion, die nothwendig auf eine Menge theils widersprechender, theils zusammenstimmender Reize folgt: – der Wille »wirkt« nicht mehr, »bewegt« nicht mehr ... Ehemals sah man im Bewusstsein des Menschen, im »Geist«, den Beweis seiner höheren Abkunft, seiner Göttlichkeit; um den Menschen zu *vollenden*, rieth man ihm an, nach der Art der Schildkröte, die Sinne in sich hineinzuziehn, den Verkehr mit dem Irdischen einzustellen, die sterbliche Hülle abzuthun: dann blieb die Hauptsache von ihm zurück, der »reine Geist«. Wir haben uns auch hierüber besser besonnen: das Bewusstwerden, der »Geist«, gilt uns gerade als Symptom einer relativen Unvollkommenheit des Organismus, als ein Versuchen, Tasten, Fehlgreifen, als eine Mühsal, bei der unnötig viel Nervenkraft verbraucht wird, – wir leugnen, dass irgend Etwas vollkommen gemacht werden kann, so lange es noch bewusst gemacht wird. Der »reine Geist« ist eine reine Dummheit: rechnen wir das Nervensystem und die Sinne ab, die »sterbliche Hülle«, *so verrechnen wir uns* – weiter nichts! ...

Aus: *Der Antichrist* (1888–1889)

– Und ich hatte mein *Vergnügen* an dem Allen: was sollte ichs verschweigen? Man ist nicht umsonst Einsiedler. Das Gebirge ist ein stummer Nachbar; es vergehen Jahre, ohne daß Einen ein Laut erreichte. Aber der Anblick des Lebenden *erquickt*: man läßt endlich alle »Kindlein« zu sich kommen, man streichelt jede Art Gethier noch, selbst wenn es Hörner hat. Nur der Einsiedler kennt die große Toleranz. *Die Liebe zu den Tieren* – zu allen Zeiten hat man die Einsiedler daran erkannt …

Aus: *Nachgelassene Fragmente* (1888–1889)

Mein lieber Freund,
nun sollst Du hören, was Dein letzter Brief gewirkt hat: auch ich gehöre seit dem Empfang desselben, nicht mehr zu den »Sarkophagen.« Es kam mir in's Gedächtniß, wie ich in Leipzig selbst ein mal einen schüchternen Versuch machte, nach der Lectüre Shelley's, Dir die Paradoxie der Pflanzenkost sammt ihren Consequenzen vorzuführen: leider an unpassender Stelle, bei »Mahn«, während vor uns die bewußten Cotelletts mit Allerlei standen. Verzeih das gemeine Detail der Erinnerung, über die ich selbst ganz erstaunt bin: aber der Contrast Deiner Natur und der Pflanzenkost-weltanschauung erschien mir damals so kräftig, daß selbst jene Einzelheiten sich mir einprägten.

Nach diesem ersten Bekenntniß, nun gleich das zweite: ich bin nämlich bereits wieder überzeugt, daß das Ganze eine Marotte ist, noch dazu eine recht bedenkliche. Doch zweifle ich, ob ich jetzt gerade alle Gründe bei der Hand habe, die mir inzwischen dagegen eingefallen sind. Ich verlebte nämlich wieder, wie ich es jetzt häufig thue, ein paar Tage bei einem, der jahrelang dieselbe Abstinenz geübt hat und davon reden darf, nämlich bei Richard Wagner. Und er hat mir, nicht ohne wärmste Betheiligung seines Gemüths und mit kräftigster Ansprache, alle die inneren Verkehrtheiten jener Theorie und Praxis vorgeführt. Das wichtigste für mich ist, daß hier wieder ein Stück jenes Optimismus mit Händen zu greifen ist, der unter den wunderlichsten Formen, bald als Socialismus, bald als Todtenverbrennung – nicht Begrabung, bald als Pflanzenkostlehre und unter unzähligen Formen immer wieder auftaucht: als ob nämlich mit Beseitigung einer sündhaft-unnatürlichen Erscheinung das Glück und die Harmonie hergestellt sei. Während doch unsre erhabne Philosophie lehrt, daß wo wir hin greifen, wir überall in das volle Verderben, in den reinen Willen zum Leben fassen und hier alle Palliativkurven unsinnig sind. Gewiß ist die Achtung vor dem Thiere ein den edlen Menschen zierendes Bewußtsein: aber die so grausame und unsittliche Göttin Natur hat eben mit *ungeheurem Instinkt* uns Völkern dieser Zonen das Entsetzliche, die Fleischeskost angezwungen, während in den warmen Gegenden, wo die Affen von Pflanzenkost leben, auch die Menschen, nach demselben ungeheuren Instincte, mit ihr sich genügen lassen. Auch bei uns ist, bei besonders kräftigen und stark *körperlich* thätigen Menschen, eine reine Pflanzenkost möglich, indeß nur mit gewaltigem Auflehnen *gegen* die Natur: die sich auch in ihrer Art rächt, wie es

Wagner persönlich auf das allerstärkste empfunden hat. Einer seiner Freunde ist sogar das Opfer des Experiments geworden, und er selbst glaubt längst nicht mehr zu leben, wenn er in jener Ernährungsart fortgefahren wäre. Der Canon, den die Erfahrung auf diesem Gebiete giebt, ist der: geistig productive und gemüthlich intensive Naturen *müssen* Fleisch haben. Die andre Lebensweise bleibe den Bäckern und Bauern, die nichts als Verdauungsmaschinen sind. – Der andre Gesichtspunct ist eben so wichtig: es ist unglaublich, was eine so abnorme Lebensweise, die nach allen Seiten hin Kampf verursacht, an Kraft und Energie des Geistes aufzehrt, *die somit edleren und allgemein nützlicheren Bestrebungen entzogen werden*. Wer den Muth hat, für etwas Unerhörtes durch seine Praxis einzustehn, der sorge dafür, daß dies auch etwas würdiges und großes sei, nicht aber eine Theorie, bei der es sich um die Ernährung der Materie handelt. Und mag man auch Einzelnen ein Martyrium für solche Dinge zugestehn: ich möchte nicht zu ihnen zählen, solange auf geistigem Gebiete wir noch irgend eine Fahne hochzuhalten haben. Ich merke wohl, daß in Deiner Natur, liebster Freund, etwas Heroisches ist, das sich eine Welt voll Kampf und Mühe schaffen möchte: aber ich fürchte, daß ganz unbedeutende Flachköpfe diese Deine edle Neigung mißbrauchen wollen, indem sie ihr ein solches Princip unterzuschieben suchen. Wenigstens halte ich jene vielverbreiteten litterarischen Productionen für berüchtigte Lügenfabrikate, allerdings vom ehrlich-dummen Fanatismus dictirt. Kämpfen wir, und wenn es geht, nicht für Windmühlen. Denken wir an den Kampf und die Ascese wahrhaft großer Männer, an Schopenhauer Schiller Wagner! Antworte mir, theurer Freund.
F. N.

Ich fange noch einen neuen Bogen an, weil es mich wirklich sehr bekümmert, mit Dir hierin nicht übereinstimmen zu können. Indeß um Dir meine wohlmeinende Energie zu zeigen, habe ich dieselbe Lebensweise bis jetzt eingehalten und werde dies solange thun, bis *Du selbst* mir die Erlaubniß giebst anders zu leben. – Warum muß man doch die Mäßigkeit gleich bis zum Extrem ausdehnen? Offenbar deshalb, weil es leichter ist einen ganz äussersten Standpunct festzuhalten als auf jener goldnen Mitte ohne fehl zu gehen.

Das gebe ich ja zu, daß man in den Gasthöfen durchaus an eine »Überfütterung« gewöhnt wird: weshalb ich in ihnen nicht mehr essen mag. Ebenfalls ist mir ganz klar, daß eine zeitweilige Enthaltsamkeit von Fleisch, aus diätetischen Gründen, äusserst nützlich ist. Aber warum, um mit Göthe zu reden, daraus »Religion machen«? Dies liegt aber in allen solchen Absonderlichkeiten unvermeidlich eingeschlossen, und wer erst für Pflanzenkost reif ist, ist es meist auch für socialistisches »Allerlei«.

Aus: *Brief an Carl von Gersdorff vom 28. September 1869*

Carl Spitteler
Schweizer Schriftsteller (1845–1924)

Was will man denn überhaupt mit einem nützlichen oder schädlichen Tier sagen? Die Antwort lautet: Verschiedene Berufs- und Interessengruppen meinen hiermit Verschiedenes. Nehmen wir die verschiedenen Interessen in Kürze durch.

Der naive Mensch nennt nützlich ein solches Tier, das er mit Appetit und mit Erfolg essen oder dem er die Haut über die Ohren ziehen kann, um sich daraus einen Wintermantel zu schneiden, oder das sich zu irgend einer andern gewaltsamen Ausbeutung eignet; schädlich nennt er ein solches, das ihn beißt oder das ihm die eßbaren Tiere vor der Nase wegschnappt. Das ist der ursprüngliche Standpunkt, auf welchen sich einst die ganze Menschheit gestellt hat und auf welchem der Jäger und der Viehzüchter noch heute stehen. Man lasse sich nicht durch die wohlklingenden Redensarten von »Schonung« und »Schutz« über die egoistische Handlungsweise des Menschen täuschen. Ein nützliches Tier kommt da nicht besser weg als ein schädliches; das schädliche wird getötet, weil es schädlich, das nützliche erst recht, weil es nützlich ist; denn ich kann es ja nicht lebendig essen. Wie das unsere Schulbücher so schön ausdrücken: »Die Kuh ist ein nützliches Tier; sie ›gibt‹ uns Milch, Butter und Käse; ihr Fleisch ist schmackhaft und nahrhaft; die Haut ›dient‹ zu –, aus den Hörnern ›macht man‹ –, aus den Klauen ›macht man‹« –. Auf deutsch: Wir rauben zuerst der Kuh ihr Junges, um es zu töten und aufzuessen; hernach stehlen wir ihr die Milch, die von der Natur für das Junge bestimmt war; um sie dafür zu entschädigen, schlachten wir schließlich die Kuh selber. Sie hat allerdings zum Trost dafür das erhebende Bewußtsein, ein »nützliches Tier« genannt zu werden. Wir »schonen« die Kuh, wir sind väterlich für ihr Wohlgedeihen besorgt, auf daß sie runder und saftiger würde, damit wir mehr an ihr zu beißen haben. Es ist ungefähr die »Schonung«, die der Einbrecher übt, wenn er wartet, bis der Rentier seine Zinsen auf der Bank bezogen hat, ehe er sich an die Kasse macht. Auch der Jäger, der über den Mord einer Geiß oder Häsin ein moralisches Entrüstungsgeschrei von sich gibt, tut dies wahrlich nicht aus weichherzigem Mitleid mit der Tiermutter, sondern weil eine Geiß ein zinsbringendes Kapital von Rehböcken vorstellt und weil es ein schlechtes Geschäft ist, das Kapital zu verjubeln. Der Jäger wird fetter, wenn er die Rehböcke ißt, welche die Geiß legen wird, als wenn er die Geiß selbst ißt.

Die gesamte Tierschonung des Jägers und Viehzüchters läuft auf das Exempel von dem Huhn hinaus, das goldene Eier legt. Solch ein Rentenhuhn wird mit einer Zärtlichkeit gehätschelt, das den Neid manches Kindes erregen könnte; aber die goldenen Eier schonen? Oha! so war es nicht gemeint. So steht es mit den nützlichen Tieren bei Jägern, Viehzüchtern, ohne Unterschied. Der Viehzüchter sieht zwar friedlicher aus als der Jäger, weil er keinen Schnurrbart hat, nicht mit dem Mordgewehr herumschleicht und elbene Hosen statt der fürchterlichen Wasserstiefel trägt. Aber hinter dem friedlichen Bukoliker lauert der blutige Metzger. Der Jäger ist Züchter und Metzger in einer Person. Viehzucht ist überhaupt nichts anderes als Jagd in der Vorsicht und im Vorrat. Anstatt immer von neuem dem Büffel in den Wäldern nachzulaufen, was ermüdet und mitunter foppt, statt wochenlang bei zufälligem Büffelmangel zu hungern und dann wieder wochenlang sich zu überessen, gewöhnt man den Büffel besser ans Haus als vertrauensseligen Ochsen; und da die Erfahrung lehrt, daß sich Ochsenfleisch am besten konserviert, so lange es noch am lebendigen Ochsen haftet, läßt man den Ochsen einstweilen leben, bis es Zeit für den Metzger ist. So verhält es sich mit der idyllischen Denkungsart des friedlichen Hirten.

Als schädliche Tiere betrachten Jäger und Viehzüchter gleicherweise die Konkurrenten im Fleischkonsum, mithin das Raubzeug. Sie gehen hiebei von der etwas subjektiven, aber unanfechtbaren Erfahrungstatsache aus, daß Hasenbraten oder Kalbsbraten besser schmeckt, wenn man ihn selbst ißt, als wenn ihn Bären oder Füchse bekommen.

Der Viehzüchter hat es nun meist mit den größern Raubtieren zu tun, in den kalten Gegenden mit Wolf, Bär, Luchs, Adler und Lämmergeier, in heißen Ländern mit Löwen, Panthern, Hyänen und so weiter. Aus Fabeln, Märchen, alten Volksliedern und Sprichwörtern können wir noch schwach ahnen, welche beständige, furchtbare Raubtiergefahr über dem europäischen Viehzüchter schwebte; heute ist diese Gefahr beinahe in das Gebiet der Sage entrückt; statt der Raubtiere sind es die Schulden, die Betreibungen und die Ganten, vor welchen der Hirt zittert. Der Hirt erweist sich übrigens gegen seine gehaßten Todfeinde, das große Raubzeug, ohnmächtig, weil er nicht Zeit, Mittel und Kunst hat, das Raubtier zu verfolgen und in seinen Schlupfwinkeln auszurotten. Es ist der Jäger, der ihm diesen Dienst erwiesen hat.

Der Jäger seinerseits meint mit schädlichen Tieren weniger die großen Fleischfresser als das kleinere Raubzeug, den Fuchs, den Marder und namentlich die Raubvögel; die Jagd hat kleinere, aber viel mehr Feinde als die Viehzucht. Der Unterschied läßt sich einfach und ziemlich genau auf den Unterschied von Ochsenbraten und Fasanenbraten zurückführen. Die Feinde der jungen Wildhühner, Hasen und Rehe sind die Feinde der Jagd, und dieser Feinde sind Legion; darum muß auch der Jäger seine freilaufenden Schützlinge immer von neuem vor dem Raubzeug behüten, indem er das letztere wegschießt. Das Großvieh des Viehzüchters dagegen hat gegenwärtig von Raubtieren kaum mehr etwas zu befürchten. Daher wiederum die friedlicheren Gebärden des Hirten.

Hätten nun Staat und Nationalökonomie einzig mit Jagd und Viehzucht zu rechnen, so wäre das Eingreifen mittelst Schutz- und Schonungsmaßregeln wohl angebracht, weil hier übereinstimmende Interessen klar und deutlich vorliegen. Diese Klarheit wird jedoch durch die widerstrebenden Interessen des Ackerbaues bedenklich verwischt. Nämlich der Ackerbau kassiert die Sprüche der Viehzucht und der Jagd über die nützlichen und schädlichen Tiere, ja verkehrt sie vielfach ins Gegenteil.

Ackerbau ist die systematische Produktion von gut schmeckenden Pflanzen oder von Nährpflanzen, wenn das wissenschaftlicher lautet. Der Ackerbau kennt keine direkt nützlichen Tiere, höchstens Hilfstiere, deren physische Kraft er gleich der Kraft einer Maschine in Tätigkeit setzt. Die Geißel übernimmt die Rolle des Dampfes. Am liebsten könnte dem Ackerbauern die ganze Tierwelt gestohlen werden; je weniger ihm davon über den Weg läuft, desto besser. Die gesamte freie Tierwelt wird dem Ackerbauer mehr oder minder direkt schädlich, wenn sie sich auf seinem Revier einstellt; am wenigsten die Raubtiere, am meisten die Pflanzenfresser, seine Konkurrenten in der Pflanzenkost; also das Jagdwild, vornehmlich Hase und Reh, die Hühner, ein Teil der Singvögel, die Nager und vor allem das ungeheure Heer der Insekten sind die Todfeinde der Landwirtschaft, während die Wühler nur störend wirken, als Wildschweine im kleinen. Es sind also die Erbfeinde des Jägers und Viehzüchters, nämlich das Raubzeug, dem Ackerbauer, dem Gärtner und Förster Hekuba; ja, vielfach sind sie sogar seine Verbündeten. Anderseits sind die Schützlinge des Jägers seine Feinde, zum Beispiel Hase, Reh und Gemse; selbst die Schützlinge der Viehzucht widerstreben eigentlich seinen Interessen; die Ziege frißt dem Förster die jungen Bäumchen, dem Weingärtner die Rebe; Haushuhn, Kuh und Pferd sind im Gemüsegarten keineswegs willkommen, nur sorgfältige Einpferchung der Haustiere kann den Landfrieden erhalten.

Ist es da zu verwundern, wenn Krieg zwischen den entgegengesetzten Interessen ausbricht? Wir müßten uns wundern, wenn es anders wäre. (...)

Ich muß etwas nachholen. Ein Tier gibt es immerhin, welches der gesamten Menschheit, dem Jäger wie dem Bauern, gleicherweise für unbedingt nützlich gilt. Dieses Versöhnungstierchen heißt Fisch. Aktionäre wie Blechmusiken sind darüber einig, daß Forellen gut schmecken; und da der Fisch die löbliche Gewohnheit hat, im Wasser zu bleiben und nicht in die Kornfelder zu kriechen, sagt auch der Bauer schmunzelnd Amen. Daß freilich ein Fisch den andern frißt, trübt wieder ein wenig den Frieden. Auch darin herrscht eine erfreuliche Übereinstimmung, daß alle Welt von der Voraussetzung ausgeht, der Mensch sei ein nützliches Tier.

Aus: *Die Weisheit von den nützlichen und schädlichen Tieren* (1893)

Max Nordau
Deutscher Arzt und Kulturkritiker, Zionist (1849–1923)

Der deutsche Hysteriker beschäftigt sich nach Art der Hypochonder und Staatshämorrhoidarier ängstlich mit seiner theuern Gesundheit. Seine Delirien drehen sich um seine Hautausdünstungen und die Verrichtungen seines Bauches. Er fanatisirt sich für Jägers Flanell-Leibchen und das selbstgemahlene Schrotmehl der Vegetarier. Er geräth in heftige Emotion bei Kneipps Wasserbegießungen und barfüßigem Herumlaufen auf nassem Grase. Zwischendurch regt er sich in krankhafter Thierfreundlichkeit (»Zoophilie« von Magnan) wegen der Leiden des bei physiologischen Versuchen benutzten Frosches auf und als Grundton klingt in all diesen antisemitischen, kneippschen, jägerschen, vegetarischen und antivivisektionistischen Wahnsinn ein größenwahnsinniger, teutschthümelnder Chauvinismus, vor dem der edle Kaiser Friedrich vergebens gewarnt hat. Alle diese verschiedenen Störungen treten in der Regel zusammen auf und man wird in zehn Fällen neunmal nicht fehl gehen, wenn man den in Jägertracht Einherstolzirenden für einen Chauvinisten, den Kneipp-Schwärmer für einen Schrotbrod-Wütherich und den nach Professorenblut lechzenden Frosch-Anwalt für einen Antisemiten hält.

Aus: *Entartung* (1892)

Henry S. Salt
Englischer Tierrechtler, Mitbegründer der »Humanitarian League« (1851–1939)

Haben die Tiere Rechte? Zweifellos, wenn die Menschen welche haben; und das ist der Punkt, den ich in diesem Eingangskapitel klarmachen will. Aber haben die Menschen Rechte? Es sei gleich anfangs bemerkt, dass ich nicht die Absicht habe, die Lehre von den Rechten im allgemeinen zu erörtern, weil sie von vielen, welche die Gesellschaft bessern wollen, argwöhnisch und unfreundlich angesehen wird, da man mit ihr die überspanntesten und widersprechendsten Behauptungen häufig zu decken versucht hat. Aber wenn der Begriff des Rechtes auch noch nicht geklärt ist, so ist es doch zweifellos, dass den Menschen ein Gerechtigkeitsgefühl innewohnt, welches die Grenzlinie bezeichnet, wo das Sichgefallenlassen aufhört und der Widerstand anfängt; ein Verlangen nach der Freiheit, sein eigenes Leben zu leben, unter der Einschränkung, die gleiche Freiheit anderer zu achten.

Von den frühesten Zeiten an hat es Denker gegeben, welche die Frage, ob die Tiere Rechte haben, mittelbar oder unmittelbar bejahend beantwortet haben. Die buddhistischen und pythagoräischen Gesetzbücher haben, vielleicht von dem Glauben an eine Wiederfleischwerdung beherrscht, den Grundsatz aufgenommen, man solle kein unschuldiges Tier töten oder beschädigen. Die menschenfreundlichen Philosophen des römischen Reiches, unter denen Seneca, Plutarch und Porphyrius die hervorragendsten waren, nahmen einen noch höheren Standpunkt ein, indem sie Menschlichkeit predigten auf dem umfassenden Grundsatz allgemeinen Wohlwollens:

»Da vernünftigen Wesen Gerechtigkeit geschuldet wird,« schreibt Porphyrius, »wie ist es möglich, dem Zugeständnis aus dem Wege zu gehen, dass wir auch verpflichtet sind, gegen die Geschöpfe unter uns gerecht zu handeln?«

Es ist eine beklagenswerte Tatsache, dass man während der Kirchenherrschaft des Mittelalters, vom 4. bis zum 16. Jahrhundert, von der Zeit des Porphyrius bis zur Zeit des Montaigne, der Frage von Recht und Unrecht in bezug auf die niederen Geschöpfe wenig oder keine Aufmerksamkeit schenkte. Dann kam zur Zeit der Reformation mit dem Wiederaufleben der Gelehrsamkeit auch ein Wiederaufleben des Gefühls höherer Menschlichkeit, wie man aus vielen Stellen bei Erasmus und Morus, Shakespeare und Bacon sehen kann; aber erst im 18. Jahrhundert, dem Zeitalter der Aufklärung und der »Empfindsamkeit«, dessen Wortführer Voltaire und Rousseau waren, erlangten die Rechte der Tiere eine bewusstere Anerkennung.

Mit der grossen Umwälzung von 1789 beginnt der Zeitabschnitt, wo der in der ganzen Welt verbreitete Geist höheren Menschentums, der bis dahin nur von *einem* Menschen in einer Million gefühlt worden war – als Lehrsatz des Philosophen oder als Schauen des Dichters – sich allmählich als ein wesentlicher Zug der Demokratie zu enthüllen begann.

Eine grosse und weitreichende Wirkung wurde zu dieser Zeit in England durch die Veröffentlichung solcher umwälzenden Werke, wie der »Menschenrechte« von Thomas Paine und der »Verteidigung der Frauenrechte« von Mary Wollstonecraft hervorgebracht, und wenn wir jetzt nach 100 Jahren zurückblicken, so sehen wir, dass eine weitere Ausdehnung der Lehre von den Rechten von da ab unvermeidlich war.

Tatsächlich wurde solch ein Anspruch vorweggenommen, wenn auch in bitterem Spott, von einem zeitgenössischen Schriftsteller, der uns ein merkwürdiges Beispiel liefert, wie der Spott eines Menschenalters die Wirklichkeit des nächsten wird.

Es wurde im Jahre 1792 ein Bändchen ohne Namen veröffentlicht, betitelt: »Verteidigung der Rechte der unvernünftigen Tiere«, eine Lächerlichmachung der Abhandlung von Mary Wollstonecraft, die, wie der Verfasser uns mitteilt, geschrieben wurde, »um mit zwingenden Gründen die vollkommene Gleichheit der sogenannten unvernünftigen Art mit der menschlichen zu beweisen«.

Er äussert weiterhin die Meinung, dass nach den wunderbaren Leistungen des Herrn Paine und der Frau Wollstonecraft eine Lehre wie die vorliegende nötig zu sein scheine. Allerdings, sie war nötig, und wenige Jahre genügten, um sie in die Welt zu bringen. In der Tat, die Lehre war schon von mehreren englischen Bahnbrechern des höheren Menschentums im 18. Jahrhundert aufgestellt worden.

Jeremias Bentham im besonderen gebührt die große Ehre, in England zuerst die Rechte der Tiere nachdrücklich und beharrlich behauptet zu haben.

»Der Gesetzgeber,« schreibt er, »sollte alles untersagen, was der Grausamkeit dienen oder zu ihr führen kann. Die barbarischen Gladiatoren-Schauspiele trugen ohne Zweifel dazu bei, den Römern jene Wildheit zu verleihen, die sie in ihren Bürgerkriegen entfalteten. Von einem Volke, das gewöhnt war, das Menschenleben in seinen Spielen zu verachten, konnte man nicht erwarten, dass es inmitten der Wut seiner Leidenschaften es achten würde. Aus demselben Grunde geziemt es sich, jede Art der Grausamkeit gegen Tiere zu verbieten, diene sie dem Vergnügen oder der Gefrässigkeit. Hahnenkämpfe, Stierhetzen, Hasen- und Fuchsjagden, Fischen und andere Belustigungen derselben Art, setzen notwendig entweder Gedankenlosigkeit oder Unmenschlichkeit voraus, da sie empfindenden Wesen schwere Leiden verursachen und den schmerzlichsten, langsamsten Tod, den wir uns denken können, bringen. Warum sollte das Gesetz irgend einem empfindenden Wesen seinen Schutz versagen? Die Zeit wird kommen, wo die Menschlichkeit über alles, was atmet, ihren Mantel breiten wird. Wir haben angefangen damit, dass wir die Lage der Sklaven beachteten, wir werden damit aufhören, dass wir die aller derjenigen Tiere, welche unsere Arbeiten unterstützen oder unsere Bedürfnisse befriedigen, mildern.« (...)

Vom Jahre 1822 ab wurde der Grundsatz jenes »ius animalium«, welches Bentham befürwortet hatte, anerkannt, wenngleich zuerst nur teilweise und versuchsweise, und die in dem Gesetz genannten Tiere hörten auf, blosse Habe ihrer Eigentümer zu sein. Ausserdem ist das Gesetz während des letzten halben Jahrhunderts mehrere Male ergänzt und erweitert worden. Es ist kaum möglich, angesichts dieser Gesetzgebung zu behaupten, dass das *Recht* ein Vorzug ist, den nur Menschen geniessen können; denn, wenn einige Tiere schon in den Schutzkreis eingeschlossen sind, sollten nicht mehr und mehr in Zukunft darin eingeschlossen werden? Was jetzt jedoch am nötigsten gebraucht wird, ist ein umfassender und verständlicher Grundsatz, der in folgerichtiger Weise die Linien, nach denen des Menschen Beziehungen zu den Tieren zu regeln sind, angibt. Bis jetzt scheinen sogar die leitenden Verfechter der Tiere davor zurückgescheut zu sein, deren Anspruch auf den einzigen Satz zu stützen, der schliesslich als genügend aufrecht erhalten werden kann, nämlich auf den, dass Tiere so gut wie Menschen, obwohl natürlich in einem viel geringeren

Grade als die Menschen, eine unterscheidende Persönlichkeit besitzen und deshalb berechtigt sind, ihr Leben mit einem gebührenden Masse jener beschränkten Freiheit zu leben. Es ist von wenig Nutzen, für die Tiere in unbestimmter, allgemeiner Art Rechte zu beanspruchen, wenn wir in dem selben Atem mittelbar unseren Entschluss zeigen, diese Rechte allem und jedem unterzuordnen, was sich als menschliches »Bedürfnis« auslegen lässt, und nie wird es möglich sein, für die niederen Geschöpfe volle Gerechtigkeit zu erlangen, solange wir dabei bleiben, sie als Wesen einer völlig verschiedenen Ordnung anzusehen und die Bedeutung der zahllosen Punkte von Verwandtschaft mit dem Menschengeschlechte nicht sehen zu wollen. (…)

Soweit man irgend welche Entschuldigungen anführen kann, um die Gefühllosigkeit oder Unmenschlichkeit der westlichen Völker in ihrer Behandlung der Tiere zu erklären, kann man diese Entschuldigungen meistens auf die eine oder die andere zweier Lehrmeinungen zurückführen, die ihrem Ursprunge nach völlig verschieden, aber in *dem* völlig gleich sind, dass sie beide einen völligen Unterschied zwischen dem Menschen und den unter ihm stehenden Geschöpfen annehmen.

Die erste ist die sogenannte »religiöse« Ansicht, welche dem Menschen, aber nur dem Menschen, Unsterblichkeit zuerkennt, und dadurch (besonders in katholischen Ländern) eine spitzfindige Rechtfertigung liefert für Grausamkeiten gegen Tiere, weil sie angeblich keine Seelen haben. (…)

Die zweite reiche Quelle heutiger Unmenschlichkeit findet sich in der Lehre des Descartes und seiner Nachfolger, dass die niederen Wesen des Bewusstseins und Gefühls entbehren; eine Lehre, welche die »religiöse« Ansicht noch einen Schritt weiter führte und die Tiere nicht allein ihres Anspruches auf ein künftiges Leben, sondern auch alles dessen, was ohne Spott ein Leben in der Gegenwart genannt werden könnte, beraubte, da von blossen »belebten Maschinen«, welche sie ja sein sollten, nicht wirklich gesagt werden könnte, dass sie überhaupt lebten. Wohl konnte Voltaire seinen Spott gegen diese ungeheuerliche Behauptung richten und mit vernichtendem Hohne die Vermutung aussprechen, dass Gott den Tieren die Organe des Gefühls gegeben habe, damit sie *nicht* fühlten! »Die Lehre, dass die Tiere Maschinen seien, die gewöhnlich Cartesius zugeschrieben wird, kann vom gesunden Menschenverstand nicht angenommen werden«, sagt Professor Romanes. Aber man muss fürchten, dass sie in ihrer Zeit viel getan hat, den Sinn der Wissenschaftler gegen die gerechten Klagen der Opfer menschlicher Anmassung und Bedrückung zu verhärten. (…)

Kein Mensch ist berechtigt, ein Tier als eine bedeutungslose Maschine anzusehen, die man in Gang setzt oder quält oder aufisst, wie es gerade kommt, bloss um seine Bedürfnisse oder Launen zu befriedigen. Neben den Schicksalen und Pflichten, die ihnen auferlegt und die von ihnen erfüllt werden, haben die Tiere auch das Recht, mit Sanftmut und Rücksicht behandelt zu werden, und der Mensch, der sie nicht so behandelt, mag seine Gelehrsamkeit oder sein Einfluss noch so gross sein, ist in dieser Hinsicht unwissend, töricht und der höchsten und edelsten Bildung ermangelnd, deren der menschliche Geist fähig ist.

Es muss hier etwas über den wichtigen Gegenstand der Benennungen gesagt werden. Man muss fürchten, dass die Misshandlung der Tiere zum grossen Teil verursacht wird durch den allgemeinen Gebrauch solcher Ausdrücke wie: »Vieh«, »dummes Tier«, »lebendes Inventar« usw., welche mittelbar den niederen Geschöpfen jene vernunftbegabte Persönlichkeit, welche sie zweifellos besitzen, absprechen. Schon vor langer Zeit wurde von Bentham in seiner »Einleitung in die Grundsätze der Sittlichkeit und Gesetzgebung« (Introduction to the Principles of Morals and Legislation) bemerkt, dass, während man die Menschen *Personen* nennt, die Tiere, weil ihre Wohlfahrt durch die Gefühllosigkeit der alten Rechtsgelehrten vernachlässigt worden ist, zur Klasse der *Dinge* herabgewürdigt worden sind, und auch Schopenhauer hat sich über die unheilvolle Verkehrtheit des englischen Sprachgebrauchs, welcher das sächliche Fürwort »es« auf so hoch beanlagte Tiere, wie es Hund und Affe sind, anwendet, missbilligend ausgesprochen. (...)

So ungehörig ist die Haltung des Menschen gegen die Tiere, dass es nicht zu verwundern ist, wenn viele menschenwürdig gesinnte Denker bei dieser Frage fast verzweifelt sind. »Der ganze Gegenstand der tierischen Geschöpfe«, schrieb Dr. Arnold, »ist mir so schmerzlich geheimnisvoll, dass ich mich nicht ihm zu nähern wage«; und dies scheint gegenwärtig die Stellung der meisten Sittenlehrer und anderen Lehrer zu sein. Dies ist die wohlwollendste Auslegung ihres Schweigens, und doch ist irgend eine Lösung dieser Frage dringend nötig und sie lässt sich auf keine andere Weise finden, als dadurch, dass man die niederen Geschöpfe in den Bezirk menschlicher Teilnahme zulässt. Alle Antriebe und Mahnungen unserer besten und sichersten Regungen weisen dahin. »Es ist gar zu leicht ersichtlich«, sagt Lecky, »sowohl aus der Geschichte, wie alltäglicher Erfahrung, dass die ungewollte Erschütterung oder das natürliche Gefühl des Widerwillens, welches durch den Anblick menschlicher Leiden verursacht wird, nicht völlig verschieden ist von dem Gefühl, welches durch den Anblick tierischer Leiden verursacht wird.« Wenn das so ist, kann man im Ernst behaupten, dass das selbe Streben echten Menschentums, welches schon den Sklaven befreit hat, schliesslich nicht auch den niederen Geschöpfen zu gute kommen wird? Hierzu macht wieder der Geschichtsschreiber der »Europäischen Sitten«, Lecky, eine treffende Bemerkung:

»Anfänglich umfassen die wohlwollenden Gefühle bloss die Familie. Bald weitet sich der Kreis und schliesst zuerst eine Klasse, dann ein Volk, dann einen Bund von Völkern, darauf die ganze Menschheit ein, und endlich zeigt sich ihr Einfluss in dem Verhalten des Menschen gegen die tierische Welt. In jedem dieser Fälle bildet sich ein Massstab heraus, der verschieden ist von dem des vorhergehenden Zeitalters, aber in jedem Falle wird er als Tugend anerkannt.«

Aber, so kann man einwenden, unbestimmtes Mitgefühl mit den Tieren und eine bestimmte Anerkennung ihrer Rechte sind zweierlei. Welchen Grund haben wir anzunehmen, dass wir von der früheren Stufe auf die spätere vorrücken? Nun den, dass jede grosse befreiende Bewegung genau ebenso vor sich gegangen ist. Unterdrückung und Grausamkeit sind gegründet auf einen Mangel an der von Einbildung unterstützten Teilnahme; der Gewalttätige oder Quäler kann nicht wirklich die Verwandtschaft mit dem Opfer seiner Ungerechtigkeit fühlen. Sobald einmal dieses Gefühl erweckt ist, so hat der Gewalttat die Sterbestunde geschlagen, und das schliessliche Zugeständnis von Rechten ist dann einfach eine Frage der Zeit. Die jetzige Lage der höher angelegten Haustiere gleicht in vieler Hinsicht der der Negersklaven vor 100 Jahren. Man blicke zurück und man wird finden, dass sie genau so aus dem gemeinschaftlichen Schutzkreis der Menschlichkeit ausgeschlossen gewesen sind, und wird die selben heuchlerischen Truggründe hören, welche jenen Ausschluss rechtfertigen sollen, und daraus folgt die selbe hartnäckige Leugnung ihrer Rechte. Man blicke zurück – und das ist wohl getan – und dann blicke man vorwärts und über den Schluss, der daraus zu ziehen ist, kann man sich kaum täuschen. (...)

Unser Hauptgrundsatz ist jetzt klar. Wenn »Rechte« überhaupt bestehen – und Gefühl sowohl wie Erfahrung beweisen unzweifelhaft, *dass* sie bestehen – so können sie nicht folgerichtig den Menschen zu- und den Tieren abgesprochen werden, da die selben Gefühle der Gerechtigkeit und des Mitleids in beiden Fällen gelten. »Schmerz ist Schmerz«, sagt Humphry Primatt, »ob er Menschen oder Tieren zugefügt wird, und das Wesen, welches ihn erleidet, ob Mensch oder Tier, erleidet *Uebles*, da es dessen Pein empfindet, so lange er dauert; und dass man unverdientes und unveranlasstes Uebel zulässt, wo kein Anstoss gegeben worden ist und nichts Gutes damit erzielt werden kann, bloss um Macht zu zeigen oder Bosheit zu befriedigen, ist Grausamkeit und Ungerechtigkeit in dem, der es veranlasst.«

Ich empfehle diese offene Aeusserung der Aufmerksamkeit jener klugen Sittenprediger, die über den Erziehungswert des Leidens klügeln und unmittelbare Versuche, das zu mildern, was, wie sie behaupten, ein nötiges Mittel zur Erreichung menschlicher Wohlfahrt sei, ablehnen. Es ist vielleicht der reine Zufall, dass diejenigen, welche es am eiligsten haben, anderen ihre Rechte abzusprechen und die Ansicht aufzustellen, dass Leiden und Unterwerfung das natürliche Los aller lebenden Wesen seien, sich gewöhnlich diesem wohltätigen Gesetz entziehen, und dass die Schönheit der Aufopferung am lautesten von denen gepriesen wird, die am reichlichsten auf Kosten ihrer Mitwesen leben.

Aber manche Leute sagen, in der Natur herrsche die Gewalttat, und die in der Luft schwebende Lehre von den »Rechten« müsse, wenn sie zu sehr ausgedehnt wird, mit jener eisernen Regel von dem mörderischen Wettbewerbe, der im Weltall herrscht, in Widerstreit geraten. Aber herrscht er denn wirklich im Weltall? Wir bemerken, dass gerade dieser Einwand, auf den sich noch vor wenigen Jahren viele Gegner der Befreiung der arbeitenden Klassen zuversichtlich stützten, heute in diesem Zusammenhang nicht mehr gehört wird. Unsere gelehrten Volkswirtschaftslehrer und Männer der Wissenschaft, die sich als Verteidiger der bestehenden wirtschaftlichen Ordnung aufspielen, haben erlebt, wie man ihnen ihre Waffen: die Lehren von der »natürlichen Auswahl«, vom »Ueberleben der Tauglichsten« und dergleichen mehr, aus der Hand gerissen und gegen sie gekehrt hat, und deshalb fangen sie an, uns wissenschaftlich zu erklären, was wir ungelehrte Vertreter der Menschlichkeit schon vorher als wahr empfunden hatten, dass der Wettkampf durchaus nicht das einzige leitende Gesetz im Menschengeschlechte sei. Deshalb macht es uns nicht sehr bange, wenn selbiger alte Popanz gegen die Rechte der Tiere ins Feld geführt wird, ja, wir sehen schon unverkennbare Zeichen eines ähnlichen Umschlages des wissenschaftlichen Urteils.

Der Vorwurf der »Gefühlsseligkeit« wird häufig gegen die erhoben, welche die Rechte der Tiere befürworten. Nun muss doch Gefühlsseligkeit, wenn man sich dabei überhaupt etwas denkt, eine Ungleichheit im Gefühl, einen Mangel an Gleichgewicht, einen Mangel an Folgerichtigkeit bedeuten, der Leute dazu verführt, *einen* Missbrauch anzugreifen, während sie einen anderen, wo Abhilfe gleich wünschenswert ist, nicht sehen wollen oder verzeihen; dass diese Schwäche auch oft bei »Menschenfreunden« einerseits und »Tierfreunden« auf der anderen, am meisten aber bei jenen pfiffigen »Weltleuten«, die bloss an sich denken, zu beobachten ist, kommt mir zu leugnen nicht bei; was ich hervorheben will, ist dieses, dass der einzige wirkliche Schutz gegen »Gefühlsseligkeit« darin besteht, dass man den Rechten der Menschen und der Tiere gegenüber eine gleichmässige Stellung einnimmt und ein weitherziges Gefühl allgemeinster Gerechtigkeit, nicht Gnade, gegen alle lebenden Wesen in sich pflegt.

Es ist ein völliger Irrtum, dass die Rechte der Tiere den Rechten der Menschen auch nur im Geringsten widerstreiten. Nicht einen Augenblick wollen wir uns von dem trügerischen Scheingrund täuschen lassen, dass wir zuerst die Menschenrechte studieren und dann die Frage der Tierrechte später sich von selbst lösen lassen müssen; denn es ist nur durch ein weitherziges, vorurteilsfreies Studium beider Gegenstände möglich, beide Fragen zu lösen. »Wer die ganze beseelte Natur liebt«, sagt Porphyrius, »wird keine Art unschuldigen Wesens hassen, und soviel grösser seine Liebe für das Ganze ist, um so mehr wird er Gerechtigkeit gegen einen Teil davon, und zwar *den* Teil, der ihm am nächsten verwandt ist, pflegen.« Es ist zu spät, die Erwägung, ob Tiere Rechte haben, auf unbestimmte Zeit zu verschieben, denn sowohl auf dem sittlichen Gebiete wie auf dem der Gesetzgebung tritt uns die Frage täglich entgegen.

Noch einmal also sei es gesagt: die Tiere haben Rechte, und zwar bestehen sie in der beschränkten Freiheit, ein natürliches Leben zu leben, ein Leben, das persönliche Entwicklung erlaubt, unter den Einschränkungen, welche die dauernden Bedürfnisse der Gesellschaft auferlegen. Nichts Abenteuerliches liegt in dieser Behauptung. Sie verträgt sich vollkommen mit der Bereitwilligkeit, den ernstesten Gesetzen des Daseins ehrlich ins Gesicht zu blicken. Wenn wir töten müssen, ob Menschen oder Tiere, so wollen wir töten und damit fertig. Wenn wir Schmerz zufügen müssen, so lasst uns tun, was unvermeidlich ist, ohne Ausflüchte und heuchlerisches Reden. *Aber erst wollen wir uns vergewissern, ob es wirklich nötig ist, und darin liegt der Hauptpunkt.* Wir wollen nicht mutwillig aus nutzlosem Elend anderer Wesen Vorteil ziehen und dann versuchen, unser Gewissen mit einer Menge armseliger Ausreden einzulullen.

Aus: *Die Rechte der Tiere* (1892)

Sigmund Freud
Österreichischer Arzt, Begründer der Psychoanalyse (1856–1939)

Indes braucht es für die psychoanalytische Aufklärung der Neurosen nicht so weitreichender Gesichtspunkte. Mit Hilfe der gesonderten Verfolgung von Sexual- und Ichtrieben haben wir den Schlüssel zum Verständnis der Gruppe der Übertragungsneurosen gewonnen. Wir konnten sie auf die grundlegende Situation zurückführen, daß die Sexualtriebe in Zwist mit den Erhaltungstrieben geraten oder biologisch – wenn auch ungenauer ausgedrückt –, daß die eine Position des Ichs als selbständiges Einzelwesen mit der anderen als Glied einer Generationsreihe in Widerstreit tritt. Zu solcher Entzweiung kommt es vielleicht nur beim Menschen, und darum mag im ganzen und großen die Neurose sein Vorrecht vor den Tieren sein. Die überstarke Entwicklung seiner Libido und die vielleicht gerade dadurch ermöglichte Ausbildung eines reich gegliederten Seelenlebens scheinen die Bedingungen für die Entstehung eines solchen Konflikts geschaffen zu haben. Es ist ohne weiteres ersichtlich, daß dies auch die Bedingungen der großen Fortschritte sind, die der Mensch über seine Gemeinschaft mit den Tieren hinaus gemacht hat, so daß seine Fähigkeit zur Neurose nur die Kehrseite seiner sonstigen Begabung wäre.

Aus: *Vorlesungen zur Einführung in die Psychoanalyse* (1916)

Der Mensch warf sich im Laufe seiner Kulturentwicklung zum Herrn über seine tierischen Mitgeschöpfe auf. Aber mit dieser Vorherrschaft nicht zufrieden, begann er eine Kluft zwischen ihr und sein Wesen zu legen. Er sprach ihnen die Vernunft ab und legte sich eine unsterbliche Seele bei, berief sich auf eine hohe göttliche Abkunft, die das Band der Gemeinschaft mit der Tierwelt zu zerreißen gestattete. Es ist merkwürdig, daß diese Überhebung dem kleinen Kinde wie dem primitiven und dem Urmenschen noch ferne liegt. Sie ist das Ergebnis einer späteren anspruchsvollen Entwicklung. Der Primitive fand es auf der Stufe des Totemismus nicht anstößig, seinen Stamm auf einen tierischen Ahnherrn zurückzuleiten. Der Mythus, welcher den Niederschlag jener alten Denkungsart enthält, läßt die Götter Tiergestalt annehmen, und die Kunst der ersten Zeiten bildet die Götter mit Tierköpfen. Das Kind empfindet keinen Unterschied zwischen dem eigenen Wesen und dem des Tieres; es läßt die Tiere ohne Verwunderung im Märchen denken und sprechen; es verschiebt einen Angstaffekt, der dem menschlichen Vater gilt, auf den Hund oder auf das Pferd, ohne damit eine Herabsetzung des Vaters zu beabsichtigen. Erst wenn es erwachsen ist, wird es sich dem Tiere soweit entfremdet haben, daß es den Menschen mit dem Namen des Tieres beschimpfen kann.

Wir wissen es alle, daß die Forschung *Ch. Darwins*, seiner Mitarbeiter und Vorgänger, vor wenig mehr als einem halben Jahrhundert dieser Überhebung des Menschen ein Ende bereitet hat. Der Mensch ist nichts anderes und nichts Besseres als die Tiere, er ist selbst aus der Tierreihe hervorgegangen, einigen Arten näher, anderen ferner verwandt. Seine späteren Erwerbungen vermochten es nicht, die Zeugnisse der Gleichwertigkeit zu verwischen, die in seinem Körperbau wie in seinen seelischen Anlagen gegeben sind.

Aus: *Eine Schwierigkeit der Psychoanalyse* (1916)

George Bernard Shaw
Irischer Schriftsteller (1856–1950)

Waren Sie immer Vegetarier? Auf welche Art wurden Sie es?
Nein. Ich war fünfundzwanzig Jahre lang Kannibale. Von da an war ich Vegetarier. Es war Shelley, der mir als erster die Augen öffnete, wie barbarisch mei-

ne Diät war. Aber erst um 1880 herum ermöglichte die Einrichtung von vegetarischen Restaurants in London einen Wechsel in meiner Lebensweise. Mein Vegetariertum hat eine seltsame Wirkung auf meine Kritiker. Man liest einen Artikel, der vorgibt, eine Besprechung meines letzten Buches zu sein, und entdeckt, daß der Kritiker in Wirklichkeit nichts anderes tut, als sein Privatleben gegen das meine zu verteidigen, und daß man nichts anderes liest als die *apologia pro sua vita* eines tief verletzten Menschen. Der Kritiker versucht, sein übliches imposantes Federkunststück zu absolvieren, aber das Blut des Fleischmarktes von Debtford würgt ihn in der Kehle, und die entsetzlichen Aasgruben von Farrlington-Market steigen vor ihm auf. Diese ganze *mauvaise honte* ist das schlechte Gewissen des Fleischfressers in der Anwesenheit eines Menschen, der den lebenden Beweis darstellt, daß weder Fisch noch Fleisch noch Geflügel für den Erfolg im Leben und in der Literatur unentbehrlich sind. Alle meine anderen Schrullen sind ihnen vertraut, und sie teilen sie oft mit mir. Aber das ist eine Frage von Blutschuld, und Blut ist ein ganz besonderer Saft.

Aus: *Wer ich bin und was ich denke* (1901)

Von Shakespeare und Doktor Johnson bis Ruskin und Mark Twain haben die beliebtesten Fürsprecher der Menschlichkeit dem natürlichen Entsetzen des geistesgesunden Menschen über die Grausamkeit des Vivisektors und die Verachtung, die ernste Denker gegenüber seinen schwachsinnigen Ausreden hegen, Ausdruck verliehen. Wenn die Gesellschaft der Ärzte die antivivisektionistischen Gesellschaften durch einen allgemeinen Protest gegen die Ausübung und Grundsätze der Vivisektoren überbieten würde, so würde jeder Arzt im Königreich materiell gewinnen durch das Gefühl ungeheurer Erleichterung und Versöhnung, das auf eine solche Bürgschaftsleistung für die Menschlichkeit der Ärzte folgen würde. Nicht ein Arzt unter tausend ist Vivisektor oder hat das leiseste pekuniäre oder intellektuelle Interesse an der Vivisektion, noch würde er seinen Hund grausam behandeln oder eine grausame Behandlung gestatten. Es ist wahr: der Arzt stimmt allerdings der berufsmäßigen Verteidigung der Vivisektion zu, genau so wie er irgendeine andere dumme Mode mitmacht, und versichert uns, daß Leute wie Shakespeare und Doktor Johnson und Ruskin und Mark Twain unwissende Sentimentalisten gewesen seien. Das Geheimnis besteht eben darin, wieso die Vivisektion eine Mode wurde, trotzdem sie für die, die sie mitmachen, so entehrend ist. Wenn man auch die Wirkung der unverschämten Lügen der paar Leute in Betracht zieht, die einen Zulauf von verzweifelnden Patienten dadurch erwerben, daß sie in Zeitungsinseraten vorgeben, durch die Vivisektion die Heilung gewisser Krankheiten erlernt zu

haben, und wenn man auch weiter den Versicherungen der besänftigenden Redner Glauben schenkt, die erklären, daß die gesetzlich geführte Vivisektion ganz schmerzlos sei, so ist es dennoch schwer, einen zivilisierten Beweggrund, der bei zivilisierten Leuten in Betracht kommten könnte, für eine Haltung zu finden, durch welche die Ärzte alles zu verlieren und nichts zu gewinnen haben. (...)
Keine Regierung spricht das Streben nach Wissen von allen gesellschaftlichen Bindungen frei, ebensowenig wie sie das Streben nach Leben, Freiheit oder Glück (wie es die amerikanische Verfassung nennt) von solchen Bindungen freispricht. Keinem Menschen wird erlaubt, seine Mutter in den Ofen zu stecken, weil er wissen möchte, wie lange ein erwachsenes Frauenzimmer eine Temperatur von fünfhundert Grad Fahrenheit überleben kann, einerlei wie wichtig oder interessant diese besondere Vermehrung des Schatzes menschlichen Wissens auch sein mag. Mit einem Menschen, der das täte, würde kurzer Prozeß gemacht werden, nicht nur mit seinem Recht auf Wissen, sondern auch mit seinem Recht auf Leben und gleichzeitig mit all seinen anderen Rechten. Das Recht auf Wissen ist nicht das einzige Recht, und seine Ausübung muß, im Hinblick auf diese anderen Rechte und auf die Ausübung dieses Rechtes selbst, von anderen Menschen begrenzt werden. Wenn ein Mensch die Gesellschaft fragt: »Darf ich meine Mutter in dem Streben nach Wissen martern?« antwortet die Gesellschaft: »Nein.« Wenn er erklärt: »Was? Nicht einmal dann, wenn ich die Gelegenheit hätte zu erfahren, wie man dadurch den Krebs heilen könnte?« antwortet die Gesellschaft noch immer: »Nicht einmal dann.« Wenn der Wissenschaftler seine Enttäuschung, so gut er kann, zu tragen versucht und weiter fragt, ob er einen Hund martern dürfe, werden dumme und gefühllose Menschen, denen nicht klar ist, daß ein Hund ein Mitgeschöpf und manchmal ein guter Freund ist, vielleicht ja sagen, obgleich Shakespeare, Doktor Johnson und ihresgleichen vielleicht nein sagen würden. Aber selbst diejenigen, welche sagen: »Du darfst einen Hund martern«, sagen niemals: »Du darfst *meinen* Hund martern«, und niemand sagt: »Ja, weil du in der Verfolgung der Wissenschaft tun darfst, was dir gefällt.« Während die dümmsten Menschen eigentlich sagen: »Wenn du das Wissen nicht erlangen kannst, ohne deine Mutter zu verbrennen, mußt du auf das Wissen verzichten«, sagen die weisesten Menschen: »*Wenn du das Wissen nicht erlangen kannst, ohne einen Hund zu martern, mußt du auf das Wissen verzichten.*« (...)
Ich hoffe, daß es jetzt klar ist, warum der Angriff auf die Vivisektion kein Angriff auf das Recht der Wissenschaft ist. Denn wahrhaftig, die Führer des Angriffs sind jene, welche die tiefste Überzeugung von der Heiligkeit jenes Rechtes hegen. Keine Wissenschaft ist der menschlichen Bemühung unerreichbar, denn wenn sie auch unserer gegenwärtigen Fähigkeit unerreichbar sein mag, so ist das benötigte Können doch nicht unerreichbar. Infolgedessen

ist keine Untersuchungsmethode die einzige Methode, und kein Gesetz, das eine besondere Methode verbietet, kann uns die Wissenschaft versperren, die wir durch diese Methode zu erlangen hoffen. Die einzige Wissenschaft, die wir durch das Verbot der Grausamkeit verlieren, ist die Wissenschaft von der Grausamkeit selbst, welches genau die Wissenschaft ist, die sich menschenfreundliche Leute ersparen wollen.

Aber die Frage bleibt: Wollen wir wirklich alle von dieser Wissenschaft verschont bleiben? Sind menschenfreundliche Methoden den grausamen wirklich vorzuziehen? Selbst wenn Experimente zu nichts führen, mag nicht ihre Grausamkeit um ihrer selbst willen als ein aufregender Genuß erfreuen? Wir wollen dieser Frage kühn ins Antlitz sehen und vor der Tatsache nicht zurückschrecken, daß Grausamkeit eine der primitiven Freuden des Menschengeschlechtes ist und daß die Aufdeckung ihrer Proteusarbeit, verkleidet als Gesetz, Erziehung, Arznei, Disziplin, Sport und so weiter, eine der schwierigsten der endlosen Aufgaben des Gesetzgebers darstellt.

Beim ersten Blick mag es nicht nur unnötig, sondern sogar unanständig erscheinen, einen solchen Vorschlag wie die Erhebung der Grausamkeit zum Range eines menschlichen Rechtes zu erörtern. Unnötig, weil kein Vivisektor die Liebe zur Grausamkeit um ihrer selbst willen eingesteht oder irgendein allgemeines fundamentales Recht auf Grausamkeit beansprucht. Unanständig, weil eine gesellschaftliche Übereinkunft besteht, die Grausamkeit zu verpönen, und die Vivisektion vom Gesetz nur unter der Bedingung geduldet wird, daß sie, wie die gerichtliche Tortur, so barmherzig, als es ihre Beschaffenheit gestattet, ausgeübt werde. Aber im Augenblick, wo die Auseinandersetzung erbittert wird, bringen die Gegenbeschuldigungen, die zwischen den streitenden Parteien hin und her geschleudert werden, einige sehr häßliche Wahrheiten ans Tageslicht.

Ich wurde einmal aufgefordert, in einer großen Versammlung von Antivivisektionisten in Queens Hall in London zu sprechen. Ich stand auf der Tribüne mit Fuchsjägern, Jägern von zahmen Hirschen, Männern und Frauen, deren Kalender nicht in Zahl- und Quartalstage geteilt war, sondern in Bestimmungen für die Zeit, wann Tiere dem Sport zuliebe getötet werden dürfen. Der Fuchs, der Hase, die Otter, das Rebhuhn und alle übrigen hatten jedes ein bestimmtes Hinschlachtungsdatum. Die Damen unter uns trugen Hüte und Mäntel und Kopfputz, die sie dem Gemetzel, dem grausamen Fallenstellen und der rohen Ausrottung unserer Mitgeschöpfe verdanken. Wir bestanden darauf, daß unsere Schlächter uns mit weißem Kalbfleisch versehen, und sind große und beständige Konsumenten von Gansleberpastete geworden. Beide Nahrungsmittel werden durch empörende Methoden gewonnen. Wir schickten unsere Söhne in große Schulen, wo unanständige Auspeitschung eine anerkannte Methode ist, junge menschliche Tiere zu zähmen. Trotzdem gerieten wir über die Grausamkeiten der Vivisektoren in hysterische Entrüstung. Diese müssen, falls irgendwelche zugegen waren, über solche unmenschliche Menschenfreunde höhnisch gelächelt haben, deren tägliche Gewohnheiten und moderne Vergnügungen in England in einer Woche mehr Leiden verursachen als alle Vivisektoren von Europa in einem Jahr. Ich hielt eine sehr wirksame Rede, nicht ausschließlich gegen die Vivisektion, sondern gegen die Grausamkeit im allgemeinen, und diese Gesellschaft hat mich seither nie mehr aufgefordert zu sprechen. Ich erwarte das auch nicht, weil ich wahrscheinlich den verehrten Mitgliedern solche Beleidigungen zufügen würde, daß ihre Versuche, die Vivisektion zu unterdrücken, ernstlich gefährdet würden. Aber das hindert die Vivisektoren nicht, und mit Recht, zu sagen: »Auch Ihr seid grausam.«

Wir dürfen uns daher, wenn wir die Grausamkeit der Vivisektion verkünden, nicht den Anschein von Überlegenheit geben. Wir begehen alle ebenso fürchterliche Dinge, sogar mit geringerer Entschuldigung. Aber indem wir das zugeben, machen wir auch mit dem tugendhaften Getue kurzen Prozeß, mit dem man uns auf die Menschlichkeit der Ärzte verweist als Bürgschaft, daß die Vivisektion nicht mißbraucht werde – was genau dasselbe ist, wie wenn unsere Einbrecher uns versicherten, daß sie zu anständig seien, um das Einbrechergewerbe zu mißbrauchen. Wir sind tatsächlich eine grausame Nation, und unsere Gewohnheit, unsere Laster dadurch zu verbergen, daß wir den Übertretungen, die zu begehen wir entschlossen sind, höfliche Namen geben, täuschen mich nicht; ich würde mich behaglicher fühlen, wenn sie es täte. Vivisektoren können kaum beanspruchen, besser zu sein, als die Klassen, aus denen sie stammen, oder als die, welche über ihnen stehen. Und wenn Leute aus diesen Klassen fähig sind, unter dem Deckmantel des Sports, der Mode, der Erziehung, der Disziplin auf allerlei grausame Arten Tiere hinzuopfern, und sogar, wenn diese grausamen Opfer unter dem Deckmantel der Volkswirtschaft menschliche Opfer sind, so hilft dem Vivisektor seine Behauptung nichts, daß er unfähig sei, zu seinem Vergnügen oder Vorteil oder beiden zuliebe unter dem Deckmantel der Wissenschaft Grausamkeiten zu begehen. Wir sind alle gleich grausam, und die Vivisektoren sind nicht faul, uns daran zu erinnern und heftig dagegen zu protestieren, daß Leute, deren hauptsächliche Vergnügungen im grausamen Sport bestehen und deren Bedarf an scheußlichen, grausamen Fallen ganze Seiten im Katalog der »Army and Navy Stores« füllen, sie als ungewöhnlich grausam und als Erfinder entsetzlicher Folterwerkzeuge brandmarken. (...)

Aber es gibt noch eine Unterscheidung, an die sich jene klammern, die es nicht wagen, sich selbst über das medizinische Gewerbe die Wahrheit einzugestehen, weil sie davon so hilflos abhängig sind, wenn der Tod ihr Heim bedroht. Diese Unterscheidung ist die Grenze, die nach der alten Einteilung das wilde Tier vom Menschen trennt. Die Behauptung zugegeben, daß wir alle grausam sind, so jagt der Jäger zahmer Hirsche doch keinen Menschen, und der Sportsmann, der eine Koppel Windspiele auf einen Hasen losläßt, wäre bei dem Gedanken entsetzt, sie auf ein Kind zu hetzen. Die Dame, die ihr Kleid durch das Schinden eines Zobels erhält, würde doch nicht einen Neger schinden, noch kommt es ihr jemals in den Sinn, daß ihr Kalbskotelette durch ein zartes Stück Kinderfleisch besser ersetzt werden könnte.

Es gab einmal eine Zeit, da man in diese Abgrenzung einiges Vertrauen setzen konnte. Die römisch-katholische Kirche behauptet noch immer mit einer Hartnäckigkeit, die sie mir erlauben muß, dumm zu nennen, und trotz des heiligen Franziskus und des heiligen Antonius, daß die Tiere keine Seelen und keine Rechte haben, so daß ein Mensch sich weder gegen ein Tier noch gegen Gott durch irgendetwas, das ihm einem Tier anzutun beliebt, versündigen könne. Ich widerstehe der Versuchung, mich darüber auszulassen, ob man nicht gegen seine eigene Seele sündigt, wenn man gegen die geringsten derer grausam ist, die der heilige Franziskus seine kleinen Brüder nannte. Ich habe daher hier nur nachzuweisen, daß nach der Meinung des Vivisektors nichts einen verächtlicheren Aberglauben zeigt als der Gedanke, daß die Wissenschaft irgendeinen solchen Fortschritt in der Evolution, wie den Schritt von einem physischen Organismus zu einer unsterblichen Seele, anerkennt. Diese Vorstellung ist allen unseren Männern der Wissenschaft und allen unseren Ärzten geraubt worden, und zwar durch die Evolutionisten. Und wenn man bedenkt, wie gründlich die biologische Wissenschaft in unseren Tagen hinzugezogen wurde, nicht von dem ganzen Inbegriff der Evolution, sondern von jener besonderen Methode, welche weder Sinn noch Zweck, noch Leben oder irgendetwas Menschliches, noch weniger aber etwas Göttliches an sich hat, nämlich der Methode der sogenannten natürlichen Auswahl (womit man eigentlich gar nicht eine Auswahl, sondern bloß Zufall und Fatum meint), wird man den Vivisektoren nicht die Torheit zumuten, daß sie das Menschentier irgendwie heiliger halten als andere Tiere. Man wird einsehen, daß es Zeitvergeudung wäre, sich noch weiter damit zu beschäftigen. Eigentlich erkennt der Mann, der dem Vivisektor einmal das Recht zuspricht, den Hund jenseits der Gesetze der Ehre und der Kameradschaft zu stellen, ihm auch das Recht zu, den Menschen selbst jenseits dieser Gesetze zu stellen, denn der Mensch ist dem Vivisektor nichts als ein höher entwickeltes und infolgedessen interessanteres Versuchskaninchen und Wirbeltier als der Hund.

Aus: *Der Arzt am Scheideweg* (1906)

Hans Driesch
Deutscher Philosoph (1867–1941)

Die höchste Form der Schädigung ist das *Töten*. Besteht nun das »fünfte Gebot« *Du sollst nicht töten* uneingeschränkt, also als echtes Axiom der Inhaltsethik, zu Recht?

Die Tötung in der Form des *Mordes* ist von solcher Art, daß, wer sie ohne Gewissensbiß begeht, nicht mehr als normal-ethischer Mensch, sondern als mit *moral insanity* befallen betrachtet wird. Ein ungeheuer starkes Gefühl des Abscheues hat aber auch jeder Normale, der, etwa bei einer Hinrichtung oder im Kriege, einer Tötung beiwohnt. Ja, die Tötung eines Tieres zum Zwecke des Schlachtens flößt Mitleid ein, wenigstens dem Unverdorbenen, dem Nicht-»Gewöhnten«. Hat man wohl beachtet, daß niemand gern vom Kriege »erzählt«? Die Guten möchten nicht dabei gewesen sein; die ethisch Unklaren – ich sage nicht »die Bösen« – wollen durch ihr Hurra den aufsteigenden Abscheu ertöten; erzählen tun auch sie nicht gern.

Hier, meine ich, haben wir, was wir suchen: »Mitleid« mit dem Wesen, das gewaltsam sein Leben verlieren soll. Die Schau, daß das »nicht sein sollte«, ist hier von unwiderstehlicher Stärke im Rahmen überpersönlicher empirischer Wirklichkeit, ebenso wie, den »Sinnen« sogar entgegen, die Schau, daß Parallelen sich nicht schneiden, von unwiderstehlicher Sicherheit im Rahmen des Raumhaften ist. Und zwar ist jene Schau *ganz unmittelbar gegenständlich*; der Gedanke »das könnte auch mir geschehen«, welcher allerdings alles in »Egoismus« verkehren würde, tritt gar nicht auf. Erst hinterher, auch wieder ganz wie auf dem Boden der Geometrie, kommt die »Reflexion« darüber, was diese unwiderstehliche Mitleidsschau denn eigentlich heißt. Es war mir aber hier »instinktiv« schon ein »Licht angezündet« über das, was mir nun auch »rational« einleuchtet.

»Warum«, so fragt nun die reflektierende Vernunft, *sollte* ich nicht töten, ganz abgesehen vom »Mord«?

Es ist nicht schwer, hier mancherlei Gründe zusammenzutragen, welche sich aus den Erörterungen der schon erledigten Abschnitte dieses Buches ohne weiteres ergeben:

Der, etwa durch Hinrichtung, Getötete könnte an Würde gewinnen, könnte »sich bessern«, und eben das *sollte* sein. Der, etwa im Kriege, Getötete könnte Anlagen höchster Art in sich geborgen haben, Anlagen vielleicht, deren Entfaltung viel wertvoller gewesen wäre als alles durch sein Töten im Dienste anderen Nutzens, etwa der Staatserhaltung, Erreichbare: man denke sich Jesus oder Goethe mit zwanzig Jahren getötet, und man hat, was wir hier meinen. Auch sollte, ganz allgemein, der andere Mensch deshalb nicht getötet werden, weil er an Würde der Seele mir wesensgleich ist.

Doch das alles ist Nebensache, obschon es auf manchen nicht ohne Eindruck ist. Und noch mehr Nebensache ist, daß Getötetwerden Schmerz bereitet. Wer weiß denn, ob der jung Getötete nicht vielleicht später, etwa an einem Krebsleiden, viel schmerzenreicher von dannen gegangen wäre; mancher Tod durch einen Schuß in den Kopf ist sicher ein »schöner Tod«. Das Wesentliche ist hier etwas ganz anderes, freilich etwas, das bloß im Rahmen metaphysischer Möglichkeit steht:
Ich sollte überhaupt kein lebendes Wesen töten, weil ich nicht weiß, was »Tod« heißt. (...)
Es gibt nun bekanntlich wenige Menschen, welche *rückhaltlos* dem fünften Gebot folgen; sie leben vornehmlich in Indien. *Sie allein* sind restlos *gut* und von reiner Seele mit Rücksicht auf dieses grundlegende Gebot.

Da macht man sich zunächst »Entschuldigungen« mit Rücksicht auf die *Ausdehnung* des Tötungsgebotes zurecht: nur auf den Menschen soll es gehen, Tiere »darf« man töten, wenn sie »schädlich« sind, oder wenn man ihre Leichen als Nahrung verzehren will.

Das Zweite, mit Rücksicht auf die Tötung der Tiere, ist durchsichtigster Selbstbetrug. Man kann sich sehr wohl von Pflanzen nähren – (*das* freilich muß man in dieser dualistischen Welt, bis die Chemie einige Schritte weiter ist) – und nur für die Bewohner der Polargegenden mag es hier eine *Entschuldigung* geben. Das Erste gehört in die Erörterung über Notwehr, wovon wir noch zu reden haben. (...)

Dem nur unter gewissen Umständen entschuldbaren Tötungsverbot gegenüber treten alle anderen Schädigungsverbote an ethischer Bedeutung zurück. Wir gehen daher nur kurz auf sie ein und schicken allem Besonderen die allgemeine Bemerkung voraus, daß man sich im Gebiete der *verbietenden* Morallehre, was das Einzelne angeht, praktisch wohl an das Verbot halten mag, dem Anderen nichts zu tun, was man selbst ungern von ihm erlitte. Denn wenn dieser Satz als solcher auch mit »Ethik« gar nichts zu tun hat, so ist es doch wahr, daß das echt Ethische auch unter die von ihm aufgestellte Beziehung fällt. Denn im tiefsten Sinne des Wortes bringt ja das Ethische, sowohl getan wie erlitten, die höchste *Freude*.

Ich »sollte« keinem lebenden Wesen Schmerzen zufügen, weder körperliche noch seelische, weil Schmerzen hemmen, und ich sollte auch sonst keines irgendwie an der freien, das heißt hier seinem Wesen angemessenen, Entfaltung seiner Anlagen hindern. Für die Übertretung beider Gebote pflegen »Entschuldigungen« vorgebracht zu werden.

Was das Verbot der Schmerzzuführung angeht – das sich, wie gesagt, aus dem allgemeinen Verbot, den Anderen zu hemmen, ohne weiteres ergibt –, so ist ersichtlich, daß das Zufügen von Schmerz dann mit Recht entschuldigt wird, wenn die Dinge so liegen wie in jenen Fällen, in denen sogar Tötung zwar nicht »erlaubt«, aber entschuldigt war, also z. B. bei der Abwehr von Angriffen, zumal auf Andere. Daß der Arzt im Interesse der Heilung Schmerzen zufügen »darf«, erfordert keine Erörterung.

Es bleiben übrig das »Quälen« (auch von Tieren) und die Körperstrafe. Über das Erste erübrigen sich viele Worte; es dient nur der eigenen, auf Machtsucht gegründeten Lust (falls nicht sogar Pathologisches vorliegt). Die *Körperstrafe* ist unseres Erachtens, auch Kindern gegenüber, *durchaus zu verwerfen*, selbst dann, wenn sie nicht mit so etwas wie Zorn- oder Rachegefühlen verbunden, sondern ganz »kühl« verhängt wird. Und zwar lehnen wir sie auch in diesen Fällen rückhaltlos ab, weil sie *gegen die Würde* des Menschen (und sogar des Tieres) ist: der körperlich Gestrafte wird hier eben durchaus »körperlich« behandelt, er soll rein physisch bezwungen werden, man will ihn wissen lassen, daß er auch Materie ist. Das aber heißt, seine geistige Seite, sein *berechtigtes* Würdebewußtsein dämpfen, und nichts schädigt ihn geistig so wie diese Erinnerung an das Niedere an ihm. Weiß man doch auch, einen wie bedauernswerten »verschüchterten« Eindruck Menschen (und Tiere), die als Kinder geschlagen wurden, oft ihr ganzes Leben hindurch machen; der berechtigte Anteil von Selbstwürde ist unwiederbringlich dahin.

Aus: *Die sittliche Tat* (1927)

Rosa Luxemburg
Deutsche Politikerin, Sozialistin (1871–1919)

Was ich lese? Hauptsächlich Naturwissenschaftliches: Pflanzengeographie und Tiergeographie. Gestern las ich gerade über die Ursache des Schwindens der Singvögel in Deutschland: es ist die zunehmende rationelle Forstkultur, Gartenkultur und der Ackerbau, die ihnen alle natürlichen Nist- und Nahrungsbedingungen: hohle Bäume, Ödland, Gestrüpp, welkes Laub auf dem Gartenboden – Schritt für Schritt vernichten. Mir war es so sehr weh, als ich das las. Nicht um den Gesang für die Menschen ist es mir, sondern das Bild des stillen unaufhaltsamen Untergangs dieser wehrlosen kleinen Geschöpfe schmerzt mich so, daß ich weinen mußte. Es erinnerte mich an ein russisches Buch von Prof. Sieber über den Untergang der Rothäute in Nordamerika, das ich noch in Zürich gelesen habe: sie werden genauso Schritt für Schritt durch die Kulturmenschen von ihrem Boden verdrängt und einem stillen, grausamen Untergang preisgegeben.

Aber ich bin ja natürlich krank, daß mich jetzt alles so tief erschüttert. Oder wissen Sie? ich habe manchmal das Gefühl, ich bin kein richtiger Mensch, sondern auch irgendein Vogel oder ein anderes Tier in Menschengestalt; innerlich fühle ich mich in so einem Stückchen Garten wie hier oder im Feld unter Hummeln und Gras viel mehr in meiner Heimat als – auf einem Parteitag. Ihnen kann ich ja wohl das alles sagen: Sie werden nicht gleich Verrat am Sozialismus wittern. Sie wissen, ich werde trotzdem hoffentlich auf dem Posten sterben: in einer Straßenschlacht oder im Zuchthaus. Aber mein innerstes Ich gehört mehr meinen Kohlmeisen als den »Genossen«. (...)

Aus: *Brief an Sonja Liebknecht vom 2. Mai 1917*

Ach, Sonitschka, ich habe hier einen scharfen Schmerz erlebt; auf dem Hof, wo ich spaziere, kommen oft Wagen vom Militär, voll bepackt mit Säcken oder alten Soldatenröcken und Hemden, oft mit Blutflecken ..., die werden hier abgeladen, in die Zellen verteilt, geflickt, dann wieder aufgeladen und ans Militär abgeliefert. Neulich kam so ein Wagen, bespannt statt mit Pferden mit Büffeln. Ich sah die Tiere zum erstenmal in der Nähe. Sie sind kräftiger und breiter gebaut als unsere Rinder, mit flachen Köpfen und flach abgebogenen Hörnern, die Schädel also unseren Schafen ähnlicher, ganz schwarz mit großen sanften Augen. Sie stammen aus Rumänien, sind Kriegstrophäen ... die Soldaten, die den Wagen führen, erzählen, daß es sehr mühsam war, diese wilden Tiere zu fangen, und noch schwerer, sie, die an die Freiheit gewöhnt waren, zum Lastdienst zu benutzen. Sie wurden furchtbar geprügelt, bis daß für sie das Wort gilt »vae victis«... An hundert Stück der Tiere sollen in Breslau allein sein; dazu bekommen sie, die an die üppige rumänische Weide gewöhnt waren, elendes und karges Futter. Sie werden schonungslos ausgenutzt, um alle möglichen Lastwagen zu schleppen, und gehen dabei rasch zugrunde. – Vor einigen Tagen kam also ein Wagen mit Säcken hereingefahren, die Last war so hoch aufgetürmt, daß die Büffel nicht über die Schwelle bei der Toreinfahrt konnten. Der begleitende Soldat, ein brutaler Kerl, fing an, derart auf die Tiere mit dem dicken Ende des Peitschenstieles loszuschlagen, daß die Aufseherin ihn empört zur Rede stellte, ob er denn kein Mitleid mit den Tieren hätte! »Mit uns Menschen hat auch niemand Mitleid!« antwortete er mit bösem Lächeln und hieb noch kräftiger ein ... Die Tiere zogen schließlich an und kamen über den Berg, aber eins blutete ... Sonitschka, die Büffelhaut ist sprichwörtlich an Dicke und Zähigkeit, und die war zerrissen. Die Tiere standen dann beim Abladen ganz still, erschöpft, und eins, das, welches blutete, schaute dabei vor sich hin mit einem Ausdruck in dem schwarzen Gesicht und den sanften schwarzen Augen wie ein verweintes Kind. Es war direkt der Ausdruck eines Kindes, das hart bestraft worden ist und nicht weiß, wofür, weshalb, nicht weiß, wie es der Qual und der rohen Gewalt entgehen soll ... ich stand davor, und das Tier blickte mich an, mir rannen die Tränen herunter – es waren seine Tränen, man kann um den liebsten Bruder nicht schmerzlicher zucken, als ich in meiner Ohnmacht um dieses stille Leid zuckte. Wie weit, wie unerreichbar, verloren die freien, saftigen, grünen Weiden Rumäniens! Wie anders schien dort die Sonne, blies der Wind, wie anders waren die schönen Laute der Vögel oder das melodische Rufen der Hirten. Und hier – diese fremde, schaurige Stadt, der dumpfe Stall, das ekelerregende muffige Heu mit faulem Stroh gemischt, die fremden, furchtbaren Menschen, und – die Schläge, das Blut, das aus der frischen Wunde rinnt ...

Oh, mein armer Büffel, mein armer, geliebter Bruder, wir stehen hier beide so ohnmächtig und stumpf und sind nur eins in Schmerz, in Ohnmacht, in Sehnsucht. –

Derweil tummelten sich die Gefangenen geschäftig um den Wagen, luden die schweren Säcke ab und schleppten sie ins Haus, der Soldat aber steckte beide Hände in die Hosentaschen, spazierte mit großen Schritten über den Hof, lächelte und pfiff leise einen Gassenhauer. Und der ganze herrliche Krieg zog an mir vorbei ...

Aus: *Brief an Sonja Liebknecht von Mitte Dezember 1917*

Karl Kraus
Österreichischer Kulturkritiker und Schriftsteller (1874 – 1936)

Der tiefste, je in einem Saal bewirkte Eindruck war die Vorlesung des Briefes von Rosa Luxemburg, den ich am Pfingstsonntag in der Arbeiter-Zeitung gefunden und auf die Reise mitgenommen hatte. Er war im Deutschland der unabhängigen Sozialisten noch völlig unbekannt. Schmach und Schande jeder Republik, die dieses im deutschen Sprachbereich einzigartige Dokument von Menschlichkeit und Dichtung nicht allem Fibel- und Gelbkreuzchristentum zum Trotz zwischen Goethe und Claudius in ihre Schulbücher aufnimmt und nicht zum Grausen vor der Menschheit dieser Zeit der ihr entwachsenden Jugend mitteilt, daß der Leib, der solch eine hohe Seele umschlossen hat, von Gewehrkolben erschlagen wurde. Die ganze lebende Literatur Deutschlands bringt keine Träne wie die dieser jüdischen Revolutionärin hervor und keine Atempause wie die nach der Beschreibung der Büffelhaut: »und die ward zerrissen«. Beim Vorlesen habe ich durch Weglassung des hier eingeklammerten an sich nicht weniger reizvollen Absatzes literarischen Inhalts in dieser Welt der Liebe die Betrachtung der Pflanzen und Tiere einheitlicher als eine Umarmung der Natur hervortreten lassen und das Postskriptum (wie hier) ohne die Unterschrift unmittelbar an das Ende geschlossen.

In Berlin, Dresden und Prag habe ich dem Brief die folgende Einleitung vorausgeschickt:
Dem Andenken des edelsten Opfers widme ich die Vorlesung des folgenden Briefes, den Rosa Luxemburg aus dem Breslauer Weibergefängnis Mitte Dezember 1917 an Sonja Liebknecht geschrieben hat.
Aus: *Die Fackel* (Juli 1920)

Antwort an Rosa Luxemburg von einer Unsentimentalen

Geehrter Herr Kraus,
Zufällig ist mir die letzte Nummer Ihrer »Fackel« *in die Hände gekommen* (ich war bis 4./II. l. J. Abonnentin) u. ich möchte mir gestatten Ihnen betreffs des von Ihnen so sehr bewunderten Briefes der Rosa Luxemburg Einiges zu erwidern, obwohl Ihnen eine Zuschrift aus dem ominösen Innsbruck *vielleicht* nicht sehr willkommen ist. Also: der Brief ist ja wirklich *recht schön u. rührend* u. ich stimme ganz mit Ihnen überein, daß er sehr wohl als Lesestück in den Schulbüchern für Volks- u. Mittelschulen figurieren könnte, wobei man dann im Vorwort lehrreiche Betrachtungen darüber anstellen könnte, wie viel ersprießlicher und erfreulicher das Leben der Luxemburg verlaufen wäre, wenn sie sich statt als Volksaufwieglerin *etwa als Wärterin in einem Zoologischen Garten od. dgl.* betätigt hätte, *in welchem Fall ihr wahrscheinlich auch das »Kittchen« erspart geblieben wäre.* Bei ihren botanischen Kenntnissen u. ihrer Vorliebe für Blumen hätte sie jedenfalls auch *in einer größeren Gärtnerei lohnende u. befriedigende Beschäftigung gefunden* u. hätte dann gewiß keine *Bekanntschaft mit Gewehrkolben* gemacht.
Was die etwas larmoyante Beschreibung des Büffels anbelangt, so will ich es gern glauben, daß dieselbe ihren Eindruck auf die *Tränendrüsen der Kommerzienrätinnen* u. der ästhetischen Jünglinge in Berlin, Dresden u. Prag nicht verfehlt hat. *Wer jedoch, wie ich, auf einem großen Gute Südungarns aufgewachsen ist,* u. diese Tiere, ihr *meist schäbiges, oft rissiges Fell* u. ihren *stets stumpfsinnigen »Gesichtsausdruck« von Jugend auf* kennt, betrachtet die Sache ruhiger. *Die gute Luxemburg hat sich von den betreffenden Soldaten tüchtig anplauschen lassen (ähnlich* wie s. Z. der sel. *Benedikt* mit den Grubenhunden) wobei wahrscheinlich noch Erinnerungen an Lederstrumpf, wilde Büffelherden in den Prärien etc. in ihrer Vorstellung mitgewirkt haben. – Wenn wirklich *unsere Feldgrauen,* abgesehn von den schweren Kämpfen, die sie in Rumänien zu bestehen hatten, noch Zeit, Kraft u. Lust gehabt hätten, wilde Büffel zu Hunderten einzufangen u. dann *stracks* zu Lasttieren zu zähmen, so wäre das aller Bewunderung wert, u. entschieden noch erstaunlicher, als daß die urkräftigen Tiere sich diese Behandlung hätten gefallen lassen.

Nun muß man aber wissen, daß die Büffel in diesen Gegenden seit undenklichen Zeiten *mit Vorliebe* als Lasttiere (sowie auch als Milchkühe) gezüchtet u. verwendet werden. Sie sind *anspruchslos im Futter* u. ungeheuer kräftig, *wenn auch von sehr langsamer Gangart.* Ich glaube daher nicht, daß *der »geliebte Bruder« der Luxemburg besonders erstaunt gewesen sein dürfte,* in Breslau einen Lastwagen ziehn zu müssen u. mit »dem Ende des Peitschenstieles« *Eines übers Fell zu bekommen.* Letzteres wird wohl – wenn es nicht gar zu roh geschieht – bei Zugtieren ab u. zu unerläßlich sein, *da sie bloßen Vernunftgründen gegenüber nicht immer zugänglich sind,* – ebenso wie ich Ihnen als Mutter versichern kann, daß eine *Ohrfeige bei kräftigen Buben* oft *sehr wohltätig* wirkt! Man muß nicht immer das Schlimmste annehmen u. *die Leute* (u. *die Tiere*) prinzipiell nur bedauern, ohne die näheren Umstände zu kennen. Das kann mehr Böses als Gutes anrichten. – *Die Luxemburg hätte gewiß gerne*, wenn es ihr möglich gewesen wäre, den Büffeln Revolution gepredigt u. ihnen eine Büffel-Republik gegründet, wobei es sehr fraglich ist, ob sie imstande gewesen wäre, ihnen das – von ihr – geträumte Paradies mit »schönen Lauten der Vögel u. melodischen Rufen des Hirten« zu verschaffen u. ob die Büffel auf Letzteres *so besonderes Gewicht legen.* Es gibt eben *viele hysterische Frauen, die sich gern in Alles hineinmischen u. immer Einen gegen den Anderen hetzen möchten*; sie werden, wenn sie Geist und *einen guten Stil haben*, von der Menge willig gehört u. stiften viel Unheil in der Welt, *so daß man nicht zu sehr erstaunt sein darf*, wenn eine solche, die so oft Gewalt gepredigt hat, auch *ein gewaltsames Ende nimmt.*

Stille Kraft, Arbeit im nächsten Wirkungskreise, ruhige Güte u. Versöhnlichkeit ist, was uns mehr not tut, als *Sentimentalität* u. Verhetzung. *Meinen Sie nicht auch?*

Hochachtungsvoll
Frau v. X-Y.

[Antwort von Karl Kraus]

Was ich meine, ist: daß es mich sehr wenig interessiert, ob eine Nummer der Fackel »zufällig« oder anderwegen einer derartigen Bestie in ihre Fänge gekommen ist und ob sie bis 4. II. l. J. Abonnentin war oder es noch ist. Ist sie's gewesen, so weckt es unendliches Bedauern, daß sie's nicht mehr ist, denn wäre sie's noch, so würde sie's am Tage des Empfangs dieses Briefes, also ab 28. VIII. l. J. nicht mehr sein. Weil ja bekanntlich die Fackel nicht wehrlos gegen das Schicksal ist, an solche Adresse zu gelangen. Was ich meine, ist: daß mir diese Zuschrift aus dem ominösen Innsbruck insofern ganz willkommen ist, als sie mir das Bild, das ich von der Geistigkeit dieser Stadt empfangen und geboten habe, auch nicht in einem Wesenszug alteriert und im Gegenteil alles ganz so ist, wie es sein soll. Was ich meine, ist, daß neben dem Brief der Rosa Luxemburg, wenn sich die sogenannten Republiken dazu aufraffen könnten, ihn durch ihre Lesebücher den aufwachsenden Generationen zu überliefern, gleich der Brief dieser Megäre abgedruckt werden müßte, um der Jugend nicht allein Ehrfurcht vor der Erhabenheit der menschlichen Natur beizubringen, sondern auch Abscheu vor ihrer Niedrigkeit und an dem handgreiflichsten Beispiel ein Gruseln vor der unausrottbaren Geistesart deutscher Fortpflanzerinnen, die uns das Leben bis zur todsichern Aussicht auf neue Kriege verhunzen wollen und die dem Satan einen Treueid geschworen zu haben scheinen, eben das was sie anno 1914 aus Heldentodgeilheit nicht verhindert haben, immer wieder geschehen zu lassen. Was ich meine, ist – und da will ich einmal mit dieser entmenschten Brut von Guts- und Blutsbesitzern und deren Anhang, da will ich mit ihnen, weil sie ja nicht deutsch verstehen und aus meinen »Widersprüchen« auf meine wahre Ansicht nicht schließen können, einmal deutsch reden, nämlich weil ich den Weltkrieg für eine unmißdeutbare Tatsache halte und die Zeit, die das Menschenleben auf einen Dreckhaufen reduziert hat, für eine unerbittliche Scheidewand – was ich meine, ist: Der Kommunismus als Realität ist nur das Widerspiel ihrer eigenen lebensschänderischen Ideologie, immerhin von Gnaden eines reineren ideellen Ursprungs, ein vertracktes Gegenmittel zum reineren ideellen Zweck – der Teufel hole seine Praxis, aber Gott erhalte ihn uns als konstante Drohung über den Häuptern jener, so da Güter besitzen und alle andern zu deren Bewahrung und mit dem Trost, daß das Leben der Güter höchstes nicht sei, an die Fronten des Hungers und der vaterländischen Ehre treiben möchten. Gott erhalte ihn uns, damit dieses Gesindel, das schon nicht mehr ein und aus weiß vor Frechheit, nicht noch frecher werde, damit die Gesellschaft der ausschließlich Genußberechtigten, die da glaubt, daß die ihr botmäßige Menschheit genug der Liebe habe, wenn sie von ihnen die Syphillis bekommt, wenigstens doch auch mit einem Alpdruck zu Bette gehe! Damit ihnen wenigstens die Lust vergehe, ihren Opfern Moral zu predigen, und der Humor, über sie Witze zu machen! Zu Betrachtungen, wie viel ersprießlicher und erfreulicher das Leben der Luxemburg verlaufen wäre, wenn sie sich als Wärterin in einem Zoologischen Garten betätigt hätte statt als Bändigerin von Menschenbestien, von denen sie schließlich zerfleischt ward, und ob sie als Gärtnerin edler Blumen, von denen sie allerdings mehr als eine Gutsbesitzerin wußte, lohnendere und befriedigendere Beschäftigung gefunden hätte denn als Gärtnerin menschlichen Unkrauts – zu solchen Betrachtungen wird, solange die Frechheit von der Furcht gezügelt ist, kein Atemzug langen. Auch bestünde die Gefahr, daß etwaiger Spott über das »Kittchen«, in dem eine Märtyrerin sitzt, auf der Stelle damit beantwortet würde, daß man es der Person, die sich solcher Schändlichkeit erdreistet hat, in die Höhe hebt, wenn man nicht eine Ohrfeige vorzöge, die, wie ich Ihnen versichern kann, bei kräftigen Heldenmüttern sehr wohltätig wirkt! Was vollends den Hohn darüber betrifft, daß Rosa Luxemburg »mit Gewehrkolben Bekanntschaft gemacht« hat, so wäre er gewiß mit ein paar Hieben, aber nur mit jenem Peitschenstiel, der Rosa Luxemburgs Büffel getroffen hat, nicht zu teuer bezahlt. Nur keine Sentimentalität! Larmoyante Beschreibungen solcher Prozeduren können wir nicht brauchen, das ist nichts für die Lesebücher. Wer auf einem großen Gut Südungarns aufgewachsen ist, wo das sowieso schon schäbige und rissige Fell der Büffel kein Mitleid mehr aufkommen läßt und ihr stets stumpfsinniger »Gesichtsausdruck« – ein Gesichtsausdruck, der mithin nicht nach der Andacht einer Luxemburg, sondern nach Gänsefüßen, nach den Fußtritten einer Gans verlangt – sich von dem idealen Antlitz der südungarischen Gutsbesitzer unsympathisch abhebt, der weiß, daß man in Ungarn noch ganz andere Prozeduren mit den Geschöpfen Gottes vornimmt, ohne mit der Wimper zu zucken. Und daß die Gutsbesitzerinnen mit den Kommerzienrätinnen darin völlig einig sind, sichs wohl gefallen zu lassen. Ich meine nun freilich, daß man weder für Revolutionstribunale sich begeistern noch mit dem Standpunkt jener Offiziere sympathisieren soll, die sich aus dem Grunde, weil das Letzte, was ihnen geblieben ist, die Ehre ist, dazu hingerissen fühlen, ihre Nebenmenschen zu kastrieren. Aber so ungerecht bin ich doch, daß ich zum Beispiel Damen, die noch heute »unsere Feldgrauen« sagen, verurteilen würde, den Abort einer Kaserne zu putzen und hierauf »stracks« den Adel abzulegen, von dem sie sich noch immer, und wär's auch nur in anonymen Besudelungen einer Toten, nicht trennen können. Allerdings meine ich auch, daß unsere Feldgrauen, abgesehen von den schweren Kämpfen, die sie in Rumänien zu bestehen hatten und zwar nur deshalb, weil die Lesebücher bis 1914 noch nicht vom Geist der guten Rosa Luxemburg, sondern von dem der Gutsbesitzerinnen inspiriert waren, faktisch auch Zeit, Kraft und Lust gehabt haben, Büffel zu stehlen und zu zähmen, und ferner, daß, solange die Bewunderung deutscher und südungarischer Walküren für die militärische Büffeldressur vorhält, auch die Menschheit nicht davor bewahrt sein wird, mit Vorliebe zu Lasttieren abgerichtet zu werden. Was ich aber außerdem noch meine – da ja nun einmal meine Meinung und nicht bloß mein Wort gehört werden will – ist: daß, wenn das Wort der guten Rosa Luxemburg nicht von der geringsten Tatsächlichkeit beglaubigt wäre und längst kein Tier Gottes mehr auf einer grünen Weide, sondern alles schon im Dienste des Kaufmanns, sie doch vor Gott wahrer gesprochen hätte als solch eine Gutsbesitzerin, die am Tier die Anspruchslosigkeit im Futter rühmt und nur die langsame Gangart beklagt, und daß die Menschlichkeit, die das Tier als den geliebten Bruder anschaut, doch wertvoller ist als die Bestialität, die solches belustigend findet und mit der Vorstellung scherzt, daß ein Büffel »nicht besonders erstaunt« ist, in Breslau einen Lastwagen ziehen zu müssen und mit dem Ende eines Peitschenstieles »Eines übers Fell zu bekommen«. Denn es ist jene ekelhafte Gewitztheit, die die Herren der Schöpfung und deren Damen »von Jugend auf« Bescheid wissen läßt, daß im Tier nichts los ist, daß es in demselben Maße gefühllos ist wie sein Besitzer, einfach aus dem Grund, weil es nicht mit der gleichen Portion Hochmut begabt wurde und zudem nicht fähig ist, in dem Kauderwelsch, über welches jener verfügt, seine Leiden preiszugeben. Weil es vor dieser Sorte aber den Vorzug hat, »bloßen Vernunftgründen gegenüber nicht immer zugänglich« zu sein, erscheint ihr der Peitschenstiel »wohl ab und zu unerläßlich«. Wahrlich, sie verwendet ihn bloß aus dumpfer Wut gegen ein unsicheres Schicksal, das ihr selbst ihn irgendwie vorzubehalten scheint! Sie ohrfeigen auch ihre Kinder nur, deren Kraft sie an der eigenen Kraft messen, oder lassen sie von sexuell disponierten Kandidaten der Theologie nur darum mit Vorliebe martern, weil sie vom Leben oder vom Himmel irgendwas zu befürchten haben. Dabei haben die Kinder doch den Vorteil, daß sie die Schmach, von solchen Eltern geboren zu sein, durch den Entschluß, bessere zu werden, tilgen oder andernfalls sich dafür an den eigenen Kindern rächen können. Den Tieren jedoch, die nur durch Gewalt oder Betrug in die Leibeigenschaft des Menschen gelangen, ist es in dessen Rat bestimmt, sich von ihm entehren zu lassen, bevor sie von ihm gefressen werden. Er beschimpft das Tier, indem er seinesgleichen mit dem Namen des Tiers beschimpft, ja die Kreatur selbst ist ihm nur ein Schimpfwort. Über nichts mehr ist er erstaunt, und dem Tier, das es noch nicht verlernt hat, erlaubt ers nicht. Das Tier darf so wenig erstaunt sein über die Schmach, die er ihm antut, wie er selbst; und wie nur ein Büffel nicht über Breslau staunen soll, so wenig staunt der Gutsbesitzer, wenn der Mensch ein gewaltsames Ende nimmt. Denn wo die Welt für ihre Ordnung in Trümmer geht, da finden sie alles in Ordnung. Was will die gute Luxemburg? Natürlich, sie, die kein Gut besaß außer ihrem Herzen, die einen Büffel als Bruder betrachten wollte, hätte gewiß gern, wenn es ihr möglich gewesen wäre, den Büffeln Revolution gepredigt, ihnen eine Büffel-Republik gegründet, womöglich mit schönen Lauten der Vögel und dem melodischen Rufen der Hirten, wobei es fraglich ist, »ob die Büffel auf Letzteres so besonders Gewicht legen«, da sie es selbstverständlich vorziehen, daß nur auf sie selbst Gewicht gelegt wird. Leider wäre es ihr absolut nicht gelungen, weil es eben auf Erden ja doch weit mehr Büffel gibt als Büffel! Daß sie es am liebsten versucht hätte, beweist eben nur, daß sie zu den vielen hysterischen Frauen gehört hat, die sich gern in Alles hineinmischen und immer Einen gegen den Anderen hetzen möchten. Was ich nun meine, ist, daß in den Kreisen der Gutsbesitzerinnen dieses klinische Bild sich oft so deutlich vom Hintergrund aller Haus- und Feldtätigkeit abhebt, daß man versucht wäre zu glauben, es seien die geborenen Revolutionärinnen. Bei näherem Zusehn würde man jedoch erkennen, daß es nur dumme Gänse sind. Womit man aber wieder in den verbrecherischen Hochmut der Menschenrasse verfiele, die alle ihre Mängel und üblen Eigenschaften mit Vorliebe den wehrlosen Tieren zuschrieb, während es zum Beispiel noch nie einem Ochsen, der in Innsbruck lebt, oder einer Gans, die auf einem großen südungarischen Gut aufgewachsen ist, eingefallen ist, einander einen Innsbrucker oder eine südungarische Gutsbesitzerin zu schelten. Auch würden sie nie, wenn sie sich schon vermäßen, über Geistiges zu urteilen, es beim »guten Stil« anpacken und gönnerisch eine Eigenschaft anerkennen, die ihnen selbst in so auffallendem Maße abgeht. Sie hätten – wiewohl sie bloßen Vernunftgründen »gegenüber« nicht immer zugänglich sind – zu viel Takt, einen schlecht geschriebenen Brief abzuschicken, und zu viel Scham, ihn zu schreiben. Keine Gans hat eine so schlechte Feder, daß sie's vermöchte! Meinen Sie nicht auch? Sie ist intelligent, von Natur gutmütig und mag von ihrer Besitzerin gegessen, aber nicht mit ihr verwechselt sein. Was nun wieder diese Kreatur vor jener voraus hat, ist, daß sie sichs im Ernstfall, wenn's ihr selbst an den Kragen gehen könnte, beim Himmel mit dem Katechismus zu richten versteht und daß sie dazu noch die Güte für sich selbst hat, einen zu ermahnen, man müsse »nicht immer das Schlimmste annehmen und die Leute (u. die Tiere) prinzipiell nur bedauern, ohne die näheren Umstände zu kennen; das kann mehr Böses als Gutes anrichten.« Böses vor allem für die prädestinierten Besitzer von Leuten (u. Tieren), deren Verfügungsrecht einer göttlichen Satzung entspricht, die nur Aufwiegler und landfremde Elemente wie zum Beispiel jener Jesus Christus antasten wollen, die aber in Geltung bleibt, da das Streben nach irdischen Gütern Gottseidank älter ist als das christliche Gebot und dieses überleben wird. So meine ich!

Aus: *Die Fackel* (November 1920)

Der soziale Standpunkt vor Tieren

Die sozialdemokratische Presse findet ihr tragisches Durchkommen zwischen jener größeren Organisation, die das Menschentum tief unterhalb allen freiheitlichen Bestandes, also aller politischen Daseinsberechtigung verschüttet hat, und jenem allein bewahrten Rest von Menschlichkeit, der sie auf die Pflicht der Zeugenschaft nicht verzichten lassen will. Diesem Widerspruch, zu bestehen, wo sie nicht mehr bestehen kann, wird sie durch ein Nebeneinander von Strategie und Dokumentensammlung gerecht, so daß vorn entweder die Zufriedenheit der Kölnischen Zeitung oder gar, wenn's die Leistungen eines Unterseebootes gilt, die Einbildungskraft der Neuen Freien Presse erreicht wird, und gleich daneben Tatsachen hinausgestellt werden, deren himmelschreiender Inhalt von jener Sphäre bezogen ist, deren Ereignisse eben noch aus einer denkbar unrevolutionären, sachlich beruhigten oder weltzufriedenen Gemütslage gewürdigt wurden. Ob nicht ein besserer Ausgleich zwischen dem Zustand der Welt und dem durch ihn erledigten Standpunkt der Entschluß gewesen wäre, sich auf eine Sammlung von Tatsachen zu beschränken und auf jede Meinung zu verzichten, die vorweg im Verdacht ist, eine erlaubte Meinung, eine mit dem größten Exzeß der Gesellschaftsordnung zufriedene zu sein, bleibe unerörtert. Jedenfalls ist die gewissenhafte Aufreihung jener Fakten, die der Menschheit den Krieg als ein abschreckendes Beispiel vorführen sollen, der einzige Fall von publizistischer Sauberkeit, den die schmutzigste Epoche aufzuweisen hat, anerkannt auch von deren einsichtigeren Akteuren als ein Beweis, daß die weltflüchtige Menschenwürde sich immerhin in zwei bis drei Wiener Zeitungsspalten niederlassen darf; als eine Ausnahme von jener furchtbaren Regel, nach der diese schwerverwundete Menschheit sich noch eine Blutvergiftung durch Druckerschwärze zuziehen mußte. Und auch diesem Unglück sucht die heilsame Arbeit der sozialdemokratischen Chronik nach Kräften entgegenzuwirken, aus der ehrlichen Erkenntnis, daß die bürgerliche Journalistik die niedrigste Gattung unter jenen Lebewesen vorstellt, die der Krieg übriggelassen hat. Umso betrüblicher erscheint die daneben beobachtete Neigung, den eigentlichen Tieren gegenüber auf einem vorrevolutionären Standpunkt zu beharren, ihnen nicht nur die von Schopenhauer zuerkannten Rechte, sondern sogar das Erbarmen zu versagen, das der Gerechte aufzubringen hat – ja geradezu dort, wo der Sammler von Menschengreueln auf werktätige Sympathie für Tiere stößt, solche Regungen als Kontraste zum Welttreiben höhnisch abzutun. Er hat nicht genug ironische Punkte und Gedankenstriche, einen englischen Aufruf »zu Gunsten ... unserer stummen Freunde«, nämlich der Pferde, zu verspotten, der ihm umso lächerlicher erscheint, als der Schutz auf die Pferde aller kriegführenden Länder ausgedehnt werden soll. Aber ganz abgesehen davon, daß dieser internationale Standpunkt eine Kostbarkeit in einer Zeit ist, in der von den drei großen Internationalen nur die journalistische sich ausleben konnte, und daß solcher Gedanke sittlich hoch über der Kriegslyrik eines Richard Dehmel steht, der den deutschen Pferden eine besondere Offensivkraft zugetraut hat – ist es ein Denkfehler, hier bitter zu werden und einen frivolen Gegensatz zu den in den Krieg oder in die Munitionsfabrik gestellten Menschen zu behaupten. Der Unterschied ist ein ganz anderer, nämlich der, daß die Menschen, so unschuldig jeder einzelne von ihnen an seinem Schicksal sein mag, alle zusammen es verschuldet haben, indem sie den Willen hatten, die Maschine zu erfinden, die ihnen den Willen nahm, während doch den Pferden an einer technischen Entwicklung, die ihre Sklaverei verschärft hat, keinerlei Anteil nachzuweisen wäre. Den Pferden ist nicht der Hunger versagt, wohl aber eine Organisation, durch die sie es ihren Vorgesetzten wenigstens kundmachen könnten, daß auch sie im Krieg mehr hungern als im Frieden. So ganz verschlossen sollte sich das Sozialgewissen nicht vor dem Umstand zeigen, daß in dieser Welt, die sich zu helfen weiß, ein Surrogat für Futter auch mehr Peitschenhiebe sein können. Man muß schon die Scheuklappen des Pferdes haben, um nicht täglich auf der Wiener Straße zu sehen, wie sich die Bestialität am Tier für die schlechten Zeiten schadlos hält. Es ist ferner auch vollkommen blicklos, sich über eine deutsche Gräfin, die ihrem magenkranken Hund Suppe gegeben hat und wegen Verfütterung von Brotgetreide gerichtlich verurteilt wurde, über die Krankheit des Hundes also und über dessen Pflege in Sperrdruck lustig zu machen. Wenn wir uns selbst die Verfütterung von Getreide für einen bestimmten Hund als eine Grausamkeit gegen einen unbestimmten Menschen konsequent zu Ende denken könnten, so müssten wir uns doch wieder fragen, ob nicht die Gesamtheit der unschuldigen Menschen, die durch solches Verhalten zu Schaden kommt, mehr Schuld hat an der Misère als die Gesamtheit der unschuldigen Tiere. Zwischen dem mir bekannten Menschen und dem mir bekannten Hund kann ich, wenn's sein muß, entscheiden, welches von beiden Individuen mir »näher steht« – zwischen den beiden Gattungen bleibt mir im Anblick des Benehmens der einen gar nicht die Wahl. Und wie erst, wenn ich zwischen dem mir befreundeten Hund und der menschlichen Gesamtheit zu wählen habe? Dies eine Tier, nicht jener Mensch, dem ich die Nahrung verkürze, steht vor meinen Augen, leidet, und ich mache gar kein Hehl aus dem Zynismus, mit dem ich, jeder sozialpolitischen Phantasie ermangelnd, das Bequemere tue und meine Nächstenliebe dem bedürftigen Nächsten zuwende. Eine weit bessere Phantasie belehrt uns, daß die Menschlichkeit, die dem kranken Hund hilft – und wäre es nur der eigene Hund – , mehr einer Menschheit hilft als alle Organisation der Nächstenliebe, die doch zu schwach war, jene des Nächstenhasses zu verhindern, [Zensurlücke] und die deutsche Aristokratin, von der die Gerichtssaalrubrik erzählt, hebt sich recht vorteilhaft von jenen Standesgenossinnen ab, die in der Theaterrubrik erwähnt werden, weil sie an einer Vorstellung des »Hias« mitgewirkt haben. Wenn die deutsche Gräfin, die in der Zeit der Not ihre Hunde nährt, verhöhnt wird, so müßte die deutsche Artistin, die sich in der Zeit der Not von ihren Hunden nährt, Anerkennung finden. Solche Konsequenz würde aber allzu grausam dem Bestreben der Arbeiter-Zeitung, Spuren von Menschenwürde im Schutt der großen Zeit zu entdecken und zu erhalten, widersprechen. Wenn ich Notizen sehe, die den Titel führen »Pferde und Menschen« oder »Die magenleidenden Hunde der Gräfin«, so fände ich es schön, wenn darin beklagt würde, daß die Pferde jetzt durch die Menschen ins Unglück gekommen sind und daß magenleidende Hunde jetzt nichts zu essen haben. Denn durch die Hilfe, die sie den Tieren entzieht, wird sich die Menschheit nicht auf ihre Beine helfen und nicht von ihren Prothesen.

Aus: *Die Fackel* (Oktober 1916)

Theodor Lessing
Deutscher Kulturkritiker und Philosoph (1872 – 1933)

Binnen zweier Jahrtausende ist der Wald und das Meer und die ganze blütenvolle Erdenschöne zum Schemel des Menschen geworden.

Eine grausam unerbittliche Maschine walzte Kultur dahin über Sage und Traum, Musik, nackte Schönheit, Sonnen- und Sternenglauben, Baumkult, Feldkult, fromme Einfalt, Sinnbild, Sitte, Brauch, Sang und Lied.

Längst hinweggewischt und geschwunden ist die gesamte Tierwelt Europas, deren Abbilder wir noch finden in den Höhlen von Perigord und Dordogne in Südfrankreich oder, eingeritzt und in Oker ausgemalt, in den Felsen der Pyrenäen: die gewaltigste Tierwelt der Erde. – Was ist in Deutschland binnen 100 Jahren vom Erdboden weggeknallt? Auerochse, Tarpan, Wisent, Bär, Lux, Wolf, Elch, Wildkatze, Biber, Otter, Marder, Nerz. – Demnächst auch: Eber, Wiesel, Dachs und Fuchs. Von mehreren tausend Vogelarten blieben wenige hundert übrig. Schopfibis, Alk, Kormoran, Edelreiher, Steinadler, Uhu, Schwan, Schwarzstorch, Kolkrabe, Falke, Kranich, Lumme; alle dieses volle Gestaltenleben ist bei uns Märchen geworden und Sage. (…)

Hören wir einige Zahlen:

– Im antarktischem Meere wurden die großen Seeelefanten, harmlose und zutrauliche Tiere, in den letzten Jahren völlig vernichtet. An der patagonischen Küste erschlägt man jedes Jahr etwa 40 000. Ein Bulle liefert etwa 800 Kilogramm Speck. Man treibt die gutmütigen Tiere mit Peitschen, die man aus ihrer Haut schneidet, an Land, wo sie nur schwerfällig sich bewegen und man sie leicht erschlagen kann. Die Kopenhagener Aktiengesellschaft zur Betreibung von Walfischfang nach wirtschaftlicher Methode abmetzgerte im letzten Jahre dreihunderttausend Walfische, die auf schwimmenden Fabriken aufgesucht, harpunirt und zerwirkt werden, denn damit die Jagd sich lohne muß ein Fangschiff etwa 100 Wale erlegen, deren Teile dann abgeliefert werden in die europäischen Häfen, wobei man etwa 400 Prozent Reingewinn hat.

Man erschlägt in jedem Jahre 10 Millionen Robben; doch nein! man erschlägt sie nicht; denn das wäre nicht wirtschaftlich. Man zieht den Lebenden das Fell vom Leibe und läßt sie liegen; sie sterben von selbst unter unsäglicher Qual. – Damit die Damen in Europa und Amerika Vogelfedern auf den Hüten tragen, rupft man für die Mode in jedem Jahre 300 Millionen Sing- und Seevögel, Möwen, Schwalben, Edelreiher, Fliegenvögel, Glanzstaare, Paradiesvögel und Kolibris. Da die Federn nur beim lebendem Tiere den Glanz bewahren, rupft man Schwanz- und Flaumfedern vom Leibe; sie sterben dann unter gräßlicher Qual: jedes Jahr 300 Millionen. – Damit wir Taschenkämme, Stockknöpfe, Zahnstocher, Billardkugeln und ähnliche nützliche Gebrauchsgegenstände kaufen, werden jährlich 800 000 Kilogramm Elfenbein verarbeitet, das heißt, man metzgert nieder 50 000 der mächtigsten Geschöpfe der Erde. Es naht die Zeit, wo der asiatische Elefant verbraucht sein wird, gleich den großen Schildkröten und den Pelztieren, gleich Wildpferd, Nashorn, Antilope, Gnu; gleich den Raubvögeln und den Büffelheerden Amerikas, von denen Millionen ausgerottet sind und noch einige hundert künstlich forterhalten werden im Park von Yellowstone. Die letzten sechs Wisent, die es gegenwärtig im Gehege des Herzogs von Pleß in Oberschlesien noch geben soll und die drei, welche noch im Skansen, dem Naturparke Stockholms gepflegt werden, werden gleichfalls bald von der Erde geschwunden sein. – Ein Gipfel der Naturausbeuterei ist der 1921 ins Leben getretene Verband der Compania Ballerena in Sandy-Bai westlich von Algeciras, welcher bezweckt, auch in den afrikanischen Gewässern das letzte Leben zu vernichten. Milliarden erdgebundener dumpfer wort- und wehrloser Wesen sind dahingemordet. Denn wo immer der Mensch nackend der Natur gegenübersteht, da unterliegt er kläglich. Als der Erde anfälligstes Geschöpf muß er die Erde morden, um sie ertragen zu können. Der Scholle hilflosestes Wesen wurde grade vermöge dieser Hilflosigkeit zum Erfinder einer ungeheuren Maschinerie. Und vermöge dieses Macht- und Rüstwerkes (die Hand eines Kindes kann es meistern) erkühnte sich der Mensch zum Gewaltherrn über alles große und starke Leben. Er scheint nicht ertragen zu können, daß etwas schöner ist als er selbst: darum muß er alles Schöne morden. – Es gab einmal einen deutschen Wald. Da grohnte die Schnepfe. Da sang der Urhan. Da schlugen Sprosser und Fink. Im Himmelblau schwebte der Adler. Der Falke rief, die Taube gurrte. Wodan gab Raum Habicht und Taube, Eule und Rabe. Nicht der christliche Mensch. Der will allein sein. Hunderttausende Tier- und Pflanzenarten könnten wir nennen, die dahingeschwunden sind. Auf immer. – In unsrer Jugend hörten wir in den Feldern die Wachteln. Sie werden selten. Denn allein in Ägypten tötet man jedes Jahr drei Millionen.

Ich brauche nicht von dem Mißbrauch der Vivisektionen zu sprechen, deren ich wohl hundert und mehr im lauf eines mit Studien erfüllten Lebens gesehn habe, ohne daraus mehr zu erlernen als ich wohl auch ohne sie hätte erfahren und erlernen können; aber diese wissenschaftliche Tierfolterei kommt eigentlich kaum in Betracht, wenn man sich die Schrecken auch nur eines einzigen Fischzuges vergegenwärtigt, wobei auf dem Verdecke eines großen Fischdampfers oft viele Tausende großer schöner stummer Fische wehrlos in der Sonnenglut schmachtend, auf den Bohlen zappelnd, mit den Füßen gestoßen, mitleidlos dem gräßlichstem aller Todeskämpfe überlassen werden. Die Fischzüge und Vogelmorde während eines einzigen Jahres bringen so viele Leiden über die Erde, daß das ganze Blutbad des europäischen Weltkrieges von 1914 bis 1919 wie ein harmloses Kinderspiel dagegen erscheint.

Es ist wohl ganz natürlich, daß die christliche kaukasische Menschheit, nachdem sie die ganze Gottnatur mit ungeheuren Mordmaschinen fortrasirt und abgemetzgert hat, zuguterletzt, ein Volk über das andere herfällt und sich wechselweise abtötet. Wenn man ins endlose baut Kanonen und Maschinengewehre, so gehen sie eines Tages ganz von selber los. (…)

Mit Ergriffenheit und Rührung lesen wir in den ältesten indischen Felseninschriften aus der Zeit Aschokas (272 – 222 v. Chr.), daß dieser hochgesinnte edle Mann durch ganz Indien Tierspitäler begründete, das blutige Tieropfer völlig abschaffte ja sogar für die Tiere der Wälder an den Landstraßen Brunnen errichten ließ.

»Wilde Tiere gibt es nicht«, – schreibt einer der größten Jäger – »aber manche Tiere werden wild, wenn sie gejagt werden. Ich kenne Fälle, wo ein kleiner Hirtenjunge einen Tiger auf die friedlichste Weise aus dem Gehöft herausgedrängt hat; und ich selbst bin Panthern begegnet, die um das Herannahen des Menschen sich überhaupt nicht kümmerten, sondern ruhig liegen blieben, während ich vorüberging. Ich habe auch die Jungen von vielen wilden Tieren erbeutet, von Tigern, Panthern, Löwen, Bären, Wildschweinen, Bisons und den verschiedensten Antilopenarten; sie sind so zutraulich wie das Vieh in unsern Ställen; aber in manchen Gegenden, wo sie verfolgt wurden, sind sie zu wütenden und scheuen Tieren geworden.«

Wo der Pfau als heiliges Tier gilt, wie in Raputana, ist er so furchtlos wie die Hühner bei uns auf dem Hofe und läßt sich mit den Händen greifen, aber in den Gegenden, wo er verfolgt wird, ist kein anderer Vogel so schwer aufzuspüren. Es gibt Schlangenbändiger, welche mit den gefährlichsten Riesenschlangen zusammenhausen und mit ihnen scherzen, ohne je ihren Giftzahn fürchten zu müssen. Man fürchtet in manchen Gegenden den wilden Tiger weniger als man bei uns einen Marder oder rauschigen Eber fürchten muß.

In den alten Rechtsbüchern Indiens, den klassischen nicht minder als den buddhistischen, besteht das Gebot des ahimsa, d. h. der Schonung des Lebens jeder Kreatur. Jeder von den 420 Millionen Buddhisten betet täglich das

Mettasutta im Suttanipâtâ, der Erde schönstes Gebet: »Mögen heute alle Wesen schmerzfrei sein.«
Alle Hindu aber, die Anbeter des brâhma, etwa 220 Millionen, sprechen vor jedem lebendem Geschöpfe, Pflanze oder Tier die Mahavakya (das große Wort) tat twam asi, »Dies bist Du« oder brâhmo smi, »Ich bin dies Alles«. – Keiner tötet, keiner verzehrt ein Tier. In einigen Sekten, insbesondere in der zwei Millionen zählenden Jainareligion, wird das ahimsa bis zur scheinbaren Widersinnigkeit innegehalten. Der Jaina gebraucht kein Licht, weil Mücken hineinfliegen könnten. Zündet kein Feuer an, um nicht Insekten zu töten. Bevor er Wasser kocht, muß er die Mücken seigen, um ihr Leben zu retten. Er trägt einen Schleier, um das Einatmen von Insekten zu verhindern. Er scheert nicht sein Haar, sondern reißt die Haare mit der Wurzel aus, um keine Laus zu töten. Er verrichtet keinerlei Arbeit, bei welcher scharfe lebengefährdende Werkzeuge gebraucht werden, zeigt sich daher auch unbrauchbar zur rationellen Landwirtschaft. Der jainistische König Komarpal von Anhilvara verlor Tron und Leben, weil er seine Regimenter nicht bei Regen marschieren ließ, denn durch Wasser zu gehn ist dem Jaina untersagt; er soll jede Stelle, auf die er tritt, mit einem weichen Besen fegen. Die Jaina haben die riesigsten Tierspitäler der Erde; eines dieser Spittel pflegt noch heute in dem von Hungersnöten heimgesuchten Indien 5000 Ratten auf Kosten der Stadt.

Neben diese Tatsachen stelle man nun das folgende Bild. In dem Reisetagebuche eines österreichischen Erzherzogs wird ein Jagdausflug in die Urwälder Indiens, im Jahre 1913 geschildert. Die Herren in europäischen Sportanzügen, mit Khaki und Tropenhelm, stellen sich mit guten Feuerwaffen versehen, an die Fenster eines Salonwagens, welchen man mit Hülfe ungeheurer Sprengungen vermittels Lyddit, Dynamit und Ekrasit mitten in den Urwald hineingeführt hat; und nun knallen sie, rechts und links der Bahnstrecke alles nieder, was in den Bereich ihrer europäischen Flinten kommt: Seltene Vögel, Hochwild, Rehe, Affen, Gnu, Antilopen und Schlangen; alles Tiere, die bis dahin den Menschen noch nicht als Feind gekannt haben, ja zum Teil den Eingeborenen als heilig galten. – Aber die »Kronen der Schöpfung« führen auch ihre Damen mit sich in das noch unausgebeutete Wunderland. Wie erscheint solch ein Monstrum, genannt europäische Dame? Um den Hals einen Marder, als Gürtel die Haut eines Otter. Stiefelchen vom Leder des Kalbes, Agraffen aus Zähnen des Elefanten, Handschühchen vom jungen Bock und auf dem spatzenhirnigem Köpfchen als Triumpfflagge aller gedanken- und seelenlosen Naturmörderei die wehende Straußen- und Reiherfeder. – Es gibt doch immerhin zu denken, daß in den Tropen, wo die wildeste und gefährlichste Tierwelt herrscht, die menschliche Seele am sanftesten und unschuldigsten geblieben ist, während im Abendlande fast die gesamte Tierwelt zahm und entwildert wurde und der Mensch allein die einzig wilde Bestie geblieben ist. ... Wissen wir, ob nicht die Jahrhundertelange Gewohnheit Tierblut unserm Körper einzuverleiben, unsere Wesensnatur modelt hat? Müßte die wahre Wiedergeburt der Völker des Abendlandes vielleicht ausgehen und ansetzen bei den alleralltäglichsten Gewohnheiten: bei Schlafen, Essen, Trinken, Atmen?; hinführend zu jener schönen Zukunft von welcher der edle zarte Shelley sang:

»Nicht mehr das Lamm, das ihm ins Antlitz schaut,
Erschlägt er, sich an seinem Fleisch zu letzen,
Das der Natur beleidigt Recht zu sühnen,
Die Säfte seines Körpers faulen macht.«

Porphyrios, welcher die Seelenwanderungslehre der Pythagoräer erneuerte, trägt in seinen »Vier Büchern über die Enthaltsamkeit« (...) offenbar ganz richtige Beweise vor für die Abhängigkeit aller Wesensarten von ihrer Nahrung (»der Mensch ißt, was er ist«): wie denn z. B. der gewaltige, an Stärke uns dreißig- und vierzigfach überlegene Elefant eine viel harmlosere und mildere Seele hat, als die menschliche.

Zu der Zeit, wo ich dieses Kapitel zuerst in den Druckfahnen las, 1916, wurde in meinem Wohnorte, Hannover, Ochsenblut in ungeheuren Massen als Volksnahrungsmittel verbraucht. Der Aufruf der Stadt, welcher den Massen empfahl, sich dieses Volkskräftigungsmittels fleißig zu bedienen, begann mit Goethes Wort: »Blut ist ein ganz besonderer Saft« und endete mit dem bekannten Satze: »Am deutschen Wesen soll die Welt genesen« ... Gegenwärtig (1921) hat der führende englische Staatsmann David Lloyd George auf dem Kongreß zu Genua das erlösende Wort gesprochen: »Der Weltkrieg war ein Geschäft, das sich für niemanden bezahlt machte.« Ja wahrhaftig! Aber immerhin: einige Kreise gibt es, für welche auch *dieses* Kulturgeschäft »sich bezahlt gemacht hat«. Zum Beispiel für jene amerikanische Aktiengesellschaft, die während des Krieges auf den Kerguelen eine Betriebsstelle errichtete zur Jagd auf Seeelefanten. Es wurden die letzten hunderttausend der unglücklichen Tiere erschlagen. Man gewann so viel Tran, daß man alle Märkte der Erde hätte versorgen können. Da kam zum Glück eine große Hungersnot. Um ein möglichst großes Geschäft zu machen, schüttete man kurz entschlossen neun Zehntel der Vorräte ins Meer. Den Rest brachte man auf den Markt; dank der Hungersnot mit tausendzinslichem Nutzen.

So speichert denn überall die Kultur weit mehr auf als sie gebrauchen und vertragen kann. Die Ernährungswissenschaft hat ausgerechnet, daß von den unausgenutzten Eiweißkörpern und Kohlenwasserstoffen, welche in einem einzigen Londoner oder Pariser Schlemmergasthof unnötig durch überernährte Leiber gejagt werden, Hunderte zu leben vermöchten, die vor den Fenstern der Verschwenderwirtschaft sterbend und verderbend im Froste stehn.

Aus: *Europa und Asien oder Der Mensch und das Wandellose* (1923)

Bertrand Russell
Englischer Mathematiker und Philosoph (1872–1970)

Ich traf kürzlich einen sehr guten und hochintelligenten Bergsteiger, einen Mann von internationaler Bedeutung in der gelehrten Welt, der mich mit einer Theorie doch etwas überraschte, zu der ihn, wie er sagte, seine Beobachtungen geführt hatten. Berge, sagte er, seien zum Ersteigen gemacht: an den Felsen sei Halt für Füße und Hände gerade in solchen Abständen vorhanden, wie sie für einen erwachsenen Mann nötig seien. Er behauptete, daß die vorhandenen Kletterpartien zu einfach wären, um interessant zu sein, wenn die Menschen doppelt so groß wären wie sie sind, und daß, da andererseits nur wenige neue Kletterpartien möglich würden, das Bergsteigen nicht mehr von Interesse wäre. Offenbar glaubte er, daß die Felsen, als sie in lange zurückliegenden geologischen Zeitaltern entstanden, mit Blick auf die Freude einiger weniger Exzentriker gestaltet wurden, die es mögen, ihr Leben zu riskieren, um an Steilhängen hochzulaufen, als wären sie Fliegen. Es schien mir, daß die Bergziege, der Steinbock und die Gemse in dieser Sache anderer Meinung sein könnten. Hätten sie ein Parlament, dann würden sie sich gegenseitig für die Schwerfälligkeit dieser schrecklichen Kreatur Mensch beglückwünschen und dafür Dank sagen, daß seine Schlauheit durch einen so plumpen Körper behindert wird. Wo sie hüpfen, kriecht er, wo sie frei springen, hängt er an einem Seil. Ihre Beweisführung für die Wohltätigkeit der Natur wäre der des Bergsteigers gerade entgegengesetzt und doch ganz genauso überzeugend.

Im 18. Jahrhundert gab es einen Theologen, der ernsthaft behauptete, daß Kaninchen als Erleichterung für jene, die sie schießen möchten, weiße Schwänze haben. Was hätten ihm wohl die Kaninchen erwidert, wenn sie sprechen könnten? Stellen wir uns die Strafe vor, die ihm auferlegt worden wäre, wenn er als eine Art Gulliver in ein Land gekommen wäre, wo Kaninchen regieren. Stellen wir uns den Staatsanwalt vor, ein wegen seiner redegewandten Schmähungen ausgewähltes Kaninchen, wie er das Wort an die Geschworenen richtet: »Dieses heruntergekommene Geschöpf«, würde er poltern, »das, so unglaublich es auch erscheinen mag, von seiner eigenen abscheulichen Spezies als respektabel angesehen wird, behauptet ernsthaft, es liege keine Gottlosigkeit in der rücksichtslosen Vernichtung unserer edelsten Bürger, um die rohen Gelüste sogenannter Menschen zu befriedigen. Ja, schlimmer noch, er ist so verderbt, daß er behaupten kann, unsere weißen Schwänze, die, wie jedes klardenkende Kaninchen weiß, dem Zweck der ästhetischen Freude dienen, seien uns gegeben worden, damit es um so leichter sei, uns zu ermorden.« Es scheint mir unzweifelhaft, daß der hervorragende Theologe die ganze Härte des Gesetzes zu spüren bekäme.

Ich habe mich oft gefragt, was Truthähne von Weihnachten halten würden, wenn sie denken könnten. Ich fürchte, sie würden darin kaum eine Zeit des Friedens und guten Willens sehen.

Ein mir bekannter hervorragender Biologe freut sich auf den Tag, an dem Ratten das Primat in der Tierwelt erringen und die Menschen entthront sein werden.

Es gibt keinen unpersönlichen Grund, die Interessen von Menschen für wichtiger zu halten als die von Tieren. Wir können Tiere leichter vernichten als sie uns, das ist die einzige feste Grundlage unseres Anspruchs auf Überlegenheit. Wir schätzen Kunst und Wissenschaft und Literatur, weil wir auf diesen Gebieten etwas können. Aber Wale schätzen möglicherweise das Wasserspeien, und Esel könnten die Auffassung vertreten, daß ein guter Eselsschrei exquisiter ist als Musik von Bach. Wir können nicht beweisen, daß sie unrecht haben, es sei denn durch die Ausübung tyrannischer Herrschaft. Jedes ethische System ist in seiner letzten Konsequenz von Kriegswaffen abhängig.

Aus: *Wenn Tiere sprechen könnten* (1932)

Max Scheler
Deutscher Philosoph (1874–1928)

Hier erhebt sich nun die für unser ganzes Problem *entscheidende Frage*: Besteht, wenn dem Tiere Intelligenz zukommt, überhaupt noch mehr als ein nur *gradueller Unterschied zwischen Mensch und Tier?* Besteht dann noch ein *Wesensunterschied?* (…)

Ich behaupte: Das Wesen des Menschen und das, was man seine *Sonderstellung* nennen kann, steht *hoch* über dem, was man Intelligenz und Wahlfähigkeit nennt, und würde auch nicht erreicht, wenn man sich diese Intelligenz und Wahlfähigkeit quantitativ beliebig, ja bis ins Endlose gesteigert vorstellte. Aber auch das wäre verfehlt, wenn man sich das Neue, das den Menschen zum Menschen macht, nur dächte als eine zu den bisherigen psychischen Stufen, Gefühlsdrang, Instinkt, assoziatives Gedächtnis, Intelligenz und Wahl, noch hinzukommende neue Wesensstufe psychischer und der *Vital*sphäre angehöriger Funktionen und Fähigkeiten, die zu erkennen also noch in der Kompetenz der *Psychologie* läge. *Das neue Prinzip*, das den Menschen zum Menschen macht, *steht außerhalb* alles dessen, was wir *Leben*, von innen-psychisch oder von außen-vital, im weitesten Sinne nennen können. Das, was den Menschen zum Menschen macht, ist ein *allem Leben überhaupt entgegengesetztes Prinzip*, das man als solches überhaupt nicht auf die »natürliche Lebensevolution« zurückführen kann, sondern das, wenn auf etwas, *nur* auf den obersten Grund der Dinge selbst zurückfällt – auf denselben Grund also, dessen Teil-Manifestation auch das »Leben« ist. Schon die Griechen behaupteten ein solches Prinzip und nannten es »Vernunft«. Wir wollen lieber ein umfassenderes Wort für jenes X gebrauchen, ein Wort, das wohl den Begriff der Vernunft mitumfaßt, aber neben dem Ideendenken auch eine bestimmte Art der Anschauung, die Anschauung von Urphänomenen oder Wesensgehalten, ferner eine bestimmte Klasse noch zu charakterisierender emotionaler und volitiver Akte, z. B. Güte, Liebe, Reue, Ehrfurcht usw., mitumfaßt: das Wort *Geist*. Das *Aktzentrum* aber, in dem Geist innerhalb endlicher Seinssphären erscheint, wollen wir als *Person* bezeichnen, in scharfem *Unterschied* zu allen funktionellen »Lebens«zentren, die nach innen hin betrachtet auch »seelische« Zentren heißen.

Was aber ist nun jener »Geist«, jenes neue und so entscheidende Prinzip? Selten ist mit einem Worte so viel Unfug getrieben worden – einem Worte, bei dem sich nur wenige etwas Bestimmtes denken. Stellen wir an die Spitze des Geistbegriffes eine besondere Wissensfunktion, eine Art Wissen, die nur *er* geben kann, dann ist die Grundbestimmung eines »geistigen« Wesens seine *existentielle Entbundenheit, Freiheit, Ablösbarkeit* – oder doch die seines Daseinszentrums – *vom Banne, vom Drucke, von der Abhängigkeit vom Organischen*, vom »Leben« und von *allem*, was zum »Leben« gehört, also auch von seiner eigenen triebhaften Intelligenz. Ein solches »geistiges« Wesen ist nicht mehr trieb- und umweltgebunden, sondern »umweltfrei« und, wie wir es nennen wollen, *weltoffen*. Ein solches Wesen hat »Welt«. Es vermag die ursprünglich auch ihm gegebenen »Widerstands-« und Reaktionszentren seiner Umwelt, in die das Tier *ekstatisch* aufgeht, zu »Gegenständen« zu erheben, vermag das Sosein dieser »Gegenstände« prinzipiell *selbst* zu erfassen, ohne die Beschränkung, die diese Gegenstandswelt oder ihre Gegebenheit durch das vitale Triebsystem und die ihm vorgelagerten Sinnesfunktionen und Sinnesorgane erfährt.

Geist ist daher *Sachlichkeit, Bestimmbarkeit durch das Sosein von Sachen selbst*. Und ein solches Wesen ist »Träger« des Geistes, dessen prinzipieller Verkehr mit der Wirklichkeit außerhalb seiner sich im Verhältnis zum Tiere dynamisch *geradezu umgekehrt* hat.

Beim Tiere – ob es hoch oder niedrig organisiert ist – geht jede Handlung, *jede* Reaktion, die es vollzieht, auch die »intelligente«, aus von einer physiologischen Zuständlichkeit seines Nervensystems, der auf der psychischen Seite Triebimpulse und sinnliche Wahrnehmung zugeordnet sind. Was für diese Triebe *nicht* interessant ist, ist auch nicht gegeben, und was gegeben ist, ist gegeben nur als *Wider*standszentrum für sein Verlangen und sein Verabscheuen. Der Ausgang also von der physiologisch-psychologischen Zuständlichkeit ist immer der erste Akt des Dramas eines *tierischen Verhaltens* zu seiner Umwelt. Die Umweltstruktur ist seiner physiologischen und indirekt seiner morphologischen Eigenart, ist ferner seiner Trieb- und Sinnesstruktur, die eine strenge funktionelle Einheit bilden, genau und vollständig geschlossen angemessen. Alles, was das *Tier* fassen und merken kann von seiner Umwelt, liegt in den sicheren *Zäunen und Grenzen seiner Umweltstruktur*. Der zweite Akt des Dramas des tierischen Verhaltens ist irgendeine Setzung realer Veränderung seiner Umwelt durch seine Reaktion in Richtung auf sein leitendes Triebziel. Der dritte Akt ist die dadurch mitveränderte physiologisch-psychische Zuständlichkeit. Der Verlauf eines solchen Verhaltens hat also stets die Form:

$$T. \rightleftarrows U.$$

Ein Wesen aber, das *Geist* hat, ist eines Verhaltens fähig, das *eine genau entgegengesetzte* Verlaufsform besitzt. Der erst Akt dieses neuen Dramas, des *menschlichen* Dramas ist: das Verhalten wird zuerst vom puren *So*sein eines zum *Gegenstand* erhobenen Anschauungskomplexes motiviert, und dies prinzipiell unabhängig von der physiologischen Zuständlichkeit des menschlichen Organismus, unabhängig von seinen Triebimpulsen und der gerade in ihnen aufleuchtenden, stets modal, also optisch oder akustisch usw., bestimmten sinnlichen Außenseite der Umwelt. Der zweite Akt des Dramas ist freie, vom *Person*zentrum ausgehende Hemmung oder Enthemmung eines zuerst zurückgehaltenen Triebimpulses. Und der dritte Akt ist eine als selbstwertig und endgültig erlebte Veränderung der Gegenständlichkeit einer Sache. Diese »Weltoffenheit« hat also folgende Form:

$$M. \leftrightarrows W. \rightarrow \rightarrow \cdots$$

Dies Verhalten ist, wo es einmal vorhanden ist, seiner Natur nach *unbegrenzt erweiterungsfähig* – soweit eben als die »Welt« vorhandener Sachen reicht. Der Mensch ist also das X, das sich in unbegrenztem Maße »weltoffen« verhalten kann. Das Tier aber hat keine »Gegenstände«, es lebt nur in seine Umwelt ekstatisch hinein, die es, gleichsam wie eine Schnecke ihr Haus, als Struktur überall hinträgt, wohin es geht. Die eigenartige *Fern*stellung und *Sub-Stantivierung* einer »Umwelt« zur »Welt« vermag das Tier also *nicht* zu vollziehen, ebensowenig die Umwandlung der affekt- und triebumgrenzten »*Wider*stands«zentren zu »*Gegen*ständen«. Ich möchte sagen, das Tier *hängt* wesentlich *an* und *in* der seinen organischen Zuständen entsprechenden Lebenswirklichkeit drin, ohne sie je »gegenständlich« zu fassen. *Gegenstand-Sein ist also die formalste Kategorie der logischen Seite des* »*Geistes*«. Wohl lebt das Tier nicht mehr absolut ekstatisch wie der empfindungs-, vorstellungs- und bewußtlose Gefühlsdrang der Pflanze in sein Medium hinein, ohne alle Rückmeldung der Eigenzustände des Organismus nach innen. Das Tier, das sahen wir, ist durch die Trennung von Empfindung und Motorium und durch die stete Rückmeldung seines Leibschemas und seiner sensuellen Inhalte sich selbst gleichsam zurückgegeben. Es besitzt ein Leib-Schema; der Umwelt gegenüber aber verhält das Tier sich immer noch *ekstatisch*, auch da noch, wo es sich »intelligent« verhält.

Der *geistige* Akt, wie ihn der Mensch vollziehen kann, ist dagegen im Gegensatz zu dieser einfachen Rückmeldung des tierischen Leibschemas und seiner Inhalte wesensgebunden an eine *zweite* Dimension und Stufe des Re-flexaktes. Wir wollen diesen Akt und sein Ziel zusammennehmen und das Ziel dieses »Sichsammelns« Bewußtsein des geistigen Aktzentrums von sich selbst oder »Selbstbewußtsein« nennen. Das Tier also hat wohl Bewußtsein, im Unterschied von der Pflanze, aber es hat kein *selbst*bewußtsein, wie schon Leibniz gesehen hat. *Es besitzt sich nicht,* ist *seiner* nicht mächtig und *deshalb* auch seiner nicht bewußt. Sammlung, Selbstbewußtsein und Gegenstandsfähigkeit und -möglichkeit des ursprünglichen Trieb*wider*standes bilden also eine *einzige unzerreißbare Struktur*, die als solche erst dem Menschen eigen ist. Mit diesem Selbstbewußtwerden, mit dieser *neuen* Zurückbeugung und Zentrierung seiner Existenz, die der Geist möglich macht, ist auch gleich das *zweite* Wesensmerkmal des Menschen gegeben: Der Mensch vermag nicht nur die »Umwelt« in die Dimension des »*Welt*«-*seins* zu erweitern und »Wider«stände »gegen«-ständlich zu machen, sondern er vermag auch, und das ist das Merkwürdigste, seine *eigene physiologische und psychische Beschaffenheit* und jedes einzelne psychische Erlebnis selbst wieder *gegenständlich* zu halten. Nur darum vermag er auch sein Leben *frei* von sich zu werfen. Das Tier hört und sieht – aber ohne zu wissen, *daß* es hört und sieht; wir müssen an sehr seltene ekstatische Zustände des Menschen denken – wir finden sie bei abebbender Hypnose, bei Einnahme bestimmter Rauschgifte, ferner unter Voraussetzung gewisser den Geist inaktivierender Techniken, z. B. orgiastischer Kulte aller Art –, um uns einigermaßen in den Normalzustand des Tieres hineinzuversetzen. Auch seine Triebimpulse erlebt das Tier nicht als *seine* Triebe, sondern als dynamische Züge und Abstoßungen, die von den Umwelt*dingen* selbst ausgehen. Sogar der primitive Mensch, der in gewissen Zügen dem Tiere noch nahe steht, sagt nicht »ich« verabscheue dieses Ding, sondern das *Ding* »*ist tabu*«. Einen die Triebimpulse und ihren Wechsel überdauernden »Willen«, der *Kontinuität* im Wandel seiner psychophysischen Zustände bewahren kann, hat das Tier nicht. Ein Tier kommt immer sozusagen wo anders an, als es ursprünglich »will«. Es ist tief und richtig, wenn Nietzsche sagt, »Der Mensch ist das Tier, das *versprechen kann.*« –

Aus: *Die Stellung des Menschen im Kosmos* (1928)

Alfred Polgar
Österreichischer Feuilletonist und Kritiker (1875–1955)

Von den Tieren wissen wir vermutlich so viel wie die Tiere von uns. Nur haben wir die Fähigkeit und die Mittel, unsere Unwissenheit so herzurichten, daß sie wie Erkenntnis aussieht, indes die armen Tiere mit ihrer Meinung vom Menschen nichts anzufangen wissen, als bestenfalls sie zu haben. Ihnen, selbst wenn sie etwas von unserer göttlichen Vernunft besäßen, würde es immer schwerer fallen, uns, als es scheinbar uns fällt, sie zu durchschauen. Denn das Menschengeschlecht lebt nicht in jenem großartigen, unwandelbaren, seelischen Konservatismus dahin, in dem (zumindest seit Beginn geschichtlicher Zeitrechnung) die Tiergeschlechter verharren, die sich als einzige Abweichung von ihrer Norm höchstens die eine erlauben: auszusterben. Aber so lange sie da sind, sind sie das, Generation auf Generation, in nie erschütterter Gleichheit der Bräuche, Sitten, Gewohnheiten, der Sympathien und Antipathien, des Geschmacks, der Sprache, der Tänze, Spiele und besonderen Begabungen. Eine moderne Gans unterscheidet sich in nichts von einer zu Homers Zeiten, trägt sich wie diese, nimmt und verschmäht das gleiche Futter und würde sich mit jeder Gans von ein paar Jahrtausenden früher oder später sofort glänzend verstehen. Es könnte ihr, im Gänsernen, gar kein Anachronismus unterlaufen. Das Rindvieh jeder Epoche hat die gleichen Anschauungen von Welt und Leben, die Zugvögel kommen mit ihrer Muttersprache bequem durch fremdeste Länder. In kurzem: alle Tiere derselben Gattung wären, dächte man das Hintereinander der Generationen als ein Nebeneinander, Zeitgenossen. Ein Querschnitt durch ihre Jahrtausende ergäbe beruhigend-unendliche Wiederholung des Gleichen.

Hingegen das Menschengeschlecht! Wie vielen Entwicklungen wurde es in den gleichen Jahrtausenden unterworfen, in wie vielen Mühlen umgemahlen, von wie vielen Bildnern umgeformt, von wie vielen Magiern verwandelt! Deshalb braucht auch der Mensch, der etwa das Esel-Geschlecht schildern wollte, seine Esel nicht zu datieren, denn sie sind zeitlos, indes der Esel, der seine

Beobachtungen des Menschengeschlechts niederzuschreiben unternähme, das Wann dieser Beobachtungen genau fixieren müßte. Wie häßlich sticht der ewige Verrat, den die Menschen an Brauch, Meinung, Weltbild derer vor ihnen begehen, von der erhabenen Treue ab, mit der das Tier über die Zeiten hin den Ahn der Gattung wiederholt, beharrend bei dem Gesetz, nach dem jener angetreten ist. Unsere Anschauung der Tiere anthropofiziert sie. In diesem Sinn treiben wir Tier-Psychologie, leisten uns sogar etwas wie Tier-Moral. Wir nennen den Pfau eitel. Will heißen: wenn der Mensch so etwas zum Prunken hätte wie der Pfau an seinen Federn, und er breitete diesen Prunk vor den Leuten aus und spreizte sich wie der Pfau es tut, dann würden wir von solchem Menschen sagen, er sei eitel. Daß der Pfau es aus Eitelkeit so mache, ist eine Annahme per analogiam, zu der die Analogie fehlt. Wenn die Vierfüßler urteilten: »Der Mensch ist affektiert, er geht immer auf zwei Beinen«, würde solche Mensch-Beobachtung von unserer Art Tier-Beobachtung sich nicht viel unterscheiden. In das Dunkel der Tierseele leuchtet der Mensch mit dem Licht, das ihm sein Wissen um die Mensch-Seele angezündet hat. Was beiläufig so ist, als wollte sich einer an der Hand des Stadtplans von Paris in London zurechtfinden.

Wir lieben es, Gedanken und Gefühle aus unserem Bezirk in den der Tiere hinüber zu schmuggeln. Es ist fraglich, ob der Eisbär im Zoo von der Arktis träumt und der Schakal Heimweh nach der Wüste hat. Vielleicht ist es dem Alligator ganz gleich, ob er in seinem geheizten Appartement im Zoo faulenzt oder am Ufer des Amazonenstroms, vielleicht zieht sogar der Tiger das regelmäßige Futter und den gesicherten Schlaf einem schweren Erwerbsleben im Dschungel vor. (Die Wahrscheinlichkeit besteht allerdings, daß auch den Tieren der Verzicht auf die Urpostulate aller Kreatur: Freiheit und Möglichkeit zu den eigenen Möglichkeiten, schwerfällt.)

Unter allen Vierfüßlern ist der Hund jener, mit dem wir uns am besten verständigen. Diese Beziehung zum Hunde gründet sich nicht allein darauf, daß er uns gefällt, Spaß macht, beschützt, Gesellschaft leistet oder sonst welche Dienste. Es kommt noch etwas hinzu: eine kuriose Hunde-Eigenart, der das gute Verhältnis zwischen ihm und uns zum Großteil zu danken ist. *Von allen Tieren nämlich scheint der Hund dasjenige, das den Menschen am ehesten erträgt.* Schwer zu entscheiden, ob das für oder gegen den Hund spricht.

Ich für mein Teil schätze an ihm besonders die freimütige Art, mit der er, wie hoch immer der Grad seiner Anhänglichkeit sein mag, unsere Neigung, ihn zu humanisieren, durchkreuzt und sich zur Realistik seines unverfälschten Hundetums bekennt. Gerade etwa, wenn wir so recht auf Anschmiegsamkeit, Wedeln, zärtlichen Aufblick und dergleichen eingestellt wären, setzt er sich auf die Hinterbeine und beginnt, das Auge ins Leere gewandt, sich mit unverhohlener Hingabe an dieses Geschäft das Fell zu kratzen. So weit geht seine Sympathie für den Menschen doch nicht, daß er sich zur Heuchelei erniedrigte, nicht zu kratzen, wenn ihm zum Kratzen ist.

Aus: *Tiere, von uns angesehen* (1953)

Albert Schweitzer
Deutscher Arzt, Theologe, Kulturphilosoph und Musiker (1875–1965)

Wie die Hausfrau, die die Stube gescheuert hat, Sorge trägt, daß die Türe zu ist, damit ja der Hund nicht hereinkomme und das getane Werk durch die Spuren seiner Pfoten entstelle, also wachen die europäischen Denker darüber, daß ihnen keine Tiere in der Ethik herumlaufen. Was sie sich an Torheiten leisten, um die überlieferte Engherzigkeit aufrecht zu erhalten und auf ein Prinzip zu bringen, grenzt ans Unglaubliche. Entweder lassen sie das Mitgefühl gegen Tiere ganz weg, oder sie sorgen dafür, daß es zu einem nichtssagenden Rest zusammenschrumpft. Lassen sie etwas mehr davon bestehen, so glauben sie dafür weitergeholte Rechtfertigungen, wenn nicht gar Entschuldigungen vorbringen zu müssen.

Es ist, als hätte Descartes mit seinem Ausspruch, daß die Tiere bloße Maschinen sind, die ganze europäische Philosophie behext.

Ein so bedeutender Denker wie Wilhelm Wundt entstellt seine Ethik durch folgende Sätze: »Das einzige Objekt des Mitgefühls ist der Mensch. ... Die Tiere sind für uns Mitgeschöpfe, ein Ausdruck, durch welchen die Sprache schon darauf hinweist, daß wir nur mit Bezug auf den letzten Grund alles Geschehens, die Schöpfung, hier ein Art Nebenordnung anerkennen. So können denn auch den Tieren gegenüber Regungen entstehen, die dem Mitgefühl einigermaßen verwandt sind; aber zum wahren Mitgefühl fehlt immer die Grundbedingung der inneren Einheit unseres Willens mit dem ihren.« Als Krönung dieser Weisheit stellt er zum Schlusse die Behauptung auf, daß von einer Mitfreude mit Tieren jedenfalls nicht die Rede sein könne, als hätte er nie einen durstigen Ochsen saufen sehen.

Kant betont ausdrücklich, daß die Ethik es nur mit Pflichten der Menschen gegen Menschen zu tun habe. Die »menschliche« Behandlung der Tiere glaubt er dadurch rechtfertigen zu müssen, daß er sie als eine Übung der Empfindlichkeit hinstellt, die unserem teilnehmenden Verhalten gegen Menschen förderlich ist.

Auch Bentham verficht die Barmherzigkeit gegen Tiere hauptsächlich als ein Mittel, dem Aufkommen eines herzlosen Verhaltens gegen Menschen entgegenzuwirken, wenn er sie in der oder jener Stelle auch als an sich selbstverständlich anerkennt.

Darwin, in seiner »Abstammung des Menschen«, erwähnt, daß das Gefühl der Sympathie, das in dem sozialen Triebe waltet, zuletzt so stark wird, daß es sich auf alle Menschen, ja sogar auf Tiere ausdehnt. Aber er geht dem Problem und der Bedeutung dieser Tatsache nicht weiter nach und begnügt sich damit, die Ethik der menschlichen Herde aufzustellen.

So gilt es dem europäischen Denken als ein Dogma, daß die Ethik es eigentlich nur mit dem Verhalten des Menschen zum Menschen und zur Gesellschaft zu tun habe. Die Anregungen zur Niederlegung der veralteten Umwallung, die von Schopenhauer und Stern und einigen anderen ausgehen, werden nicht begriffen.

Diese Rückständigkeit ist um so unbegreiflicher, als das indische und chinesische Denken, kaum daß sie einigermaßen zur Entwicklung gekommen sind, die Ethik in dem gütigen Verhalten zu allen Geschöpfen bestehen lassen. Und zwar sind beide unabhängig voneinander dazu gekommen. Die so feinen und so weitgehenden Gebote der Rücksicht auf Tiere in der populären chinesischen Ethik des Buches »Kan Yin Pien« (»Von den Belohnungen und Strafen«) gehen gar nicht, wie man gemeinhin annimmt, auf buddhistische Einflüsse zurück. Sie stehen nicht mit metaphysischen Erwägungen über die Zusammengehörigkeit aller Wesen in Zusammenhang, wie sie bei der Erweiterung des ethischen Horizontes im indischen Denken wirksam waren, sondern sie kommen aus einem lebendigen, ethischen Empfinden, das wagt, die ihm natürlich scheinenden Konsequenzen zu ziehen.

Wenn das europäische Denken sich dagegen sträubt, die Hingebung universell werden zu lassen, so liegt dies daran, daß sein Streben auf eine rationelle, über allgemeingültige Entscheide verfügende Ethik geht. Aussicht, eine solche aufzustellen, ist nur vorhanden, wenn man den festen Boden der Erörterung der Interessen der menschlichen Gesellschaft unter den Füßen behält. Eine Ethik aber, die sich mit dem Verhältnis des Menschen zur Kreatur beschäftigt, verläßt ihn. Sie wird in Erwägungen über die Existenz als solche hineingedrängt. Ob sie will oder nicht, stürzt sie sich in das Abenteuer der Auseinandersetzung mit der Naturphilosophie, dessen Ende nicht abzusehen ist.

Dies ist richtig überlegt. Aber es hat sich ja bereits ergeben, daß die objektiv normative Ethik der Gesellschaft, wenn sie sich überhaupt in dieser Art aufstellen läßt, nie die wirkliche Ethik, sondern immer nur ein Anhang zur Ethik ist. Weiter steht fest, daß die wirkliche Ethik immer subjektiv ist, irrationalen Enthusiasmus als Lebensodem hat und in Auseinandersetzung mit Naturphilosophie eintreten muß. Die Ethik der Hingebung hat also gar keinen Grund, sich von dem sowieso unvermeidlichen Abenteuer abhalten zu lassen. Das Haus ist ihr abgebrannt. Sie ziehe in die Welt hinaus, ihr Glück zu machen. Also wage sie den Gedanken zu denken, daß die Hingebung nicht nur auf Menschen, sondern auch auf die Kreatur, ja überhaupt auf alles Leben, das in der Welt ist und in den Bereich des Menschen tritt, zu gehen habe. Sie erhebe sich zur Vorstellung, daß das Verhalten des Menschen zu den Menschen nur ein Ausdruck des Verhältnisses ist, in dem er zum Sein und zur Welt überhaupt steht. In dieser Art kosmisch geworden, kann die Ethik der Hingebung hoffen, der Ethik der Selbstvervollkommnung, die von Haus aus kosmisch ist, zu begegnen und sich mit ihr zu verbinden.

Aus: *Kultur und Ethik* (1923–1925)

Martin Buber
Jüdischer Religionsphilosoph (1878–1965)

Die Augen des Tiers haben das Vermögen einer großen Sprache. Selbständig, ohne einer Mitwirkung von Lauten und Gebärden zu bedürfen, am wortmächtigsten, wenn sie ganz in ihrem Blick ruhen, sprechen sie das Geheimnis in seiner naturhaften Einriegelung, das ist in der Bangigkeit des Werdens aus. Diesen Stand des Geheimnisses kennt nur das Tier, nur es kann ihn uns eröffnen, – der sich eben nur eröffnen, nicht offenbaren läßt. Die Sprache, in der es geschieht, ist, was sie sagt: Bangigkeit – die Regung der Kreatur zwischen den Reichen der pflanzenhaften Sicherung und des geistigen Wagnisses. Diese Sprache ist das Stammeln der Natur unter dem ersten Griff des Geistes, ehe sie sich ihm zu seinem kosmischen Wagnis, das wir Mensch nennen, ergibt. Aber kein Reden wird je wiederholen, was das Stammeln mitzuteilen weiß.

Ich sehe zuweilen in die Augen einer Hauskatze. Das domestizierte Tier hat nicht etwa von uns, wie wir uns zuweilen einbilden, die Gabe des wahrhaft »sprechenden« Blicks empfangen, sondern nur – um den Preis der elementaren Unbefangenheit – die Befähigung, ihn uns Untieren zuzuwenden. Wobei nun aber in ihn, in seine Morgendämmerung und noch in seinen Aufgang, ein Etwas aus Staunen und Frage gekommen ist, das dem ursprünglichen, in all seiner Bangigkeit, doch wohl gänzlich fehlt. Diese Katze begann ihren Blick unbestreitbar damit, mich mit dem unter dem Anhauch meines Blicks aufglimmenden zu fragen: »Kann das sein, daß du mich meinst? Willst du wirklich nicht bloß, daß ich dir Späße vormache? Gehe ich dich an? Bin ich dir da? Bin ich da? Was ist das da von dir her? Was ist das da um mich her? Was ist das an mir? Was ist das?!« (»Ich« ist hier eine Umschreibung für ein Wort der ichlosen Selbstbezeichnung, das wir nicht haben; unter »das« stelle man sich den strömenden Menschenblick in der ganzen Realität seiner Beziehungskraft vor.) Da war der Blick des Tiers, die Sprache der Bangigkeit, groß aufgegangen – und da ging er schon unter. Mein Bick war freilich ausdauernder; aber er war der strömende Menschenblick nicht mehr.

Der Weltachsendrehung, die den Beziehungsvorgang einleitet, war fast unmittelbar die andere gefolgt, die ihn endet. Eben noch hatte die Eswelt das Tier und mich umgeben, ausgestrahlt war einen Blick lang Duwelt aus dem Grunde, nun war sie schon in jene zurückgeloschen. (...)

Wenn wir, (...), nicht bloß zu anderen Menschen, sondern auch zu Wesen und Dingen, die uns in der Natur entgegentreten, im Ich-Du-Verhältnis stehen können, was ist es, das den eigentlichen Unterschied zwischen jenen und diesen ausmacht? Oder, noch genauer: wenn das Ich-Du-Verhältnis eine beide, das Ich und das Du, faktisch umfassende Wechselseitigkeit bedingt, wie darf die Beziehung zu Naturhaftem als ein solches Verhältnis verstanden werden? Noch exakter: wenn wir annehmen sollen, daß auch Wesen und Dinge der Natur, denen wir als unserem Du begegnen, uns eine Art von Gegenseitigkeit gewähren, was ist dann der Charakter dieser Gegenseitigkeit und was berechtigt uns, darauf diesen fundamentalen Begriff anzuwenden?

Offenbar gibt es auf diese Frage keine einheitliche Anwort; wir müssen hier, statt die Natur gewohnterweise als ein Ganzes zu fassen, ihre verschiedenen Bezirke gesondert betrachten. Der Mensch hat einst Tiere »gezähmt« und er ist jetzt noch fähig, diese eigentümliche Wirkung auszuüben. Er zieht Tiere in seine Atmosphäre und bewegt sie dazu, ihn, den Fremden, auf eine elementare Weise anzunehmen und »auf ihn einzugehen«. Er erlangt von ihnen eine, oft erstaunliche, aktive Erwiderung auf seine Annäherung, auf seine Anrede, und zwar im allgemeinen eine um so stärkere und direktere Erwiderung, je mehr sein Verhältnis ein echtes Dusagen ist. Tiere wissen ja nicht selten, wie Kinder, eine geheuchelte Zärtlichkeit zu durchschauen. Aber auch außerhalb des Zähmungsbezirks findet zuweilen ein ähnlicher Kontakt zwischen Menschen und Tieren statt: es handelt sich da um Menschen, die eine potentielle Partnerschaft zum Tier im Grunde ihres Wesens tragen, – vorwiegend übrigens nicht etwa »animalische«, sondern eher naturhaft geistige Personen.

Das Tier ist nicht, wie der Mensch, zwiefältig: die Zwiefalt der Grundworte Ich-Du und Ich-Es ist ihm fremd, wiewohl es sich sowohl einem anderen Wesen zuwenden als auch Gegenstände betrachten kann. Wir mögen immerhin sagen, die Zwiefalt sei hier latent. Darum dürfen wir diese Sphäre, auf unser zur Kreatur ausgehendes Dusagen hin betrachtet, die Schwelle der Mutualität nennen.

Aus: *Ich und Du* (1923)

Elfjährig, auf dem Gut meiner Großeltern den Sommer verbringend, pflegte ich mich, sooft ich es unbeobachtet tun konnte, in den Stall zu schleichen und meinem Liebling, einem breiten Apfelschimmel, den Nacken zu kraulen. Das war für mich nicht ein beiläufiges Vergnügen, sondern eine große, zwar freundliche, aber doch auch tief erregende Begebenheit. Wenn ich sie jetzt, von der sehr frisch gebliebenen Erinnerung meiner Hand aus, deuten soll, muß ich sagen: was ich an dem Tier erfuhr, war das Andere, die ungeheure Anderheit des Anderen, die aber nicht fremd blieb, wie die von Ochs und Widder, die mich vielmehr ihr nahen, sie berühren ließ. Wenn ich über die mächtige, zuweilen verwunderlich glattgekämmte, zu andern Malen ebenso erstaunlich wilde Mähne strich und das Lebendige unter meiner Hand leben spürte, war es, als grenzte mir an die Haut das Element der Vitalität selber, etwas, das nicht ich, gar nicht ich war, gar nicht ichvertraut, eben handgreiflich das Andere, nicht ein anderes bloß, wirklich das Andere selber, und mich doch heranließ, sich mir anvertraute, sich elementar mit mir auf Du und Du stellte. Der Schimmel hob, auch wenn ich nicht damit begonnen hatte ihm Hafer in die Krippe zu schütten, sehr gelind den massigen Kopf, an dem sich die Ohren noch besonders regten, dann schnob er leise, wie ein Verschworner seinem Mitverschwornen ein nur diesem vernehmbar werden sollendes Signal gibt, und ich war bestätigt. Einmal aber – ich weiß nicht, was den Knaben anwandelte, jedenfalls war es kindlich genug – fiel mir über dem Streicheln ein, was für einen Spaß es mir doch mache, und ich fühlte plötzlich meine Hand. Das Spiel ging weiter wie sonst, aber etwas hatte sich geändert, es war nicht mehr Das. Und als ich tags darauf, nach einer reichen Futtergabe, meinem Freund den Nacken kraulte, hob er den Kopf nicht. Schon wenige Jahre später, wenn ich an den Vorfall zurückdachte, meinte ich nicht mehr, das Tier habe meinen Abfall gemerkt; damals aber erschien ich mir verurteilt.

Aus: *Zwiesprache* (1930)

Otto Flake
Deutscher Essayist und Schriftsteller (1880–1963)

Es gibt ein österreichisches Blatt, das seinesgleichen in deutschlesenden Ländern nicht hat. Es ist mein Lieblingsblatt. Wie gut muß es geschrieben sein, könnte jemandem, der mir ein Kompliment machen will, einfallen zu sagen.

Weit gefehlt; es ist auch das Lieblingsblatt aller Portiers, der Film als Druckpapier, das Welttheater hinter den Kulissen gesehen, der tägliche Rahm des Interessanten vom trüben Sumpf geschöpft, Trüffelwurst alles Romanhaften, elegant aufgeschnitten von Leuten, die das Küß die Hand des österreichischen Kellners mit Empfehle mich als Ihr allerbereitwilligster Reporter variieren und immerhin nichts sein wollen als Journalisten, Tagesköche für die Tagesplatte. Ein halbes Dutzend Blätter, von Juden mit politischem Sinn geleitet, und eine Handvoll besonnener bürgerlicher Zeitungen für sich – der Rest der reichsdeutschen Presse ist ein Greuel; erhitzt ohne Ausdauer; rechthaberisch; hetzend und ihre Korruption versteift als nationale Würde; kleinbürgerlich lärmend wie der Durschnittsdeutsche, der nicht weiß, wie provinziell er ist, wenn er sich europäisch dünkt; unverantwortlich und verantwortungslos in ihrer Demagogie, daher man diejenigen bewundern muß, die den Mut haben, in die Regierung zu gehen, den von der Monarchie steckengelassenen Karren aus dem Sumpf zu ziehen und deutsche Politik gegen deutsche Unklarheit zu machen.

In jenem österreichischen Blatt las ich den Artikel, den ich heute meiner Betrachtung unterlegen will. Er hieß: »Sensation in der Wissenschaft: Transplantation von Augen.«

Ist es Zufall, daß der Bericht aus Wien kommt? Ließ dort einen der Ruhm Steinachs nicht schlafen? Überlegte er, welches Organ nach Hoden und Eierstock dem Menschen am teuersten sei, und kam auf das Auge?

Die Juristen klagen, daß die öffentliche Meinung die Rechtsprechung für eine Klassenhure hält, oder wenn man sich maßvoller ausdrücken will, daß das Volk gewissen Prozessen der Justiz nicht mehr über den Weg traut. Wie steht es mit den Ärzten? Im Krieg erklärten die Medizinalräte und Professoren, daß die mageren Zeiten der Gesundheit eher nützlich und ganz gewiß nicht schädlich seien, nach dem Krieg klebten sie den sieben Jahren die Etikette Kinderhölle auf. Die Etikette war richtig, aber die Kleber Opportunisten.

Wen unter den Wissenschaftlern darf es also wundern, daß einer die Frage aufwirft, ob die Überpflanzung von Augen, das heißt die künstliche Wiederherstellung des ausgeschnittenen oder ausgeätzten oder durch andere wissenschaftliche Schurkereien zerstörten Sehvermögens aus Liebe zur Menschheit oder aus Sensation versucht wurde?

Liebe – wer schreibt die Psychoanalyse des Tierexperiments? Wer schreibt sie so, daß die Vordergrundsobjektivität bis in ihre sadistischen, sinnlichen, gierig schleimenden Wurzeln verfolgt wird? Wie kommt ihr, Christen, späte Europäer, denkende Menschen dazu, ohne Kontrolle, ohne Einschränkung, mitleidlos denen, die mit Messer, Säge, Gift und Sonde umgehen, Tiere, jedes Tier, beliebig viele Tiere auszuliefern? Sie verbrauchen sie wie Watte und Jod, die der Staat liefert, und werfen sie so weg.

Aus dem Wiener Bericht, nachdem von Molchen, Fröschen, Fischen die Rede war: »Man blendet eine Ratte an beiden Augen – das Tier ist blind. Man setzt dieser Ratte die Augen einer anderen Ratte ein – das Tier ist sehend!« Wie verräterisch das anreißerische Ausrufungszeichen des Interviewers, der einen Einblick tun durfte; wie einfach das Rezept: man nimmt ein Viertelpfund Zucker und zwei Liter Milch usw. Und da es in Wien Fachleute gab, die bezweifelten, daß die operierten Tiere wirklich sehen, so wird das Zucker-Milch-Experiment mit Augen zehnmal, hundertmal wiederholt, und von Wien aus verbreitet es sich an fünfzig andere Universitäten; schlechte Zeiten für Ratten.

Wehe, alle diese Tiere, die in den Kellern der Institute in Einmachgläsern, Hausfrauentöpfen und irgendwelchen anderen Gefäßen lebend geschunden sitzen und schauerlich auf die Nachprüfung warten. Ein Gesetz ist nötig, die öffentliche Meinung ist nötig. Das Wohl des Menschen? Mag sein. Aber wie schuftig muß einer fühlen, um einer Katze die Augen auszuschneiden. Welche Schweine, welche Barbaren.

Das Mitleid zum Menschen einschränken, darüber kann man reden. Weil er denkt, weil er mehr sein will, als er ist, und weil dieser Wille ihn aus dem Gesetz der Natur heraushebt, nimmt er das Risiko der Entwicklung auf sich, steht er zwischen zwei Zuständen, einem verlassenen, wo er vegetatives Geschöpf war, und einem noch nicht erreichten, wo er wissendes Geschöpf sein wird. Und weil er sich aus dem Gesetz gestellt hat, darf er zynisch gegen andere und sich sein, und dieser Zynismus ist die Dämpfung seines Glaubens an seine Gottähnlichkeit, ja, er ist religiöser Widerstand.

Bezieht solcher Zynismus das Tier ein, so hebt er das Tier auf die Stufe des Menschen und nennt beide dann arme Kreatur; woraus man ersieht, daß er eine geistige, eine philosophische Angelegenheit ist und ethisch die Gleichheit ausspricht. Nichts ist da gegen ihn zu sagen; denn er ist die Korrektur, die der erkennende Mensch an der Sentimentalität der Optimisten vornimmt.

Aber praktischer Zynismus, das ist falsche Schlußfolgerung aus richtiger Prämisse. Die Prämisse heißt: arme Kreatur; die richtige Schlußfolgerung kann nur heißen: behandelt euch als arme Kreatur, erkennt euer gemeinsames Schicksal. Es gehört zum Wesen der Ideen, daß sie total sind: Liebe zum Menschen ist nur Anwendung der Liebe zur Kreatur und heißt als Idee genau so: Liebe zur Kreatur. Diese Liebe duldet, daß die Schlange das Kaninchen frißt und daß, da die Schlange nicht zum Vegetarismus bekehrt werden kann, der Wärter der Schlange das Kaninchen ausliefert; aber darüber hinaus ist ihr Schlange wie Kaninchen unantastbar.

Laßt die Geschöpfe sich innerhalb der animalischen Sphäre töten, sie brauchen sich zum Fressen. Und insofern ihr selbst der animalischen Sphäre angehört, tötet in Gottes Namen und freßt vom Ochsen die Lende. Ich sage in Gottes Namen, denn wenn der Gott, falls es ihn gibt, angesichts dessen, was er angerichtet hat, als er die Kreatur statt starr sterblich und damit nahrungsbedürftig machte – wenn der Gott ein schlechtes Gewissen hat, könnt ihr eben darum ein schuldloses haben. Aber schon da könntet und müßtet ihr über den Gott wachsen, indem ihr den Zwang zum Töten als tragisch empfindet und ihm das Eure, das Selbstgefundene, das Menschliche entgegenstellt: die vernünftige, unpathetische Güte, den Entschluß, nicht zu töten, wo es sich irgendwie vermeiden läßt. Die Geschöpfe sind euch nicht ausgeliefert, sie sind mit euch in die Existenz gestellt; der Mensch ist dir Bruder, aber das Tier noch mehr: es ist du selbst.

Ich höre die Dummköpfe und die Verhärteten von Sentimentalität reden. Nein. Hier handelt es sich um einen der positivsten Glaubenssätze einer neuen, einer kommenden, einer nachchristlichen Religiosität, die in das Weltbild nicht mehr Forderungen trägt, sondern Identität sucht. Eine der Tatsachen dieser Identität ist das Tier, die Mitkreatur.

Wie grauenhaft ist ein Schlachthaus. Steigt dir die moralische Himbeerflut bis zum Hals, so geh in ein Schlachthaus oder die Fleischhalle, damit du erkennst, was du bist: ein grotesk und hysterisch *zwischen* die Ideen Gestelltes. Du bist nicht ethisch und nicht brutal, sondern ein Ding zwischen diesen klaren Zuständen. Du liest die Reden Buddhas, indem du sie an die Wasserkaraffe des Restaurants lehnst; aber während dein Auge in Indien weilt, zerschneidet deine Hand das Fleisch auf dem Teller.

Ich sehe die Tiere nicht vom Menschen her, sondern den Menschen vom Tier. Es ist eine Eigentümlichkeit meines Geistes, ich sah nie die Welt von oben nach unten, wo sie harmonisch erscheinen mag, sondern von unten nach oben, wo sie sich dämonisch (und qualvoll entwickelnd) darstellt. Wenn einer König ist, hält er die Sklaven für gegeben; aber wenn er vom Sklaven her fühlen kann, versteht er sogar den König.

Was ist der Mensch in der Vorstellung des Tieres? Das Teuflische, die Depravation, derjenige, der Gattung und Sein verloren hat, beunruhigt durch ein Unfaßbares, den Geist, der ihn unberechenbar macht. Er ist nicht reinlich Feind, nicht reinlich Freund; den niederträchtigen Nutzen, nach dem er das Tier behandelt, verschleimt er durch Gefühl, und das Gefühl macht er wertlos durch Tücke, deren Unkonsequenz das arme Hirn des Tieres ermüdet.

Das stillste Haus im Abendfrieden, das nach vier Seiten Reklame für die Idylle macht, weshalb alle Poeten es besingen, hat eine Küche, in der die Gattin ihrem Liebsten ein Huhn schlachtet, und überall, wo lauschige Wirtshäuser vorne des verzückten Paares warten, knattert hinten der Motor der Wurstmaschine. Man ißt am besten bei Wirten, die zugleich Metzger sind. Metzger – welches Wort!

Ich sah in einem Stall, wie die Mutterkuh, der man das Kalb zu besagtem Weißwurstmotor geführt hatte, sich jammernd umdrehte, sooft einer durch die Tür kam, »Morgen schicken wir ihr den Stier,« meinte die Magd, »das wird sie auf andere Gedanken bringen«. Ich sah dem Akt zu und wurde auf die Gedanken gebracht, die der Magd kamen, als sie Hilfeleistungen vollführte, die sich hier nicht erzählen lassen. Die Philosophie der Magd heißt klipp und klar: geht ein Kalb aus dem Stall, macht man der Kuh ein neues.

Diese Philosophie ist nur schlecht, wenn sie roh ist. Sie ist dann so roh wie das ungeheuerliche Phänomen Stier in seiner mörderischen Dumpfheit. Gleichwohl: die Philosophie ist nicht schlecht, sobald sie ihrerseits nicht mehr dumpf, sondern wissend ist, leise darin der Widerstand gegen den Ablauf der Dinge, leise die Trauer, leise die Milde. Alles Wesentliche, alles eigentlich Menschliche ist leise, es ist Dämpfung.

Deshalb nenne ich diejenige Phase, in der die Wissenschaft das Tier wie Watte und Jod verbraucht, barbarisch und mit unserem Empfinden unvereinbar. Es gibt zwei Wege einer Änderung: den des gesetzlichen Schutzes der in den Instituten verwandten Tiere, und den der Gewissensschärfung, die praktisch auf Revolutionierung der öffentlichen Meinung hinausläuft.

Ein Gesetz könnte ohne weiteres das Tierexperiment zu Demonstrationszwecken verbieten. Daß ein Frosch nicht abgehäutet wird, ist wichtiger, als daß der Student Maier sich von Nervenreaktionen überzeugt, die er auch so glaubt. Oder das Gesetz könnte die Verwendung von Tieren konzessionieren und von den wenigen, denen es sie erlaubt, das eidliche Versprechen der gewissenhaften Selbstkontrolle verlangen. Besser als Selbstkontrolle ist fremde Kontrolle. Ich kenne die Greuel der Gehirnforschung, aber über ihren Wert will ich nicht urteilen. Die Frage muß in Fluß kommen, die Hekatomben gefolterter Tiere schreien zum Himmel, der in unserem Gewissen liegt.

Das Christentum ist so spiritualistisch, daß es vom Tier nichts zu sagen weiß, will sagen, daß es kein Verhältnis zu ihm hat. Ein Verhältnis zum Tier finden, das ist nicht nur eine letzte Forderung der Zivilisation, sondern ein Symptom für eine Umwandlung des religiösen Gefühls: auf dem Weg zur Identität begegnet man dem Tier. Nirgends auf Schulen und Hochschulen wird anders als zufällig gütig von ihm gesprochen. Das Ziel ist: Vom Tier wissen, derart daß dieses Wissen zum Anstand gehört, wie gewisse Gesetze des Gentleman zur selbstverständlichen Konvention gehören.

Es ist klar, daß niemals und nirgends die Verpflanzung lebender Augen dem Menschen zugute kommt. Deshalb ist dieses Experiment eine Schande. Eine Berliner Autorität hat inzwischen ausgeführt, weshalb selbst »im günstigsten

Fall der Einheilung höchstens Lichtempfindung, aber keine Bilder vermittelt werden.«

Die Autoritäten sprechen über diese Dinge, als begutachteten sie die beste Rasierseife. Das lebende Geschöpf ist etwas anderes als Rasierseife. Die Souveränität der Wissenschaft erinnert mich an diejenige des Militarismus, der sich auch nicht »hineinreden lassen« wollte. Es gibt in religiösen Dingen keine Autorität und keinen Absolutismus der Fachleute. Alles Menschliche muß sich gefallen lassen, daß es vom Menschen kontrolliert wird.

Eben kommt die Nachricht von der Ermordung Erzbergers. Während ich mit meinem Pazifismus schon bei den Tieren bin, sind sie da draußen dabei, ihre Ideale mit dem Präzisionsrevolver zu verwirklichen.

Denn, nicht wahr, als damals einer das erste Attentat auf Erzberger machte, bewilligten ihm diese Richter »ideale Beweggründe«. Beim heiligen Thoma von Miesbach, der nun auch in die seligen Gefilde gegangen ist, man möchte eine alte Jungfer werden mit Hund und Katze. Die Menschen lachen über sie, aber *sie* hat Recht: die Menschen sind widerlich.

Aus: *Zum guten Europäer* (1924)

Leonard Nelson
Deutscher Mathematiker und Philosoph, Sozialist (1882–1927)

Das Recht der Tiere

Ich behaupte, daß es ein Recht der Tiere gibt, nicht von den Menschen zu beliebigen Zwecken mißbraucht zu werden. Dies ist etwas sehr anderes als ein Recht der Menschen, nicht durch das Ärgernis der Tierquälerei verletzt zu werden. Wem dies nicht einleuchtet, oder wem die damit erhobene Forderung zu weitgehend erscheint, der braucht sich nur die Frage vorzulegen, ob er für sich selbst damit einverstanden sein würde, von einem ihm an Macht überlegenen Wesen nach dessen Belieben mißbraucht zu werden.

Man darf daher diese Forderung auch nicht etwa als einen Ausfluß bloßer Sentimentalität ansehen. Denn sie verlangt nur die Erfüllung einer Pflicht, nicht aber mutet sie uns einen Akt des Wohlwollens zu. Wenigstens wird man so lange hier nicht von übertriebener Sentimentalität sprechen dürfen, als man sich noch die Sentimentalität gestattet, nicht selber durch den bloßen Anblick der Tierquälerei gequält werden zu wollen, durch einen Anblick, der doch wohl im allgemeinen eine weit geringere Qual bedeutet als die dem gequälten Tier selbst zugefügte. Wer auch nur die Möglichkeit zugesteht, durch den Anblick von Tierquälerei selbst gequält zu werden, der gesteht damit zu, daß auch die Tiere den Schmerz empfinden. Und er beweist damit zugleich, daß er in die dem Tiere zugefügten Leiden seinerseits nicht einwilligen würde. Wer daher die Forderungen der strengen Durchführung eines gesetzlichen Rechtsschutzes der Tiere als einen Ausfluß sentimentaler Schwäche verwirft, der dürfte wenigstens auch nicht so sentimental sein, daran Anstoß zu nehmen, wenn sonst wehrlose Wesen, etwa seine eigenen Kinder, von anderen zu beliebigem Genuß mißbraucht werden. Ja zu allererst müßte er, um der Konsequenz willen, für seine *eigene* Person auf allen und jeden gesetzlichen Rechtsschutz zu verzichten bereit sein. Er müßte sich denn zu der Behauptung versteigen, daß die bloße größere Macht, sich selbst gegen Mißhandlungen zu schützen, einen größeren Anspruch auf staatlichen Schutz begründe.

Es ist der untrüglichste Maßstab für die Rechtlichkeit des Geistes einer Gesellschaft, wie weit sie die Rechte der Tiere anerkennt. Denn während die Menschen sich nötigenfalls, wo sie als einzelne zu schwach sind, um ihre Rechte wahrzunehmen, durch Koalition, vermittelst der Sprache, zu allmählicher Erzwingung ihrer Rechte zusammenschließen können, ist die Möglichkeit solcher Selbsthilfe den Tieren versagt, und es bleibt daher allein der Gerechtigkeit der Menschen überlassen, wie weit diese von sich aus die Rechte der Tiere achten wollen.

Aus: *System der philosophischen Rechtslehre und Politik* (1924)

Pflichten gegen Tiere

Alle angeblichen Pflichten gegen uns selber sind, sofern sie den Namen der Pflicht verdienen, mittelbar Pflichten gegen andere Personen und nur als solche ableitbar. Mit dieser Feststellung befreien wir uns von dem Fehler einer fälschlichen Erweiterung unseres Pflichtenkreises. Diesem Fehler steht der entgegengesetzte Fehler, der einer fälschlichen Einschränkung unseres Pflichtenkreises, gegenüber. Wenn wir ein Wesen, dem gegenüber wir Pflichten haben, kurz ein Objekt von Pflichten nennen, so können wir sagen, daß nur andere Personen Objekte von Pflichten sein können. Daneben steht der Satz, daß *alle* andern Personen, sofern wir auf sie einwirken, Objekte von Pflichten für uns sind. Denn als Subjekt von Interessen hat eine Person Rechte, d. h. einen Anspruch auf Achtung ihrer Interessen nach dem Gesetz der persönlichen Gleichheit.

Die Verkennung dieses Zusammenhangs führt zu der erwähnten fälschlichen Einengung des Pflichtenkreises, einer Gefahr, die in der Ethik in bisher noch viel unbestrittenerer Weise herrscht als jene fälschliche Erweiterung, von der ich gesprochen habe. Wenn wir dadurch, daß wir zu viele Pflichten annehmen, wenigstens unmittelbar keine Pflichtverletzung begehen, so werden wir dagegen dadurch, daß wir zu wenige annehmen, unmittelbar dazu geführt. Und so hat die Lehre, wonach alle Personen Objekte von Pflichten sein können, auch in praktischer Hinsicht eine größere Bedeutung als die Ausschließung der Pflichten gegen uns selber. Um die Tragweite dieser Lehre zu erkennen, müssen wir den begrifflichen Unterschied von Pflichtsubjekt und Rechtssubjekt scharf festhalten; denn wir können nicht a priori die Möglichkeit ausschließen, daß es Rechtssubjekte gibt, die nicht Pflichtsubjekte sind. Subjekte von Rechten sind gemäß dem Inhalt des Sittengesetzes alle Wesen, die Interessen haben, Subjekte von Pflichten dagegen alle die, die darüber hinaus der Einsicht in die Anforderung der Pflicht fähig sind. Diese Einsicht ist nur für vernünftige Wesen möglich. Demgemäß können wir alle Pflichten, die nach Ausschluß der Pflichten gegen uns selber übrig bleiben, einteilen in Pflichten gegen vernünftige und Pflichten gegen unvernünftige Wesen. Nennen wir ein Wesen, das zwar ein Subjekt von Rechten ist, aber seiner Natur nach nicht zur vernünftigen Selbstbestimmung gelangen kann, ein Tier, und ein Wesen, das Subjekt von Rechten ist und zugleich seiner Natur nach die Anlage der Vernunft hat, einen Menschen, so können wir kurz sagen, daß jede Pflicht entweder eine solche *gegen Tiere* oder eine solche *gegen Menschen* ist. Ich behaupte hiermit, daß es Pflichten gegen Tiere gibt, und daß diese Pflichten unmittelbare Pflichten sind, daß sie sich also nicht etwa ableiten aus Pflichten gegen Menschen, d.h. gegen vernünftige Wesen.

Man pflegt in der Ethik und auch in den Bearbeitungen, die die kritische Ethik bisher gefunden hat, die Pflichten gegen Tiere darzustellen als mittelbare Pflichten, sei es gegen uns selber, sei es gegen andere Menschen. Man begründet das Verbot der Tierquälerei z. B. damit, daß man sagt, sie begünstige den Hang zur Grausamkeit und damit eine für die Erfüllung der Pflicht hinderliche Disposition. Diese Wirkung mag zutreffen, trotzdem trägt die Art der Begründung der vollständigen Wahrheit keine Rechnung; denn sie macht die Verwerflichkeit der Tierquälerei von den zufälligen Folgen abhängig, die auf den Charakter des Handelnden oder eines andern Menschen ausgeübt werden. Wo keine nachteiligen Folgen eintreten, da würde das Verbot der Tierquälerei entfallen.

Sehen wir zu, mit welchen Gründen die Lehre von den unmittelbaren Pflichten gegen Tiere abgelehnt worden ist, so zeigt sich ein bedauerliches Ergebnis: Die meisten der Argumente sind so fadenscheinig und sophistisch, daß man sich wundert, wie sie von Menschen, die auf Wissenschaftlichkeit Anspruch erheben, eingewandt werden konnten. Ja die Art der Behandlung, die dieses Problem der Ethik erfahren hat, würde ein vernichtendes Zeugnis für die Kräfte des menschlichen Verstandes abgeben, wenn nicht von vornherein klar wäre, daß hier weniger der Irrtum als ein Interesse im Spiel ist. Um diesem Zustand den Boden zu entziehen und damit den Weg zu objektiver Forschung überhaupt erst freizumachen, wollen wir hier die Grenzen der Philosophie überschreiten und die fraglichen Argumente näher betrachten, obwohl sie ihrerseits nur empirisch gegeben sind.

Das erste Argument, auf das wir stoßen, besagt, daß man ja nicht wissen könne, ob Tiere wirklich Interessen besitzen. Zunächst können wir feststellen, daß dieser Einwand jedenfalls nicht hierher gehört, wo wir Tiere gerade definiert haben als Träger von Interessen, wenn auch als unvernünftige Wesen. Es bliebe nur die Frage, ob es solche Wesen gibt und ob wir sie als solche zu erkennen vermögen.

Damit stehen wir bei einer Tatsachenfrage, einer Frage also, die im System der Ethik keine Antwort finden kann. Wir brauchen sie aber auch nicht zu entscheiden. Denn um den vorgebrachten Einwand zu entkräften, genügt der Hinweis, daß dieser Einwand nur Pflichten gegen Tiere, nicht aber solche gegen Menschen in Frage stellen will, womit er sich selber aufhebt. Ob nämlich ein Wesen in der Erfahrung vorkommt, das unter den Begriff des Menschen fällt, das läßt sich gewiß nicht leichter entscheiden, als daß es ein Wesen gibt, das Interessen besitzt; ja beim Menschen muß nicht weniger bewiesen werden als beim Tier, sondern noch mehr: es muß der Nachweis seiner Vernunft erbracht werden, ein Nachweis, der zuweilen auf große Schwierigkeiten führt.

Wer sich auf die Frage einlassen will, ob ein in der Erfahrung vorkommendes Wesen eine Person ist, d. h. ein Träger von Interessen, der kann das in keinem Fall – ausgenommen bei der eigenen Person – unmittelbar durch Erfahrung ausmachen. Wenn wir bei irgend einem andern Wesen Interessen annehmen und also die Frage stellen, ob diese uns Pflichten auferlegen, so bedürfen wir hierzu eines Analogieschlusses. Wir schließen aus den körperlichen Äußerungen auf innere Vorgänge, wie wir sie bei uns selber in Verbindung mit solchen Äußerungen vorfinden. Ein solcher Analogieschluß kann, je nach dem vorliegenden Fall, mehr oder weniger schwierig sein, das ändert nichts daran, daß er entweder überhaupt unstatthaft ist oder aber konsequenter Weise überall angewandt werden müßte. Nach der Konsequenz des fraglichen Einwandes dürften wir daher auch den Menschen keine Rechte zuerkennen. Die Menschen wären ebenso rechtlos wie die Tiere.

Um sich dieser Konsequenz zu entziehen, wendet man wohl ein, daß man Menschen gegenüber nicht auf vage Analogieschlüsse angewiesen sei, weil man hier über das Mittel der Sprache verfüge. Menschen könnten uns durch die Sprache über ihre Interessen Aufschluß geben.

Dieser Einwand übertrifft in seinem sophistischen Charakter den vorigen, und zwar aus zwei Gründen. Erstens liegt ein grober Zirkel vor. Wenn man die Sprache als ein Verständigungsmittel betrachtet, das uns Auskunft geben soll über die Interessen unserer Mitmenschen, so muß man ja schon voraussetzen, daß den Sprachzeichen überhaupt etwas Inneres entspricht, daß ein Innenleben vorhanden ist, das in diesen Zeichen seinen Ausdruck findet. Diese Voraussetzung ist nur möglich auf Grund desselben Analogieschlusses, von dem man meint, daß er beim Menschen entbehrlich sei.

Sehen wir davon ab, so ist es zweitens gar nicht wahr, daß das Verständigungsmittel der Sprache uns unter allen Umständen in bezug auf die Kenntnis der Interessen unserer Mitmenschen an Sicherheit gewinnen läßt. Die Sprache beruht auf dem willkürlichen Gebrauch von Zeichen und kann daher ebenso leicht der Verstellung wie der aufrichtigen Mitteilung dienen. Es bleibt also dabei: Wollte man im Ernst das Verbot der Tierquälerei mit dem Argument angreifen, daß wir über die Interesssen von Tieren nichts wüßten, so müßte man die Möglichkeit der Tierquälerei, aber auch die der Quälerei von Menschen behaupten. Denn Konsequenz ist das erste, was man von einem denkenden Menschen, insbesondere von einem Philosophen verlangen kann.

Ein anderer Versuch, das Recht der Tiere ad absurdum zu führen, läuft darauf hinaus, diesem Recht vermeintliche unsinnige Konsequenzen zuzuschreiben. Man beruft sich darauf, daß die Abgrenzung des Bereichs solcher Wesen, die unter den Begriff »Tier« fallen, und solcher, die nicht mehr unter den Begriff der Person fallen, unbestimmt sei und daß deshalb der Schluß auch auf die Welt der Pflanzen ausgedehnt werden müßte. Auch dieser Einwand ist hinfällig. Allerdings müssen wir es bei der Beschränktheit unserer Erkenntnis offen lassen, ob wir unter den uns vorkommenden Dingen die Grenze zwischen Tieren und Pflanzen immer mit Sicherheit zu ziehen vermögen. Aber ebenso müssen wir ehrlicher Weise unsere Unwissenheit eingestehen darüber, ob bestimmte, uns in der Erfahrung begegnende Wesen Menschen sind oder Tiere, eine Unwissenheit, die niemanden zu der Forderung verleiten wird, die Pflichten gegen Menschen auch auf die Tierwelt auszudehnen. Auch hier gilt also, daß, wer sich das fragliche Argument zu eigen macht, auf Grund desselben Arguments die Pflichten gegen Menschen preisgeben müßte; denn auch die Grenze zwischen Tieren und Menschen läßt sich nicht mit Sicherheit bestimmen. Ja eine solche Grenze zu ziehen ist aus dem schon angegebenen Grunde viel gewagter und viel schwieriger als in jenem Fall, da es sich dort nur um die Festellung von Interessen handelt, hier aber darüber hinaus um die der Vernunft.

Die Spiegelfechterei, die in diesem Argument zum Ausdruck kommt, zeigt sich in aller Deutlichkeit, sobald wir diese Schlußweise auf ein anderes Gebiet übertragen: Angenommen, wir hätten bewiesen, daß sämtliche Peripheriewinkel über dem Bogen eines Kreises gleich sind, und es fände jemand, daß es Figuren gibt, bei denen man nicht entscheiden kann, ob sie Kreise sind oder Ellipsen, so müßte man aus der Unbestimmtheit der Grenze zwischen Kreisen und Ellipsen schließen, daß der fragliche Satz, wenn er richtig wäre, auch für Ellipsen gelten müßte; da er aber für Ellipsen nicht gilt, so könnte er auch nicht für Kreise gelten.

Aus jenem Argument läßt sich nur schließen, daß wir in gewissen Fällen damit zu rechnen haben, daß das uns vorliegende Wesen ein Träger von Interessen sein kann, und daß wir also die Möglichkeit der daraus erwachsenden Pflichten in Erwägung ziehen müssen. Aber der Bereich solcher uns möglicher Weise zukommenden Pflichten kann sich nicht weiter erstrecken als die Unsicherheit darüber, ob wir es noch mit einem Tier zu tun haben oder nicht. Er hört da auf, wo diese Unsicherheit nicht mehr besteht.

Vielleicht wendet man hier ein, daß dies nicht genügt; denn man könne nicht wissen, ob nicht auch die Pflanzen Interessen hätten, ja ob nicht etwa ein Stein, auf den man trete, Interessen habe, womit denn nachgewiesen sein soll, daß mit der Behauptung der Interessen der Tiere zu viel bewiesen wäre. Nichts kann einfacher sein als die Beantwortung dieses Einwandes. Gewiß, man kann nicht mit Bestimmtheit beweisen, daß der Stein kein Interesse hat; aber daraus, daß wir etwas nicht wissen, zu schließen, daß wir etwas anderes wüßten, was wir ebenso wenig wissen, erscheint mehr als fragwürdig. Vielleicht hat der Stein ein Interesse daran, von mir getreten zu werden, oder der Kohlkopf ein solches, verzehrt zu werden. Daraus, daß wir nicht wissen, *ob* Interessen vorliegen, können wir nicht schließen, welche Interessen wir zu berücksichtigen haben.

Hiermit sind die Scheinbeweise gegen das Recht der Tiere nicht erschöpft. Man bedient sich des Verfahrens, dem Begriff des Interesses einen andern Begriff unterzuschieben. Hierfür gibt es keinen geeigneteren Begriff als den verschwommenen Begriff des Lebens. Das von mir aufgestellte Kriterium war der Begriff der Person und nicht der eines Lebewesens. Mag sich der Umkreis der Lebewesen über das Gebiet der Person hinaus erstrecken, so berührt das nicht die Frage, wie weit sich die Pflicht erstreckt. Behauptet z. B. jemand, daß aus dem Recht der Tiere auch ein solches der Mimose folge, weil auch sie auf Reize reagiert, so kann man die hier gemachte Voraussetzung zugeben, aber nicht die Konsequenz, wie sich schon daran zeigt, daß nach dieser Argumentation auch eine elektrische Klingel als Rechtssubjekt zu gelten hätte, weil sie nachweislich auf Reize reagiert. Das Kriterium für den Rechtsbegriff ist nicht der Begriff des Reagierens auf Reize, sondern der Begriff des Interesses. Daraus, daß die Klingel auf Reize reagiert, wird niemand schließen, daß sie Interessen habe.

Halten wir uns an das Kriterium der Pflicht, so brauchen wir uns zur Entscheidung darüber, ob es ein Recht der Tiere gibt, nur die einfache Frage vorzulegen, ob, bei Abstraktion vom numerischen Unterschied, wir in die fraglichen Handlungen einwilligen können, mit anderen Worten: ob wir einwilligen würden, als bloßes Mittel für die Zwecke eines andern gebraucht zu werden, der uns an Kraft und Intelligenz weit überlegen ist. Diese Frage beantwortet sich selber. Es ist rein zufällig, daß der Mensch in der Lage ist, die seiner Willkür ausgesetzten Wesen als Mittel zu seinen Zwecken benutzen zu können.

Die bisher angestellten Überlegungen sind geeignet, auf jedes Interesse eines Tieres angewandt zu werden. Nach ihnen läßt sich z. B. die Frage entscheiden, ob die schmerzlose Tötung von Tieren erlaubt sei. Die Antwort ergibt sich leicht, wenn wir nur die Frage stellen, ob wir, wenn wir selber schmerzlos getötet würden, *darum* in unsere Tötung einwilligen würden. Wir würden nicht einwilligen, weil unser Interesse am Leben durch die Tötung verletzt wird, mag die Tötung so schmerzlos oder so grausam sein, wie sie will.

Das Interesse am Leben, das, wie wir sahen, bei der Aufstellung der Pflichten gegen uns selber so hoch bewertet zu werden pflegt – z. B. bei dem Verbot des Selbstmordes –, wird bei der Frage nach den Pflichten gegen Tiere völlig außer acht gelassen. Wer sich so weit versteigt, aus dem eigenen Interesse am Leben eine Pflicht gegen sich selber abzuleiten, der sollte wenigstens die Konsequenz aufbringen, das Interesse am Leben auch beim Behandelten als einen Grund zum Verbot des Tötens gelten zu lassen. Wer aber das Leben des Tieres so gering achtet, daß er z. B. die tierische Nahrung der pflanzlichen vorzieht, nur weil er sie für bekömmlicher hält, der sollte sich füglich fragen, warum er nicht auch Menschenfleisch ißt. Wenn er den Genuß von Tierfleisch allein aus hygienischen Gründen beibehält, diesen Gründen aber keine Berechtigung zumißt, wenn sie ihm die Probe auf die Bekömmlichkeit von Menschenfleisch nahelegen, dann steht er moralisch gewiß nicht über dem von ihm verachteten Kannibalen, der sich wenigstens seine Motive eingesteht.

Nun darf man diese Nachweisung nicht dahin mißverstehen, als ob hier ein altruistisches Prinzip zu Gunsten der Tiere verfochten würde. Es handelt sich allein um das Gebot der Gerechtigkeit. Darum gibt es auch kein allgemeines, philosophisch begründbares Gebot, unser Interesse unter allen Umständen dem der Tiere hintanzusetzen. In jedem Fall einer Kollision zwischen unserem Interesse und dem eines Tieres müssen wir vielmehr nach gerechter Abwägung entscheiden, welches Interesse den Vorzug verdient. So kann es sehr wohl erlaubt sein, das Interesse eines Tieres zu verletzen, wenn sonst ein überwiegendes Interesse unsererseits verletzt würde. Aber hier ist auch sogleich die Grenze gesetzt, wie weit die Verletzung gehen darf. Die Erlaubnis läßt sich nur ableiten unter der Voraussetzung, daß wirklich eine Kollision vorliegt, was von Fall zu Fall bewiesen werden muß. Ist dieser Nachweis geführt, so fragt es sich ferner, auf welcher Seite das überwiegende Interesse liegt. Keinesfalls ist es zulässig, das Interesse des Tieres ohne weiteres als minderwertig anzusehen und es daraufhin zu verletzen. Das gilt folgerichtig auch für den Fall, daß es nicht möglich ist, das Interesse am eigenen Leben oder an der Erhaltung der eigenen geistigen oder körperlichen Kräfte anders zu wahren als durch die Vernichtung eines Tierlebens. Auch hier entsteht die Frage der Abwägung. Denn warum sollte gerade das Leben des Tieres gefordert werden? Um das allgemein zu billigen, müßte man schon wissen, daß *alle*mal das Interesse am Leben des Menschen vorzugswürdig und also das Interesse des Tieres hintanzusetzen sei. Ob sich diese Bedingung als erfüllt erweist, das ist eine Frage, die erst noch der Untersuchung bedarf. Wenn sie bejaht werden soll, so müßte sich das auf einen Umstand zurückführen lassen, der eben darin liegt, daß das eine Wesen ein Mensch und das andere ein Tier ist. Diesen Umstand können wir nur in der Eigenschaft des Menschen suchen, durch die er sich vom Tier unterscheidet, d. h. in seiner Vernunft. Es ist also die Frage, ob sich auf diese Eigenschaft der Anspruch gründen läßt, daß im Kollisionsfall unter allen Umständen das Leben des Menschen dem des Tieres vorgezogen werden darf.

Wir prüfen auch diese Annahme durch Betrachtung ihrer Konsequenzen. Wenn man das auszeichnende Merkmal des Menschen in der voll entfalteten Vernunft sieht, dann ist es offenbar, daß man Kinder und Schwachsinnige den Tieren gleichstellen, ihr Leben und ihre Interessen also dem Leben anderer Menschen gegenüber preisgeben müßte. Man wird vom Standpunkt der hier untersuchten Annahme aus zu Gunsten der Kinder nicht einwenden können, daß später auftretende Interessen verletzt würden; denn es ist ja gerade die Eigenschaft des Tötens, das Auftreten späterer Interessen zu verhindern.

Anders verhält es sich freilich, wenn man meint, daß das wahre Interesse der Kinder einen Grund abgeben könnte, ihr Leben höher einzuschätzen als das der Tiere. Denn ihr wahres Interesse richtet sich darauf, die noch unentwickelte Anlage der Vernunft zur Entfaltung gelangen zu lassen. In der Tat: Der Mensch hat einen Anspruch darauf, daß bei einer Interessenabwägung sein wahres Interesse in Rücksicht gezogen wird. Es fragt sich nur, wie weit die Rechte reichen, die ihm aus diesem Anspruch erwachsen. Sie erstrecken sich gewiß nicht auf solche Fälle, in denen es sich lediglich um die Abwägung sinnlicher, Mensch und Tier gemeinsamer Interessen handelt. Hier drängt sich vielmehr gerade der entgegengesetzte Schluß auf: Für den Menschen haben die sinnlichen Interessen, sofern er jedenfalls zum Bewußtsein um sein wahres Interesse erwacht ist, im Ganzen seines Lebens eine geringere Bedeutung als für das Tier. Je stärker sich in einem Menschen die vernünftigen Interessen melden, desto mehr tritt sein Streben nach bloßem Sinnengenuß zurück. Damit ändert sich zugleich seine Bewertung des eigenen unmittelbaren Interesses am Leben; denn auch dieses gehört den nur sinnlichen Interessen an, die Menschen und Tieren gemeinsam sind. Der Mensch kann sein Leben um seiner höheren Interessen willen hergeben. Dies ist den Tieren unmöglich, und das fällt hier zu ihren Gunsten in die Wagschale.

Mit dieser Überlegung ist zugleich der Einwand beantwortet, daß der Mensch als das höher organisierte Wesen stärkere Interessen und insofern auch ein stärkeres sinnliches Interesse am Leben habe als das Tier und daß darum sein Interesse im Kollisionsfall allemal den Vorzug verdiene. Die hier benutzte Voraussetzung, wonach die Stärke sinnlicher Interessen mit der Höherentwicklung der Organismen notwendig wächst, ist nach dem Vorigen keineswegs selbstverständlich, ja sie entspricht nicht einmal den Tatsachen der Erfahrung: Mit der höheren Entwicklung eines Wesens treten in vielen Fällen sinnliche Interessen zurück, da die Aufmerksamkeit von ihnen ab und auf andere Interessen hingelenkt wird. Wir sind also in jedem Fall einer Kollision zwischen dem Lebensinteresse eines Menschen und dem eines Tieres auf eine Abwägung der vorliegenden Interessen angewiesen, um zu entscheiden, welches von ihnen vorzugswürdig ist.

Allerdings: Das Interesse des Menschen am Leben beruht nicht nur auf sinnlichen Interessen. Denn um ein vernünftiges Leben führen zu können, muß der Mensch zunächst überhaupt leben. Wer aber daraus für sich das Recht ableiten will, das eigene Leben unter allen Umständen dem widerstreitenden Interesse eines Tieres vorzuziehen, unabhängig also von der Abwägung der jeweils vorliegenden Interessen, der soll bedenken, wie weit die Konsequenzen eines solchen Standpunktes reichen. Sie verlangen von ihm, daß er auch den eigenen Interessen gegenüber Ernst macht mit der Überordnung der vernünftigen über die sinnlichen Interessen, und bringen also für ihn den Verlust jedes Rechts mit sich, um sinnlicher Interessen willen ein wahres Interesse zu verletzen. Damit entfällt für ihn der Anspruch auf Achtung aller Interessen, die sich nicht dem Interesse an der Vernünftigkeit des Lebens unterordnen. Wieviele Menschen könnten diese Konsequenz ohne innere Unaufrichtigkeit auf sich nehmen?

Die Vernünftigkeit eines Wesens hat endlich die Eigenschaft an sich, daß aus ihr nicht nur Rechte, sondern auch Pflichten erwachsen. Wenn ein Mensch sich aber seiner Pflicht entzieht, steht er gewiß nicht höher als das Tier, das ja der Begehung eines Unrechts gar nicht fähig ist. Wer dies ehrlich in Erwägung zieht, wird Bedenken haben, die Verletzung der Interessen eines Tieres allein durch die Berufung auf die Vernünftigkeit des eigenen Lebens zu rechtfertigen.

Aus: *System der philosophischen Ethik und Pädagogik* (1932)

Ein Arbeiter, der gegen die Ausbeutung kämpfen will, darf aber erst recht nicht selbst an der Ausbeutung teilnehmen. Auch ein Arbeiter kann, und zwar in verschiedenen Formen, an der Ausbeutung teilnehmen. Er kann das als Streikbrecher, er kann das durch Propaganda für Kolonialpolitik, er kann das auch, indem er seine Frau und seine Kinder prügelt. Ja er kann das in einer noch viel schlimmeren Weise. Er kann das, indem er dasselbe, was der Kapitalist mit ihm macht, mit denen tut, die sich gegen ihn noch viel weniger wehren können als er gegen den Kapitalisten, – die die Allerwehrlosesten sind, die sich nie durch Koalition zusammentun können, um allmählich ihre Rechte in einem Klassenkampf zu erobern. Ein Arbeiter, der nicht nur ein »verhinderter Kapitalist« sein will, und dem es also Ernst ist mit dem Kampf gegen jede Ausbeutung, der beugt sich nicht der verächtlichen Gewohnheit, harmlose Tiere auszubeuten, der beteiligt sich nicht an dem täglichen millionenfachen Tiermord, der an Grausamkeit, Roheit und Feigheit alle Schrecknisse des Weltkrieges in den Schatten stellt.

Aus: *Lebensnähe* (1926)

José Ortega y Gasset
Spanischer Philosoph (1883–1955)

Es ist in der Tat erstaunlich, mit welcher Natürlichkeit und Schnelligkeit wir, wenn wir die Stadt verlassend den Wald betreten, die Sorgen, die Stimmung und die Gewohnheiten der Alltagspersönlichkeit, die wir waren, ablegen und der wilde Mensch wieder in uns auftaucht. Es ist, als verlöre unser Leben an Gewicht, als werde es von der frischen und würzigen Luft der Jugend durchströmt. Wir fühlen uns in der Natur aufgehen, pflegt man zu sagen. Das Seltsame ist aber, daß wir, obwohl die Natur, in die uns die Jagd führt, weder unsere angeborene noch unsere gewöhnliche Umgebung ist, das Gefühl haben, in unser angestammtes Vaterhaus zurückzukehren. Das Jagdgebiet ist uns nie etwas Exotisches, das wir zum erstenmal entdecken, sondern umgekehrt, etwas von jeher Bekanntes, und selbst der wilde Mensch, der plötzlich in uns auftaucht, erweist sich nicht als Unbekannter, als etwas Neues, sondern im Gegenteil als unser ganz spontanes, offensichtliches und wohliges *Ich*.

Dies ist keine vage Behauptung. Sie faßt eine Unzahl ganz präziser Tatsachen zusammen. Zum Beispiel folgende: In einem der letzten Abschnitte seines Buches schildert ein Weidmann das Erlebnis einiger Jäger, die im Auto in ein Revier fahren. Während der Fahrt beschäftigen sie sich nicht mit der Jagd. Die Flinten stecken im Futteral und in der Hülle. Da laufen zwei Wölfe über die Straße und machen mit unglaublicher Ruhe wenige Meter vor dem Fahrzeug halt. Sofort bricht in jedem der Fahrenden ein innerer Aufruhr los. »Bremsen, Schleudern, Rufe wie ›Wo ist mein Gewehr?‹ – ›Gib mir meine Patronen!‹ Die einen springen zum Wagenschlag, andere zum Fenster hinaus usw. usw. Ein Jäger wollte, als er das Gewehr nicht aus der Hülle herausbrachte, ganz ernsthaft das Leder der Hülle mit dem Messer aufschneiden.« Nennen wir die Dinge beim Namen: die ganze Aufregung zeigt uns, wie automatisch sich der Beuteinstinkt auslöst, der immer noch rudimentär im heutigen Menschen fortlebt. Da es sich in diesem Falle um Jäger handelt, so heißt das, daß der archaische, schon im Absterben begriffene Instinkt, durch Übung genährt, in ihnen merklich wieder erwachte.

Aber die Reaktion ist typisch, und man muß sich ihrer wohl bewußt werden, weil sie die wesentliche Triebfeder darstellt, ohne die es heute keine Jagd gäbe. Sie ist im menschlichen Organismus seit Hunderttausenden von Jahren, bevor die Geschichte beginnt, eingebaut. Der Jäger und seine Begleiter sehen nämlich die beiden Wölfe als »Wild«, das heißt als Kreaturen, denen gegenüber das einzig richtige Verhalten ist, Jagd auf sie zu machen. Es handelt sich um eine Reflexbewegung, nicht um eine Überlegung, nicht einmal um eine momentane. Nicht der Mensch erfindet es, diesen Wölfen die Rolle einer möglichen Beute zuzuteilen. Es ist das Tier, in diesem Fall die Wölfe, die fordern, daß man sie so betrachtet, so daß nicht mit Beuteabsicht zu reagieren, unnatürlich wäre. Ich will noch deutlicher werden: die Viehzucht ist eine Beziehung zwischen Mensch und Tier, die vom Menschen erfunden wurde und bei ihm beginnt; ich meine, wenn wir sie graphisch darstellen, müßten wir einen Pfeil zeichnen, der vom Menschen ausgeht und zum Tier führt. Dieses ist an und für sich nicht »Vieh«. Es handelt sich um einen Zustand oder eine »Rolle«, die der Mensch dem Tier auferlegt. Aber das Jagen ist, wie ich gelegentlich schon andeutete, eine Beziehung, die gewisse Tiere dem Menschen auferlegen, und zwar geht das so weit, daß unser Wille und unsere Überlegung mitwirken müssen, um nicht zu versuchen, sie zu jagen. Das graphische Sinnbild der jagdlichen Beziehung müßte umgekehrt wie bei der Viehzucht sein, und man müßte den Pfeil vom Tier ausgehen lassen. Man sage also nicht, daß bei der eben angeführten Szene die Jäger besonders destruktive Wesen seien, die alles vernichten, was ihnen vor die Augen kommt. Nichts davon: sie sehen eben die Wölfe als das, was sie wirklich sind, nämlich Kreaturen, die mit einem wunderbaren Fluchtvermögen begabt sind, so sehr, daß sie ihrem Wesen nach »das, was flüchtet«, das Ungebändigte, Widerspenstige, Flüchtige sind, was gewöhnlich verborgen, abwesend, unerreichbar, in der Einsamkeit versteckt ist. »Die Wölfe da haben!« wo doch die Wölfe gerade das sind, »was man nicht da hat«. Was gleichbedeutend damit ist, daß sich die Wölfe von sich aus so verhalten, wie wenn sie mit einem »idealen« Jäger rechneten. Bevor jemand Bestimmtes sie verfolgt, fühlen sie sich schon als mögliche Beute und gestalten ihr ganzes Dasein im Sinne dieser Situation. So verwandeln sie jeden normalen Menschen, auf den sie stoßen, automatisch in einen Jäger. *Die einzige passende Antwort für ein Wesen, das ganz in der Besessenheit lebt, ein Erlegtwerden zu vermeiden, ist der Versuch, sich seiner zu bemächtigen.* (...)

Und ebenso wie mit den Wölfen geht es mit den übrigen Tieren, die zu der Kategorie von Gattungen gehören, die mit dem Menschen durch die Beziehung der Jagd verbunden sind. Jedes einzelne von ihnen erzeugt in uns, wenn wir plötzlich auf freiem Felde seiner gewahr werden, diese typische Bestürzung.

Aus: *Meditationen über die Jagd* (1942)

Ludwig Wittgenstein
Österreichischer Philosoph (1889–1951)

2. 9. 16: (...) Das philosophische Ich ist nicht der Mensch, nicht der menschliche Körper oder die menschliche Seele mit den psychologischen Eigenschaften, sondern das metaphysische Subjekt, die Grenze (nicht der Teil) der Welt. Der menschliche Körper aber, *mein* Körper insbesondere, ist ein Teil der Welt unter anderen Teilen der Welt, unter Tieren, Pflanzen, Steinen etc. etc. (*Vgl.* 5.641.)

Wer das einsieht, wird seinem Körper oder dem menschlichen Körper nicht eine bevorzugte Stelle in der Welt einräumen wollen.

Er wird Menschen und Tiere ganz naiv als ähnliche und zusammengehörige Dinge betrachten.

12. 10. 16: Ein Stein, der Körper eines Tieres, der Körper eines Menschen, mein Körper, stehen alle auf gleicher Stufe.

Darum ist, was geschieht, ob es von einem Stein oder von meinem Körper geschieht, weder gut noch schlecht.

15. 10. 16: Was man sich nicht denken kann, darüber kann man auch nicht reden. (*Vgl.* 5.61.)

»Bedeutung« bekommen die Dinge erst durch ihr Verhältnis zu meinem Willen.

Denn »Jedes Ding ist, was es ist, und kein ander Ding«.

Eine Auffassung: Wie ich aus meiner Physiognomie auf meinen Geist (Charakter, Willen) schließen kann, so aus der Physiognomie jedes Dinges auf *seinen* Geist (Willen).

Kann ich aber aus meiner Physiognomie auf meinen Geist *schließen*?
Ist dies Verhältnis nicht rein empirisch?
Drückt mein Körper wirklich etwas aus?
Ist er selbst der interne Ausdruck von etwas?
Ist etwa das böse Gesicht an sich böse oder bloß, weil es empirisch mit böser Laune verbunden ist?
Aber es ist klar, daß der Kausalnexus gar kein Nexus ist (*Vgl.* 5.136.)
Ist es denn wahr, daß sich mein Charakter nach der psychophysischen Auffassung nur im Bau *meines* Körpers oder meines Gehirns und nicht ebenso im Bau der ganzen übrigen Welt ausdrückt?
Hier liegt ein springender Punkt.
Dieser Parallelismus besteht also eigentlich zwischen meinem Geist i. e. dem Geist, und der Welt.
Bedenke nur, daß der Geist der Schlange, des Löwen, *dein* Geist ist. Denn nur von dir her kennst du überhaupt den Geist.
Es ist nun freilich die Frage, warum habe ich der Schlange gerade diesen Geist gegeben.
Und die Antwort hierauf kann nur im psychophysischen Parallelismus liegen: Wenn ich so aussähe wie die Schlange und das täte, was sie tut, so wäre ich so und so.
Das Gleiche beim Elefanten, bei der Fliege, bei der Wespe.
Es fragt sich aber, ob nicht eben auch hier wieder (und gewiß ist es so) mein Körper mit dem der Wespe und der Schlange auf einer Stufe steht, so daß ich weder von dem der Wespe auf meinen, noch von meinem auf den der Wespe geschlossen habe.
Ist das die Lösung des Rätsels, warum die Menschen immer glaubten, *ein* Geist sei der ganzen Welt gemein?
Und dann wäre er freilich auch den unbelebten Dingen gemeinsam.
Der Weg, den ich gegangen bin, ist der: Der Idealismus scheidet aus der Welt als unik die Menschen aus, der Solipsismus scheidet mich allein aus, und endlich sehe ich, daß auch ich zur übrigen Welt gehöre, auf der einen Seite bleibt also *nichts* übrig, auf der anderen als unik *die Welt*. So führt der Idealismus streng durchdacht zum Realismus. (*Vgl.* 5.64.)

Aus: *Tagebücher 1914–1916*

Helmuth Plessner
Deutscher Philosoph (1892–1985)

Das erste Wort von dieser Stelle aus sei ein Wort des Dankes an die Leitung des Kongresses und die Stadt Hamburg, deren Einladung es mir ermöglichte, nach 13 Jahren zum ersten Male wieder auf dem Boden meines Vaterlandes zu Deutschen zu sprechen, und zwar über eine Frage, deren Aktualität wir alle am eigenen Leibe erlebt haben, die Frage nach der Grenze zwischen Tier und Mensch, nach der Sonderstellung des Menschen in der Natur.

Können wir diese Sonderstellung in einer so naturalistisch denkenden Epoche wie der unsrigen noch gegen die suggestiven Beweisführungen der Biologie verteidigen? Das ist freilich kein biologisches, sondern ein philosophisches Problem, das zugleich dem Protest gegen ein noch zu wenig begriffenes Mißverhältnis zwischen der Größe menschlichen Selbstvertrauens und der Höhe menschlicher Wesensbestimmung Ausdruck gibt. Es bleibt ein merkwürdiges Phänomen, von dem man sich zu wenig Rechenschaft gibt, daß das große Vertrauen, das wir zum Menschen haben, ein ständig zunehmendes Vertrauen seit dem Ende des Mittelalters, einem stets geringeren Begriff für die Sonderstellung des Menschen in der Natur parallel läuft. Je höher der Mensch von sich als einem Wesen dachte, das Macht hat, das kann, was es will, einem Wesen, das leider auch will, was es kann, desto mehr sank die Einschätzung seines Wesens, desto mehr vermischte sich die Grenze zwischen Mensch und Tier. Die Emanzipation des Menschen, das Kennzeichen einer mehrhundertjährigen Entwicklung bis zur modernen Industriegesellschaft, war nur möglich, weil in ihr die Bindung an kirchliche Autorität Stück für Stück preisgegeben wurde und damit die Bindung an ein Menschenbild verlorenging, das durch Griechentum, Judentum und Christentum geprägt worden ist. In dem Maße, als wir die Bindung an dieses klassisch-christliche Bild des Menschen lösen, wird die Stellung des Menschen in der Welt fragwürdig. Die Erhöhung des Menschen auf Kosten einer wachsenden Entgottung der Welt in der Renaissance, in der Aufklärung, im Zeitalter der Revolution rächt sich an ihm, da sie nun im Zeichen seiner Erniedrigung zu enden droht. Vor dieser Gefahr steht die im Folgenden zu besprechende Frage.

Wir gehen davon aus, daß die moderne Entwicklungslehre unter der Führung des Darwinismus im Menschen das Zuchtprodukt einer millionenjährigen Entwicklung sieht und sich dabei wie selbstverständlich auf die Einordnung des Menschen in die Tierreihe verläßt. Aber schon hier fällt auf, daß der Begriff des Tieres viel umfassender ist als der Begriff des Menschen. Ein Tier, das kann ein Seestern, ein Löwe, ein Affe, ein Insekt sein. Ein Mensch, das ist ein Mongole, ein Neger, ein Indianer, ein Weißer. Der Allgemeinheitsgrad des Begriffes Mensch ist weit geringer als der Allgemeinheitsgrad des Begriffes Tier. Er umfaßt nicht die Arten, sondern höchstens Rassen und Rassenvarietäten, deren Abgrenzung in vieler Hinsicht fließend ist und von deren Ursprung wir trotz aller Mutmaßungen so gut wie nichts wissen. Freilich hat der Vergleich zwischen den Allgemeinheitsgraden der Begriffe Tier und Mensch nur solange seine Richtigkeit, als er eine Einschränkung an der Idee des Menschen vornimmt, die Einschränkung nämlich auf seine körperliche Erscheinung. Mit dieser Einschränkung rücken Tier und Mensch in die gleiche Perspektive bewegter körperlicher Gestalten. Als Körper wird der Mensch zum Tier nach Form und Funktion zur Spezies, zur Unterart einer umfassenden Einheit innerhalb des Umkreises der Wirbeltiere, der Säugetiere und schließlich der Anthropoiden. Die Tierspezies homo sapiens stellt einen Verwandten des Schimpansen, des Orang, des Gibbon dar, zwar mit besonderen Eigenschaften, aufrechtem Gang, ausgeprägter Differenzierung von Fuß und Hand, wie weitgehender Haarlosigkeit, Gesichts- und Stirnentwicklung, Sprache usw., aber klassifikatorisch bleibt sie den Anthropoiden gleichgestellt. In dieser eigentümlichen Einschränkung des Aspektes auf die körperliche Erscheinung liegt die erste große Gefahr für die Sonderstellung des Menschen in der Natur, wenn die logische Prozedur in Vergessenheit gerät, die im Rahmen der unwidersprechlichen Verwandtschaft des menschlichen und des tierischen Körpers richtig bleibt, aber in sich die Gefahr einer Verfälschung birgt, wenn unbemerkt die Idee des Menschen mit der Idee des menschlichen Körpers gleichgesetzt wird. (...)

Keinen Augenblick zweifelt Darwin an der Höchststellung des Menschen in der Reihe, die sich zu ihm hin entwickelt hat, er ist das vorläufige Endprodukt eines gewaltigen Anpassungs- und Selektionsvorganges, wobei seine körperlichen und geistigen Fähigkeiten Resultat eines großen Naturvorganges darstellen sollen. Der heimliche Maßstab dieser mehr oder weniger erreichten Zweckmäßigkeit ist stets der Mensch, dessen »sapientia« als technische Intelligenz verstanden wird. Sie ist ihm die gewiß steigerungsfähige, aber fraglos einzig mögliche und notwendige und jedenfalls am weitesten vorgedrungene Auseinandersetzungsweise mit der Welt. Es ist hierbei nicht zu übersehen, daß die Prägorative des Menschen, seine Geistigkeit, die ihn mit dem logos verbindet und seine Vernünftigkeit ausmacht, verstanden wird als Intelligenz, d. h. als etwas, was die Tiere auch, wenn auch in geringerem Grade haben. Gerade darin liegt die große Gefahr für die Einsicht in die Sonderstellung des Menschen. Der Wesensunterschied wird in einen Gradunterschied verwandelt.

Intelligenz aber, und das sehen wir heute sehr viel deutlicher als in den Zeiten Darwins, gerade an den Resultaten der Tierpsychologie, Intelligenz bleibt eine biologische Kategorie. Auch andere Tierformen, auch andere Arten, selbst diejenigen, die dem Menschen gar nicht verwandt sind, zeigen Intelligenz. Freilich, diese Intelligenz ist instinktgebunden. Wir finden deshalb Intelligenzformen von sehr verschiedener Art. Die Untersuchungen Wolfgang Köhlers an Anthropoiden vermochten in der Tat nachzuweisen, daß Schimpansen die Gabe primitiven »Werkzeug«gebrauchs haben und gewisse Schwierigkeiten auf Grund einer selbständigen wahrnehmungsmäßigen Prüfung des Feldes, in dem sie leben, überwinden können. So glaubte man, in den Untersuchungen Köhlers den Beweis auch für die psychologische Verwandtschaft des Menschen mit den Anthropoiden zu sehen und eine neue Stütze für den Gedanken zu haben, daß der Mensch nur die gradmäßig höchste und letzte Ausformung dessen ist, was in den anderen Tierformen schon angelegt oder schon zu einer gewissen Entwicklung gediehen ist.

Aber die Kritik an den Untersuchungen Köhlers und weitere Untersuchungen an Tierformen, die dem Menschen nicht verwandt sind, haben gezeigt, daß sich auch bei anderen entsprechende Intelligenzleistungen finden. Daß man z. B. bei den baumlebenden Anthropoiden eine ausgesprochene Gabe von Verbindungsmöglichkeiten zwischen Stäben und ähnlichem findet, liegt daran, daß die Tiere in einer Welt der Zweige leben. Und wenn man auf Grund von Versuchen an Ratten nachweisen kann, daß sie sich leichter in komplizierten Labyrinthen zurechtfinden als in einfacheren, dann liegt auch das wieder an ihrer spezifischen Umwelt und an der Instinktrichtung, die ihrer Umwelt entspricht. Und so kann man bei sehr verschiedenen Formen Intelligenzleistungen nachweisen, die sehr fragwürdig machen, ob man wirklich die eigentümliche Sondergabe des Menschen, seine Vernunft, mit dieser instinktgebundenen Intelligenz gleichsetzen darf. Baumtiere z. B., wie Affen, Eichhörnchen, Papageien haben viele gleiche Gewohnheiten und zeigen ähnliche hochentwickelte Lernmöglichkeiten. Jagdtiere, ob Einzeller oder Insekten, Krebse, Vögel und Säugetiere bilden besonders leicht Gewohnheiten im Rahmen ihrer Allgemeininstinkte, entsprechend den Umständen des Auflauerns und des Verfolgens der Beute. Intelligenz als eine Art des Verhaltens, das für Korrekturen durch Erfahrung offen ist, erstreckt sich auf eine jeweils spezifische Umwelt, in deren Konstellationen sie Einblick gewährt. Aber dieser Einblick hat keinen abstrakt-logischen Charakter, wie ihn die vernünftige Einsicht des Menschen besitzt. Instinktgebundene Intelligenz findet sich auch beim Menschen, aber sie stellt weder eines seiner Monopole dar noch auch den Gradmesser für die Entwicklungshöhe eines Tieres. Nur die Vernunft, eine transbiologische Gabe, ist menschliches Monopol, und sie gibt seiner Intelligenz jene besondere Richtung, die sich bei keinem Tier findet: die Richtung auf den sachlichen Zusammenhang, die Freiheit von den Bindungen an Instinkte. Während das Tier stets den bequemsten Weg zu gehen sucht und sich nach den einfachsten Marken seiner Umwelt orientiert, wenn es weiterhin nur das bemerkt, womit es etwas anfangen kann, weiß der Mensch diesen sensomotorischen Funktionskreis zu durchbrechen und zu dem Unterschied des Einzelnen vom Allgemeinen, der Praxis von der Theorie vorzudringen und mit dessen Unterschieden sein Verhalten zu durchdringen.

Diese Erkenntnis hat dazu geführt, daß man nicht mehr von einem natürlichen Fortschritt der Tierreihe in einer Richtung spricht und im Menschen nicht mehr die letzte und relativ höchste Intelligenz in der Tierreihe erblickt. Für diese Erkenntnis haben am meisten Henri Bergson und Jacob von Uexküll geleistet. Bei Bergson ist der Gedanke einer einlinig-fortschreitenden Entwicklung verlassen. Hier hat die Entwicklung kein Ziel mehr, und der Mensch ist auch nicht mehr ihr vorläufig höchstes Stadium, vielmehr verläuft die Entwicklung in doppelter Richtung und hat zwei Kulminationspunkte; einen im Wirbeltier, in den anthropoiden Formen, und den anderen in den Insekten und hier speziell in den staatenbildenden Arten der Bienen, Ameisen und Termiten. Das Leben hat einmal die Möglichkeit einer Steigerung des Bewußtseins und der rechnerischen Intelligenz, auf der anderen Seite die Möglichkeit der Steigerung des Instinktes, der Eindämmung und der Ausschließung des Bewußtseins. In der ersten Richtung wird die Entwicklung der Erfahrung als des Faktors der Anpassung an wechselnde Situationen entscheidend, in der anderen Richtung die Entwicklung weitgehend spezialisierter Instinkte. Für die Insekten, insbesondere die staatenbildenden Formen, hat daher die Jugendphase als das für den Erwerb von Erfahrungen fundamentale Stadium keine Bedeutung, und von einer postembryonalen Jugendphase ist bei ihnen auch nichts zu konstatieren, während die Jugendphase bei den Wirbeltieren und speziell bei den Anthropoiden mit Rücksicht auf die Ausbildung von bewußten Regulationen ihres Verhaltens deutlich ausgeprägt ist. Hat bei aller instinktiven Bindung die Sensomotorik der Wirbeltiere ihren Sinn in der intelligenten Bemeisterung des Umfeldes, in dem der Organismus lebt, so versteht man, daß Tiere, die als mehr oder weniger vollkommene Instinktspezialisten aufzufassen sind, mit einem anderen Maßstab beurteilt werden müssen. Wiewohl Wirbeltier und Anthropoide, fällt der Mensch nicht unter das Gesetz der biologischen Intelligenz. Er ist homo faber, soweit er sich mit seinem dem Raum verbundenen Verstand die Dinge unterwirft. Aber dieser rechnende Verstand dient nur der Praxis, ist kein Organ für die Wirklichkeit wie die der Zeit als realer Essenz alles Lebens verbundene Intuition. In der Intuition, die sich in der Gegenrichtung zur intellektuell-praktischen Bemeisterung der Dinge zurückwendet, erinnert sich der Mensch der nicht weiter auflösbaren Schwungkraft des Lebens. Darum ist er aus der Tierreihe herausgehoben, darum erscheint das Leben in ihm gleichsam noch einmal potenziert, darum ist er des Lebens Leben: Geist.

Aus: *Mensch und Tier* (1946)

Max Horkheimer
Deutscher Philosoph und Soziologe (1895—1973)

Der Wolkenkratzer. Ein Querschnitt durch den Gesellschaftsbau der Gegenwart hätte ungefähr folgendes darzustellen: Obenauf die leitenden, aber sich untereinander bekämpfenden Trustmagnaten der verschiedenen kapitalistischen Mächtegruppen; darunter die kleineren Magnaten, die Großgrundherren und der ganze Stab der wichtigen Mitarbeiter; darunter – in einzelne Schichten aufgeteilt – die Massen der freien Berufe und kleineren Angestellten, der politischen Handlanger, der Militärs und Professoren, der Ingenieure und Bürochefs bis zu den Tippfräuleins; noch darunter die Reste der selbständigen kleinen Existenzen, die Handwerker, Krämer und Bauern e tutti quanti, dann das Proletariat, von den höchst bezahlten gelernten Arbeiterschichten über die ungelernten bis zu den dauernd Erwerbslosen, Armen, Alten und Kranken. Darunter beginnt erst das eigentliche Fundament des Elends, auf dem sich dieser Bau erhebt, denn wir haben bisher nur von den hochkapitalistischen Ländern gesprochen, und ihr ganzes Leben ist ja getragen von dem furchtbaren Ausbeutungsapparat, der in den halb und ganz kolonialen Territorien, also in dem weitaus größten Teil der Erde funktioniert. Weite Gebiete des Balkans sind ein Folterhaus, das Massenelend in Indien, China, Afrika übersteigt alle Begriffe. Unterhalb der Räume, in denen millionenweise die Kulis der Erde krepieren, wäre dann das unbeschreibliche, unausdenkliche Leiden der Tiere, die Tierhölle in der menschlichen Gesellschaft darzustellen, der Schweiß, das Blut, die Verzweiflung der Tiere.

Man spricht gegenwärtig viel von »Wesensschau«. Wer ein einziges Mal das »Wesen« des Wolkenkratzers »erschaut« hat, in dessen höchsten Etagen unsere Philosophen philosophieren dürfen, der wundert sich nicht mehr, daß sie so wenig von dieser ihrer realen Höhe wissen, sondern immer nur über eine eingebildete Höhe reden; er weiß, und sie selbst mögen ahnen, daß es ihnen sonst schwindlig werden könnte. Er wundert sich nicht mehr, daß sie lieber ein System der Werte als eines der Unwerte aufstellen, daß sie lieber »vom Menschen überhaupt« als von den Menschen im besonderen, vom Sein schlechthin als von ihrem eigenen Sein handeln: sie könnten sonst zur Strafe in ein tieferes Stockwerk ziehen müssen. Er wundert sich nicht mehr, daß sie vom

»Ewigen« schwatzen, denn ihr Geschwätz hält, als ein Bestandteil seines Mörtels, dieses Haus der gegenwärtigen Menschheit zusammen. Dieses Haus, dessen Keller ein Schlachthof und dessen Dach eine Kathedrale ist, gewährt in der Tat aus den Fenstern der oberen Stockwerke eine schöne Aussicht auf den gestirnten Himmel.

Aus: *Dämmerung. Notizen in Deutschland* (1931/1934)

Zum Wesen des Menschen. Der Blutdurst der Bauern und sonstiger Helfershelfer, wenn ein Wolf oder ein Berglöwe sich nächtlich ein Schaf holt, verrät die schlecht überwundene Gier nach rohem Fleisch – nach Zerfleischen und Überfall. Indem man den tierischen Räuber zur »Bestie« stempelt, schlägt man draußen mit abgefeimter Brutalität, was man drinnen in sich selbst nicht ausrotten kann, das Vor-Zivilisatorische. Es kommt darüber hinaus in dem bestialischen Haß gegen den Wolf aber noch weiter zum Ausdruck, daß man den eigenen Fraß, dem die Schafe ausschließlich vorbehalten bleiben sollen, insgeheim als die grauenvolle Praxis empfindet, die sie wirklich ist. Die Züchter von Haustieren erfahren im täglichen Umgang mit ihnen etwas von deren Individualität und ihrem vertrauenden Leben. Der eigene Widerwille gegen den Mord am Beschützten, gegen den Verkauf an den Schlächter, ist in die untersten seelischen Schichten verstoßen und steigt in der Wut gegen den illegalen Fresser, der soviel harmloser ist als der verräterische Hirte selbst, mit blutunterlaufenen Augen herauf. Im Mord am Wolf bringt man das eigene Gewissen zum Schweigen. Die Gelegenheit ist günstig: man kommt sich dabei auch noch als Beschützer vor – und ist es auch in diesem Augenblick. Der Schutz ist zugleich Totschlag – *qui saurait y remédier!* –, nur die blutunterlaufenen Augen verraten, daß noch mehr im Spiel ist als die Dialektik der Zivilisation.

Mensch und Rhinozeros. Auf einem Gemälde von Longhi aus dem 18. Jahrhundert steht ein gefangenes Rhinozeros, das von Herrschaften in einer Stadt Europas angegafft wird. Kaum irgendwo wird die Dummheit der Menschen so deutlich wie auf diesem Bild. Sie sind die einzige Rasse, die Exemplare anderer Rassen gefangenhält oder sonst auf eine Art quält, bloß um sich selbst dabei groß vorzukommen. Wie weise wirkt das dumme Tier auf dem Bild vor den törichten Menschen, die zu jener Zeit gerade ihre eigenen Gattungsgenossen folterten und verbrannten, vorgeblich, weil sie vom Glauben abwichen, in Wirklichkeit aus Gründen, die sie selbst nicht kannten. Wie unbeschreiblich töricht und grausam ist diese Naturrasse.

Aus: *Notizen* (1949–1969)

In totalitären Staaten herrscht der Schrecken. Ohne daß ihnen ein Verbrechen nachgewiesen wäre, werden Menschen gefangengehalten, gefoltert, barbarisch ermordet. Je weiter die materiellen und die geistigen Kräfte solcher Staaten entwickelt sind, desto geheimer müssen die Schandtaten sich vollziehen, besonders dort, wo hinter den Machthabern keine fremden Kanonen stehen. Der Fanatismus geriete ins Stocken. Wenn nicht aus Solidarität mit den Opfern, so doch aus genuiner Achtung vor dem Leben würden viele von der Herrschaft sich abwenden, die die verborgenen Mittel kennen, durch die sie sich fortsetzt. Aber, wenn sie es auch ahnen, so wissen sie es doch nicht, und so lange wird ihnen die Lüge eingehämmert, bis sie es nicht einmal mehr ahnen und nach dem Sturz der Herrschaft sagen dürfen: wir haben es nicht geahnt.

Fern von Deutschland, wartete ich vor Jahren nachts auf einem Bahnhof. Auf einem Gleis weit draußen stand ein Zug mit brüllendem Vieh. Er war schon lang gefahren, und das Schlachthaus war noch fern. Der freundliche Beamte erklärte mir, die Wagen seien eng bepackt und die Stücke, die bei der rüttelnden Fahrt gestürzt seien, lägen unter den Hufen der anderen. Die Türen könnten nicht geöffnet werden, das Vieh erhalte kein Wasser auf dem Transport. Er dauere manchmal vier Tage. Auf die Frage, ob eine Änderung möglich sei, meinte er, das entscheide wohl die Kalkulation. Wenn der Verlust durch die Anzahl beim Transport verendeter Tiere die Kosten für zusätzliche Wagen und fürs Tränken übersteige, stehe eine pfleglichere Behandlung in Aussicht. Übrigens sei Verschickung durch die Bahn noch human; bei Kraftlastwagen gingen mehr Tiere ein; sie würden zertrampelt. Das war bei Nacht im doppeltem Sinn, denn nur wenige wissen davon. Würde es sich ändern, wenn es alle wüßten? Ich zweifle daran.

In Deutschland, in den Jahren nach dem Ersten Weltkrieg, hörte ich bei einem berühmten Professor Physiologie. Es war ein großes Kolleg, und wir waren viele Studenten. Manche Ausführungen waren von Demonstrationen begleitet. Im ersten Teil des Semesters war eine Katze so festgeschnallt, daß sie ihren Kopf nicht bewegen konnte. Eines ihrer Augen war gewaltsam aufgerissen, und ein starker elektrischer Lichtstrahl fiel hinein. Die Studenten wurden langsam vorbeigeführt, um sich zu überzeugen, daß der Hintergrund des Auges phosphoreszierte, wie der Professor es behauptet hatte. Im zweiten Teil des Semesters war ein Hase gefesselt. Auch er konnte den Kopf nicht bewegen. Der Schädel war aufgemeißelt und die halbe Hirnschale lag frei. Jedesmal, wenn ein Student vorbeikam, berührte der Professor eine oder die andere Stelle des Gehirns um zu zeigen, daß dadurch ein Glied des Tieres zuckte, also mit jener Stelle verbunden war. Im dritten Teil brachte der Professor sechs Tauben ins Kolleg. Das Gehirn war ihnen herausgenommen. Er ließ sie im Auditorium flattern, um unzweideutig darzutun, daß sie die Orientierung verloren hatten.

Der Beweis gelang. Der Professor war ein hochkultivierter Mann. Neben seinem eigenen Gebiet hatte er in anderen Disziplinen, nicht zuletzt in der Philosophie, durch seine Werke Ansehen gewonnen. Er war Kunstverständiger und praktizierender Musiker. Was den Tieren geschah, ahnte er nicht bloß, wußte er nicht bloß, er tat es. In wie vielen Semestern es sich wiederholte, welche weiteren Demonstrationen sonst noch geboten wurden, weiß ich nicht. Doch geschieht es auch heute, daß Studenten ihre Arbeiten von den Lehrern zurückerhalten, weil »nicht genügend Tierexperimente« darin nachgewiesen sind.

Ich kenne eine gescheite, moralische Frau. Sie wäre, wie man so sagt, zu keiner unanständigen Handlung fähig. Ihr Schicksal hat es mit sich gebracht, daß ihr ein Beruf ermöglicht wurde, in dem Experimente an lebenden Tieren Routine sind. Meine Frage, ob Unempfindlichkeit so weit wie möglich verbürgt sei, erwiderte sie durch ein leises Nein. »Ich kann aber dort nicht weggehen«, fügte sie als Erklärung auf die nächste, nicht geäußerte Frage hinzu. Sie hätte ihr Brot verloren. Sie tat es um der Laufbahn willen, wenngleich sie es mißbilligte. Jetzt ist sie avanciert und braucht es nicht mehr auszuführen. Sie muß es anordnen. Wahrscheinlich versucht sie sogar, es zu mildern. Die Kraft zum Widerstand findet sie nicht. Vor der allmächtigen Gleichgültigkeit der Gesellschaft muß ihr das Opfer, das ihre Familie mitbeträfe, als sinnlos erscheinen. An ihrer Stelle spränge sogleich ein anderer ein. Sie ist bloß müde und resigniert. Die geistige Atmosphäre wird durch Zeitung, Rundfunk, Fernsehen und zahllose Mittel der Meinungsbildung bestimmt. Wie vermöchte die Stimme des einzelnen, der sich zum Sprecher der Tiere macht, gegen die massiven Interessen ihrer Herren sich durchsetzen? Es ist kein Terror gegen die Menschen nötig, damit sie den unnötigen gegen die Tiere dulden; die Gewohnheit tut das ihre von selbst. Die Steigerung der Lebenserwartung und des Lebensstandards, der Güter höchste in der automatisierten Welt, soll alles rechtfertigen, nicht bloß das zweckbedingte, sondern das zusätzliche, sinnlose, fahrlässige Leiden der Kreatur, das in den Verliesen des Gesellschaftsbaues angerichtet wird. Solchem Fortschritt angemessener als der offizielle Optimismus ist noch die Trauer jener Frau, die ihre Schuld nicht vergessen kann.

Die Art, wie die moderne Menschheit ihr zusätzliches Leben erkauft, die fieberhafte Herstellung von zweifelhaften Luxusgütern und unzweifelhaften Zerstörungsmitteln, die Genialität der Produktion, die keine Zeit zum Denken läßt, drückt dem so Gewonnenen rückwirkend den Stempel auf. Mit aller Findigkeit und Raschheit, allem wunderbaren Scharfsinn zieht die Gesellschaft durch die skrupellose Vergewaltigung dessen, was draußen ist, zugleich Stumpfheit und Borniertheit, Leichtgläubigkeit und Anpassungsbereitschaft ans jeweils Mächtige und Zeitgemäße als herrschende Gemütsverfassung groß.

Zwischen der Ahnungslosigkeit gegenüber den Schandtaten in totalitären Staaten und der Gleichgültigkeit gegenüber der am Tier begangenen Gemeinheit, die auch in den freien existiert, besteht ein Zusammenhang. Beide leben vom sturen Mittun der Massen bei dem, was ohnehin geschieht. Wen die Welt dazu gebracht hat, bloß vor sich hin zu blicken und der allgemeinen Suggestion zu gehorchen, wer nicht gelernt hat, Erfahrungen über den Bereich des eigenen Nutzens hinaus zu machen, der ist inmitten der Freiheit unfrei, und nur von den Umständen hängt es ab, wann er der äußeren Unfreiheit verfallen wird. Davon, daß der Widerspruch zwischen theoretischer Humanität und praktischer Barbarei überwunden wird, der diese Zivilisation wie eine schändliche Krankheit durchzieht, um so schändlicher, je gewaltiger der Reichtum und die Fähigkeiten sind, hängt es ab, ob der technische Fortschritt zu einer höheren Gestalt der menschlichen Zusammenarbeit führt. Die größeren Mittel der Gesellschaft fordern größere moralische Differenziertheit. Mitleid ist nicht genug, und es gibt eine Tierliebe, die keinen anderen Grund hat als den Menschenhaß. Die Empörung gegen das inmitten der Gesellschaft pausenlos begangene Übermaß an Folterung entspringt vielmehr der Abneigung gegen das Glück, das durch erbärmliche Mittel erkauft ist, der Empfindsamkeit gegen Niedertracht, der Generosität, die zu wirklicher Kraft gehört. Dem Leben, das der raffinierten Quälerei des Schwachen sich verdankt, haftet selber die Schwäche an. Es wird sich gegen primitivere, brutalere menschliche und außermenschliche Kräfte schließlich nicht mehr behaupten können. Die Kultur des Professors, der zum Gaudium die geschändeten Tauben flattern ließ, ist schon der Hohn auf Kultur, und die Studenten, die ihm folgen, können sie nicht verteidigen.

Aus: *Erinnerung* (1959)

Theodor W. Adorno
Deutscher Philosoph, Soziologe und Musiktheoretiker (1903 – 1969)

Menschen sehen dich an. – Die Entrüstung über begangene Grausamkeiten wird um so geringer, je unähnlicher die Betroffenen den normalen Lesern sind, je brunetter, »schmutziger«, dagohafter. Das besagt über die Greuel selbst nicht weniger als über die Betrachter. Vielleicht ist der gesellschaftliche Schematismus der Wahrnehmung bei den Antisemiten so geartet, daß sie die Juden überhaupt nicht als Menschen sehen. Die stets wieder begegnende Aussage, Wilde, Schwarze, Japaner glichen Tieren, etwa Affen, enthält bereits den Schlüssel zum Pogrom. Über dessen Möglichkeit wird entschieden in dem Augenblick, in dem das Auge eines tödlich verwundeten Tiers den Menschen trifft. Der Trotz, mit dem er diesen Blick von sich schiebt – »es ist ja bloß ein Tier« –, wiederholt sich unaufhaltsam in den Grausamkeiten an Menschen, in denen die Täter das »Nur ein Tier« immer wieder sich bestätigen müssen, weil sie es schon am Tier nie ganz glauben konnten. In der repressiven Gesellschaft ist der Begriff des Menschen selber die Parodie der Ebenbildlichkeit. Es liegt im Mechanismus der »pathischen Projektion«, daß die Gewalthaber als Menschen nur ihr eigenes Spiegelbild wahrnehmen, anstatt das Menschliche gerade als das Verschiedene zurückzuspiegeln. Der Mord ist dann der Versuch, den Wahnsinn solcher falschen Wahrnehmung durch größeren Wahnsinn immer wieder in Vernunft zu verstellen: was nicht als Mensch gesehen wurde und doch Mensch ist, wird zum Ding gemacht, damit es durch keine Regung den manischen Blick mehr widerlegen kann.

Aus: *Minima Moralia* (1951)

Schließlich aber wäre doch auch über den Gedanken der Vernunft als eines Endzwecks der Menschheit selber noch etwas zu sagen. Wenn Sie das à la lettre nehmen, das heißt, wenn Sie dabei von der Vernunft ausgehen, so wie in der Geschichte deren Begriff etabliert ist, und diesen Begriff der Vernunft nicht in sich selbst reflektieren, dann ist diese Vernunft ja die reine naturbeherrschende Vernunft und insofern auch das unterdrückende Prinzip und selber etwas wesentlich Partikulares. Es ist aber äußerst fragwürdig, ob man dieses unterdrückende, partikulare, auf die Selbsterhaltung der Gattung Menschheit abzielende Prinzip nun als das einer objektiven moralischen Vernunft überhaupt ohne weiteres setzen kann. Schopenhauer hat seinerzeit es als das besondere Verdienst seiner Moralphilosophie angesprochen, daß in ihr auch das Verhalten zu den Tieren inbegriffen ist, das Mitleid gegenüber den Tieren, und man hat das oft so als eine Schrulle des Privatiers behandelt. Ich glaube, daß sich an solchen exzentrischen Zügen gerade ungeheuer viel erkennen läßt. Das heißt, der Schopenhauer hatte wahrscheinlich den Verdacht, daß die Etablierung der totalen Vernunft als des obersten objektiven Prinzips der Menschheit eben damit jene blinde Herrschaft über die Natur fortsetzen könnte, die in der Tradition der Ausbeutung und der Quälerei an Tieren ihren allersinnfälligsten und faßlichsten Ausdruck hat. Er hat damit sozusagen den wunden Punkt des Übergangs der subjektiven selbsterhaltenden Vernunft in das oberste moralische Prinzip bezeichnet, welches für die Tiere und für das Verhalten zu Tieren keinen Raum läßt. Und insofern ist gerade diese Exzentrizität von Schopenhauer Zeichen einer sehr großen Einsicht.

Aus: *Probleme der Moralphilosophie* (1963)

Max Horkheimer & Theodor W. Adorno

Die Idee des Menschen in der europäischen Geschichte drückt sich in der Unterscheidung vom Tier aus. Mit seiner Unvernunft beweisen sie die Menschenwürde. Mit solcher Beharrlichkeit und Einstimmigkeit ist der Gegensatz von allen Vorvorderen des bürgerlichen Denkens, den alten Juden, Stoikern und Kirchenvätern, dann durchs Mittelalter und die Neuzeit hergebetet worden, daß er wie wenige Ideen zum Grundbestand der westlichen Anthropologie gehört. Auch heute ist er anerkannt. Die Behavioristen haben ihn bloß scheinbar vergessen. Daß sie auf die Menschen dieselben Formeln und Resultate anwenden, die sie, entfesselt, in ihren scheußlichen physiologischen Laboratorien wehrlosen Tieren abzwingen, bekundet den Unterschied auf besonders abgefeimte Art. Der Schluß, den sie aus den verstümmelten Tierleibern ziehen, paßt nicht auf das Tier in Freiheit, sondern auf den Menschen heute. Er bekundet, indem er sich am Tier vergeht, daß er, und nur er in der ganzen Schöpfung, freiwillig so mechanisch, blind und automatisch funktioniert, wie die Zuckungen der gefesselten Opfer, die der Fachmann sich zunutze macht. Der Professor am Seziertisch definiert sie wissenschaftlich als Reflexe, der Mantiker am Altar hatte sie als Zeichen seiner Götter ausposaunt. Dem Menschen gehört die Vernunft, die unbarmherzig abläuft; das Tier, aus dem er den blutigen Schluß zieht, hat nur das unvernünftige Entsetzen, den Trieb zur Flucht, die ihm abgeschnitten ist.

Der Mangel an Vernunft hat keine Worte. Beredt ist ihr Besitz, der die offenbare Geschichte durchherrscht. Die ganze Erde legt für den Ruhm des Menschen Zeugnis ab. In Krieg und Frieden, Arena und Schlachthaus, vom langsamen Tod des Elefanten, den primitive Menschenhorden auf Grund der ersten Planung überwältigten, bis zur lückenlosen Ausbeutung der Tierwelt heute, haben die unvernünftigen Geschöpfe stets Vernunft erfahren. Dieser sichtbare Hergang verdeckt den Henkern den unsichtbaren: das Dasein ohne Licht der Vernunft, die Existenz der Tiere selbst. Sie wäre das echte Thema der Psychologie, denn nur das Leben der Tiere verläuft nach seelischen Regungen; wo Psychologie die Menschen erklären muß, sind sie regrediert und zerstört. Wo man unter Menschen Psychologie zu Hilfe ruft, wird der karge Bereich ihrer unmittelbaren Beziehungen nochmals verengt, sie werden sich auch darin noch zu Dingen. Der Rekurs auf Psychologie, um den anderen zu verstehen, ist unverschämt, zur Erklärung der eigenen Motive sentimental. Die Tierpsychologie aber hat ihren Gegenstand aus dem Gesicht verloren, über der Schikane ihrer Fallen und Labyrinthe vergessen, daß von Seele zu reden, sie zu erkennen, gerade und allein dem Tiere gegenüber ansteht. Selbst Aristoteles, der den Tieren eine, wenn auch inferiore Seele zusprach, hat aber lieber von den Körpern, von Teilen, Bewegung und Zeugung gehandelt, als von der dem Tiere eigenen Existenz.

Aus: *Dialektik der Aufklärung* (1947)

Hans Jonas
Deutscher Philosoph (1903–1993)

»Humanisierung« der Natur? Im Gegenteil, Entfremdung nicht nur von sich selbst, sondern auch vom Menschen. Und wie erst, um vom pflanzlichen zum tierischen Beispiel überzugehen, bei den Brut- und Eierfabriken, die heute die Großmärkte versorgen und wogegen der bäuerliche Hühnerhof mit seinem Gockel fast wie ein Tierschutzpark anmutet! Die letzte Erniedrigung sinnen- und bewegungsbegabter, fühlender und lebenseifriger Organismen zu umweltberaubten, lebenslang eingesperrten, künstlich beleuchteten, automatisch gefütterten Lege- und Fleischmaschinen hat mit Natur kaum noch etwas gemein, und von »Aufgeschlossenheit« und »Nähe« vis à vis dem Menschen kann gar keine Rede sein. Ähnlich die Mastgefängnisse für Rindfleischerzeugung und so weiter. Selbst der Geschlechtsakt ist durch künstliche Insemination ersetzt. *So* sieht die »Anti-Demeterbewegung«, der »Umbau der Natur« in concreto und in praxi aus! Für die Naturliebe des Menschen ist da nichts zu holen, über Reichtum und Finesse des Lebens nichts zu lernen. Staunen, Andacht und Neugier liegen brach.

Das von Bloch nicht gesehene Paradox ist, daß gerade die vom Menschen *nicht* veränderte und nicht genutzte, die »wilde« Natur die »humane«, nämlich zum Menschen sprechende ist, und die ganz ihm dienstbar gemachte die schlechthin »inhumane«. Nur das geschonte Leben offenbart sich.

Aus: *Das Prinzip Verantwortung* (1979)

In bezug auf das Klonieren bin ich gefragt worden, ob es ethische Einwände gibt, das bei Tieren zu machen. Ich sehe keine besonderen ethischen Einwände, aber ich kann mir natürlich Tierfreunde vorstellen, denen auch davor schon schaudert. Für die Tiere ist die geschlechtliche Vermehrung gewissermaßen von der Natur vorgesehen, und ungeschlechtliche Duplikate von einzelnen Tierindividuen zu schaffen ist an sich schon ein durch nichts gerechtfertigter Eingriff in die Schöpfungsordnung oder in das autonome Recht des Tiers, sich auf seine Weise zu vermehren. Da fraglich ist, ob Tiere personenhafte Wesen sind, ist die Frage, ob ein Tier dadurch geschädigt ist, daß es ein Duplikat eines schon vorhandenen anderen Individuums ist, schwer zu beantworten. Man müßte dann schon auf die Tierseele zu sprechen kommen, und da begibt man sich in sehr dunkle Gebiete. Aber beim Menschen kann man evident sagen: Ein Mensch, der kloniert worden ist von einem schon vorhandenen Individuum, ist in einem seiner existentiellen Grundrechte verletzt worden, nämlich in dem Recht, nicht um sich selbst zu wissen, sondern sich erst zu finden, sich sein Leben selbst zu bahnen, seine Möglichkeiten auszuprobieren und sich selber zu überraschen usw., anstatt sich als Abklatsch eines schon vorgelebten Wesens zu wissen, an dem alles schon demonstriert worden ist, was an Möglichkeiten vorhanden war. Hier kann man mit absoluter Evidenz sagen – unabhängig davon, ob das einmal oder hundertmal gemacht wird, ob das gesellschaftlich relevant ist für die Bevölkerung oder für den Einzelfall – schon im einzelnen Fall ist das ein durch nichts zu rechtfertigendes Vergehen an einem existentiellen Grundrecht des Individuums.

Aus: *Technik, Medizin und Ethik* (1985)

Elias Canetti
Deutschsprachiger Schriftsteller (1905–1994)

Die Tiere ahnen es nicht, daß wir sie benennen. Oder sie ahnen es doch, und dann ist es darum, daß sie uns fürchten.

In der Geschichte ist viel zu wenig von Tieren die Rede.

Man möchte jeden Menschen in seine Tiere auseinandernehmen und sich mit diesen dann gründlich und begütigend ins Einvernehmen setzen.

Und welches ist die Erbsünde der Tiere? Warum erleiden die Tiere den Tod?

Es ist nicht gut, daß die Tiere so billig sind.

Mit zunehmender Erkenntnis werden die Tiere den Menschen immer näher sein. Wenn sie dann wieder so nahe sind wie in den ältesten Mythen, wird es kaum mehr Tiere geben.

O Tiere, geliebte, grausame, sterbende Tiere; zappelnd, geschluckt, verdaut und angeeignet; raubend und blutig verfault; geflohen, vereinigt, einsam, gesehen, gehetzt, zerbrochen; unerschaffen, von Gott geraubt, in ein täuschendes Leben ausgesetzt wie Findelkinder!

Die *fehlenden* Tiere: die Arten, die der Aufstieg des Menschen an der Entstehung verhindert hat.

Haben die Tiere weniger Angst, weil sie ohne Worte leben?

Es schmerzt mich, daß es nie zu einer Erhebung der Tiere gegen uns kommen wird, der geduldigen Tiere, der Kühe, der Schafe, alles Viehs, das in unsre Hand gegeben ist und ihr nicht entgehen kann. Ich stelle mir vor, wie die Rebellion in einem Schlachthaus ausbricht und von da sich über eine ganze Stadt ergießt, wie Männer, Frauen, Kinder, Greise erbarmungslos zu Tode getrampelt werden; wie die Tiere Straßen und Fahrzeuge überrennen, Tore und Türen einbrechen, in ihrer Wut sich bis in die höchsten Stockwerke der Häuser hinauf ergießen, wie die Waggons in der Untergrund von Tausenden von wildgewordenen Ochsen zerquetscht werden und Schafe mit plötzlich scharfen Zähnen uns zerreißen. –
Ich wäre schon erleichtert über einen einzigen Stier, der diese Helden, die Stierkämpfer, jämmerlich in die Flucht schlägt und eine ganze blutgierige Arena dazu. Aber ein Ausbruch der minderen, sanften Opfer, der Schafe, der Kühe wäre mir lieber. Ich mag es nicht wahrhaben, daß das nie geschehen kann; daß wir vor ihnen, gerade ihnen allen nie zittern werden.

Welche Gabeln, welches Fleisch, und wer ist es, der uns röstet?

Das schönste Standbild des Menschen wäre ein Pferd, wenn es ihn abgeworfen hätte.

Tiere sind schon darum merkwürdiger als wir, weil sie ebenso viel erleben, es aber nicht sagen können. Ein sprechendes Tier wäre nicht mehr als ein Mensch.

Rentier schießt Mann. »Ein Rentier namens Rudolf, das den Schlitten von drei Jägern zog, schoß einen von ihnen ins Bein. Rudolf verfing sich mit seinen Hörnern in ein Gewehr und zog den Hahn.«
Wann werden alle Tiere schießen lernen? Wann wird es für jeden Jäger gefährlich werden zu schießen? Wann werden Tiere wie Rebellen Gewehre stehlen, beiseite schaffen und sich im Schießen üben? Horntiere hätten es besonders gut, aber auch mit Zehen und Zähnen ließe sich auf Jäger schießen. Und wenn unschuldige Menschen dabei zu Schaden kämen? Aber wieviel unschuldige Tiere …!

Die neuen, die eigentlichen Entdeckungen an Tieren sind nur darum möglich, weil uns unser Hochmut als Gottsöberste gründlich vergangen ist. Es stellt sich heraus, daß wir eher die Gottsuntersten, nämlich Gottes Henker in seiner Welt sind.

Wofür die unsäglichen Opfer, das Blut der Tiere, die Qual und Schuld, – dafür, daß wir auch sterben?
Elend, der weiß. Wie elend müßte Gott sein, allwissend.

Aus: *Die Provinz des Menschen* (1972)

Den Tod eines Tieres erleben, aber als Tier.

Beim Nachtmahl fragte ich sie, ob sie gern die Sprache der Tiere verstehen möchte. Nein, das möchte sie nicht. Auf meine Frage: Warum nicht? zögerte sie ein wenig und sagte dann: Damit sie sich nicht fürchten.

Das Wort »Tier« – alle Unzulänglichkeit des Menschen in diesem einen Wort.

Ich bin zu den Tieren gegangen und bin an ihnen wieder erwacht. Es macht nichts, daß sie ebenso gern *essen* wie wir, denn sie reden nicht darüber. Ich glaube, es wird das letzte, das allerletzte in meinem Leben sein, das mir noch Eindruck macht: Tiere. Ich habe nur über sie gestaunt. Ich habe sie nie erfaßt. Ich habe gewußt: das bin ich, und doch war es jedesmal etwas anderes.

Wer die Angst der graziösesten Tiere fühlen könnte!

Kein Tier habe ich umarmt. Ein ganzes Leben habe ich mit qualvollem Erbarmen an Tiere gedacht, aber kein Tier habe ich umarmt.

Soutine: »Ich habe einmal den Dorfschlächter den Hals einer Gans aufschlitzen sehen und wie er das Blut auslaufen ließ. Ich wollte schreien, aber sein fröhlicher Blick schnürte mir die Kehle zu.«
Soutine betrachtete seine Kehle und fuhr fort: »Diesen Schrei fühle ich hier immer noch. Als ich als Kind ein primitives Porträt meines Lehrers zeichnete, versuchte ich mich von diesem Schrei zu befreien, aber umsonst. Als ich den Ochsenkadaver malte, war es noch immer dieser Schrei, den ich loswerden wollte. Ich habe es noch immer nicht geschafft!« *Soutine zu Emile Szittya*.

Aus: *Das Geheimherz der Uhr* (1987)

Die Tiere in unserem Denken müssen wieder mächtig werden, wie in der Zeit vor ihrer Unterwerfung.

Jahre meines Lebens gäbe ich dafür, für kurze Zeit ein Tier zu sein.

Wohl gibt es Tiere, die Menschen durch ihren Stumpfsinn ähneln. Aber nie wird man das Gefühl los, daß der Stumpfsinn von Tieren es nicht wirklich ist und jedenfalls unschuldiger ist als der unsere.

Das Unerlangbare an Tieren: wie *sie* einen sehen.

Leonardo, der von den Tieren ergriffen war und von der Niedertracht des Menschen, der sie bedrückt.
Sein unablässiges Denken, das ihn nicht schlecht macht.
»Von Eseln, die wir schlagen. O gleichgültige Natur ... und sie verbringen ihr ganzes Leben, indem sie ihren Bedrückern Gutes tun.«

»Von Schafen, Kühen, Ziegen und ähnlichem. Unzähligen von ihnen werden ihre kleinen Kinder weggenommen, und sie werden aufs Barbarischste geviertteilt.«

Die schrecklichste Geschichte fand ich heute, in den Erinnerungen einer Frau, der Misia Sert. Ich nenne es die *Fliegenpein* und setze sie wörtlich her: »Eine meiner kleinen Schlafgefährtinnen war eine Meisterin in der Kunst des Fliegenfangens geworden. Geduldige Studien an diesen Tieren hatten es ihr ermöglicht, genau die Stelle zu finden, durch die man die Nadel stechen mußte, um sie aufzufädeln, ohne daß sie starben. Sie verfertigte sich auf diese Weise Ketten aus lebenden Fliegen und geriet in Entzücken über das himmlische Gefühl, das ihre Haut bei der Berührung der kleinen verzweifelten Füße und zitternden Flügel empfand.«

Alle vergeblichen Gefühle, wie die der Tiere, bevor sie geschlachtet werden.

Aus: *Die Fliegenpein* (1992)

Claude Lévi-Strauss
Französischer Ethnologe und Linguist (geb. 1908)

Claude Lévi-Strauss: Uns ist die Vorstellung vertraut, daß der Geist mit begrenzten Mitteln unzählige Kombinationen erzeugt. Gleichwohl beunruhigt mich die Emsigkeit, mit der Philosophen aus der Chomskyschen Linguistik metaphysische Konsequenzen ziehen. Artikulierte Sprache ist nur dem Menschen eigentümlich, einverstanden. Bringt er aber das Wunder fertig, mittels einer endlichen Zahl von Regeln eine unendliche Zahl von Aussagen zu bilden? Und läßt sich daraus ein Argument zugunsten des einzigartigen Ranges ableiten, den der Mensch angeblich in der Schöpfung einnimmt? (...) Jeder Mensch ist immer einzigartig gewesen, ist es und wird es sein, nun gut. Aber der Mensch unterscheidet sich in dieser Hinsicht nur insoweit von anderen Lebewesen, sogar den einfachsten, als er sich gehalten fühlt, sie als Individuen zu respektieren, die doch ebenfalls einzigartig sind. Die Wissenschaft braut keine kleine Sondermoral für unseren Hausgebrauch zusammen.
(...)

Didier Eribon: Verstehen Sie, daß man Sie manchmal des ›Antihumanismus‹ bezichtigt hat?

Claude Lévi-Strauss: Ich werde Ihnen antworten, daß ein wohlverstandener Humanismus nicht bei sich selbst beginnt. Indem er den Menschen vom Rest der Schöpfung isolierte, hat der westliche Humanismus ihn einer Schutzwehr beraubt. Von dem Augenblick an, da der Mensch keine Grenze seiner Macht

mehr kennt, neigt er zur Selbstzerstörung. Nehmen Sie die Konzentrationslager und, auf einem anderen Gebiet, schleichend, aber diesmal mit tragischen Folgen für die gesamte Menschheit, die Umweltverschmutzung.
Didier Eribon: In jüngster Zeit haben manche Essayisten und Journalisten versucht, eine Verbindung zwischen der Ablehnung einer Philosophie des Subjekts, dem Antihumanismus und dem Totalitarismus herzustellen, und zwar in dem Sinne, daß einzig eine Philosophie des Subjekts imstande sei, eine Politik der Menschenrechte zu begründen.
Claude Lévi-Strauss: (...) Was hatte ich vorgeschlagen? Die Menschenrechte nicht, wie man das seit der amerikanischen Unabhängigkeitserklärung und der Französischen Revolution tut, auf den einzigartigen und privilegierten Charakter einer Gattung von Lebewesen zu gründen, sondern darin vielmehr einen Sonderfall von Rechten zu sehen, die allen Gattungen zukommen. Orientierte man sich in dieser Richtung, sagte ich, so versicherte man sich eines breiteren Konsensus, als ihn eine eingeschränkte Konzeption der Menschenrechte zu verbürgen vermag, weil man damit zeitlich an die stoische Philosophie und räumlich an den Fernen Osten anschlösse. Man stünde damit auf gleicher Höhe mit der praktischen Einstellung, welche die sogenannten primitiven, von den Ethnologen untersuchten Völker zur Natur unterhalten: manchmal ohne explizite Theorie, aber unter Beachtung von Geboten, die dasselbe Resultat ergeben.
Didier Eribon: Gerade weil Sie ein solches Privileg der Gattung Mensch vor den anderen Gattungen, ein solches Zwiegespräch des Menschen mit sich selbst ablehnen, haben Sie im »Finale« des *Nackten Menschen* gewichtige Anmerkungen zur Philosophie des Subjekts, des Bewußtseins usw. gemacht.
Claude Lévi-Strauss: Noch einmal, ich verstehe es durchaus, daß man andere Interessen haben kann als meine. Die Beschreibung, die Analyse können sich auf mehreren Ebenen vollziehen, die ich für legitim halte. Was mir an dieser Auseinandersetzung um das »Subjekt« unerträglich erscheint, ist die Intoleranz der Gläubigen im Banne einer philosophischen Tradition, die von Descartes ausgeht. Alles beginnt mit dem Subjekt, es gibt nur das Subjekt usw. Ich habe die Dinge aus einem anderen Blickwinkel erfassen wollen und akzeptiere nicht, daß man mir das Recht darauf bestreitet.
Didier Eribon: Damals haben Sie die traditionelle Philosophie mit größerem Nachdruck abgelehnt.
Claude Lévi-Strauss: Weil sie Anspruch auf Exklusivität erhob. Man mußte sich ins Handgemenge werfen, um ihr einen Platz an der Sonne streitig zu machen. Sie braucht sich lediglich damit abzufinden, eine Verfahrensweise unter anderen zu sein, und der Konflikt verschwindet.

Aus: *Das Nahe und das Ferne* (1988)

Jacques Derrida
Französischer Philosoph (geb. 1930)

Das Gewaltsame der Ungerechtigkeit, die darin besteht, daß man die verurteilt, die die besondere Sprache nicht verstehen, in der Recht gesprochen wird und Gerechtigkeit widerfahren soll (im Französischen sagt man: *justice est faite*), ist nicht unbedeutend, und es ist auch nicht einfach das Gewaltsame einer unbedeutenden Ungerechtigkeit. Diese Ungerechtigkeit supponiert, daß der andere, das Opfer der Ungerechtigkeit der Sprache, fähig ist, eine Sprache im allgemeinen zu sprechen; daß das Opfer ein Mensch im Sinne eines sprechenden Tieres ist, in dem Sinne, den wir Menschen dem Wort »Sprache« verleihen. Vormals (das waren Zeiten, die noch nicht allzu weit zurückliegen und die sogar noch andauern) bedeutete »wir Menschen« soviel wie »wir erwachsenen weißen männlichen fleischessenden opferbereiten Europäer«.

In dem Raum, dem ich diese Bemerkungen zuordne oder in dem ich diesen Diskurs wiederherstelle, sagt man nicht, daß einem Tier Unrecht oder Gewalt angetan wird; noch weniger redet man von Gewalt und Ungerechtigkeit im Hinblick auf Pflanzen und Steine. Man kann ein Tier quälen, man kann es leiden lassen; niemals wird man jedoch im eigentlichen Sinne behaupten, daß es sich um ein Subjekt handelt, dem man Schaden zugefügt hat, um das Opfer einer Gewalttat, eines gewaltsamen Todes, einer Vergewaltigung oder eines Raubs, eines Meineids; a fortiori gilt, wie man glaubt, daß man so auch nicht über Pflanzen und Mineralien (oder über dazwischenliegende Arten wie den Schwamm) reden kann. Es hat im Menschengeschlecht viele »Subjekte« gegeben (es gibt sie immer noch), die man nicht als solche anerkannt hat (und nicht anerkennt) und die wie ein Tier behandelt worden sind (und behandelt werden). Das ist die noch anhaltende, noch nicht an ihr Ende gelangte Geschichte, auf die ich gerade angespielt habe. Was den unbestimmten, keineswegs eindeutigen Namen des Tiers erhält (das bloß Lebendige), ist kein Subjekt des Gesetzes oder des Rechts. Es hat keinen Sinn, den Gegensatz zwischen dem Rechten und dem Unrechten, dem Rechtmäßigen und dem Unrechtmäßigen, dem Gerechten und dem Ungerechten auf es beziehen zu wollen. Ob es sich nun um Tier-Prozesse handelt (die es gegeben hat) oder um die Strafverfolgung derer, die Tieren bestimmte Leiden zufügen (manche westliche Gesetzgebung sieht diese Form der Strafverfolgung vor und spricht nicht allein von Menschenrechten, sondern auch von Tierrechten im allgemeinen), in jedem Fall hat man es entweder mit einer angeblich altertümlichen Praktik zu tun oder mit Randphänomenen, mit noch seltenen und seltsamen Phänomenen, mit Phänomenen, die für unsere Kultur nicht konstitutiv sind. In unserer Kultur ist das Opfer des Fleischessers, das Fleischesser-Opfer grundlegend und vorherrschend; es richtet sich an der gewaltigsten industriellen Technologie aus, so wie das biologische Experimentieren mit Tieren, das für unsere Moderne so lebenswichtig ist. Wie ich an anderer Stelle zu zeigen versucht habe, ist das Fleischesser-Opfer der Struktur von Subjektivität wesentlich; es ist wesentlich für die Begründung, für den Grund des intentionalen Subjekts, und wenn nicht für das Gesetz, so doch zumindest für das Recht. Es tut sich hier ein Abgrund auf, der es verwehrt, den Unterschied zwischen Gesetz und Recht, zwischen Gerechtigkeit und Recht, zwischen Gerechtigkeit und Gesetz zu festigen. Ich nähere mich ihm im Augenblick nicht; auch der Affinität zwischen dem Fleischesser-Opfer, das unsere Kultur und unser Recht (be)gründet, und den symbolischen (oder nicht symbolischen) Gestalten des Kannibalismus, welche die Intersubjektivität beim Säugen, bei der Liebe, bei der Trauer und eigentlich bei allen symbolischen oder sprachlichen Aneignungen strukturieren, nähere ich mich hier nicht.

Wenn wir von Ungerechtigkeit, von Gewalt und von Mangel an Respekt sprechen wollen und dabei das meinen, was wir auf eine noch verwirrend-verworrene Weise »das Tier« nennen (dieses Problem ist aktueller denn je, ich möchte es im Zuge der Dekonstruktion mit einer ganzen Reihe von Fragen verknüpfen, die den Phallogozentrismus des Fleischessers, den Fleisch-Phallogozentrismus betreffen), so müssen wir die gesamte metaphysisch-anthropozentrische Axiomatik neu untersuchen, die im Abendland das Denken des Angemessenen und des Unangemessenen, des Gerechten und des Ungerechten beherrscht.

Aus: *Gesetzeskraft* (1990)

Textnachweise

Theodor W. Adorno

Minima Moralia (1951). Zitierte Ausgabe: Theodor W. Adorno, Gesammelte Schriften, Bd. 4. Frankfurt/M.: Suhrkamp 1980, S. 116-117.
Probleme der Moralphilosophie (1963). Zitierte Ausgabe: Theodor W. Adorno, Nachgelassene Schriften, Abt. IV, Bd. 10. Frankfurt/M.: Suhrkamp 1996, S. 215.

Aristoteles

Politik (Politeia), 1254a 31-1254b 27 und 1256b 7-27. Zitierte Ausgabe: Aristoteles, Politik. Übersetzt und mit erklärenden Anmerkungen und Registern versehen von Eugen Rolfes. 4. Aufl., Hamburg: Meiner 1981 (Philosophische Bibliothek, Bd. 7), S. 9-10, 16-17.

Augustinus

Der Gottesstaat (De civitate dei), I 20. Zitierte Ausgabe: Aurelius Augustinus, Der Gottesstaat / De civitate dei, Erster Band, Buch I-XIV. In deutscher Sprache von Carl Johann Perl. Paderborn u. a.: Schöningh 1979, S. 47, 49.

Francis Bacon

Neu-Atlantis (Nova Atlantis, 1627), Kap. IV, 3a. Zitiert aus: Der utopische Staat. Übersetzt und mit einem Essay, Bibliographie und Kommentar herausgegeben von Klaus J. Heinisch. 112.-114. Tausend, Reinbek: Rowohlt 1993, S. 207-208.

Pierre Bayle

Art. »Rorarius« in: Dictionnaire historique et critique (1697). Übersetzung zitiert aus: Pierre Bayle, Historisches und Critisches Wörterbuch. Herausgegeben von Johann Christian Gottsched. 4 Bde., Leipzig 1741–1744 (ND Hildesheim u. a.: Olms 1978), Bd. IV, S. 79, 81-82.

August Bebel

Die Frau und der Sozialismus (1879). Zitierte Ausgabe: August Bebel, Die Frau und der Sozialismus. 32. Aufl., Stuttgart: Dietz Nachf. 1901, S. 419-421.

Jeremy Bentham

Eine Einführung in die Prinzipien der Moral und Gesetzgebung (An Introduction to the Principles of Morals and Legislation, 1789), Kap. 17, § 1, Anm. 1. Zitierte Ausgabe: Jeremy Bentham, An Introduction to the Principles of Morals and Legislation. London: Athlone Press 1970, S. 282-283. Textauszug für diesen Band übersetzt von Claudia Schorcht.

Martin Buber

Ich und Du (1923). Zitiert aus: Martin Buber, Werke, Bd. 1: Schriften zur Philosophie. München: Kösel / Lambert Schneider 1962, S. 143-144, 161-162.

Zwiesprache (1930). Zitiert aus: Martin Buber, Werke, Bd. 1: Schriften zur Philosophie. München: Kösel / Lambert Schneider 1962, S. 196-197.

Samuel Butler

Erewhon oder Jenseits der Berge (Erewhon, or Over the range, 1872), Kap. XXVI: Die Tierrechte. Zitierte Ausgabe: Samuel Butler, Erewhon oder Jenseits der Berge. Frankfurt/M.: Eichborn 1994, S. 311-320. (© Eichborn Verlag AG, Frankfurt/M. 1994.)

Elias Canetti

Die Provinz des Menschen (1972). Zitiert aus: Elias Canetti, Aufzeichnungen 1942–1985. München: Hanser 1993, S. 28, 34, 44, 50, 51, 52, 54, 66, 154, 181, 203, 289, 295.

Das Geheimherz der Uhr (1987). Zitiert aus: Elias Canetti, Aufzeichnungen 1942–1985. München: Hanser 1993, S. 410, 416, 430, 448, 472, 480, 494.

Die Fliegenpein (1992). Zitierte Ausgabe: Elias Canetti, Die Fliegenpein. Aufzeichnungen. München: Hanser 1992, S. 9, 32, 116, 121, 125, 128, 140.

Lewis Carroll

Einige verbreitete Irrtümer über die Vivisektion (Some popular fallacies about vivisection, 1875). Zitiert aus: The complete works of Lewis Carroll. London: The Nonesuch Library [1939], S. 1071-1082. Textauszug für diesen Band übersetzt von Hermann Vetter.

Pierre Charron

Von der Weisheit (De la sagesse, 1601). Zitierte Ausgabe: Pierre Charron, Drei Bücher von der Weisheit. Frankfurt a. Mayn: Jäger 1801, S. 36-44.

George Cheyne

Ein Versuch über die Diät nebst fünf medicinischen, moralischen und philosophischen Gesprächen (An essay on regimen, together with five discourses, medical, moral and philosophical, 1740). Übersetzung zitiert aus: Robert Springer, Enkarpa. Culturgeschichte der Menschheit im Lichte der pythagoräischen Lehre. Hannover: Schmorl & von Seefeld 1884, S. 392-395.

Cicero

Vom Wesen der Götter (De natura deorum), II 150-162. Zitierte Ausgabe: M. Tullius Cicero, Vom Wesen der Götter. Drei Bücher. Lateinisch-Deutsch. Herausgegeben, übersetzt und erläutert von Wolfgang Gerlach und Karl Bayer. München: Heimeran 1978, S. 323, 325, 327, 329, 331, 333, 335, 337.

Über die Ziele des menschlichen Handelns (De finibus bonorum et malorum), III 67. Zitierte Ausgabe: Marcus Tullius Cicero, Über die Ziele des menschlichen Handelns / De finibus bonorum et malorum. Herausgegeben, übersetzt und kommentiert von Olof Gigon und Laila Straume-Zimmermann. München / Zürich: Artemis 1988, S. 233. (© Artemis & Winkler Verlag, Düsseldorf und Zürich.)

Auguste Comte

Die positive Philosophie (Cours de philosophie positive, 1830–1842), 1. Bd., 45. Kap. Zitierte Ausgabe: Auguste Comte, Die positive Philosophie. Übersetzt von Julius Herrmann v. Kirchmann. Leipzig: Dürr'sche Buchhandlung 1883, S. 458-461, 469-470.

Herman Daggett

Die Rechte der Tiere (The rights of animals: an oration, 1791). Zitiert aus: P. A. B. Clarke / A. Linzey (eds.), Political theory and animal rights. London 1990, S. 129-132. Textauszug für diesen Band übersetzt von Hermann Vetter.

Jean M. Darmanson

Das Tier, verwandelt in eine Maschine (La bêste tranformée en machine, 1684). Zitierte Ausgabe: Jean M. Darmanson, La bêste tranformée en machine. o. O., 1684, S. 23-27. Textauszug für diesen Band übersetzt von Claudia Brede-Konersmann.

Charles Darwin

Die Abstammung des Menschen (The descent of man, and selection in relation to sex, 1871), 4. Kap. Zitierte Ausgabe: Charles Darwin, Die Abstammung des Menschen. Deutsch von Heinrich Schmidt. Leipzig: Kröner 1923, S. 152-153, 155-156, 160-161.

Jacques Derrida

Gesetzeskraft (Force de loi. Le »fondement mystique de l'autorité«, 1990). Zitierte Ausgabe: Jacques Derrida, Gesetzeskraft. Der »mystische Grund der Autorität«. Einmalige Sonderausgabe, Frankfurt/M.: Suhrkamp 1996, S. 37-39.

René Descartes

Von der Methode des richtigen Vernunftgebrauchs und der wissenschaftlichen Forschung (Discours de la méthode pour bien conduire sa raison et chercher la vérité dans les sciences, 1637), 5. Kap., 9-12. Zitierte Ausgabe: René Descartes, Von der Methode des richtigen Vernunftgebrauchs und der wissenschaftlichen Forschung. Übersetzt und herausgegeben von Lüder Gäbe. Hamburg: Meiner 1960 (Philosophische Bibliothek, Bd. 261), S. 91, 93, 95, 97.

Wilhelm Dietler

Gerechtigkeit gegen Thiere (1787), Kap. I, § 2-3; Kap. III, § 22, § 30. Zitierte Ausgabe: Wilhelm Dietler, Gerechtigkeit gegen Thiere. Bad Nauheim: Asku Presse 1997, S. 4-5, 23-24, 29-30.

Hans Driesch

Die sittliche Tat (1927). Zitierte Ausgabe: Hans Driesch, Die sittliche Tat. Ein moralphilosophischer Versuch. Leipzig: Reinicke 1927, S. 74-77, 79-81.

Empedokles

Fragmente über die Natur (Peri physeos), 117, 127, 128, 130. Zitiert aus: Hermann Diels, Die Fragmente der Vorsokratiker. Griechisch und Deutsch. Berlin: Weidmannsche Buchhandlung 1903, S. 217, 220-221.

Friedrich Engels

Dialektik der Natur (entst. 1873–1883, ersch. 1925), Kap.: Anteil der Arbeit an der Menschwerdung des Affen. Zitierte Ausgabe: Karl Marx/Friedrich Engels, Werke, Bd. 20. Berlin: Dietz 1983, S. 444-452.

Erasmus von Rotterdam

Lob der Torheit (Morias Enkomion Sive Laus Stultitiae, 1511). Zitiert aus: Erasmus von Rotterdam, Ausgewählte pädagogische Schriften. Besorgt von Anton J. Gail. Paderborn: Schöningh 1963, S. 20-21.

Johann Gottlieb Fichte

Grundlage des Naturrechts nach Prinzipien der Wissenschaftslehre (1796), I. Teil, 2. Hauptstück, § 6; II. Teil, Staatsrechtslehre II, § 19. Zitierte Ausgabe: Johann Gottlieb Fichte, Grundlage des Naturrechts nach Prinzipien der Wissenschaftslehre. Hamburg: Meiner 1979 (Philosophische Bibliothek, Bd. 256), S. 80-81, 217-218, 220, 222-223.

Otto Flake

Zum guten Europäer (1924), Erste Chronik: Die gequälte Kreatur. Zitierte Ausgabe: Otto Flake, Zum guten Europäer. Zwölf Chroniken Werrenwags. Berlin: Gottschalk 1924, S. 4-13.

Charles Fourier

Theorie der vier Bewegungen und der allgemeinen Bestimmungen (Théorie des quatre mouvements et des destinées générales, 1808), 1. Teil, III. Kap. Zitierte Ausgabe:

Charles Fourier, Theorie der vier Bewegungen und der allgemeinen Bestimmungen. Herausgegeben von Theodor W. Adorno. Frankfurt/M.: Europäische Verlagsanstalt 1966, S. 90-91.

Sigmund Freud
Vorlesungen zur Einführung in die Psychoanalyse (1916). Zitierte Ausgabe: Sigmund Freud, Gesammelte Werke, Bd. 11. 4. Aufl., Frankfurt/M.: S. Fischer 1966, S. 429.
Eine Schwierigkeit der Psychoanalyse (1916). Zitiert aus: Sigmund Freud, Gesammelte Werke, Bd. 12. 4. Aufl., Frankfurt/M.: S. Fischer 1966, S. 6-8.

Pierre Gassendi
Dem sehr berühmten Mann und Philosophen und auch sehr erfahrenen Arzt Johann Baptist Helmont von seinem einzigartigen Freund (Viro clarissimo et philosopho ac medico expertissimo Joanni Baptistae Helmontio amico suo singulari, 1629). Übersetzung zitiert aus: Robert Springer, Enkarpa. Culturgeschichte der Menschheit im Lichte der pythagoräischen Lehre. Hannover: Schmorl & von Seefeld 1884, S. 366-367.

Giovanni Battista Gelli
La Circe (1549), Das fünffte Gespräch: Ulysses, Circe, und die Hindin. Zitierte Ausgabe: Giovanni Battista Gelli, Anmütige Gespräch, La Circe genandt. Cöthen 1620, S. 98-101, 113.

Jean Antoine Gleizès
Thalysia (Thalysia ou le régime des herbes, 1842), I. Kap. Zitierte Ausgabe: J. A. Gleizès, Thalysia oder Das Heil der Menschheit. Aus dem Französischen übersetzt und bearbeitet von Robert Springer. Berlin: Janke 1872, S. 23-26.

Lewis Gompertz
Moralische Untersuchungen über die Situation des Menschen und der Tiere (Moral inquiries on the situation of man and of brutes, 1824), I. Kap. Zitierte Ausgabe: Lewis Gompertz, Moral inquiries on the situation of man and of brutes. Edited by Peter Singer. Fontwell, Sussex: Centaur Press 1992, S. 21-23, 27-31. Textauszug für diesen Band übersetzt von Hermann Vetter.

Eduard von Hartmann
Moderne Probleme (1885), Kap. I: Was sollen wir essen? und Kap. II: Unsere Stellung zu den Thieren. Zitierte Ausgabe: Eduard von Hartmann, Moderne Probleme. 2., vermehrte Aufl., Leipzig: Friedrich 1888, S. 13-20, 21-36.

Georg Wilhelm Friedrich Hegel

Phänomenologie des Geistes (1807). Zitierte Ausgabe: Georg Wilhelm Friedrich Hegel, Werke, Bd. 3. Herausgegeben von Eva Moldenhauer/Karl Markus Michel. Frankfurt/M.: Suhrkamp 1970, S. 65.

Grundlinien der Philosophie des Rechts oder Naturrecht und Staatswissenschaft im Grundrisse (1820), 1. Teil, § 47. Zitierte Ausgabe: Georg Wilhelm Friedrich Hegel, Werke, Bd. 7. Herausgegeben von Eva Moldenhauer/Karl Markus Michel. Frankfurt/M.: Suhrkamp 1970, S. 110-111.

Enzyklopädie der philosophischen Wissenschaften im Grundrisse (1830), 2. Teil, 3. Abt., C, § 350. Zitierte Ausgabe: Georg Wilhelm Friedrich Hegel, Werke, Bd. 9. Herausgegeben von Eva Moldenhauer/Karl Markus Michel. Frankfurt/M.: Suhrkamp 1970, S. 432-435.

Vorlesungen über die Geschichte der Philosophie I (1833), 1. Teil, 3. Kap. Zitierte Ausgabe: Georg Wilhelm Friedrich Hegel, Werke, Bd. 18. Herausgegeben von Eva Moldenhauer/Karl Markus Michel. Frankfurt/M.: Suhrkamp 1970, S. 260-262.

Vorlesungen über die Ästhetik I (1842), 2. Teil, 2. Kap., A, 3. Zitierte Ausgabe: Georg Wilhelm Friedrich Hegel, Werke, Bd. 13. Herausgegeben von Eva Moldenhauer/Karl Markus Michel. Frankfurt/M.: Suhrkamp 1970, S. 177-178.

Johann Gottfried Herder

Ideen zur Philosophie der Geschichte der Menschheit (1784–1791), 1. Theil: 2. Buch, III. Kap.; 3. Buch, VI. Kap.; 4. Buch, VI. Kap. Zitierte Ausgabe: Herders Werke. Herausgegeben von Heinrich Kurz. Bd. 3, Leipzig/Wien: Bibliographisches Institut, o. J., S. 53-54, 88-89, 127.

Thomas Hobbes

Vom Menschen (De homine, 1658), 10. Kap., 1-3. Zitierte Ausgabe: Thomas Hobbes, Vom Menschen – Vom Bürger. Übersetzt und herausgegeben von Günter Gawlick. 3. Aufl., Hamburg: Meiner 1994 (Philosophische Bibliothek, Bd. 158), S. 14-18.

Vom Bürger (De cive, 1642), 5. Kap., 5 und 8. Kap., 10. Zitierte Ausgabe: Thomas Hobbes, Vom Menschen – Vom Bürger. Übersetzt und herausgegeben von Günter Gawlick. 3. Aufl., Hamburg: Meiner 1994 (Philosophische Bibliothek, Bd. 158), S. 126-127, 165.

Max Horkheimer

Dämmerung. Notizen in Deutschland (1931/1934). Zitiert aus: Max Horkheimer, Gesammelte Schriften, Bd. 2: Philosophische Frühschriften 1922–1932. Herausgegeben von Gunzelin Schmid Noerr. Frankfurt/M.: S. Fischer 1987, S. 379-380.

Notizen (1949–1969). Zitiert aus: Max Horkheimer, Gesammelte Schriften, Bd. 6: »Zur Kritik der instrumentellen Vernunft« und »Notizen 1949–1969«. Herausgegeben von Alfred Schmidt. Frankfurt/M.: S. Fischer 1994, S. 220, 266.

Erinnerung (1959). Zitiert aus: Max Horkheimer, Gesammelte Schriften, Bd. 7: Vorträge und Aufzeichnungen 1949–1973. Herausgegeben von Gunzelin Schmid Noerr. Frankfurt/M.: S. Fischer 1985, S. 104-107.

Max Horkheimer & Theodor W. Adorno

Dialektik der Aufklärung (1947). Zitierte Ausgabe: Max Horkheimer und Theodor W. Adorno, Dialektik der Aufklärung. Philosophische Fragmente. Frankfurt/M.: S. Fischer 1969, S. 262-263.

David Hume

Untersuchung über die Prinzipien der Moral (An enquiry concerning the principles of morals, 1751), III. Abschnitt. Zitierte Ausgabe: David Hume, Untersuchung über die Prinzipien der Moral. Übersetzt, mit Einleitung und Register versehen von Carl Winckler. Hamburg: Meiner 1955 (Philosophische Bibliothek, Bd. 199), S. 27-28.

Jean Paul (eigtl. Johann Paul Friedrich Richter)

Levana oder Erzieh-Lehre (1807), 3. Bd., 6. Bruchstück, 3. Kap., § 120. Zitierte Ausgabe: Jean Paul, Levana oder Erzieh-Lehre. Leipzig: Reclam [1872], S. 285-290.

Hans Jonas

Das Prinzip Verantwortung (1979). Zitierte Ausgabe: Hans Jonas, Das Prinzip Verantwortung. Versuch einer Ethik für die technologische Zivilisation. Frankfurt/M.: Suhrkamp 1984, S. 372-373.

Technik, Medizin und Ethik (1985). Zitierte Ausgabe: Hans Jonas, Technik, Medizin und Ethik. Zur Praxis des Prinzips Verantwortung. Frankfurt/M.: Suhrkamp 1987, S. 307-308.

Immanuel Kant

Muthmaßlicher Anfang der Menschengeschichte (1786). Zitiert aus: Kant's Werke, Bd. VIII. Herausgegeben von der Königlich Preußischen Akademie der Wissenschaften. Berlin: Reimer 1912, S. 114.

Metaphysik der Sitten (1797), Metaphysische Anfangsgründe der Tugendlehre, § 17. Zitiert aus: Kant's Werke, Bd. VI. Herausgegeben von der Königlich Preußischen Akademie der Wissenschaften. Berlin: Reimer 1907, S. 443 (ND der Erstausgabe: Erlangen: Fischer 1990).

Anthropologie in pragmatischer Hinsicht abgefaßt (1798), I. Buch, § 1. Zitiert aus: Kant's Werke, Bd. VII. Herausgegeben von der Königlich Preußischen Akademie der Wissenschaften. Berlin: Reimer 1907, S. 127.

Karl Kraus

Die Fackel, XXII. Jg., Nr. 546-550, Juli 1920, S. 5-6.
Die Fackel, XXII. Jg., Nr. 554-556, November 1920, S. 6-12.
Die Fackel, XVIII. Jg., Nr. 437-442, 31. Oktober 1916, S. 30-32.

Karl Christian Friedrich Krause

System der Rechtsphilosophie (1825–1828), I. Theil. Zitierte Ausgabe: Karl Christian Friedrich Krause, System der Rechtsphilosophie. Herausgegeben von Karl David August Röder. Leipzig: Brockhaus 1874, S. 28-29, 73, 246.

Peter Kropotkin

Gegenseitige Hilfe in der Tier- und Menschenwelt (Mutual aid. A sector of evolution, 1902), 1. Kap. und 2. Kap. Zitierte Ausgabe: Peter Kropotkin, Gegenseitige Hilfe in der Tier- und Menschenwelt. Autorisierte deutsche Ausgabe besorgt von Gustav Landauer. 21.-30. Tausend, Leipzig: Thomas 1923, S. 25-26, 83-84.

Lactantius

Vom Zorne Gottes (De ira Dei), Kap. 7. Zitierte Ausgabe: Lactantius, De ira dei / Vom Zorne Gottes. Lateinisch und Deutsch. Darmstadt: Gentner 1957, S. 17, 19.

Jean de La Fontaine

Fabeln (Fables, 1668–1694). Zitierte Ausgabe: Jean de La Fontaine, Sämtliche Fabeln. Illustriert von Grandville. Übertragen von Ernst Dohm und Gustav Fabricius. München: Winkler 1978 (3. Aufl. 1992), S. 743, 745, 747, 749, 751. (© Artemis & Winkler Verlag, Düsseldorf und Zürich.)

Julien Offray de La Mettrie

Die Maschine Mensch (L'homme machine, 1747). Zitierte Ausgabe: Julien Offray de La Mettrie, L'homme machine / Die Maschine Mensch. Französisch-Deutsch. Übersetzt und herausgegeben von Claudia Becker. Hamburg: Meiner 1994 (Philosophische Bibliothek, Bd. 407), S. 53, 71, 73, 75, 77, 79, 123, 125.

Gottfried Wilhelm Leibniz

Betrachtungen über das Lebensprincip und über die plastischen Naturen (Considérations sur le principe de vie et sur les natures plastiques, 1705). Übersetzung zitiert aus: G. W. Leibniz, Kleinere philosophische Schriften. Mit Einleitung und Erläuterungen deutsch von Robert Habs. Leipzig: Reclam [1883], S. 204-206.

Theodicee (1710), 3. Theil, § 250. Zitierte Ausgabe: G. W. Leibniz, Die Theodicee. Mit Einleitung und Erläuterungen deutsch von Robert Habs. Bd. 2, Leipzig: Reclam [1883], S. 10-11.

Leonardo da Vinci

»Li abbreviatori delle opere ...«, in: Windsor Hss., 19084 (1489–1516). Zitiert aus: Leonardo da Vinci, Philosophische Tagebücher. Italienisch und Deutsch. Zusammengestellt, übersetzt, mit einem Essay und einer Bibliographie herausgegeben von Giuseppe Zamboni. Hamburg: Rowohlt 1958, S. 37, 39.

»Della crudeltà dell'omo«, in: Codex Atlantis, 370 v. a (1483–1518). Zitiert aus: Leonardo da Vinci, Philosophische Tagebücher. Italienisch und Deutsch. Zusammengestellt, übersetzt, mit einem Essay und einer Bibliographie herausgegeben von Giuseppe Zamboni. Hamburg: Rowohlt 1958, S. 125.

Theodor Lessing

Europa und Asien oder Der Mensch und das Wandellose (1923), Kap. 8: Der sterbende Pan. Zitierte Ausgabe: Theodor Lessing, Europa und Asien oder Der Mensch und das Wandellose. Sechs Bücher wider Geschichte und Zeit. Hannover: Adam 1923, S. 64-71.

Claude Lévi-Strauss

Das Nahe und das Ferne (De près et de loin, 1988), Kap. 11 und Kap. 16. Zitierte Ausgabe: Claude Lévi-Strauss / Didier Eribon, Das Nahe und das Ferne. Eine Autobiographie in Gesprächen. Aus dem Französischen von Hans-Horst Henschen. Frankfurt: S. Fischer 1989, S.167-168, 236-238.

Georg Christoph Lichtenberg

Sudelbücher (1765–1799). Zitiert aus: Georg Christoph Lichtenberg, Schriften und Briefe, Bd. 1. München: Hanser 1968, S. 75, 282, 422, 447, 499, 518, 519, 566, 678, 706, 742, 761, 803, 853.

John Locke

Versuch über den menschlichen Verstand (An Essay concerning human understanding, 1689), 1. Bd., Buch II, Kap. XXVII, 5-8. Zitierte Ausgabe: John Locke, Versuch über den menschlichen Verstand. 4. Aufl., Hamburg: Meiner 1981 (Philosophische Bibliothek, Bd. 75), S. 414-419.

Rosa Luxemburg

Brief an Sonja Liebknecht (2. Mai 1917). Zitiert aus: Rosa Luxemburg, Briefe aus dem Gefängnis. Berlin: Dietz 1974, S. 27-28.

Brief an Sonja Liebknecht (Mitte Dezember 1917). Zitiert aus: Rosa Luxemburg, Briefe aus dem Gefängnis. Berlin: Dietz 1974, S. 68-71.

Nicolas de Malebranche
Von der Erforschung der Wahrheit (De la Recherche de la Vérité, 1674–1678). Zitierte Ausgabe: Malebranche, Tome II: Recherche de la Vérité. Édité par Geneviève Rodis-Lewis. Paris: Vrin 1963, S. 391-394. Textauszug für diesen Band übersetzt von Claudia Brede-Konersmann.

Bernard de Mandeville
Die Bienenfabel (The fable of the bees or, private vices publick benefits, 1705/1714), § P. Zitierte Ausgabe: Bernard Mandeville, Die Bienenfabel oder Private Laster, öffentliche Vorteile. Mit einer Einleitung von Walter Euchner. Frankfurt/M.: Suhrkamp 1980, S. 212-220. (© by Langen Müller in der F. A. Herbig Verlagsbuchhandlung GmbH, München.)

Jean Meslier
Das Testament des Jean Meslier (Mémoire des pensées et des sentiments de Jean Meslier, 1729). Übersetzung zitiert aus: Robert Springer, Enkarpa. Culturgeschichte der Menschheit im Lichte der pythagoräischen Lehre. Hannover: Schmorl & von Seefeld 1884, S. 442-443.

John Stuart Mill
Der Fall William Burn (The case of William Burn, in: The Morning Chronicle, 17. November 1846). Zitiert aus: P. A. B. Clarke / A. Linzey (eds.), Political theory and animal rights, London 1990, S. 84-87. Textauszug für diesen Band übersetzt von Claudia Schorcht.
Grundsätze der politischen Ökonomie (Principles of political economy, 1848), Bd. 3, Buch V, Kap. XI, § 9. Zitierte Ausgabe: John Stuart Mill, Gesammelte Werke, Bd. 7: Grundsätze der politischen Ökonomie, Bd. 3. Übersetzt von Adolf Soetbeer. Leipzig 1869 (ND Aalen: Scientia 1968), S. 274.

Michel de Montaigne
Essais (1580). Zitierte Ausgabe: Michel de Montaigne, Essais [Versuche] nebst des Verfassers Leben nach der Ausgabe von Pierre Coste ins Deutsche übersetzt von Johann Daniel Tietz, Zweeter Theil, II. Buch, XII. Hauptstück: Schutzschrift für Raimond von Sebonde. Zürich: Diogenes 1992, S. 32-37, 47-49, 65, 104-108.

Thomas Morus
Utopia (1516), III, Kap. 9, 17b, 30g. Zitiert aus: Der utopische Staat. Übersetzt und mit einem Essay, Bibliographie und Kommentar herausgegeben von Klaus J. Heinisch. 112.-114. Tausend, Reinbek: Rowohlt 1993, S. 60, 74, 104-105.

Leonard Nelson

System der philosophischen Rechtslehre und Politik (1924), § 127. Zitierte Ausgabe: Leonard Nelson, Gesammelte Schriften in neun Bänden, Bd. 6. Hamburg: Meiner 1970, S. 288-289.

System der philosophischen Ethik und Pädagogik (1932), 7. Kap., § 65-67. Zitierte Ausgabe: Leonard Nelson, Gesammelte Schriften in neun Bänden, Bd. 5. Hamburg: Meiner 1970, S. 162-172.

Lebensnähe (1926). Zitiert aus: Mitteilungsblatt des Internationalen Sozialistischen Kampfbundes, Jg. 1, Heft 5, Mai 1926, S. 81.

Friedrich Nietzsche

Menschliches, Allzumenschliches I (1876–1878), 2., § 40. Zitiert aus: Friedrich Nietzsche, Werke. Kritische Gesamtausgabe, 4. Abt., 2. Bd. Herausgegeben von Giorgio Colli und Mazzino Montinari. Berlin: de Gruyter 1967, S. 62.

Menschliches, Allzumenschliches II (1878–1879), 2., § 57. Zitiert aus: Friedrich Nietzsche, Werke. Kritische Gesamtausgabe, 4. Abt., 3. Bd. Herausgegeben von Giorgio Colli und Mazzino Montinari. Berlin: de Gruyter 1967, S. 215-216.

Morgenröthe (1880–1881), 1. Buch, § 26. Zitiert aus: Friedrich Nietzsche, Werke. Kritische Gesamtausgabe, 5. Abt., 1. Bd. Herausgegeben von Giorgio Colli und Mazzino Montinari. Berlin / New York: de Gruyter 1971, S. 32-33.

Die fröhliche Wissenschaft (1881–1882), 3. Buch, § 224. Zitiert aus: Friedrich Nietzsche, Werke. Kritische Gesamtausgabe, 5. Abt., 2. Bd. Herausgegeben von Giorgio Colli und Mazzino Montinari. Berlin / New York: de Gruyter 1973, S. 188.

Der Antichrist (1888–1889), § 14. Zitiert aus: Friedrich Nietzsche, Werke. Kritische Gesamtausgabe, 6. Abt., 3. Bd. Herausgegeben von Giorgio Colli und Mazzino Montinari. Berlin: de Gruyter 1969, S. 178-179.

Nachgelassene Fragmente (1888–1889), September 1888 19[7]. Zitiert aus: Friedrich Nietzsche, Werke. Kritische Gesamtausgabe, 8. Abt., 3. Bd. Herausgegeben von Giorgio Colli und Mazzino Montinari. Berlin / New York: de Gruyter 1972, S. 347.

Brief an Carl von Gersdorff (28. September 1869). Zitiert aus: Friedrich Nietzsche, Briefwechsel. Kritische Gesamtausgabe, 2. Abt., 1. Bd. Herausgegeben von Giorgio Colli und Mazzino Montinari. Berlin / New York: de Gruyter 1977, S. 57-60.

Max Nordau

Entartung (1892), 1. Bd., 2. Buch, 5. Kap.: Der Richard-Wagner-Dienst. Zitierte Ausgabe: Max Nordau, Entartung. 3. Aufl., Berlin: Duncker 1896, S. 372-373.

Origenes

Gegen Celsus (Contra Celsum), IV 74-75, 78, 81, 85. Zitierte Ausgabe: Des Origenes ausgewählte Schriften, II. Bd.: Des Origenes acht Bücher gegen Celsus, I. Teil, Buch

I-IV. Aus dem Griechischen übersetzt von Paul Koetschau. München: Kösel/Pustet 1926, S. 395-397, 400-401, 403-405, 409-410.

José Ortega y Gasset

Meditationen über die Jagd (A »Veinte años de caza mayor« del Conde de Yebes, 1942). Zitierte Ausgabe: José Ortega y Gasset, Gesammelte Werke, Bd. 4. Stuttgart: Deutsche Verlags-Anstalt 1978, S. 567-569. (© 1950 by Revista de Occidente, Madrid. Alle deutschen Rechte bei Deutsche Verlags-Anstalt, Stuttgart.)

Ovid

Metamorphosen (Metamorphoseon), 15. Buch, Pythagoras, 75-142. Zitierte Ausgabe: Publius Ovidius Naso, Metamorphosen. In deutsche Hexameter übertragen und mit dem Text herausgegeben von Erich Rösch. 3. Aufl., München: Heimeran 1964, S. 559, 561, 563.

Blaise Pascal

Gedanken (Pensées, 1669), 129, 145, 146, 168, 212, 644, 753. Zitierte Ausgabe: Blaise Pascal, Gedanken. Nach der endgültigen Ausgabe übertragen von Wolfgang Rüttenauer. Bremen: Schünemann [um 1956], S. 61, 65, 66, 71, 91, 319, 354.

Giovanni Pico della Mirandola

Über die Würde des Menschen (De hominis dignitate, 1486). Zitierte Ausgabe: Giovanni Pico della Mirandola, De hominis dignitate / Über die Würde des Menschen. Lateinisch-deutsch. Übersetzt von Norbert Baumgarten. Herausgegeben und eingeleitet von August Buck. Hamburg: Meiner 1990 (Philosophische Bibliothek, Bd. 427), S. 5, 7, 9.

Platon

Protagoras, 320d-322d. Zitiert aus: Platons sämtliche Werke in zwei Bänden, Bd. 1. Deutsch von Friedrich Schleiermacher. Wien: Phaidon 1925, S. 885-888.

Helmuth Plessner

Mensch und Tier (1946). Zitiert aus: Helmuth Plessner, Gesammelte Schriften, Bd. 8: Conditio humana. Herausgegeben von Günter Dux, Odo Marquard und Elisabeth Ströker. Frankfurt/M.: Suhrkamp 1983, S. 52-58.

Plutarch

Über das Fleischessen (De esu carnium, in: Moralia, 993B-999B, I, 1-7 und II, 1, 3-4). Übersetzung zitiert aus: Eduard Baltzer, Pythagoras, der Weise von Samos. Ein Lebensbild. Nordhausen: Förstemann 1868 (ND Heilbronn: Verlag Heilbronn, 3. Aufl. 1991), Kap. 32 und Kap. 33, S. 113-124.

Alfred Polgar

Tiere, von uns angesehen (1953). Zitiert aus: Alfred Polgar, Standpunkte. Hamburg: Rowohlt 1953, S. 29-32.

Alexander Pope

Von der Grausamkeit gegenüber Thieren (On cruelty to animals, in: Guardian, Nr. 61, 21. Mai 1713). Übersetzung zitiert aus: Des Alexander Pope Esq. sämmtliche Werke mit Wilh. Warburtons Commentar und Anmerkungen, Bd. 8. Mannheim 1779, S. 200-214.

Porphyrios

Von der Enthaltsamkeit (De abstinentia), III. Buch, 1, 6, 8, 18-20, 22, 26. Zitierte Ausgabe: Porphyrius. Vier Bücher von der Enthaltsamkeit. Ein Sittengemälde aus der römischen Kaiserzeit. Aus dem Griechischen mit einer Einleitung und Anmerkungen von Eduard Baltzer. 2. Aufl., Leipzig: Eigendorf 1879, S. 81, 86-87, 93, 94-96, 98, 102-103.

Humphry Primatt

Ueber Barmherzigkeit und Grausamkeit gegen die thierische Schöpfung (The duty of mercy and the sin of cruelty to brute animals, 1776), 1. Kap. Zitierte Ausgabe: Humphr. Primatt, Ueber Barmherzigkeit und Grausamkeit gegen die thierische Schöpfung. Halle: Gebauer 1778, S. 11, 13-18.

Samuel von Pufendorff

Vom Natur- und Völkerrecht (De iure naturae et gentium, 1672), Bd. 1, IV. Buch, III. Cap., § V. Zitierte Ausgabe: Samuel von Pufendorff, Acht Bücher vom Natur- und Völkerrecht. Übersetzt und herausgegeben von Johann Nicolai Hertii / Johann Barbeyrac. Frankfurt am Mayn 1711, S. 851-852.

Jean-Jacques Rousseau

Diskurs über die Ungleichheit (Discours sur l'inégalité, 1755). Zitierte Ausgabe: Jean Jacques Rousseau: Diskurs über die Ungleichheit / Discours sur l'inégalité. Kritische Ausgabe des integralen Textes. Mit sämtlichen Fragmenten und ergänzenden Materialien nach den Originalausgaben und den Handschriften neu ediert, übersetzt und kommentiert von Heinrich Meier. 4. Aufl., Paderborn u. a.: Schöningh 1997, S. 57, 59, 99, 101, 103, 105.

Bertrand Russell

Wenn Tiere sprechen könnten (If animals could talk, 1932). Zitiert aus: Henry Ruja (ed.), Mortals and others; Bertrand Russell's American Essays 1931–1935, Bd. 1. London: Allen and Unwin 1975, S. 120-121. Textauszug für diesen Band übersetzt von Claudia Schorcht.

Henry S. Salt
Die Rechte der Tiere (Animals' rights, considered in relation to social progress, 1892), 1. Kap. Zitierte Ausgabe: Henry S. Salt, Die Rechte der Tiere. Übersetzt und mit einer Einleitung versehen von Gustav Krüger. Berlin: Schwantje 1907, S. 1-11, 15-19, 21-25.

Max Scheler
Die Stellung des Menschen im Kosmos (1928), II. Kap. Zitierte Ausgabe: Max Scheler, Die Stellung des Menschen im Kosmos. Darmstadt: Reichl 1930, S. 44-52.

Arthur Schopenhauer
Die Grundprobleme der Ethik (1840), § 19, 7. Zitiert aus: Arthur Schopenhauer's sämmtliche Werke, Bd. 3. Herausgegeben von Eduard Grisebach. Leipzig: Reclam [1919], S. 620-627.

Albert Schweitzer
Kultur und Ethik (1923–1925), Kap. XX. Zitierte Ausgabe: Albert Schweitzer, Kultur und Ethik. Kulturphilosophie – 2. Teil. 7. Aufl., München: Biederstein 1948, S. 225-228. (© C.H. Beck'sche Verlagsbuchhandlung, München.)

Seneca
An Lucilius. Briefe über Ethik (Ad Lucilium. Epistulae morales), XIX-XX. Buch, 121. Brief, 5-24. Zitiert aus: L. Annaeus Seneca, Philosophische Schriften. Lateinisch und Deutsch. 4. Bd.: Ad Lucilium. Epistulae morales LXX-CXXIV, [CXXV] / An Lucilius. Briefe über Ethik 70-124 [125]. Übersetzt, eingeleitet und mit Anmerkungen versehen von Manfred Rosenbach. Darmstadt: Wissenschaftliche Buchgesellschaft 1984 (2., durchgesehene Aufl. 1987), S. 801, 803, 805, 807, 809, 811, 813, 815.

George Bernard Shaw
Wer ich bin und was ich denke (in: The Candid Friend, 1. und 18. Mai 1901). Zitiert aus: George Bernard Shaw, Sechzehn selbstbiographische Skizzen. Frankfurt/M.: Suhrkamp 1962, S. 81-82.

Der Arzt am Scheideweg (The doctor's dilemma, 1906), Vorrede über Ärzte. Zitiert aus: George Bernard Shaw, Gesammelte Werke, Bd. 5: Komödien des Unglaubens. Übersetzt von Siegfried Trebitsch. Zürich: Artemis 1946, S. 229-230, 234-235, 238-241, 249-250. (© Artemis & Winkler Verlag, Düsseldorf und Zürich.)

Percy Bysshe Shelley
Anmerkungen zur Königin Mab (Notes to Queen Mab, 1813), Anm. VIII. Zitiert aus: Percy Bysshe Shelley's Ausgewählte Dichtungen, Erster Theil. Deutsch von Adolf Strodtmann. Hildburghausen: Bibliographisches Institut 1866, S. 133-139, 141-145, 147.

Lauritz Smith

Ueber die Natur und Bestimmung der Thiere wie auch von den Pflichten der Menschen gegen die Thiere (Tanker om dyrenes natur og bestemmelse og Menneskets pligter mod dyrene, 1789), II. Theil, 1. Cap. Zitierte Ausgabe: Lauritz Smith, Ueber die Natur und Bestimmung der Thiere wie auch von den Pflichten der Menschen gegen die Thiere. Kopenhagen: Proft 1790, S. 97-108.

Baruch de Spinoza

Ethik (Ethica, 1677), Teil IV, Lehrsatz 37, Anm. 1. Zitierte Ausgabe: Benedict de Spinoza, Die Ethik nach geometrischer Methode dargestellt. Übersetzung, Anmerkungen und Register von Otto Baensch. Hamburg: Meiner 1994 (Philosophische Bibliothek, Bd. 92), S. 221.

Carl Spitteler

Die Weisheit von den nützlichen und schädlichen Tieren (1893). Zitiert aus: Carl Spitteler, Gesammelte Werke, Bd. 8. Zürich: Artemis 1947, S. 469-473, 475.

Bertha von Suttner

Schach der Qual (1898), Kap. X: Vivisektion. Zitiert aus: Bertha von Suttner, Gesammelte Schriften, Bd. 10. Dresden: Pierson [1907], S. 41-49, 52-53.

Thomas Taylor

Eine Verteidigung der Rechte der Tiere (A vindication of the rights of brutes, 1792), Kap. I. Zitierte Ausgabe: Thomas Taylor, A vindication of the rights of brutes. A facsimile reproduction with an introduction by Louise Schutz Boas. Gainsville, Florida: Scholar's Facsimiles & Reprints 1966, S. 9-17. Textauszug für diesen Band übersetzt von Claudia Schorcht.

Thomas von Aquin

Summa theologica (1266–1273), II-II, qu. 64, 1. Zitierte Ausgabe: Thomas von Aquin, Summa theologica. Deutsch-Lateinisch. Bd. 18. Herausgegeben von der Albertus-Magnus-Akademie Walberberg bei Köln. Heidelberg u. a.: Kerle / Pustet 1953, S. 152-154.

Christian Thomasius

Drey Bücher der Göttlichen Rechtsgelahrheit (1709), II. Buch, X. Hauptstück. Zitierte Ausgabe: Christian Thomasius, Drey Bücher der Göttlichen Rechtsgelahrheit. Herausgegeben von Ephraim Gerhard. Halle: Renger 1709, S. 249-254.

Henry David Thoreau

Die Namen der Tiere (The names of animals, in: Journal, Februar 1860). Zitiert aus: The writings of Henry David Thoreau. Journal, XIII, December 1, 1859 – July 31,

1860. Edited by Bradford Torrey. Boston: Houghton Mifflin 1906 (ND Boston / New York: Houghton Mifflin 1968), S. 54-55. Textauszug für diesen Band übersetzt von Claudia Schorcht.

Walden oder Leben in den Wäldern (Walden: or, Life in the Woods, 1854), Kap.: Höhere Gesetze. Zitierte Ausgabe: Henry David Thoreau, Walden oder Leben in den Wäldern. Aus dem Amerikanischen von Emma Emmerich und Tatjana Fischer. Zürich: Diogenes 1971, S. 212-216. (© der deutschen Übersetzung 1979 by Diogenes Verlag AG Zürich.)

Thomas Tryon

Der Weg zu Gesundheit, langem Leben und Glück (The way to health, long life and happiness, 1683). Übersetzung zitiert aus: Robert Springer, Enkarpa. Culturgeschichte der Menschheit im Lichte der pythagoräischen Lehre. Hannover: Schmorl & von Seefeld 1884, S. 386-388.

Mark Twain

Briefe von der Erde (Letters from the Earth, 1863), Kap. V: Das niedrigste Tier. Zitiert aus: Mark Twain, Gesammelte Werke in fünf Bänden, Bd. 5. Herausgegeben, mit Anmerkungen und einem Nachwort versehen von Klaus-Jürgen Popp. München: Hanser 1967, S. 937-944, 947-948.

Friedrich Theodor Vischer

Aesthetik oder Wissenschaft des Schönen (1847–1858), 2. Teil, 1. Abschnitt, B, b, § 288. Zitierte Ausgabe: Friedrich Theodor Vischer, Aesthetik oder Wissenschaft des Schönen, Zweiter Teil. Herausgegeben von Robert Vischer. 2. Aufl., München: Meyer & Jessen 1922, S. 129-130.

Noch ein vergebliches Wort gegen den himmelschreienden Thierschund im Lande Württemberg (1847), II. Teil. Zitiert aus: Der Beobachter, Nr. 328, 30. November 1847, S. 1309-1310 (Ohne Verfasserangabe erschienen).

[Zeitschriftenartikel] zitiert aus: Kritische Gänge. Neue Folge, 1. Heft (1860), S. 155-156.

[Zeitschriftenartikel] zitiert aus: Altes und Neues, 2. Heft (1881), S. 220-222.

Johann Friedrich Ludwig Volckmann

Menschenstolz und Thierqualen (1799). Zitierte Ausgabe: Johann Friedrich Ludwig Volckmann, Menschenstolz und Thierqualen. Eine Vertheidigung der seufzenden Creatur vor dem Richterstuhle der Menschlichkeit. Helmstädt: Fleckeisen 1799, S. 3-6, 16-18.

Voltaire (eigtl. François Marie Arouet)
Art. »Tiere« (»Bêtes«) in: Dictionnaire philosophique (1764). Zitiert aus: The complete works of Voltaire, Bd. 35. Oxford: Voltaire Foundation 1994, S. 411-415. Textauszug für diesen Band übersetzt von Claudia Brede-Konersmann.
Philosophische Briefe (Lettres philosophiques, 1734), 13. Brief: Über Herrn Locke. Zitierte Ausgabe: Voltaire, Philosophische Briefe. Herausgegeben und übersetzt von Rudolf von Bitter. Frankfurt/M. u. a.: Ullstein 1985, S. 56.
Der unwissende Philosoph (Le philosophe ignorant, 1766), Kap. VI: Die Tiere. Zitiert aus: Voltaire, Kritische und satirische Schriften. Übertragen von K. A. Horst, J. Timm und L. Ronte. München: Winkler 1970, S. 200-201. (© Artemis & Winkler Verlag, Düsseldorf und Zürich.)
Wir müssen uns entscheiden oder Das Wirkprinzip (Il faut prendre un parti, in: Nouveaux Melanges, Tome XVII, 1775), Kap. 12 und Kap. 15. Zitiert aus: Voltaire, Kritische und satirische Schriften. Übertragen von K. A. Horst, J. Timm und L. Ronte. München: Winkler 1970, S. 525-526, 529-531. (© Artemis & Winkler Verlag, Düsseldorf und Zürich.)

Ludwig Wittgenstein
Tagebücher 1914–1916. Zitiert aus: Ludwig Wittgenstein, Schriften, Bd. 1. Frankfurt/M.: Suhrkamp 1960, S. 175, 177-178.

Christian Wolff
Vernünfftige Gedancken von den Absichten der natürlichen Dinge (1726), XI. Cap., § 235. Zitierte Ausgabe: Christian Wolff, Vernünfftige Gedancken von den Absichten der natürlichen Dinge. Franckfurt / Leipzig 1726 (ND Hildesheim u. a.: Olms 1980), S. 479- 483.

Mary Wollstonecraft
Rettung der Rechte des Weibes (A vindication of the rights of woman, 1792), 12. Kap. Zitierte Ausgabe: Mary Wollstonecraft, Rettung der Rechte des Weibes mit Bemerkungen über politische und moralische Gegenstände, Bd. 2. Übersetzt von [G. F. C. Weissenborn]. Schnepfenthal: Verlag der Erziehungsanstalt 1794, S. 308-313.

Wilhelm Wundt
Ethik (1886), 3. Abschnitt, 3. Capitel, 2. Zitierte Ausgabe: Wilhelm Wundt, Ethik. Eine Untersuchung der Thatsachen und Gesetze des sittlichen Lebens. Stuttgart: Enke 1886, S. 439-440.

Literaturhinweise

(anon.): *Anmerkungen und Zweifel über die gewöhnlichen Lehrsätze vom Wesen der menschlichen und thierischen Seele*, Riga 1774.
(anon.): »Anmerkungen zu einer Stelle in Reimarus Betrachtungen über die Triebe der Thiere, den Unterschied der menschlichen und thierischen Seele betreffend«; in: *Teutscher Merkur*, 3. Viertelj. (1775), S. 196-213; Fortsetzung: 4. Viertelj. (1775), S. 16-32.
(anon.): »Dürfen wir Thieren etwas mehr als Instinkt zuschreiben?«; in: *Neues Hannoversches Magazin*, 18. Jg. (1808), S. 1361-1374, 1377-1390.
(anon.): »Erzählung von dem, was viele Weltweisen von den Seelen der Thiere gedacht haben«; in: *Neues Hamburgisches Magazin*, Bd. 16, 94. St. (1775) S. 312-339.
(anon.): *Essai sur l' âme des bêtes*, Amsterdam 1736.
(anon.): *The hare or hunting incompatible with humanity*, Dublin 1800.
(anon.): *Ob die Thiere Teufel seyn? Durch Veranlassung des von dem franz. Jesuiten, P. Bougeant unlängst an's Licht gestellten Lehrbegriffs von den Seelen der Thiere, genannt Amusement philosophique nach Schrift und Vernunft untersucht, von G. F. B.*, Bremen 1750.
(anon.): *Philosophische Untersuchung der Frage: Ob die Seelen der Thiere mit ihren Leibern sterben?*, Leipzig 1742.
(anon.): »Sonderbarer peinlicher Proceß (Rechtsfähigkeit der Thiere)«; in: *Olla Potrida*, 1. St. (1783), S. 137-140.
(anon.): »Thierquälerei als Gegenstand der Gesetzgebung«; in: *Blätter für Polizei und Kultur*, 2. Bd. (1802), S. 941-942.
(anon.): *Thierseelenkunde, auf Thatsachen begründet oder 136 höchst merkwürdige Anekdoten von Thieren*, Theil 1: Berlin 1804, Theil 2: Berlin 1805.
(anon.): *Wesenheit der Thierseelen in Briefen und Gesprächen*, Frankfurt 1780.
(anon.): *Das Wunderbare in den Seelen der Thiere, in einer Gesellschaft guter Freunde abgehandelt*, Helmstedt 1744.

Abegg, J. F. H.: »Ueber die Bestrafung der Mißhandlung von Thieren«; in: *Neues Archiv des Criminalrechts* (1830), S. 620-639.
Agulhon, M.: »Das Blut der Tiere. Das Problem des Tierschutzes im Frankreich des 19. Jahrhunderts«; in: ders., *Der vagabundierende Blick. Für ein neues Verständnis politischer Geschichtsschreibung*, Frankfurt 1995, S. 114-145.
Alberti, M.: *Abhandlungen von der Seele des Menschen, der Thiere und Pflanzen*, Halle 1721.
Albu, A.: *Die vegetarische Diät*, Leipzig 1902.
Alcott, W. A.: *Vegetable diet*, Boston 1838.
Alderholt, A.: *Die naturgemäße Lebensweise (Vegetarianismus) in gesundtheitlicher, therapeutischer, ökonomischer, sozialer, moralischer und pädagogischer Beziehung*, Frankfurt 1884.
Alderholt, A.: »Das Recht der Thiere« (Flugblatt Nr. 10, hg. vom Verein für naturgemäße Lebensweise), 2. Aufl., Nordhausen 1887.

Ammon, Chr. F. v.: *Das sittliche Verhältniß des Menschen zu den Thieren*, Dresden / Leipzig 1843.
Andries, P.: *Der Vegetarismus und seine Gegner*, Leipzig 1893.
Ankenbrand, L.: *Die Freidenker und der Tierschutz*, Nürnberg 1909.
Ankenbrand, L.: *Tierschutz und moderne Weltanschauung*, Bamberg 1906.
Aubert, Fr.: *Traité de l'âme des bêtes*, Colmar 1760.
Austin, Ph.: *Our duty towards animals*, London 1885.

Baltzer, E.: *Ideen zur socialen Reform*, Nordhausen 1873.
Baltzer, E.: *Pythagoras. Der Weise von Samos*, Nordhausen 1868 (ND 3. Aufl., Heilbronn 1983).
Baltzer, E.: *Vegetarianismus in der Bibel*, Nordhausen 1872.
Bamberger, H.: *Das Tier in der Philosophie Schopenhauers*, Würzburg 1897.
Barad, J.: *Aquinas on the nature and treatment of animals*, San Francisco 1995.
Baumgartner, J.: »Vegetarismus«; in: D. Kerbs / J. Reulecke (Hg.), *Handbuch der deutschen Reformbewegungen*, Wuppertal 1998, S. 127-139.
Bell, E.: »The rights of animals«; in: *Humane Review (Journal of the Humanitarian League)* 2 (1901–1902), S. 324-335.
Benton, T.: »Humanism = Speciesism: Marx on humans and animals«; in: *Radical Philosophy* 50 (1988), S. 4-18.
Berger, A.: *Hielt Descartes die Tiere für bewußtlos?*, Wien 1892, S. 1-18.
Berkenhoff, H.: *Tierstrafe, Tierverbannung und rechtsrituelle Tiertötung im Mittelalter*, Zürich 1937.
Berman, L. A.: *Vegetarianism and the Jewish tradition*, New York 1982.
Bernays, J.: *Theophrasts' Schrift über die Frömmigkeit*, Berlin 1866 (ND Hildesheim / New York 1979).
Art. »Bestie«; in: J. G. Walch, *Philosophisches Lexicon*, 4. Aufl., Leipzig 1775 (ND Hildesheim 1968), S. 357-375.
Blamont, C. F. P. M. de / Niemann, A. C. H. (Hg. u. Übers.): »Ueber den Misbrauch der Jagd und die Ausrottung unschuldiger Thiere« (Orig. frz.); in: *Blätter für Polizei und Kultur*, 1. Bd. (1802), S. 292-329.
Blaschke, B. H.: »Ueber die Behandlung und Benutzung der Thiere in pädagogischer Hinsicht«; in: *Bibliothek der pädagogischen Literatur*, Bd. 3, 3. St. (1800), S. 326-335.
Boas, G.: *The happy beast in French thought of the seventeenth century*, Baltimore 1933.
Bodson, L: »Attitudes towards animals in Greco-Roman antiquity«; in: *International Journal for the Study of Animal Problems* 4 (1983), S. 312-320.
Bondolfi, A.: *Mensch und Tier. Ethische Dimensionen ihres Verhältnisses*, Freiburg (Schweiz) 1994.
Bonnet, Ch.: *Essai philosophique sur les facultés de l'âme*, Genève 1760.
Bonnet, Ch.: *La palingénésie philosophique ou considérations sur l'état et futur des êtres vivants*, Münster 1770.
Boonin-Vail, D.: »The vegetarian savage: Rousseau's critique of meat eating«; in: *Environmental Ethics* 15,1 (1993), S. 75-84.
Borelli, A.: *De muto animalium*, Rom 1680–1681.

Bougeant, G.-H.: *Amusement philosophique sur le langage des bêtes*, Paris 1739.
Boullier, D.-R.: *Essai philosophique sur l'âme des bêtes*, Amsterdam 1727.
Bregenzer, I.: *Thier-Ethik. Darstellung der sittlichen und rechtlichen Beziehungen zwischen Mensch und Thier*, Bamberg 1894.
Bretschneider, H.: *Der Streit um die Vivisektion im 19. Jahrhundert*, Stuttgart 1962.
Broadie, A. / Pybus, E. M.: »Kant and the maltreatment of animals«; in: *Philosophy* 53 (1978), S. 560-561.
Broadie, A. / Pybus, E. M.: »Kant's treatment of animals«; in: *Philosophy* 49 (1974), S. 375-383.
Brockhaus, W.: *Das Recht der Tiere in der Zivilisation*, München 1975.
Bronson, B. H.: *Joseph Ritson: Scholar-at-Arms*, Berkeley 1938.
Broome, A.: *E. G. Fairholme and W. Pain: A century of work for animals. The history of the Royal Society for the Prevention of Cruelty to Animals 1824–1924*, London 1924.
Brown, A.: *Who cares for animals? 150 years of the RSPCA*, London 1978.
Buchner-Fuhs, J.: »Das Tier als Freund. Überlegungen zur Gefühlsgeschichte im 19. Jahrhundert«; in: P. Münch (Hg.), *Tiere und Menschen. Geschichte und Aktualität eines prekären Verhältnisses*, Paderborn 1998, S. 275-294.
Buck, Fr. J.: *Diss. animas brutorum quidem actu cognoscere, sed non cogitare*, Königsberg 1754.
Büchner, L.: *Aus dem Geistesleben der Thiere oder Staaten und Thaten der Kleinen*, Berlin 1876.
Buffon, G.-L. L. de: *Histoire naturelle générale et particulière*, Paris 1749–1788.
Burgat, F.: *Animal, mon prochain*, Paris 1997.

Cailleau, A.-Ch.: *Automatie des animaux*, o. O., 1783.
Carpenter, E.: »Vivisection«; in: *Humane Review* 4 (1903–1904), S. 289-300.
Carpenter, E. / Maitland, E.: *Vivisection* (ed. by Humanitarian League's Publications), London 1893.
Carson, G.: *Men, beast and gods: a history of cruelty and kindness to animals*, New York 1972.
Cartmill, M.: *Tod im Morgengrauen. Das Verhältnis des Menschen zu Natur und Jagd*, Zürich 1993 (Dass. unter dem Titel: *Das Bambi-Syndrom. Jagdleidenschaft und Misanthropie in der Kulturgeschichte*, Reinbek 1995).
Carus, P.: »Vegetarianism«; in: *Open Court* 12 (1898), S. 565-570.
Caspar, J.: *Tierschutz im Recht der modernen Industriegesellschaft: eine rechtliche Neukonstruktion auf philosophischer und historischer Grundlage*, Baden-Baden 1999.
Caspar, J.: »Tierschutz unter rechtsphilosophischem Aspekt«; in: *Archiv für Rechts- und Sozialphilosophie* 81,3 (1995), S. 378-404.
Cassin, B. / Labarriere, J.-L.: *L'animal dans l'antiquité. Actes du congrès 1994* (Bibliothèque d'histoire de la philosophie), Paris 1997.
Castignone, S. / Lanata, G.: *Filosofi e animali nel mondo antico*, Genua 1994.
Cave, G.: »Animals, Heidgegger, and the right to life«; in: *Environmental Ethics* 4 (1982), S. 249-254.
Chambre, M. C. de La: *Betrachtung über der Thiere Erkenntnis*, Leipzig 1751.

Chambre, M. C. de La: *Quelle est la connaissance des bêtes, et jusque où elle peut aller*, Amsterdam 1658.
Chambre, M. C. de La: *Traité de la connaissance des animaux*, Paris 1647.
Chanet, P: *Considérations sur la Sagesse de Charron*, La Rochelle 1644.
Chanet, P.: *De l'instinct et de la connaissance des animaux*, Paris 1640.
Chauteur, J.: *Du droit des bêtes à disposer d'elles-mêmes*, Paris 1993.
Chouret, A.: *Histoire et animal*, Toulouse 1989.
Chouret, A. / Daigueperse, C.: *Le tribunal des animaux. Les animaux et le droit*, Paris 1987.
Clark, D.: »On being ›the last Kantian in Nazi Germany‹: dwelling with animals after Levinas«; in: J. Ham / M. Senior (eds.), *Animal acts. Configuring the human in western history*, New York / London 1997, S. 165-198.
Clark, St. R. L.: »Hume, animals and the objectivity of morals«; in: *Philosophical Quarterly* 35 (1985), S. 117-133.
Clarke, F.: *Poetry's plea for animals*, Boston 1927.
Clarke, P. A. B. / Linzey, A. (eds.): *Political theory and animal rights*, London 1990.
Cleridge, J. D.: »The nineteenth century defenders of vivisection«; in: *Fortnightly Review* 37 (1882), S. 225-236.
Cobbe, F. P.: *Licht an dunklen Stätten*, Hannover 1883.
Cobbe, F. P.: *The life of Frances Power Cobbe told by herself*, London 1904.
Cobbe, F. P.: »Zoophily«; in: *Cornhill Magazine* 45 (1882), S. 279-288.
Cobbe, F. P. / Bryan, B.: *Vivisection in America*, London 1890.
Cocchi, A.: *The Pythagorean diet*, London 1745.
Cohen, L. D.: »Descartes and Henry More on the beast-machine«, in: *Annals of Science* 1 (1936), S. 48-61.
Cohen, N. J.: *Tsa'ar Ba'alei Hayim – The prevention of cruelty to animals, its bases, development, and legislation in Hebrew literature*, New York 1979.
Cole, E.: »Theophrastus and Aristotle on animal intelligence«; in: W. W. Fortenbaugh (ed.), *Theophrastus*, New Brunswick 1992.
Coleridge, St.: *Great testimony against scientific cruelty*, London / New York 1918.
Coleridge, St.: *Vivisection: a heartless science*, London / New York 1916.
Condillac, E. B. de: *Traité des animaux*, Amsterdam 1755.
Cottingham, J.: »›A brute to the brutes?‹: Descartes' treatment to animals«; in: *Philosophy* 53 (1978) S. 551-561.
Crosby, E.: »The meat fetish«; in: *Humane Review* 5 (1904–1905), S. 199-216.
Crowe, H.: *Zoophilos; or, considerations on the moral treatment of inferior animals*, London 1819.

Daniel, G.: *Voyage du monde de Descartes, touchant la connaissance des bêtes*, Paris 1690.
Dann, Ch. A.: *Bitte der armen Thiere, der unvernünftigen Geschöpfe, an ihre vernünftigen Mitgeschöpfe und Herrn, die Menschen*, Tübingen 1822.
Dann, Ch. A.: *Notgedrungener Aufruf an alle Menschen von Nachdenken und Gefühl, zur gemeinschaftlichen Beherzigung und Linderung der unsäglichen Leiden der in unserer Umgebung lebenden Thiere*, Stuttgart 1883.

Dean, R.: *An essay on the future life of brutes, introduced with observations upon evil, its nature and origin*, 2. Aufl., London 1768.
DeLevie, D.: *The modern idea of the prevention of cruelty to animals and its reflection in English poetry*, New York 1947.
Delisle de Sales, I. J. B. C.: *Philosophie de la nature*, Tome 2, London 1777.
Delort, D.: *Histoire des animaux*, Paris 1993.
Derrida, J.: »Man muß wohl essen‹ oder die Berechnung des Subjekts«; in: ders., *Auslassungspunkte. Gespräche* (hg. von P. Engelmann), Wien 1998, S. 267-298.
Dierauer, U.: *Tier und Mensch im Denken der Antike. Studien zur Tierpsychologie, Anthropologie und Ethik*, Amsterdam 1977.
Dierauer, U.: »Das Verhältnis von Mensch und Tier im griechisch-römischen Denken«; in: P. Münch (Hg.), *Tier und Menschen. Geschichte und Aktualität eines prekären Verhältnisses*, Paderborn 1998, S. 37-85.
Dieterici, M. J. G.: *De anima brutorum*, Viteb. 1704.
Dilly, A.: *Traité de l'âme et de la connaissance des bêtes*, Lyon 1676.
Doch, Fr. W.: *Über die sittliche und gesundheitliche Bedeutung des Vegetarismus*, St. Gallen 1878.
Dombrowski, D. A.: »Vegetarianism and the argument from marginal cases in Porphyry«; in: *Journal of the History of Ideas* 45 (1984), S. 141-143.
Dombrowski, D. A.: »Was Platon a vegetarian?«; in: *Apeiron* 18 (1984), S. 1-9.
Dorer, E.: *Der Vegetarismus und die Dichter*, Dresden 1884.
Drechsler, J. G.: *De sermone brutorum*, Lipsiae 1673.
Drummond, W. H.: *The rights of animals, and obligations to treat them with humanity*, London 1838.

Ehrenstein, H. W. v.: *Schild und Waffen gegen Thierquälerei. Ein Beitrag zur allgemeinen Förderung der Menschlichkeit*, Leipzig 1840.
Eichholz, J. H.: *Einige Winke über Aufklärung und Humanität nebst einer kleinen Abhandlung über die Bestimmung und die Pflichten gegen die Thiere*, Mannheim 1805.
Elie, M.: »Instinct, entendement, raison: la référence à l'animal chez Locke, Hume et Schopenhauer«; in: *Schopenhauer Jahrbuch* 75 (1994), S. 11-26.
Elston, M. A.: »Women and anti-vivisection in Victorian England«; in: N. Rupke (ed.), *Vivisection in historical perspective*, London 1990, S. 259-294.
Epstein, R.: »A benefactor of his race: Thoreau's ›Higher laws‹ and the heroics of vegetarianism«; in: *Between the Species* 1 (1984–1985), S. 23-34.
Ernst, Chr.: »Hielt Descartes die Tiere für bewußtlos?«; in: *Archiv für die gesamte Psychologie*, XI. Bd. (1908), S. 433-444.
Ettinger, J. C.: *Der Thierschutz*, München 1869.
Evans, E. P.: *The criminal prosecution and capital punishment of animals*, London 1906 (ND London / Boston 1987).
Evans, E. P: *Evolutional ethics and animal psychology*, London 1898.

Feder, J. G. H.: »Ueber die Rechte der Menschen in Ansehung der unvernünftigen Thiere«; in: *Neues Hannoversches Magazin*, 2. Jg. (1792), S. 945-960.

Ferré, F.: »Theodicy and the status of animals«; in: *American Philosophy Quarterly* 23 (1986), S. 23-34.
Feuerbach, L.: »Das Geheimnis des Opfers oder Der Mensch ist, was er isst« (1862); in: *Schriften zur Ethik und nachgelassene Aphorismen* (Sämtliche Werke, Bd. 10), 2. Aufl., Stuttgart 1960, S. 41-67.
Flemming, G.: *Die Vivisection (Zergliederung lebendiger Thierkörper). Ist sie nothwendig oder zu entschuldigen?*, Berlin 1870.
Flesch, M.: *Antivivisectionsbewegung. Naturärzte und Wissenschaft*, Frankfurt 1900.
Fletcher, R.: *A few notes on cruelty to animals*, London 1846.
Flores, N. C. (ed.): *Animals in the middle ages*, New York / London 1996.
Förster, P.: *Tierschutz in Gegenwart und Zukunft*, Guben 1898.
Förster, P.: *Der Vegetarismus als Grundlage eines neuen Lebens*, Frankfurt 1909.
Förster, P.: *Die Vivisektion, die wissenschaftliche Folter*, München 1914.
Forster, R. N.: »Vivisection and morality«; in: *Open Court* 11 (1897), S. 689-693.
Forster, Th.: *Apology for the doctrine of Pythagoras as compatible with that of Jesus Christ*, London 1858.
Forster, Th.: *Philozoia, or moral reflection on the actual condition of the animal kingdom, and the means of improving the same*, Brüssel 1839.
Fouke, D.: »Spontaneity and generation of rational beings in Leibniz's theory of biological reproduction«; in: *Journal of the History of Philosophy* 29 (1991), S. 33-45.
Frankel, A. H.: *Thou shalt not kill or The Torah of vegetarianism*, New York 1896.
French, R.: *Antivivisection and medical science in Victorian society*, Princeton 1975.
Friedman, R.: *Animal experimentation and animal rights*, Phoenix 1987.
Fuchs, Ch. J.: *Das Seelenleben der Thiere, insbesondere der Haussäugethiere im Vergleich mit dem Seelenleben des Menschen*, Erlangen 1854.

Gammage, R. N.: *On the best methods of promoting stability in the vegetarian movement*, London 1857.
Gay, John: »Pythagoras and the countryman« (1727); in: ders., *Poetry and Prose*, Vol. II (ed. by V. A. Dearing), Oxford 1974, S. 349-350.
Gerdemann, J.: *Das Tier in der Philosophie Montaignes*, Würzburg 1897.
Ghapure, N. K.: *Tierschutz, Vegetarismus und Konfession. Eine religions-soziologische Untersuchung zum englischen 17. und 18. Jahrhundert*, München 1935.
Gill, J. E.: »Theriophily in antiquity«; in: *Journal of the History of Ideas* 30 (1969), S. 401-412.
Giraud, R.: »Rousseau and Voltaire: the enlightenment and animal rights«; in: *Between the Species* 1 (1984–1985), S. 4-9, 24.
Gleisberg, J. P.: *Instinkt und freier Wille oder das Seelenleben der Thiere und des Menschen*, Leipzig 1861.
Göze, J. A. E.: »Von dem Gedächtniß und von der Wiedererinnerungskraft der Thiere«; in: *Neue Mannigfaltigkeiten*, 3. Jg. (1776), S. 195-201.
Goffi, J. Y.: *Le philosophe et ses animaux – du statut éthique de l'animal*, Paris 1994.
Goldsmith, O.: *Der Weltbürger oder Briefe eines in London weilenden chinesischen Philosophen an seine Freunde im Fernen Osten, Brief XV*, München 1986.

Gompertz, L.: *Fragments in defence of animals, and essays on morals, soul, and future state*, London 1852.
Gontier, Th.: »Les animaux-machines chez Descartes: modèle ou réalité?«; in: *Corpus* 16/17 (1991), S. 3-16.
Gontier, Th.: *De l'homme à l'animal: Montaigne et Descartes ou les paradoxes de la philosophie moderne sur la nature des animaux*, Paris 1998.
Goodey, C. F.: »On Aristotle's animal capable of reason«; in: *Ancient Philosophy* 16 (1996), S. 389-403.
Granger, J.: *An apology for the brute creation, or abuse of animals censured*, London 1772.
Green, J.: *The Jewish vegetarian tradition*, Johannesburg 1969.
Gregerson, J.: *Vegetarianism: a history*, Fremont 1994.
Gregory, J. (Übers.): »Betrachtungen über den Zustand und die Fähigkeiten des Menschen, in Vergleichung mit dem Zustand und den Fähigkeiten der Thiere (Orig. engl.)«; in: *Neues Hamburgisches Magazin*, Bd. 2, 8. St. (1767), S. 99-146.
Grysanowski, E.: *Gesammelte antivivisektionistische Schriften*, Münster 1897.
Guerrini, A.: »The ethics of animal experimentation in seventeenth-century England«; in: *Journal of the History of Ideas* 50 (1989), S. 391-407.
Gützlaff, V.: *Schopenhauer. Ueber Thiere und Thierschutz. Ein Beitrag zur ethischen Seite der Vivisectionsfrage*, Berlin 1879.
Guidi, L.: *L'âme des bêtes*, o. O., 1782.
Gunderson, K.: »Descartes, La Mettrie, language, and machines«; in: *Philosophy* 39 (1964), S. 193-222.

Haggard, H. R.: *The mahatma and the hare*, London 1911.
Hahn, Th.: *Die naturgemäße Diät, die Diät der Zukunft*, Köthen 1859.
Hahn, Th.: *Die Ritter vom Fleische. Briefe über die Ernährungsfrage*, Berlin 1869.
Hahn, Th.: *Der Vegetarismus als Heilprinzip zur Lösung der socialen Frage*, Berlin 1869.
Hahn, U.: *Die Entwicklung des Tierschutzgedankens in Religion und Geistesgeschichte*, Hannover 1980.
Ham, J. / Senior, M. (eds.): *Animal acts: Configuring the human in western history*, New York 1997.
Hamm, P.: *Welches Tier gehört zu dir? Eine poetische Arche Noah*, München 1984.
Hammer, W. (Hg.): *Neue Dokumente des Vegetarismus*, Leipzig 1914.
Hammer, W.: *Vegetarismus* (= Junge Menschen, 7. Jg., Heft 8, 1926).
Harrison, P.: »Animal souls, metempsychosis, and theodicy in seventeenth-century English thought«; in: *Journal of the History of Philosophy* 31,4 (1993), S. 519-544.
Harrison, P.: »Descartes on animals«; in: *Philosophical Quarterly* 42 (1992), S. 219-227.
Harrison, P.: »Theodicy and animal pain«; in: *Philosophy* 64 (1989), S. 79-92.
Hart, S. H.: *Addresses and essays on vegetarianism by Anna Klingsford und Edward Maitland*, London 1912.
Hartley, D.: *Observations on man, his frame, his duties and his expectations*, London 1748.
Harwood, D.: *Love for animals and how it developed in Great Britain*, New York 1928.

Hastings, H.: *Man and beast in French thought of the eighteenth century*, Baltimore 1936.
Hauser, A.: »Uebrigens hat man, wenn man es zeitweis bei den Menschen nicht mehr aushält, die Thiere«. Vischer und der Thierschutz«; in: *Friedrich Theodor Vischer zum 100. Todestag* (Katalog zur Ausstellung des Städtischen Museums Ludwigsburg, 14. September 1987 – 28. Februar 1988), Ludwigsburg 1987, S. 171-180.
Haussleiter, J.: *Der Vegetarismus in der Antike*, Berlin 1935.
Hebenstreit, J.: *Allgemeinfassliche Thierseelenkunde*, Leipzig 1852.
Heichelheim, F. M. / Elliott, Th.: »Das Tier in der Vorstellungswelt der Griechen«; in: *Studium Generale*, Jg. 20, Heft 2 (1967), S. 85-89.
Heidegger, Martin: *Die Grundbegriffe der Metaphysik* (Gesamtausgabe, Bd. 29/30, II. Abteilung: Vorlesungen 1923–1944), Frankfurt 1983, 3. Kap., § 46 und 4. Kap., § 49, S. 284-288, 295, 298-300, 302-303.
Heilborn, E.: *Das Tier Jehovahs. Ein kulturhistorischer Essay*, Berlin 1905.
Heintel, E.: »Tierseele und Organismusproblem im Cartesianischen System«; in: *Wiener Zeitschrift für Philosophie, Psychologie, Pädagogik*, Bd. III, Heft 2 (1950), S. 73-120.
Helps, A.: *Some talks about animals and their masters*, London 1873.
Hendrick, G.: *Henry Salt. Humanitarian reformer and man of letters*, Urbana 1977.
Hendrick, G. / Hendrick, W.: *The savour of Salt*, Fontwell 1989.
Henry, M.-L.: *Das Tier im religiösen Bewußtsein des alttestamentlichen Menschen*, Tübingen 1985.
Hennigke, J. F.: *Ratio brutorum*, Leipzig 1678.
Hennings, J. Chr.: *Geschichte von den Seelen der Menschen und Thiere, pragmatisch entworfen*, Halle 1774.
Hermand, J.: »Gehätschelt und gefressen. Das Tier in den Händen der Menschen«; in: ders., *Im Wettlauf mit der Zeit. Anstöße zu einer ökologiebewußten Ästhetik*, Berlin 1991, S. 53-74.
Hermand, J.: »Wagners letztes Engagement. Die vegetarische Botschaft seines ›Parsifal‹«; in: ders., *Wettlauf mit der Zeit. Anstöße zu einer ökologiebewußten Ästhetik*, Berlin 1991, S. 75-92.
Hermann, L.: *Die Vivisektionsfrage für ein größeres Publikum beleuchtet*, Leipzig 1877.
Herrich, N. Ch.: *Sylloge script. de spiritibus puris et animabus humanis earumque immaterialitate et statu post mortem deque anima bestiarum*, Leipzig 1790.
Hildrop, M. A.: *Free thoughts upon the brute creation: or, an examination of Father Bougeant's »Philosophical amusement upon the language of beasts«*, London 1742.
Hörmann, L.: *Der Thierschutzkatechismus*, München 1872.
Hoff, Ch.: »Kant's indivious humanism«; in: *Environmental Ethics* 5 (1983), S. 63-70.
Holzhai, G.: *De animali, qua vivit, qua sentit*, Dillingen 1609.
Hopf, L.: *Thierorakel und Orakelthiere in alter und neuer Zeit*, Stuttgart 1888.
Hopf, L.: »Der Thierschutz. Eine kurzgefaßte Belehrung über die Pflichten der Menschen gegenüber den Thieren«; in: *Des Landmanns Winterabende*, Stuttgart 1882.
Houtzager, H. L. / Leeuwenhoek, V.: »Leibniz' Haltung zum Animalkultismus«; in: *Münstersche Beiträge zur Geschichte und Theorie der Medizin* 24 (1985), S. 17-29.

Hünemörder, Ch.: »Thomas von Aquin und die Tiere«; in: A. Zimmermann (Hg.), *Miscellanea Mediaevalia. Thomas von Aquin. Werke und Wirkung im Lichte neuerer Forschungen*, New York / Berlin 1988, S. 192-210.

Hünemörder, Ch.: Art. »Tierkunde«; in: *Lexikon des Mittelalters*, Bd. 8, München 1996, S. 772-774.

Hughes, D.: »The environmental ethics of the Pythagoreans«; in: *Environmental Ethics* 3 (1980), S. 195-213.

Hume, C. W.: *The status of animals in the Christian religion*, London 1957.

Hume, D.: *An enquiry concerning human understanding (1748). Eine Untersuchung über den menschlichen Verstand* (hg. von R. Richter), Hamburg 1964, 9. Abschitt, S. 122-127.

(Hupel, A. W.): *Anmerkungen und Zweifel über die gewöhnlichen Lehrsätze vom Wesen der menschlichen und thierischen Seele*, Riga 1774.

Huxley, T. H.: »On the hypothesis that animals are conscious automata, and its history«; in: J. Feinberg (ed.), *Reason and responsibility*, Belmont 1965, S. 264-272.

Ingensiep, H.-W.: »Der Mensch im Spiegel der Tier- und Pflanzenseele. Zur Anthropomorphologie der Naturwahrnehmung im 18. Jahrhundert«; in: H.-J. Schings (Hg.), *Der ganze Mensch. Anthropologie und Literatur im 18. Jahrhundert*, Stuttgart 1994, S. 54-79.

Ingensiep, H.-W.: »Tierseele und tierethische Argumentationen in der deutschen philosophischen Literatur des 18. Jahrhunderts«; in: *NTM, Internationale Zeitschrift für Geschichte und Ethik der Naturwissenschaften, Technik und Medizin*, 4. Jg., Heft 2 (1996), S.103-118.

Jacobi, F. H.: »Betrachtung über die von Herrn Herder in seiner Abhandlung vom Ursprung der Sprache vorgelegte genetische Erklärung der thierischen Kunstfertigkeit und Kunsttriebe«; in: *Teutscher Merkur*, 1. Bd. (1773), S. 99-121.

Jahnn, H. H.: *Das Recht der Tiere. Weihnachtsappell 1956*, ND Bad Nauheim 1994.

Janowski, B./Neuman-Gorsolke, U./Gliessmer, U. (Hg.): *Gefährten und Feinde des Menschen: Das Tier in der Lebenswelt des alten Israel*, Neukirchen-Vluyn 1993.

Jaskowski, F.: *Philosophie des Vegetarismus*, Berlin 1912.

Jenyns, S.: »On cruelty to animals«; in: *Disquisitions on several subjects*, London 1782, S. 19-34.

Joannet, C.: *Les bêtes mieux connues, ou le pour et le contre l'âme des bêtes*, Paris 1770.

Johnson, S.: »›The Idler‹, no. 17, Saturday, August 5, 1758 (attack on vivisection)«; in: *The Yale edition of the work of Samuel Johnson*, Vol. II (ed. by W. J. Bate / J. M. Bullitt / L. F. Powell), New Haven 1963.

Jolma, D. J.: »Henry Salt and 100 years of animal rights«; in: *Animals' Agenda* 12,8 (1992), S. 30-32.

Jones, K.: »Schopenhauer on animals«; in: *Schopenhauer Jahrbuch* 72 (1991), S. 131-142.

Jones-Davies, M. T.: *Le monde animal au figure de la renaissance*, Paris 1990.

Juchem, Th.: *Die Entwicklung des Tierschutzes von der Mitte des 18. Jahrhunderts bis zum Reichsstrafgesetzbuch von 1871*, Bonn 1940.

Jung, M. H.: »Die Anfänge der deutschen Tierschutzbewegung im 19. Jahrhundert«; in: *Zeitschrift für württembergische Landesgeschichte* 56 (1997).

Jung, M. H.: »Tierschutzgedanken in Pietismus und Aufklärung. Der Elberfelder Schriftsteller Johann Heinrich Eichholz als früher Vertreter der Tierschutzidee in Deutschland«; in: *Zeitschrift des Bergischen Geschichtsvereins*, Bd. 97 (1995–1996), S. 109-123.

Kathan, B.: *Die Geflügelschere oder die Erfindung der Tierliebe*, Innsbruck 1993.

Kather, R.: »Die Beziehung des Menschen zu den Tieren – eine wechselvolle Geschichte«; in: *Universitas* 52,3 (1997), S. 282-292.

Kaufmann, A.: »Über Tierliebhaberei im Mittelalter«; in: *Historisches Jahrbuch der Görres-Gesellschaft* 5 (1884), S. 399-423.

Keitz, E. v.: *Über Thierliebhaberei im Alterthume*, Duderstadt 1882.

Keller, O.: *Thiere des classischen Alterthums in culturgeschichtlicher Beziehung*, Innsbruck 1887.

Kellert, St. B. /Berry, J. K.: *A bibliography of human/animal relations*, Lanhamm 1985.

Kingston, A. R.: »Theodicy and animal welfare«; in: *Theology* 70 (1967), S. 482-488.

Klaits, J. / Klaits, B. (eds.): *Animals and man in historical perspective*, New York 1974.

Klenk, Ph.: *Tierquälerei und Sittlichkeit*, Langensalza 1902.

Klug, B.: »Lab animals, Francis Bacon and the culture of science«; in: *Listening* 18 (1983), S. 54-72.

Knapp, A.: *Das ängstliche Harren der Kreatur*, Stuttgart 1843.

Knigge, A. v.: »Über den Umgang mit Menschen (1788), III. Theil, Cap. 9: Über den Umgang mit Thieren«; in: ders., *Ausgewählte Werke in 10 Bänden* (hg. von W. Fenner), Bd. 6, Hannover 1993, S. 387-390.

Knoche, R.: *Erbarmt Euch der Thiere*, Hannover 1879.

Knoche, R.: *Schach den Thürmen*, Hannover 1880.

Knoche, R.: *Die wissenschaftliche Thierfolter*, Hannover 1880.

Knodt, E.: *Klagen der Thiere*, Berlin [ca. 1890].

Knodt, E.: *Die Vivisection vor dem Forum der Logik und Moral*, Leipzig 1880.

Knodt, E.: *Zoophilus: Biblische Studien über Thierbestimmung, Thierleben und Thierschutz*, Dresden 1881.

König, K.: *Bruder Tier. Mensch und Tier in Mythos und Evolution*, 3. Aufl., Stuttgart 1981.

Krämer, H. (Hg.): *Die Tiere als Freunde und Feinde des Menschen*, 2 Bde., Leipzig 1906.

Kraus, W.: »Jean Meslier et le probleme de l'âme des bêtes«; in: *Le Curé Meslier et la vie intellectuelle, religieuse et sociale à la fin du 17e et au début du 18e siècle* (Actes du Colloque international de Reims, 17-19 Octobre 1974), Reims 1980, S. 280-284.

Kraus, W.: »Zur Tierseelentheorie im 18. Jahrhundert«; in: *Zur Anthropologie des 18. Jahrhunderts*, München / Wien 1979, S. 136-175.

Kromm, J. J.: *Der Thierfreund oder das pflichtgemäße Verhalten des Menschen gegen die Thierwelt*, Stuttgart 1838.

Krüger, J. G.: »Gedanken von der Vernunft der Thiere«; in: *Neues Hamburgisches Magazin*, 9. Bd. (1752), S. 364-368.

Krzysztof, P.: »De l'animal comme être philosophique«; in: *Le Débat* (1983), S. 127-142.
Kubicek, F. W.: *Die Vivisection oder wissenschaftliche Thierfolter*, Wien 1879.
Kulstad, M.: »Leibniz, animals, and apperception«; in: *Studia leibnitiana* 13 (1981), S. 25-60.
Laban, F.: *Über die moralischen und praktischen Grundelemente der Tierschutzbewegung*, Wien 1879.
Lamarck, J. B. de: *Philosophie zoologique*, Paris 1809 (dt. *Philosophische Zoologie*, Jena 1876).
Landmann, M.: *Das Tier in der jüdischen Weisung*, Heidelberg 1959.
Lane, Ch.: *Essay on vegetable diet*, London 1847 (dt. *Nur Pflanzenkost oder die vegetarianische Diät*, Breslau 1854).
Langbein, A. F. E.: »Bitschrift für die Thiere«; in: *Für ältere Litteratur und neuere Lektüre*, 1. Jg., 4. St. (1784), S. 23-27.
Langbein, A. F. E.: (Übers.): »Ueber die Grausamkeit gegen Thiere« (Orig. engl.); in: *Litteratur- und Völkerkunde*, 5. Bd. (1784), S. 432-437.
Lansbury, C.: *The old brown dog – women, workers, and vivisection in Edwardian England*, Madison 1985.
Lawrence, J.: *A philosophical treatise on horses, and on the moral duties of man towards the brute creation*, 2 Vols., London 1796–1798.
Lecky, W. E. H: *History of European morals*, Vol. I, »Cruelty to animals«, London 1859, S. 46-49.
Lederer(us), M. Fr.: *Jus bestiale*, Wittenberg 1657.
Leffingwell, A.: »An ethical basis for humanity to animals«; in: *Arena* 10 (1894), S. 474-482.
Le Grand, A.: *Dissertatio de carentia sensus et cognitionis in brutos*, London 1675.
Leroy, Ch.: *Philosophische Briefe über die Verstandes- und Vervollkommnungsfähigkeit der Thiere, sammt einigen Briefen über den Menschen*, Nürnberg 1807.
Lessing, Th.: *Meine Tiere*, Berlin 1926.
Lessing, Th.: »Der Tag der Tiere«; in: *Prager Tageblatt*, 2. Oktober 1931; wieder abgedruckt in: ders., *Ich warf eine Flaschenpost ins Eismeer der Geschichte. Essays und Feuilletons 1923–1933* (hg. von R. Marwedel), 2. Aufl., Frankfurt 1989, S. 275-277.
Lester, H. E.: *Behind the scenes of slaughter houses*, London 1892.
Lévinas, E.: »Nom d'un chien ou droit natural«; in: *Celui qui ne peut pas se servir des mots*, Montpellier 1976.
Levinsohn, I. B.: *The theory of vegetarianism*, St. Petersburg 1884.
Lindeboom, G. A.: *Descartes and medicine*, Amsterdam 1978.
Linzey, A.: *The status of animals in the Christian tradition*, Birmingham 1985.
Lixfeld, H.: *Gott und Teufel als Weltschöpfer. Eine Untersuchung über die dualistische Tierschaffung in der europäischen und außereuropäischen Volksüberlieferung*, München 1971.
Llewelyn, J.: »Am I obsessed by Bobby? (Humanism of the other animal)«; in: R. Bernasconi / S. Critchley (eds.), *Re-reading Levinas*, Bloomington u. a. 1991, S. 234-245.
Lloyd, B. (ed.): *The great kinship: an anthology of humanitarian poetry*, London 1921.

Lloyd, G.: »The development of Aristotle's theory of the classification of animals«; in: *Phronesis* 6 (1961), S. 59-81

Lloyd, G.: »Spinoza's environmental ethics«; in: *Inquiry* 23 (1980), S. 293-311.

Lonsdale, St. H.: »Attitudes toward animals in ancient Greece«; in: *Greece and Rome* 26 (1979), S. 146-159.

Lorenz, G.: »Ehrfurcht vor dem Leben der Tiere bei frühen Griechen und Römern und bei den Naturvölkern?«; in: F. Hampl (Hg.), *Kritische und vergleichende Studien zur alten Geschichte und Universalgeschichte*, Innsbruck 1974, S. 211-241.

Lorenz, G.: *Die Einstellung der Griechen zum Tier. Ihre Entwicklung von Homer bis Theophrast*, Innsbruck 1972.

Lovejoy, A. O.: *Die große Kette der Wesen*, Frankfurt 1985.

Macaulay, J.: *A plea for the mercy to animals*, London 1881.

Maehle, A.-H.: *Kritik und Verteidigung des Tierversuchs. Die Anfänge der Diskussion im 17. und 18. Jahrhundert*, Stuttgart 1992.

Maehle, A.-H.: »Der Literat Christlob Mylius und seine Verteidigung des medizinischen Tierversuchs im 18. und 19. Jahrhundert«; in: *Medizinhistorisches Journal* 21 (1986), S. 269-287.

Macho, Th.: »Tier«; in: Chr. Wulf (Hg.), *Vom Menschen. Handbuch Historische Anthropologie*, Weinheim / Basel 1997, S. 62-85.

Magel, Ch.: *Keyguide to information sources in animal rights*, London 1989.

Majer, E.: *Mensch- und Tiervergleich in der griechischen Literatur bis zum Hellenismus*, Tübingen 1949.

Malcolm, N.: »Thoughtless brutes«; in: *Thought and knowledge*, Ithaca 1977, S. 40-57.

Marchl, P.: *Des Aristoteles Lehre von der Thierseele*, Metten 1896–1900.

Martensen, H. L.: »Die Liebe zur unpersönlichen Creatur«; in: *Die christliche Ethik*, Abt. 1, 3. Verbesserte Aufl., Karlsruhe 1866, S. 331-338.

Martinengo-Cesaresco, E.: »Animals at Rome«; in: *Contemporary Review* 85 (1904), S. 225-234.

Martinengo-Cesaresco, E.: »The Greek conception of animals«; in: *Contemporary Review* 85 (1904), S. 430-439.

Martinengo-Cesaresco, E.: *The place of animals in human thought*, London 1909.

Matzdorff, C.: *Thierseelenkunde auf Thatsachen begründet*, 2 Bde., Berlin 1804–1805.

Maupertius, P.-L. M. de: »Du droit sur les bêtes«; in: *Lettres de Mr. de Maupertius*, Dresden 1752, S. 43-47.

Meier, B. D. G.: *De logica brutorum*, Hamburg 1647.

Meier, G. F.: *Versuch eines neuen Lehrgebäudes von den Seelen der Thiere*, Halle 1749.

Mendel, L. B.: »Some historical aspects of vegetarianism«; in: *Popular Science Monthly* 64 (1903–1904), S. 457-465.

Mendelssohn, M.: »Hundertdreyßigster Brief: Von des Herrn Reimarus Betrachtungen über die Triebe der Thiere«; in: *Briefe, die neueste Literatur betreffend*, 8. T. (1760), S. 233-256.

Mendus, S.: »Personal identity: The two analogies in Hume«; in: *Philosophical Quarterly* 30 (1980), S. 61-68.

Méry, F. / Boudet, J. / Bauer, B.: *Herr über die Kreatur. Mensch und Tier im Bild der Geschichte*, Stuttgart 1964.
Meyer, H.: *Der Mensch und das Tier. Anthropologische und kultursoziologische Aspekte*, München 1975.
Michael, E.: »Vegetarianism and virtue: on Gassendi's epicurean defense«; in: *Between the Species* 2 (1991), S. 61-72.
Michelet, J.: *Bibel der Menschheit*, Prag 1865, S. 61-62.
Miles, M. L.: »Leibniz on apperception and animal souls«; in: *Dialogue* 33,4 (1994), S. 701-724.
Mills, W.: *The nature and development of animals intelligence*, London 1898.
Miraglia, B.: *Contro la vivisezione degli animali*, Neapel 1884.
Montanari, A.: *Trattenimento metaf. intorno ai principali sistemi dell'anima delle brute*, Verona 1761.
Moore, J. H.: *Better-world philosophy: a sociological synthesis*, Chicago 1899.
Moore, J. H.: *The new ethics*, London 1907.
Moore, J. H.: *The universal kinship*, Chicago 1906 (ND Fontwell 1992).
More, H.: *Opera Omnia*, Bd. II, 2, London 1679, S. 234, 236-237, 246-247.
Morfouace de Beaumont, G.: *Apologie des bêtes, ou leurs connaissances et raisonnements, prouvés contre le système des philosophes cartésiens, qui prétendent que les brutes ne sont que de machines automates, ouvrage en vers*, Paris 1732.
Morris, R.: *A reasonable plea for the animal creation*, London 1746.
Morsink, J.: *Aristotle on the generation of animals*, Washington 1982.
Morus (d. i. R. Lewinsohn): *Eine Geschichte der Tiere. Ihr Einfluß auf die Zivilisation und Kultur*, Hamburg 1952.
Moss, A.: *Valiant crusade: The history of the RSPCA*, London 1961.
Mühlen, W. von und zur: *Der Schutz des Tieres im geltenden deutschen Recht unter Berücksichtigung seiner geschichtlichen Entwicklung*, Köln 1938.
Münch, P. (Hg.): *Tiere und Menschen. Geschichte und Aktualität eines prekären Verhältnisses*, Paderborn 1998.
Murr, S.: »L'âme des bêtes chez Gassendi«; in: *Corpus* 16/17 (1991), S. 37-63.
Mylius, Chr.: »Untersuchung, ob die Thiere um der Menschen willen geschaffen sind«; in: *Belustigungen des Verstandes und des Witzes* (Oktober 1744), S. 363-381.
Mylius, Chr.: »Untersuchung, ob man die Thiere, um physiologischer Versuche willen, lebendig eröffnen dürfe?«, in: *Belustigungen des Verstandes und des Witzes* (April 1745), S. 325-240.

Nagel, R.: *Das Fleischessen vor dem Richterstuhle des Instinkts, der Vernunft, des Gewissens, der Religionsgeschichte und der Naturwissenschaft*, Berlin 1869.
Nagel, R.: »Der wissenschaftliche Unwerth der Vivisection in allen ihren Arten«; in: *Bayreuther Blätter* 4, Beilage zu Heft 2 (1881) S. 3-20.
Narr, D. / Narr, R.: »Menschenfreund und Tierfreund im 18. Jahrhundert«; in: *Studium Generale*, Jg. 20, Heft 5 (1967), S. 293-303.
Newton, J. F.: »Pythagorean objections against animal food«; in: *London Magazine*, 13. November 1825, S. 380-383.

Newton, J. F.: *The return to nature*, London 1811.
Nicholson, E. B.: *The rights of an animal, a new essay in ethics*, London 1879.
Nicholson, G.: *On the conduct of man to inferior animals*, Manchester 1797.
Niderst, A.: *L'animalité: hommes et animaux dans la littérature française*, Berlin 1994.
Nieritz, G.: *Fedor und Luise, oder: des Menschen Pflicht gegen die Thiere*, Berlin 1843.
Nyman, J.: »Moral issues in the use of animals in experimental research from the renaissance to the twentieth century«; in: *Animal Regulation Studies* 2 (1979), S. 31-36.
Orphal, W. Chr.: *Der Philosoph im Walde, oder Freimüthige Untersuchungen über die Seelenkräfte der sogenannten vernunftlosen Geschöpfe*, Hamburg 1807.
Orphal, W. Chr.: *Sind Thiere blos sinnliche Geschöpfe oder sind sie auch mit Fähigkeiten versehen, die eine Seele bei ihnen vermuten lassen?*, Leipzig 1811.
Oswald, J.: *The cry of nature; or an appeal to mercy and to justice on behalf of the persecuted animals*, London 1791.
Ouida, L. de la R.: »The future of vivisection«; in: *Gentleman's Magazine* 252 (1882), S. 412-423.

Palm, G. F.: »Ueber das Verstandesvermögen der Thiere«; in: *Neues Hannoversches Magazin*, 1. Jg. (1791), S. 625-648.
Panum, P. L.: *Über Thierquälerei bei der Thiere Benützung und über Menschenquälerei bei der Thiere Beschützung*, Kopenhagen, o. J.
Pardies, I. G.: *Discours de la connaissance des bêtes*, Lyon 1672.
Paroni, C.: *Anima delle bestie impugnata spirituale coi principi della metafisica, e provata materiale con quelli della fiscia*, Udine 1774.
Pasch, G.: *De brutorum sensibus atque cognitione*, Witt. 1686.
Passmore, J.: »The treatment of animals«; in: *Journal of the History of Ideas* XXXVI (1975), S. 195-218.
Pelosse, V.: »Modes de proximités avec l'animal chez Montaigne«; in: *Philosopher* 18 (1995), S. 43-54.
Perrault, C.: *La mécanique des animaux*, Paris 1680.
Perty, M.: *Über das Seelenleben der Thiere*, Leipzig 1865.
Petersen, W. W.: *Das Tier im Alten Testament*, Frankfurt 1928.
Peterson, C. W.: *Leitfaden für die Erziehung der Kinder zur Beschützung der Tiere*, Köln 1885.
Plitt, J. J.: *Prüfung von G. Meiers Versuch eines neuen Lehrgebäudes von den Seelen der Thiere*, Halle 1750.
Plutarch: »Gryllos oder die Vernunft der unvernünftigen Tiere«; in: *Moralia* (hg. von W. Ax), Leipzig 1950, S. 279-297.
Precht, R. D.: *Noahs Erbe. Vom Recht der Tiere und den Grenzen des Menschen*, Hamburg 1997.
Preuss, A.: »Biological theory in Porphyry's ›De abstinentia‹«; in: *Ancient Philosophy* 3 (1983), S. 149-159.
Prieur, J.: *L'âme des bêtes*, Paris 1986.

Quarelli, E.: *Socrates and the animals*, London 1960.

Rabe, O.: *Die hohe Kulturbedeutung der fleisch- und blutlosen Ernährung des Menschen*, Berlin 1885.

Rabe, O.: *Die Thierschutzfrage im Lichte der vegetarischen Weltanschauung*, Bayreuth 1882.

Rahn, H.: »Das Tier in der homerischen Dichtung«; in: *Studium Generale*, Jg. 20, Heft 2 (1967), S. 90-105.

Rahn, H.: »Tier und Mensch in der homerischen Auffassung der Wirklichkeit«, in: *Paideuma* 5 (1950/54), S. 277-297, 431-480.

Rawlinson, J.: *Mercy to a beast*, Oxford 1612.

Reed, T. J.: »Nietzsche's animals: idea, image and influence«; in: M. Pasley (ed.), *Nietzsche: Imagery and thought*, Berkeley 1978, S. 159-219.

Regan, T. / Singer, P. (eds.): *Animal rights and human obligations*, 2. durchgesehene und erweiterte Aufl., Englewood Cliffs 1989.

Regius, H.: *Fundamenta physices*, Cap. XI: »De bestia«, Amsterdam 1646.

Reichenbach, A.: *Der Vegetarismus im Mönchtum*, Braunschweig 1871.

Reichenbach, H. G. L.: *Blicke in das Leben der Thierwelt, verglichen mit dem Leben des Menschen*, Dresden / Leipzig 1843.

Reimarus, H. S.: *Allgemeine Betrachtungen über die Triebe der Tiere*, Hamburg 1760.

Richardson, G.: *Animals as seen by poets*, Boston 1930.

Ritchie, D. G.: *Natural rights*, London 1895.

Ritchie, D. G.: »The rights of animals«; in: *Ethics* 10 (1900), S. 387-389.

Ritson, J.: *Essay on abstinence from animal food as a moral duty*, London 1802.

Ritvo, H.: *The animal estate: the English and other creatures in the Victorian age*, Cambridge 1987.

Rock, M.: »Das Verhältnis von Mensch und Tier bei Thomas von Aquin«; in: *Das Tier bei Thomas von Aquin. Das Tier bei Franz von Assisi* (hg. von der Bauernschule Nordhausen), Buchen 1983, S. 76-84.

Romanes, G. J.: *Animal intelligence*, London 1882.

Romanes, G. J.: *Mental evolution in animals*, London 1883.

Rorarius, H.: *Quod animalia bruta saepe ratione utantur melius homine* (entst. 1544–1547), Paris 1648 (1729 neu hg. von G. H. Ribovius).

Rose, Hilary: »Als Moralistinnen verlacht. Tierversuchsgegnerinnen im viktorianischen England«; in: *Das Argument*, 39. Jg., 221, Heft 4 (1997), S. 475-483.

Rosenfield, L. C.: *From beast-machine to man-machine: Animal soul in French letters from Descartes to LaMettrie*, New York 1941.

Rowley, F.: *The humane idea*, Boston 1912.

Rupke, N. A. (ed.): *Vivisection in historical perspective*, London / New York 1987.

Ryder, R.: *Animal revolution: changing attitudes towards speciesism*, Oxford 1989.

Salisbury, J. E.: *The beast within: animals in the middle ages*, New York 1994.

Salt, H. S.: *The creed of kinship*, London 1935.

Salt, H. S.: »*Fallacies and flagellants*«. *The Humanitarian League*, London 1913.

Salt, H. S.: *Humanitarianism: its general principles and progress*, London 1891.
Salt, H. S.: *The logic of vegetarianism: essays and dialogues*, London 1899.
Salt, H. S.: *The new charter. A discussion of the rights of men and the rights of animals*, London 1896.
Salt, H. S.: *A plea for vegetarianism and other essays*, Manchester 1886.
Salt, H. S.: *Seventy years among savages*, London 1921.
Sauer, H.: *Über die Geschichte der Mensch-Tier-Beziehung und die historische Entwicklung des Tierschutzes in Deutschland*, Gießen 1983.
Sax, B.: *The parliament of animals. Anecdotes and legends from books of natural history 1775–1900*, New York 1992.
Schäfer, G.: *Schutz den Thieren*, Stuttgart 1892.
Scharfe, M.: »Kollektaneen zur Geschichte der Tierschutzidee«; in: *Schulwarte*, Jg. 21 (1968), S. 826-846.
Scharfe, M.: »Wider die Thierquälerei! Der Tierschutzgedanke im 19. Jahrhundert«; in: *Schwäbische Heimat* 35 (1984), S. 32-40.
Scheitlin, P.: *Thierseelenkunde*, 2 Bde., Stuttgart / Tübingen 1840.
Schenda, R.: *Das ABC der Tiere. Märchen, Mythen und Geschichten*, München 1995.
Schmeiser, Chr. G.: *Das thierische Elend. Ein Versuch zur Linderung desselben*, Altenburg 1789.
Schmidt, J. A.: *Geometria brutorum*, Jena 1796.
Schmidt, N. E. A.: »Ein Gespräch von der Vernunft der Thiere«; in: *Hannoversches Magazin*, 7. Jg. (1769), S. 1345-1372.
Schochet, E. J.: *Animal life in Jewish tradition*, New York 1984.
Scholz, J. Fr.: *Beweis, daß es eine Seelenwanderung bei den Thieren giebt*, Helmstedt 1753.
Schopenhauer, A.: »Parerga und Paralipomena (1851), § 153«; in: ders., *Werke in 10 Bänden* (Zürcher Ausgabe, Bd. 9), Zürich 1977, S. 318-323; dass., § 177«; in: ders., *Werke in 10 Bänden* (Zürcher Ausgabe, Bd. 10), Zürich 1977, S. 400-416.
Schwartz, R. H.: *Judaism and vegetarianism*, Smithtown 1982.
Schwenk, G.: *Natürliche Lebensweise und bildende Kunst*, Frankfurt 1907.
Schütt, H.-P. (Hg.): *Die Vernunft der Tiere*, Frankfurt 1990.
Schütz, H. J.: *Religiöse Vertheidigungsschrift für die Thierwelt*, Paderborn 1928.
Schuhmacher, H.: *Die armen Stiefgeschwister des Menschen. Das Tier in der deutschen Literatur*, Zürich 1977.
Schultz, Ch.: *Ein Vivisector auf dem Sectionstisch*, Berlin 1880.
Schwantje, M.: *Das »edle Waidwerk« und der Lustmord*, 2. Aufl., München 1897.
Schwantje, M.: *Gründe gegen die Vivisektion* (hg. vom Bund für radikale Ethik), Berlin 1919.
Schwantje, M.: *Hat der Mensch das Recht, Fleisch zu essen*, Berlin 1923.
Schwantje, M. (Hg.): *Die Liebe zu den Tieren*, Berlin 1923.
Schwantje, M.: *Radikalismus und Idealismus* (hg. vom Bund für radikale Ethik), Berlin 1919.
Schwantje, M.: *Schopenhauers Ansichten von der Tierseele und vom Tierschutz* (hg. vom Bund für radikale Ethik), Berlin 1919.

Schwantje, M.: *Tiermord und Menschenmord. Vegetarismus und Pazifismus* (hg. vom Bund für radikale Ethik), Berlin 1919.
Schwantje, M.: *Tierschlachtung und Krieg* (hg. vom Bund für radikale Ethik), Berlin 1928.
Schwantje, M.: *Vegetarismus* (Gesammelte Werke, Bd. 1), München 1976.
Schwantje, M.: *Die Verwerflichkeit des Jagdvergnügens* (hg. von der Gesellschaft zur Förderung des Tierschutzes und verwandter Bestrebungen), Berlin 1911.
Seefeld, A. v.: *Altes und Neues über die vegetarische Lebensweise*, Hannover 1880.
Seehaus, O.: *Tierschutz und Tierquälerei*, Berlin 1896.
Seidler, M. J.: »Hume and the animals«; in: *Southern Journal of Philosophy* 15 (1977), S. 361-372.
Sellert, W.: »Das Tier in der abendländischen Rechtsauffassung«; in: *Studium Generale. Vorträge zum Thema Mensch und Tier*, Bd. 1, Hannover 1983, S. 66-82.
Sells, L. A.: *Animal poetry in French and English literature and the Greek tradition*, Bloomington 1955.
Sencerz, St.: »Descartes on sensations and ›animal minds‹«; in: *Philosophical Papers* (1990), S. 119-141.
Senior, M.: »»When the beasts spoke‹: animals speech and classical reason in Descartes and La Fontaine«; in: J. Ham / M. Senior (eds.), *Animal acts. Configuring the human in western history*, New York / London 1997, S. 61-84.
Serpell, J.: *Das Tier und wir. Eine Beziehungsstudie*, Zürich / Stuttgart / Wien 1990.
Serres, M.: »Knowlegde in the classical age: La Fontaine and Descartes«; in: D. Bell / J. Harari (eds.), *Hermes*, Baltimore 1982.
Shaw, G. B.: »Das Töten als Sport«; in: ders., *Die Geliebte Shakespeares und andere Essays*, Zürich 1920, S. 76-101.
Shugg, W.: »The cartesian beast-machine in English literature (1663–1750)«; in: *Journal of the History of Ideas* 29 (1968), S. 279-298.
Shugg, W.: »Humanitarian attitudes in the early animal experiments of the Royal Society«; in: *Annals of Science* 24 (1968), S. 227-238.
Singer, P.: *Animal Liberation. Die Befreiung der Tiere*, Reinbek 1996.
Somerville-Wood, M.: *The antivivisection handbook*, London 1915.
Sorabji, R.: »Animal minds«; in: *Southern Journal of Philosophy* 31 (1992), S. 1-18.
Sorabji, R.: *Animal minds and human morals. The origins of the western debate*, Ithaca 1993.
Sorabji, R.: »Du droit des animaux: débats antiques et modernes«; in: M. Canto-Sperber, *La philosophie morale britannique*, Paris 1994, S. 217-251.
Spagni, A.: *De animabus brutorum*, Rom 1775.
Spencer, C.: *The heretic's feast: a history of vegetarianism*, Hanover / London 1995.
Sponheimer, J.: *Der Vegetarismus eine wirtschaftliche Notwendigkeit. Versuch einer wissenschaftlichen Begründung des Vegetarismus*, Berlin 1905.
Springer, R.: *Enkarpa. Culturgeschichte der Menschheit im Lichte der pythagoräischen Lehre*, Hannover 1884.
Springer, R.: *Wegweiser in der vegetarianischen Literatur für Vegetarianer und die es werden wollen*, Nordhausen 1880.

Squadrito, K. M.: »Descartes, Locke and the soul of animals«; in: *Philosophy Research Archives* 6 (1980), S. 372-383.

Squadrito, K. M.: »Locke's view of property rights and the rights of animals«; in: *Philosophy* 10 (1981), S. 19-22.

Steiger-Jeandrevin, A. v.: *Die Vivisektion vom Standpunkt des sittlichen Gefühls*, Bern 1880.

Steiner, C. J.: *Die Tierwelt nach ihrer Stellung in Mythologie und Volksglauben, in Sitte und Sage, in Geschichte und Literatur, im Sprichwort und Volksfest*, Gotha 1891.

Stolzenberg, G.: *Tolstoi, Gandhi, Shaw, Schweitzer. Harmonie und Frieden mit der Natur*, Göttingen 1992.

Stolzenberg, G.: *Weltwunder Vegetarismus*, München, o. J.

Struve, G.: *Mandara's Wanderungen*, 2. Aufl., Mannheim 1845.

Struve, G.: *Pflanzenkost. Grundlage einer Weltanschauung*, Stuttgart 1869.

Süddeutsche Monatshefte, Jg. 25 (September 1928), Sonderheft »Tier«.

Süssmilch, J. P.: *Versuch eines Beweises, daß die erste Sprache ihren Ursprung nicht vom Menschen, sondern allein vom Schöpfer erhalten habe (...)*, IV. Abschnitt, I. Anhang: »Kurze Beschreibung von der Sprache der Thiere«, Berlin 1766, S. 99-104.

Sutter, A.: *Göttliche Maschinen. Die Automaten für Lebendiges bei Descartes, Leibniz, LaMettrie und Kant*, Frankfurt 1988.

Suutala, M.: *Tier und Mensch im Denken der Deutschen Renaissance*, Helsinki 1990.

Tait, L.: *Die Nutzlosigkeit der Thier-Vivisection als wissenschaftlicher Forschungs-Methode*, Dresden 1883.

Teuteberg, H.-J.: »Zur Sozialgeschichte des Vegetarismus«; in: *Vierteljahrschrift für Sozial- und Wirtschaftsgeschichte* 81 (1994), S. 33-65.

Teutsch, G. M.: *Da Tiere eine Seele haben ... Stimmen aus zwei Jahrtausenden*, Stuttgart 1987.

Teutsch, G. M.: *Mensch und Tier. Lexikon der Tierschutzethik*, Göttingen 1987.

Thibon, G.: *Les animaux, nos humbles frères*, Paris 1986.

Thomas, K.: *Man and the natural world. Changing attitudes in England 1550–1800*, London 1983.

Thomasius, J.: *De anima brutorum, quo asseritur, eam non esse materialem contra Cartesianam opinionem*, Altorf 1713.

Thorwöste, J. J.: *Resp. Reinh. Liebmann, de anima bestiarum*, Aboae 1725.

Art. »Thier«; in: J. H. Zedler, *Großes vollständiges Universal-Lexicon aller Wissenschaften und Künste*, Bd. 43, Halle 1732–1750, Sp. 1333-1391.

Art. »Tier/Tierseele« und »Tierrecht«; in: *Historisches Wörterbuch der Philosophie*, Bd. 10, Basel 1999, Sp. 1195-1221.

Thier- und Kinderfreund, 1888 ff.

Der Thier- und Menschenfreund. Allgemeine Zeitschrift für Tierschutz, 1.1879 – 44.1924.

Tierrecht und Tierschutz, 1.1927 – 10.1936.

Tolstoi, L: *Grausame Genüsse: Der Fleischesser. Der Krieg. Die Jagd*, Berlin 1895.

Tranöy, K. E.: »Hume on morals, animals, and men«; in: *Journal of Philosophy* 56 (1959), S. 94-103.

Trimmer, S.: *Fabeln und Geschichten zum Unterricht für Kinder, in Absicht auf ihre Behandlung der Thiere*, 8. Aufl., Zittau / Leipzig 1788.

Trine, R. W.: *Every living creature or heart-training through the animal world*, New York 1889.

Tröhler, U.: »Die Geschichte des wissenschaftlichen Tierversuchs, seiner Begründung und Bekämpfung«; in: K. J. Ullrich / O. D. Creutzfeld (Hg.), *Gesundheit und Tierschutz*, Düsseldorf / Wien 1985, S. 47-81.

Tsekourakis, D.: »Pythagoreanism or platonism and ancient medicine? The reasons for vegetarianism in Plutarch's ›Moralia‹«; in: W. Haase / H. Temporini (Hg.), *Aufstieg und Niedergang der römischen Welt*, Bd. 36,1, Berlin / New York 1983, S. 350-393.

Turner, E. S.: *All heaven in a rage*, London 1964 (ND Fontwell 1992).

Turner, J.: *Reckoning with the beast. Animals, pain, and humanity in the Victorian mind*, Baltimore 1980.

Tyson, E.: *Orang-Outang, sive homo sylvestris: or the anatomy of a pygmie compared with that of a monkey, an ape, and a man*, London 1699.

Ulrich, J.: *Tierquälerei und Tierschutz*, Prag 1892.
Unna, J.: *Tierschutz im Judentum*, Frankfurt 1928.

Violin, M. A.: »Pythagoras – The first animal rights philosopher«; in: *Between the Species* 6 (1990), S. 122-127.

Wagner, R.: *Über die Vivisection. Offener Brief an E. von Weber, Verfasser der »Folterkammern der Wissenschaft«*, Berlin / Leipzig 1880.

Walcker, K.: *Der Tierschutz und die Tierquälerei*, Sondershausen 1905.

Walz, R.: »Die Verwandtschaft von Mensch und Tier in der frühneuzeitlichen Wissenschaft«; in: P. Münch (Hg.), *Tiere und Menschen. Geschichte und Aktualität eines prekären Verhältnisses*, Paderborn u. a. 1998, S. 295-321.

Watts, S.: *The animals' friend: a collection of observations and facts tending to restrain cruelty and to inculcate kindness towards animals*, London 1833.

Weber, E. von: *Die Folterkammern der Wissenschaft: Eine Sammlung von Thatsachen für das Laienpublikum*, 8. Aufl., Berlin / Leipzig 1879.

Weigen, A. G.: *De iure hominis in creaturas oder Schriftmäßige Erörterung des Rechts der Menschen über die Kreaturen*, Stuttgart 1711.

Welk, E.: *Die wundersame Freundschaft von Tier und Mensch*, 2. Aufl., Leipzig 1941.

Wellmer, M.: *Die vegetarische Lebensweise und die Vegetarier*, 2. Aufl., Cöthen 1878.

Wellmer, M.: *Das Verhältnis des Kindes zur Thierwelt*, München 1878.

Werner, H.-J.: »Vom Umgang mit den Geschöpfen – welches ist die ethische Einschätzung des Tieres bei Thomas von Aquin?«; in: A. Zimmermann (Hg.), *Thomas von Aquin, Werk und Wirkung im Lichte neuerer Forschung* (Miscellanea Mediaevalia, Bd. 19), Berlin / New York 1988, S. 211-232.

Werther, A. von: *Töten und Quälen unserer Mitgeschöpfe, ein Quell der Lust?*, Dresden 1906.

Westacott, E.: *A century of vivisection and anti-vivisection*, Richford 1949.

Westhof, E. A. T.: »Versuch eines Beweises für die Wirklichkeit der Seelen der Thiere, aus ihrer Fähigkeit zum Unterrichte«; in: *Neues Hamburgisches Magazin*, Bd. 10, 59. St. (1771), S. 475-479.
Wetzlich, G. H.: *Das Recht der Tiere*, Köln 1890.
White, M. A.: *Why I do not eat meat*, London 1915.
Wiedenmann, R.: »Protestantische Sekten, höfische Gesellschaft und Tierschutz. Eine vergleichende Untersuchung zu tierethischen Aspekten des Zivilisationsprozesses«; in: *Kölner Zeitschrift für Soziologie und Sozialpsychologie*, 48. Jg., Heft 1 (1996), S. 35-65.
Williams, H.: *The ethics of diet: a catena of authorities deprecatory of the practise of flesh-eating*, London 1883.
Willis, Th.: *De anima brutorum, quae hominis vitalis ac sensitiva est*, Amsterdam 1674.
Winkler, J. H.: *Philosophische Untersuchungen von dem Seyn und Wesen der Seelen der Thiere*, 6 Tle., Leipzig 1742-1745.
Winsten, St.: *Salt and his circle*, London 1951.
Wohlgemuth, J.: *Das Tier und seine Wertung im alten Judentum*, Frankfurt 1930.
Wolff, Chr. S. / Krause, M. E.: *Disputatio philosophica de moralitate anatomes circa animalia viva occupatae*, Leipzig 1709.
Wolzogen, H. von: *Richard Wagner und die Thierwelt*, Leipzig 1890.
Wood, F. E.: »Thoreau: Vegetarian hunter and fisherman«; in: *Southwest Philosophy Review* 9,2 (1993), S. 89-98.
Wood, J. G.: *Man and beast, here and hereafter illustrated by more than three hundred original anecdotes*, London 1874.
Wundt, W.: *Vorlesungen über die Menschen- und Thierseele*, Leipzig 1863.
Wynne-Tyson, J.: *The extended circle: An anthology of humane thought*, Cardinal 1990.

Youatt, W.: *The obligation and extent of humanity to brutes, principally considered with reference to domesticated animals*, London 1839.
Young, Th.: *An essay on humanity to animals*, London 1798.
Yvon, P.: *L'animal dans la littérature moderne et contemporaine: France, Angleterre, Amérique du Nord*, Paris 1927.

Zagler, J.: *Die Pflichten gegen die Thiere*, München 1844.
Zankl, H.: *Tierstrafe, Tierbannung und rechtsrituelle Tiertötung im Mittelalter und zu Beginn der Neuzeit*, Innsbruck 1991.
Zastrau, K. F.: »Von den Pflichten gegen die Thiere«; in: *Neue Bunzlauische Monatsschrift zum Nuzen und Vergnügen*, 7. Jg. (1790), S. 36-44, 67-74, 132-138.
Zerbel, M.: *Tierschutz im Kaiserreich*, Frankfurt 1993.
Zerbel, M.: »Tierschutz und Antivivisektion«; in: D. Kerbs / J. Reulecke (Hg.), *Handbuch der deutschen Reformbewegungen 1880-1933*, Wuppertal 1998, S. 35-46.
Zimmermann, W.: *Der Weg zum Paradies* (hg. von R. Springer), Quedlinburg 1884.
Ziolokowski, J.: *Talking animals: medieval Latin beast poetry*, Philadelphia 1993.
Zöllner, Fr.: *Über den wissenschaftlichen Mißbrauch der Vivisection mit historischen Documenten über die Vivisection des Menschen*, Leipzig 1880.